DICTIONNAIRE RAISONNÉ

DU

MOBILIER FRANÇAIS

I

Bar-le-Duc. — Imprimerie Comte-Jacquet, Facuouel, dir.

DICTIONNAIRE RAISONNÉ

DU

MOBILIER FRANÇAIS

DE L'ÉPOQUE CARLOVINGIENNE A LA RENAISSANCE

PAR

E. VIOLLET-LE-DUC

ARCHITECTE

TOME PREMIER

Illustré de 240 gravures sur bois, sur acier et en chromolithographie

PARIS

LIBRAIRIE GRÜND ET MAGUET

9, RUE MAZARINE, 9

PREMIÈRE PARTIE

MEUBLES

PREMIÈRE PARTIE

MEUBLES

ARMOIRE, s. f. *(amaire, almaire)*. Ce mot était employé, comme il l'est encore aujourd'hui, pour désigner un meuble fermé, peu profond, haut et large, à un ou plusieurs vantaux, destiné à renfermer des objets précieux.

De tous les meubles, l'armoire est peut-être celui qui a conservé exactement ses formes primitives. On a retrouvé à Pompéi des armoires ou empreintes d'armoires qui donnent la structure et l'apparence des meubles de cette nature dont on se sert encore aujourd'hui.

Autrefois, dans les églises, il était d'usage de placer des armoires de bois, plus ou moins richement décorées, près des autels, pour conserver sous clef les vases sacrés, quelquefois même la sainte Eucharistie. Des deux côtés de l'autel des reliques de l'église abbatiale de Saint-Denis, Suger avait fait disposer deux armoires contenant le trésor de l'abbaye [1]. Derrière les stalles, sous les jubés, des armoires contenaient les divers objets nécessaires au service du chœur, parfois même des vêtements sacerdotaux ; beaucoup de petites églises n'avaient pas de sacristies, et des armoires en tenaient lieu. Il va sans dire que les sacristies contenaient elles-mêmes des armoires dans lesquelles on déposait les trésors, les chartes et les livres de chœur. Près des cloîtres, dans les monastères, une petite salle, désignée sous le nom d'*armaria*, contenait des meubles renfermant des livres dont les religieux se servaient le plus habituellement pendant les heures de repos. Le

---

[1] Dom Doublet. — Du Cange, *Gloss.*, ARMARIA, ARMARIOLUS.

gardien de la bibliothèque du couvent était appelé *armariatus* ou *armarius*[1].

Les armoires placées près des autels étaient assez ornées pour ne pas faire une disparate choquante au milieu du chœur des églises, alors si remplies d'objets précieux. Autant qu'on peut en juger par le petit nombre de meubles de ce genre qui nous sont conservés, les armoires, jusqu'au xive siècle, étaient principalement ornées de peintures exécutées sur les panneaux pleins des vantaux, et de ferrures travaillées avec soin, rarement de sculptures La forme géné-

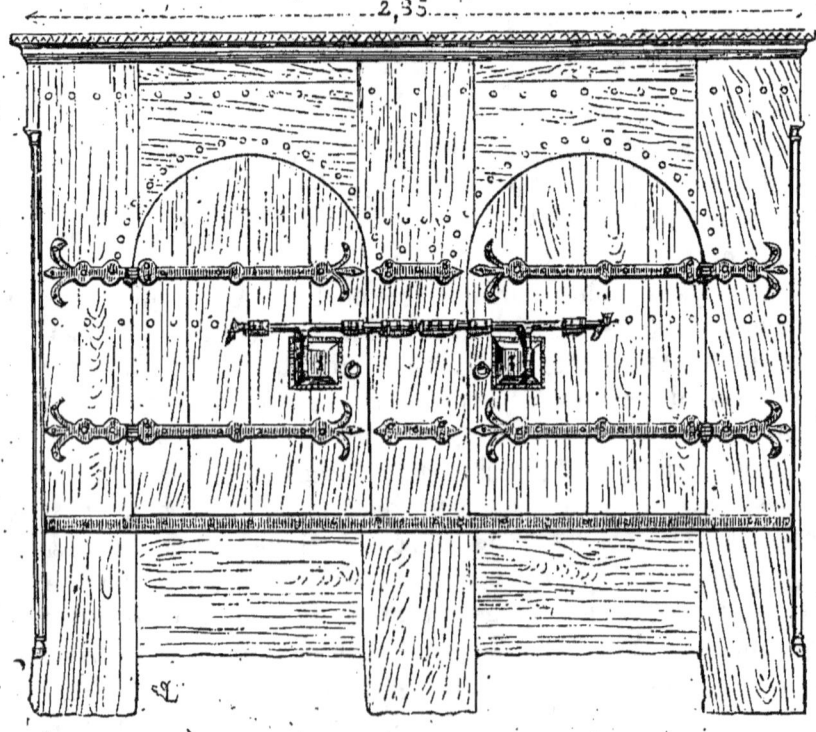

rale de ces meubles était toujours simple, et accusait franchement leur destination Un des exemples les plus anciens d'armoires réservées au service du culte existe dans l'église d'Obazine (Corrèze). Cette armoire (fig. 1) se compose de pièces de bois de chêne d'un

---

[1] Udalricus, lib. III *Consuet. Cluniac*, cap. x « Præcentor (cantor) et armarius : « armarii nomen obtinuit eò quòd in ejus manu solet esse bibliotheca, quæ et in alio « nomine armarium appellatur. »

fort échantillon. Les deux vantaux, terminés en cintre à leur extrémité supérieure, sont retenus chacun par deux pentures de fer forgé ; deux verrous ou vertevelles les maintiennent fermés. On ne remarque sur la face de cette armoire, comme décoration, qu'un rang de dents de scie sur la corniche et de très-petits cercles avec un point au centre, gravés régulièrement sous cette corniche et autour des cintres des vantaux. Les angles sont adoucis au moyen de petites colonnettes engagées. Ce meuble, qui paraît dater des premières années du XIIIᵉ siècle, était probablement peint, car on remarque encore quelques parcelles de tons rouges entre les dents de

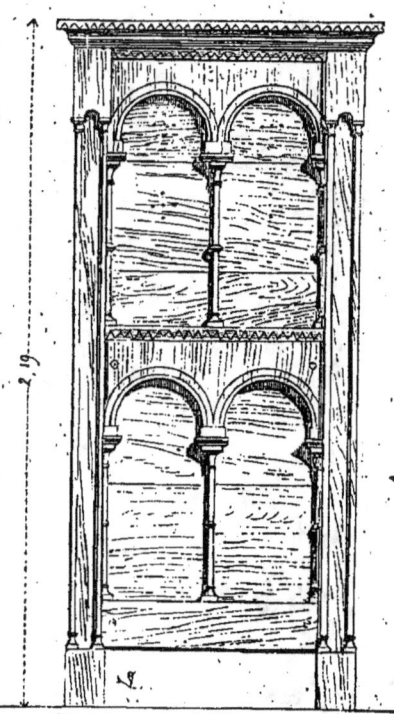

2

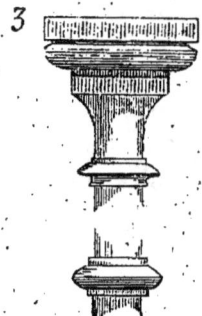

3

scie de la corniche. Les deux côté de l'armoire d'Obazine sont beaucoup plus riches que la face ; ils sont décorés d'un double rang d'arcatures portées par de fines colonnettes annelées (fig. 2) Ces deux figures font comprendre la construction de

ce meuble, qui se compose de madriers de 10 centimètres d'épaisseur environ, fortement assemblés, et reliés en outre à la base de la face par une plate-bande de fer. Pour compléter ces figures, nous donnons (3) le détail d'un des chapiteaux de l'arcature, (4) la vertevelle, et (5) l'extrémité de l'un des deux verrous, se terminant, pour faciliter le tirage ou la poussée, par une tête formant crochet. Cette recherche dans la ferrure d'un meuble aussi grossier en apparence fait ressortir le soin que l'on apportait alors à l'exécution des objets mobiliers les moins riches. Ces verrous sont forgés, et les deux petites têtes qui terminent leurs extrémités sont remarquablement travaillées.

La cathédrale de Bayeux conserve encore, dans la salle du trésor,

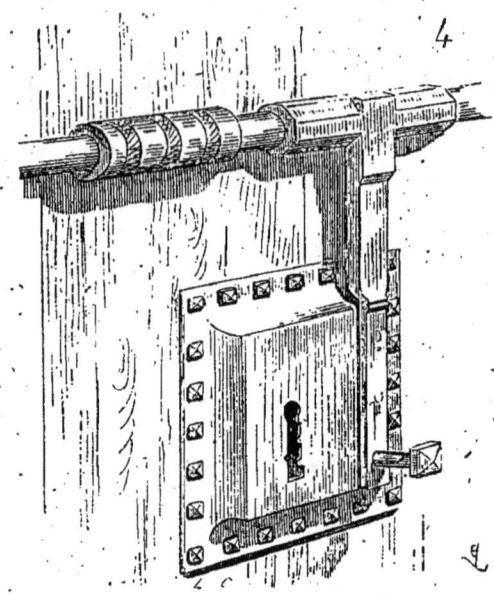

une armoire du commencement du XIIIᵉ siècle, d'un grand intérêt. Cette armoire, mutilée aujourd'hui, occupait autrefois tout un côté

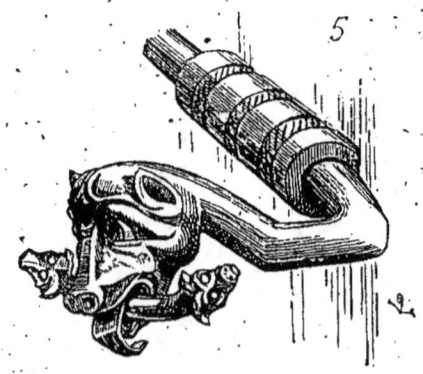

de la pièce dans laquelle elle est placée. Elle était destinée à renfermer des châsses[1], et l'on y voit encore l'armure de l'homme

[1] Hist. somm de la ville de Bayeux, par l'abbé Béziers, 1773.

d'armes du chapitre (*armiger capituli*)[1], gentilhomme qui, par son
fief relevant de la couronne, était tenu d'assister, armé de toutes

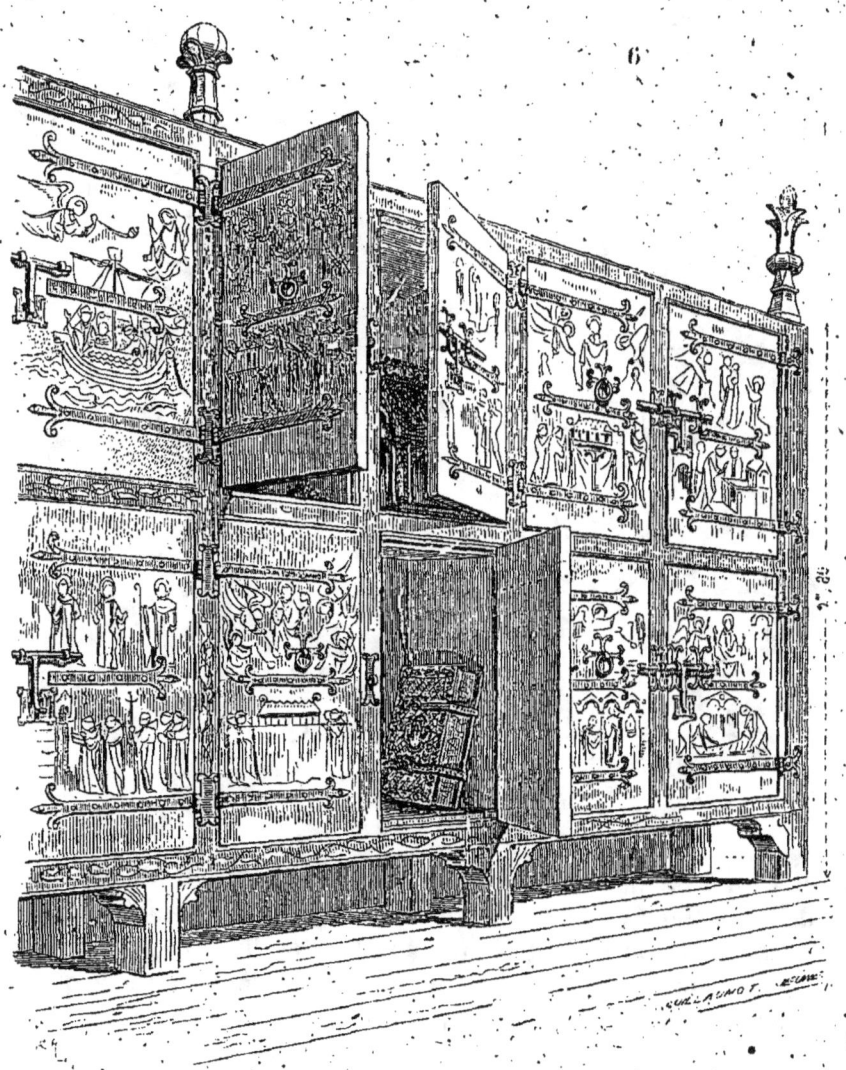

pièces, à l'office de la cathédrale aux grandes fêtes, et de se tenir

[1] Voyez la description et la gravure de cette armoire dans la *Revue de l'architecture*
de M. Daly, tome X, page 130. La gravure, entière et fort exacte, est faite sur les dessins de M. Ruprich Robert.

près de l'évèque toutes les fois qu'il officiait solennellement[1]. Cette
armoire était entièrement couverte de peintures représentant des
translations de reliques. Les sujets qui garnissent les panneaux sont
blancs sur un fond vermillon ; les montants et traverses sont remplis
par un ornement blanc courant sur un fond noir avec filets rouges ;
les fleurons sont blancs, noirs et rouges. Nous donnons (fig. 6) la
moitié de cette armoire, qui se composait autrefois de huit travées.
Une seule tablette épaisse la sépare horizontalement au droit de la

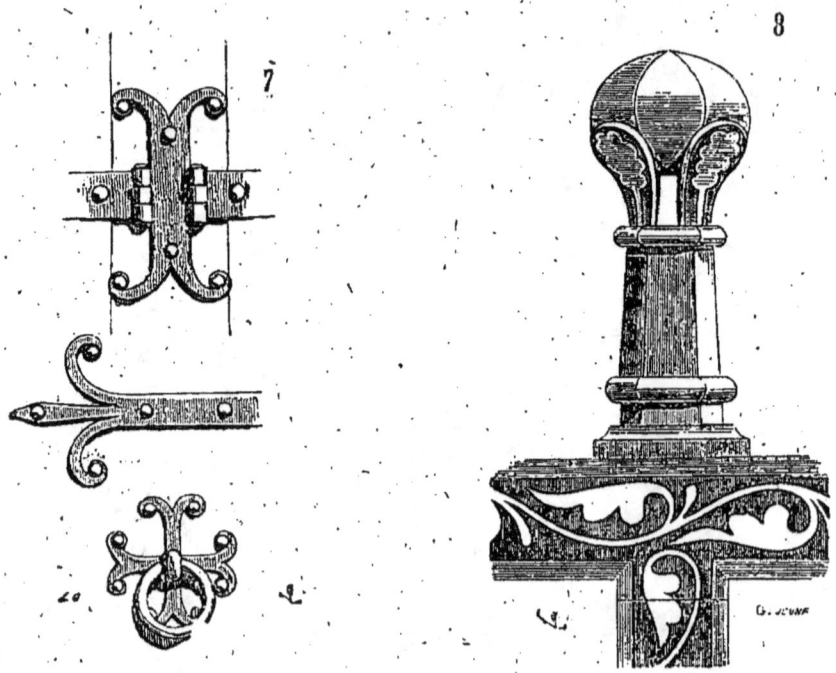

traverse intermédiaire, de sorte que les panneaux, s'ouvrant deux
par deux, laissaient voir séparément les cellules du meuble ; il fallait forcer l'une après l'autre toutes les vertevelles pour s'emparer
des objets renfermés dans chacune de ces cellules. On remarquera
la disposition des verrous fermant à la fois deux panneaux en s'en-
gageant dans un piton posé sur les montants, et le dépassant assez
pour mordre sur le panneau qui n'est pas muni de vertevelle. La
figure 7 présente quelques détails des ferrures ; la figure 8, un détail
de l'un des fleurons terminant le montant du milieu, et les peintures
de ces montants et traverses.

Ces exemples font voir que la principale décoration de ces meu-

---

[1] *Hist. somm. de la ville de Bayeux*, par l'abbé Béziers:

bles était obtenue au moyen des ferrures nécessaires et de peintures recouvrant les panneaux. La menuiserie était d'une grande simplicité ; les planches formant les panneaux, assemblées à grain d'orge (fig. 9) ou simplement collés à joints vifs. Il semble qu'alors on tenait à conserver à ces armoires l'aspect d'un meuble robuste, bien fermé. Ce ne fut que beaucoup plus tard que la sculpture vint décorer ces menuiseries. Nous ne pourrions affirmer cependant qu'il n'y eût pas, avant le XVe siècle, d'armoires sculptées : mais en observant les rares exemples d'objets de menuiserie romane, on pourrait admettre que les panneaux (lorsque la peinture seule n'était pas appelée à les décorer) recevaient une sculpture plate, champlevée, telle que celle que nous voyons encore conservée sur l'une des portes de la cathédrale du Puy en Vélay. Les panneaux de cette porte, de sapin, représentent des sujets peints sur une gravure dont les fonds sont renfoncés de 2 ou 3 millimètres. Nous avons vu en Allemagne, dans la cathédrale de Munich, des armoires du XVe siècle dont les planches sont ainsi travaillées ; les fonds sont peints en bleu sombre, et les ornements conservent la couleur naturelle du bois. Souvent aussi les vantaux des armoires-trésors étaient-ils bordés de bandes de fer battu, étamé ou peint, avec rehauts dorés. Ces bandes de fer, croisées en façon de treillis avec rivets aux rencontres, étaient posées sur cuir, sur drap ou vélin. Mais une des plus belles armoires anciennes connues se trouve dans le trésor de la cathédrale de Noyon. Les panneaux sont entièrement peints à l'extérieur et à l'intérieur, et déjà le couronnement de ce meuble, qui date des dernières années du XIIIe siècle, est orné de sculptures. Cette armoire était certainement destinée, comme celle de Bayeux, à renfermer des châsses et ustensiles réservés au culte. A l'extérieur, les panneaux sont couverts de peintures fines sur fond pourpre damasquiné, et bleu semé de fleurs de lis blanches, représentant des saints ; à l'intérieur, ce sont des anges jouant de divers instruments de musique, tenant des encensoirs et des chandeliers. De petits créneaux se découpent sur le couronnement. Ce genre d'ornement fut employé fréquemment dans le mobilier pendant le XIVe siècle. Voici un ensemble de cette armoire (10) ; nous supposons les volets ouverts, et, comme on peut le remarquer, ces volets sont brisés, c'est-à-dire qu'ils se développent en dix feuilles, afin de ne pas présenter une saillie gênante lorsque l'armoire est ouverte. Les volets sont suspendus à des pentures de fer étamé, et la peinture est exécutée sur une toile marouflée sur le bois. M. Vitet, dans sa *Description de la cathédrale de Noyon*, et M. Didron, dans les *Annales archéologiques*[1], ont donné une description étendue de ce meuble ; nous y renvoyons nos lecteurs, car nous ne pourrions rien ajouter à ce que ces deux savants archéologues en ont dit. Nous joignons à la figure 10 une partie coloriée de l'armoire de Noyon (pl. I)[2],

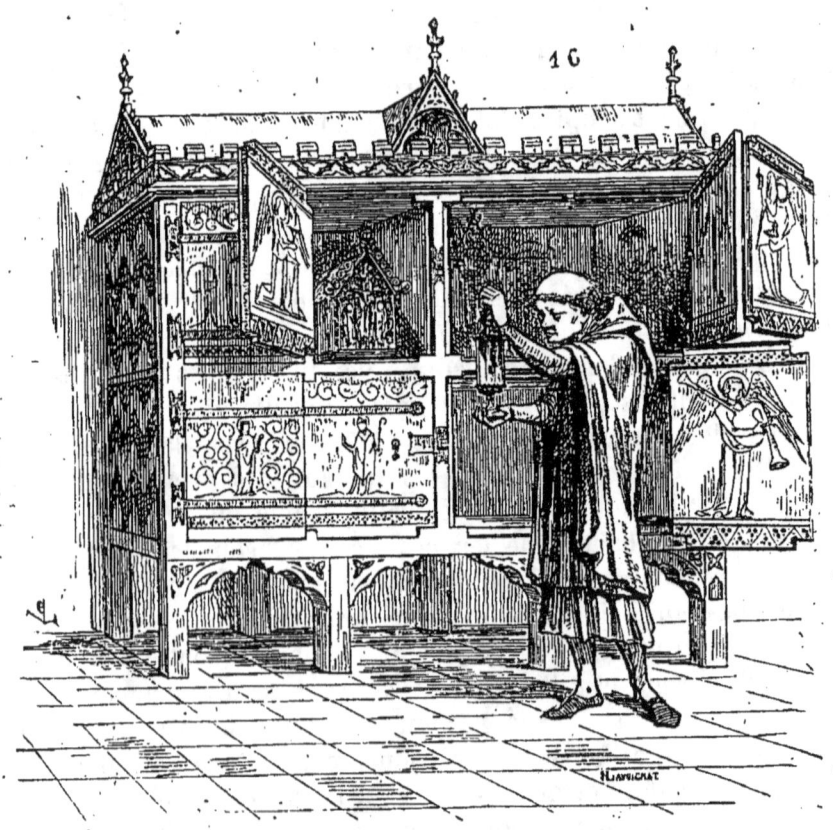

10

qui nous dispensera de plus longs détails. Les deux côtés du meuble de Noyon sont décorés de chevrons peints en blanc, alternés avec d'autres chevrons jaunes

Le moine Théophile, dans son *Essai sur divers arts*, ouvrage qui date du XIIᵉ siècle, donne la manière de préparer les panneaux, les portes de bois destinés à recevoir de la peinture. Cette méthode paraît avoir été suivie dans la fabrication des deux armoires de Bayeux

[1] Tome IV, page 369.
[2] Ce dessin colorié nous a été communiqué par M. Bœswilwald, architecte.

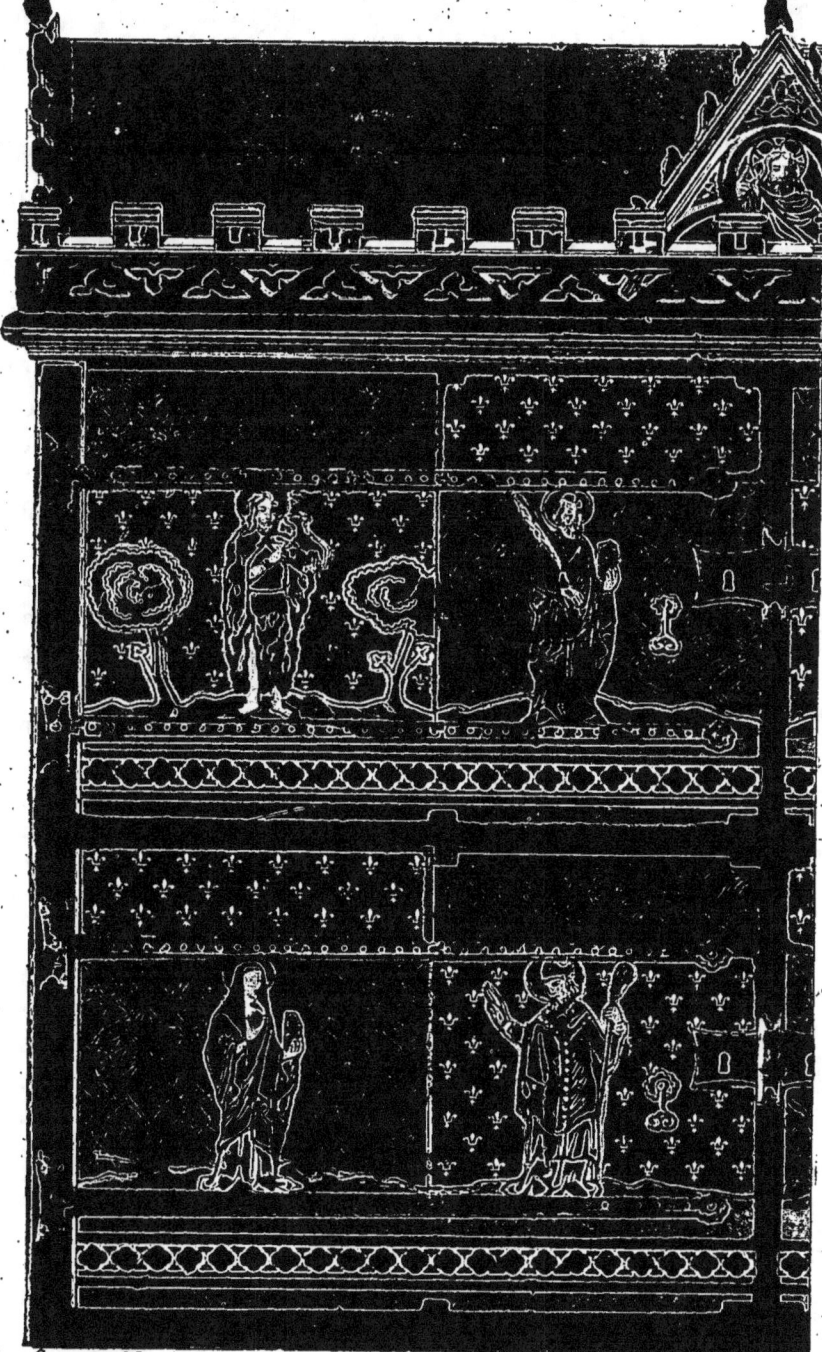

Carresse del.   Viollet-le-Duc, Direx!   Ricard lith.

ARMOIRE DE NOYON

Imp. R. Engelmann, Paris.

et de Noyon. Il dit[1] : « ... Que l'on joint d'abord les planches avec
« soin, pièce à pièce, et à l'aide de l'instrument à joindre dont se
« servent les tonneliers et les menuisiers (le sergent). On les assu-
« jettit au moyen de la colle de fromage... » L'auteur donne ici la
manière de faire cette colle : « .... Les tables assemblées au moyen
« de cette colle, quand elles sont sèches, adhèrent si solidement,
« qu'elles ne peuvent être disjointes ni par l'humidité ni par la cha-
« leur. Il faut ensuite les aplanir avec un fer destiné à cet usage. Ce
« fer, courbe et tranchant à la partie intérieure, est muni de deux
« manches, afin qu'il puisse être tiré à deux mains. Il sert à raboter
« les tables, les portes et les écus, jusqu'à ce que ces objets devien-
« nent parfaitement unis. Il faut ensuite les couvrir de cuir, non
« encore tanné, de cheval, d'âne ou de bœuf. Après l'avoir fait ma-
« cérer dans de l'eau et en avoir raclé les poils, on en exprimera
« l'excès d'eau : dans cet état d'humidité, on l'appliquera (sur le
« bois) avec la colle de fromage.. » Dans le chapitre XIX, Théophile
indique le moyen de couvrir ces panneaux revêtus de cuir d'un léger
enduit de plâtre cuit ou de craie ; il a le soin de recommander l'emploi de la toile de lin ou de chanvre, si l'on n'a pas de peau à sa disposition ; puis enfin, au chapitre suivant, il donne les procédés pour
peindre ces tables ou portes en rouge, ou de toute autre couleur,
avec de l'huile de lin, et de les couvrir d'un vernis.

Le goût pour les meubles plutôt décorés par la peinture que par
la sculpture paraît s'être affaibli à la fin du XIVe siècle ; à cette
époque, les moulures et les ornements taillés dans le bois prennent
de l'importance et finissent par se substituer entièrement à la poly-
chromie. Il faut dire qu'il en était alors de la menuiserie et de l'ébénisterie comme de la construction des édifices ; on aimait à donner
à la matière employée la forme qui lui convenait. Les larges panneaux, composés d'ais assemblés à grain d'orge ou simplement collés
sur leurs rives, mais non barrés, emboîtés ou encadrés, exigeaient
des bois parfaitement secs, si l'on voulait éviter qu'ils ne vinssent
à se voiler ; ils se désassemblaient facilement, se décollaient ou se
fendaient, malgré les préparations auxquelles ils étaient soumis et
les toiles, cuirs ou parchemins collés à leur surface. On prit donc,
pendant les XIVe et XVe siècles, le parti de ne donner aux panneaux
des meubles que la largeur d'une planche, c'est-à-dire de 18 à
25 centimètres, et d'encadrer ces panneaux, afin de les maintenir
plans, d'empêcher leur coffinage. Ce fut une véritable révolution

[1] Cap. XVII.

dans la menuiserie et l'ébénisterie. La construction et la forme des meubles, soumises à ce nouveau principe, changèrent d'aspect. Les boiseries, comme tous les objets destinés à l'ameublement, au lieu de présenter ces surfaces simples, unies, favorables à la peinture, furent divisées par panneaux de largeur à peu près uniforme, compris entre des cadres, des montants et traverses accusés et saillants.

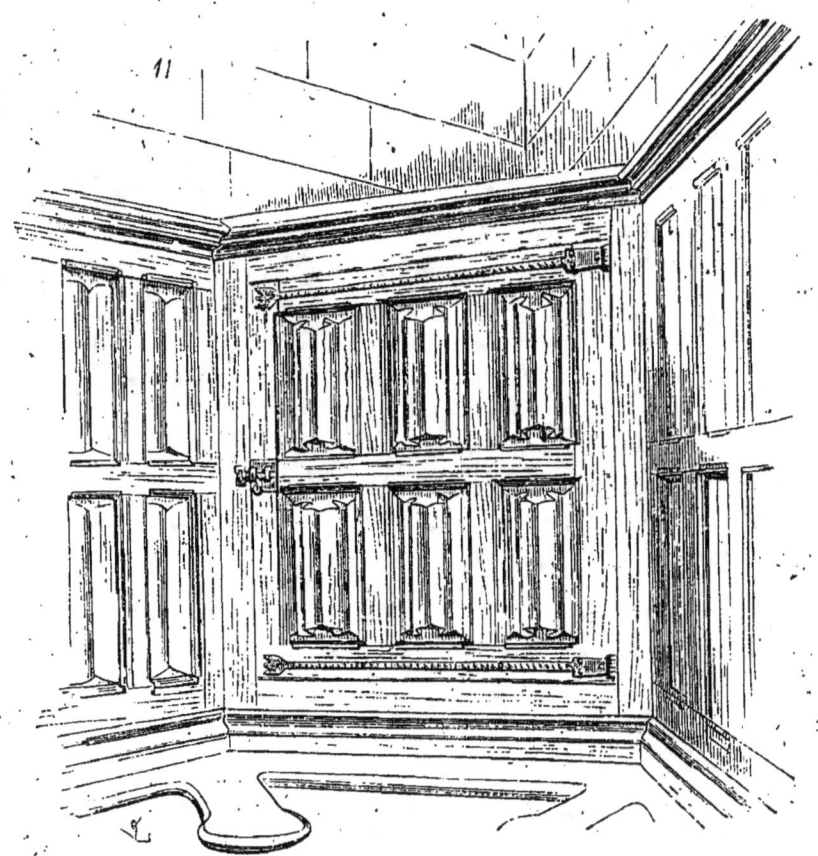

Toutefois ces pièces principales étaient toujours assemblées carrément; on ne connaissait ou l'on n'admettait pas les assemblages d'onglet : et en cela les menuisiers et ébénistes agissaient sagement; l'assemblage d'onglet étant une des plus fâcheuses innovations dans l'art de la menuiserie, en ce qu'il ne présente jamais la solidité des assemblages à angle droit, et qu'au lieu de maintenir les panneaux, il est soumis à leur déformation.

A la fin du XIIIe siècle et au commencement du XIVe, on mariait volontiers cependant la peinture à la sculpture dans les meubles, et le bois sculpté destiné à être peint était parfois couvert de vélin sur lequel on exécutait des gaufrures, des dorures, des sujets et ornements coloriés. Nul doute que, parmi ces grandes armoires qui étaient disposées près des autels, il n'y en eût qui fussent ainsi décorées; mais c'est surtout dans les palais que ces meubles sculptés et revêtus de gaufrures et peintures devaient se rencontrer, car jusqu'au XVᵉ siècle l'armoire, le bahut, la huche, étaient à peu près les seuls meubles fermants, d'un usage habituel, chez le riche seigneur comme chez le petit bourgeois.

Les vantaux des armoires présentent donc rarement, à partir de la fin du XIVᵉ siècle, des surfaces unies recouvertes de peinture; ils se composent de plusieurs panneaux embrevés à languettes dans des montants et traverses. Mais, à dater de cette époque, l'art du menuisier et du sculpteur sur bois avait fait de grands progrès: on ne se contente pas de panneaux simples; autant pour les renforcer par une plus forte épaisseur vers leur

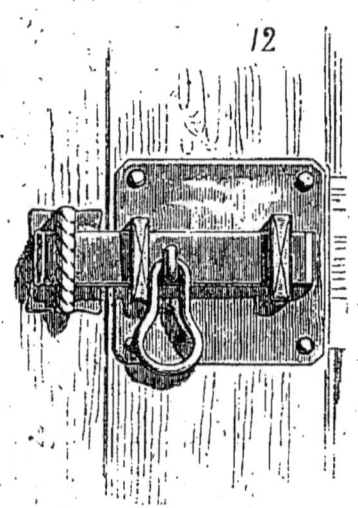

milieu que pour les décorer, ils présentent, le plus souvent, un ornement en forme de parchemin plié. Tels sont les panneaux du

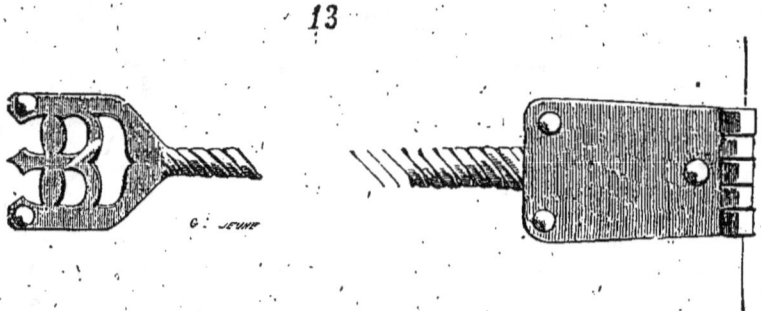

vantail de la petite armoire que nous donnons ici (11)[1], fermée par un simple verrou (12). Deux pentures suspendent le vantail; voici le détail, moitié d'exécution, de l'une d'elles (fig. 13). A l'appui

---

[1] Nous devons ce dessin à l'obligeance de M. Ruprich Robert. Cette armoire est posée à l'angle d'une salle de l'église de Mortain (abbaye Blanche), garnie de stalles; elle était élevée au niveau de l'appui des sièges et se raccordait avec la boiserie formant leur dossier.

de la figure 11, nous donnons diverses combinaisons de ces panneaux figurant des parchemins pliés, si fort en vogue pendant le xve siècle (fig. 14).

14

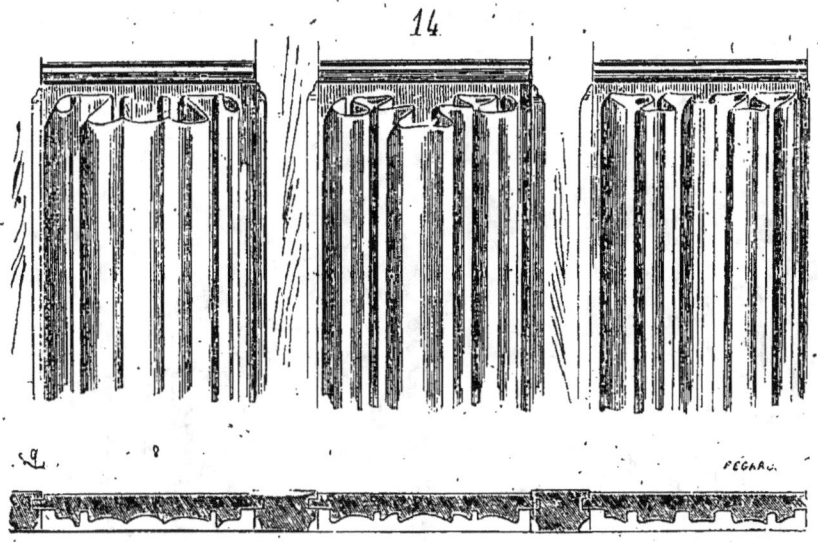

La salle du trésor de l'église Saint-Germain l'Auxerrois, située au-dessus du porche, contient encore ses armoires, qui datent de la construction de cette partie de l'édifice, c'est-à-dire de la fin du xve siècle. Ces meubles sont fort bien exécutés, comme toute la menuiserie de cette époque, parfaitement conservés, et garnis de leurs ferrures. Les armoires du trésor de Saint-Germain l'Auxerrois portent sur un banc (fig. 15) dont la tablette se relève. Ici les vantaux sont unis, sans peintures, décorés seulement de jolies pentures de fer plat découpé et d'entrées de serrures posées sur drap rouge ; car alors les ferrures de meubles, n'étant pas entaillées dans le bois comme elles le sont aujourd'hui, s'appliquaient sur des morceaux de cuir ou de drap découpé. La peau ou le drap débordait quelquefois la ferrure par une petite fraise, et se voyait à travers les à-jour de la serrurerie. Les vis n'étaient pas encore usitées à cette époque pour attacher les ferrures aux bois [1] ; les pièces de serrurerie sont toujours clouées ; les pointes des clous étaient même souvent rivées à l'intérieur, afin d'éviter qu'on ne pût les arracher ; dès lors, pour pouvoir frapper sur les têtes de clous sans gâter le bois, et pour que

---

[1] La fabrication à la main, des vis, était trop longue et difficile, pour que l'on employât ce moyen d'attache dans la menuiserie. La vis ne se trouve que dans les armes.

les ferrures portassent également sur toute leur surface, l'application d'un corps doux, flexible, entre elles et le bois, était nécessaire : la présence du drap ou de la peau est donc parfaitement motivée.

Les pentures, moitié d'exécution, de l'armoire que nous donnons

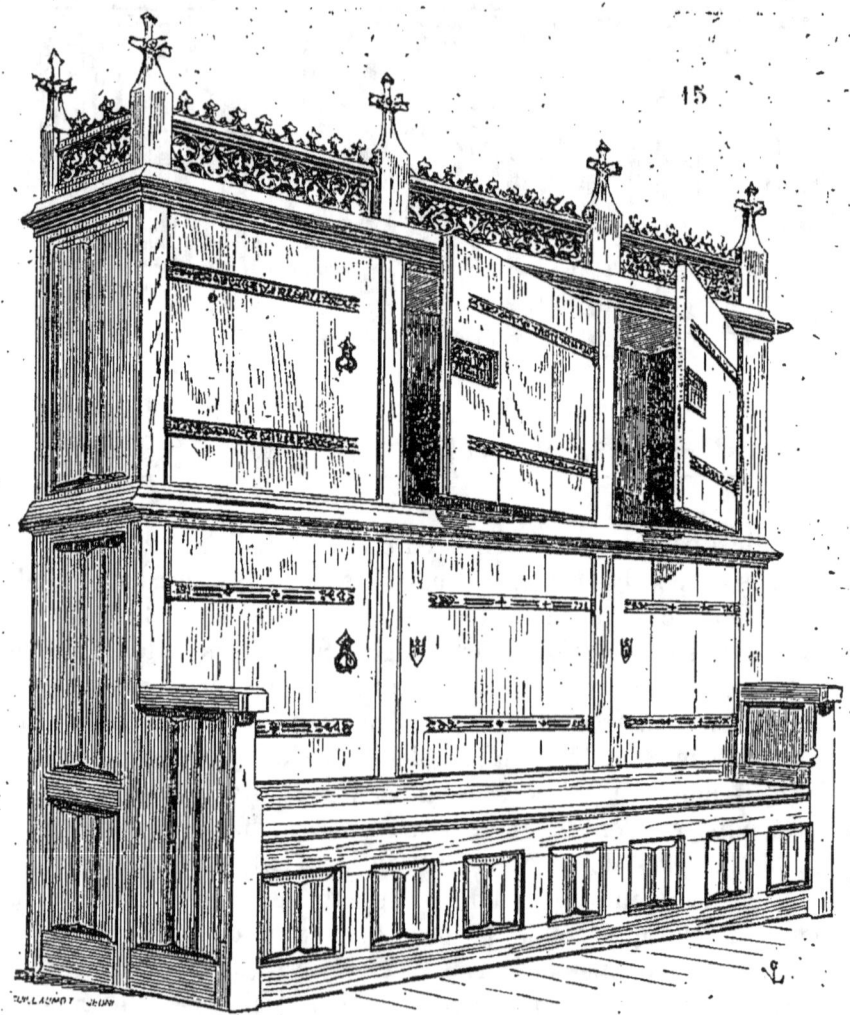

(fig. 15), sont faites de fer battu ajouré : celles des vantaux du haut (16) sont ornées d'inscriptions : *Sancte Vicenti, ora pro nobis* [1], et de feuillages, compris entre deux tringlettes de fer carré décorées par des coups de lime qui composent, par leur alternance, un petit rinceau de tigettes, ainsi que l'indique la coupe A ; celles des vantaux

---

[1] L'église Saint-Germain l'Auxerrois fut primitivement dédiée à saint Vincent.

du bas sont simplement ajourées, sans tringlettes. Nous donnons (fig. 17) l'extrémité de l'une d'elles. La construction de ce meuble

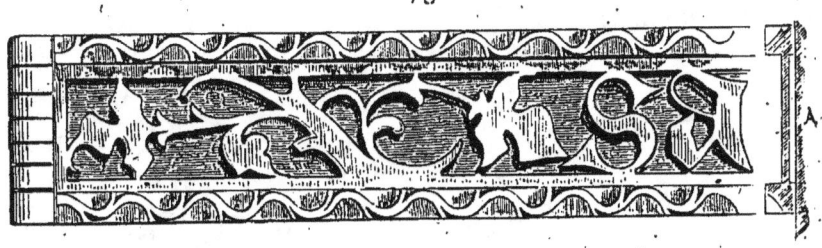

16

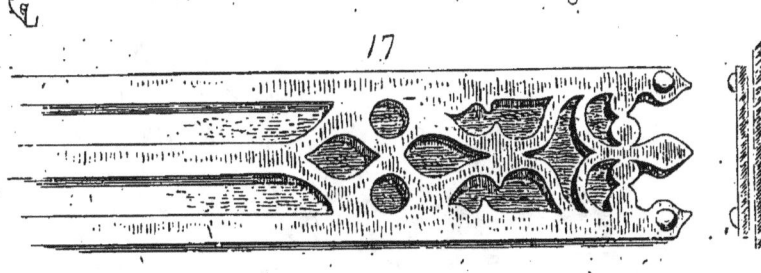

17

est fort simple. Les montants ne sont pas des poteaux carrés, mais des madriers de 10 centimètres de face sur 5 centimètres d'épaisseur, reliés par des traverses sur lesquelles une moulure (fig. 18) est clouée. Une frise à jour (19) couronne la traverse supérieure entre les têtes des montants. Le banc et les côtés du meuble sont formés de panneaux présentant des parchemins pliés. On remarquera que les montants sont terminés par des fleurons A dont la face antérieure seule est ornée de crochets sculptés aux dépens de l'équarrissage du bois. Ces armoires sont disposées pour la pièce qu'elles occupent. Celle-ci est boisée ainsi que le plafond, dont les nerfs saillants viennent retomber sur des culs-de-lampe sculptés représentant divers personnages.

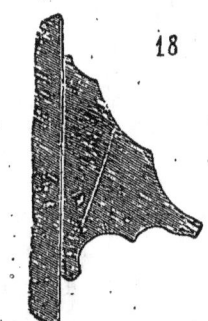

18

Généralement, les ferrures des meubles, toujours apparentes, sont étamées, peintes ou dorées, forgées avec soin. C'est surtout à partir du xv⁰ siècle que les entrées de serrures des meubles sont richement travaillées, présentent des compositions obtenues au moyen de feuilles de fer battu découpées rapportées les unes sur les autres, et formant ainsi des successions de plans qui paraissent fort compliqués, quoique d'une fabrication très-simple. (Voy. *Fabrication des meubles*, SERRURIER.)

19

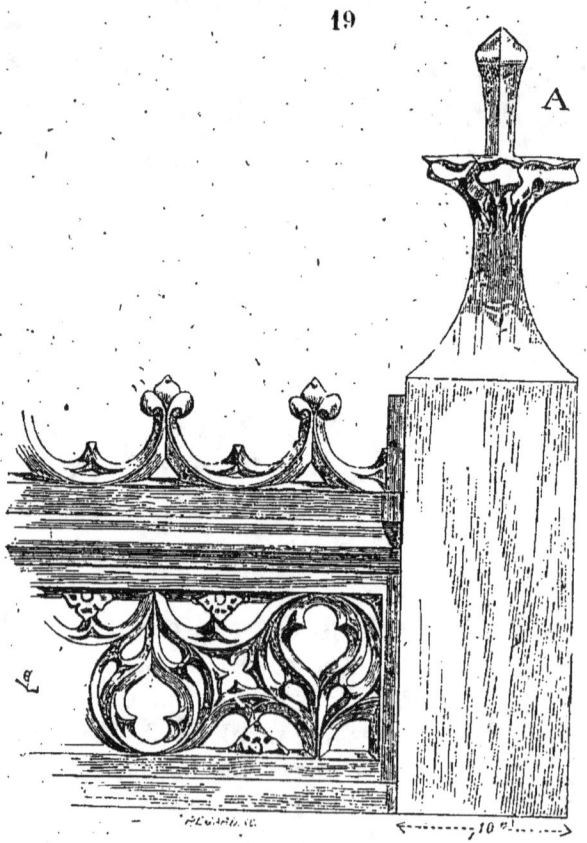

Dans les salles de trésor des églises, les armoires, bardées de bandes de fer battu maintenues avec des clous à tête ronde, sont généralement d'un travail fort grossier. On plaçait également, dans les trésors, de petites armoires portatives destinées à contenir quelques reliques précieuses que l'on déposait, avec le meuble qui les contenait, sur les autels ou les retables, à certaines époques de l'année, ou que l'on portait en procession. La miniature dont nous donnons une copie[1] reproduit une de ces petites armoires (fig. 20). Elle est complétement dorée et semble contenir une couronne et un calice.

_____

[1] Manusc. anc. fonds Saint-Germain. — *Psalm.*, Bibl. nat., n° 37.

Il ne paraît pas que les armoires affectées aux habitations privées aient eu des formes particulières ; elles ne se distinguaient des meubles destinés à un usage religieux que par les sujets profanes peints ou sculptés sur leurs surfaces, par des écussons armoyés, des devises ou sentences.

Les provisions d'armes de main et les armures même, chez les seigneurs châtelains, étaient soigneusement rangées dans de grandes armoires disposées à cet effet dans de vastes salles.

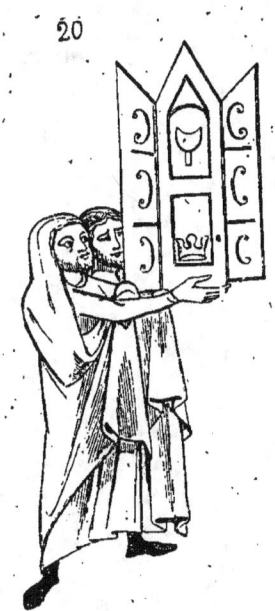

20

Pour le bourgeois et le paysan, l'armoire était le meuble principal de la famille[1], et il est resté tel dans beaucoup de campagnes, où la fille qui se marie apporte toujours l'armoire dans la maison de son époux. Il n'y a guère de maison de paysan, en France, qui n'ait son armoire de chêne ou de noyer, et ce meuble se distingue des autres par son luxe relatif. L'armoire est le trésor de la famille du paysan ; il y renferme son linge, l'argenterie qu'il possède, ses papiers de famille, ses épargnes. Ce meuble, qui représente son avoir, est entretenu avec soin, luisant, les ferrures en sont brillantes. Pour que cette tradition se soit aussi bien conservée, il faut que l'armoire ait été, pendant toute la durée du moyen âge, la partie la plus importante du mobilier privé ; aussi les armoires des XVI⁰ et XVII⁰ siècles ne sont-elles pas rares, et nous ne croyons pas nécessaire d'en donner ici un exemple.

AUTEL, s. m. (*aultier, auter*). Outre les autels fixes, dont nous n'avons pas à nous occuper ici[2], on se servait, pendant le moyen âge, d'autels portatifs. Ces autels étaient transportés pendant les voyages, et, une fois consacrés, permettaient de célébrer la messe

---

[1] « A Roem fist mainte malice (l'archevêque Maugier),
« N'i lessa toile ne galice,
« Ne croix, ne boen drap en *almaire*,
« Ke Maugier ne fist forz traire ;
»
(*Le Roman de Rou*, XII⁰ siècle, vers 9685 et suiv., 2⁰ partie.)

[2] Voyez le *Dict. raisonn. de l'archit. franç.*, au mot AUTEL.

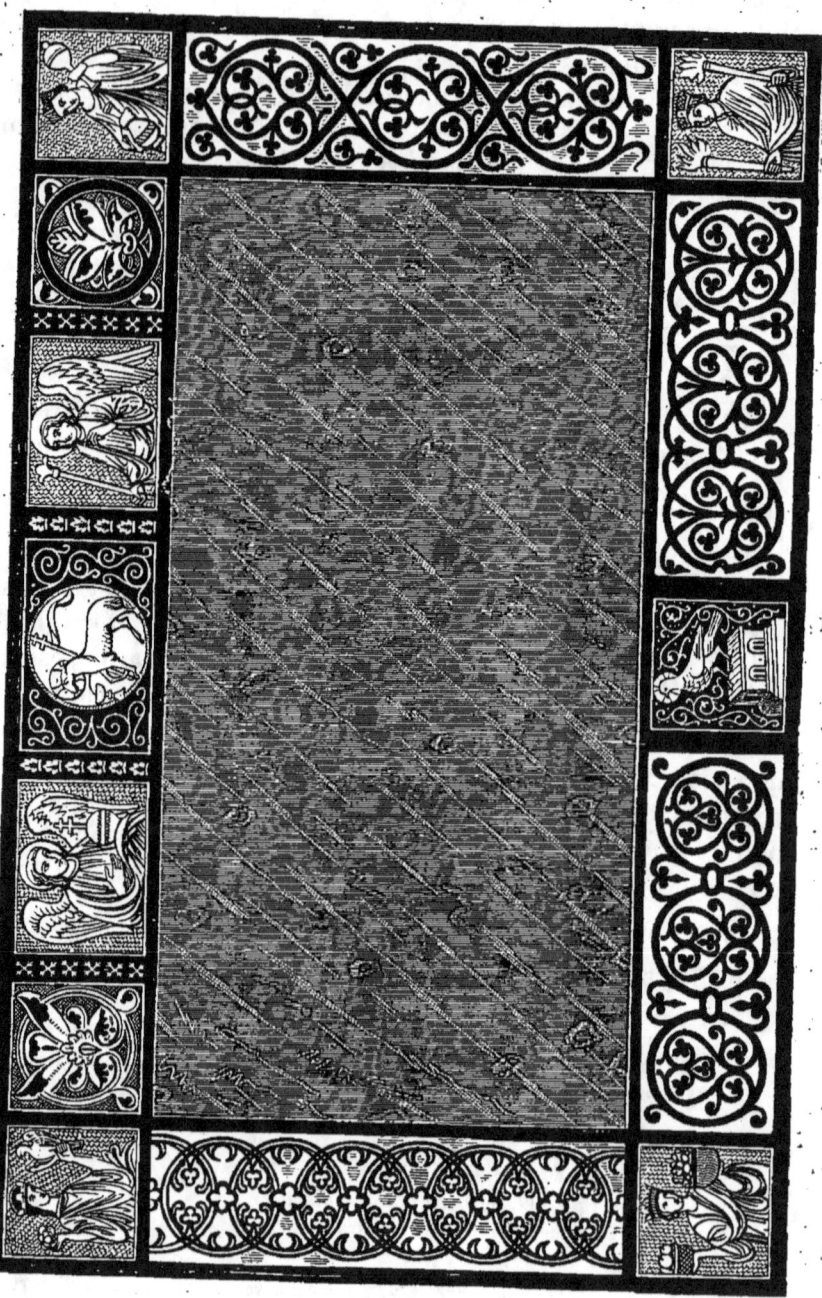

TABLE D'AUTEL PORTATIF

en tous lieux. Bède[1], qui vivait au VIIIᵉ siècle, rapporte que les
deux Ewalde offraient, chaque jour, le saint sacrifice de la messe
sur une table consacrée qu'ils portaient avec eux. L'ordre romain
appelle ces autels des tables de voyage, *tabulas itinerarias*. Il ne
paraît pas toutefois que les autels portatifs aient été fort en usage
avant les XIᵉ et XIIᵉ siècles, tandis qu'à cette époque ils étaient très-
communs. Saint Anselme croit devoir s'élever contre l'abus des
autels portatifs[2] : « Je n'en condamne pas l'usage, dit-il, mais je
« préfère qu'on ne consacre pas des tables d'autels non fixés. »

Les voyages en terre sainte furent cause cependant que l'on fit
beaucoup d'autels portatifs pendant le XIIᵉ et le XIIIᵉ siècle. Ces
autels se composaient d'une table de pierre, de marbre, ou de
pierre dure, telle que le jaspe, l'agate, le porphyre, par exemple,
enchâssée dans une bordure de cuivre ciselé, doré, niellé, émaillé,
de vermeil ou de bois précieux. On voyait encore, dans certains
trésors d'églises cathédrales, avant la révolution, de ces autels portatifs conservés comme objets précieux. Nous avons vu à l'exposition de la Société des arts à Londres, en 1850, un bel autel portatif du XIIIᵉ siècle, faisant partie du cabinet du révérend docteur
Rock[3]. Ce meuble se compose d'une table de jaspe oriental de
11 centimètres de largeur sur 22 centimètres de longueur environ,
enchâssée dans une riche bordure d'argent niellé, et supportée
par un socle d'orfévrerie délicatement travaillé. Les nielles représentent, parmi de beaux rinceaux, un agneau au milieu de deux
anges. Aux angles, on voit des demi-figures de rois (pl. II). Il n'est
pas besoin de dire que les autels portatifs contenaient toujours des
reliques. Ces autels, de forme carrée ou barlongue, étaient ordinairement renfermés dans des coffres de bois ou des étuis de cuir
estampé, armoyés aux armes du personnage auquel ils appartenaient, garnis de courroies et de fermoirs[4].

M. le prince Soltykoff possédait, dans sa belle collection d'objets

[1] *Historia Anglor.*, t. V.

[2] Lib III, epist. 159.

[3] Cet autel est gravé dans le *Glossaire d'architecture* de M. Parker (Oxford, vol. I,
p. 19) et décrit dans le *Journal archéologique*, vol. IV, p. 245 M. le docteur Rock a eu
l'obligeance de nous laisser dessiner cet autel, que présente notre planche II.

[4] « Un autel benoit, garny d'argent, dont les bors sont dorez à plusieurs souages,
« et la pièce dessouz est toute blanche, et la pierre est de diverses couleurs, et aux
« IIII. parties a IIII escuçons des armes Pierres d'Avoir, et poise l'argent environ
« IIII. mares, et poise en tout IX. mares I. once. » (*Invent. du duc d'Anjou.*) Voyez dans
le *Gloss. et Répertoire* par M. le comte de Laborde (Paris, 1853), au mot AUTEL
PORTATIF, un curieux catalogue d'autels portatifs extrait de divers inventaires.

du moyen âge, un autel portatif provenant du cabinet Debruge-
Duménil, décrit par M. J. Labarte[1]. Cet autel se compose d'une
plaque de marbre lumachelle de 165 millimètres de longueur
sur 135 millimètres de largeur, incrustée dans une pièce de bois

1

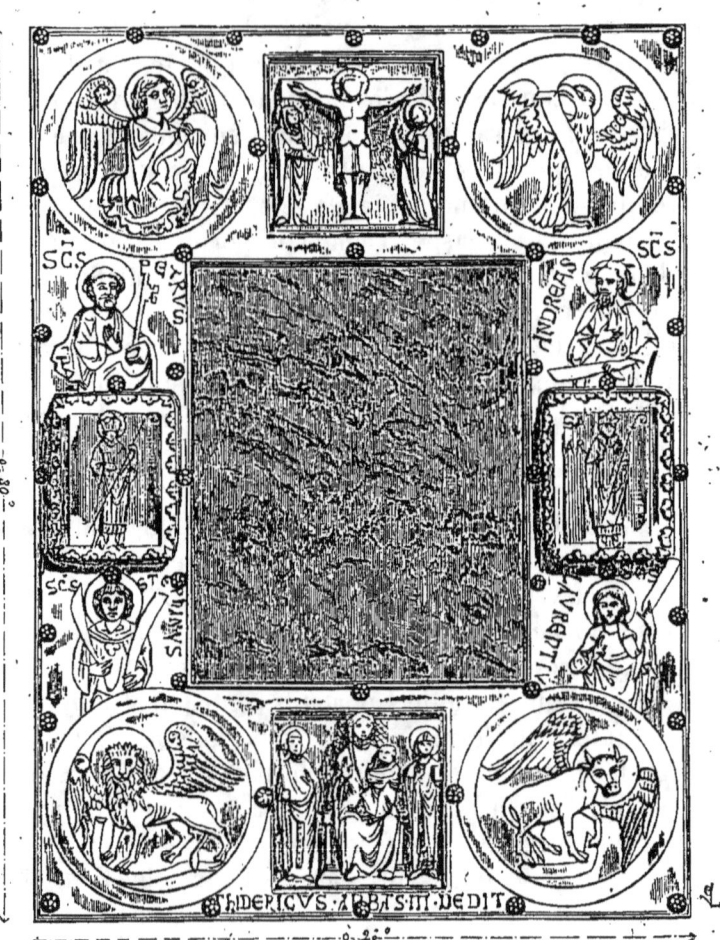

de 3 centimètres d'épaisseur. La table est entourée d'une plaque
de cuivre doré, avec clous à têtes plates niellées, percée en haut
et en bas pour laisser voir deux petits bas-reliefs d'ivoire, l'un

---

[1] *Descript. des objets d'art qui composent la collect. Debruge-Duménil*, précédée
d'une *Introd. hist.* par Jules Labarte (Paris, 1847, p. 737). M. le prince Soltykoff a bien
voulu nous permettre de copier ce précieux meuble.

représentant un crucifiement avec la Vierge et saint Jean, l'autre la
sainte Vierge assise avec deux évêques à droite et à gauche (fig. 1).

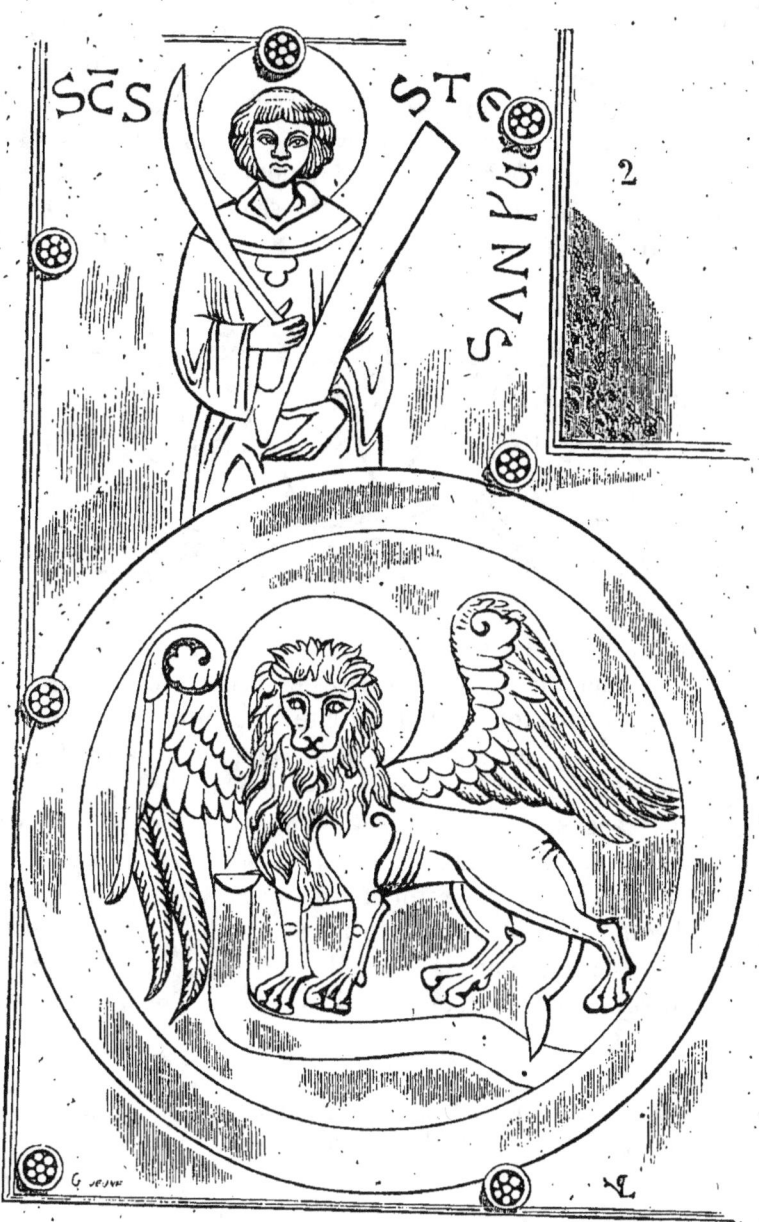

Deux plaques de cristal de roche, maintenues par une bordure
saillante, ornent les deux côtés du cadre de cuivre; sous ces plaques
ont été posées, à la fin du XIIIe siècle, deux petites miniatures

représentant des évêques. Sous la table de marbre sont renfermées
un grand nombre de reliques dans un morceau de toile de coton.
Cet autel portatif date de la première moitié du XIIIe siècle. Les
angles du cadre, entre les bas-reliefs et les plaques de cristal, sont
décorés de gravures représentant les signes des évangélistes, saint
André, saint Pierre, saint Étienne, premier martyr, et saint
Laurent. Nous donnons (fig. 2) l'un de ces angles grandeur d'exécution. Les bords du meuble sont également décorés de gravures
dont la figure 3 donne un fragment. Le dessous de l'autel est entièrement revêtu d'une plaque de cuivre couverte par une longue

5

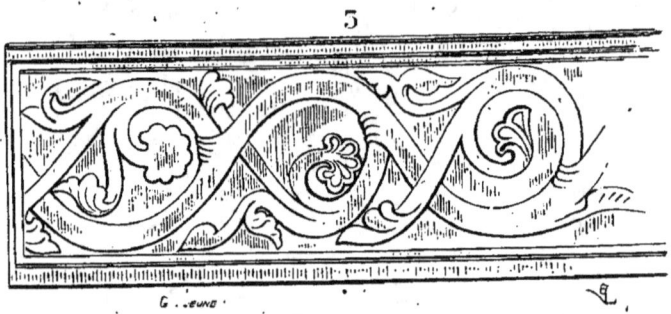

inscription gravée entre des bandes, de ce vernis brun foncé que
l'on trouve fréquemment appliqué sur les bronzes dorés des XIIe et
XIIIe siècles de fabrication rhénane. Cette inscription, transcrite par
M. Labarte[1], donne le catalogue des reliques renfermées sous
la plaque de marbre. Sous le petit bas-relief de la Vierge, on lit :
« THIDERICUS. ABBAS. III. DEDIT. » Cet autel provient de l'ancienne
abbaye de Sayna, près de Coblentz.

Quelquefois, mais plus rarement, les autels portatifs étaient en
forme de disque. On voit encore, au fond du chœur de la cathédrale
de Besançon, enchâssé dans la muraille, un disque de marbre blanc
sur lequel divers symboles sont sculptés, et que l'on prétend avoir
servi d'autel.

---

[1] *Descript. des objets d'art qui composent la collect. Debruge-Duménil*, précédée
d'une *Introd. hist*, par Jules Labarte. Paris, 1837, p 737.

BAHUT, s. m. (*bahu, bahur*). On donna ce nom primitivement à des enveloppes d'osier recouvertes de peau de vache, renfermant un coffre de bois, qui servait, comme nos malles, à transporter des effets d'habillement et tous les objets nécessaires en voyage. Plus tard, le coffre lui-même, avec ses divisions et tiroirs, prit le nom de *bahut*. De coffre transportable, le bahut devint un meuble fixe. Il n'était pas de chambre, au moyen âge, qui n'eût son bahut. On y renfermait des habits, de l'argent, du linge, des objets précieux; il servait, au besoin, de table ou de banc, et formait, avec l'armoire et le lit, les pièces principales du mobilier privé des gens riches comme des plus humbles particuliers. Dans les dépendances des églises, telles que sacristies, salles capitulaires, vestiaires, on plaçait aussi des bahuts. On y serrait des tentures, les tapisseries, les voiles destinés à la décoration des chœurs les jours solennels, des parche-mins, des chartes, des actes, etc. Cependant le nom de bahut fut éga-lement conservé aux coffres de voyage jusqu'à la fin du xve siècle[1].

Le bahut fixe est ordinairement un coffre long posé sur quatre pieds courts, ou sur le sol, fermé par un couvercle qui se relève au moyen de pentures ou charnières. Le bahut est muni d'une ou plusieurs serrures, selon qu'il contient des objets plus ou moins précieux.

Les plus anciens bahuts sont fortement ferrés de bandes de fer forgé quelquefois avec luxe, le bois était recouvert de peau ou de toile peinte marouflée. Il en est du bahut comme des armoires : sa forme première est très-simple; les ferrures, la peinture, ou les cuirs gaufrés et dorés le décorent; plus tard, la sculpture orne ses parois et même quelquefois son dessus. Le marchand qui paye ou reçoit est assis devant son bahut ouvert; l'avare couche sur son bahut; on devise en s'asseyant sur le bahut orné de coussins mo-biles. Le bahut est coffre, huche, banc, lit même parfois, armoire, trésor; c'est le meuble domestique le plus usuel du moyen âge. Du temps de Brantôme encore, à la cour, chez les riches seigneurs, on s'asseyait sur des coffres ou bahuts, pendant les nombreuses réu-

---

[1] Pendant son voyage en Portugal, J. de Lalain porte avec lui des coffres *bahuts*, brodés à ses armes. (*Choix de chron.*, édit. Buchon, p. 664.)

nions, comme de nos jours on s'assied sur des banquettes[1]. L'aspect tant soit peu sévère du bahut primitif (fig. 1)[2] correspondait à celui des armoires, c'est-à-dire que ces meubles étaient composés d'ais de bois, décorés seulement d'une simple gravure, de filets par exemple, comme celui-ci, et de ferrures plus ou moins riches, destinées à maintenir solidement les planches entre elles. Le bahut s'élève bientôt sur quatre pieds, formant des montants dans lesquels les planches

1

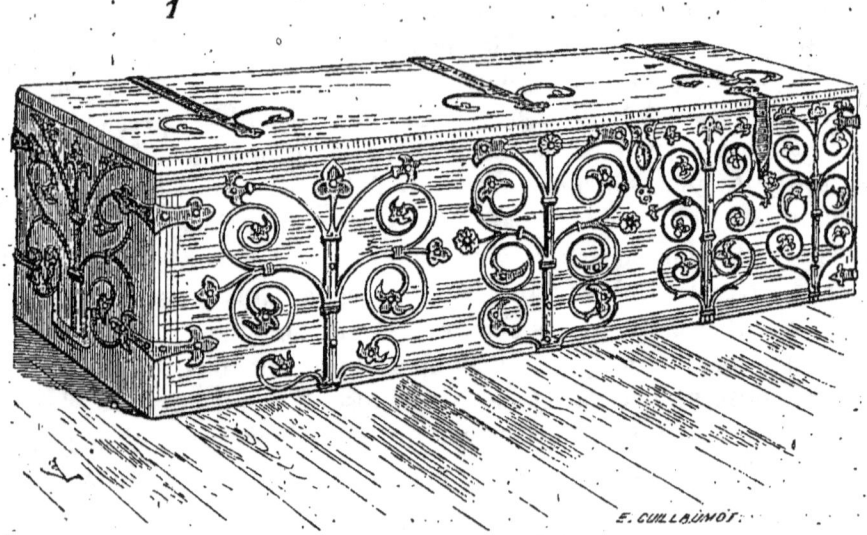

E. CUILLAUMOT.

viennent s'embrever (fig. 2)[3]. Des ferrures posées aux angles relient ces montants avec les parois. La miniature dont nous donnons ci-contre un fac-simile montre le bahut ouvert, rempli d'argent. Le personnage déguenillé assis devant le meuble en tire un sac d'écus offert en échange d'un vase d'or qu'il semble peser de la main gauche, et qu'un second personnage paraît donner en gage.

Du temps d'Étienne Boileau, c'est-à-dire au XIIIe siècle, les *huchers* ou *huchiers* faisaient partie de la corporation des charpentiers;

[1] Voyez Brantôme, *Vies des hommes et femmes illustres.*

[2] Ce bahut provient de l'église de Brampton (Northamptonshire), et paraît dater des dernières années du XIIe siècle. Nous le choisissons entre beaucoup d'autres, parce qu'il conserve encore la forme primitive du coffre de voyage. A cette époque, d'ailleurs, la différence entre les meubles anglo-normands et les meubles français n'est pas sensible.

[3] Manuscr. de la Bibl. nat., anc. fonds Saint-Germain, n° 37. *Psalm.* XIIIe siècle.

c'est assez dire ce qu'étaient ces meubles d'un usage si général à cette époque[1]. L'industrie de l'ébéniste (alors désigné sous le nom de tabletier) s'appliquait à des ouvrages moins ordinaires; ces derniers employaient des bois précieux, l'ivoire, la corne, et ne s'occupaient pas de fabriquer des meubles vulgaires. Cependant, bien que les bahuts, coffres, huches, fussent des meubles destinés à toutes les classes, et fort communs, on avait cru devoir faire un supplément de règlement pour les *huchers*, afin d'éviter que la marchandise livrée par eux ne fût défectueuse :

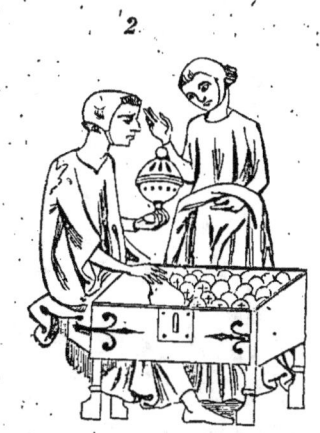

« Les ouvriers *huchers* ne pouvaient aller
« travailler chez les clients du maître
« *hucher* que par son ordre; défense était
« faite aux maîtres de procurer des outils
« aux ouvriers qui ne travaillaient qu'à la tâche ou à la journée;
« défense était faite de louer des coffres à *gens morts*[2]. » Cette dernière clause fait supposer que les huchers louaient quelquefois aux familles pauvres, qui voulaient s'épargner les frais d'un cercueil pour leurs parents morts, des coffres ou bahuts pour porter le corps jusqu'au cimetière.

Mais les bahuts ne conservèrent pas longtemps ce caractère de coffre ferré, verrouillé; lorsque les intérieurs des appartements reçurent de riches boiseries, des tentures précieuses de tapisserie, de toiles peintes ou de cuir gaufré et doré, ces sortes de meubles de bois uni, recouverts seulement de peau ou de toile, ne pouvaient convenir; la sculpture s'empara des bahuts, et les *huchers* devinrent des artisans habiles. On renonça aux ais épais et seulement aplanis, pour former les bahuts de panneaux assemblés dans des montants et traverses, et couverts d'ornements, d'emblèmes, de devises, d'armoiries, d'inscriptions; les pentures et ferrures furent remplacées par des ouvrages de serrurerie moins apparents, mais délicatement travaillés.

Nous donnons ici (fig. 3) un beau bahut du commencement du XIVe siècle, qui sert de transition entre le bahut à bois plans recouverts de ferrures et le bahut à panneaux, la huche. Ce bahut, qui

[1] *Registre des métiers et marchandises;* le *Livre des métiers* d'Etienne Boileau publié par G. B. Depping, 1837.
[2] Ibid., *Ordonn. relat. aux métiers de Paris,* titre XIII, 1250.

appartenait à la collection de M. A. Gérente[1], est encore composé d'ais sculptés en plein bois, et non de panneaux embrevés dans des montants. Nous regardons ce meuble comme le plus beau qui nous soit resté de ce siècle; sa longueur est de 1ᵐ,38, sur 65 centimètres de haut et 34 centimètres de largeur. C'est probablement un de ces coffres de mariage que l'époux envoyait, rempli de bijoux

3

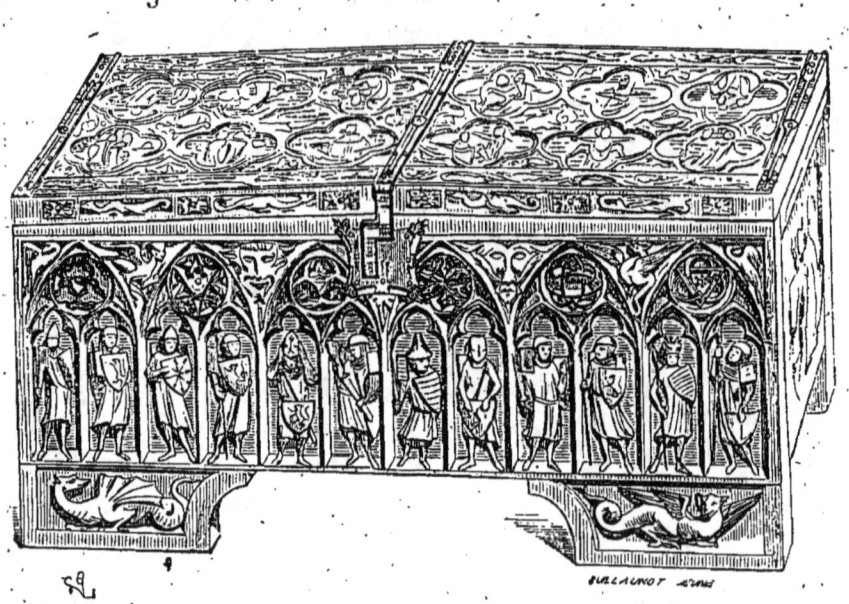

et d'objets de parure, à l'épousée, la veille des noces. Sa face antérieure représente les douze pairs couverts de leurs armes; les costumes de ces personnages ne peuvent laisser de doute sur l'époque précise à laquelle appartient ce meuble (de 1280 à 1300). Tous ces guerriers sont encore vêtus de mailles avec le haubert par dessus; leurs épaules sont garnies d'ailettes carrées; les heaumes sont de fer battu et affectent la forme conique ou sphérique (fig. 4). Leurs écus armoyés sont pendus à leur côté ou tenus du bras gauche. Ces douze personnages sont placés dans une jolie arcature d'un faible relief à simples biseaux. Dans les écoinçons, des têtes bizarres, des animaux fantastiques sont sculptés en bas-relief. Le côté droit du bahut représente les douze pairs à cheval; le côté gauche, un

[1] Ce meuble fait partie aujourd'hui du musée de Cluny

chêne au pied duquel on voit un phallus sur pattes, becqueté par un
oiseau. Le dessus du couvercle montre, dans douze quatre-feuilles en
bas-relief, des scènes de la vie conjugale et une sorte de harpie touchant de l'orgue à main, à côté d'un homme jouant de la corne-

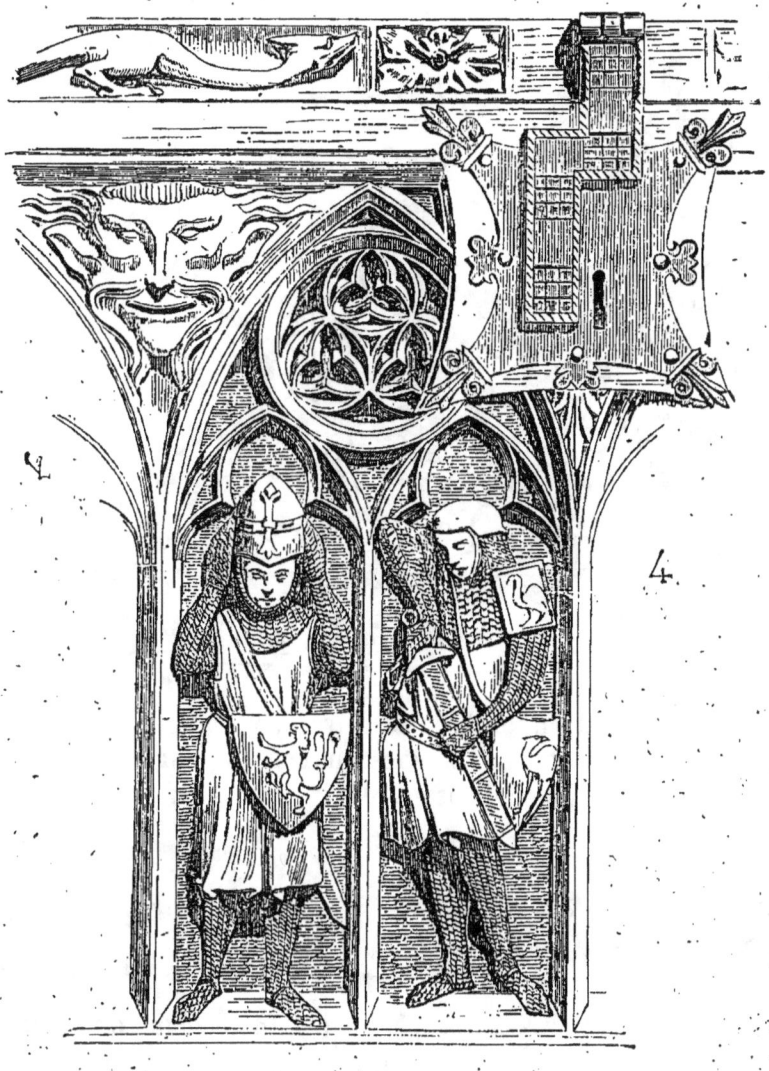

muse (fig. 5). La ferrure de ce meuble, autrefois peint, est fort belle :
la fig. 4 donne l'entrée de la serrure, et la fig. 6 une des pentures.
Mais la façon dont le couvercle du bahut roule sur ses charnières
mérite d'être mentionnée. Les deux montants de derrière forment

charnière à leur extrémité (fig. 6 *bis*), et reçoivent une fiche ou plutôt un boulon sur lequel roule le couvercle. Afin d'éviter que le contre-coup de ce couvercle ne vienne à fatiguer les charnières de bois lorsqu'on le laisse retomber, deux bouts de chaîne A, attachés

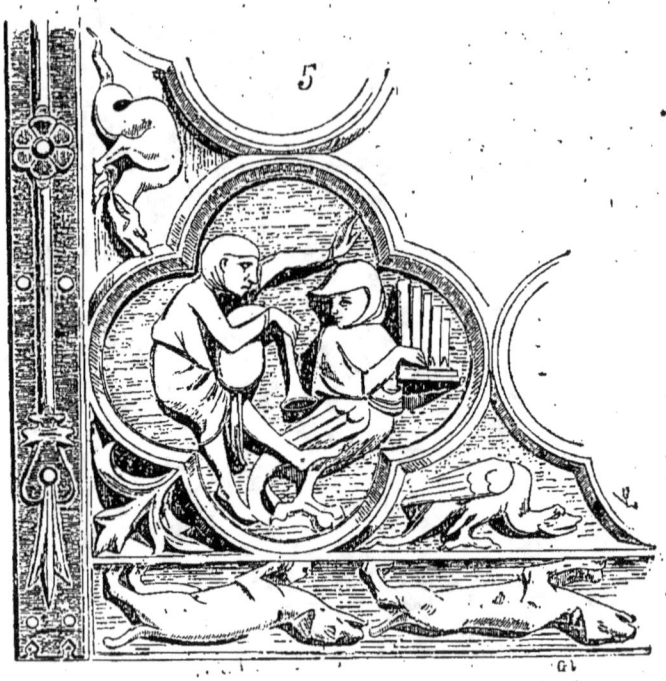

à un piton et à l'extrémité de la penture, arrêtent les deux angles postérieurs de l'abattant. Ces chaînes ont encore pour effet d'empêcher de forcer le meuble en brisant les charnières ou en enlevant les

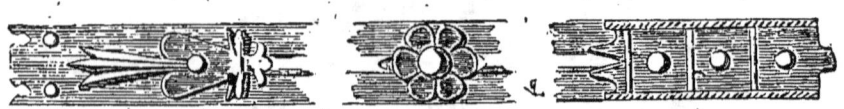

fiches. Ce couvercle, à gorge sur les côtés, tombe dans une feuillure garnie de goujons B, qui arrêtent tout mouvement de va-et-vient, et maintiennent la gorge parfaitement fixe dans sa feuillure. Les ais du coffre sont fortement maintenus par des membrures intérieures, et l'on observera que le couvercle n'est pas plan, mais forme deux pentes s'inclinant légèrement à droite et à gauche (voy. fig. 3), ce qui donne au meuble un caractère de solidité particulier; le couvercle est maintenu ouvert au moyen d'une chaîne intérieure. Quoique large, et même parfois grossière, la sculpture de ce bahut est d'un beau style.

A ce sujet, nous ferons remarquer que, dans les meubles antérieurs au xv° siècle encore existants, le style paraît préoccuper les fabri-

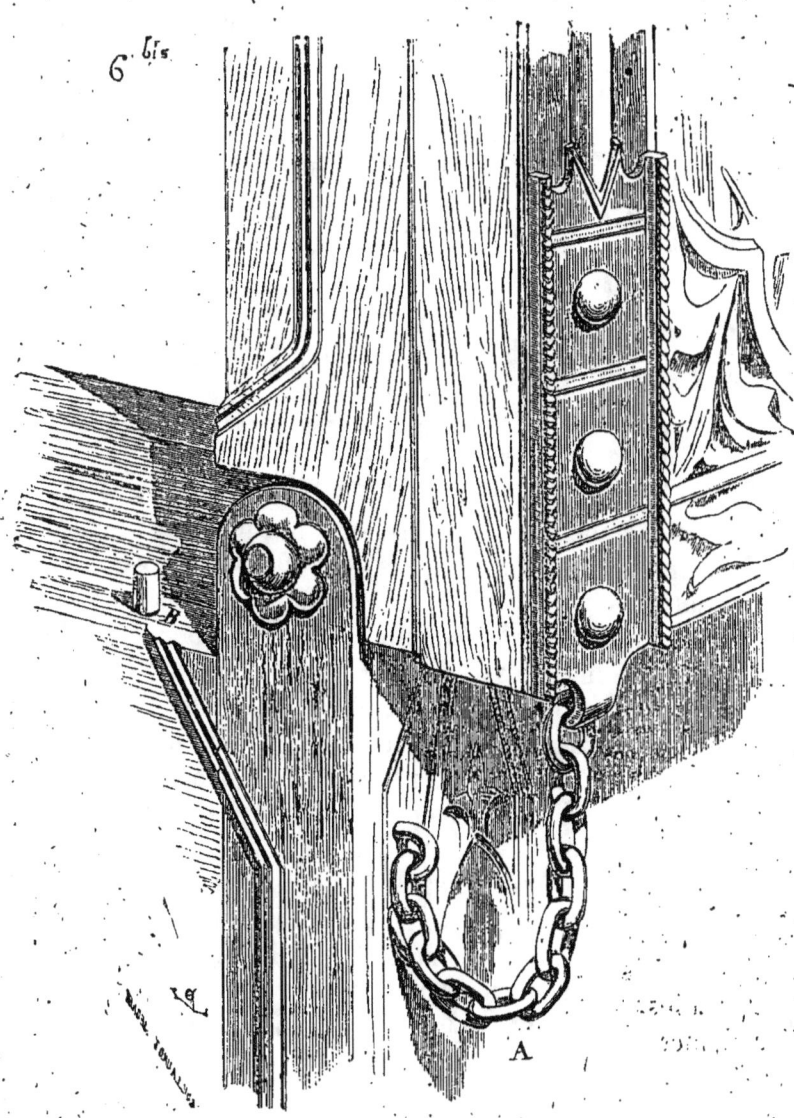

cants plutôt que l'exécution. Il semblerait que, jusqu'à cette époque, des artistes, des maîtres prenaient la peine de donner les éléments de ces objets destinés à l'usage journalier, tandis que plus tard, et jus- qu'à la renaissance, l'exécution l'emporta sur la composition et le style ; les meubles, parfaits comme travail, perdirent cet aspect monumental, simple, qui, dans les belles époques de l'art, se retrouve jusque dans les objets les plus vulgaires de la vie domestique.

Au xive siècle, on plaçait des bahuts servant de bancs dans presque toutes les pièces des appartements. Mais il en était un plus riche que les autres, mieux fermé, auquel on donnait de préférence le nom de huche, et qui était destiné à contenir les bijoux, l'argent et les objets les plus précieux du maître ou de la maîtresse de la maison. Du Guesclin ne se fait pas scrupule d'enfoncer la huche de sa mère pour s'emparer de l'argent dont il a besoin pour payer ses compagnons d'armes :

> « Quant argent i faloit, et petit argent a,
> « En la chambre sa mère, privéement entra,
> « Une huche rompi, ou escrin trouva
> « Ou les joiaux sa mère, sachiez (cachés) estoient là,
> « Et argent et or fin que la dame garda.
> « Bertrand mist tout à fin, à ses gens en donna :
> « Et quant la dame sceut comment Bertrand ouvra
> « A démenter se prist, son argent regreta [1]. »

Au xve siècle, la menuiserie fut traitée d'une manière remarquable comme construction et exécution ; les bahuts, ou plutôt les huches, se couvrirent de riches panneaux présentant de ces arcatures et combinaisons de courbes si fréquentes à cette époque [2], ou des simulacres de parchemins pliés. Voici un exemple (fig. 7) d'un de ces bahuts servant de table, copié sur l'un des petits bas-reliefs qui décorent les soubassements de la clôture du chœur de la cathédrale d'Amiens [3]. Le personnage est assis sur un de ces pliants *faudesteuils*, fort en usage pendant le xve siècle et le commencement du xvie.

Lorsque des habitudes de *comfort* se furent introduites dans l'ameublement, les bahuts servant de bancs furent souvent garnis d'appuis, de dossiers et même de dais (voy. Banc) ; leur abattant fut couvert de coussins ou de tapis mobiles, au lieu de ces toiles peintes ou cuirs gaufrés collés sur leur surface.

Pendant les xvie et xviie siècles, le bahut fit encore partie du mobilier domestique, et il en existe un grand nombre qui datent de cette époque. L'usage d'envoyer les présents de noce à la mariée dans de riches bahuts se conserva jusque vers le milieu du dernier

---

[1] *Chron. de du Guesclin*, vers 657 et suiv.
[2] Les exemples de ces sortes de meubles se rencontrent si fréquemment dans les collections publiques ou particulières, que nous ne croyons pas nécessaire d'en donner ici ; nous renverrons nos lecteurs aux ouvrages qui ont reproduit ces meubles.
[3] *Hist. de saint Jean-Baptiste*

siècle. Au Louvre, sous Louis XIII, les salles des gardes étaient encore garnies de coffres ou bahuts qui servaient de bancs. Lorsque Vitry attend le maréchal d'Ancre, « il demeure longtemps dans la salle « des Suisses, assis sur un coffre, ne faisant semblant de rien »[1].

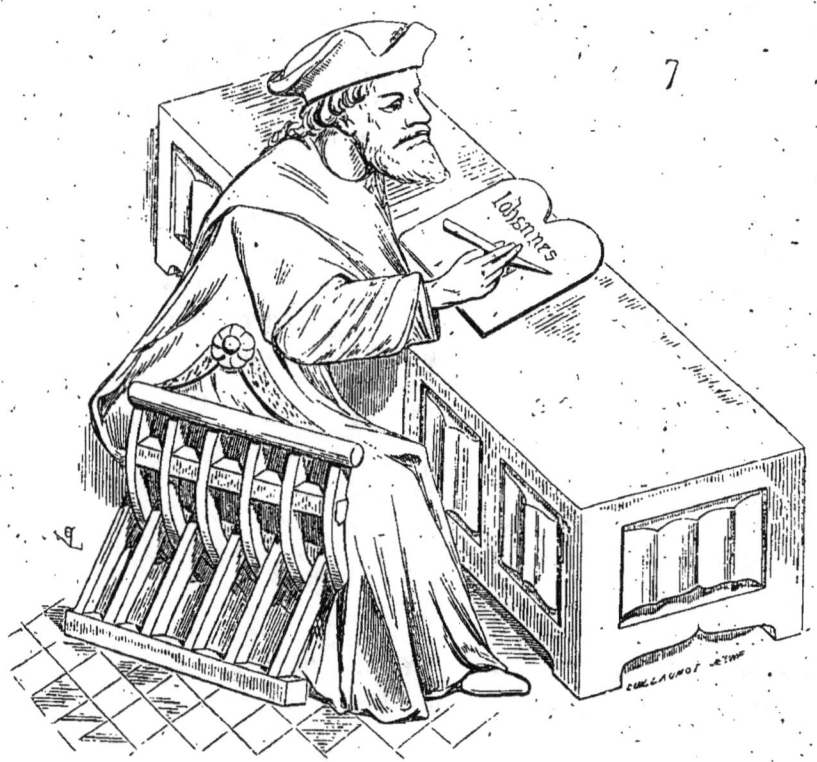

On disait : « piquer le bahut, » pour attendre dans une antichambre l'audience d'un personnage ; parce qu'alors, pour passer le temps, celui qui attendait s'amusait à piquer avec sa dague le couvercle du bahut sur lequel il était assis.

Aujourd'hui, la huche du paysan, qui sert à faire le pain, et les banquettes-coffres de nos antichambres, sont un dernier souvenir de ce meuble du moyen âge.

BANC, s. m. Meuble composé d'une planche assemblée dans deux montants servant de pied. Dans les premiers siècles de la monarchie française, le banc était autant une table qu'un siége. « J'arrive », dit

[1] *Relat. de ce qui s'est passé à la mort du maréchal d'Ancre* (Journ. de Pierre Dupuy, 1659, Leyde, Elzevier).

Grégoire de Tours[1], « mandé par Chilpéric; le roi était debout, près
« d'un pavillon formé de branches d'arbres. A sa droite était l'évêque
« Bertrand; à sa gauche, Raguemod. Devant eux un banc[2] chargé de
« pains et de mets divers..... »

Il était d'usage de couvrir de tapis les bancs posés autour des
salles, du temps de Grégoire de Tours. « Waddon arrive, entre aus-
« sitôt dans la maison, et dit : — Pourquoi ces bancs ne sont-ils pas
« couverts de tapis? Pourquoi cette maison n'est-elle pas balayée?...[3] »
Lorsque Robert, duc de Normandie, entreprend d'aller en pèlerinage
à Jérusalem, passant à Constantinople, il est admis avec les Normands de sa suite, à une audience de l'empereur d'Orient. La salle
dans laquelle les seigneurs normands sont reçus était dépourvue de
siéges : ceux-ci se dépouillent de leurs manteaux, les jettent à terre,
s'asseyent dessus et dédaignent de les reprendre en partant. Le duc
répond au Grec qui veut lui rattacher son manteau.

> « Jo ne port pas mun banc od mei. »

> « Pur la noblesce des Normanz,
> « Ki de lur manteals firent bancz,
> « Fist l'Emperor el paleiz faire
> « Bancz à siege envirun l'aire;
> « Ainz à cel tems à terre séeint,
> « Ki el paleiz séer voleient[4]. »

A Constantinople, l'usage des siéges était donc inconnu au xie siècle,
et les Grecs s'asseyaient à terre sur des tapis, comme les Orientaux
de nos jours. Par courtoisie, l'empereur fait faire des bancs autour
de la salle du palais, afin que les Normands puissent s'asseoir conformément à leurs habitudes, pendant leur séjour à Byzance.

Guillaume, duc de Normandie, apprend la mort d'Édouard et le
couronnement de Harold, étant à la chasse; il devient pensif, rentre
dans son palais, et :

> « Al chief d'un banc s'est acotez,
> « D'ores en altre s'est tornez,
> « De sun mantel covri sun vis,
> « Sor un pecol (appui) sun chief a mis;
> « Issi pensa li Dus grant pose,
> « Ke l'en parler à li n'en ose[5]. »

---

[1] Lib V.
[2] «... Et erat ante *scamnum* panc desuper plenum, cum diversis ferculis... »
[3] *Ibid.*, lib. IX.
[4] *Le Roman de Rou*, 1re partie, vers 8273 et suiv.
[5] *Le Roman de Rou*, 2e partie, vers 1109 et suiv.

Les bancs étaient donc munis d'appuis au XIe siècle ; ces appuis n'étaient que la prolongation des deux montants servant de pieds,

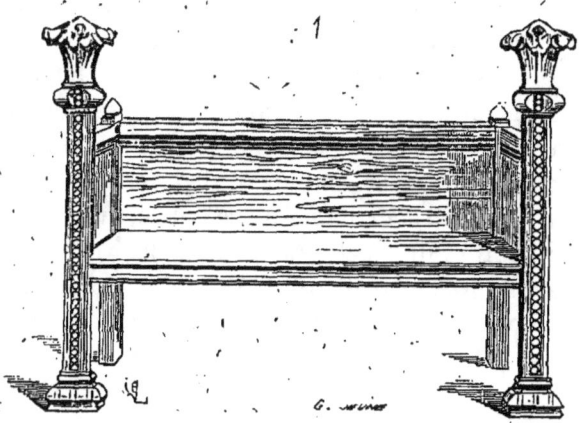

avec une barre pour dossier (fig. 1)[1]. Dans les églises, dès l'époque romane, on faisait habituellement régner une assise de pierre sail-

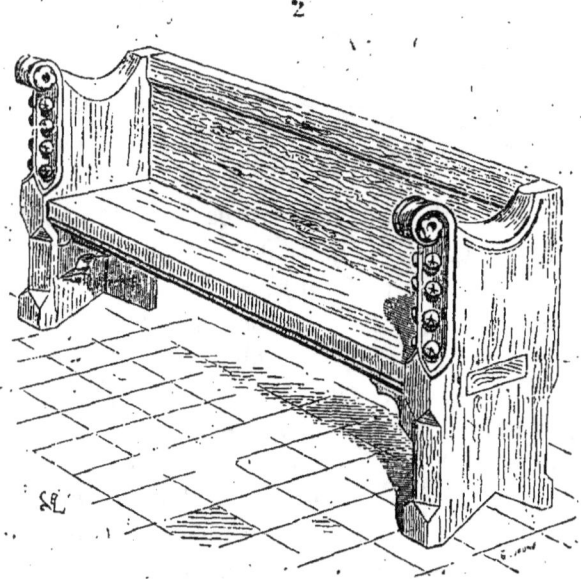

lante à l'intérieur des bas côtés ou chapelles, formant un banc con-

[1] Manuscr. de saint Cuthbert, University college Library, Oxford. — Voyez d'autres exemples donnés dans Some Account of domestic Architecture in England, T. Hudson Turner. H. Parker, Oxford, 1851. — Voyez aussi la tapisserie de Bayeux, dite de la reine Mathilde.

tinu. Cet usage se perpétua pendant la période ogivale, car alors on n'établissait pas, comme aujourd'hui, des bancs en menuiserie ou des chaises pour les fidèles. Mais dans les dépendances des églises, dans les salles capitulaires, les bibliothèques et les sacristies, on plaçait des bancs de bois ; les bahuts (voy. ce mot) en tenaient souvent lieu. Ces bancs furent alors garnis d'appuis, de dossiers et même de dais. Ils étaient d'une forme très-simple jusqu'au xive siècle, composés de forts madriers, ornés seulement de quelques gravures. Nous avons encore vu des débris de bancs de ce genre, qui paraissent dater du commencement du xiiie siècle, dans des salles voisines des églises pauvres dont le mobilier n'avait pas été renouvelé (fig. 2).

Dans les habitations, les bancs étaient recouverts de coussins ou

3

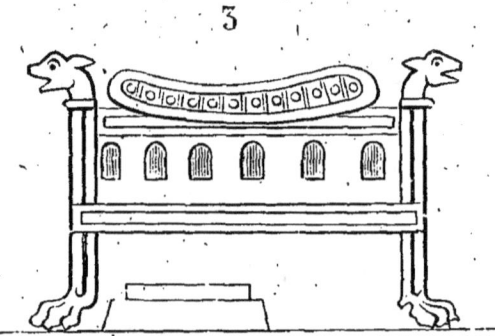

d'une étoffe rembourrée non fixée après la tablette. Les montants latéraux étaient souvent ornés de sculptures, et se recourbaient pour offrir un appui plus commode (fig. 3)[1]. Si l'on s'en rapporte aux vignettes des manuscrits, aux peintures et descriptions, les bois de ces meubles étaient rehaussés de couleurs, de dorures, d'incrustations d'or, d'argent et d'ivoire[2]. Au xiiie siècle, on ne se contenta pas de tablettes assemblées dans des montants ; les bancs affectèrent souvent la forme d'un coffre long, c'est-à-dire que le devant fut garni de planches ornées d'à-jour, d'arcatures et de peintures ; ils pouvaient alors être considérés comme de véritables bahuts, bien qu'ils fussent plus longs que n'étaient ces derniers meubles. Ce qui distingue particulièrement le banc, avec ou sans dossier, de la *forme* ou *chaire*, par exemple (voy. ces mots), c'est que le banc est trans-

---

[1] Tapisserie de Bayeux.
[2] « Déjoste lui les assist sor un banc
« Qu'iert entailléz à or et à argent.., »
(*Rom. de Guill. d'Orange*, prise d'Orange.)

portable, qu'il peut être déplacé. Ainsi, pendant le moyen âge, on garnissait habituellement les tables à manger de bancs mobiles sur lesquels on jetait des coussins.

Voici deux exemples de ces sortes de bancs, tirés d'un manuscrit (fig. 4)[1] ; le dessus de ces siéges se relevait, et, étant fermé par une

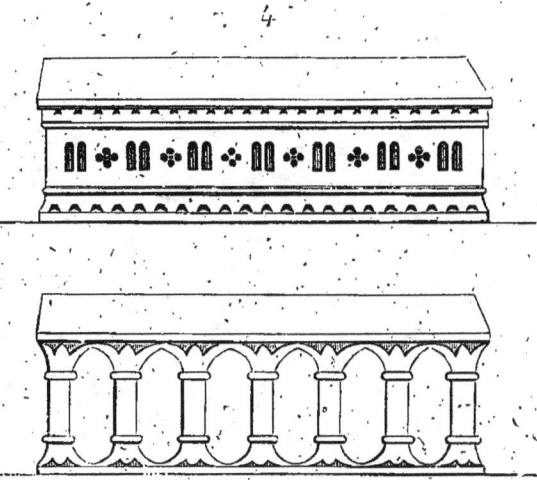

4

serrure, permettait de serrer des objets. Pendant les xive et xve siècles, les bancs, comme tous les autres meubles domestiques, furent décorés de riches étoffes, de cuirs dorés et gaufrés, ou de tapisseries. « Le duc de Bourgogne fût en celle journée assis sur un banc paré « de tapis, de carreaux et de palles ; et fut environné de sa noblesse « et accompaigné et adextré de son conseil qui estoyent derrière la « perche (le dossier) du banc, tous en pié, et prests pour conseiller « le duc si besoing en avoit, et dont les plus prochains de sa per- « sonne furent le chancelier et le premier chambellan ; et ceux-là « estoyent au plus près du prince, l'un à dextre et l'autre à sé- « nestre[2]. »

Pendant les xve et xvie siècles, beaucoup de familles nobles firent construire des chapelles particulières attenantes aux églises. L'intérieur de ces chapelles était meublé comme un oratoire privé ; les murs étaient garnis de bancs de bois à dossier ; on y plaçait des prie-Dieu, des pupitres, des tapis, des carreaux, etc. Voici un banc (fig. 5)

[1] Ces deux exemples sont tirés d'un manuscrit de l'Apocalypse appartenant à M. B. Delessert (xiiie siècle).

[2] *Mém. d'Olivier de la Marche*, conférences au sujet du Luxembourg, p. 398, édit. Buchon.

provenant d'une de ces chapelles. Ce meuble appartient aux premières années du XVI° siècle, et est encore déposé dans l'église de

5

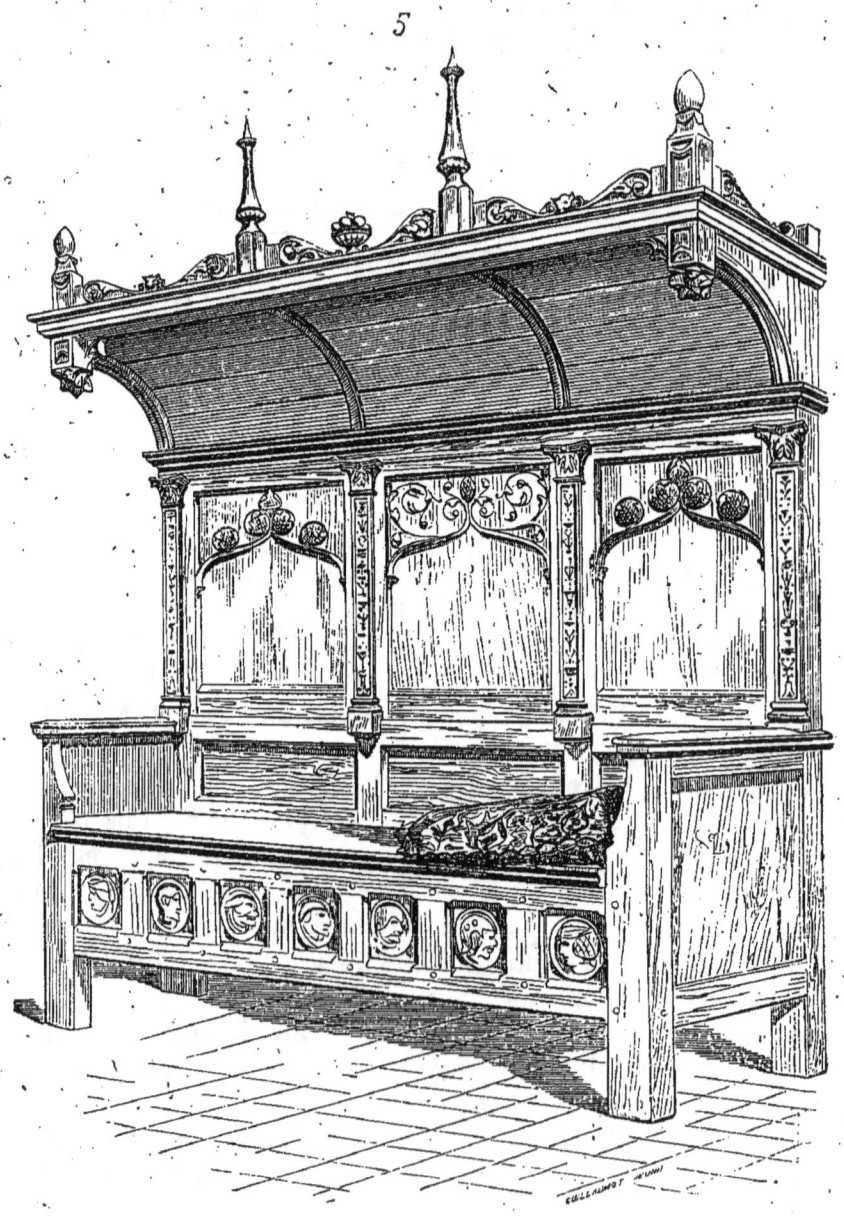

Flavigny ; il est garni de son dossier, et surmonté d'un dais de bois
sculpté. La tablette du banc devait recevoir des carreaux de tapisserie et d'étoffe ; ce dont on ne peut douter, les traces des attaches

de cette garniture étant encore visibles, et les petites bases des pilastres s'arrêtant au point où elle était fixée. Dans les châteaux, les vestibules, les salles des gardes, les pièces destinées aux réceptions étaient entourées de bancs plus ou moins somptueux, soit comme sculpture, soit comme garniture, en raison de la richesse des propriétaires. Chez les bourgeois, la salle, c'est-à-dire la pièce où l'on admettait les étrangers, était également entourée de bancs qui servaient en même temps de coffres ; les uns n'étaient que des coffres, les autres étaient munis de marches en avant et de coussins. On trouve dans l'inventaire d'un certain Jean Rebours, garde du scel de l'archevêché de Sens et curé d'Ervy, dressé en 1399, parmi les meubles, « une aumoire de bois à trois étages doubles, un banc, un banc à marche, deux banchiers » (couvertures de bancs)[1].

BERCEAU, s. m. (*bers*). Les berceaux d'enfant, les plus anciens et les plus simples, figurés dans des manuscrits des ixe et xe siècles, paraissent être formés d'un morceau de tronc d'arbre creusé, avec de petits trous sur les bords, pour passer des bandelettes destinées à empêcher le marmot de se mouvoir. La convexité naturelle du bois à l'extérieur permettait à la nourrice de bercer l'enfant[2]. Quelquefois les berceaux ne sont que des paniers d'osier, dans lesquels on déposait les enfants, soigneusement entourés de bandelettes (fig. 1[3]. Plus tard, on trouve un grand nombre d'exemples de berceaux qui sont façonnés comme de petits lits posés sur deux morceaux de bois, courbes (fig. 2). On ne rencontre guère d'exemples de berceaux suspendus au-dessus du sol sur deux montants, que dans les manuscrits ou bas-reliefs du xve siècle ;

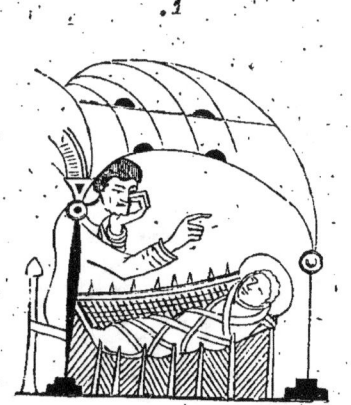

alors ces montants sont fixes, et le berceau se meut au moyen de deux tourillons (fig. 3). Les enfants représentés dans les berceaux ou entre les bras de leurs nourrices, jusqu'au xvie siècle, ont toujours le corps et les bras soigneusement emmaillottés et entourés

[1] *Voyage paléogr. dans le départ. de l'Aube*, par H' d'Arbois de Jubainville, 1855.
[2] Les paysans grecs se servent encore aujourd'hui de berceaux ainsi façonnés.
[3] Manuscr. latin, ixe siècle, *Astronom.*, fonds Saint-Germain, no 434, Bibl. nat. Il faut remarquer toutefois que, dans cette vignette, qui représente la naissance du Sauveur, le berceau est une crèche plutôt qu'un meuble d'un usage habituel.

de bandelettes; la tête seule reste libre. Cet usage s'est conservé en
Orient et dans le sud de l'Italie, et il ne paraît pas que le développement physique des enfants ait à en souffrir.

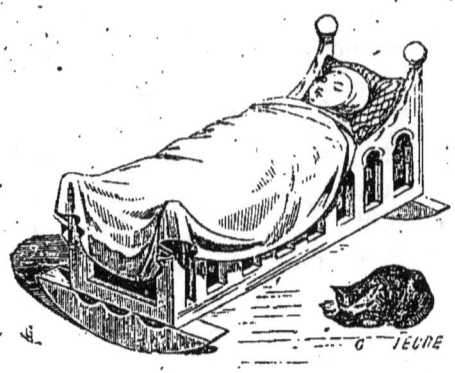

Nous n'avons pas vu, dans les manuscrits, peintures ou bas-reliefs,
que les berceaux des enfants fussent munis de rideaux jusqu'au

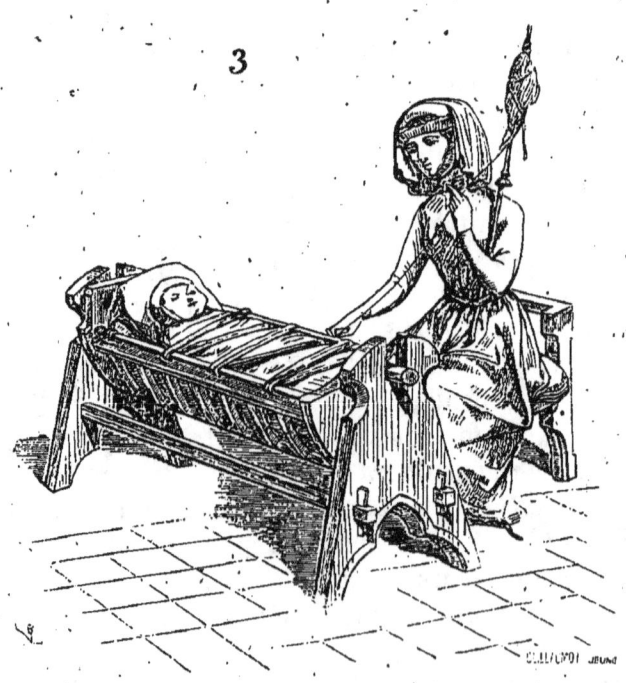

xvie siècle. Il est vrai que les lits des grandes personnes étaient fort
vastes, entourés presque toujours d'amples courtines, et que la nuit
le berceau de l'enfant était mis à l'abri derrière ces courtines qui

enveloppaient ainsi toute la famille comme sous une tente commune.

BUFFET, s. m. On entendait par ce mot, pendant le moyen âge, la chambre où l'on renfermait la vaisselle, des objets précieux, tels que vases, bijoux, curiosités ; on donna aussi, pendant les XIVe et XVe siècles, le nom de *buffet* au meuble que l'on plaçait, pendant les repas de cérémonie, au milieu de l'espace réservé entre les tables en fer à cheval, et sur lequel on rangeait des pièces d'orfévrerie, des épices et confitures, comme sur des gradins. Le dressoir est un meuble servant au même usage, mais ordinairement appliqué contre le mur ; tandis que le buffet est isolé, on tourne autour, il pare le centre de la salle du festin. C'est surtout pendant le XVe siècle, alors que le luxe intérieur atteignit des proportions extravagantes, que les buffets furent en grand usage. A cette époque, le mot *buffet* indique non-seulement le meuble, mais tous les objets dont on le couvre ; on dit *buffet* pour exprimer l'ensemble de ces décorations de fêtes. Aux entrées de souverains, d'ambassadeurs, on offre un buffet, c'est-à-dire qu'on donne au personnage auquel on veut faire honneur un amas de vaisselle d'argent ou de vermeil contenant des rafraîchissements ; et, dans ce cas, le meuble et ce qu'il porte appartient audit personnage.

C'est au buffet, dans les repas d'apparat, que viennent les chevaliers, écuyers ayant la charge de servir les souverains, pour prendre les plats qui doivent être distribués sur les tables. « En celle salle « avoit trois tables drécées, dont l'une fut au bout de dessus.... Celle « table étoit plus haute que les autres, et y montoit on à marches de « degrés.... Aux deux costés de ladite salle, tirant du long, furent « les autres deux tables drécées, moult belles et moult longues ; et « au milieu de ladite salle avoit un haut et riche buffet, faict à manière d'une lozange. Le dessouz dudict buffet estoit clos à manière « d'une lice, et tout tapicé et tendu des armes de Monsieur le Duc ; « et delà en avant commençoyent marches et degrez chargés de vaisselle, dont par le plus bas estoit la plus grosse, et par le plus haut « estoit la plus riche et la plus mignote ; c'est à sçavoir par le bas la « grosse vaisselle d'argent dorée, et par l'amont estoit la vaisselle « d'or, garnie de pierrerie, dont il y avoit à très grand nombre. « Audessus dudict buffet avoit une riche coupe garnie de pierrerie, « et par les quarrés dudict buffet avoit grandes cornes de licornes « toutes entières, moult grandes et moult belles ; et de toute la vais- « selle de la pareure dudict buffet ne fut servi pour ce jour, mais

« avoyent autre vaisselle d'argent, de pots et de tasses, dont la salle
« et les chambres furent servies ce jour[1]. » C'est là un buffet d'apparat, destiné à récréer la vue pendant le repas.

Voici le buffet d'usage. « Au regard du service, Madame la nou-
« velle duchesse fut servie d'eschançon et d'escuyer tranchant, et de
« pannetier, tous Anglois, tous chevaliers, et gens de grande maison ;
« et l'huissier de salle cría : « Chevaliers, à la viande ! » Et ainsi
« ala-on au buffet la viande quérir ; et autour du buffet marchoyent
« tous les parens de Monsieur, et tous les chevaliers tant de l'ordre
« que de grand-maison, tous deux à deux, après les trompettes, de-
« vant la viande....[2] »

Le buffet, au moyen âge, n'était donc pas, à proprement parler,
un meuble, mais une sorte d'échafaudage dressé pour une cérémonie ; il n'était décoré que par les étoffes dont il était tapissé et
surtout par les objets de prix qu'il supportait. (Voy. DRESSOIR.)

Buffet s'entend aussi comme *soufflet* (voy. au *Dictionnaire des
ustensiles* le mot BUFFET).

EUSTAIL, s. m. Vieux mot qui signifie *bois de lit* (voy. LIT).

CABINET, s. m. Au XVIe siècle, on donna ce nom à une armoire
montée sur quatre pieds, fermée par deux vantaux, et remplie de
petits tiroirs. Ce meuble est particulièrement en usage pendant le
XVIIe siècle. On y serrait des bijoux, des objets précieux : c'est le *bahut*
du moyen âge, dressé sur quatre pieds, ainsi que le fait remarquer
judicieusement M. le comte de Laborde[3]. (Voy. BAHUT.)

CASIER, s. m. Sorte de garde-manger en forme de huche
(voy. HUCHE).

CHAALIT, s. m. Vieux mot employé pour *bois de lit* (voy. LIT).

---

[1] *Mém. d'Oliv. de la Marche*, mariage du duc Charles de Bourgogne avec Marguerite
d'York. Édit. Buchon. p. 542, date 1474.
[2] *Ibid.*
[3] *Gloss. et Répert.*, 2e partie. Paris, 1853.

CHAISE, s. f. (*chaire*, *chaière*, *forme*, *fourme*). Siége garni de bras et dossier, quelquefois de dais pendant les XIVe et XVe siècles. Nous comprenons dans cet article tous les siéges, meublés, et même les trônes de bois ou de métal, sauf les siéges pliants, *faudes-teuils* (voy. ce mot). Quant aux chaires de marbre et de pierre, nous les considérons comme immeubles, et nous renvoyons nos lecteurs au *Dictionnaire d'architecture*, dans lequel ces objets sont décrits.

Il semble que, dès les premiers temps du moyen âge, on ait voulu donner aux siéges une élégance et une richesse particulières; il est à remarquer que, plus les meubles se rattachent à l'usage personnel, plus ils sont traités avec luxe. Les vêtements étant fort riches, on comprendra ce besoin de mettre en harmonie avec ceux-ci les meubles destinés, pour ainsi dire, à les compléter. Si un personnage, vêtu de couleurs éclatantes et d'étoffes précieuses, s'assied dans une chaire grossière comme matière et comme travail, la disparate sera trop choquante. On ne sera donc pas étonné si les exemples de siéges que nous donnons ici sont, relativement aux autres meubles, d'une richesse remarquable.

Les chaires étaient déjà fort anciennement incrustées d'or, d'ivoire, d'argent, de cuivre, composées de marqueterie, recouvertes d'étoffes brillantes, non point, comme cela se pratique de nos jours, par des tissus cloués, rembourrés et fixes, mais par des coussins et des tapis mobiles, attachés par des courroies, ou jetés sur le bois. Ces sortes de meubles étaient rares d'ailleurs; dans la pièce principale de l'appartement, il n'y avait, la plupart du temps, qu'une seule chaire, place d'honneur réservée au seigneur, au chef de la famille ou à l'étranger de distinction que l'on recevait. Autour de la pièce, on ne trouvait pour s'asseoir que des bancs, des bahuts, des escabeaux, de petits pliants, ou même parfois des coussins posés sur le carreau. Dans les chambres à coucher, il y avait aussi une seule chaire et des bancs; de même dans la salle où l'on mangeait. La chaire ou chaise est toujours le *trône* du maître ou de la maîtresse; cet usage était d'accord avec les mœurs féodales. Si le chef de la famille recevait des inférieurs, il s'asseyait dans sa chaire, et les laissait debout ou les faisait asseoir sur des siéges plus bas et souvent sans dossiers; s'il recevait un supérieur dans l'ordre féodal, ou un égal auquel il voulait faire honneur, il lui cédait la chaire. Toutefois, si ces meubles sont riches par la matière et le travail, ils sont simples de forme pendant les premiers siècles du moyen âge, se composent de montants, de traverses et de tablettes pour s'asseoir, ou parfois de sangles sur lesquelles on jetait un gros coussin enveloppé de cuir gaufré ou d'étoffe précieuse.

Dans les premiers siècles, des chaires avec dossiers hauts sont peu communes ; cependant des vignettes de manuscrits des IXᵉ, Xᵉ et

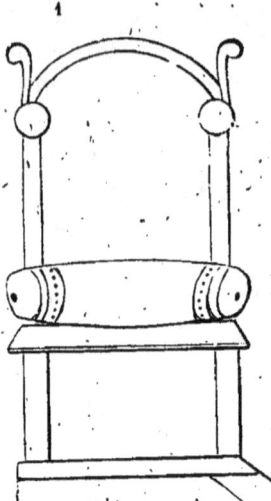

XIᵉ siècles en laissent voir quelques-unes (fig. 1)[1] ; mais ils paraissent être des siéges d'honneur, des trônes réservés pour de grands personnages. Il arrivait d'ailleurs que des siéges sans dossiers étaient appuyés contre la muraille, laquelle alors était tapissée au-dessus d'eux. Souvent les chaires étaient garnies de bras ou d'appuis, et le dossier ne dépassait pas la hauteur des bras latéraux, ainsi que le fait voir la fig. 2[2]. Ces dossiers à même hauteur que les bras étaient généralement circulaires et enveloppaient les reins, comme la chaise antique. Mais cependant, jusqu'au XIIIᵉ siècle, les chaires de forme carrée étaient parfois dépourvues de dossiers élevés, ainsi que le fait voir l'exemple (fig. 3) tiré de l'ancienne collection de M. le prince Soltykoff. Cette pièce

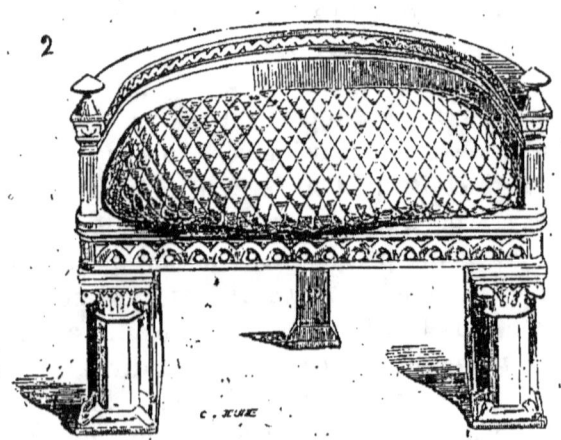

d'orfévrerie est de cuivre émaillé, fabrication de Limoges, et date

---

[1] Manusc. IXᵉ siècle, n° 6-2, Bibl. nat.
[2] Ivoire, couverture de manusc. moul., coll. de M. A. Gérente, XIIᵉ siècle. Nous avons enlevé la figure de la sainte Vierge assise sur cette chaire, afin d'en mieux faire comprendre l'ensemble.

des premières années du XIIIe siècle. Les quatre montants, dépassant les bras et le dossier, sont garnis de pommes sur lesquelles on s'appuyait pour se soulever. Ces pommes étaient généralement riches, soit comme travail, soit comme matière, d'ivoire, de cristal de roche, de cuivre émaillé ou doré.

3

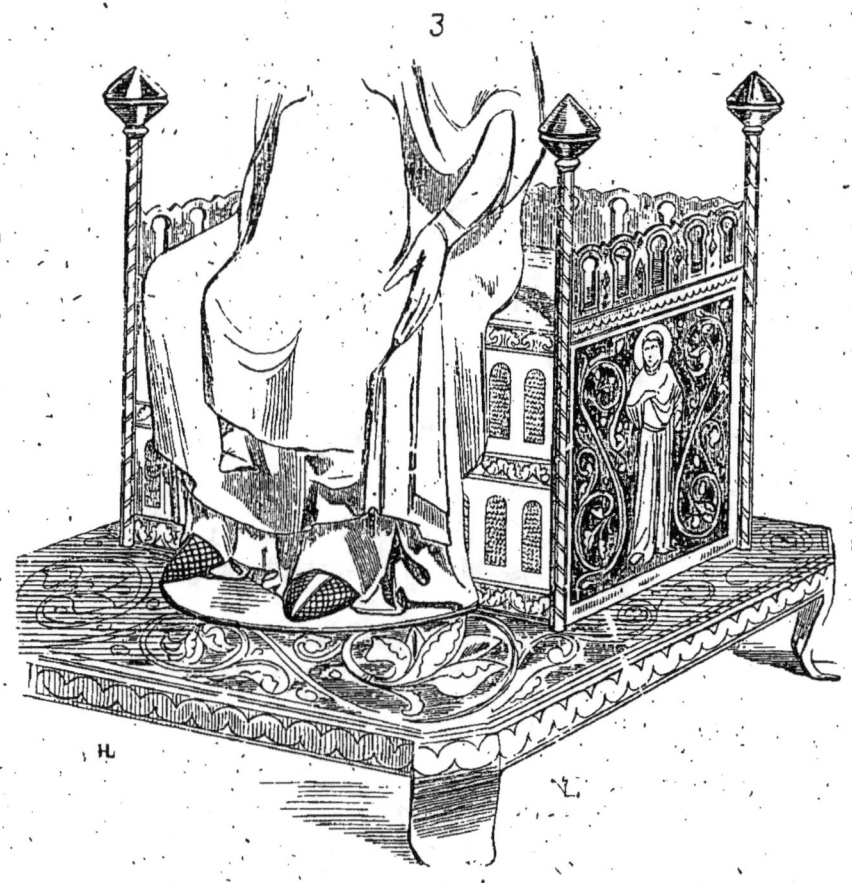

Dès le XIIe siècle, on employait très-fréquemment les bois tournés dans la fabrication des chaires ; non-seulement les bois tournés entraient dans la composition des montants, mais ils servaient encore à garnir les dossiers, l'intervalle laissé entre la tablette et les bras (fig. 4) [1]. Parfois les montants supérieurs, en s'élevant au-dessus des montants antérieurs et dépassant les bras, ne servaient qu'à maintenir des courroies ou sangles sur lesquelles on jetait un morceau

[1] Du linteau de la porte de droite de l'église Saint-Lazare d'Avallon, XIIe siècle.

d'étoffe, ainsi que le fait voir la fig. 4. La chaire était presque toujours accompagnée d'un marche-pied fixé au meuble ou libre, afin de laisser dominer le personnage assis, surtout lorsque ce meuble

4

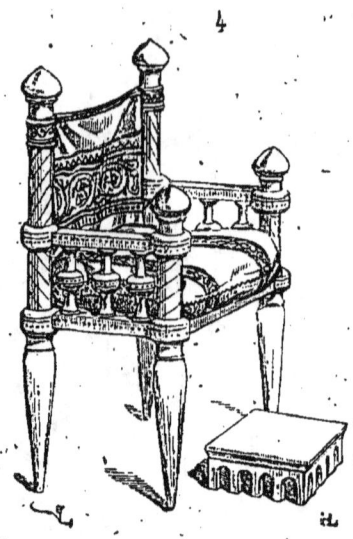

était destiné à un cérémonial, et que sa tablette, recouverte d'un épais coussin, se trouvait assez élevée au-dessus du sol :

> « Par dedenz Rome fu Guillaumes li frans,
> « Prent son seignor tost et isnelement,
> « En la chaière l'asiet de maintenant.
> « Se 'l corona del barnage des Frans.
> « . . . . »

Les quelques exemples que nous venons de donner indiquent déjà une assez grande variété dans la composition des chaires, et nous ne nous occupons que de celles qui sont mobiles, ne tenant pas à un ensemble de siéges comme les stalles, *formes* et autres meubles dépendant du mobilier fixe des églises[2]. Parmi ces exemples, les uns paraissent conserver les traditions du mobilier antique, comme la fig. 2, par exemple, les autres affectent des formes plus ou moins originales; mais il ne faut pas oublier que, jusqu'à la fin du XIIe siècle, l'influence de l'antiquité, ou plutôt du Bas-Empire, influence rajeunie,

---

[1] Guill. d'Orange, *Li coronemens Looys*, vers 2626 et suiv., édit. de la Haye. Jonckbloet, 1854.

[2] Nous renvoyons nos lecteurs au *Dictionnaire d'architecture*, pour ces objets que nous considérons comme immeubles, aux mots CHAIRE, STALLE.

pour ainsi dire, par les relations plus fréquentes avec Constantinople, laisse de profondes traces dans la disposition et la forme des
vêtements; les meubles usuels subissent naturellement cette même
influence.

Au XIIIᵉ siècle, la modification dans le costume est sensible; elle
existe également dans le mobilier; nous voyons alors paraître des
formes sinon neuves, au moins empruntées à d'autres sources que
celle de la tradition antique romaine ou byzantine. Diverses causes
amènent ces changements : les
rapports avec les populations
mahométanes de la Syrie; le développement de la richesse et de
l'industrie chez les populations
urbaines, qui commençaient à
manifester des goûts de luxe;
l'établissement régulier des corporations de gens de métiers,
qui allaient chercher des modes
nouvelles en toutes choses, afin
d'alimenter la production.

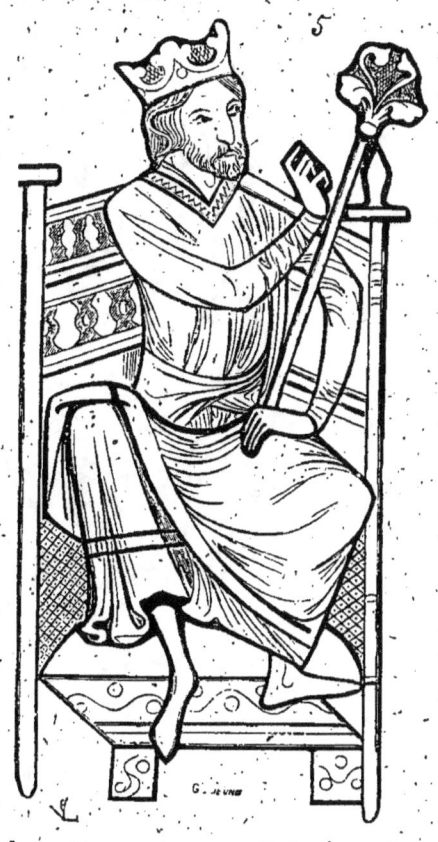

On remarquera que les chaires
antérieures au XIIIᵉ siècle sont
assez étroites entre bras; c'est
qu'en effet, jusqu'alors, bien que
les vêtements fussent amples, ils
étaient faits d'étoffes souples,
fines, et leurs nombreux plis
se collaient au corps. Mais, au
XIIIᵉ siècle, on se vêtit d'étoffes
plus roides, doublées de fourrures ou de tissus assez épais;
on fit usage des velours, des bro-
carts, qui forment des plis larges : les vêtements se collaient moins
au corps, ils tenaient plus de place, produisaient des plis amples et
très-marqués; il fallut élargir les siéges et leur donner des formes
plus en rapport avec ces nouveaux habits, afin qu'ils ne fussent
pas froissés et que les plis pussent conserver leur jet naturel. Ainsi,
nous voyons ici (fig. 5) un roi assis dans une chaire longue et étroite[1],
et le vêtement du personnage, quoique très-ample, dessine la forme

---

1. Vitrail de la cathédrale de Bourges, commencement du XIIIᵉ siècle.

du corps; il est fait d'une étoffe souple qui n'avait rien à craindre du froissement, et pouvait, sans gêner le personnage, tenir avec lui dans un espace assez resserré.

Nous venons de dire que la Syrie eut une influence sur les meubles usuels vers le commencement du XIIIᵉ siècle. En effet, à cette époque,

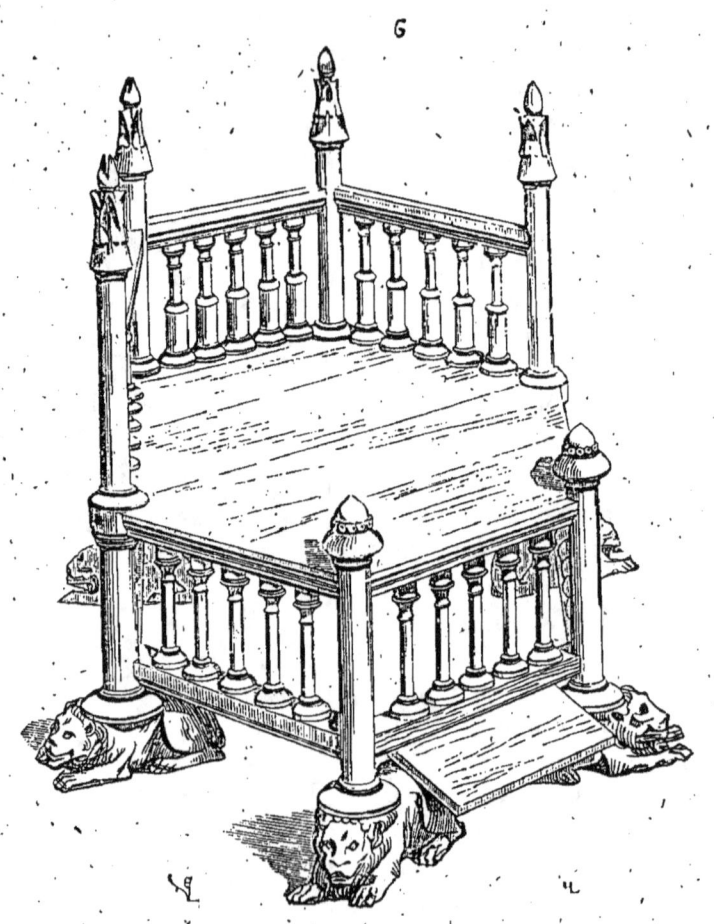

G

on voit dans les peintures, bas-reliefs et manuscrits, des chaires figurées qui rappellent certaines formes encore usitées dans l'Inde, en Perse et en Égypte. Telles sont les deux chaires représentées dans les deux figures 6 et 7[1]. Ces deux chaires, dont l'une dépourvue et l'autre munie de bras, ont leurs montants et dossiers de bois tournés;

---

[1] Du manuscrit de la Bibl. nat. ancien fonds Saint-Germain, n° 37, XIIIᵉ siècle. Nous avons donné à ces copies de meubles une apparence réelle que les vignettes ne présentent que grossièrement; mais leur forme est parfaitement indiquée d'ailleurs.

toutes deux sont des siéges d'honneur, des trônes, et les six montants de la première sont posés sur des lions, genre de support très-fréquent pour ces sortes de siéges. Ces meubles n'étaient guère transportables; ils occupaient une place fixe dans la pièce où ils se trouvaient. Ils sont largement ouverts, et permettaient au personnage assis de se mouvoir à droite et à gauche sans être gêné par le froissement des vêtements. Des coussins garnissaient la tablette. Les dossiers ne sont ici que des galeries à jour, assez peu élevées pour ne pas masquer les personnages assis. Ces meubles n'étaient point adossés, mais occupaient un espace libre au milieu d'une pièce; on

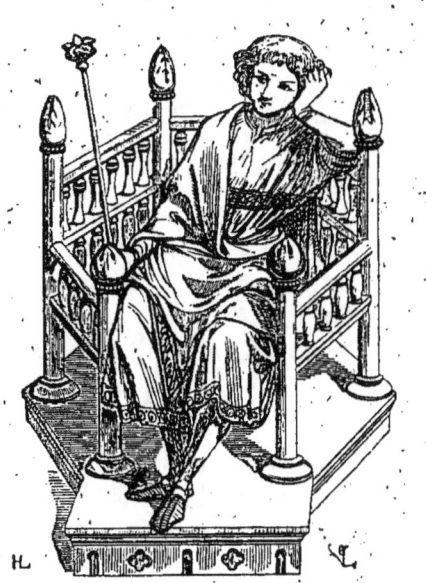

7

circulait autour, et le personnage séant pouvait voir une nombreuse assemblée dont quelques membres se tenaient à ses côtés et derrière lui. Ce sont là des chaires de seigneurs féodaux placées dans la salle publique destinée aux assemblées; ce sont de véritables trônes[1].

En Italie et dans le midi de la France, les siéges d'honneur de forme polygonale, avec bras et dossiers, étaient aussi fort en usage, et prennent des développements considérables : nous citerons entre autres le trône sur lequel est assis Jésus-Christ dans une des peintures des voûtes de la petite chapelle de Saint-Antonin, aux Jacobins de Toulouse (fig. 7 *bis*). Ce siége est très-vaste, ses formes sont com-

---

[1] Toutes les personnes qui ont voyagé en Orient ont pu voir des meubles de ce genre, encore en usage aujourd'hui. On sait combien peu les Orientaux modifient les formes des objets usuels.

pliquées, et il permettait de se placer dans toutes sortes de postures.

Quant aux chaires des appartements privés, elles étaient plus généralement garnies de dossiers élevés. C'est ainsi qu'est figuré le

7 bis

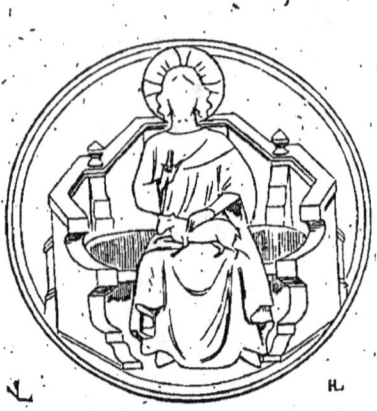

siége sur lequel David est assis à côté de Bethsabée, à la porte de droite du portail de la cathédrale d'Auxerre (fig. 8) [XIIIᵉ siècle]. Ce beau meuble se rapproche des formes actuelles, et déjà il est enrichi

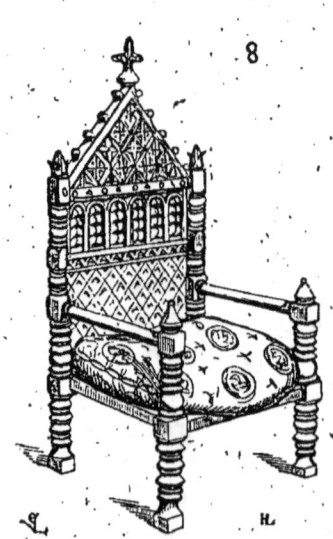

8

de sculptures plates qui se mèlent aux bois tournés encore employés en Orient. Nous donnons (fig. 9) le dossier de la chaire de David, sur lequel la sculpture est prodiguée, mais de façon à ne pas offrir de ces aspérités gênantes sur un meuble destiné à l'usage ordinaire.

Il ne faudrait pas croire cependant que les bois tournés fussent uniformément adoptés dans la construction des chaires du XIIIᵉ siècle, car aucune époque ne présente une aussi grande variété de siéges, soit comme forme, soit comme matière ou comme système de construction. Nous venons de voir des chaires qui affectent des dispositions particulières, telles que celles représentées figures 6 et 7, qui sont, pour ainsi dire, de petites estrades entourées de galeries pour servir d'appui ou de dossier; d'autres (fig. 8) qui rentrent dans les formes en usage encore aujourd'hui. Mais ces meubles sont de bois; or, pendant le moyen âge, on fabriquait volontiers des siéges de métal, fer ou bronze, que l'on recouvrait de tapisseries. Sans parler des pliants (*faudesteuils*), tels que le trône dit de *Dagobert*, qui est de bronze, et tant d'autres que l'on rencontre encore dans nos églises,

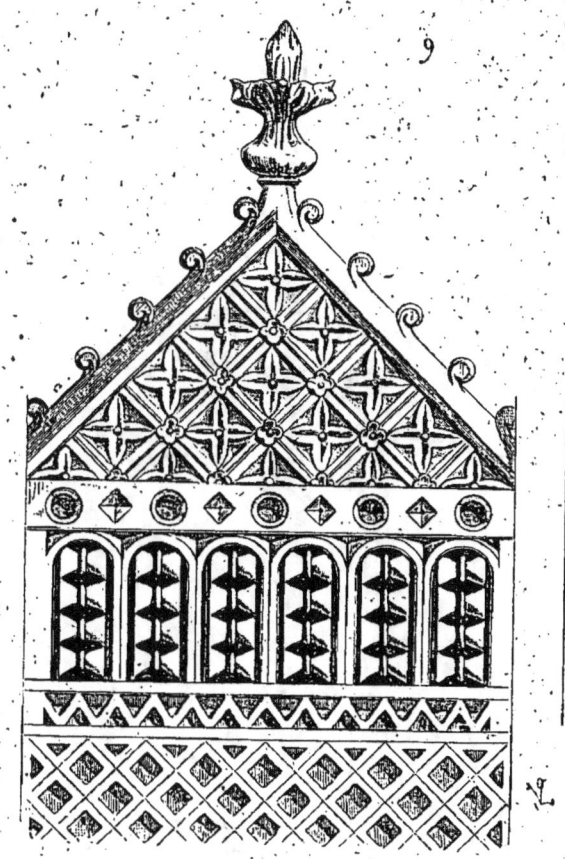

et qui sont de fer, il existait aussi des chaires de métal. Nous en avons rencontré souvent des débris jetés parmi les vieux meubles hors de service des cathédrales, et les miniatures des manuscrits ou les bas-reliefs nous en présentent souvent des exemples. Nous essayerons de réunir ces divers renseignements de façon à donner un modèle assez complet de ces chaires de fer, qui, du reste, étaient fort simples, que l'on établissait évidemment dans le but d'obtenir des meubles légers, facilement transportables, n'étant décorés que par la dorure appliquée sur le métal et les tapisseries dont on les couvrait (fig. 10). Afin de mieux faire comprendre la construction de ce meuble, nous supposons les tapisseries enlevées, et nous n'avons figuré que les sangles destinées à supporter le coussin; la figure A

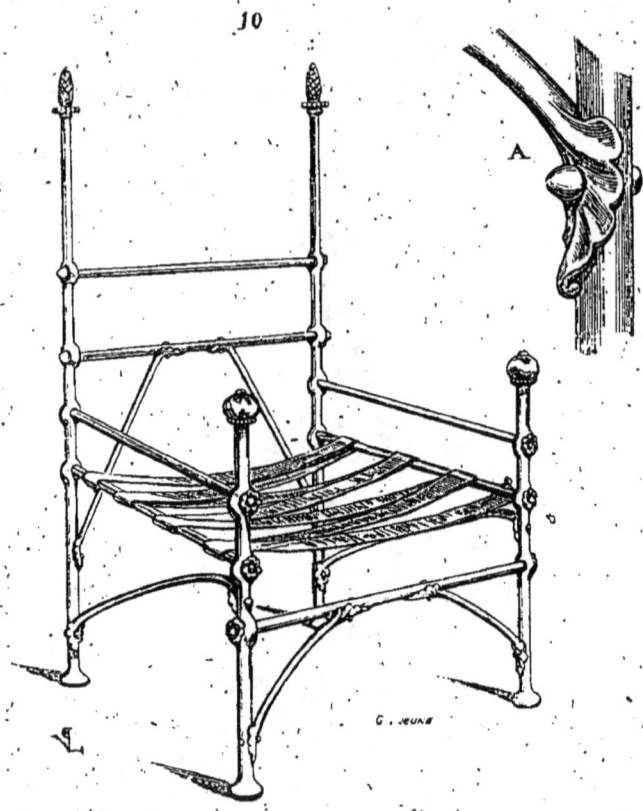

donne l'assemblage, moitié d'exécution, des petites écharpes avec les montants et traverses.

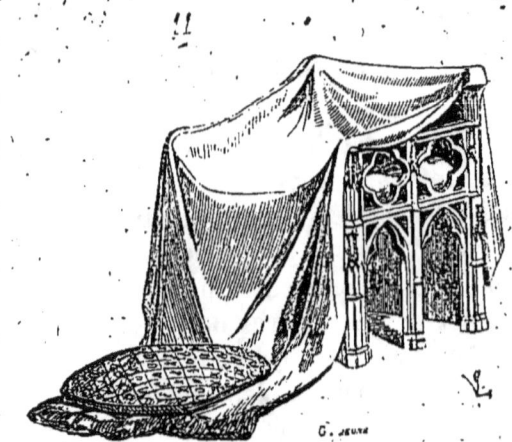

On remarquera que tous ces meubles ne rappellent pas, dans leur composition, les formes adoptées dans l'architecture. Ce n'est guère qu'à la fin du XIII° siècle que l'on introduisit des détails d'ornementation empruntés à cet art dans la composition des meubles, en oubliant trop souvent cette règle si sage, conforme au bon goût, qui veut que la matière et l'usage commandent la forme ; que chaque

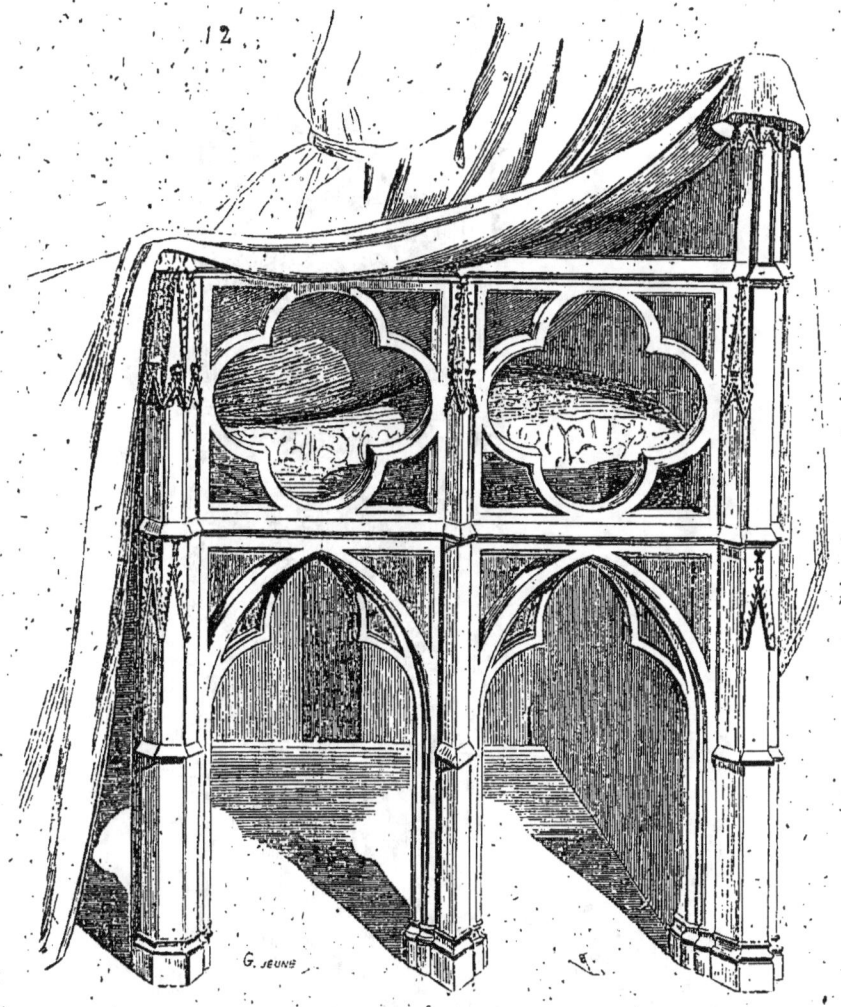

objet soit décoré en raison de sa destination. Cet empiétement des détails de l'architecture dans le mobilier produisit cependant des œuvres dont il faut reconnaître le mérite d'exécution et de composition ; d'autant plus qu'on trouve encore, malgré l'oubli du principe, une simplicité pleine de grâce dans ces premiers écarts, et un emploi aussi judicieux que possible de ces formes déplacées. La jolie chaire de pierre de Tonnerre qui existe au musée de Cluny est.

13

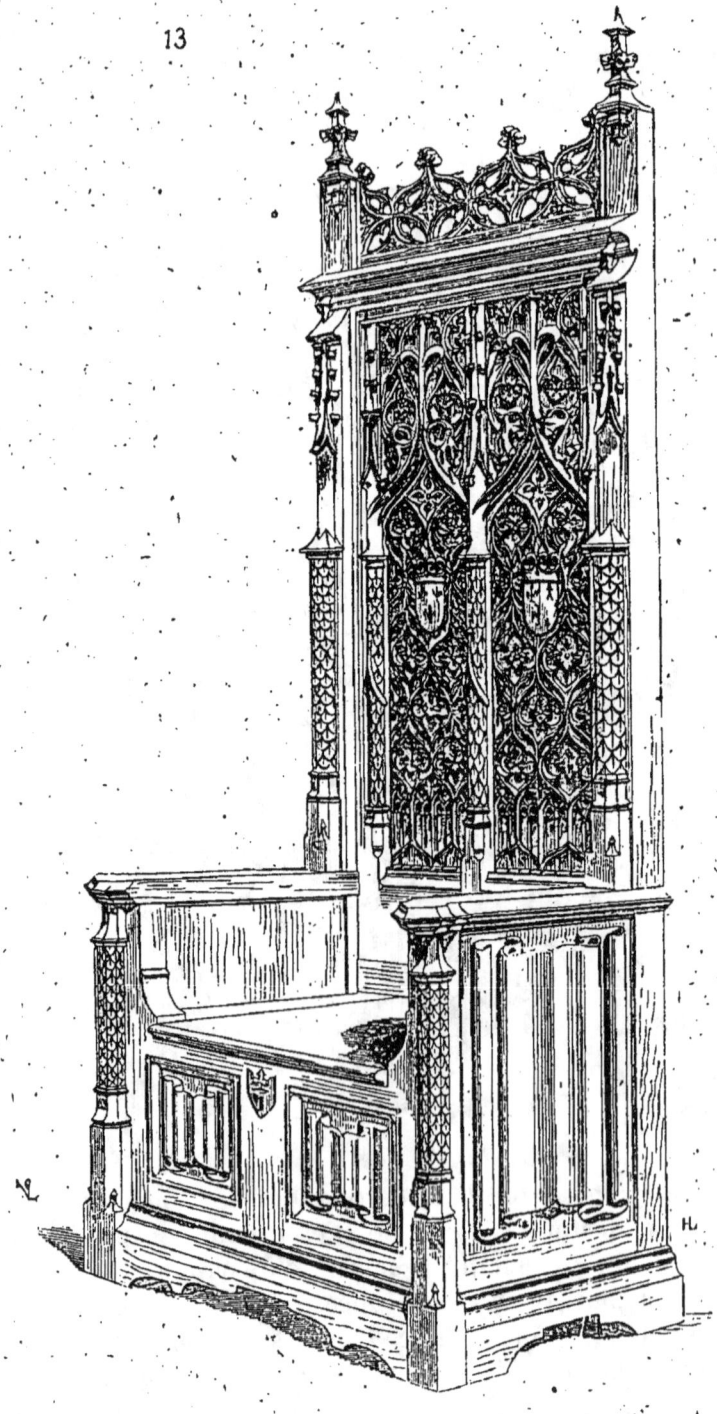

un chef-d'œuvre en ce genre, elle sert de siége à une Vierge, et figuré évidemment un meuble de bois de la fin du XIIIᵉ siècle (fig. 11). Outre le coussin, une draperie est jetée sur le dossier et les bras de ce siége; cette draperie descend jusqu'à terre et se termine par une frange; le coussin servant de marchepied est posé sur le bas de la

14

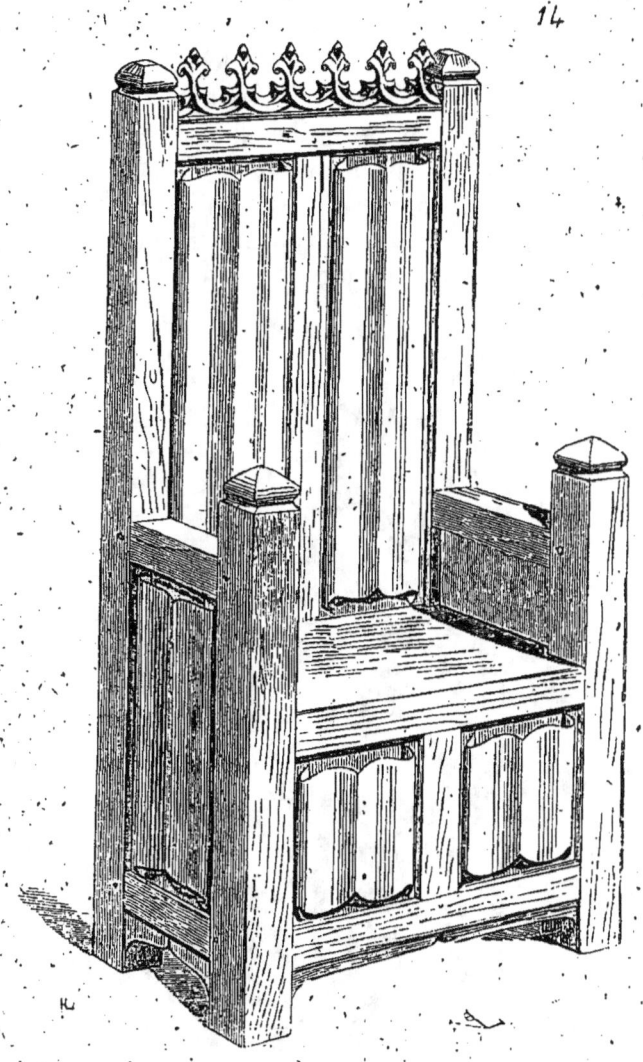

draperie. Nous donnons (fig. 12) le côté de cette chaire, moitié d'exécution. Ce meuble figure une construction de bois; il était certainement peint et doré, comme toutes les boiseries de ce temps.

Bientôt on ne se contenta pas de dossiers bas, on les éleva beaucoup au-dessus de la tête du personnage assis. Les siéges d'honneur

du XVᵉ et même du XVIᵉ siècle, conservés encore en grand nombre
dans les musées, présentent une foule d'exemples de chaires à hauts
dossiers richement sculptés, décorés souvent d'écussons armoyés,
et couronnés par des dentelures. La figure 13 représente une belle
chaire de ce genre, qui faisait partie de la collection du prince Soltykoff, et qui date de la fin du XVᵉ siècle. Le siége sert de coffre, et est
muni d'une serrure. Ces sortes de meubles étaient presque toujours
adossés à la muraille, car le derrière du dossier est laissé brut. Mais
c'était là un meuble destiné à un riche personnage ; tous n'étaient pas
décorés avec ce luxe de sculpture. Chez les bourgeois, si la forme de
la chaire était la même, les détails de son ornementation étaient
beaucoup plus simples, composés de montants et de panneaux ; les
chaires les plus ordinaires étaient cependant couronnées encore par
une crète sculptée. L'exemple que nous donnons (fig. 14), tiré des

15

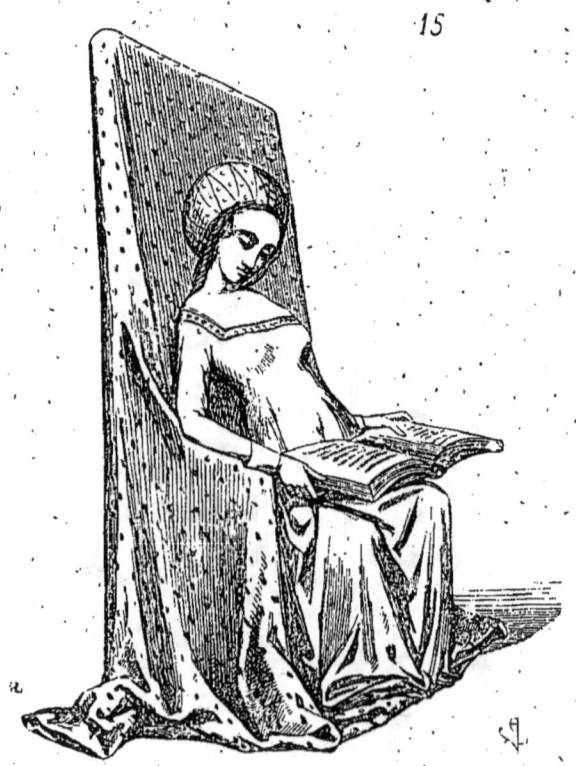

bas-reliefs des stalles de la cathédrale d'Amiens, réproduit une de
ces chaires vulgaires, comme celles que l'on voyait dans les appartements des marchands, des particuliers, dont l'intérieur était modeste.
Ainsi qu'on peut en juger, ces derniers meubles n'étaient guère
transportables, et occupaient une place privilégiée.

Les chaires, pendant le xv⁰ siècle, étaient souvent drapées, comme la chaire du xiv⁰ siècle représentée fig. 14, au moyen d'une grande pièce d'étoffe jetée sur le dossier, le siége et le bras. Ces draperies mêmes prirent souvent la forme d'une housse, c'est-à-dire qu'elles furent adaptées au meuble de façon à le couvrir exactement. Voici (fig. 15) une chaire ainsi tapissée : la housse forme de larges plis; elle est faite d'un brocart d'or avec pois rouges, et tombe assez bas pour que la personne assise puisse mettre ses pieds sur son extrémité antérieure[1].

L'usage des chaires fixes à grands dossiers se perdit pendant le xvi⁰ siècle; elles furent remplacées par des meubles plus mobiles, et l'on commença dès lors à fixer au bois l'étoffe destinée à les garnir. Jusqu'alors, comme nous l'avons dit, les coussins ou tapis étaient indépendants des siéges et simplement jetés sur la tablette et les bras; du moment que les chaires devenaient mobiles, il fallait nécessairement que les garnitures d'étoffe fussent clouées sur leur surface.

CHAPIER, s. m. Meuble composé de tiroirs semi-circulaires tournant sur un pivot placé au centre du demi-cercle, et servant, depuis le xvii⁰ siècle, à renfermer les chapes. Cette combinaison de meuble fut commandée par l'usage que l'on fit, à partir de cette époque, de chapes d'étoffes roides et ne pouvant, à cause de lourdes broderies dont elles étaient surchargées, supporter de plis. Jusqu'au xvi⁰ siècle, le clergé se servait de chapes d'étoffes souples que l'on se contentait d'accrocher à des portemanteaux fixés dans les armoires-vestiaires. Les chapiers à tiroirs semi-circulaires ont l'inconvénient, outre leur prix, qui est élevé, de tenir une place considérable dans les sacristies. Ces meubles ne peuvent avoir moins de 4 mètres de longueur sur 2 mètres de largeur : c'est la surface qu'occupe une petite chambre.

CHAR, s. m. (*char branlant, charrette, chariot, curre*). Les chars, carrosses, voitures, étaient en usage pendant le moyen âge. Il y a lieu de croire même que, dès l'époque mérovingienne, il existait une sorte de service public de voitures. Childebert, voulant s'emparer des trésors de Rauching, expédie des ordres et envoie des gens munis de lettres qui mettaient à leur disposition les voitures

[1] Le Romuléon, hist. des Romains, man. xv⁰ siècle. Bibl. nat., n° 6984. « Comment » une femme appelée Zénobie obtint l'empire, en partie, de Perse et de Syrie. » Ce meuble est donc celui d'un grand personnage.

publiques du royaume[1]. Les voitures ne furent longtemps que de véritables charrettes non suspendues à quatre roues, auxquelles on attelait des chevaux montés par des postillons. Ces moyens de locomotion furent tellement communs, qu'au XIII° siècle des lois somptuaires les interdirent aux classes moyennes[2]. Les femmes nobles, les abbés, voyageaient dans des chariots; et les miniatures des manuscrits du XIII° siècle nous en ont transmis un grand nombre qui tous affectent la forme d'une charrette à quatre roues égales de diamètre (fig. 1)[3], avec brancards ou limons, traînée par des attelages

1

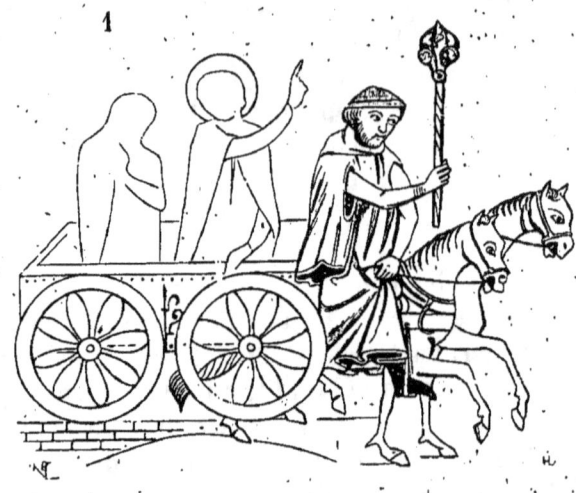

accouplés ou en flèche et des postillons. Si ces voitures étaient fort simples comme forme et combinaison, elles étaient enrichies de peintures, de dorures, recouvertes d'étoffes posées sur des cercles, comme nos voitures de blanchisseurs; à l'intérieur, des coussins étaient jetés sur les banquettes disposées en travers. On entrait dans ces chars par derrière comme on peut encore entrer dans nos charrettes, et souvent cette issue était fermée par des chaînes ou des barres d'appui. Du reste, le coffre, jusqu'à la fin du XV° siècle, reposait sur deux essieux, sans courroies ni ressorts; et les essieux étant fixes, parallèles, il fallait s'y prendre de loin pour tourner. Grâce à une grande quantité de coussins, à des étoffes épaisses, on pouvait encore voyager longtemps dans ces charrettes, menées d'ailleurs

---

[1] « Qui cum adfuisset (Rauching), priusquam cum rex suo jussisset adstare conspectui, « datis litteris, et pueris destinatis cum *evectione publica* qui res ejus per loca singula « deberent capere... » (Grég. de Tours. *Hist. Franc.*, lib. IX.)

[2] *Gloss. et Répert.*, par M. le comte de Laborde, 1853.

[3] Manuscr. Bibl. nat., anc. fonds Saint-Germain, n° 37 (XIII° siècle).

assez doucement. Quelle que fut la naïveté de leur structure, il est certain que les voitures des XIIIe et XIVe siècles étaient fort richement décorées.

> « Biaus fu li chars à quatre roës,
> « D'or et de pelles estelés.
> « En leu de chevaux atelés
> « Ot es limons huit colombiaus
> « Pris en son colombier moult biaus;
> « . . . . »[1]

Au XIVe siècle, Eustache Deschamps, dans son *Mirouer de mariage*, énumérant toutes les charges qui incombent au mari *pour le mesnage soustenir avec les pompes et grans bobans des femmes*, fait dire à l'une d'elles :

> « Et si me fault bien, s'il vous plest,
> « Quant je chevaucheray par rue,
> « Que j'aic ou cloque[2] ou sambue[3]
> « Haquenée belle et amblant,
> « Et selle de riche semblant,
> « A las et à pendans de soye ;
> « Et se chevauchier ne povoye,
> « Quant li temps est très comme burre,
> « Il me fauldroit avoir un curre (char)
> « A cheannes, bien ordonné,
> « Dedenz et dehors painturé,
> « Couvert de drap de camocas (camelot).
> « Je voy bien femmes d'avocas,
> « De poures bourgois de villaige
> « Qui l'ont bien ; pour quoy ne l'arai-ge,
> « A quatre roncins atelé? »[4]

Il fallait donc à une femme de qualité, au XIVe siècle, pour voyager, une haquenée, et un char attelé lorsque le temps était mauvais : les petites bourgeoises en usaient bien de la sorte !

Ces chars étaient généralement d'une assez grande dimension pour contenir une dizaine de personnes. La couverture était fixée sur une armature de bois et percée de trous latéraux fermés par des rideaux,

---

[1] Le *Roman de la Rose*, descrip. du char de Vénus. Édit. de M. Méon (Paris, 1814), t. III, p. 83.

[2] Manteau.

[3] Capote pour monter à cheval.

[4] *Poésies morales et hist. d'Eust. Deschamps*, édit. Crapelet, un vol. Paris, 1832, p. 207.

(fig. 2)[1], ou elle était posée sur des cercles et quatre montants, se

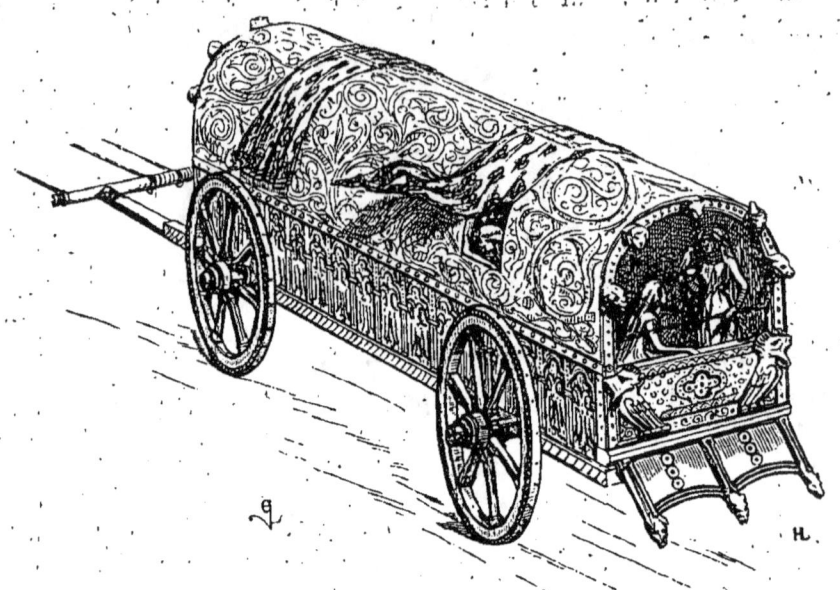

rabattait sur les côtés ou se relevait à volonté (fig. 3)[2]. Ce dernier exemple est copié sur le beau manuscrit le *Romuléon, histoire des*

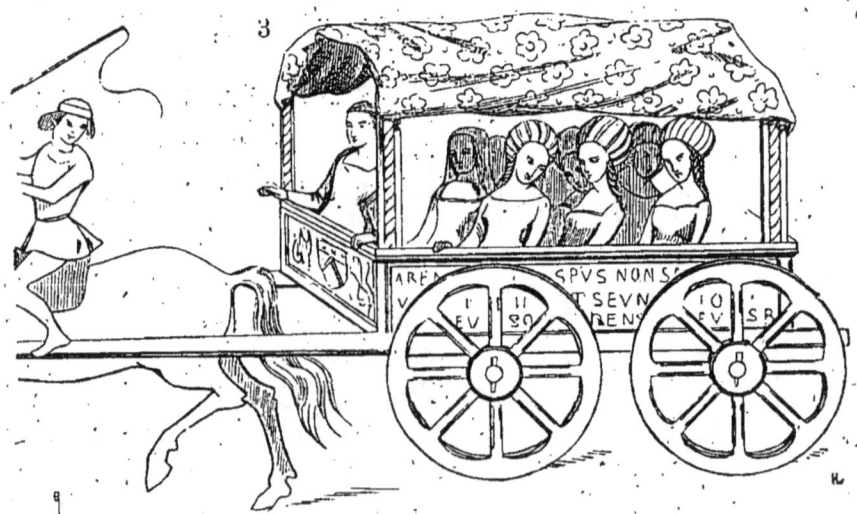

Romains, de la Bibliothèque nationale. Cette compagnie de dames

[1] Manuscr. du XIV° siècle, *Domest. Archit. of the middle ages.* Oxford, J. H. Parker.
[2] Manuscr. du XV° siècle n° 6984, Bibl. nat.

nous représente Tullie avec ses femmes, faisant passer son char sur le corps de son père.

Les chars de voyage ou les chars d'honneur avaient souvent la même forme, c'est-à-dire qu'ils n'étaient que des tombereaux recouverts de riches étoffes. Nous trouvons encore dans le *Romuléon* une miniature représentant le triomphe de Camille (fig. 4). Le dictateur

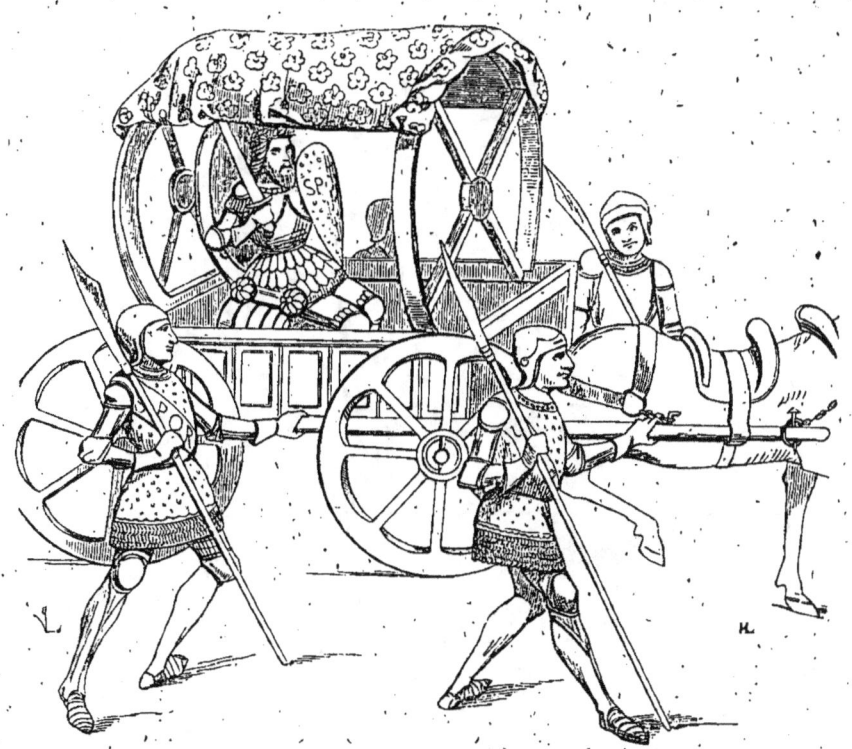

est traîné par deux chevaux attelés en flèche, dans un char dont la couverture, soutenue par des cercles et des traverses, est relevée sur les côtés. Deux croix de Saint-André empêchent les cercles de se déformer. Camille est assis dans un fauteuil pliant (faudesteuil) simplement posé au milieu du chariot. Le limonier est attelé comme le sont nos chevaux de charrettes encore aujourd'hui. Toutefois, ces chars d'apparat avaient généralement, au moyen âge, plus d'importance. L'exemple que nous donnons plus loin (fig. 5), tiré d'un manuscrit du commencement du xvi° siècle, de la Bibliothèque nationale, le prouve. C'est encore une entrée triomphale; le char est attelé de plusieurs chevaux en flèche, menés par un postillon. Le triomphateur est assis en avant sous un dais; il tient ses prisonniers attachés au bout d'une corde; un homme placé dans l'intérieur du

char les fait marcher avec un bâton. Le corps du char, qui paraît
assez vaste, est couvert d'une tente ornée d'une crète, d'épis avec
bannières et pennons armoyés, de franges d'or et d'inscriptions. Il

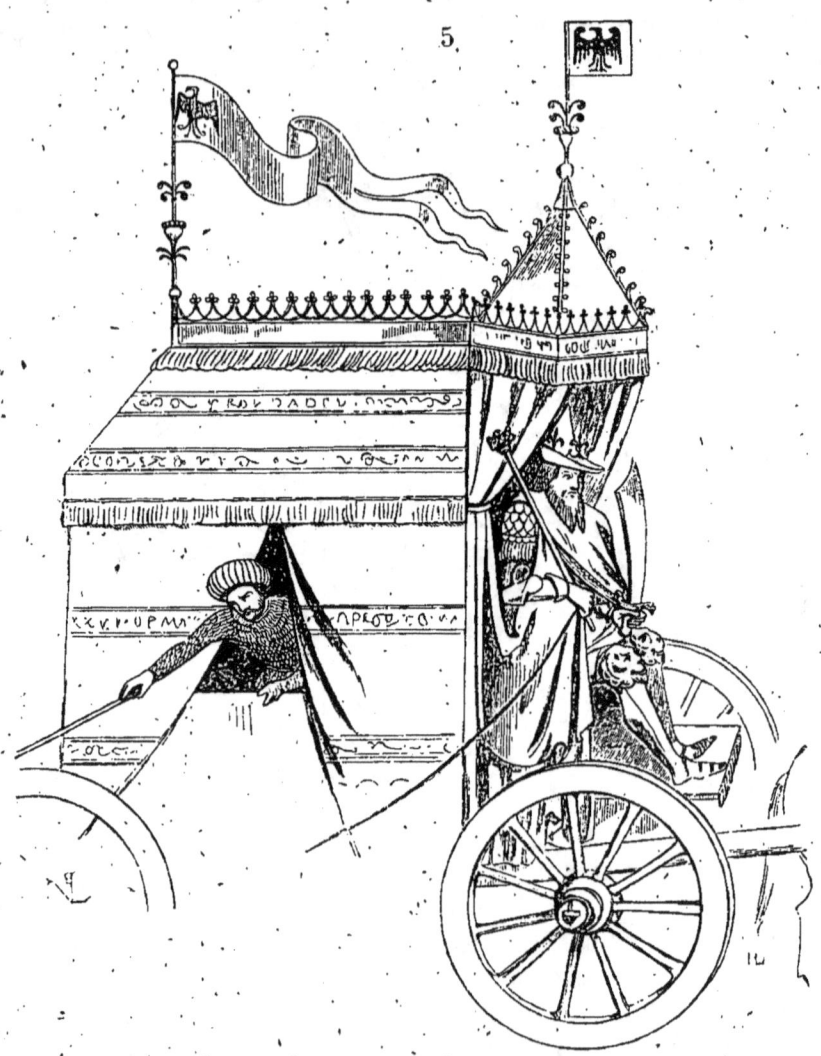

5.

faut dire que ces chars de cérémonie n'étaient en usage, lors des
entrées de rois et reines, que pour les dames de suite; les rois entraient à cheval et les reines le plus souvent en litière (voy. ce mot).

« La lictière de la Reyne de France estoit adextrée du duc de Tou-
« raine et du duc de Bourbon, au premier chef; secondement et au
« milieu, tenoient et adextroient la lictière le duc de Bérry et le duc
« de Bourgongne; et à la dernière suite Messire Pierre de Navarre et

« le comte d'Ostrevant; et vous dy que la lictière de la Reyne estoit
« très-riche et bien ornée, et toute découverte.... Des autres dames
« et damoiselles qui venoient derrière sur chariots couverts et sur
« pallefrois n'est nulle mention, et des chevaliers qui les sui-
« voient....[1] »

Lors des enterrements des princes, il était d'usage de transporter
le corps du défunt dans des chars richement décorés. «.... Et fut la
« préparation du duc moult bien ordonnée et faicte : les chevaux du
« chariot couverts de velours; et pennons, bannières et cottes-
« d'armes estoyent bien ordonnés. Le corps gisoit en son chariot, et
« pardessus avait un poisle élevé ; et après venoit le corps de Madame

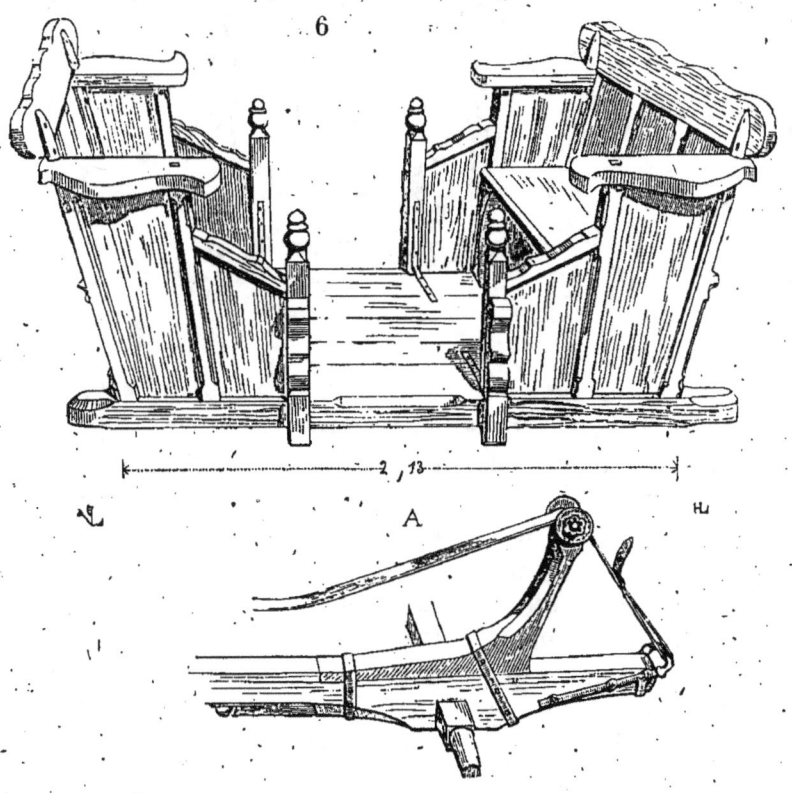

« de Bourgongne en son chariot et chevaux couverts de velours.....
« Les églises (le clergé) aloyent devant, par ordre. Les chevaliers de
« l'ordre estoyent tous à pié, adextrans le chariot, et tenant le poisle

[1] D. Godefroy, le Cerémonial français; 1649, t. I, p. 639.: Entrée de la reine Isabeau
de Bavière à Paris (Froissart, liv. IV).

« couchant (le drap recouvrant le corps). Le poisle élevé fut soustenu
« par quatre des plus grands du pays de Bourgongne.....'. »

Vers le commencement du XVIᵉ siècle, de certaines modifications
furent apportées dans la construction des chariots de voyage; on fit
alors des entrées latérales entre les deux roues. Voici (fig. 6) un
chariot de cette époque, exécuté en sapin, qui existe encore dans le
bâtiment de la douane de Constance. La figure 7 donne les extrémités

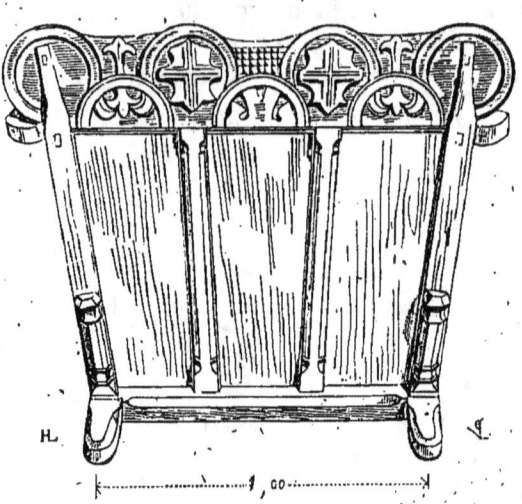

de ce véhicule, qui ne paraît pas avoir été posé autrement que sur
deux essieux. Les deux banquettes se regardant, le plancher et les
accoudoirs étaient garnis de tapis mobiles. Quelquefois (si l'on s'en
rapporte aux gravures du XVIᵉ siècle) les deux entrées étaient munies
de marchepieds fixes sur lesquels tombaient les tapis, et une sorte
de capote à soufflet pouvant s'abattre et se relever était posée sur les
dossiers et les accoudoirs, au-dessus de l'une des deux banquettes ou
sur les deux. Ces voitures prenaient le nom de *coches*[2]. Il ne paraît
pas qu'elles fussent suspendues avant le milieu du XVIᵉ siècle. Ce
premier système de suspension consiste en deux courroies passant
longitudinalement sous le coffre (fig. 6 A). Cette suspension fit donner à ses chars le nom de *chars branlants*.

Quant aux charrettes à deux roues, que nous trouvons dans les
manuscrits des XVᵉ et XVIᵉ siècles, elles diffèrent si peu de celles qui
sont encore en usage aujourd'hui, qu'il nous semble inutile d'en
donner un exemple.

¹ Enterrement du duc Philippe de Bourgogne, 1467 (*Mem. d'Oliv. de la Marche*).
² *La Coche*, poëme de Marguerite, reine de Navarre, man. du XVIᵉ siècle, orné de
onze miniatures. Biblioth. de M. J. Pichon, prés. de la Soc. des bibl. franç.

Nous voyons aussi qu'au moyen âge on se servait de charrettes à bras. Les tapisseries de Saint-Médard, dont il existe des copies fort belles à la bibliothèque Bodléienne d'Oxford, nous en donnent un exemple. Ces tapisseries dataient de la fin du XIIIᵉ siècle. (Voy. TAPIS-SERIE.)

CHASSE, s. f. La châsse n'est, à proprement parler, que le cercueil de pierre, de bois ou de métal dans lequel sont enfermés les restes d'un mort. Le mot de *châsse*, au moyen âge, s'applique indistinctement aux coffres qui renferment des corps de saints ou de grands personnages.

Les mots *arca*, *capsa*, furent employés, dans les premiers siècles et jusqu'à l'époque carlovingienne, indifféremment pour désigner des coffres destinés à un usage profane ou sacré. Grégoire de Tours rapporte[1] que l'empereur Justinien étant mort à Constantinople, Justin, qui lui succéda, était d'une avarice outrée. « Telle était sa cupidité, dit cet auteur, qu'il fit construire des coffres de fer[2] pour y entasser des milliers de pièces d'or. »

Frédégonde, voulant se venger de sa fille Rigonthe, qui l'insultait, l'engage, comme pour adoucir son mauvais naturel, à prendre ce que bon lui semblerait parmi ses bijoux. « ... Entrant dans le réduit qui renfermait le trésor, elle ouvrit un coffre[3] rempli de colliers et d'autres ornements précieux ; et, après en avoir pendant longtemps retiré, en présence de sa fille, divers objets qu'elle lui remettait : « Je suis fatiguée, lui dit-elle ; enfonce toi-même la main dans le « coffre, et tires-en ce que tu trouveras. » Pendant que, le bras enfoncé dans le coffre, celle-ci en tirait les effets, sa mère prit le couvercle et le lui rabattit sur la tête, puis pesa dessus avec tant de force, que le devant (du coffre) lui pressa le cou au point que les yeux étaient près de lui sortir de la tête[4]. » Il faut supposer que ces coffres à bijoux étaient de la grandeur d'une huche ou d'un bahut.

Le même auteur rapporte encore qu'étant évêque de Tours et ayant rebâti l'église de Saint-Martin, il trouva dans une auge de pierre, fermée par un couvercle, une cassette d'argent[5] contenant des reliques des martyrs de la légion sacrée.

---

[1] Lib. IV.

[2] « Cui tanta fuit cupiditas, ut arcas juberet fieri ferreas, in quas numismatis aurei « talenta congereret. »

[3] « Reservavit arcam... »

[4] Grég. de Tours, *Hist. Franç.*, lib. IX.

[5] « ..... Et inveni in hoc capsulam argenteam, in qua...... » (*Ibid.*, lib. X.)

Depuis le xvie siècle, le mot châsse ne s'emploie que pour désigner le coffre transportable dans lequel est déposé le corps d'un saint. Il serait difficile de préciser l'époque où les corps des saints commencèrent à être déposés dans des châsses (*capsæ*), que l'on pouvait transporter d'un lieu à un autre; originairement, ces restes vénérés étaient placés dans des sarcophages, au-dessus et au devant desquels on élevait un autel. Mais, sauf quelques rares exceptions, et dès l'époque carlovingienne déjà, on retira les restes des corps-saints des tombeaux fixes, pour les renfermer dans des coffres meubles. Les incursions des Normands contribuèrent à répandre cet usage.. Ces barbares, faisant subitement irruption dans les Gaules, tantôt sur un point, tantôt sur un autre, se jetaient de préférence sur les riches abbayes, sur les églises qui possédaient des trésors; les religieux voulurent empêcher que les sépultures des saints martyrs ne fussent violées, leurs restes dispersés. Car, à cette époque, outre le respect dont on entourait ces reliques, celles-ci étaient pour les monastères une source intarissable de richesses. L'église pillée, dévastée, brûlée se relevait promptement de ses ruines, si les reliques du saint vénéré dans son enceinte étaient conservées. Il y a donc lieu de croire que c'est surtout pendant les ixe et xe siècles que l'usage des châsses mobiles devint général, spécialement sur le littoral nord et ouest de la France.

Les premières châsses furent naturellement exécutées en bois; ce n'étaient que des coffres assez légers pour être facilement transportés d'un lieu à un autre, assez simples pour ne pas exciter la cupidité. Pendant les invasions normandes, il est sans cesse question de corps-saints enlevés par les religieux, cachés, en attendant des temps meilleurs. La réintégration des reliques, lorsque le calme était rétabli, donnait lieu à des processions, à des cérémonies pendant lesquelles le saint, rétabli dans son sanctuaire, faisait quelques guérisons miraculeuses : c'était l'occasion pour les églises de recevoir des dons considérables. Nous ne pouvons que difficilement nous faire une idée aujourd'hui de la désolation qui s'emparait des populations lorsqu'il fallait se séparer des restes du saint vénéré dans la localité, de la joie qu'elles éprouvaient lorsque revenait en grande pompe la châsse contenant ces restes. C'est qu'en effet un corps-saint, pour une population, avait une importance dont nous ne trouvons pas aujourd'hui l'équivalent. Le corps-saint faisait de l'église un lieu inviolable; il était le témoin muet de tous les actes publics, le protecteur du faible contre l'oppresseur; c'était sur lui que l'on prêtait serment; c'était à lui qu'on demandait la cessation des fléaux, de la peste, de la famine; lui seul avait le pouvoir d'arrêter souvent la main de l'homme violent; quand l'ennemi était aux portes, la châsse, paraissant sur les murailles, donnait du courage aux défenseurs de la cité. Ce n'est pas tout : si le corps-saint avait le pouvoir de protéger la vie des citoyens, d'exciter leur patriotisme, de les guérir de leurs maux et de détourner les calamités qui les affligeaient, il était encore une source de richesse matérielle, non-seulement pour l'église, mais pour la population au milieu de laquelle il résidait, en attirant de nombreux pèlerins, des étrangers, en devenant l'occasion de fêtes qui étaient presque toujours aussi bien commerciales que religieuses. Il nous suffit, nous le croyons, de signaler cette influence pour faire comprendre que rien aujourd'hui, si ce n'est peut-être le drapeau pour l'armée, ne remplace le *corps-saint* au milieu de nos cités. Qui donc oserait traiter de superstition le sentiment qui fait que le soldat se jette au milieu de la mitraille pour reprendre un morceau d'étoffe cloué à une hampe? Et comment nous tous, qui regardons cet acte comme un simple devoir que l'on ne saurait discuter, dont l'accomplissement fait la force d'une armée, comme le symbole de la discipline et du patriotisme le plus pur, comment n'aurions-nous plus, à défaut de foi vive, un profond respect pour ces châsses qui, elles aussi, ont été si longtemps en France l'arche de la civilisation? Et cependant nous avons vu et nous voyons encore des églises se défaire de ces meubles vénérables, les vendre à des brocanteurs, s'ils ont quelque valeur, ou les laisser pourrir dans quelque coin obscur parmi les immondices, si la matière en est grossière. Des églises, les châsses précieuses épargnées par la révolution ont presque toutes passé, en France, des mains du clergé dans les collections publiques ou particulières.

L'histoire des reliques de saint Germain d'Auxerre est celle de presque tous les corps-saints depuis les premiers siècles du christianisme jusqu'au xie ou xiie siècle. L'abbé Lebeuf l'a recueillie avec soin d'après les renseignements les plus authentiques[1]; nous la donnons ici sommairement, afin de bien établir dans l'esprit de nos lecteurs cette distinction qu'il faut faire entre le sépulcre et la châsse.

Vers le milieu du ve siècle, saint Germain meurt à Ravenne; il demande en mourant que son corps soit transporté à Auxerre. En effet, ses restes sont déposés dans cette ville deux mois après sa mort. Le cercueil était de bois de cyprès, selon Héric; il fut des-

---

[1] *Mém. concernant l'hist. civ. et ecclés. d'Auxerre et de son ancien diocèse*, par l'abbé Lebeuf, édit 1848, t. I, p. 72 et suiv.

cendu dans un sarcophage de pierre placé sous la petite église de
Saint-Maurice. Sainte Clotilde fait rebâtir sur ce tombeau une église
plus grande avec une vaste crypte, et la dédie à saint Germain. Un
des successeurs de Clovis fait surmonter le tombeau du saint d'un
dais recouvert d'or et d'argent. En 841, le tombeau est ouvert en
présence de Charles le Chauve, et le corps est placé dans un nouveau
tombeau. Lothaire, fils de ce prince et abbé de Saint-Germain, fait
faire peu après une châsse magnifique, couverte d'or et de pierreries, pour y renfermer le corps du saint. Vers la fin du IXᵉ siècle, la
crainte qu'inspiraient les Normands fit songer à cacher cette châsse
somptueuse, et probablement les reliques de Saint-Germain, qui jusqu'alors étaient restées dans le sépulcre donné par Charles le Chauve,
y furent renfermées. On augmenta, pour ce faire, la profondeur du
caveau; on y descendit la châsse, et on la mit dans le premier
sépulcre de pierre où le saint avait reposé; lorsqu'on eut bien ma-
çonné le couvercle de ce tombeau, de manière à faire disparaître
toute trace de sépulcre, on plaça par-dessus un autre sépulcre de
pierre dans lequel on déposa les morceaux du cercueil de cyprès qui
avait servi à la translation du corps de Ravenne à Auxerre. A la fin
du XIᵉ siècle, la châsse due à Lothaire est exposée aux yeux du
peuple.

Quel que soit le plus ou moins d'exactitude de ces récits, toujours
est-il que le corps de saint Germain, déposé d'abord dans un cercueil
de pierre, en est extrait pour être mis dans un coffre, une châsse
transportable. Cet usage fut cause que la plupart des corps-saints
trouvés entiers dans leurs cercueils, entourés, comme celui de saint
Germain, des suaires et vêtements primitifs, une fois déposés dans
des châsses que l'on pouvait facilement transporter et ouvrir, furent
en grande partie dispersés, divisés en une quantité innombrable
de reliques. Ce fut la première et la plus grave atteinte portée au
respect que l'on avait pour les restes de ces défenseurs de la foi
chrétienne.

Jusqu'au XIIIᵉ siècle cependant, on conserva aux châsses l'aspect
de coffres, de cercueils qu'elles avaient eu dans l'origine. A cette
époque, beaucoup de ces anciennes châsses de bois, revêtues de
cuivre ou d'argent doré, faites pour soustraire les corps-saints au
pillage des Normands, existaient encore; on semblait hésiter à détruire ces enveloppes que les fidèles étaient habitués à vénérer, surtout lorsqu'elles protégeaient les restes de personnages aussi popu-
laires que saint Germain, saint Martin, saint Denis, saint Firmin,
saint Marcel, sainte Geneviève, etc.

Autant qu'on peut en juger par les représentations peintes ou sculptées, ces châsses primitives étaient d'assez grande dimension pour contenir un corps ayant conservé sa forme; lorsque ces coffres de bois tombèrent de vétusté, ou semblèrent trop pauvres au milieu du luxe déployé dans la décoration intérieure des églises, on les remplaça par des châsses de cuivre repoussé ou émaillé, d'argent blanc ou de vermeil. Alors les restes des saints ne devaient plus présenter qu'un amas d'ossements séparés; il n'était plus nécessaire de donner aux châsses les dimensions d'un cercueil : l'emploi du métal, par sa valeur aussi bien que par son poids, devait nécessairement contribuer à faire adopter, pour des châsses transportables, des dimensions qui pussent permettre de les porter, et qui ne rendissent pas leur fabrication trop dispendieuse.

C'est à la fin du XIIe et pendant les XIIIe et XIVe siècles que presque toutes ces anciennes châsses de bois peint ou revêtu de lames minces de métal furent refaites. En diminuant leur grandeur, en les fabriquant avec des matières plus précieuses, on changea leur forme et leur position. Elles perdirent l'aspect de coffre, de cercueil, qu'elles avaient généralement conservé, pour prendre la forme de petits monuments assez semblables à des chapelles ou même à des églises; au lieu d'être placées sous l'autel, comme le sépulcre primitif du saint, on les éleva et on les suspendit sous des dais, sortes d'expositions de bois peint et doré, de pierre ou de métal, disposées derrière les autels. On les descendait de ces expositions, à certains jours de l'année, pour les placer sur l'autel même ou sur le retable, ou pour les porter processionellement dans l'église, dans la ville ou dans tout un diocèse. Quelquefois même on faisait voyager les châsses jusque dans des pays éloignés; elles étaient accompagnées de religieux qui les offraient à la vénération des fidèles, et recevaient des dons en argent destinés à l'achèvement d'une cathédrale, d'une abbaye, d'une église.

Les translations de reliques, leur passage à travers les villes, étaient l'occasion de cérémonies imposantes. Les châsses étaient ordinairement transportées par des clercs, sur des pavois et des brancards. Sous ces pavois, on attachait des cassolettes dans lesquelles brûlaient des parfums (fig. 1)[1].

Quand les corporations laïques eurent acquis, au XIIIe siècle, une

---

[1] Sculpture de l'un des chapiteaux de la crypte de l'église de Saint-Denis en France. Ces chapiteaux appartiennent à la construction conservée par Suger, et paraissent être du commencement du Xe siècle.

grande importance, elles obtinrent souvent le privilége de porter
des châsses les jours de grandes fêtes[1].

Lorsque Philippe le Hardi revint à Paris avec les ossements du
roi son père, il voulut transporter lui-même sur ses épaules, de
Notre-Dame à l'abbaye de Saint-Denis, la châsse qui les contenait.

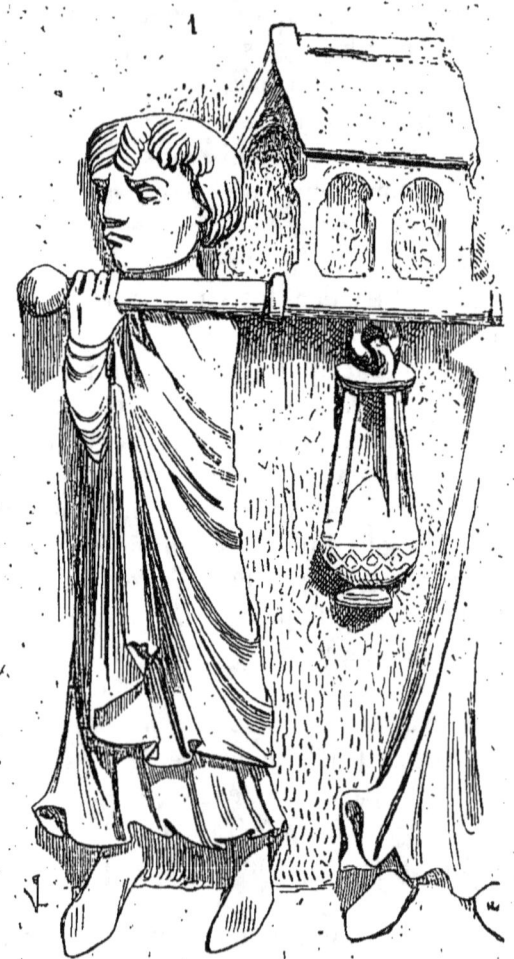

Sur la route; en mémoire de cet acte, on éleva, à chaque station
qu'il fit, des croix de pierre richement sculptées que l'on voyait
encore debout au commencement du dernier siècle[2].

Quelques corps-saints restèrent cependant déposés dans leurs
cercueils primitifs, ou dans des coffres de pierre ou de bois revêtus
de métal, fixés derrière les autels. C'est ainsi que la châsse de

[1] Dubreuil, liv. III, châsses de Saint-Merry.
[2] Félibien, *Hist. de l'abbaye roy. de Saint-Denis*, 1706.

saint Firmin était placée derrière l'un des autels de l'église abbatiale de Saint-Denis[1]. A la cathédrale d'Amiens, dans les bas-reliefs
qui décorent le tympan de la porte dite de la Vierge dorée, on
remarque, derrière un autel, une grande châsse en forme de coffre,
sur laquelle est posée la statue d'un évêque; un aveugle approche
de ses yeux la nappe qui couvre ce coffre : c'est la châsse de saint
Honoré opérant des guérisons miraculeuses par l'attouchement des

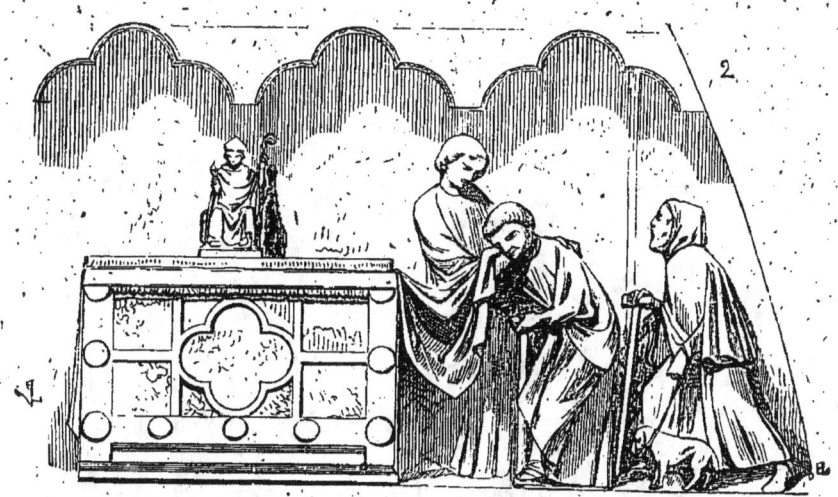

linges dont elle est couverte. Ce renseignement a sa valeur; il explique comment, au XIIIᵉ siècle, étaient placées les grandes châsses
à la portée des fidèles, comment elles étaient recouvertes de nappes
ainsi qu'un autel, et comment l'image des saints dont elle enveloppaient la dépouille était représentée. La figure 2 nous dispensera
de plus longues explications.

Derrière le grand autel de Notre-Dame de Paris, on voyait, dit
Dubreuil, « sur une large table de cuivre, soutenue de quatre gros
« et fort hauts piliers de mesme estoffe, la châsse de saint Marcel,
« neufième évesque de Paris... A droite, sur l'autel de la Trinité,
« dict *des Ardents*, est la châsse de Notre-Dame, d'argent doré; en
« laquelle il y a du laict de la sainte Vierge, et de ses vêtemens;
« plus des pierres desquelles fust lapidé saint Étienne.... A côté
« senestre dudict autel est une châsse de bois, ayant seulement le
« devant couvert d'argent doré, en laquelle est le corps de sainct
« Lucain, martyr.... Ceste châsse, couverte de quelque drap de soye
« précieux, se porte en procession par deux hommes d'église.... »

---

[1] Voyez le *Dict. d'architect. du XIᵉ au XVIᵉ siècle*, art. AUTEL, fig. 15 et 16.

Voici qui rappelle parfaitement la disposition de la châsse de saint Honoré, représentée figure 2.

Nous remarquons encore, sur l'un des bas-reliefs du tympan de la porte méridionale de la cathédrale d'Amiens, la châsse du même saint transportée par deux clercs; elle est à peu près de la dimension d'un cercueil, et paraît exécutée en bois recouvert de lames de métal (fig. 3). Des infirmes se placent sous la châsse et la touchent

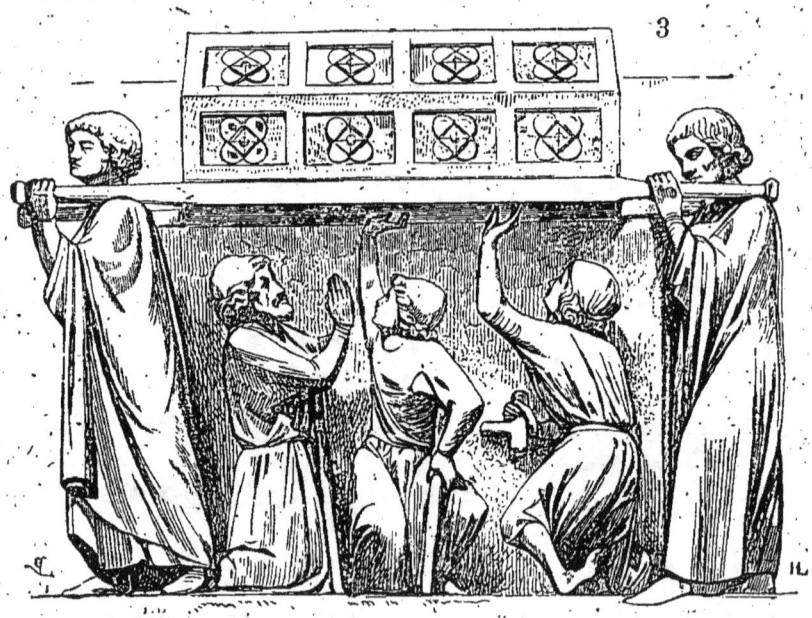

3

en invoquant le saint, afin d'être guéris de leurs maux. C'était en effet ainsi qu'on venait implorer l'intercession d'un saint, en se plaçant directement sous la châsse qui contenait son corps. Cet usage, établi probablement par les fidèles, fit que l'on plaça presque toujours les châsses, à partir du xii⁰ siècle, soit sur des édicules élevés, comme la châsse de saint Marcel; soit sur des crédences, sous lesquelles on pouvait passer à genoux et même en rampant.

Il n'existe aujourd'hui qu'un bien petit nombre de ces châsses de bois d'une époque ancienne destinées à contenir des corps-saints. Nous en connaissons une à Cunault (Maine-et-Loire), sur laquelle on voit encore des traces de peintures et sculptures représentant les douze apôtres, le Christ accompagné d'anges thuriféraires; sa forme est d'ailleurs d'une extrême simplicité; une arcature ogivale sépare les apôtres. Cette châsse date du xiii⁰ siècle. On en voit une, également de bois, dans l'église de Saint-Thibaut (Côte-d'Or), qui date du commencement du xv⁰ siècle; cette châsse n'est ornée

que par les fortes ferrures qui servent à maintenir les panneaux
de bois et aux deux bouts par six montants se terminant en
fleurons sculptés. Elle est exactement reproduite, avec tous les détails de sa construction, dans les *Annales archéologiques*[1]. Déjà cependant, dès les premiers siècles, ces grandes châsses de bois étaient
revêtues de lames de métal, d'émaux ou de morceaux de verre[2]. Les
feuilles de métal clouées sur le bois étaient fort minces, rehaussées

4

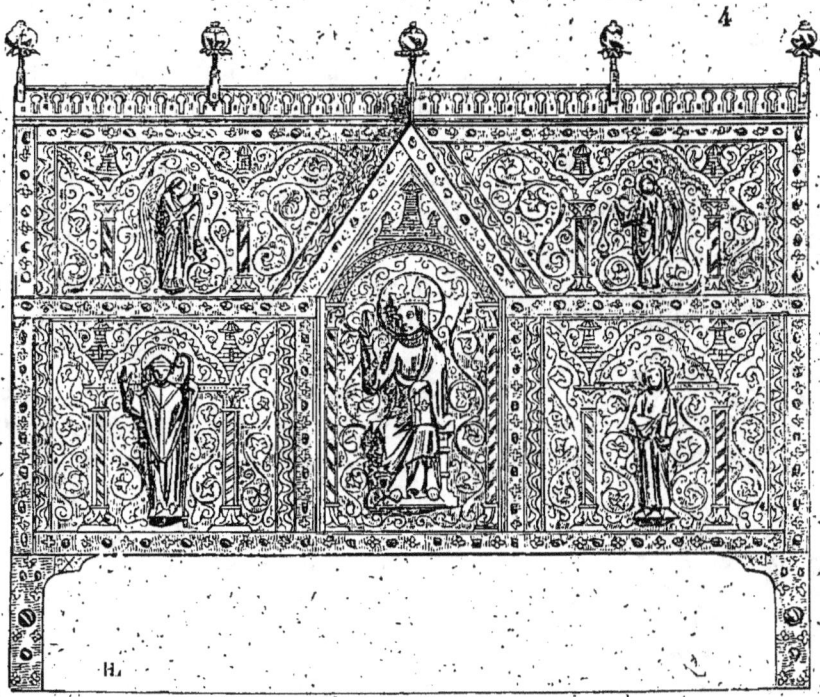

de gravures, et quelquefois, accompagnées de figures faites au repoussé ou d'ivoire. Ce mode de fabrication persista longtemps, car
nous voyons encore des châsses des XIIᵉ et XIIIᵉ siècles, de d men-
sions médiocres, dont le fond est de bois recouvert de plaques de
métal émaillé, gravé, doré, avec statuettes faites à l'*étampe*, au
repoussé, ou embouties, avec des feuilles de cuivre ou d'argent d'une
faible épaisseur. Outre l'économie, ce procédé de fabrication avait
l'avantage de laisser à ces châsses, que l'on transportait fréquemment, la légèreté d'un coffre de bois. C'est ainsi qu'est exécutée la
châsse de saint Calmine (fig. 4), duc d'Aquitaine, fondateur des mo-

---

[1] *Annales archéol.* par Didron, t. V, p. 189.

[2] « La première châsse de sainte Aure, abbesse, n'était que de bois et de verre. »
(Dubreuil, *Ant. de Paris,* liv. I.)

nastères de Saint-Théophrède en Velay et de Masac en Auvergne,
patron de l'église de Saguenne, près Tulle. Cette chasse est de cuivre
émaillé, doré, avec des figures bas-reliefs faites au repoussé. Sur
l'une des faces latérales (qui est la face principale), on voit le Christ
couronné, nimbé, bénissant, et tenant un livre; à sa gauche est un
personnage drapé tenant un livre, et à sa droite un saint abbé probablement. Deux anges thuriféraires sont posés sur les rampants du
petit comble. Sur le côté droit de la chasse est gravé un saint
Paul (fig. 5). Sur le côté gauche, qui sert d'entrée, un saint Pierre.

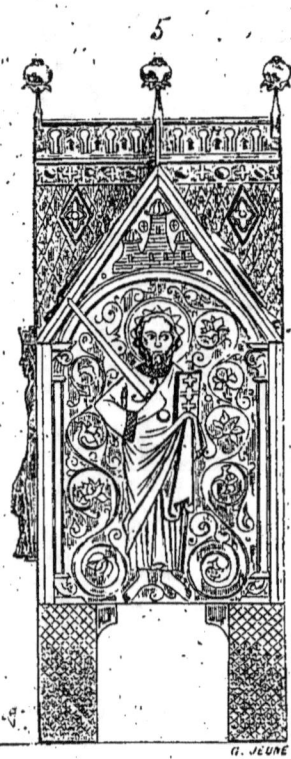

5

G. JEUNE

Outre les émaux, qui sont fort beaux et
des fabriques de Limoges, cette chasse
est décorée de pierres et le faîtage de
boules de cristal de roche. Tout l'ouvrage appartient à la première moitié
du xiiie siècle [1]. Vers la fin de ce siècle,
la fonte vint, dans les chasses d'orfévrerie, se marier au métal repoussé,
embouti ou estampé, aux émaux ou filigranes. Nous renvoyons nos lecteurs,
pour l'explication de ces procédés, à la
partie du *Dictionnaire* qui traite de
l'*orfèvrerie*, ne nous occupant ici que
de la composition générale des chasses.
Mais ces meubles conservent jusqu'au
xive siècle un caractère particulier;
ils n'affectent pas encore la forme de
modèles de chapelles ou d'églises; il
suffit de voir les chasses des grandes
reliques de Notre-Dame d'Aix-la-Chapelle, des Trois-Rois, à Cologne, de
Saint-Taurin, à Évreux [2], et surtout la
belle chasse de Tournay, pour recon-
naître que ces meubles, de la fin du xiie siècle et du xiiie, ont des
formes, des proportions et une ornementation qui leur appartiennent. Plus tard, et particulièrement pendant le xve siècle, les
orfèvres cherchent, dans la composition des chasses, à reproduire
en petit de grands édifices : c'est ainsi que fut refaite, en 1408, la
grande chasse de saint Germain, qui dépendait du trésor de Saint-

---

[1] Cette chasse faisait partie de la collection de M. le prince Soltykoff.
[2] *Mélang. archéol.* des RR. PP. Martin et Cahier.

Germain des Prés. Nous la donnons ici (fig. 6). Quel que fût le mérite d'exécution de ces objets, ils avaient alors perdu leur caractère propre, si remarquable deux siècles auparavant. La châsse de saint Germain présentait cependant un grand intérêt au point

6

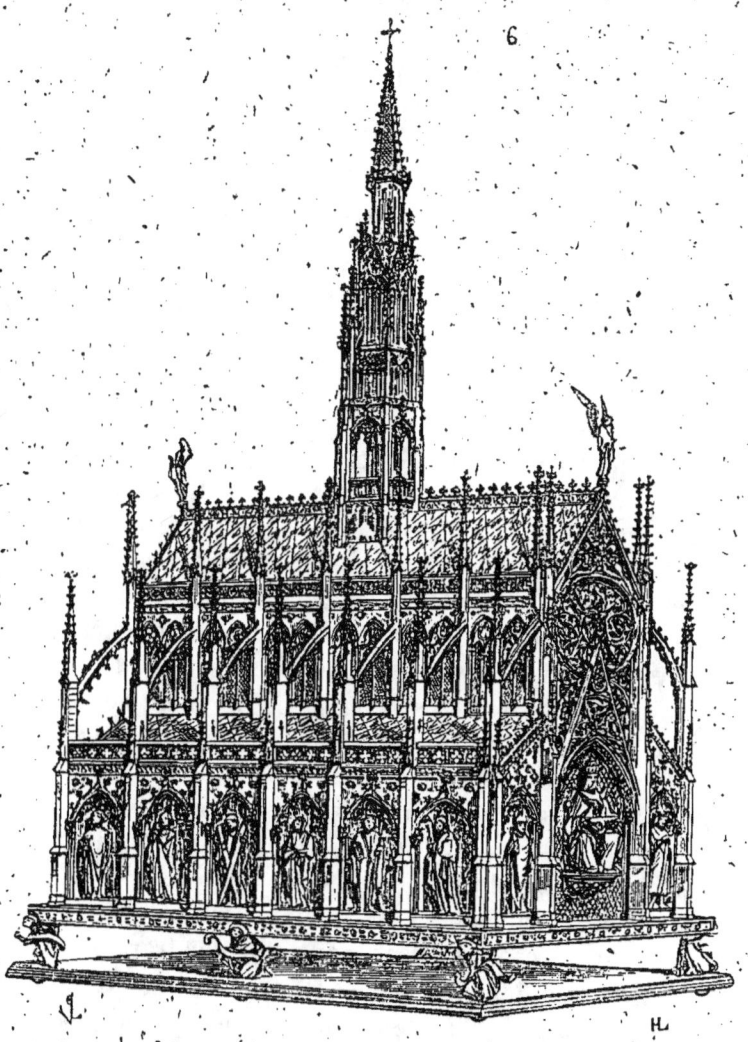

de vue iconographique; c'est ce qui nous engage à la donner ici. Les deux basses nefs étaient divisées en six arcades de chaque côté, dans lesquelles étaient placées les statuettes de cuivre doré des douze apôtres. A l'une des extrémités, on voyait, sous un arc, la Trinité, représentée par le Père éternel assis, vêtu en pape, tenant

<hr />

[1] Ce dessin est exécuté à l'aide de la gravure de cette châsse, donnée par D. Bouillard dans son *Hist. de l'abbaye roy. de Saint-Germain des Prés.*

devant lui Jésus-Christ en croix. Le Saint-Esprit, sous forme d'une colombe, sort de la bouche du Père et descend vers le crucifix. L'abbé Guillaume, qui fit exécuter cette châsse, était à la droite du Père, en habit de religieux, la crosse en main et la mitre en tête; le roi Eudes était à sa gauche, revêtu des insignes de la dignité royale. A l'autre extrémité se voyait également, sous une archivolte, saint Germain en habits pontificaux, ayant à ses côtés saint Vincent et saint Étienne, patrons de l'abbaye, en habits de diacres. Cette châsse, surmontée d'une flèche à jour, n'avait qu'un mètre environ de longueur; elle était supportée par six figures d'hommes, de cuivre doré, tenant des phylactères sur lesquels étaient gravés des vers à la louange de ceux qui avaient contribué à faire exécuter ou à décorer tant l'ancienne que la nouvelle châsse. Des pierres précieuses qui avaient été posées sur l'ancienne châsse donnée par Eudes, comte de Paris, entrèrent dans la décoration de celle-ci; ces pierres précieuses étaient au nombre de deux cent soixante, les perles au nombre de quatre-vingt-dix-sept [1]. Un grand nombre de châsses furent ainsi refaites pendant les XIIIe et XIVe siècles et au commencement du XVe. Beaucoup furent vendues ou détruites pendant les guerres désastreuses de l'invasion anglaise. Louis XI répara ces pertes, si toutefois elles étaient réparables. On fit refondre encore beaucoup de châsses neuves au commencement du XVIe siècle, les formes des anciennes châsses n'étant plus dans le goût de ce temps; les guerres religieuses de la fin de ce siècle en détruisirent une quantité innombrable. Pendant la Révolution, la plupart des châsses qui avaient une valeur intrinsèque furent envoyées à la monnaie et depuis, le clergé, les fabriques, les ont vendues, souvent à vil prix à des amateurs ou brocanteurs, ou les ont échangées contre des ornements de mauvais goût. Aussi, en France, les châsses anciennes de quelque importance, et surtout exécutées en matières précieuses, sont-elles fort rares.

Les châsses ne contenaient pas seulement des corps-saints; elles étaient destinées aussi à renfermer certaines reliques pieuses. On désignait l'armoire de vermeil contenant les précieuses reliques de la Sainte-Chapelle à Paris sous le nom de la *grande-châsse*. Dans l'église cathédrale de Chartres, la chemise de la sainte Vierge était conservée dans une magnifique châsse donnée en 896 par le roi

[1] Le marché passé par l'abbé Guillaume avec Jean de Clichy, Gauthier Dufour et Guillaume Boey, orfévres à Paris, est donné tout au long dans les pièces justificatives de l'*Hist. de l'abbaye roy. de Saint-Germain des Prés* de dom Bouillard. Cette pièce est fort curieuse.

Charles le Chauve. Cette châsse, qui avait 0ᵐ,677 de longueur, sur 0ᵐ,271 de largeur et 0ᵐ,569 de hauteur, était posée sur un brancard de vermeil semé de fleurs de lis en relief; elle était de bois de cèdre, couverte de plaques d'or et enrichie d'une infinité de perles, diamants, rubis, émeraudes, saphirs, agates, turquoises, camées ou intailles, et accompagnée de nombreux bijoux donnés par divers princes et des évêques[1]. (Voyez, pour la position des châsses suspendues derrière et au-dessus des autels, le *Dictionnaire d'architecture*, au mot AUTEL.)

CHASUBLIER, s. m. Armoire renfermant une suite de tiroirs peu profonds, à coulisses, dans lesquels on pose les chasubles. Il est à croire que les chasubliers anciens n'étaient autrefois que des armoires vestiaires, les chasubles étant faites d'étoffes souples et non surchargées, comme elles le sont aujourd'hui, de lourdes broderies, doublées de bougran, ce qui leur donne la roideur d'une planche.

COFFRE, s. m. — Voy. BAHUT, CHASSE.

COFFRET, s. m. (*coffre*, *escrint*). Petit coffre.

> « Pour les dames, cofres ou escrint
> « Pour leurs besongnes herbergier[2]. »

Dès les premiers siècles du moyen âge, les coffrets étaient fort en usage; on les fabriquait en matières précieuses, en ivoire, en marqueterie, en cuivre émaillé, en or, en argent; ils étaient repoussés, ciselés, émaillés. Pendant leurs voyages, les dames les transportaient avec elles et y renfermaient des bijoux de prix. En campagne, dans les expéditions lointaines, les nobles, les chevaliers, outre les bahuts qui contenaient leurs effets, portaient de ces coffrets qui étaient confiés à la garde des écuyers, et qui contenaient l'argent, les bijoux, parfois même des titres. Car il était assez d'usage, jusqu'au XIIIᵉ siècle, d'emporter avec soi les archives de famille, les titres précieux : tel était l'esprit de défiance qui dominait alors toutes les classes, que les plus puissants seigneurs n'osaient se séparer des objets dont ils n'eussent pu réparer la perte. Les coffres et coffrets tiennent donc une place importante dans le mobilier du moyen âge. C'est dans un coffret que sont déposés le

---

[1] Voyez l'inventaire de cette châsse et de ces bijoux dans le *Bullet. des Comités histor.*, janvier 1851. Les camées et intailles qui garnissaient cette châsse ont été, en 1793, envoyés à la Bibliothèque nationale; ils y sont encore déposés.

[2] Eust. Deschamps.

cœur et la lettre de Raoul de Coucy destinés à la dame de Fayel, et rapportés par son écuyer Gobert, de Brindes en France.

Le châtelain de Coucy, sentant sa mort prochaine,

« . . . . . . fist aporter
« Un des coffres de ses sonmiers
« Ouquel estoit li tresors chiers
« Des tresches (tresses) qu'il véoit souvent.
« Un coffre petitet d'argent
« En a trait et puis l'a baizié,
« Ouvert l'a, si a fors sachié
« Les tresches qui sambloient d'or [1].
« . . . . »

Les trésors des cathédrales, des églises, les musées, conservent encore un grand nombre de ces petits meubles, exécutés en général avec beaucoup de soin et de recherche. Un des plus beaux et des plus anciens coffrets que nous connaissions faisait partie de la collection de M. le prince Soltykoff [2]. Ce coffret est d'ivoire bordé de lames de cuivre doré finement gravées; il a 32 centimètres de long sur 19 de large et 10 de hauteur. En voici (fig. 1) l'ensemble : il nous

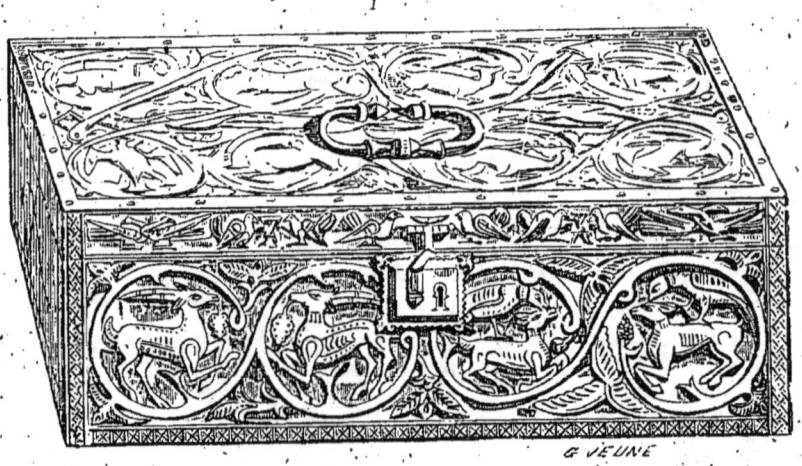

G JEUNE

paraît appartenir au xe siècle; il est intact, sauf la serrure, la clef et l'anse, qui ont été refaites au xve siècle. Les dessins dont il est orné sur ses quatre faces et le couvercle représentent des animaux dans des entrelacs, biches becquetées par des aigles, daims,

[1] L'Hist. du châtelain de Coucy et de la dame de Fayel, vers 7607 et suiv., édit. de Crapelet, 1829.
[2] Nous devons encore à l'obligeance de M. le prince Soltykoff d'avoir pu dessiner ce précieux meuble.

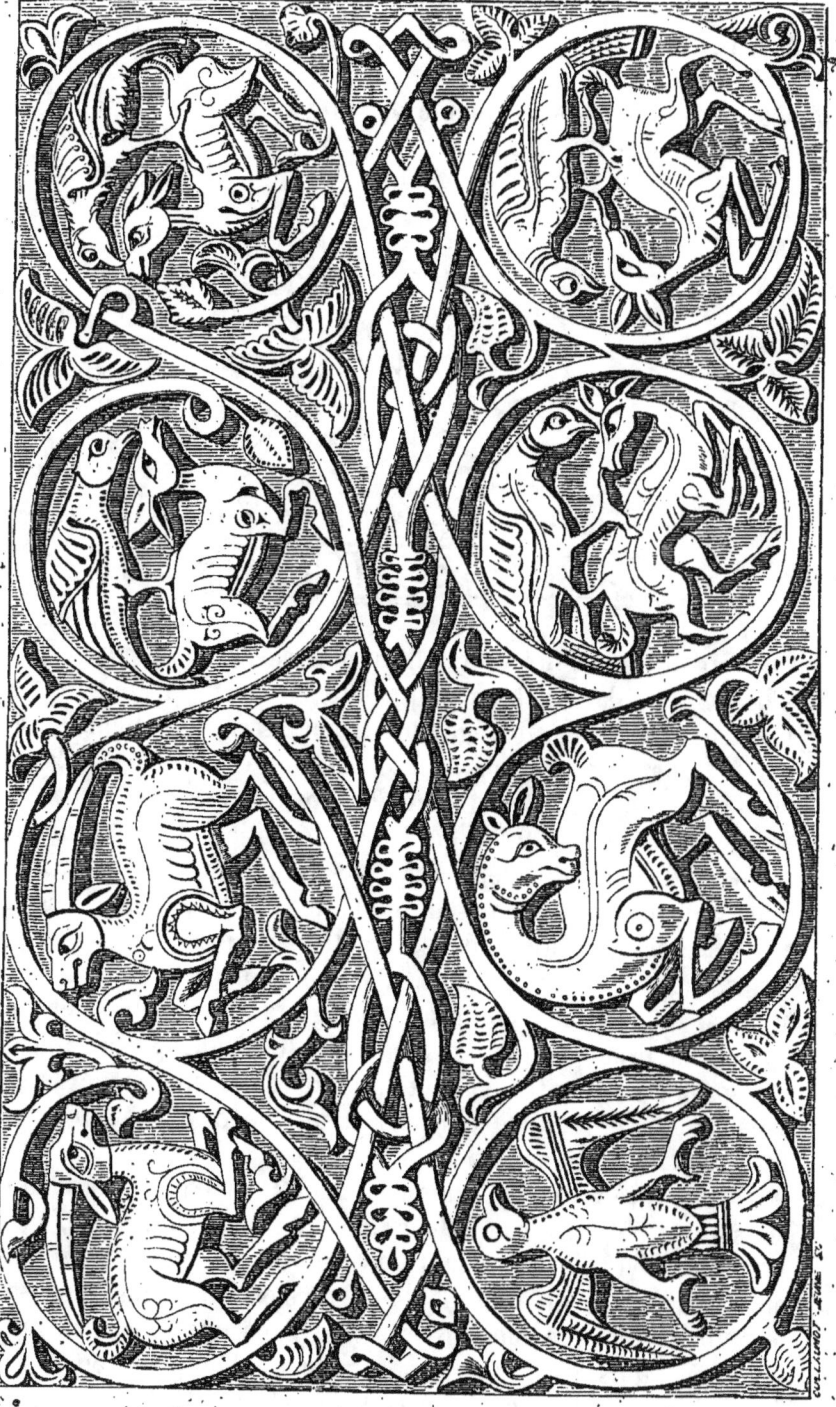

aiglettes. La figure 2 donne le détail de la plaque formant couvercle, et la figure 3 une des bordures de cuivre gravé, grandeur d'exécution. Il est facile, avec ces renseignements, de se faire une idée complète de cet objet, remarquable par sa date, sa belle composition et sa parfaite conservation.

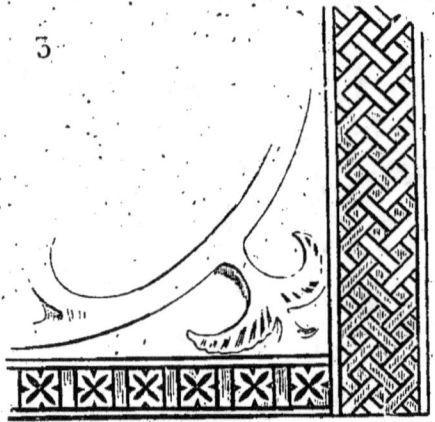

3

Beaucoup de ces coffrets étaient renfermés, comme nos nécessaires de voyage, dans des enveloppes de cuir ornées elles-mêmes de gaufrures et dorures, de légendes armoyées ou d'emblèmes. Ces coffrets se rangeaient parfois à côté les uns des autres dans les bahuts de voyage, et contenaient chacun des armes, des objets nécessaires à la toilette, des parfums, des bijoux, des coiffures, aumônières, manches brodées, ceintures, etc. D'autres séries contenaient couteaux, petite vaisselle de table, coupes, hanaps, tasses de vermeil, épices, cordiaux dans de petits flacons.

« Or est monte a cheual le gentil Palanus lequel sen va accoustre « tout ainsi que le vous conteray sans grant nombre de gens ne « bagaige, car il nauoit que deux baheux, dont lung portait ung lit « de camp bien petit entre deux coffres ou estoit une partie de son « accoustrement, et l'autre bahu portoit ses coffres d'armes avec ses « hardes sans aultre chose[1]. »

Les mœurs du moyen âge étaient nomades : nobles et marchands étaient souvent sur les grands chemins, et force était alors, lorsqu'on voulait vivre passablement, d'emporter tout avec soi ; puis, comme nous l'avons dit plus haut, on ne s'en rapportait qu'à soi-même pour garder son bien. Arrivait-on dans une ville, dans une hôtellerie, s'établissait-on temporairement quelque part, on se faisait un mobilier de tous ces coffres de voyage : les plus grands de-

[1] L'Hist. de Palanus, comte de Lyon, manuscr. de la Bibl. de l'Arsenal.

venaient lits, tables ou armoires; les moyens servaient de bancs, et les petits de nécessaires propres à renfermer tous les menus objets. Ces habitudes prirent un tel empire, que, dans des temps plus rapprochés de nous, où l'état du pays n'exigeait plus le charroi de tous les objets utiles à la vie journalière, on voyait encore des princes, et même de riches particuliers, se faire suivre en voyage de leur vaisselle et d'une quantité de meubles, tapisseries, linge et vêtements assez considérable pour meubler un palais [1].

Mais revenons aux coffrets. Ceux-ci n'affectent pas toujours la forme d'un parallélipipède; quelquefois ils sont, à pans. Il existe encore aujourd'hui, dans le trésor de la cathédrale de Sens, un coffret d'ivoire sculpté et peint, qui fut, dit-on, rapporté de Constantinople au XIIe siècle, et qui contenait des reliques précieuses. Il est en forme de prisme à douze pans, terminé par un couvercle en pyramide tronquée également à douze faces; la hauteur du prisme est de 0m,22, le diamètre du coffret de 0m,31. Il est divisé en trois zones : celle inférieure représente l'histoire de David, celle au-dessus l'histoire de Joseph; la troisième, des lions, des griffons affrontés, un griffon terrassant un bœuf, un griffon dépeçant une bête à cornes, un lion se jetant sur un bœuf, un griffon tuant un serpent, et un lion poursuivant un bouc. Sur le couvercle, on retrouve la suite de l'histoire de Joseph, ou plutôt son triomphe, l'arrivée de sa famille en Égypte, et son apothéose. La gorge qui sépare le couvercle du corps du coffret est revêtue de plaques d'émail de fabrique byzantine. Ce petit meuble fut certainement exécuté à Byzance et paraît appartenir au XIIe siècle; les bas-reliefs sont accompagnés d'inscriptions grecques, et le style des figures rappelle l'antiquité gréco-romaine.

Voici (fig. 4) un ensemble de ce précieux coffret, et (fig. 5) un fragment d'un des petits bas-reliefs représentant Joseph allant au-devant de Jacob et le recevant à son arrivée dans la terre de Gessen. Le style des bas-reliefs qui décorent l'extérieur du coffret de Sens est plein de grandeur, et certainement l'introduction d'objets de fabrique byzantine, si fréquente en France pendant le XIIe siècle, dut exercer une notable influence sur la sculpture due à nos artistes occidentaux. Le trésor de la cathédrale de Sens n'a pas cessé de posséder ce coffret depuis cette époque. Son origine n'est pas dou-

---

[1] Nous avons vu encore un auguste personnage qui ne voyageait qu'avec son lit, et qui eût mieux aimé passer la nuit dans un fauteuil que de se coucher dans un lit qui n'eût pas été le sien.

teuse. Quand on examine les bas-reliefs des édifices du XIIᵉ siècle,

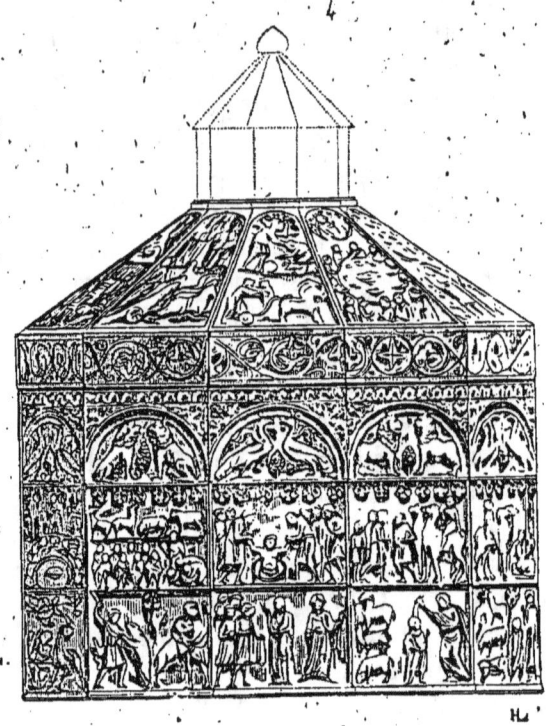

dans l'Ile-de-France, la Champagne et la Bourgogne, on demeure

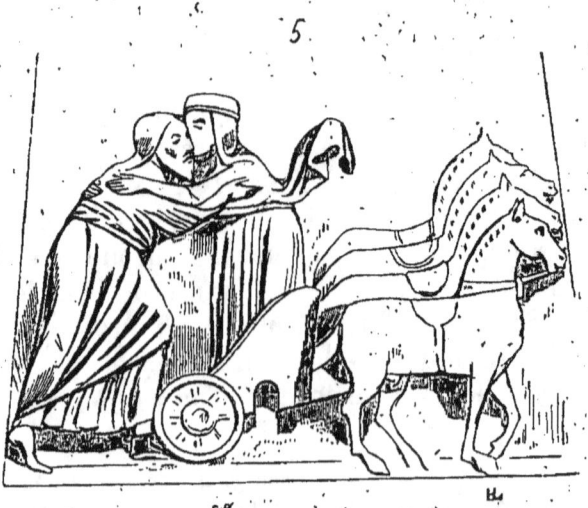

frappé de l'analogie qu'il y a entre les sculptures de ce coffret, par exemple, et celles des chapiteaux du porche de l'église de Vézelay, qui datent de 1130 environ. Nous avons dit que les ivoires du coffret de Sens étaient peints : le vert, le pourpre, y dominent; malheureusement, une maladroite réparation a fait disparaître en grande partie cette intéressante coloration et les inscriptions que Millin a encore pu copier lorsqu'il visita Sens[1] en 1805. Sur le sommet tronqué de la pyramide s'élevait probablement un bouton de cuivre émaillé, pour permettre de soulever le couvercle; il a été remplacé par une de ces pommes de cuivre que l'on pose sur les premiers balustres des escaliers.

L'abbaye du Lys possédait un coffret de bois recouvert de plaques d'argent vernies en noir verdâtre, de cuir doré et émaillé; ce petit meuble est aussi précieux par sa composition que par son exécution. Il est aujourd'hui conservé dans l'église de Dammarie (Seine-et-Marne), et connu sous le nom de *cassette de saint Louis*[2]. Il est certain que ce coffret date du XIIIe siècle. Sur le couvercle, outre les huit médaillons représentant en relief des animaux, quatre améthystes sont enchâssées sur les encoignures; sur la face et les côtés sont également disposés des médaillons. Un grand nombre d'écussons, semés entre ces médaillons, sont émaillés aux armes de France ancien, de Castille, de Bourgogne ancien, de Guillaume de Courtenay, de Montfort, de Dreux, de Bretagne, de Flandre, de Navarre et Champagne, de Graville, de Dammartin, de Toulouse, de France à trois fleurs de lis, de Coucy, de Beaumont, de Roye, de Champagne, de Jérusalem, de Bar, de Montmorency, de Normandie, d'Harcourt. L'anse, les équerres, les charnières, la serrure et son moraillon sont dorés et émaillés. De petits clous d'or à tête ronde fixent, entre les médaillons et les écus, la plaque d'argent très-mince qui recouvre exactement le bois. Rien n'indique que cette cassette ait eu une destination religieuse, et nous la regardons plutôt comme un de ces précieux écrins qui devaient renfermer des bijoux de prix.

Souvent les coffrets étaient faits de bois, et n'avaient de valeur que par la délicatesse et le goût des sculptures dont leurs ais étaient couverts.

Voici un de ces coffrets, très-simples comme matière, très-riches par le travail (fig. 6); il est de bois de châtaignier, avec anse,

---

[1] *Voyages dans le midi de la France*, par Millin, 1807. Atlas.
[2] Ce charmant coffret est reproduit avec beaucoup d'exactitude dans les *Monuments de Seine-et-Marne*, par MM. A. Aufauvre et C. Fichot, in-f°. Melun, 1854.

charnières et serrure de fer[1]. Le dessus, que nous reproduisons
(Pl. III), est remarquable par sa composition. L'anse est munie
d'un anneau maintenu par une goupille lâche, de manière qu'en le
passant au doigt, le coffret puisse être cependant tourné en tous
sens; procédé qui permettait, en tenant cette anse d'une main, de

6

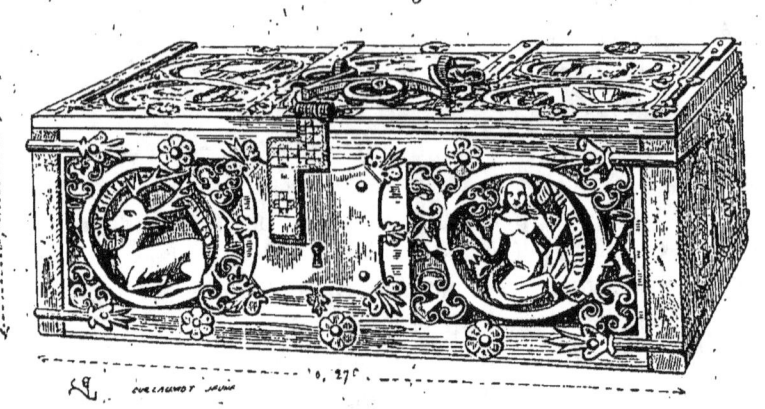

présenter l'entrée de la serrure en face de l'autre main tenant la
clef. Ce coffret est décoré de figures et d'animaux dans des cercles
ornés de feuillages; sur le côté, dans un des cercles, est une rose
au milieu de laquelle est sculptée en relief la lettre H; sur des ban-
deroles portées par les figures, sont gravées des devises.

Souvent, sur les coffrets, étaient sculptées des chasses, des scènes
tirées de romans en vogue, des inscriptions, etc. Il existe encore,
dans le trésor de l'église de Saint-Bertrand de Comminges, un coffret de bois recouvert de plaques de cuivre jaune estampé, sur lesquelles sont figurés en relief des chevaliers, des dames, des animaux. Les reliefs faits à l'étampe se répètent comme ceux d'une
étoffe. Il était d'usage aussi de porter en voyage des coffrets de
fer solidement fermés, dans lesquels on gardait les bijoux. Voici
(fig. 7) un de ces coffrets, qui date du XVᵉ siècle. Il se compose
d'une boîte de chêne recouverte de cuir rouge; sur le cuir est
appliqué un premier réseau de fer étamé, à jour; puis une seconde
enveloppe de fer non étamé, également à jour, laissant voir à
travers ses mailles le cuir et le réseau étamé. Des nerfs de fer
renforcent le couvercle, et une petite serrure très-solide et habi-

---

[1] Ce coffret, qui date du XIVᵉ siècle, faisait partie de la collection de M. A. Gérente; il
est de fabrication rhénane. Il faut dire qu'à cette époque les provinces de l'est de la
France et l'Allemagne fournissaient beaucoup de ces menus objets sculptés en bois.

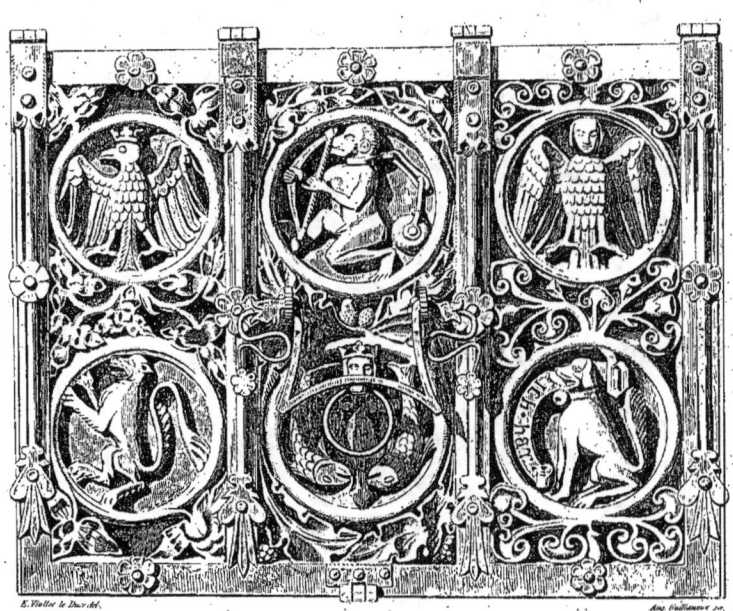

E. Viollet le Duc del.   Aug. Guillaume sc.

COFFRET.

lement travaillée le maintient fermé. Sur les deux côtés, quatre

7

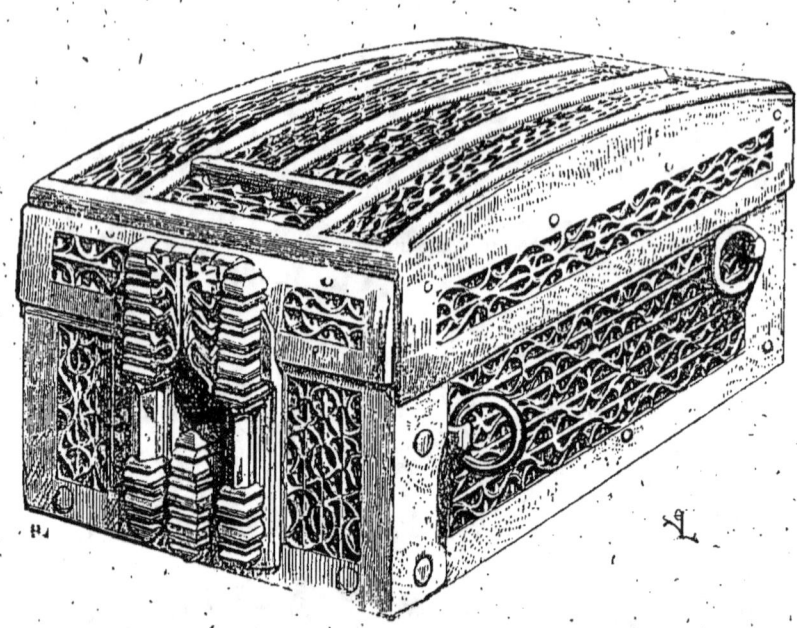

anneaux permettent d'attacher ce coffret au moyen de cour-

8

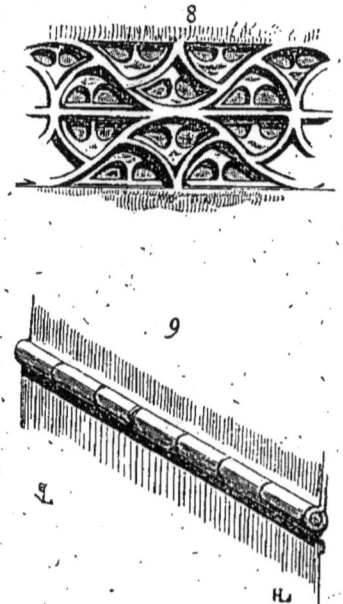

9

roies ou de chaînes, à l'intérieur d'un bahut trop lourd pour être facilement soustrait, ou de le porter en croupe, de le réunir au bagage chargé sur des bêtes de somme[1].

La figure 8 explique la disposition des deux plaques de fer appliquées l'une sur l'autre; la charnière occupe toute la largeur du coffret et est formée par les plaques de fer battu qui lui servent d'enveloppe (fig. 9).

L'Italie fournit beaucoup de ces petits meubles : on en trouve encore dans les trésors de nos églises; ils sont généralement d'os ou d'ivoire sculpté et de marqueterie. Le trésor de l'église de Saint-Trophime d'Arles en possède un fort remarquable, qui paraît remonter au xiiie siècle (Pl. IV)[2]. Celui de la cathédrale de Sens en conserve un autre du xive siècle. On en voit un grand nombre dans nos musées et dans les collections particulières.

COURTE-POINTE, s. f. (*couslepointe, keutespointe*). Grande couverture doublée et piquée, que l'on posait sur les bancs et tous les meubles pouvant servir de siéges ou de lits de repos.

« …. L'empereriz fist traire les dames et les damoiselles en une « autre chambre, et entre li et le vallet s'asistrent sor une cheuche « (un coussin) d'une coustepointe coverte et d'un drap de soie[3]. »

On admet volontiers que les meubles du moyen âge étaient de formes incommodes et dépourvus de garnitures d'étoffes, parce que, dans quelques musées, on voit des chaires de bois, de la fin du xve siècle ou du commencement du xvie, à dossiers droits, couverts de sculptures souvent, qui ôtent toute idée de s'appuyer. Mais ces meubles d'apparat ne servaient guère et n'étaient placés dans les appartements que pour la montre. Ce n'étaient qu'à l'occasion de certaines solennités que le chef de famille se plaçait entre les bras de ces chaires richement sculptées et recouvertes d'ailleurs d'un épais coussin.

Quant aux meubles d'usage, ils étaient bien garnis, non à demeure, comme le sont les nôtres, mais au moyen de ces coussins si nombreux mentionnés dans les inventaires du moyen âge, et de ces courtes-pointes jetées sur le tout comme une housse, courtes-pointes faites d'étoffes moelleuses, épaisses, doublées et piquées.

Cet usage permettait d'entretenir les étoffes des meubles, de les

---

[1] Nous devons ce petit meuble à M. Alaux, architecte de Bordeaux. Les dimensions de ce coffret sont : longueur, 0m,17; largeur, 0m,13; hauteur, 0m,10.

[2] Le dessin de ce coffret nous a été donné par M. Révoil, architecte à Nîmes.

[3] Le *Roman des sept Sages*, manuscr. Biblioth. nat., fonds Saint-Germain, n° 1672.

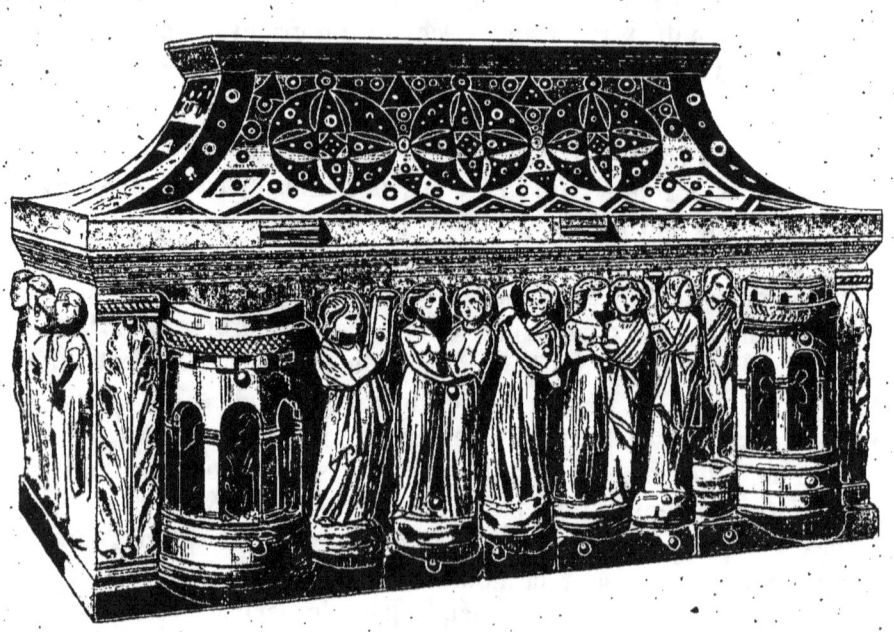

Carressc del.   *Viollet-Le Duc, direx.*   *E. Beau lith.*

COFFRET DE St TROPHYME D'ARLES

Paris chez Bance édit r, Bonaparte 13   Imp. R. Engelmann, Paris.

enfermer quand on quittait le logis et de les conserver longtemps sans altération. Comme de nos jours, on plaçait aussi ces courtes-pointes sur les lits.

COUSSIN, s. m. (*ceuche, coute, coite*). Sac d'étoffe rembourré de laine ou de plume ; s'entend comme oreiller, coussin, matelas.

> « Couchier comme sor une coite,
> « Car la terre estoit douce et moite [1].
> «   »

Les assassins de la reine Blanche, femme de don Pèdre, étouffent cette princesse entre deux matelas :

> « Dont prinrent li Juif sans point de l'atargier
> « La dame, et puis la vont dessus. I. lit couchier;
> « Et puis gietent sur lui une coute à ormier [2],
> « Et puis vont les. II. coutes d'une corde lier,
> « Et à chascun coron pendirent. I. mortier [3];
> «   »

On plaçait des coussins sur les siéges de bois ou de métal, et sous les pieds des personnes assises (voy. CHAIRE), sur les bancs, les bahuts ou coffres placés autour des salles de réception. Ces coussins étaient, chez les personnages riches, recouverts d'étoffes pré-

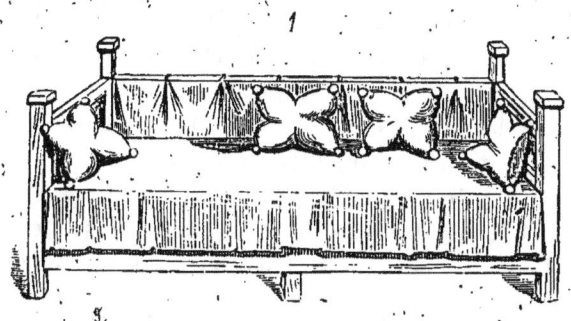

1

cieuses, brodées, ou tissées d'or et de vives couleurs ; ils étaient gé-néralement carrés, avec quatre boutons ou glands aux quatre angles. Dans les peintures et vignettes de manuscrits antérieurs au xiiᵉ siècle, on voit figurer aussi des coussins cylindriques comme nos traver-sins. Le xvᵉ siècle, qui apporta un grand luxe dans l'ameublement, donna aux coussins des formes appropriées à leur usage particulier :

[1] Le *Roman de la Rose*, vers 1403, édit. de Méon.
[2] Un coussin d'étoffe d'or.
[3] *Chron. de Bertrand du Guesclin*, vers 6931 et suiv.

ainsi les coussins de siégés sont épais, larges, carrés ou ronds; ceux destinés à être placés sous les pieds sont quelquefois en forme de boule; ceux jetés sur les bancs sont taillés de façon à permettre aux personnes assises d'appuyer leurs coudes entre leurs oreilles. C'est ainsi que sont figurés les coussins que nous présente la vignette (fig. 1), tirée du manuscrit de Girard de Nevers, de la Bibliothèque nationale[1]. Les dames de qualité qui se rendaient à l'église faisaient porter avec elles des coussins que l'on posait sur les dalles; elles pouvaient s'agenouiller ainsi sans trop de fatigue et sans salir leurs vêtements. Dans les cérémonies, c'était, comme aujourd'hui encore, sur des coussins richement drapés que l'on posait les insignes, couronnes, épées, sceptres.

COUVERTURE, s. f. — Voy. Lit.

CRÉDENCE, s. f. Petit buffet sur lequel on déposait les vases destinés à faire l'essai. La crédence, dans l'église, est une tablette sur laquelle on plaçait les burettes, les linges et tous les menus objets nécessaires aux cérémonies du culte. Jusqu'au xvi⁰ siècle, une crédence est disposée près de chaque autel et souvent dans la niche destinée aux piscines.

« Les principaux autels d'aujourd'hui », dit Thiers dans sa *Dissertation sur les principaux autels des églises*, « ne sont pas toujours « accompagnés de ce que nous appelons crédences. La plus-part de « ceux des cathédrales n'en ont point du tout. Ceux des autres « églises en ont, les uns deux, l'une à droit, l'autre à gauche; les « autres n'en ont qu'une à droit ou du côté de l'épître. Mais il n'y a « que celle qui est du côté de l'épître qui serve à mettre le calice, « les burettes, le livre des épîtres et des évangiles, etc. Celle qui est « à gauche ne sert de rien pour l'ordinaire, si ce n'est pour faire « la simétrie, ou tout au plus pour placer quelques chandeliers et « quelques violiers... » Cette idée de symétrie n'existait pas avant le xvi⁰ siècle, et il n'y avait du côté de l'épître qu'une crédence. « Les « rubriques du Missel romain n'en veulent qu'une tout au plus du « côté de l'épître, encore insinuent-elles que l'on s'en pourroit pas- « ser s'il y avoit une petite fenêtre proche l'autel, où l'on pût mettre « la clochette, les burettes, le bassin et l'essuie-main qui servent à « la messe... Le cérémonial des évêques n'en veut qu'une aussi, « dont on ne doit se servir qu'aux messes solemnelles. » Mais jus-

---

[1] Manusc. fonds la Vallière, n° 92.

qu'au XVIᵉ siècle, il n'y avait guère de crédence, c'est-à-dire de
tables découvertes près des autels, mais bien des armoires, soit
prises dans la muraille, soit meubles, dans lesquelles on déposait
le calice, la patène, le voile, le corporal, le pain et le vin. Dans les
églises de l'ordre de Cluny et de l'ordre de Cîteaux, c'était dans des
armoires (meubles) placées vis-à-vis ou au côté droit de l'autel qu'on
déposait tout ce qui était nécessaire pour la consécration, pour la
communion des religieux.

Ces crédences sont *immeubles*; nous n'avons pas à nous en occuper ici[1]. Quelquefois, sur le côté de l'autel, est réservée une tablette
saillante ou un petit réduit servant de crédence[2].

Près des tables à manger, lorsque le couvert était mis[3], on pla-

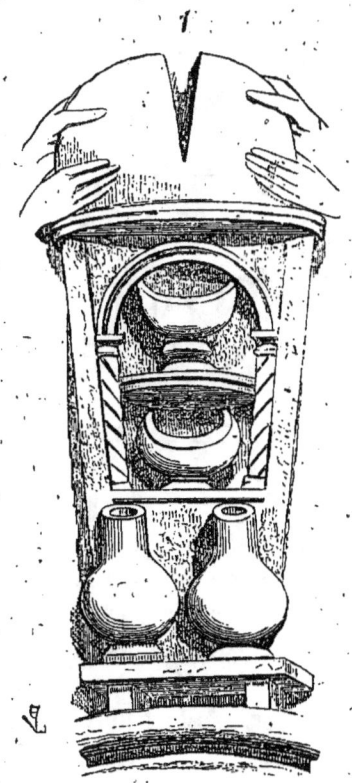

çait un meuble qui servait à faire l'essai; ce meuble se composait

[1] Voyez le *Dictionn. de l'architecture franç.*, au mot PISCINE.

[2] *Ibidem*, au mot AUTEL.

[3] Il était d'usage, chez les grands, de servir les mets *couverts* jusqu'à l'arrivée des
convives; d'où est resté l'habitude de dire *mettre le couvert*. (Voy. *Gloss. et Répert.* de
M. le comte L. de Laborde.)

d'une petite, armoire fermée à clef, dont le dessus, recouvert d'une nappe, était destiné, au moment du festin, à recevoir les vases que renfermait l'armoire. Avant le XIIIᵉ siècle, ces petits meubles (autant qu'on en peut juger par l'examen des vignettes des manuscrits ou les sculptures) sont circulaires et rappellent assez la forme d'un guéridon, d'une table ronde entre les pieds de laquelle seraient disposées des tablettes. Un des chapiteaux du porche de Vézelay[1] nous présente une crédence assez riche et garnie de ses vases. Cette sculpture (fig. 1) appartient au XIIᵉ siècle ; elle représente probable-

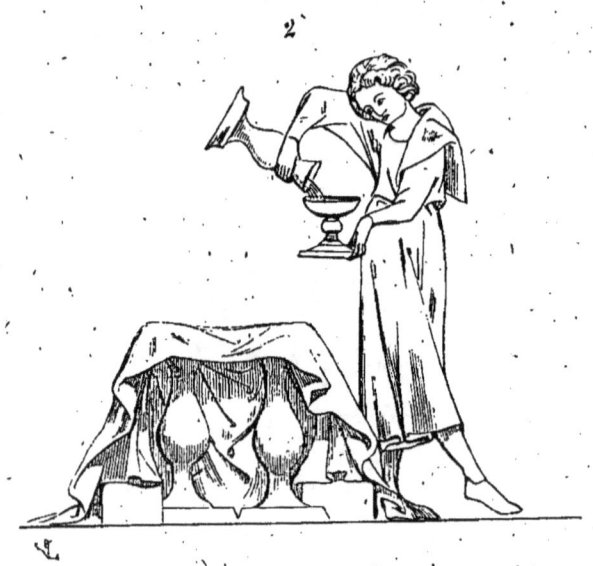

ment un des traits de la vie de saint Antoine[2]. Sous la tablette circulaire supérieure s'ouvre une petite armoire plein cintre, dans laquelle on voit deux coupes ; en avant, sur un escabeau, reposent deux vases à col allongé. Dans les vignettes des manuscrits des XIIIᵉ et XIVᵉ siècles, les vases contenant les liquides soumis à l'essai étaient parfois posés simplement à terre, et recouverts d'une petite nappe (fig. 2)[3].

---

[1]. C'est celui qui est placé sur la colonne engagée à la droite de la porte centrale.

[2] Saint Pierre, dit une légende, apparut à saint Antoine dans le désert, et partagea un pain avec lui. Ce même sujet se retrouve sur un des chapiteaux du XIᵉ siècle de la nef de la même église.

[3] D'un manuscrit de la fin du XIIIᵉ siècle, de l'*Apocalypse*, appartenant à M. B. Delessert.

Les reproductions de crédences deviennent fréquentes dans les manuscrits du xvᵉ siècle, et prennent alors, dans le mobilier, une assez grande importance. D'abord fort simples de forme (voy. fig. 3)[1] comme tous les meubles privés, décorées seulement par les étoffes dont elles étaient couvertes et par leur construction propre, les cré-

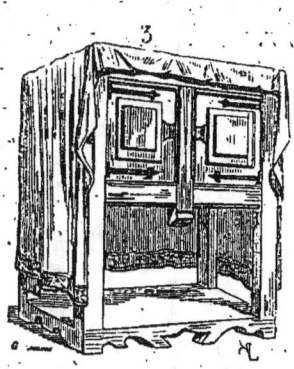

dences s'enrichissent bientôt de sculptures, de délicates ferrures; puis elles sont munies de dossiers, ainsi que l'indique la figure 4, copiée sur un des bas-reliefs de bois des stalles de la cathédrale d'Amiens[2]. Ces dossiers sont même parfois surmontés de dais sculptés avec luxe (voy. fig. 5)[3]. Les deux dernières crédences que nous donnons ici indiquent parfaitement l'usage auquel on les destinait pendant les repas.

Chez les souverains, les grands seigneurs, les crédences étaient souvent garnies d'orfévrerie, de plats d'argent ou de vermeil; on les plaçait d'ordinaire derrière le maître, auquel on présentait la première coupe de liqueur après avoir fait l'essai. Les dossiers des crédences ou les panneaux des vantaux de la petite armoire portent quelquefois l'écusson aux armes du maître du logis.

Le meuble qu'on désignait, dans le siècle dernier et au commencement de celui-ci, sous le nom de *servante*, rappelait encore la crédence; il a presque totalement disparu de nos maisons, et n'était plus destiné au même usage que la crédence; puisqu'il était fait pour permettre à un petit nombre de convives de se servir eux-mêmes sans le concours des domestiques et sans être obligés de se lever de

[1] Manuscr. de la Biblioth. nat., nº 6984.

[2] Exécutées au commencement du xvıᵉ siècle, ces stalles reproduisent, dans leurs sculptures, des meubles qui appartiennent plutôt au xvᵉ.

[3] Ce dessin provient des mêmes sculptures.

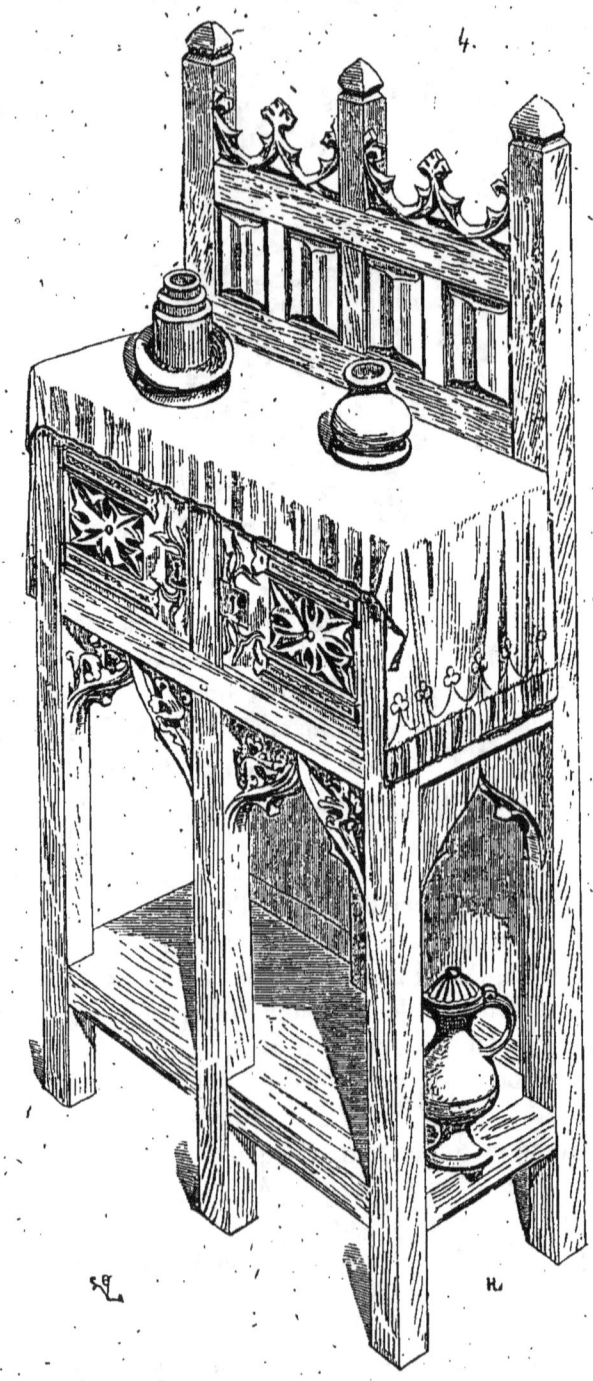

table. La *servante*, toutefois, était un meuble commode : c'était la

crédence mise sur quatre roulettes, devenue légère, et privée de l'é-
cuyer ou du familier chargé de faire l'essai. C'est à la fin du règne

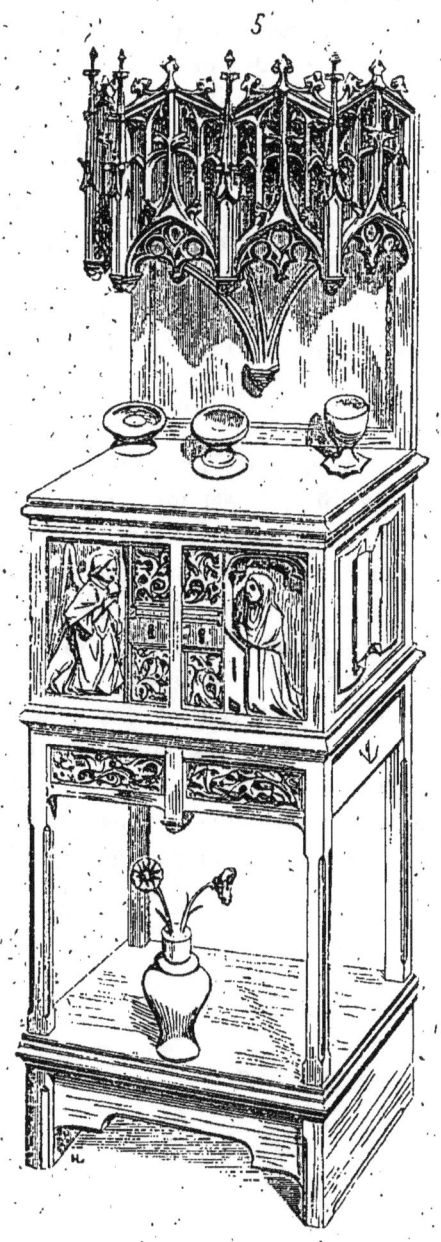

5

de Louis XIV, lorsqu'il s'éleva contre l'étiquette majestueuse du
grand règne une réaction générale, que la crédence devint *servante*.

Le gentilhomme qui avait dans son hôtel une nuée de familiers trouva insupportable de manger devant deux ou trois gaillards chargés de lui donner une assiette ou de lui verser du vin ; il fit approcher la crédence de la table à manger, ferma la porte sur le dos des laquais, et put causer à son aise avec les deux, trois ou quatre convives invités à sa table ; on mit dès lors des roulettes aux pieds de la crédence, et elle prit un nom indiquant son usage. Aujourd'hui, le plus petit bourgeois qui tient un valet à gages se croirait déshonoré s'il se servait lui-même ; s'il invite un ami, quitte à rendre le repas ennuyeux comme un dîner de table d'hôte, il prétend que le laquais soit là. Le bourgeois a repoussé la *servante* de son père avec dédain ; nous en avons vu bon nombre dans les greniers.

Nos buffets de salle à manger et nos caves à liqueur fermées à clef sont encore une dernière tradition de la crédence du moyen âge.

CUIR *peint, gaufré, doré* (voy. TENTURE). L'usage de peindre, dorer, argenter et gaufrer le cuir est fort ancien, puisque le moine Théophile donne la manière de le préparer pour recevoir la décoration[1]. Mais il semblerait que, de son temps, au XIIe siècle, on n'employait guère le cuir dans l'ameublement que comme un moyen de recouvrir des tables, armoires, panneaux : il ne paraît pas qu'on en ait fait des tentures fabriquées comme celles que nous possédons encore et qui datent dés XVIe et XVIIe siècles. Cependant on savait, dès les premiers siècles du moyen âge, peindre, dorer et gaufrer le cuir libre, non collé sur panneau, et on l'employait dans les équipements et harnachements militaires ; il est donc probable qu'on s'en servait aussi parfois pour recouvrir des meubles, des dossiers de bancs, des stalles, etc. [2]. Au XVIe siècle, les cuirs-tentures se fabriquaient principalement à Paris, à Rouen, en Allemagne et en Brabant.

---

[1] Cap. XIX.
[2] Voyez la *Descript. hist. des maisons de Rouen*, par E. Delaquérière, t. I, p. 130. et t. II, p. 168.

DAIS, s. m. (*ciel*). Châssis recouvert d'étoffes et quelquefois accompagné de courtines, que l'on plaçait au-dessus d'un trône, d'un siége d'honneur, ou que l'on transportait sur des bâtons au-dessus d'un personnage à pied ou à cheval. Les trônes, dans les vignettes des manuscrits qui datent des XIVᵉ et XVᵉ siècles, sont presque tou-

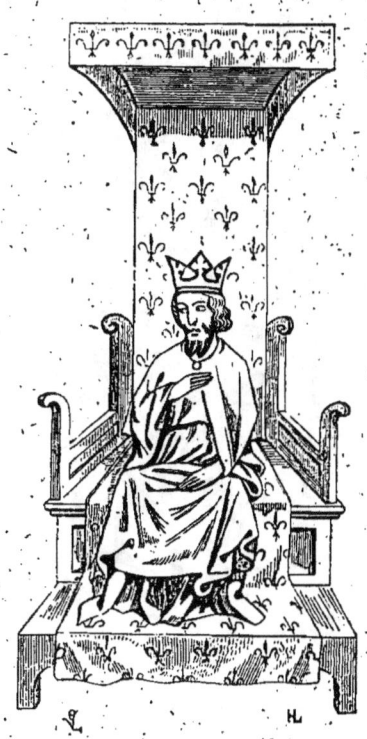

jours surmontés de dais très-simples de forme, riches comme étoffe. Voici (fig. 1) le trône d'un roi, avec dais, dossier et couverture d'étoffe rouge semés de fleurs de lis d'or[1]. Les dais qui accompagnaient les siéges des personnes souveraines sont ordinairement

[1] Manuscr. de la biblioth. du Corps législatif, Bible française, n° 35; date, 1290.

carrés, sans pavillon : cette forme était d'étiquette ; les dais avec
pavillon au-dessus étaient plus particulièrement réservés aux trônes
d'évêques. Les autels, les suspensions, les fonts baptismaux, étaient
aussi parfois couverts de dais sans pavillon. Voici (fig. 2) un dais
royal accompagné de deux courtines relevées[1] ; l'étoffe est pourpre
avec dessin or ; le bois du trône est complétement doré. Lors des en-

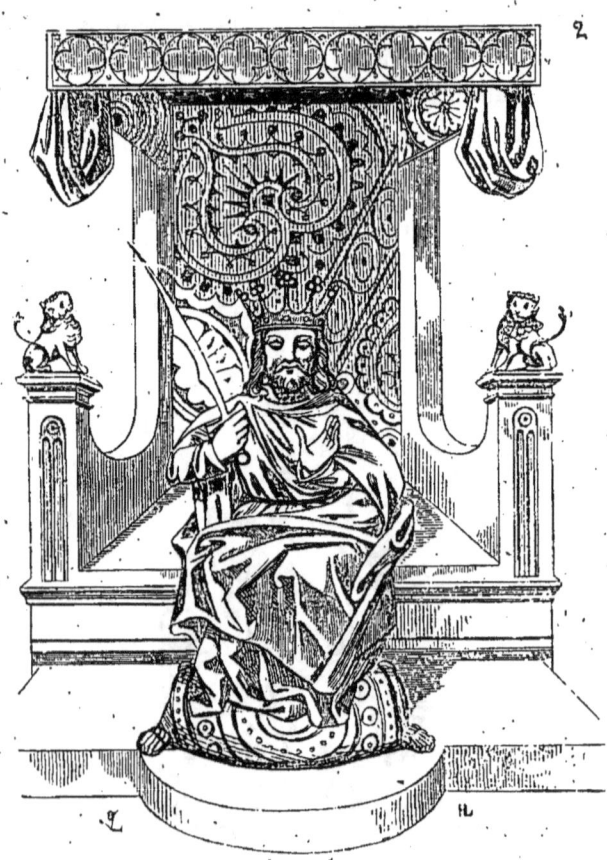

trées des princes et princesses, des personnes royales, il était d'usage
de faire porter un dais au-dessus de leur tête. « Quand nos Rois et
« Reines font leur première entrée à Paris, c'est à eux (les échevins)
« d'apporter le ciel d'azur semé de fleurs de lis d'or, et le mettre
« et porter parmi la ville par-dessus leurs majestés[2]. » En effet, la
figure 3 nous représente l'entrée d'Isabeau de Bavière dans la bonne

[1] Manuscr. le Miroir historial de Vincent de Beauvais, Biblioth. nat., n° 6731 ;
date, 1423.
[2] Sauval, Pièces justific., p. 246.

ville de Paris La jeune, reine est montée sur une haquenée ; quatre
échevins portent le dais au-dessus de sa tête[1]. On donnait aussi,
dans le cérémonial, par extension, le nom de *dais* à l'estrade sur
laquelle montaient et se tenaient les personnes royales pendant cer-

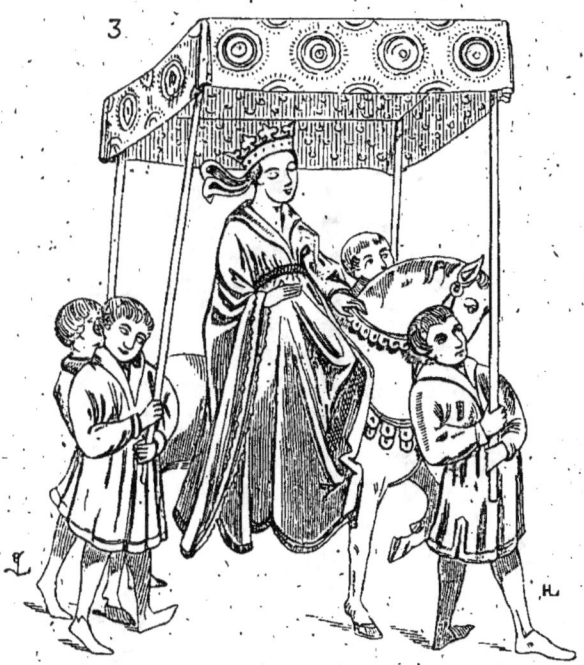

taines solennités ; ce n'était toutefois que lorsque ces estrades étaient
couvertes d'un *ciel*. On disait *dais à queue*, pour désigner les dais
accompagnés de courtines, comme celui représenté figure 2 ; *dais
sans queue*, pour désigner les ciels simples, composés d'un dessus
avec pentes ou gouttières, sans courtines. Dans les banquets la
chaire du seigneur était couverte d'un dais ; et pendant les plaids
royaux le dais était placé sur le trône, à l'un des angles de la salle.

DORSAL, s. m. Grande pièce de tapisserie ou d'étoffe que l'on
accrochait aux murs d'appui, aux panneaux des chaires, des formes,
derrière le dos du clergé, sur le fond des dressoirs chargés de vaisselle. Les stalles des chœurs, des salles capitulaires étaient souvent
garnies d'étoffes ou de cuirs gaufrés et dorés. La cathédrale d'Augs-
bourg a conservé jusqu'à nos jours ses dossiers de cuir doré, qui
datent du commencement du XVIe siècle. Nos églises françaises étaient

---

[1] Manusc. de Froissart, Biblioth. nat., fonds Colbert, n° 8323, XVe siècle.

fort riches en décorations de ce genre dès les premiers temps
du moyen âge. Lorsque Héribert, quarante-neuvième évêque
d'Auxerre, après avoir été sacré en 1040, fut porté, suivant la cou-

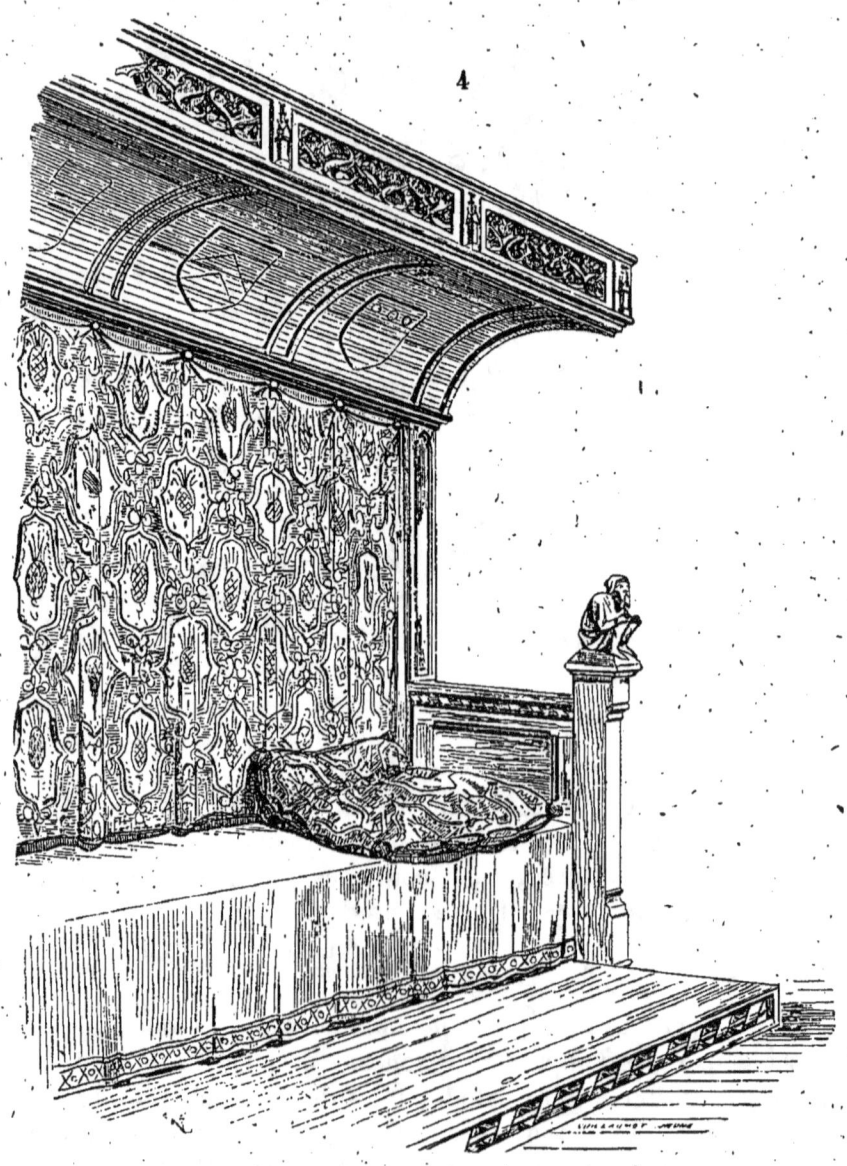

4

tume, jusqu'à la cathédrale, sur les épaules de la noblesse, et qu'il
eut fait ainsi son entrée dans l'église, » il y fit présent d'une belle
« et grande pièce de tapisserie ou d'étoffe qu'on appelait du nom
« de *dorsal*, parce qu'elle servoit à orner les mùrs d'appui derrière

« le dos du clergé[1]. » Les anciennes stalles de l'église abbatiale de Saint-Denis étaient encore, du temps de dom Doublet, garnies de tapisseries semées de fleurs de lis d'or. A la cathédrale de Paris, des tapisseries étaient également suspendues aux dossiers des chaires du chœur avant 1714[2]. Ce n'était pas seulement le long des meubles fixes, comme les stalles, que l'on plaçait des tentures d'étoffes, c'était aussi contre les dossiers des bancs ou formes disposés autour des appartements dans les palais et maisons. La fig. 1[3] représente un de ces meubles civils garni de son dorsal, de sa couverture ou *keulespointe* et de coussins. Ce dorsal est vert avec dessins or. Il est accroché par des anneaux à des boutons fixés au sommet des panneaux du meuble sous le dais saillant, et tombe jusqu'au siége. Ces tentures pouvaient donc être facilement enlevées pour être nettoyées ou remplacées. Il est probable qu'on ne les posait, lorsqu'elles étaient précieuses, que pour les grands jours; à l'ordinaire, on accrochait des pièces de serge ou d'étoffe commune.

DRAP, s. m. Pièce d'étoffe plus ou moins riche, que l'on posait sur le cercueil d'un mort, ou que l'on jetait sur le corps d'un chevalier, d'un noble tué dans une bataille, avant de l'ensevelir. Quand Charles de Blois est tué devant le château d'Alroy, le comte de Montfort dit à ses chevaliers :

« 'Seignor, aller cerchant
« Le ber Charles de Bloiz, qui est mort en ce champ;
« Et puis le renderay aux gentilz (bourgeois) de Guingamp.

« Adont le fist partir tost et incontinant
« Et couvrir d'un drap d'or, à loi d'omme poissant.
   »

Dans la tapisserie de Bayeux, on voit la bière du roi Edward portée par huit hommes; elle est couverte d'un drap très-riche et qui

---

[1] *Mém. concernant l'hist. civ. et ecclés. d'Auxerre*, par l'abbé Lebeuf, t. I, p. 261.
[2] *L'Entrée triomphante de LL. MM. Louis XIV et M. Thérèze d'Austriche*, etc. Paris, 1662, pet. in-f°. Voyez la gravure, II° part., p. 29.
[3] Du manuscr. *le Romuléon*, Biblioth. nat., n° 6984.
[4] Variante : « En bière et bien couvert droitement à Guingant. » (*Chron. de Bertr. du Guesclin*, XIV° siècle, t. I, vers 6318 et suiv. Coll. des docum. inéd. sur l'hist. de France)

tombe de chaque côté du cercueil. Ces draps semblent n'avoir été, jusqu'au XIVe siècle, qu'une pièce d'étoffe recouvrant les parties latérales de la châsse ou bière; plus tard ils furent composés de pièces cousues et enveloppant la bière tout entière comme une housse, ainsi que le fait voir la figure 1, copiée sur une vignette d'un manuscrit du XVe siècle[1]. Ce drap est noir, rehaussé d'or; il est

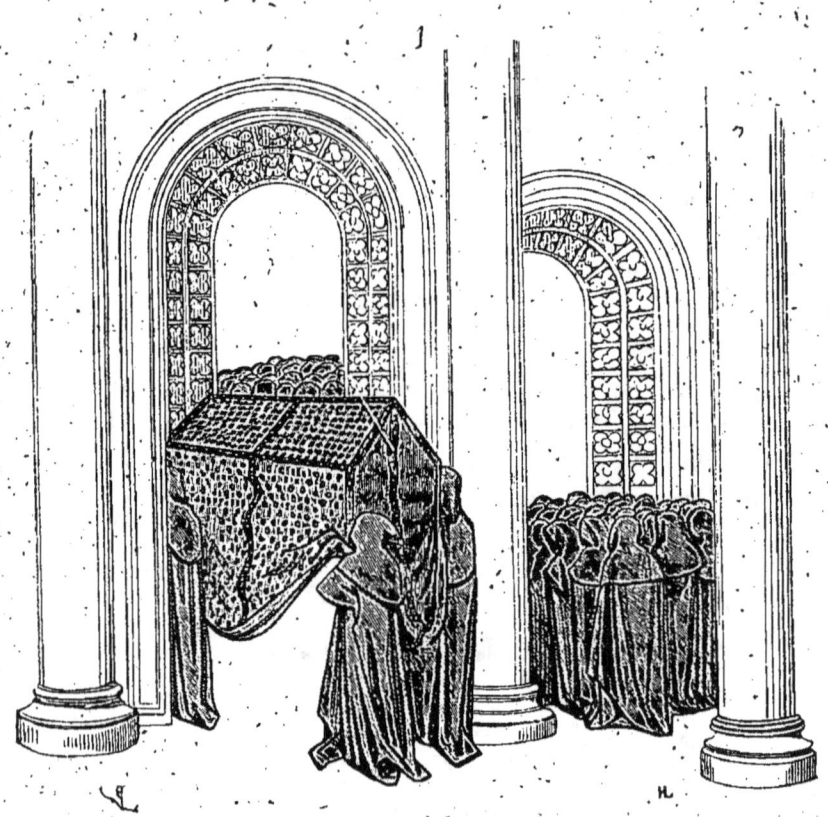

coupé suivant la forme et la dimension du cercueil et tombe large-ment tout autour.

Aux XVe et XVIe siècles, il était d'usage de garnir les draps mor-tuaires d'écussons armoyés aux armes du défunt. Lorsque le per-sonnage était un roi ou un puissant seigneur possesseur de nom-breux domaines, on plaçait autour de la bière, sur le drap, les armes de chaque fief; une croix, ordinairement blanche, était cousue sur

[1] Le Romuléon, manusc. de la Biblioth nat., n° 6984 : Convoi de César.

l'étoffe, et les insignes de la qualité du mort étaient déposés au centre de la croix. La figure 2 donne un exemple de cette disposition. Pour les obsèques des souverains, les draps, très-amples, recouvraient le sol autour de la bière, et sur ces pentes étaient placés les flambeaux.

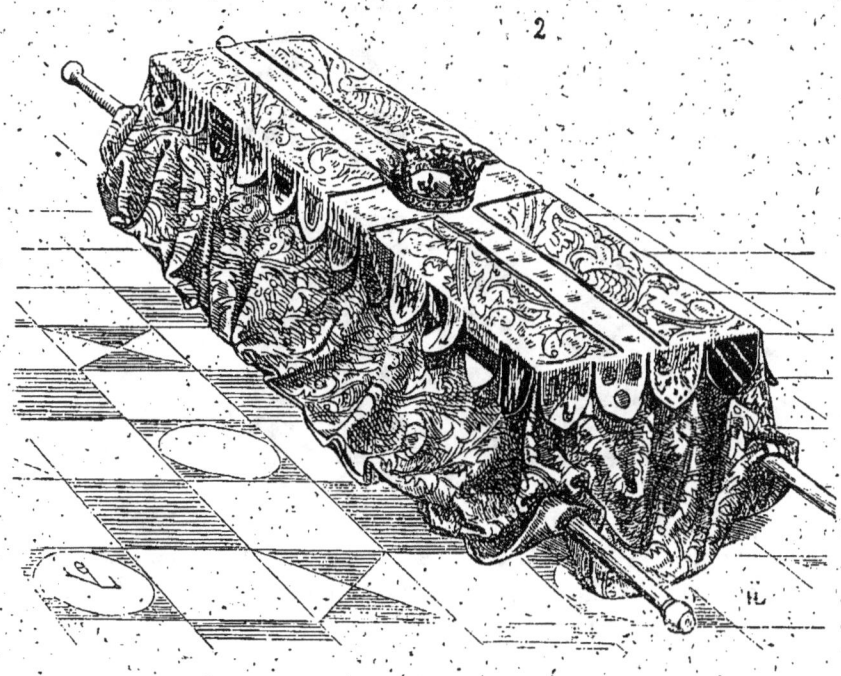

2

Il ne paraît pas que le noir fût adopté pour les draps mortuaires ou poêles avant le xvi° siècle[1]; dans les peintures, les vitraux et les miniatures, les cercueils sont recouverts de draps d'or, chamarrés ou unis, de couleur avec dessins, avec ou sans croix; au xiv° siècle particulièrement, les draps adoptent les émaux des armes du défunt, car le poêle était surtout destiné à faire connaître sa qualité. Ce ne fût guère qu'au xvi° siècle que les poêles furent invariablement noirs et blancs, exceptés pour les personnages souverains, qui conservèrent l'or, le pourpre, le violet ou le rouge. Nous avons encore vu, dans quelques églises, des draps de cette époque pendus aux murailles ou.

[1]. Pour la sépulture de l'abbé de Saint-Ouen de Rouen, Jehan Marc-d'Argent, « furent achetés deux biaux draps d'or qui furent bordés de noirs cendaux ». (*Chron. de Saint-Ouen*, recueillie par Franç. Michel, p. 24.)

conservés dans les sacristies ; ils sont noirs, avec une croix blanche
dont les bras sont divisés par deux autres bandes longitudinales
également blanches (fig. 3) qui se trouvaient sur les deux angles

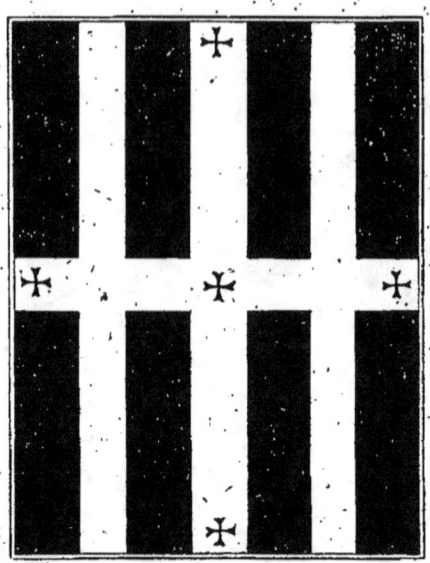

3

formés par les deux parties inclinées du couvercle de la bière. Quelquefois de petites croix, noires sur les extrémités de la croix ou
blanches sur les fonds noirs, viennent rehausser l'étoffe. Il existe un
drap de ce genre dans l'église de Folleville (Somme) [1].

DRESSOIR, s. m. (*dressouer, dreçouer*). Meuble fait en forme d'éta-
gère, garni de nappes, et sur lequel on rangeait de la vaisselle de
prix, des pièces d'orfévrerie pour la montre. On disposait dans les
salles de festins, chez les personnages riches, des dressoirs couverts
de vaisselle d'argent ou de vermeil, d'objets précieux, de drageoirs,
de pots contenant des confitures et des épices. Dans la cuisine ou
l'office, le dressoir était destiné à recevoir, dans l'ordre convenable,
tous les mets qui devaient être placés sur la table. Dans la chambre,
de petits dressoirs supportaient sur leurs gradins, comme les éta-
gères de notre temps, des vases précieux et les mille superfluités

[1] Ce drap est décrit et reproduit par la gravure dans le 2e volume des *Annales archéol.*
de M. Didron, page 230. Les bandes blanches sont couvertes de têtes de mort, d'ossements et d'inscriptions, *memento mori*, brodés. Sur le fond noir sont brodés deux miroirs
reflétant des crânes humains. (Voyez l'article de M. Bazin.)

dont les personnes habituées au luxe aiment à s'entourer. Le nombre
des degrés du dressoir était fixé par l'étiquette : telle personne noble
pouvait avoir un dressoir à trois degrés, telle autre à deux seulement. Quelquefois la crédence et le dressoir ne font qu'un, ou plutôt
le dressoir sert de crédence. La figure 1 nous donne un dressoir
remplissant cette double fonction [1]; un seul gradin porte des plats
d'argent appuyés de champ sur un fond couvert d'étoffe. La petite
armoire inférieure, servant de crédence, est couverte d'une nappe
sur laquelle sont posées trois aiguières éga-
lement d'argent. Mais le véritable dresseoir n'était composé que de gradins avec
un dorsal et quelquefois un dais d'étoffe
ou de bois sculpté, ainsi que l'indique la
figure 2.

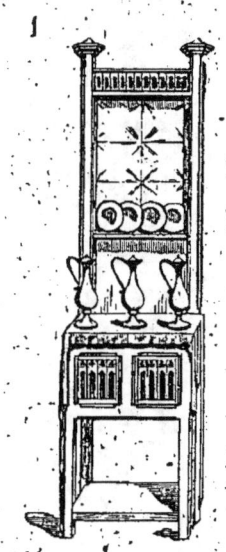

   « En ladite chambre (de la comtesse
« de Charolais, femme de Charles le Témé-
« raire), il y avoit ung grand dresseoir, sur
« lequel y avoit quatre beaux degrez, aussi
« longs que le dresseoir étoit large, et tout
« couvert de nappes, ledit dresseoir et les
« degrez estoient tous chargez de vaisselles
« de cristalle garnies d'or et de pierreries
« et sy en y avoit de fin or ; car toute la plus
« riche vaisselle du Ducq Philippe y estoit,
« tant de pots, de tasses, comme de cou-
« pes de fin or. Autres vaisselles et bas-
« sins, lesquels on y met jamais qu'en tel
« cas. Entre autre vaisselle, il y avoit sur ledit dressoir trois dra-
« geoirs d'or et de pierreries, dont l'un estoit estimé à quarante mil
« escus et l'autre à trente mil. Sur ledit dressoir estoit tendu un dor-
« set (dorsal) de drap d'or cramoisy bordé de velours noir, et sur
« le velour noir estoit brodée de fin or la devise de Monseigneur
« le Ducq Philippe, qui estoit le fusil. Pour déclarer de quelle façon
« est un dorseret, pour ce que beaucoup de gens ne sçavent que
« c'est ; un dorseret est de largeur de trois draps d'or ou d'un autre
« drap de soye, et tout ainsi fait que le ciel que l'on tend sur un
« lict, mais ce qu'est dessus le dressoir ne le passe point plus d'un
« quartier ou d'une demi aulne, et est à gouttières et à franges

¹ Du manuscr. de l'*Hist. de Girard, comte de Nevers*, Biblioth. nat., fonds la
Vallière, n° 92.

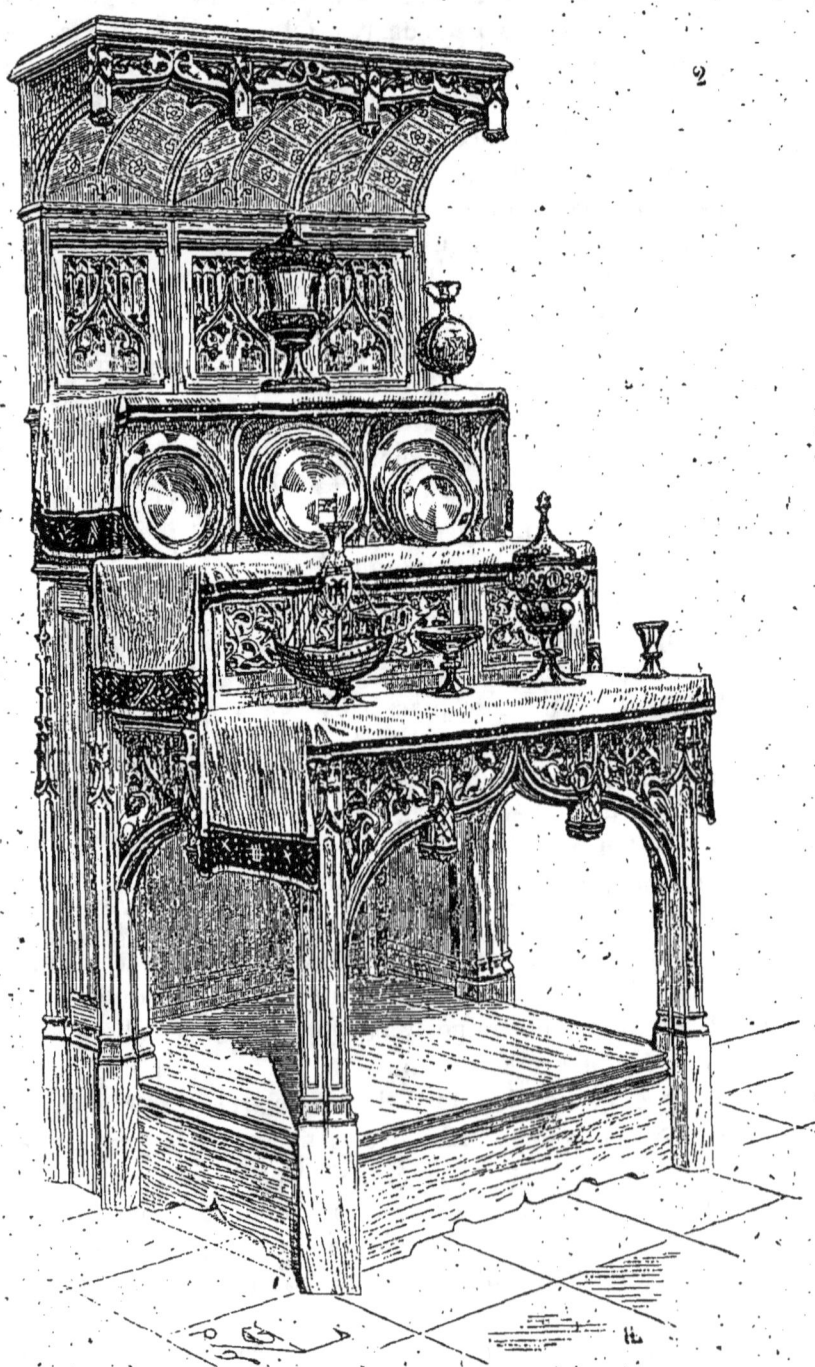

« comme le ciel d'un lict; et ce qu'est derrière le dressoir, depuis
« en hault jusques en bas est à deux costez, bordé de quelque chose
« autre que le dorseret n'est; et doit être la bordure d'un quartier
« de large ou environ, aussi bien au ciel que derrière.

« Item, sur le dressoir qu'estoit en la chambre de ladite dame,
« avoit toujours deux chandeliers d'argent, que l'on appelle à la
« cour mestiers[1], là où il y avoit toujours deux grands flambeaux
« ardens, tant qu'elle fut bien quinze jours avant que l'on commen-
« çât à ouvrir les verrières de sa chambre. Auprès du dressoir à un
« coing, il y avoit une petite tablette basse, là où l'on mettoit les
« pots et tasses pour donner à boire à ceux qui venoient voir Ma-
« dame, après qu'on leur avoit donné de la dragée; mais le drageoir
« estoit sur le dressoir[2]. »

Le dressoir décrit ici, placé dans la chambre d'Isabelle de Bourbon, femme du comte de Charollais, depuis Charles le Téméraire,
fut garni ainsi richement, à l'occasion de la naissance de Marie de
Bourgogne, qui épousa le duc d'Autriche. C'était un usage, lors des
couches des princesses, de tenir leur chambre fermée pendant quinze
jours, et de la décorer de tout ce que le trésor du palais contenait
de plus précieux. Les étoffes prenaient une place importante dans
ces meubles ainsi garnis, et servaient de fond à la vaisselle posée sur
les gradins. On voit que l'étiquette, non-seulement imposait le nombre
de ces gradins, mais aussi la forme et la dimension du dorsal, du
dais et des bordures. Dans la chambre de parade, qui précédait la
chambre de l'accouchée, il y avait un autre dressoir très-grand, tout
chargé de grands flacons, pots et autre vaisselle d'argent doré,
de tasses et drageoirs; celui-ci était également couvert de nappes sur
les degrés et autour, suivant l'usage. Marie de Bourgogne, comme
fille du comte de Charolais, et héritière par conséquent, avait cinq
degrés à son dressoir; cependant les reines de France seules jouissaient de ce privilége. Une femme de chevalier banneret n'avait pendant ses couches que deux degrés à son dressoir; une comtesse
pouvait en avoir trois[3].

Les dressoirs n'étaient pas toujours disposés pour être adossés à
la muraille; ils étaient isolés quelquefois en forme de buffet (voyez
ce mot), ronds, à pans ou carrés. Ce meuble ne paraît guère avoir
été en usage avant le xive siècle, car, jusqu'alors, les plus riches sei-

---

[1] *Mortiers*, chandelles de nuit, qu'on appelait aussi *mortiers de cire*.
[2] Alienor de Poictiers, *les Honneurs de la cour*.
[3] Alienor de Poictiers.

gneurs et les souverains ne semblent pas avoir possédé une vaisselle somptueuse. Pendant l'époque féodale, les habitudes de la vie intérieure étaient simples, et les grands possesseurs de fiefs préféraient employer leurs trésors à bâtir des châteaux forts, à tenir près d'eux un grand nombre d'hommes d'armes, à les équiper et les nourrir, qu'à acheter de la vaisselle d'or ou d'argent. C'est depuis Charles V surtout que l'on voit apparaître ce désir d'étaler un luxe excessif. Ni les malheurs qui accablèrent la France pendant le xve siècle, ni la misère des classes inférieures, ne purent arrêter les progrès du mal. Le peu de matières d'or ou d'argent que laissèrent les guerres dans ce malheureux pays étaient soustraites à la circulation pour décorer les dressoirs de la haute noblesse.

Dès la fin du xive siècle, la maison de Bourgogne, puissante, possédant les domaines les plus productifs de l'Europe d'alors, faisait parade de sa richesse, donnaient des fêtes qui surpassaient comme luxe tout ce que l'on peut imaginer. La cour de France était plus jalouse encore peut-être de cette splendeur que de la prédominence politique qu'avaient acquise les ducs de Bourgogne. C'était donc à qui, à Paris ou à Dijon, éclipserait son rival par un déploiement de luxe inouï, par la montre d'une grande quantité de vaisselle d'or et d'argent, d'orfévrerie de table, par des largesses et des fêtes renouvelées à de courts intervalles.

C'est aussi pendant le xve siècle que des meubles, et particulièrement ceux d'apparat, prennent une importance inconnue jusqu'alors. Les dressoirs, qui étaient plutôt des meubles de luxe que d'utilité, se rencontrent dans toutes les descriptions de fête, de banquets, dans les entrées mêmes des personnes souveraines, car les bonnes villes en établissaient alors, chargés de vaisselle, en plein air ou sur des litières transportées pendant le passage des princes; ils les suivaient jusqu'à leur logis, où, bien entendu, on les laissait[1]. (Voy. LITIÈRE.)

---

[1] Suivant Nicod, ce qui distingue le dressoir du buffet, c'est que le premier n'a jamais de tiroirs ni d'armoires à portes. Le dressoir ne sert qu'à étaler la vaisselle qu'on tire du buffet. « Jacquemart Canisset, charpentier, fait un *drechoir à coulombe* (à tablettes ou compartiments) pour l'hôtel de ville de Béthune, au commencement du xvie siècle. » (Voy. *les Artistes du nord de la France*, par M. le baron de Mélicocq. Béthune, 18.8.)

ÉCRAN, s. m. (*garde-feu*). Sorte de claie d'osier que l'on plaçait devant le feu afin de ne point être incommodé par la trop grande chaleur[1].

« Tables, tretiaulx, fourmes, escrans[2]. »

Les appartements, pendant le moyen âge et jusqu'au XVIIᵉ siècle, étaient chauffés au moyen de très-grandes cheminées dans lesquelles on brûlait des troncs d'arbres énormes (voy. dans le *Dictionnaire raisonné de l'architecture* le mot CHEMINÉE) ; ces feux devaient être tellement ardents, qu'on ne pouvait s'en approcher sans risquer tout au moins de roussir ses vêtements. Ces écrans d'osier, plus ou moins grands, tempéraient la chaleur qui arrivait tamisée à travers les mailles de la claie ; ils étaient montés sur pieds, de manière à pouvoir être posés comme bon semblait. On fabriquait encore des écrans de ce genre, dans l'ouest de la France, à la fin du siècle dernier ; souvent aussi on se contentait de les suspendre par deux boucles au manteau de la cheminée, pour pouvoir se chauffer les pieds sans avoir le visage brûlé. Nos aïeux prenaient, pour rendre le voisinage du feu agréable, une foule de précautions de détail qui indiquent combien on appréciait ce compagnon indispensable des longues soirées d'hiver. Si le feu était ardent et remplissait l'âtre, on approchait les écrans, petits et grands, que l'on disposait comme des mantelets pour tempérer le rayonnement de la flamme et de la braise ; si le feu commençait à s'éteindre et n'occupait plus qu'un petit espace du foyer, on s'asseyait sous le manteau de la cheminée, sur des escabeaux. Parfois des lambrequins, accrochés au manteau, préservaient le visage des personnes qui voulaient se chauffer debout, en se tenant d'une main à des poignées scellées sous le grand linteau de la cheminée.

Voici (fig. 1) la copie d'un meuble qui sert à la fois de siége et

[1] A Noel l'escrainier, pour II grans écrans d'osier ; à lui pour II petits écrans d'osier achetés pour la chambre du Roy et de Monseigneur de Valois. » (Compte des dépenses du roi Charles VI, année 1382.)

[2] Eustache Deschamps, *le Miroir de mariage*, XIVᵉ siècle.

d'écran; c'est un banc double [1] avec dossier pivotant sur un axe de manière à s'incliner, soit d'un côté, soit de l'autre, suivant que les personnes assises veulent faire face au feu ou lui tourner le dos.. Ce

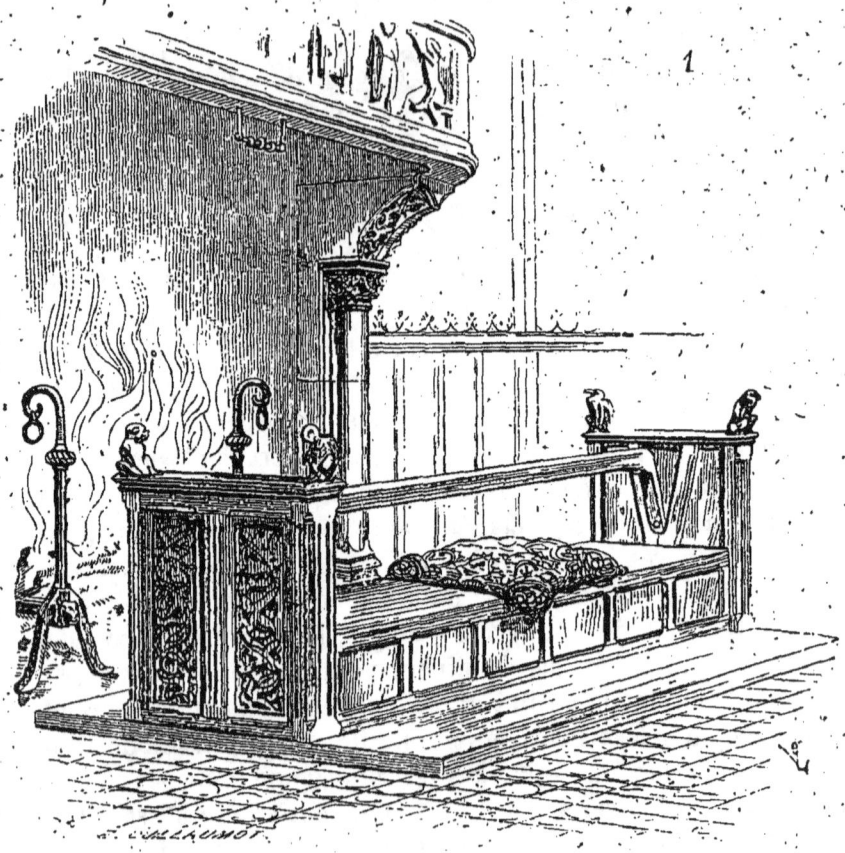

1

meuble, placé dans l'âtre, permettait de profiter de toute la chaleur du foyer en s'asseyant du côté qui lui faisait face; ou de s'en garantir en jetant une pièce d'étoffe sur la barre du dossier. Cela est assez ingénieux.

On avait aussi, pendant le moyen âge, des paniers ou coffrets d'osier dans lesquels on mettait les jambes lorsqu'on voulait s'asseoir près du feu sans brûler ses chausses [2].

---

[1] Le Romuléon, manuscr. de la Biblioth. impér., n° 6984.
[2] Pendant le dernier siècle encore, lorsque les hommes portaient tous des culottes et des bas de soie, on laissait, près de la cheminée des jambards ou sortes de bottes de carton ou d'osier, dont on avait le soin de s'armer pour se chauffer sans se rôtir les jambes.

ESCABEAU, s. m. (*escame*). Petit banc sans dossier, court, bas et étroit.

« Uns compains estoit assomez (assoupi)
« Qui ronfloit dessus une escame [1]. »

L'escabeau est plus bas que le banc et la chaise ; l'inférieur auquel on permettait de s'asseoir prenait un escabeau (fig. 1)[2]. C'était un meuble commode pour causer avec les femmes, celles-ci étant assises sur des bancs ou des chaires ; il permettait de se tourner dans tous les sens, de se déplacer facilement. Aussi les escabeaux étaient-ils souvent triangulaires (fig. 2)[3]. On ne s'en servait pas seulement

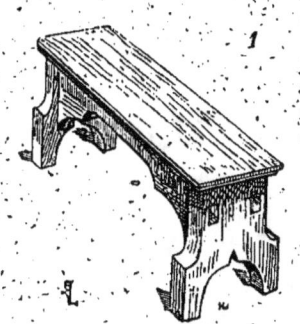 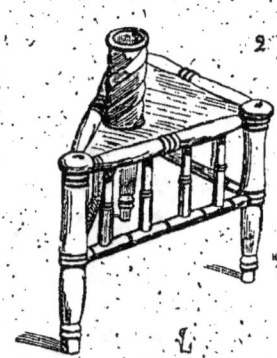

comme de siéges, mais aussi comme de petites tables basses, ainsi que l'indique la dernière figure ; on posait dessus une tasse, un pot, une assiette pour goûter. Les femmes s'en servaient aussi comme de tabourets, lorsqu'elles travaillaient à l'aiguille et au métier, occupations pendant lesquelles il est nécessaire d'avoir les pieds élevés. Les meubles servant de siéges pendant le moyen âge sont très-variés de forme, de hauteur et de dimensions ; autant les uns étaient fixés et lourds, autant les autres étaient légers et mobiles. Ces différences ne contribuent pas peu à donner à la conversation un tour facile, imprévu, piquant ; car, si l'on veut bien le remarquer, rien n'est moins pittoresque qu'une réunion de personnes, hommes et femmes, assis tous sur des siéges de formes et de hauteurs pareilles : il semble qu'alors la conversation prenne quelque chose de l'uniformité de postures qui résulte de la similitude des siéges. Nous ne savons si la décence y gagne, mais certainement l'esprit y perd quelque chose

---

[1] Eust. Deschamps, *le Dit du jeu des dés*, XIVe siècle.
[2] Manuscr. de l'*Hist. de Girard de Nevers*, Bibl. imp., fonds la Vallière, n° 92, XVe siècle.
[3] Ibid.

de sa liberté. Nous voyons que, pour rompre cette monotonie de poses, les hommes ont pris l'habitude de parler debout aux femmes assises; mais celles-ci, le cou tendu, la tète levée, éprouvent de la fatigue, et bientôt de l'ennui par conséquent. Nous avons, au contraire, observé que, les hommes étant assis plus bas que les femmes, chacun se trouve dans la posture qui prête le mieux à une conversation suivie.

Les escabeaux étaient donc nombreux dans les appartements du moyen âge; ils accompagnaient les grands siéges, et les hommes, dans la familiarité, les prenaient volontiers. Chez les gens riches, ces escabeaux étaient couverts de petits coussins ou de *banquiers*[1].

3

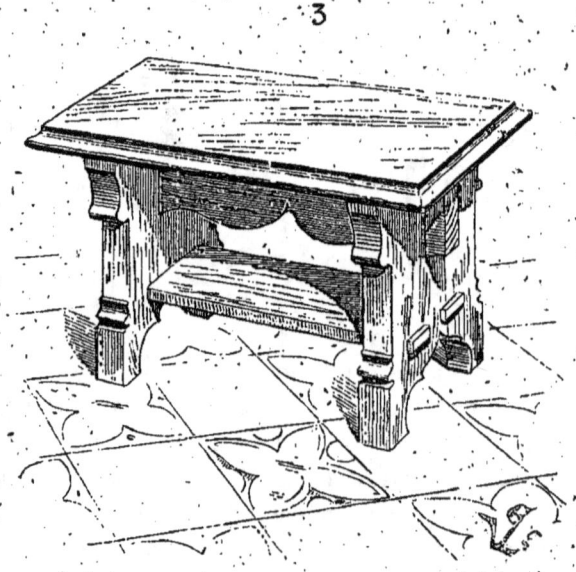

« Item, en la chambre des dames doit avoir une chaire à doz
« emprez le chevet du lict, couverte de velours ou d'aultre drap de
« soye, ne chault de quelle couleur il soit; mais le velours est le
« plus honorable qui le peut recouvrer. Et au plus près de la chaire
« y aura place où l'on peut mettre un petit banc sans appois (sans
« appui ni bras), couvert d'un banquier, et des quarreaux de soye
« ou aultres pour s'asseoir quand on vient veoir l'accouchée[2]. »

Nous donnons, pour clore cet article, un joli escabeau copié sur les bas-reliefs des stalles de la cathédrale d'Amiens, (voy. fig. 3).

---

[1] Pièce d'étoffe jetée sur un banc.
[2] Alienor de Poictiers, *les Honneurs de la cour*, xv° siècle.

FAUTEUIL, s. m. (*fadesteuil, faudesteuil, faudestuef, faudestuel*), C'est un pliant de bois ou de métal que l'on pouvait transporter facilement, et qui, recouvert d'un coussin et d'une tapisserie, servait de siége aux souverains, aux évêques, aux seigneurs : c'est à proprement parler un trône. Le plus ancien de ces meubles connu est certainement le fauteuil dit de Dagobert, conservé dans le Musée des Souverains, provenant du trésor de Saint-Denis, et dont la fabrication est attribuée à saint Éloi. Nous ne reviendrons pas sur ce qui a été dit à propos de ce précieux meuble par M. Ch. Lenormant[2]; la notice de ce savant archéologue est aussi complète que possible, et nous paraît prouver, de la manière la plus évidente que le trône de Dagobert appartient aux premiers temps mérovingiens, et n'est pas, comme on l'a prétendu, une chaise consulaire antique. Cette forme de siége se trouve d'ailleurs reproduite dans les manuscrits d'une époque fort reculée (VIIIe, IXe et Xe siècles), et persiste jusqu'au XVe siècle. Que le *faldistorium* soit une tradition antique, cela ne peut être nié ; mais le moyen âge en fit de nombreuses applications, et le fauteuil fut toujours considéré comme un siége d'honneur. « Le fauteuil de l'évêque, dit Guillaume Durand[3], « désigne la juridiction spirituelle qui est annexée à la dignité pontificale.... »

« El faudestuel ont Aymeri assis
« Et la contesse joste l'Empereriz.
«   [4] »

« El faudestuef d'or l'aserront,
« Illuecques le couronneront.
«   [5] »

---

[1] « *Faldistorium, sella plicatilis...* » (Du Cange, *Gloss.*) — « *Unam cathedram, quam faudestolam vocant...* » (Matth. Paris, in *Vitis abbat. S. Albini.*)
[2] *Mélang. d'archéol.* par les RR. PP. Martin et Cahier, t. I, p. 157. Et à la suite de la notice de M. C. Lenormant, la gravure fidèle du fauteuil de Dagobert.
[3] *Rational*, lib. II, cap. XI.
[4] *Guill. d'Orange*, vers 2858 et suiv., édit. de la Haye, 1854.
[5] *Le Lusidaire*, manuscr.

Voici (fig. 1) Nabuchodonosor assis sur un faudesteuil copié sur un manuscrit du IXᵉ au Xᵉ siècle [1]. Ce meuble est élevé, les pieds du roi ne touchent point à terre. Nous ne pensons pas que ce soit là une fantaisie du dessinateur, car cet exemple n'est pas le seul. Les personnages considérables étaient mis ainsi en évidence, sans qu'il fût nécessaire de monter le siége sur une estrade. Et en effet, comme le disent les deux derniers vers cités, il fallait *asseoir* le prince, le

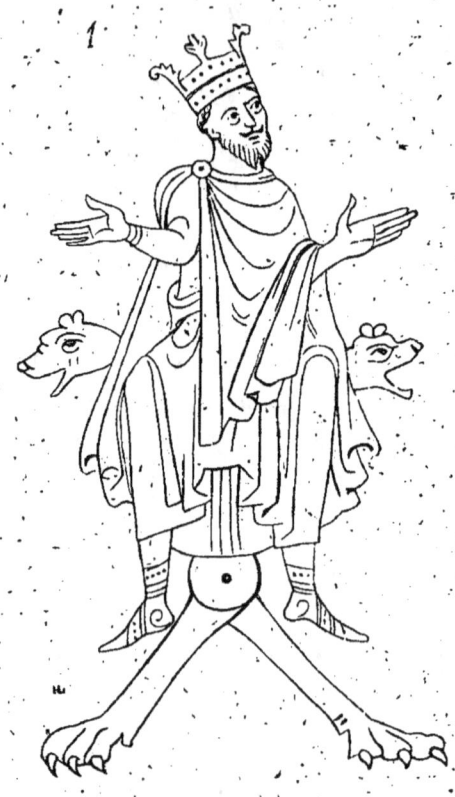

1

porter sur le faudesteuil. Ce n'était pas sans raison que ces meubles se pliaient facilement ; dans les temps mérovingiens et carlovingiens, des souverains étaient souvent en campagne. Grégoire de Tours nous fait voir sans cesse le roi recevant en plein champ sous une tente ou même à l'abri des forêts. On ne pouvait transporter, sur des chariots qui suivaient la cour, un mobilier considérable ; on se contentait de quelques bancs assez bas, sortes d'escabeaux, et d'un trône pour le roi : ce trône était fait de façon à se plier. Cette vie nomade con-

[1] Bible manuscr., n° 6-3, Biblioth. nat.

tribua, nous le croyons, autant que les traditions romaines, à conserver le faudesteuil comme un siége d'honneur chez les grands, à cause de la facilité avec laquelle on pouvait le transporter et le monter en tous lieux ; alors on tenait à ce qu'il fût assez élevé pour dominer une assemblée de personnes debout. Plus tard, en conservant la forme traditionnelle de pliant donnée au faudesteuil, ces meubles n'étant plus sans cesse chargés sur des chariots ou sur des bêtes de somme, on les fit plus larges et on les posa sur une estrade, où ils furent accompagnés d'un escabeau, sur lequel les pieds du personnage s'appuyaient. « L'escabeau, dit Guillaume Durand [1], ou marche-« pied (*scabellum*) (qui accompagne le faudesteuil), désigne la puis-« sance temporelle, qui doit être soumise à la puissance spirituelle... » C'est possible ; mais il devient un appendice obligé des fauteuils laïques aussi bien que des trônes épiscopaux dès le XIIe siècle.

2

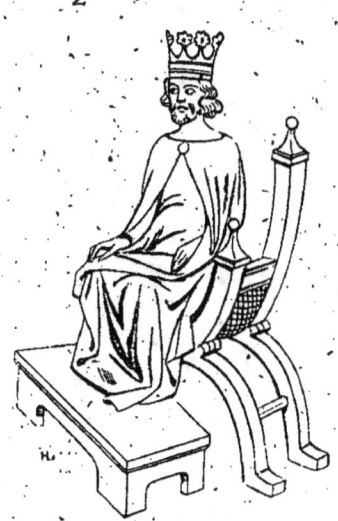

La figure 2 nous montre un roi assis sur un faudesteuil, avec un large escabeau en avant [2]. Ce siége est fort élevé, et présente cette particularité que les deux montants de derrière sont beaucoup plus hauts que ceux de devant ; ce n'est plus là, par conséquent, un meuble facile à transporter. Au XIIe siècle déjà, le trône dit de Dagobert avait été restauré par Suger, et de pliant était devenu rigide, au moyen de l'adjonction d'un dossier de bronze [3].

[1] *Rational*, lib. II, cap. XI.
[2] Bible franç., manuscr. de 1294, n° 35, biblioth. du Corps législatif.
[3] Voyez les *Mélanges archéol.* des RR. PP. Martin et Cahier.

Contrairement au dernier exemple (fig. 2), les branches du faudesteuil sont habituellement terminées, à leur partie supérieure, par
des têtes d'animaux. M. C. Lenormant regarde l'adjonction des têtes
et pattes de lion aux branches de la chaise curule antique comme
une modification qui eut lieu sous l'influence des idées chrétiennes.
« Le lion, dit-il, est, dans le langage allégorique de notre religion,
« l'emblème de la justice, à cause des deux lions qui formaient les
« bras du trône de Salomon, le roi juste par excellence, et les douze
« lionceaux qui en ornaient les marches. » Cependant les têtes

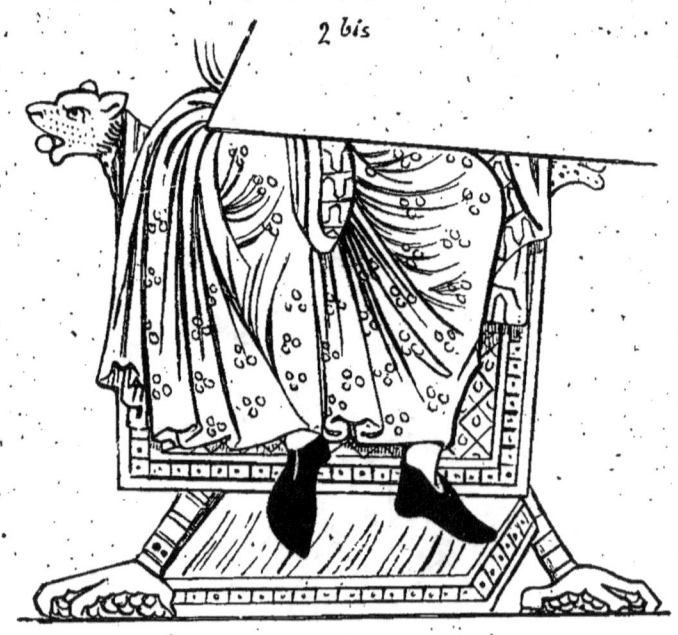

2 bis

d'animaux qui terminent les quatre montants du trône de Dagobert
sont des têtes de panthère, ainsi que celles figurées sur le dessin
(fig. 2 bis) [1]. Ce dernier exemple nous fournit encore un renseignement précieux : c'est la draperie ou tapis jeté sur le faudesteuil et
qui tombe jusque sur le marchepied. Nous voyons ce morceau
d'étoffe figuré sur presque tous les trônes pliants du XIIe siècle, et
plus tard il prend une grande ampleur.

Les sceaux royaux français, à partir du XIIe siècle jusqu'au XVe,
présentent des exemples assez nombreux de trônes pliants, rarement avec des têtes de lion ; ce sont des panthères, des dragons,

[1] Manuscr. d'Herrade de Landsberg, XIIe siècle, biblioth. de Strasbourg.

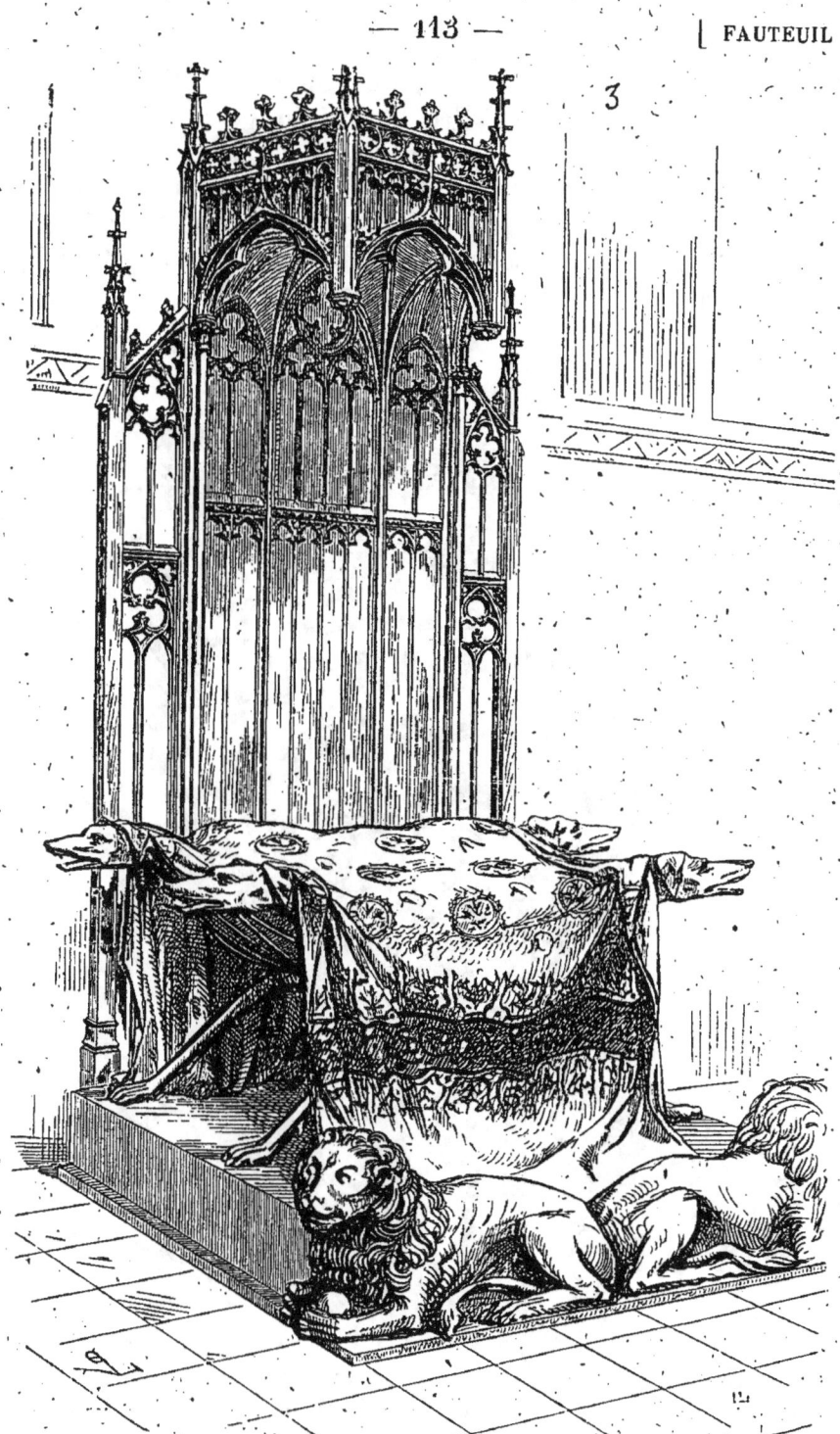

des lévriers, des chiens. Le roi Jean est figuré sur un trône terminé

par des têtes d'aigle, peut-être. ainsi que l'observe M. Ch. Lenormant, en l'honneur du patron du roi, saint Jean.

Au xive siècle, les faudesteuils royaux sont accompagnés de dossiers avec dais et estrade; des lionceaux servent de marchepied.
C'est ainsi qu'est figuré le fauteuil de Charles V sur le sceau de ce
prince. La figure 3 nous montre ce meuble, que la belle exécution
du creux permet de rétablir d'une façon complète.

Mais, vers le xve siècle, les formes du faudesteuil s'altèrent; ne
conservant du pliant que l'apparence, il est accompagné de dossiers,
de barres, qui le rendent fixe et lourd. Nous donnons comme un des
derniers vestiges de ce meuble, un fauteuil copié sur les bas-reliefs de
bois des stalles de la cathédrale d'Amiens (fig. 4). Il est décoré de

franges attachées aux barres horizontales, suivant un usage assez répandu à la fin du xvᵉ siècle, au moyen de bandes de fer battu étamé clouées sur le bois ; plus tard encore, les bandes de fer sont remplacées par des galons de passementerie. Ces petites franges se retrouvent sur les bois des fauteuils jusque vers le milieu du xviiᵉ siècle.

FORME, s. f. (*fourme*). Mot qui s'emploie quelquefois comme *chaire* (siége), mais plus généralement comme banc divisé en stalles, avec appui, dossier et dais. On donnait aussi le nom de *fourmes* aux stalles des églises. Nous n'avons pas à nous occuper ici des stalles fixes, qui sont immeubles ; nous ne parlerons que des bancs divisés par des appuis, qui conservent le caractère d'un meuble pouvant être déplacé. Nous avons dit ailleurs déjà que les siéges étaient, pendant le moyen âge, de formes et de dimensions très-variées. Les grand salles des châteaux étaient destinées à divers usages ; c'était là qu'on recevait, qu'on assemblait les vassaux, que la famille se réunissait, qu'on donnait les grands repas, que le seigneur rendait la justice. La grand salle était ordinairement terminée à l'une de ses extrémités par une estrade sur laquelle étaient disposées des formes de bois plus ou moins richement décorées et tapissées, servant de siége au chef de la juridiction seigneuriale et à ses assesseurs. Ces siéges avaient la forme d'un banc continu, mais où chaque place était marquée par une séparation ; habituellement la forme centrale était plus élevée que les autres.

La forme est un siége d'honneur ; elle n'est pas toujours accompagnée du dais, mais elle possède un dossier.

Les peintures murales, les vignettes des manuscrits et les bas-reliefs des xiᵉ et xiiᵉ siècles, nous présentent des formes généralement dépourvues de dais, mais divisées par stalles avec dossier. Pendant l'époque romane, et jusqu'à l'entier développement du style adopté au xiiiᵉ siècle, ces siéges à plusieurs places sont massifs et ne pouvaient se transporter facilement. S'ils sont de bois, ils paraissent taillés et sculptés à même d'énormes pièces de charpente. Ce n'est pas par l'élégante combinaison des différents membres de la menuiserie que ces meubles se font remarquer, mais bien plutôt par l'éclat des peintures ou des étoffes dont ils sont couverts. S'ils se composent de riches matières, telles que l'ivoire, des bois précieux, de l'or, de l'argent, ou même de l'étain, leur caractère général conserve une certaine lourdeur en harmonie avec le style adopté dans l'architecture ; mais ils se couvrent de dessins très-fins obtenus par des incrustations ou de la marqueterie.

Il n'existe plus nulle part, que nous sachions, de ces meubles entiers d'une époque aussi reculée; on n'en trouve que des fragments
épars dans des musées, fragments qui ont changé bien des fois de
destination, et qui n'ont été conservés qu'à cause de la richesse des
incrustations. Mais nous en trouvons un grand nombre dans les
manuscrits carlovingiens et même dans ceux du xıɪe siècle. Le beau

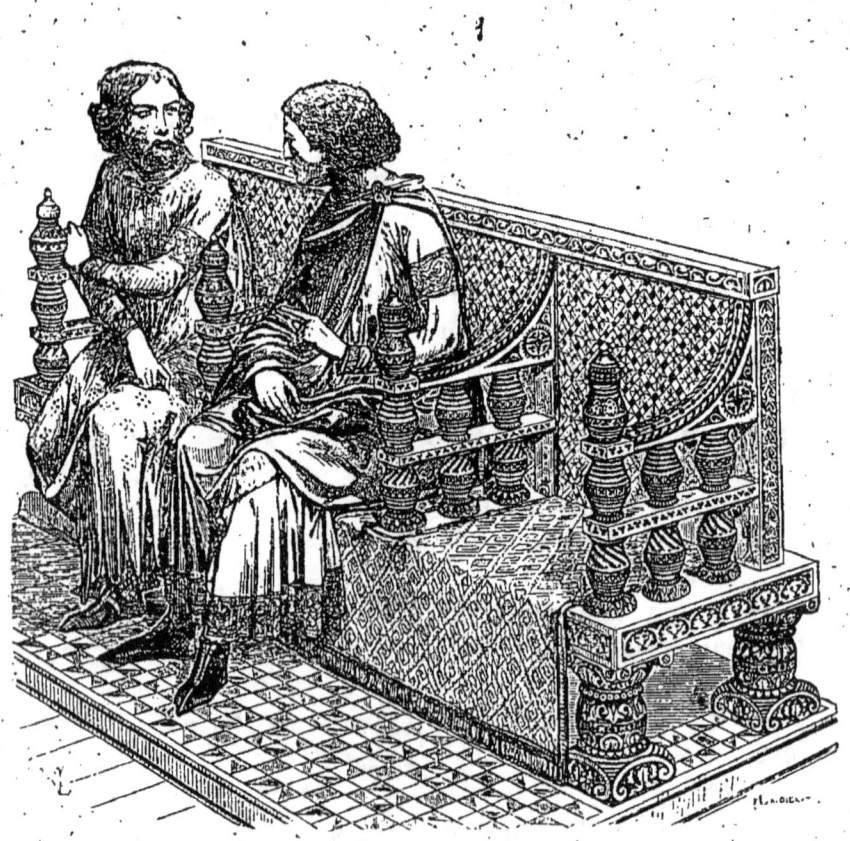

manuscrit d'Herrade de Landsberg, de la bibliothèque de Strasbourg,
et brûlé par les Allemands, contenait plusieurs formes qui paraissent être entièrement décorées de fines incrustations. Nous en
choisissons une entre autres à trois places, servant de siége à trois
apôtres. Plutôt que de copier en *fac-simile* cette vignette, qui explique grossièrement la combinaison et les détails de cette forme,
nous croyons plus utile pour nos lecteurs d'en donner ici (fig. 1)
comme une sorte de traduction, afin de faire mieux comprendre
la disposition et le mode de décoration de ce meuble roman. L'ivoire

et l'os étaient, pendant toute la période romane, souvent employés dans la composition des siéges, des tables, et des meubles à la portée de la main ; ces matières étaient tournées, gravées de dessins délicats que l'on remplissait d'une matière noire, rouge ou verte, ou bien posées en placages également gravés, et collés ou cloués sur une carcasse de bois. C'est d'après ces données que nous supposons que la forme (fig. 1) est fabriquée. Les montants de face, les appuis et les pieds sont en partie composés de morceaux d'ivoire et de plaques gravés et niellés. L'appui est une marqueterie d'ivoire, de bois et de morceaux de métal ; un tapis sans coussins couvre la tablette servant de siége. Une marche de bois, plaquée d'ouvrages de marqueterie, est, suivant l'usage, placée en avant du siége. Toutes les salles intérieures des palais, des monastères et des habitations privées, à cette époque, étant toujours carrelées ou dallées, il était nécessaire de disposer sous les pieds des personnes assises un parquet tenant au siége.

Les formes romanes ou de la période ogivale conservent un aspect sévère, une sorte de rigidité que nous ne trouvons pas dans les autres siéges : c'est que les formes étaient destinées, dans l'ordre religieux ou civil, à des personnes remplissant de graves devoirs, pendant l'accomplissement desquels il était convenable de garder une posture décente. Nous voyons ces meubles garnis de tapis le plus souvent sans coussins. Les dossiers sont droits, les appuis disposés plutôt pour servir de séparation que d'accoudoirs. Vers la fin du XII⁰ siècle, les dossiers prirent plus de hauteur, et plus tard encore, ils furent souvent surmontés de dais. Nous trouvons dans quelques manuscrits des formes qui semblent avoir été disposées pour que les assesseurs du personnage principal ne puissent converser entre eux pendant la séance.

Nous donnons (fig. 2) un de ces siéges[1]. La forme centrale est élevée de deux marches et placée en avant des formes secondaires ; ces dernières sont comme autant de niches de bois carrées, complétement séparées les unes des autres par des cloisons pleines. On comprend qu'une pareille disposition ne permettait aux assesseurs ou auditeurs aucune distraction ; mais aussi devaient-ils s'endormir volontiers dans leur compartiment, pour peu que la cause ou la discussion se prolongeât.

S'il nous reste en France un assez grand nombre de formes fixes ou stalles, nous n'en possédons pas de mobiles, composées d'un grand nombre de siéges. Celles que l'on voit dans quelques musées

[1] *Le Romuleon*, manuscr. n° 6984, Biblioth. nat., XV⁰ siècle.

ou collections particulières ne comprennent guère que trois places,
et datent des xve et xvie siècles ; ce sont des formes provenant de
pièces d'appartements privés, pour la plupart. Ce qui distingue particulièrement les formes en usage dans l'ordre civil des formes
usitées dans l'ordre religieux, c'est que les premières ne sont que
des bancs divisés, tandis que les autres sont faites comme de véri-

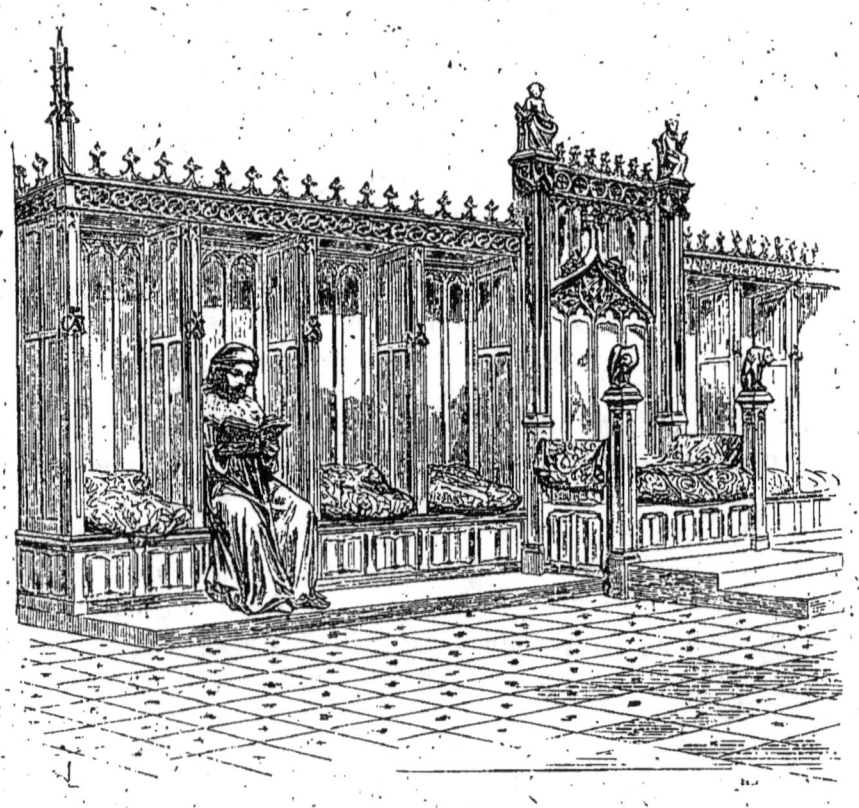

tables stalles ; c'est-à-dire que les siéges sont à bascule, se relèvent
au moyen d'un axe, et permettent aux personnes qui veulent s'en
servir, ou de s'asseoir sur la tablette abaissée, ou de se tenir à peu
près debout, tout en s'appuyant sur une petite console ménagée sous
la tablette relevée, console appelée *patience* ou *miséricorde*. Dans
ce cas, la forme mobile n'est réellement qu'une fraction des stalles
continues fixes. Nous pourrions donner des exemples de ces formes
d'usage religieux tirés de manuscrits ; mais les vignettes n'indiquent
toujours que d'une manière assez vague ou conventionnelle les dispositions de ces meubles, et nous préférons présenter à nos lec-

3

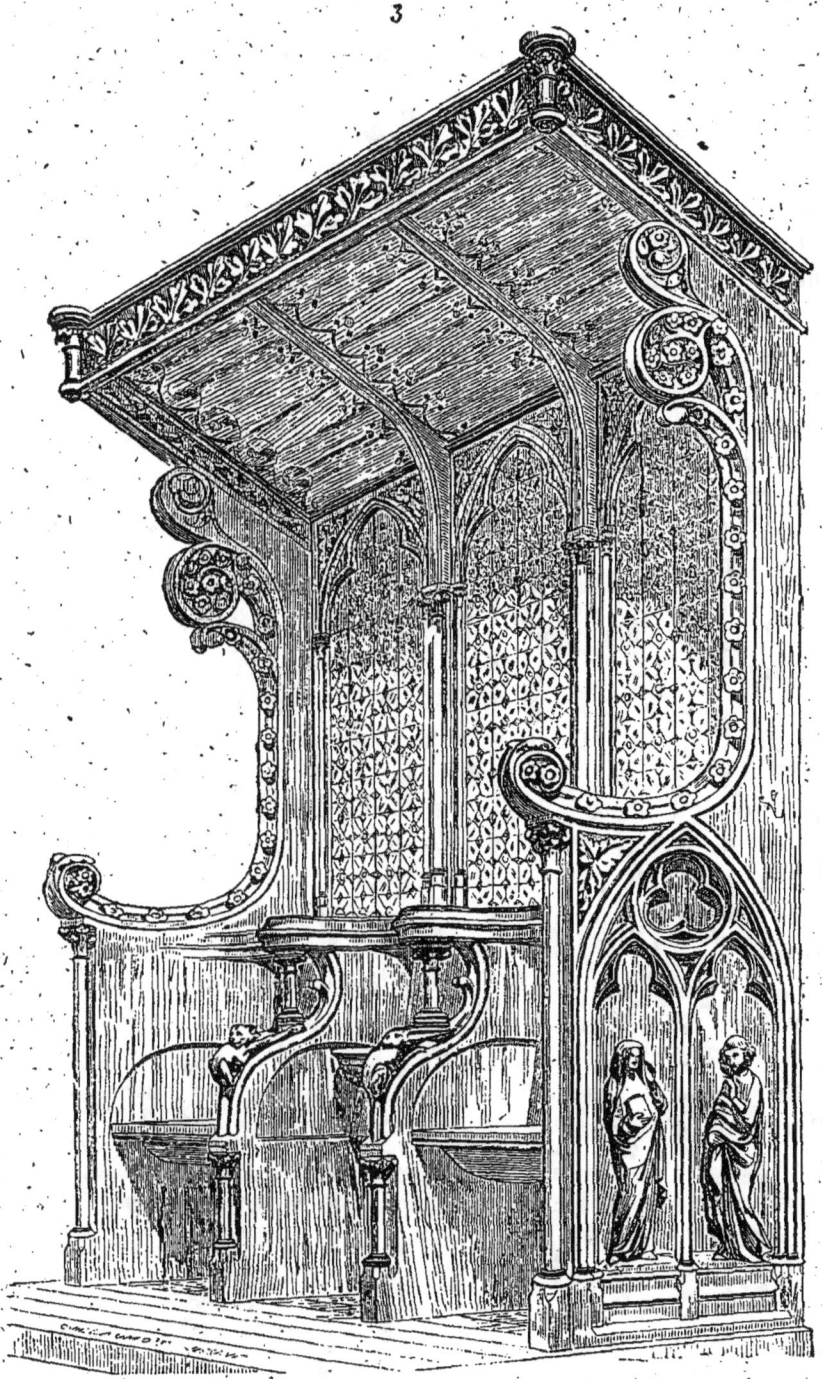

teurs une forme dont la composition est fournie par ces renseignements peints, et dont les détails sont tirés de stalles fixes existantes. Nous croyons donner ainsi à notre exemple une application plus utile [1]. La figure 3 explique clairement ce qu'était la forme d'usage religieux au XIIIe siècle.

Lorsque les trônes épiscopaux ne furent plus placés au fond de l'abside, comme dans la primitive Église, on les disposa généralement à côté du maître autel : « Dans l'église cathédrale de Sens », dit le sieur de Mauléon (*Voyages liturgiques en France*), « vis-à-vis du « grand autel, du côté de l'épître, il y a un fort beau banc, grand et « long, composé de cinq siéges toujours en baissant, dont le premier, « qui est le plus haut, est pour le célébrant, et les autres pour les « diacres et sous-diacres. Immédiatement au-dessous est la chaire de « l'archevêque, qui est assez belle et de menuiserie bien travaillée. » Le trône épiscopal se trouvait ainsi en haut des stalles du chœur et était souvent accompagné de deux siéges plus bas. Cet ensemble constituait une forme à trois places, et était décoré avec un certain luxe. Malheureusement les XVIIe et XVIIIe siècles firent disparaître ces beaux meubles des chœurs de nos églises pour les remplacer par de lourdes charpentes décorées de sculptures de mauvais goût et de draperies simulées en bois, avec force glands, nœuds et franges également de menuiserie; ou bien encore, enlevés pendant la Révolution, on leur substitua des estrades avec fauteuils et tentures provisoires, souvent d'un aspect peu convenable. Les prélats veulent avec raison aujourd'hui rétablir ces meubles nécessaires au service religieux, et beaucoup d'architectes cherchent, soit à se rattacher à des traditions perdues, lorsqu'il s'agit de replacer ces trônes avec leurs accessoires, soit à satisfaire au programme, en donnant un libre cours à leur imagination.

Au mot TRÔNE, nous essayons de fournir les documents qui peuvent être utiles en pareil cas.

[1] Il existe, dans le musée de Cluny, une forme à trois places qui provient de quelque salle capitulaire probablement; les siéges sont à bascule, avec miséricordes. Ce meuble date de la Renaissance; mais il a certainement été recomposé en grande partie au moyen de divers fragments. Toutefois il est bon à consulter comme disposition générale. La forme présentée ici est prise de morceaux de boiseries placés aujourd'hui dans le chœur de l'église Saint-Andoche de Saulieu.

HERSE, s. f. (*râtelier*). Sorte de traverse de fer, de cuivre ou de bois posée sur un ou deux pieds, ou suspendue par des potences, sur laquelle on disposait des cierges dans les chœurs, à côté ou devant l'autel, devant les châsses des saints, près des tombeaux particulièrement vénérés, dans certaines chapelles. Ce meuble est encore en usage dans les églises ; il se compose habituellement aujourd'hui d'un triangle de fer hérissé de pointes verticales, en forme d'if, destinées à retenir de petits cierges.

« Entre le chœur et le sanctuaire (de la cathédrale de Lyon), au « milieu, est un chandelier à sept branches appelé *râtelier*, en latin « *rastrum* ou *rastellum* [1], composé de deux colonnes de cuivre « hautes de six pieds, sur lesquelles il y a une espèce de poutre de « cuivre de travers, avec quelques petits ornements de corniches et « de moulures, sur laquelle il y a sept bassins de cuivre avec sept « cierges qui brûlent aux fêtes doubles de première et de seconde « classe.....A cette porte (du haut du chœur) il (l'archevêque) salue « d'une inclinaison de tête l'autel, puis étant, à côté du râtelier ou « chandelier à sept branches, il ôte sa mitre [2]. »

La gravure que le sieur de Mauléon donne de ce meuble est fort grossière ; elle ne peut que nous fournir un renseignement plus précis que le texte. Nous chercherons à l'interpréter ici du mieux qu'il nous sera possible (fig. 1). Les colonnes cannelées qui supportent la traverse feraient supposer que la herse de la cathédrale de Lyon pouvait appartenir au style du sanctuaire (fin du xiie siècle), dans lequel on remarque un grand nombre de pilastres cannelés. L'une des deux colonnes porte un crochet. « L'encensoir est accroché, « dès le commencement de vêpres, au pilier droit du râtelier, et la « navette est au milieu de l'autel. Le thuriféraire, qui doit être sous-

---

[1] « Ordo cereorum instar rastri circa altare. Usus culturæ cenoman. Mss. accendatur « omnes lampades ecclésiæ et *rastrum* ante et retro. » Consuet. Mss. S. Crucis Burdegal. ante anno 1305 : « Debent portari cadavera familiarium per quatuor familiares dicti mo- « nasterii coram altari B. M. V. extra januaria ejusdem altaris, et *rastellum* ejusdem « altaris debet compleri de candelis. » (Du Cange, *Gloss.*)

[2] *Voyages liturg. en France*, par le sieur de Mauléon, p. 44.

« diacre et en aube et rabat, sans amict, prend l'encensoir en
« passant..... [1] »

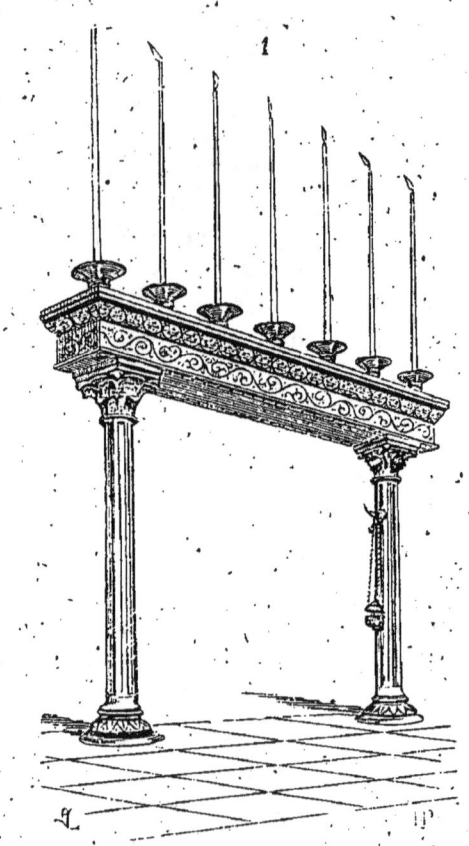

Les herses ou râteliers fournissaient aux artisans du moyen âge
un beau programme; ils durent en profiter avec le goût qu'ils savaient mettre dans tous les objets d'un usage habituel. Les manuscrits et les vitraux reproduisent un grand nombre de ces meubles,
dont il ne reste guère de traces dans nos églises.

La fig. 2 représente une herse figurée dans un des manuscrits de
la Bibliothèque nationale [2], dont la disposition est originale; elle
paraît être de métal, sa forme ne se prêtant guère à l'emploi d'une
autre matière, et porte sept cierges. Quelquefois les herses se composaient simplement d'une tringle fixée à la muraille sur deux con-

[1] *Voyages liturg. en France*, par le sieur de Mauléon, p. 46.
[2] Ancien fonds Saint-Germain, n° 37, XIII° siècle, Biblioth. nat.

soles : telle est celle que nous montre la fig. 3 [1]. Ce râtelier est posé à côté d'un autel, et devait recevoir les cierges que les fidèles fai-

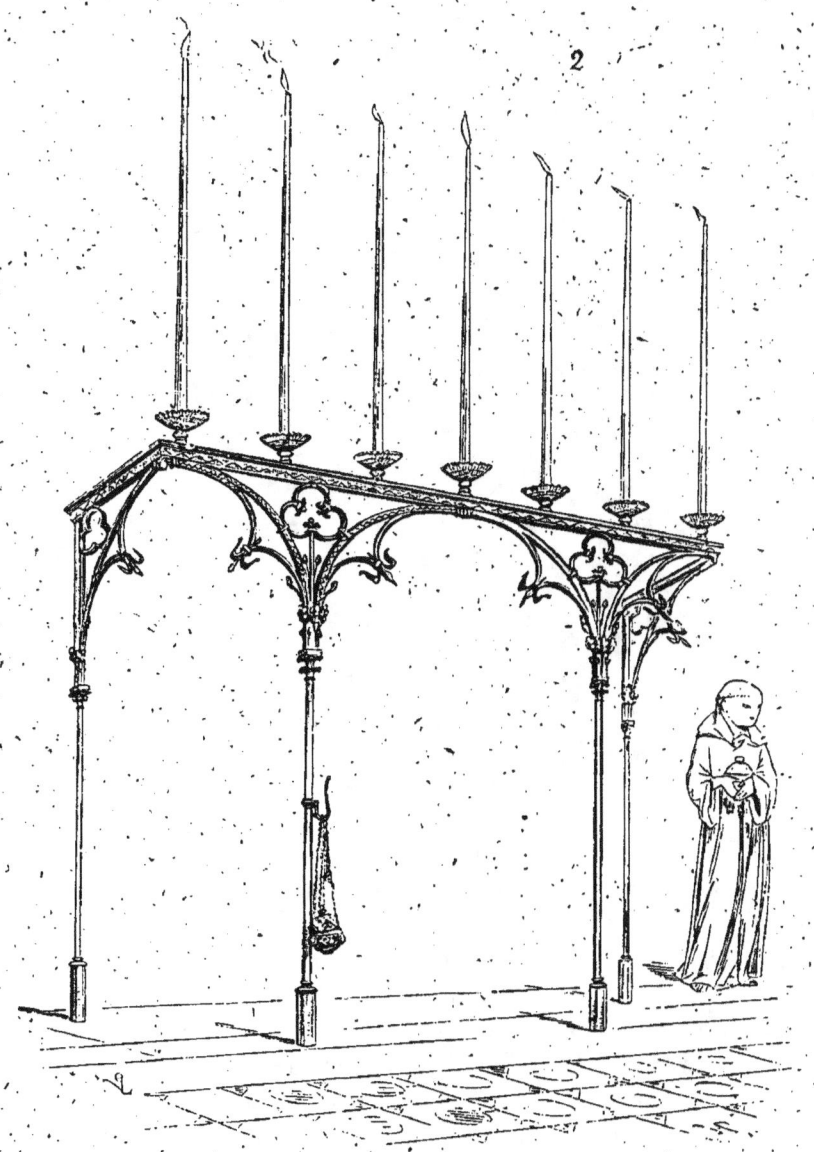

2

saient brûler en grand nombre devant l'autel ou la statue de Notre-

[1] *Mss. des Miracles de la sainte Vierge*, biblioth. du sémin. de Soissons (xiv° siècle) : « Du cierge qui descendi sus la viele au vieleeus devant lymage Notre-Dame. »

Dame. De là vient le dicton, lorsque quelqu'un avait évité un péril :
« Il doit un beau cierge à la sainte Vierge. »

Dans le chœur de l'église cathédrale de Bourges il existait encore,
au commencement du dernier siècle; ainsi que le constate le sieur
de Mauléon dans ses *Voyages liturgiques en France*, une grande
herse, dont il donne, du reste, une description assez vague : « Au

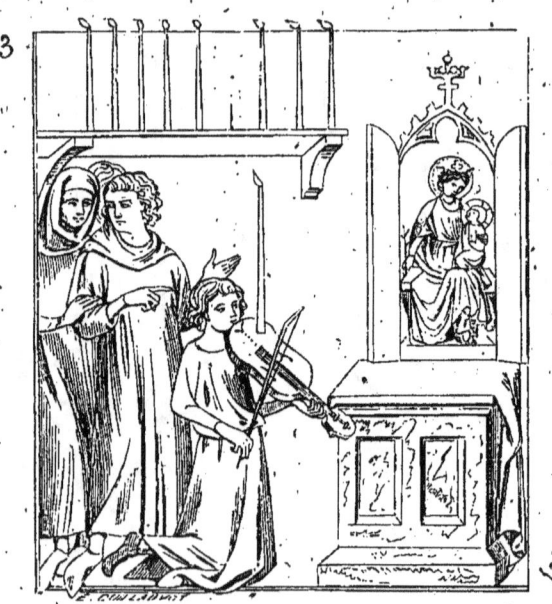

« pied du cierge, dit-il, qui brûle devant le Saint-Sacrement, est une
« barre de fer grosse comme le bras, laquelle soutient une petite
« poutre longue du travers du chœur, sur laquelle sont trente-deux
« cierges. De là jusques à l'autel il y a six grands chandeliers de
« cuivre hauts de quatre ou cinq pieds..... »

Les râteliers étaient souvent posés sur un seul pied; c'étaient alors
de véritables chandeliers. Beaucoup d'églises en possédaient, ordinairement à sept branches, en mémoire du célèbre chandelier du
temple de Jérusalem. Un assez grand nombre de ces objets nous ont
été conservés; nous avons cru devoir les classer parmi les *ustensiles*
(voy. CHANDELIER).

Autour des tombeaux dans les églises, on plaçait aussi, le jour des
Morts, de ces râteliers de fer ou de cuivre, que l'on couvrait de
cierges. Les tombeaux élevés par saint Louis, dans l'église de Saint-
Denis, aux rois de France ses prédécesseurs, étaient presque tous

munis, du côté de la tête, de deux colonnettes sur les chapiteaux desquelles étaient posée une tringle garnie de bassins pour recevoir des lumières. Les magnifiques tombeaux de bronze émaillé et doré qui, dans l'église de Villeneuve, près de Nantes, recouvraient les sépultures des princesses Alix et Yolande de Bretagne, étaient entourés de chandeliers fixes propres à recevoir des cierges. Il en était de même pour les tombeaux de l'abbaye de Braisne. Les vestiges de ces dispositions nous sont conservés dans le curieux recueil de Gaignères, faisant aujourd'hui partie de la bibliothèque Bodléienne à Oxford. (Voy. le *Dictionnaire d'architecture*, au mot TOMBEAU.)

HORLOGE, s. f. Nous ne parlons ici que des horloges meubles, non des horloges fixes, comme celles qui tiennent à un monument et sont destinées à donner l'heure aux habitants d'une cité ou d'un quartier. L'usage de placer des horloges dans l'intérieur des appartements n'est pas nouveau; toutefois, jusqu'au xve siècle, ce meuble était un objet assez rare pour que l'on ne le trouvât que dans des palais, des monastères ou des châteaux. Dans l'antiquité et dans les premiers temps du moyen âge, on avait déjà des horloges transportables dont le mouvement était produit par l'écoulement de l'eau (clepsydre). En 505 ou 506, Gondebaud, possesseur du royaume de Bourgogne, reçut de Théodoric, roi d'Italie, deux horloges, dont l'une était mue au moyen de l'eau [1]. Les statuts de l'ordre de Cîteaux parlent d'horloges meubles mues par des rouages et des poids. Plus tard, nous les voyons mentionnées dans le *Roman de la Rose* :

> « Et refait sonner ses orloges,
> « Par ses sales et par ses loges,
> « A' roüs trop sotivement
> « De pardurable movement [2].

Nous n'essayerons pas de décrire le mécanisme de ces horloges primitives; cela devait ressembler beaucoup à ces *coucous* que l'on rencontre encore dans presque toutes les maisons de paysans de notre temps. Quant à la boîte dans laquelle était renfermé le mécanisme, elle pouvait être plus ou moins richement décorée de sculptures et de peintures, mais ne se composait que d'ais de bois, sorte de petite armoire au milieu de laquelle se détachait le cadran. La sonnerie

---

[1] *Hist. de Bourgogne*, par dom Plancher, t. I, p. 48.
[2] Vers 21288 et suiv.

était placée au-dessus, presque toujours visible : c'était le clocher de l'horloge. Ce petit meuble, dont le mécanisme était mû par des poids ne pouvait être placé sur une table ou sur une console ; on le suspendait à la muraille, assez haut pour que les poids pussent parcourir une distance aussi longue que possible.

Nous voyons figurée, dans le bas-relief de l'Annonciation des stalles de la cathédrale d'Amiens, une horloge d'appartement dont la forme

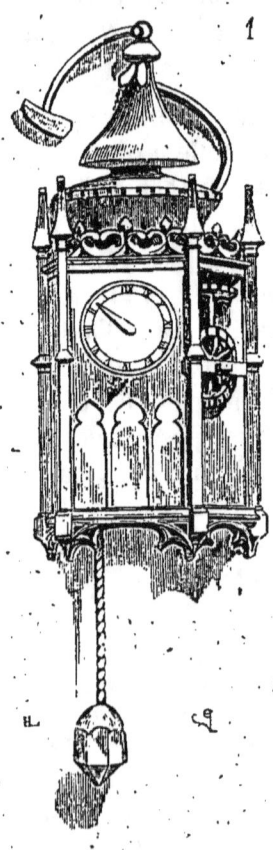

1

appartient aux dernières années du xvᵉ siècle (fig. 1). Dans cet exemple, on se rend parfaitement compte du mécanisme au moyen duquel le marteau frappait sur le timbre supérieur fait en forme de toit conique.

Il était d'usage, dans les tournois, de limiter parfois la durée des joutes entre deux champions à la durée d'un sablier qu'on appelait horloge. Celui qui, des deux adversaires, pendant cet espace de temps, avait obtenu un plus grand nombre d'avantages, était déclaré vainqueur. On empêchait ainsi que des joutes à armes courtoises ne pussent, par suite de l'acharnement des jouteurs, dégénérer en luttes sanglantes.

« Aussi tost qu'ils eurent d'un costé et d'autre les lances sur la « cuisse, le nain (qui estoit sur le perron) drecea son horloge (qui « estoit de verre plein de sablon, par tout le cours d'une grande « demye heure), et puis sonna sa trompe tellement que les deux « chevaliers le purent ouyr. Si mirent les lances es arrest, et com- « mencerent leur jouste, laquelle fut bien courue et joustée..... et « durant celle demye heure rompit le chevalier à l'Arbre d'or plus « de lances que le chevalier venant de dehors, parquoy il gaigna la « verge d'or comme il estoit contenu es articles du pas. Ainsi se « passa la demye heure que tout le sablon fut coulé..... [1] »

Nous voyons ces horloges de sable employées plus tard encore, mais dans des circonstances bien différentes. A la Sorbonne, à pro- pos des discussions que suscitèrent les questions sur la *grâce efficace* et la *grâce suffisante*, Pascal, dans sa seconde lettre à un Provincial, rapporte ce propos d'un sien ami :..... « Et je l'ai bien dit ce matin « en Sorbonne. J'y ai parlé toute ma demi-heure; et, sans le *sable*, « j'eusse bien fait changer ce malheureux proverbe qui court déjà « dans Paris : « Il opine du bonnet comme un moine en Sorbonne. » « — Et que voulez-vous dire par votre demi-heure et par votre « sable? lui répondis-je; taille-t-on vos avis à une certaine mesure? « — Oui, me dit-il, depuis quelques jours..... »

On employait. il n'y a pas encore longtemps, les horloges de sable dans les ventes aux enchères et les adjudications.

HUCHE, s. f. Meuble en forme de coffre monté sur quatre pieds, avec dessus formant couvercle.

« Il faut escrins, huches et coffres [2]. »

(Voy. BAHUT). Nos paysans ont encore conservé la huche; ce meuble sert à renfermer la farine pour faire le pain et à façonner la pâte.

---

[1] Mém. d'Olivier de la Marche, liv. II.
[2] Eust. Deschamps, *le Mirouer de Mariage*, XIVᵉ siècle.

IMAGE, s. f. (*ymage, imaige*). On donnait ce nom, pendant le moyen âge, à toute représentation sculptée ou peinte qui décorait l'extérieur ou l'intérieur des monuments et des habitations privées. Une suite de ces images sur un portail, autour d'un chœur, s'appelait *ymagerie*, et l'on désignait sous la dénomination d'*ymagiers* les artistes peintres ou sculpteurs chargés d'exécuter ces représentations fréquentes. Mais nous n'avons à nous occuper ici que des images meubles, de celles qui, comme nos tableaux ou nos œuvres de sculptures transportables, sont disposées dans les intérieurs d'églises ou d'appartements, sur des meubles, ou appendues aux murailles. Ces images meublantes étaient, le plus souvent, dans les appartements, enfermées dans des sortes de petites armoires dont les vantaux étaient décorés de peintures ou même de sculptures. Dans les chambres à coucher, par exemple, il y avait toujours une image de la Vierge ou de Notre-Seigneur, ou du patron de l'habitant. Les vantaux qui la cachaient ne s'ouvraient qu'au moment de la prière du matin ou du soir, ou lors de quelque solennité de famille. Les musées et les collections particulières renferment un grand nombre de ces images, mais appartenant presque toutes aux xvᵉ et xviᵉ siècles, alors que l'intérieur des appartements était, même chez les petits bourgeois, décoré avec un certain luxe. Le musée de Cluny, à Paris, possède, entre autres, deux images à volets, que nous donnons ici (fig. 1 et 2). La première représente une Vierge avec l'enfant Jésus, surmontée d'un dais; sa disposition générale est assez adroitement combinée. La seconde représente la sainte Trinité dans le panneau du milieu; deux anges, sculptés dans les panneaux des volets, jouent des instruments de musique. On lit, dans le livre ouvert sur les genoux du Père et du Fils : « *Ego sum via, veritas et vita.* » Dieu le Père, ainsi qu'il était d'usage parmi les imagiers du xvᵉ siècle, est représenté en pape, la tiare à triple couronne sur la tête. Le Fils n'est vêtu que d'un manteau. Derrière cette image, on lit l'inscription suivante :

> A seur Perrette
> Dobray et luy feut donée
> L'an MVXLII au moy de
> decembre par ses frères et seur

Et a couste xViii[1] x[a] l[d].
Je pric à tous ceulx et celles qu'y
prendront devo[n] ce gardent de
La gaster et prie po[r] moy et po[r]
Ceulx q[l] me l'ont donnee .

Se[r] Perrette Dobray.

Le désir de Perrette Dobray a été respecté : l'image est demeu-
rée à peu près intacte. Ces images faisaient donc partie du mobi-

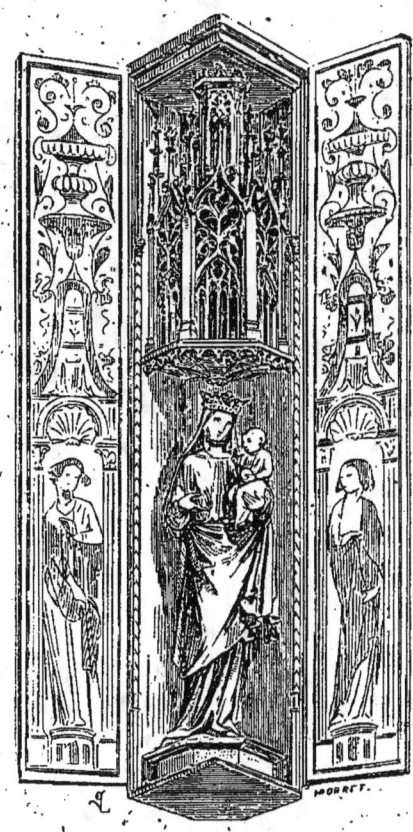

lier des chambres à coucher ; on se les donnait en cadeaux, comme
aujourd'hui ces petits meubles qui abondent dans les appartements
des femmes.

Les tablettes sculptées en bois ou en ivoire à deux ou trois panneaux, et qu'on désigne ordinairement sous les noms de diptyques

ou de triptyques, ne sont autres que des images destinées à être transportées dans les voyages, ou à décorer la ruelle d'un lit, le dessus d'un prie-Dieu, ou ces petits oratoires qui avoisinaient souvent les chambres à coucher. Il existe encore un grand nombre de ces précieux objets qui datent des XIIIe et XIVe siècles, ce qui fait supposer qu'alors on en trouvait dans les appartements des bourgeois

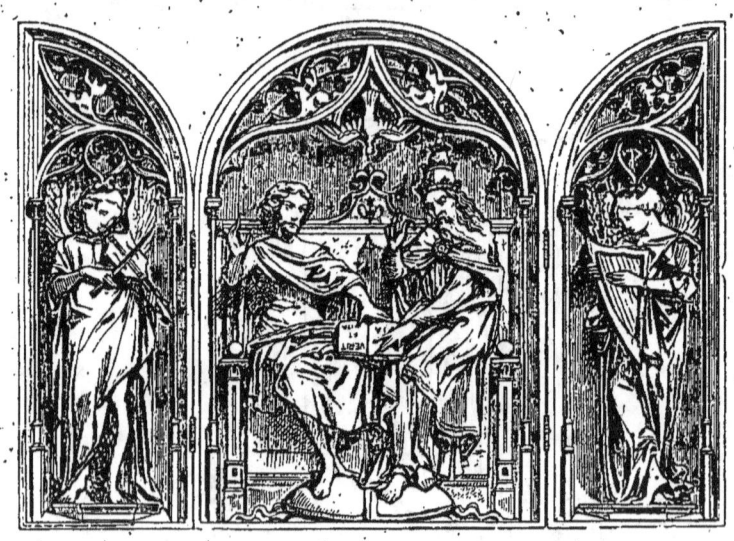

comme des seigneurs. Toutefois il est rare d'en rencontrer dont l'exécution soit parfaite : on voit que ces images se fabriquaient en grand nombre et pour toutes les bourses. Lorsque les images d'ivoire à deux ou trois volets, des XIIIe et XIVe siècles, sont belles et exécutées avec soin, ce sont des œuvres d'art fort remarquables.

Une des plus belles que nous connaissions appartenait à M. le prince Soltykoff, et date du milieu du XIIIe siècle. Elle se compose d'une tablette centrale accompagnée de deux autres tablettes formant volets, le tout d'ivoire. Les sujets sculptés sont divisés en trois zones décorées de colonnettes très-délicates et d'une riche arcature.

Dans la zone inférieure, la sainte Vierge est assise tenant l'enfant Jésus bénissant ; à la gauche du trône de la Vierge, un évêque est à genoux ; deux anges encensent. Le volet de droite représente les trois mages, celui de gauche la circoncision.

La zone centrale contient le crucifiement de Notre-Seigneur entre les deux larrons, la Vierge et saint Jean, l'Église et la Synagogue.

Dans la zone supérieure, le Christ est ressuscité ; il est assis demi-nu, et montre ses plaies. A droite et à gauche, la Vierge et saint Jean, à genoux, intercèdent pour les humains ; deux anges tiennent les instruments de la passion, deux autres réveillent les morts au son de l'olifant. A droite, un évêque est conduit par un ange en paradis ; à gauche, les damnés sont précipités dans la gueule béante de l'enfer par deux démons. Le sommet de cette imagerie est décoré de fins pinacles et de gâbles ornés de crochets, de rosaces et de fleurons. Cet ensemble n'a pas plus de 0^m,25 de large sur 0^n,22 de haut environ, et les figurines sont traitées de main de maître.

Les images portatives de bois ou d'ivoire n'avaient pas toujours un caractère religieux ; il en existe qui étaient évidemment destinées seulement à récréer les yeux, et qui représentent des jeux, des chasses, des passe-temps de nobles et de damoiselles : mais ces sculptures sont comparativement en petit nombre. (Voyez à la fin du *Dictionnaire du mobilier*, le RÉSUMÉ HISTORIQUE.)

Au XVIe siècle, les images d'ivoire à volets, si fort prisées jusqu'alors, furent remplacées par des images peintes sur émail par les artistes de Limoges. Il existe, au musée de Cluny, une image fort précieuse exécutée d'après ce procédé, ayant appartenu à Catherine de Médicis, et sur laquelle est représentée cette princesse à genoux devant un prie-Dieu : c'est un des meubles les plus remarquables que possède cette riche collection.

Nous ne devons pas omettre ici les images ouvrantes si fort en vogue pendant les XIIe et XIIIe siècles. On donnait ce nom à des statues ou statuettes qui s'ouvraient par le milieu, et laissaient ainsi voir dans leur intérieur, soit des reliques, soit des scènes sculptées. Le musée du Louvre possède une image de ce genre extrêmement précieuse à cause de la beauté du travail. C'est une statuette de la sainte Vierge, d'ivoire, dont nous donnons une copie (fig. 3), au tiers de l'exécution. La statue est représentée de face en perspective, de profil en géométral. Ces deux aspects A et B font voir comment s'ouvre l'image en trois parties : les deux composant la face se développent des deux côtés de celle qui forme le fond ; quand l'image est ouverte, le socle, qui est fixe, laisse une saillie représentant assez bien la figure d'un petit autel devant un grand retable à volets.

3

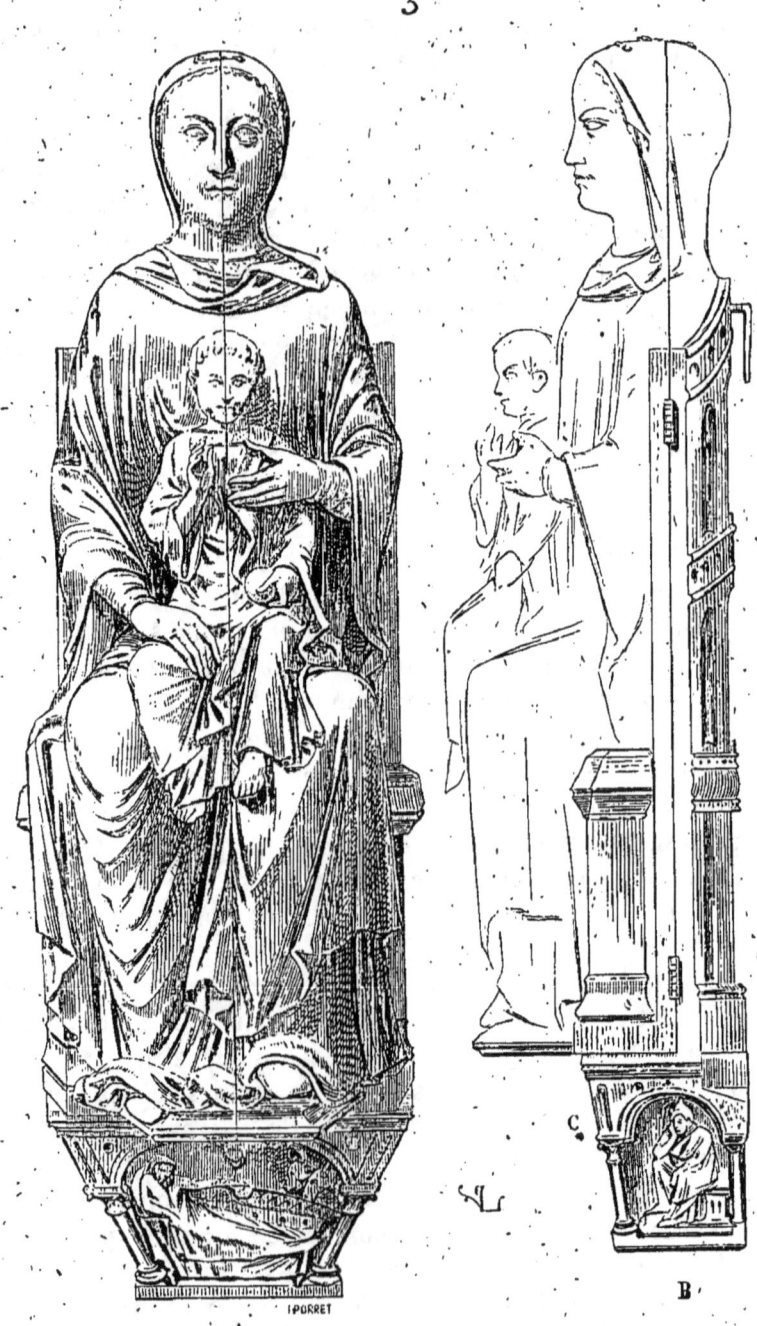

A

B

C

La figure 4, montrant l'image ouverte, explique cette disposition gracieuse. Les trois compartiments d'ivoire, étant développés, laissent

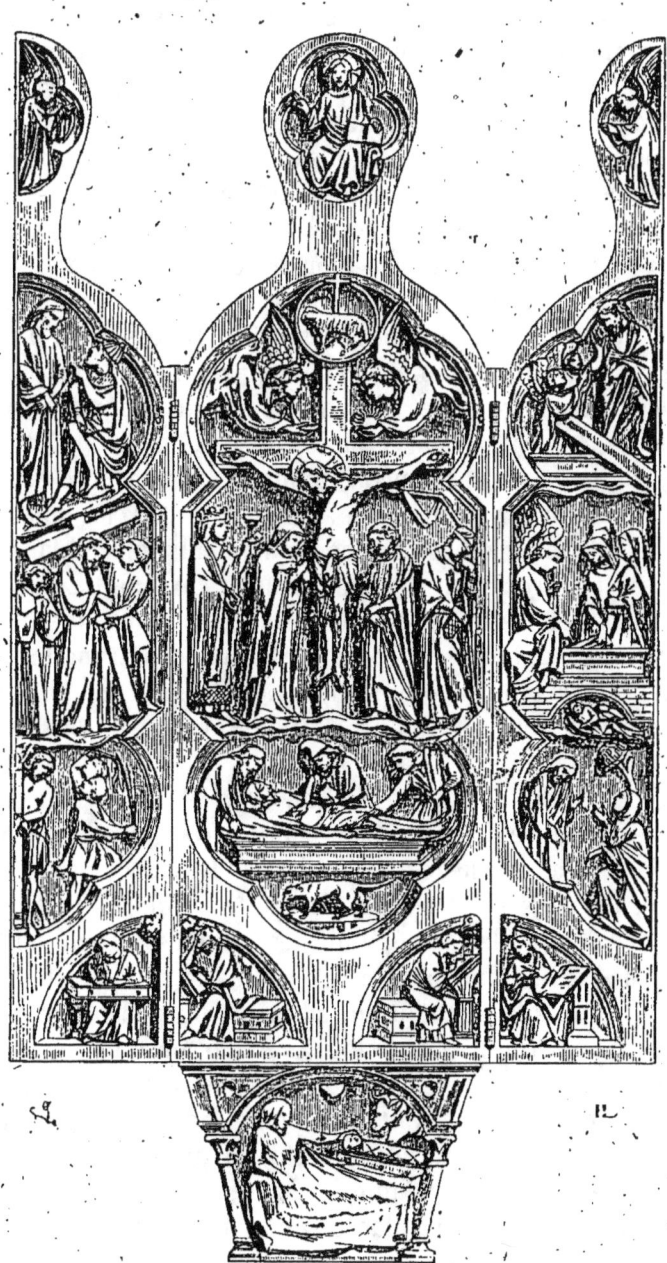

voir une suite de petits bas-reliefs dont la série commence à la gauche du spectateur. Dans le compartiment de gauche sont figurées les scènes qui précèdent immédiatement le crucifiement de Notre-Seigneur : Jésus est amené devant Pilate ; il est flagellé, il porte sa croix. Au centre est représenté le crucifiement ; deux anges tenant le soleil et la lune accostent les bras de la croix ; au sommet est sculptée la figure symbolique de l'Agneau dans un nimbe. De chaque côté du Christ on voit, à sa droite, la sainte Vierge ; puis l'Église, représentée par une femme couronnée, tenant un calice qu'elle élève pour recevoir le sang du Christ ; à sa gauche, saint Jean, et la Synagogue sous la forme d'une femme tenant un étendard brisé et les tables de l'ancienne loi renversées ; ses yeux sont couverts d'un bandeau. Au-dessous du sujet principal, le Christ mort est enseveli ; on aperçoit sous le sarcophage un animal ressemblant assez à un loup. Dans le compartiment de droite, au sommet, Jésus-Christ ressuscite assisté de deux anges ; les saintes femmes viennent au tombeau ; l'ange leur montre le sarcophage vide ; des soldats sont endormis sous une arcade. Jésus apparaît à Marie-Madeleine, et lui dit : « Ne me touchez pas, car je ne suis pas encore monté vers mon Père [1]. » Il tient un phylactère dans sa main droite. Deux demi-cercles font voir les quatre évangélistes à la base des compartiments, placés dans l'ordre suivant : saint Marc, saint Mathieu, saint Jean, saint Luc. Dans les lobes pris aux dépens de la tête de la statue se trouvent : au centre, le Christ ressuscité, bénissant et tenant le livre des Évangiles ouvert ; à sa droite et à sa gauche, deux anges adorateurs. On retrouve ici le socle représentant la Nativité que nous avons vu sous les pieds de l'image fermée.

L'image ouvrante du musée du Louvre a 0^m,45 de hauteur : elle devait être accrochée et non posée, comme le prouve le crochet fixé derrière le dossier du siége de la Vierge. Il était d'usage aussi de placer dans les églises des statues ouvrantes d'une assez grande dimension, dans lesquelles on déposait des reliques. Lorsqu'en 1166 le sanctuaire de l'église abbatiale de Vézelay fut détruit par un incendie, Hugues de Poitiers raconte qu'une statue de bois de la sainte Vierge, seule, ne fut pas atteinte par le feu. Cette circonstance étant considérée comme miraculeuse, les moines examinèrent la statue avec soin, et ils virent qu'elle avait une petite porte très-bien fermée, entre les deux épaules. L'ayant ouverte, le prieur et les assistants constatèrent l'existence de reliques précieuses déposées dans le corps de la statue, qui dès lors fut placée sur le nouveau maître autel, où

---

[1] Évangile selon saint Jean.

elle demeura exposée à la vénération des nombreux pèlerins qui affluaient à l'abbaye de toutes parts. Le même historien ajoute que, les moines ayant été accusés de satisfaire leur avarice par les offrandes de ce grand concours de peuple, ils se virent obligés, pour se mettre à couvert de ce reproche, d'empêcher qu'on ne baisât ni ne touchât l'image miraculeuse.

Les images de cire étaient aussi fort en usage pendant le moyen âge ; on en plaçait dans les églises et même dans les palais. Ces images représentaient des donateurs ou des personnages vénérés dont on voulait perpétuer la mémoire ; on les revêtait d'habits comme des personnes vivantes, et elles demeuraient en place jusqu'au moment où elles tombaient de vétusté. Les sorciers, pendant le moyen âge, considéraient les images de cire qu'ils se plaisaient à façonner, comme un des moyens les plus puissants d'influence sur la destinée de ceux qu'ils prétendaient soumettre à leur volonté. Dans la célèbre procédure contre les templiers, sous le règne de Philippe le Bel, il est question d'images du roi percées de styles, employées comme maléfices contre ce prince. Les sorciers baptisaient aussi certaines images de cire. « Il y a néanmoins des gens assez abandonnés de Dieu, dit le savant docteur Thiers en son *Traité des superstitions* [1], pour baptiser des figures de cire, afin de faire mourir les personnes qu'ils haïssent. Et voici les cérémonies qu'ils pratiquent dans ce cas : Ils font une image de cire entière, et avec tous ses membres ; la mettent tout de son long dans une boîte qui se ferme avec un couvercle ; prennent de l'eau dans le creux de leur main, la jettent sur cette image, en disant : « *N. Ego te baptizo*, etc. » Ils récitent ensuite le petit office de la Vierge, et, quand ils en sont au psaume... entre *generatione* et *generationem*, ils prennent une épine d'O... de laquelle ils piquent légèrement l'endroit du cœur de l'image, et achèvent le petit office. Le lendemain, ils font la même cérémonie et enfoncent l'épine plus avant. Le troisième jour, ils en font autant et enfoncent l'épine tout entière, achèvent l'office, et le neuvième jour ils ont ce qu'ils souhaitent..... » Dans un autre passage [2], il ajoute « qu'il étoit des prêtres assez malheureux pour dire des messes sur des images de cire, en faisant des imprécations contre leurs ennemis, jusques-là qu'ils en disoient dix et plus, afin que leurs ennemis mourussent dans le dixième jour... » Ces superstitions prouvent l'importance que le vulgaire attachait aux images.

[1] Vol. II, p. 81, édit. de 1741.
[2] Vol. III, p. 207, *Rapport de Pierre le Chantre*, Abréviat., chap. XXXIX.

LAMPESIER, **LAMPIER** (*lampe*) [1]. S'entendait, au moyen âge, comme lustre portant de petits godets dans lesquels on versait de l'huile et qui étaient munis de mèches. Ce meuble se fabriquait en argent, en cuivre, en fer ou en bois. Il consistait généralement en un cercle d'un diamètre plus ou moins grand, en raison du nombre de godets que l'on voulait placer, suspendu par une ou plusieurs chaînes, ordinairement trois. On avait, dans les églises, des lampiers qui, lorsqu'ils contenaient un grand nombre de godets, étaient désignés sous le nom de : *couronne de lumières*, ou de : *roue*. Le clocher central de la grande église abbatiale de Cluny était appelé le clocher des lampes, parce que sous sa voûte était suspendue une couronne de lumières. C'est, de toute antiquité chrétienne, une manière d'honorer Dieu que de placer des lumières dans son église. « La lumière qui est allumée dans l'église, dit Guillaume Durand dans son *Rational*, est la figure du Christ, selon cette parole : « Je suis « la lumière du monde », et Jean dit : « Il étoit la lumière véri- « table qui illumina tout homme venant en ce monde. » Et les lampes de l'Église signifient les apôtres et les autres docteurs, par la doctrine desquels l'Église resplendit comme le soleil et la lune, et dont le Seigneur a dit : « Vous êtes la lumière du monde », c'est-à-dire : Vous donnez les exemples des bonnes œuvres. C'est pourquoi, en les avertissant, il leur dit : « Que votre lumière luise devant « les hommes. » Et c'est d'après les ordres du Seigneur que l'église est éclairée ; et voilà pourquoi on lit dans l'Exode : « Ordonne « aux fils d'Aaron de m'offrir l'huile la plus pure que l'on tire des « olives, afin que la lampe brûle toujours dans le tabernacle du « témoignage..... »

[1] « Item trois lampiers d'argent pendans devant la grant porte. » (*Invent. de la sainte Chapelle de Paris*, 1376, Bibl. nation. — « Lampadarium, candelabrum sustinendis « lampadibus in Ecclesiis. » (Bulle d'Innocent. VIII : voy. du Cange, *Gloss.*) Dans l'antiquité romaine, toutefois, les mots « lampadarius, lampas », s'appliquaient dans certains cas, non point à des luminaires contenant de l'huile, mais à des candélabres portant des bougies de cire.

Il était d'usage, autrefois comme aujourd'hui, de maintenir au moins une lampe allumée devant l'autel, et, pendant les fêtes solennelles, de garnir un grand nombre de lampes de godets et de bougies de cire, non-seulement dans l'enceinte des églises, mais même dans les rues. Cet usage avait été pratiqué dans les églises de Byzance dès les premiers siècles du christianisme, et Sainte-Sophie se distinguait entre toutes les églises de la capitale de l'empire d'Orient par son riche luminaire [1]. En Occident, nous voyons que des rentes fixes et des revenus fonciers étaient affectés à l'entretien du luminaire dans les églises abbatiales, collégiales, paroissiales et dans les cathédrales. A en juger par l'importance de ces dotations, le luminaire des églises devait être autrefois très-considérable. Les lampiers étaient vulgairement fabriqués en cuivre doré, enrichis d'émaux, de boules de cristal, de dentelles découpées dans le métal, de pendeloques, que rehaussait encore l'éclat des lumières. En Orient, il existait des lampiers en forme de navire contenant un grand nombre de lumières; le mât était terminé par une croix [2].

Il n'existe plus en France une seule de ces lampes, qui se trouvaient encore, avant la révolution du dernier siècle, en grand nombre dans nos églises; tout a été jeté au creuset ou détruit. Nous n'en pouvons connaître la forme que par quelques descriptions assez vagues ou des représentations peintes ou sculptées. Nous sommes donc forcés d'avoir recours à ces renseignements. Toutefois on voit encore, dans l'église d'Aix-la-Chapelle, une couronne de lumières donnée par l'empereur Frédéric Barberousse, qui peut passer pour une œuvre des plus remarquables et des plus complètes du moyen âge, sous le double rapport du goût et de l'exécution; le travail en est occidental, et nous semble plutôt avoir été exécuté de ce côté-ci du Rhin qu'au delà. Cette couronne se compose, en plan horizontal, de huit segments de cercle retenus par huit chaînes se réunissant en quatre; aux points de rencontre des arcs de cercle et au sommet de chacun des arcs, sont des lampes ajourées, autrefois garnies de statuettes d'argent [3]; deux bandes de cuivre gravées, formant les lobes de la couronne, rappellent en vers latins le don de l'empereur. Outre les lampes, quarante-huit bobèches permettaient

---

[1] Paul le Silentiaire, *Descript. de Sainte-Sophie.*

[2] *Ibid.* — Voyez la savante dissertation du R. P. Cahier, dans les *Mélanges d'archéologie*, vol. III, p. 1, sur la couronne de lumières d'Aix-la-Chapelle.

[3] L'invasion française fut cause que ces statuettes, ainsi que la dentelle d'argent qui garnissait le milieu des bandes de cuivre, ont été enlevées.

de placer des cierges sur la crête à jour de la couronne. Toute
la richesse de ce lampier est obtenue au moyen de gravures sur le
cuivre, lesquelles sont remplies d'un mastic brun formant comme
un ouvrage niellé. Les chaînes sont alternativement composées de

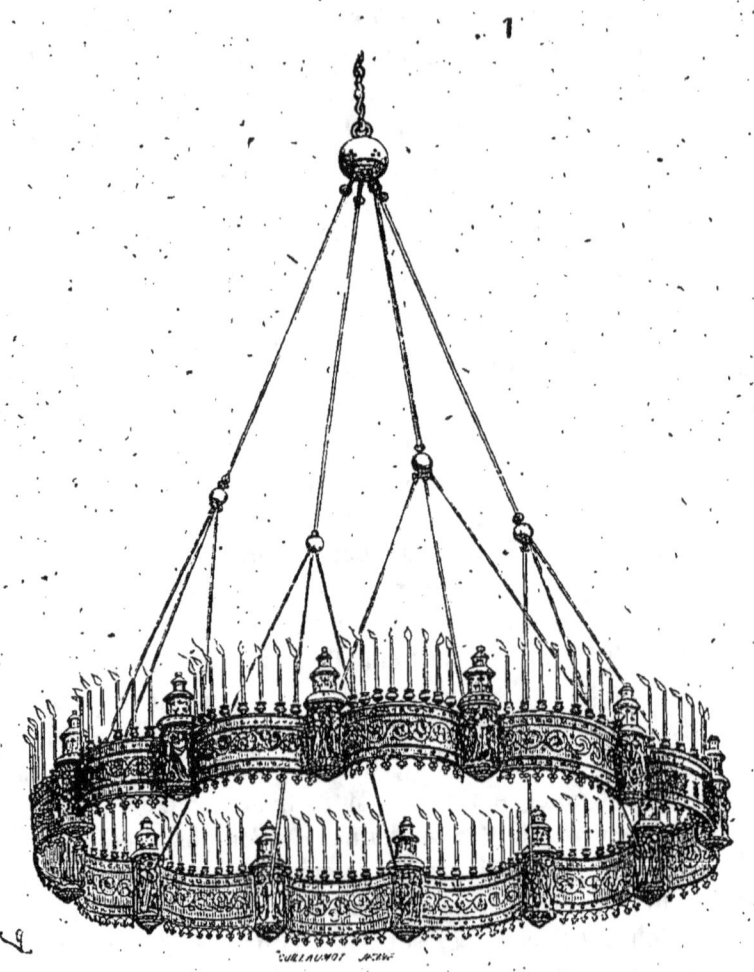

boules, de chaînons et de petits cubes, aux points de rencontre. Les
gravures détaillées que les RR. PP. Martin et Cahier ont données de
cette couronne de lumières dans les *Mélanges archéologiques* [1]
nous dispenseront de nous étendre davantage sur ce précieux
objet.

La cathédrale de Toul possédait encore, dans le siècle dernier, une énorme couronne de lumières en avant de l'ancien maître autel, qui passait pour être d'argent et d'or (probablement de cuivre doré). « La bande circulaire de la couronne, haute de 0ᵐ,22 environ, était garnie des statuettes des douze apôtres, ayant entre chacune d'elles huit girandoles. L'évêque Pibon, qui avait donné cette couronne à la cathédrale, au commencement du XIIᵉ siècle, y avait fait graver des vers de sa composition. Douze chaînes de cuivre réunissaient le cercle à une chaîne plus forte, également de cuivre [1]. »

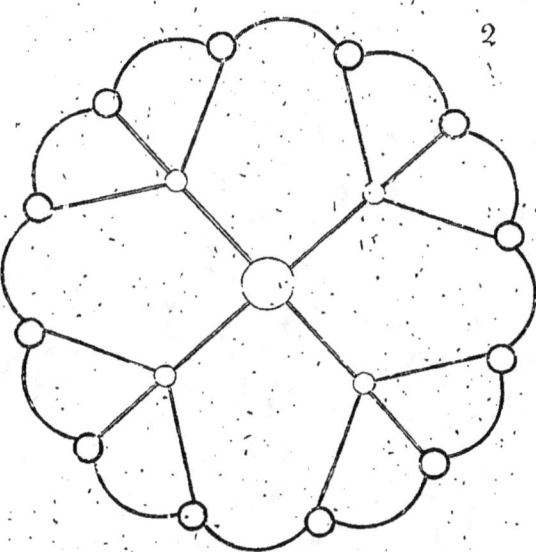

2

L'église abbatiale de Saint-Remi de Reims avait aussi, avant la révolution, sa couronne de lumières, dont il ne reste qu'un assez médiocre dessin dans un manuscrit de la fin du XVIᵉ siècle [2]. Ce dessin est cependant assez précis pour permettre de donner une idée de ce que devait être ce grand lampier portant à la fois, comme la couronne d'Aix-la-Chapelle, des lampes et des cierges. Nous le reproduisons ici (fig. 1). « C'est, dit l'auteur du manuscrit, le portraict « de la couronne qui est au millieux du chœur de la dicte esglise de

---

[1] Morel, *Notice sur la cathédrale de Toul.*

[2] Voici le titre de ce curieux manuscrit : *Recherches de plusieurs singularitez par Françoys Merlin, contrôl. gén. de la maison de feu Mad. Marie, Eliz., fille unique du feu roy Charles dernier que Dieu absolve. Portraictes et escrites par Jac. Cellier, demourant à Reims. Commencé le 3ᵉ jour de mars 1583 et achevé le 10ᵉ sept. 1587.* Biblioth. nat., S. F., nᵒ 153.

« Sainct-Remy, laquelle a esté mise en cest endroict en l'honneur et
« souvenance de l'aage dudict patron qui vescut IIII^{xx} xvj ans, partant
« y a le tour IIII^{xx} et xvj chierges. » Cette couronne se divisait en douze
lobes ou segments de cercle séparés par autant de lanternes; elle
paraît avoir été fabriquée pendant le XIIe siècle. Chaque lobe portait
huit cierges sur de petites bobèches terminées par une pointe; c'était
donc en tout quatre-vingt-seize cierges.

Le plan (fig. 2) indique comme étaient disposées les chaînes,

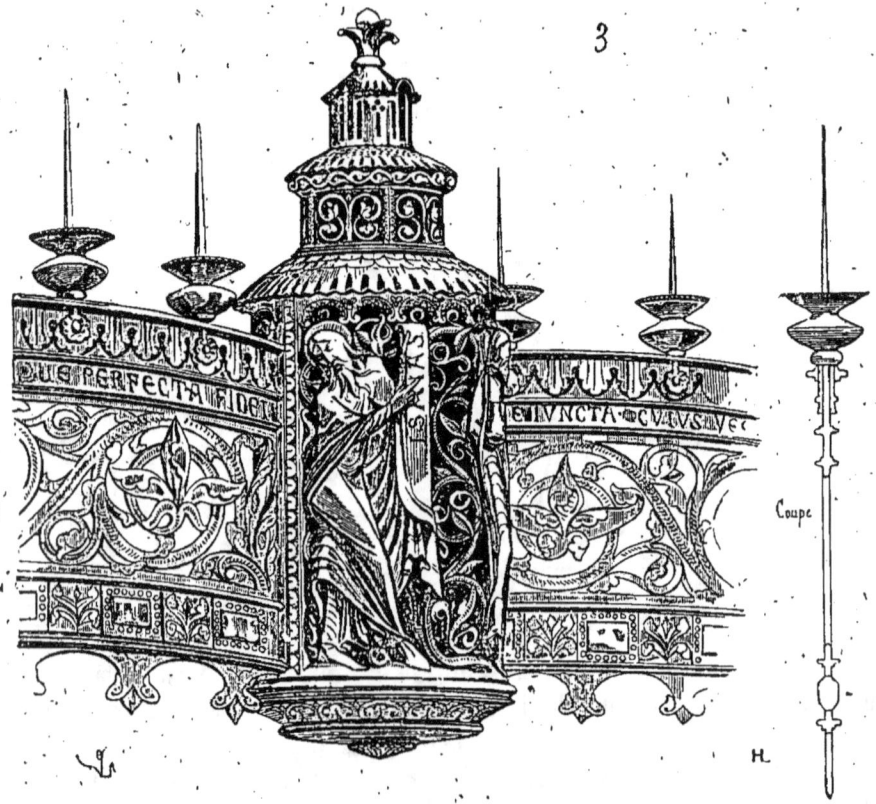

composées de douze triagles aboutissant à quatre, puis à une seule
chaîne. Ainsi que la couronne d'Aix-la-Chapelle, le lampier de Saint-
Remi présentait des figures découpées à l'entour des tourelles contenant les lampes (fig. 3). Les RR. PP. Martin et Cahier, et M. de Caumont, considèrent les couronnes de lumières suspendues aux voûtes
des églises comme des représentations de la Jérusalem céleste. En
effet, cette opinion est confirmée par les inscriptions gravées ou
émaillées autour de ces phares.

A Hildesheim, il existe encore deux couronnes de lumières fort

belles. « L'une d'elles, la plus grande, dit M. de Caumont [1], remonte
« à l'évêque Hézilon. Elle se compose de cercles d'un très-grand
« diamètre, portant des tours et des flambeaux de cuivre doré sur
« lesquels se lisent des inscriptions émaillées : la dentelle du pour-
« tour était d'argent. Les douze tours attachées sur les cercles de
« métal, comme dans la couronne d'Aix-la-Chapelle, logeaient cha-
« cune quatre statuettes d'argent, représentant des personnages
« de l'Ancien Testament et les personnifications des Vertus, ce que
« prouvent les noms qu'on lit encore sur ces tours. Au milieu des
« espaces compris entre les tours se trouvent des niches qui portent
« les noms des douze apôtres, preuve qu'elles en renfermaient les
« statuettes. Il y aurait donc eu soixante statuettes dans les niches
« et les tours qui garnissent les cercles de cette grande couronne.
« On croit que les lampes étaient superposées aux tours. D'une
« tour à l'autre, six flambeaux portaient des cierges ; il y en avait
« en tout soixante-douze..... La seconde couronne de Hildesheim se
« trouve dans le chœur de la cathédrale. On la fait remonter au mi-
« lieu du XIᵉ siècle.... ; mais elle est moins grande
« que celle de la nef, et les espaces compris entre
« les tours ne portaient que trois flambeaux, de
« sorte qu'il n'y en avait que trente-six au lieu
« de soixante-douze dans le pourtour. Les tours
« ou niches renfermaient quarante-huit statuettes
« de bronze, qui n'existent plus [2]. »

Les lampiers, couronnes ou phares, n'avaient
pas toujours ces dimensions considérables, et il en
était beaucoup qui ne portaient qu'une seule lampe :
celles-ci sont encore plus rares que les grandes couronnes, s'il est possible ; leur peu d'importance les
a fait supprimer depuis longtemps dans les églises.
Il nous faut avoir recours aux vignettes des manuscrits, aux vitraux ou aux bas-reliefs, pour pouvoir nous rendre
compte de leur disposition et de leur forme.

Les petits lampiers à une seule lampe étaient habituellement suspendus au-dessus des autels, et leur forme la plus vulgaire est celle
reproduite dans la figure 4 [3]. Quelquefois la lampe est placée au milieu

[1] Voyez le Rapport de M. de Caumont sur les couronnes de lumières de Hildesheim (Bull. monum., vol. XX, p. 289).
[2] Voyez, dans le même rapport, un croquis de cette seconde couronne, fait sur une gravure de M. le docteur Kratz.
[3] Du bas-relief de la porte Sainte-Anne, à Notre-Dame de Paris, XIIᵉ siècle.

d'un cercle de métal cisclé, ainsi que l'indique la figure 5, copiée
sur l'un des bas-reliefs du porche nord de la cathédrale de Chartres
(XIIIᵉ siècle). Souvent aussi les lampes sont disposées autour d'une

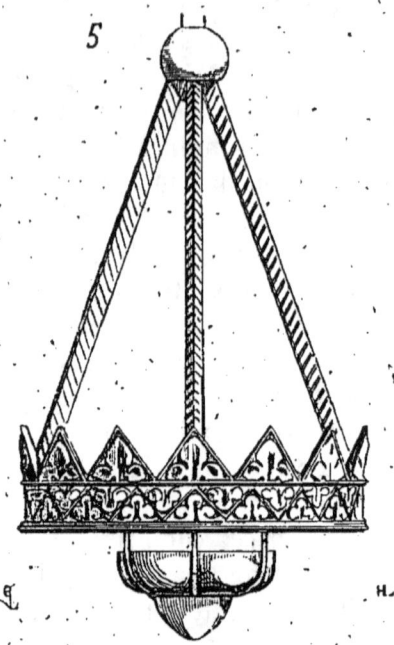

5

roue, et le lampier était alors appelé *roue*. Dans un des vitraux de
l'église Saint-Martin de Troyes, représentant sainte Anne et saint

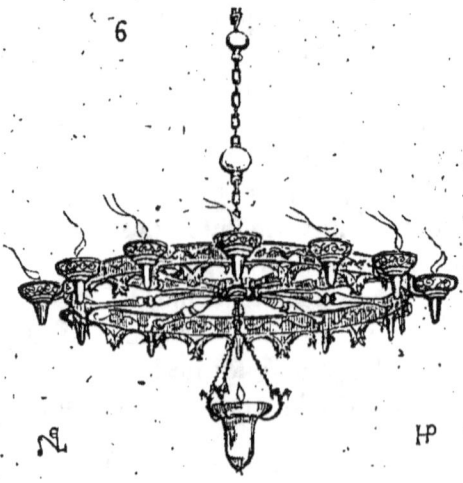

6

Joachim apportant un agneau dans le temple, on voit une roue entourée d'un certain nombre de godets, et sous laquelle est suspendue une dernière lampe (fig. 6). Ce vitrail date du XVIᵉ siècle.

Il paraîtrait, en consultant les bas-reliefs et les vignettes des manuscrits, que la forme circulaire donnée aux couronnes de lumières, ou lampiers, serait la plus ancienne. La division en lobes semble

7

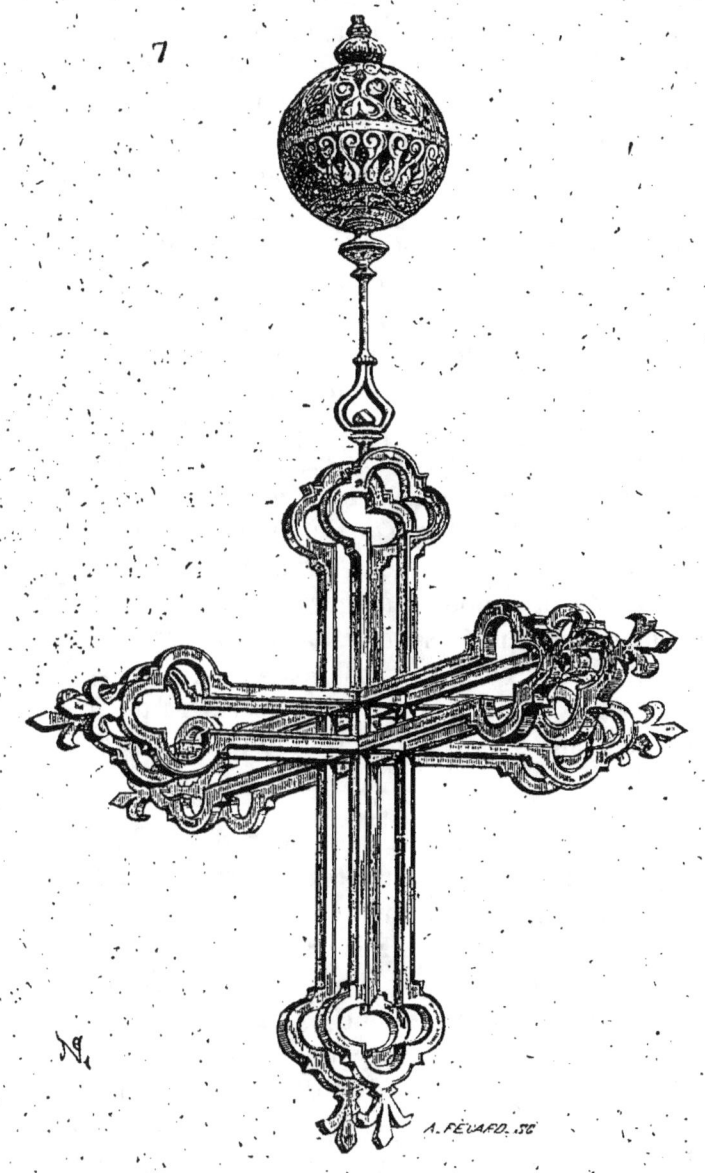

A. FÉVARD. SC

avoir été préférée pendant les XIIe et XIIIe siècles. Dans les peintures des XIVe et XVe siècles, on en voit qui adoptent, en plan, la figure d'une étoile à six ou huit branches. Il en existe aussi en forme de croix, dans les églises qui subissent l'influence byzantine. A.

Saint-Marc de Venise, on voit encore, suspendue à la coupole de la nef, une croix de cuivre qui paraît remonter au xiii° siècle, et qui servait de luminaire les jours fériés. Les bras de cette croix lumineuse sont doubles et se coupent à angles droits, ainsi que l'indique la figure 7. Les godets contenant l'huile se trouvaient suspendus entre les branches de ce lampier, au moyen de chaînettes.

La croix illuminée est une fort ancienne tradition dont on retrouve la trace dans des manuscrits carlovingiens [1], et beaucoup plus anciennement dans les peintures des catacombes de Rome [2]. Nous devons mentionner aussi les lampes que l'on plaçait sur les tombeaux élevés à l'extérieur des églises. Cet usage était usité chez les chrétiens de Syrie dès le iv° siècle; nous le retrouvons adopté chez les Occidentaux jusqu'à la fin du xvi° siècle. Le nombre de renseignements précis qu'il est possible de recueillir encore sur les lampiers, si communs dans nos églises pendant le moyen âge, indique assez l'importance de ce meuble, le luxe avec lequel il était traité, la richesse des matières employées. Il est certain que les orfèvres de cette époque avaient déployé, dans la fabrication de ces objets, toute leur habileté, ce goût parfait qui distingue leurs œuvres; employant à la fois le cuivre doré, le vermeil, les fines dentelures, le cristal, les émaux; ils avaient su donner aux grandes couronnes de lumières un aspect éblouissant qui représentait aux yeux des fidèles, les jours de fête, l'image de la Jérusalem céleste. Ces grands cercles lumineux complétaient l'éclairage des chœurs garnis de râteliers, de nombreux candélabres, de flambeaux autour de l'autel, de cierges sur les tombeaux.

LANDIER, s. m. (*chenet*). Les cheminées, dans les habitations du moyen âge, étaient larges et hautes. Généralement un homme pouvait y entrer debout sans se baisser, et dix ou douze personnes se plaçaient facilement autour de l'âtre [3]. Il fallait, à l'intérieur de ces cheminées, de forts chenets de fer, désignés alors sous le nom de *landiers*, pour supporter les bûches énormes que l'on jetait sur le foyer et les empêcher de rouler dans l'appartement. Il y avait les landiers de cuisine et les landiers d'appartement. Les premiers étaient assez compliqués comme forme, car ils étaient destinés à plusieurs usages. Leur tige était munie de supports ou crochets pour recevoir

---

[1] Voyez la *Bible d'Alcuin*, Brit. Mus.

[2] Voyez *Roma subterranea*, tab. secund. cœmeterii Potiani via Portuensi, une croix peinte sur les bras de laquelle sont posés deux flambeaux.

[3] Voyez l'article CHEMINÉE dans le *Dictionnaire raisonné d'architecture*.

les broches, et leur tête s'épanouissait en forme de petit réchaud pour préparer quelques mets, comme nos cases de fourneaux, ou pour maintenir les plats chauds. Dans les cuisines, l'usage des four-

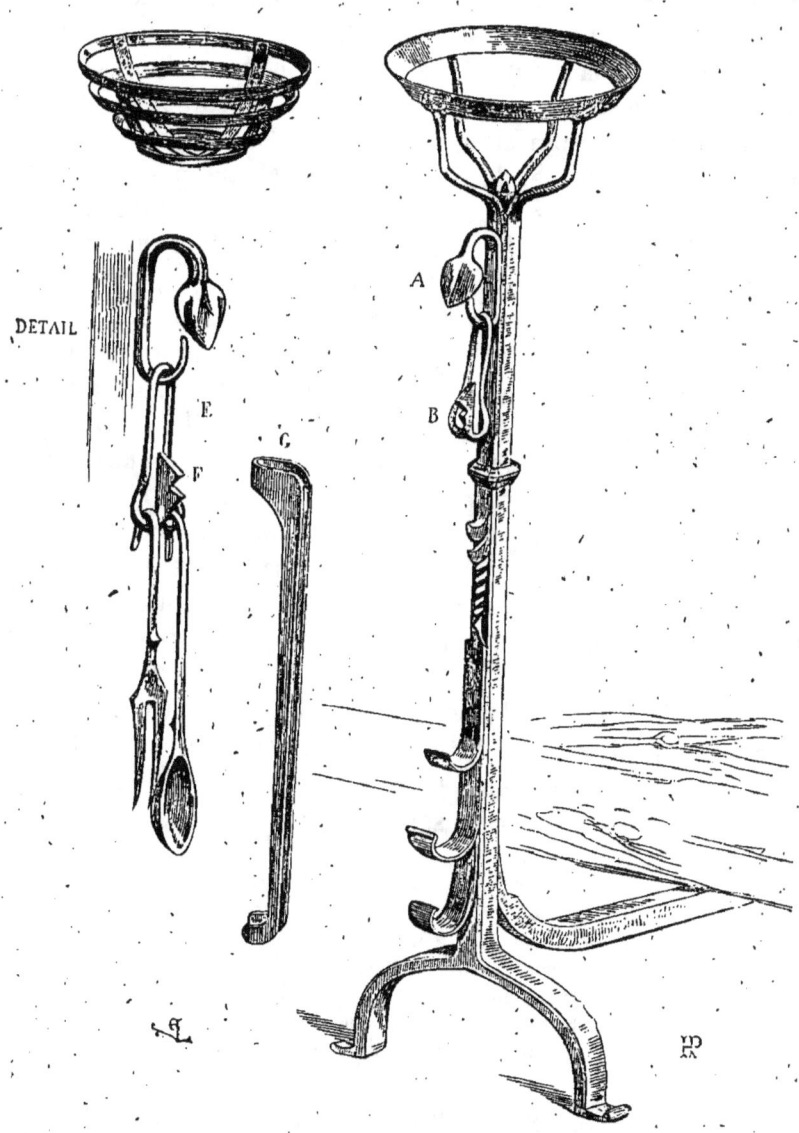

neaux divisés en plusieurs cases n'était pas fréquent comme de nos jours ; les mets cuisaient sur le feu de la cheminée, et l'on comprend facilement que ces foyers ardents ne permettaient pas d'apprêter certains mets qu'il fallait remuer pendant leur cuisson ou qui se préparaient dans de petits poêlons. Les réchauds remplis de braise à la tête des landiers, se trouvant à la hauteur de la main et hors du foyer de la cheminée, facilitaient la préparation de ces mets.

Nous donnons (fig. 1) un de ces landiers de cuisine déposé au musée de Cluny. Sa hauteur est de 1ᵐ,12; le diamètre du réchaud supérieur est de 0ᵐ,25. A la base de la tige, on voit trois crochets destinés à supporter la broche. Vers la partie supérieure de la tige est un crochet recouvert A, muni d'une boucle B, à laquelle étaient suspendues les petites pincettes destinées à attiser le feu du fourneau supérieur C, une cuiller de fer ou une fourchette, pour retourner les viandes ou remuer les sauces. Cette boucle, dont nous donnons le détail en E, était faite de façon que les pincettes, en raison de la forme de leur tête G, pouvaient facilement être suspendues au crochet F. Les objets accrochés aux boucles E servaient également pour le rôti. On voit en C le réchaud de fer battu qui se posait sur la tête D du landier, pour recevoir la braise. Les gens de la cuisine mangeaient même sur ces petits fourneaux, tout en se chauffant[1]. Quelquefois, mais plus rarement, la tête du landier se divisait en deux réchauds[2]. C'était donc alors quatre plats que l'on pouvait apprêter et faire cuire en dehors du foyer, sur lequel étaient suspendues une ou plusieurs marmites au moyen de la crémaillère et de trépieds, et devant lequel tournaient une ou deux broches garnies de plusieurs pièces. La cheminée suffisait seule ainsi pour apprêter un repas abondant (fig. 2).

Dans le *Charrois de Nymes*, IIᵉ livre de Guillaume d'Orange (chansons de geste des XIᵉ et XIIᵉ siècles), il est question du bagage du prince porté par trois cents bêtes de somme; les meubles et ustensiles destinés à la cuisine ne sont pas oubliés :

« Bien vos sai dire que reporte li tierz :
« Preoz et pailles, chauderons et trepiez,
« Et cros agus, tenailles et landiers;
« Quant il venront el règne essilié
« Que bien en puissent atorner à mengier;
« S'en serviront Guillaume le guerrier,
« Et en après trestoz les chevaliers. »

La fig. 2 fera comprendre les divers procédés du cuisson employés simultanément autour de l'âtre. Ordinairement un gros anneau était

---

[1] Nous avons encore vu cet usage conservé dans quelques campagnes de l'ouest et du centre de la France.

[2] Il existait encore, il y a quelques années, des landiers à deux réchauds dans une

fixé à la tige des landiers pour pouvoir les remuer avec plus de facilité, lorsqu'on voulait les éloigner ou les rapprocher l'un de l'autre, suivant le besoin. La même figure montre la disposition de ces anneaux. Les landiers de cuisine sont simples, quoique forgés avec grand soin; mais ceux qui devaient être placés dans les appartements

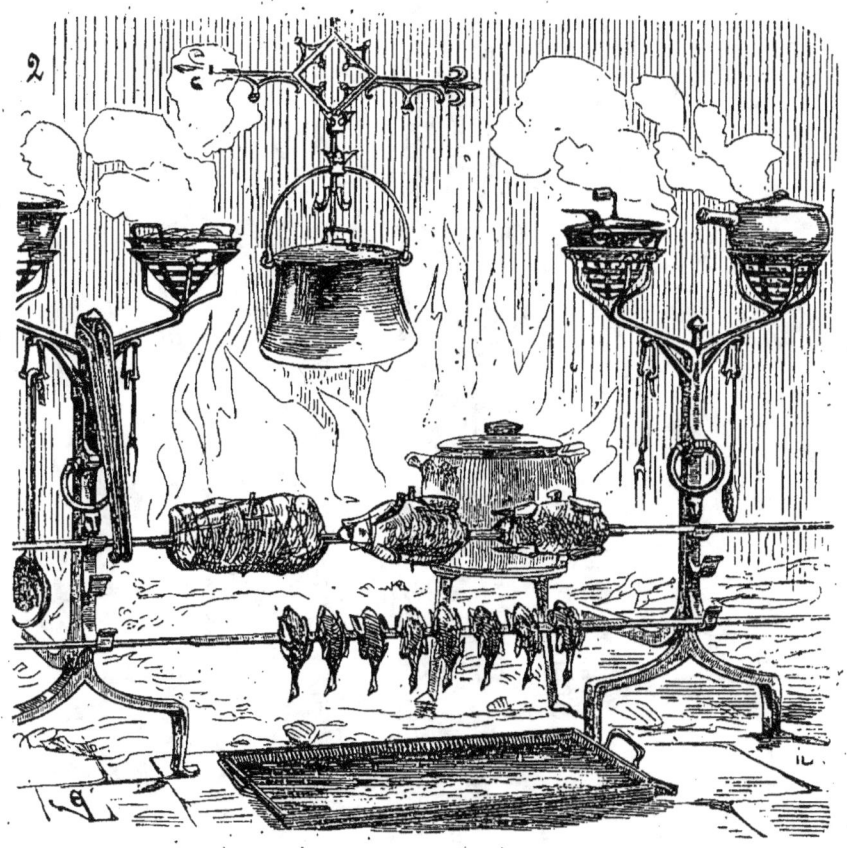

étaient souvent fort riches, ornés de brindilles de fer étampé soudées sur la tige, de pièces de forge finement exécutées. On rencontre peu de landiers antérieurs au xv⁰ siècle qui aient quelque valeur comme travail, ces objets ayant, depuis longtemps, été vendus comme vieille ferraille. Nous en avons dessiné un cependant qui existait encore, il y a quinze ans, dans une maison de Vézelay, et qui

cuisine dépendant de l'hôtel de la Poste à Saulieu; on en trouve un assez grand nombre dont les deux branches supérieures sont conservées, mais dont les réchauds ont été enlevés, dans les provinces du centre de la France.

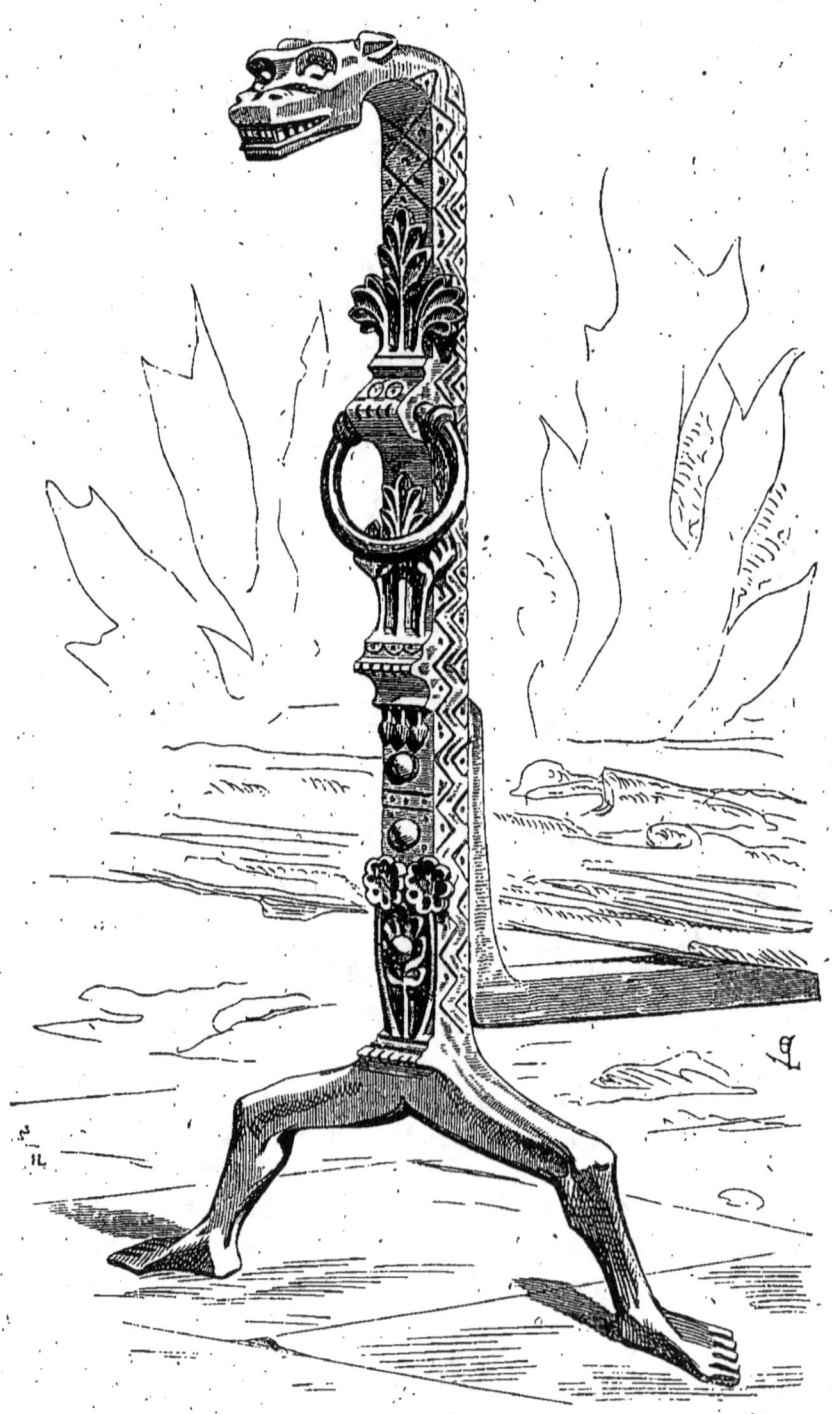

provenait probablement de l'abbaye[1]. Cette paire de landiers datait
certainement du XIIIe siècle; elle était d'une exécution assez grossière, mais d'une belle forme et bien composée. Nous reproduisons
ici (fig. 3) notre croquis. Ce landier est formé d'une tige de fer plat
de 0^m,05 sur 0^m,02 à 0^m,03 de gros, gravée, et sur laquelle sont soudées des embrasses d'où s'échappent des feuilles étampées et soudées

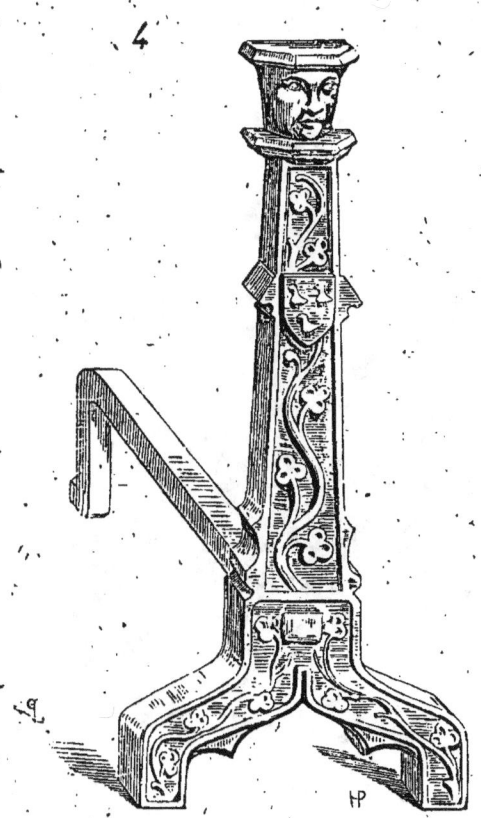

après ces embrasses. L'extrémité supérieure du landier se compose
d'une tête d'animal fort bien forgée et soudée sur la tige; une des
embrasses maintient un anneau; le pied se termine en jambes
d'homme. La queue du landier, destinée à supporter les bûches, est
rivée au moyen de trois gros rivets à tête ronde sur la tige. Ce
landier n'avait pas moins de 0^m,90 de hauteur.

Voici (fig. 4) un landier d'une cheminée d'appartement aujour-

---

[1] Depuis lors nous avons recherché cette paire de landiers qui était d'une assez belle
exécution, afin de l'acheter pour le musée de Cluny; mais nous n'avons pu savoir ce
qu'elle était devenue : il est probable qu'elle aura été, comme tant d'autres anciennes
pièces de forges éparses dans nos petites villes de province, vendue avec de vieux fers.

d'hui conservé dans le musée de Cluny; il est de fer fondu, probablement sur un modèle de bois, avec ornements appliqués en cire.
La queue du landier est assemblée à tenon dans le pied de fonte et
rivée, ainsi que l'indique la gravure; sa hauteur est de 0m,64. Nous
le croyons du commencement du xv° siècle : on remarque sur sa face
un écusson sur le champ duquel sont posées trois merlettes. A partir
de cette époque, il n'est pas rare de rencontrer des landiers de fonte
de fer. Il en existait deux il y a quelques années, posés en guise de

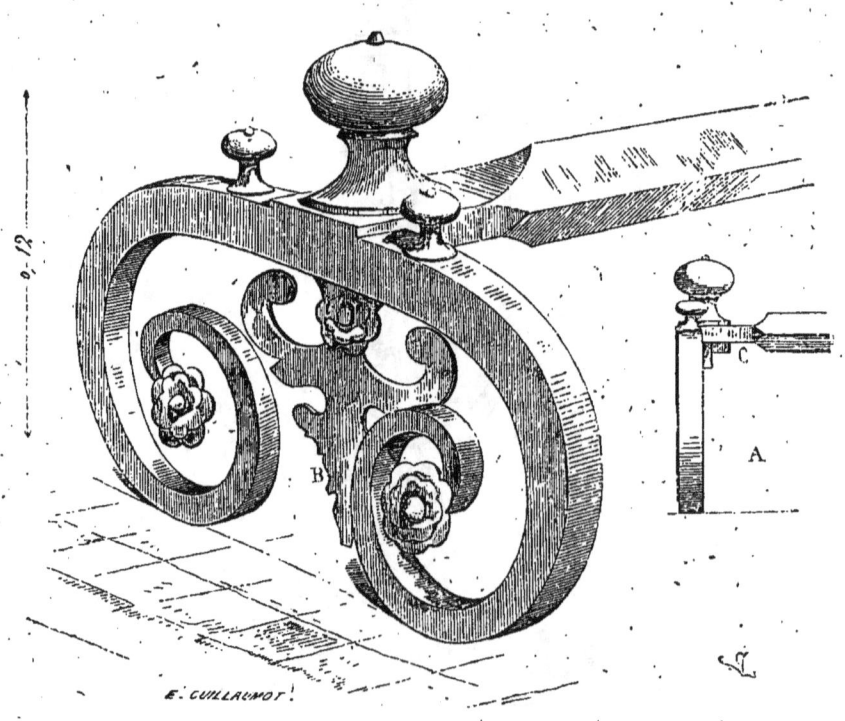

E. GUILLAUMOT

bornes, sur la place de Saint-Thaurin, à Évreux; nous ne savons s'ils
s'y trouvent encore. Ces deux landiers de fonte de fer paraissent
appartenir aux dernières années du xiv° siècle et sont fort grands;
avec la partie des pieds enterrée, ils devaient avoir plus d'un mètre
de haut. La portion supérieure, seule apparente, représente une
figure d'homme debout tenant un écu et une massue; l'écu et le
vêtement de la figure sont échiquetés. M. de Caumont en donne un
croquis dans le XI° volume du *Bulletin monumental*, page 644.
    Nous donnons (fig. 5), pour finir cet article, un landier d'appar-

tement de la fin du xvi⁰ siècle, dont la forme diffère de celle usitée jusqu'alors : la tige verticale, destinée à empêcher les bûches de rouler sur le pavé, a disparu et est remplacée par une pomme. Ces landiers paraissent combinés de façon à permettre de poser les pieds sur les deux volutes, afin de se chauffer plus facilement. Ils sont ornés de rosaces de tôle rivées sur le fer. La queue est de fer carré présentant sa diagonale parallèlement au sol de l'âtre ; un ornement de tôle découpée, placé en B, cache le tenon de la grosse pomme ; ce tenon passe à travers la queue du chenet aplatie, ainsi qu'on le voit en C, et est retenu par une clavette. Le landier représenté figure 5, et dont le profil est tracé en A, provient d'une auberge de Froissy (Côte-d'Or), et est fort petit.

L'époque de la renaissance apporta un grand luxe dans la composition des landiers ; mais alors ils sont presque toujours de fonte de fer coulée sur des modèles de cire, exécutés souvent par de très-habiles artistes. Ils sont ornés de figures humaines, d'animaux fantastiques, et le plus souvent ils étaient dorés ou argentés. Ce n'est guère qu'au milieu du xvii⁰ siècle que l'on commença en France à fondre des landiers en cuivre. Ceux-ci ont complétement abandonné la forme haute et primitive, et s'étendent au contraire en largeur devant le foyer, en se reliant même parfois au moyen de galeries destinées à empêcher le bois enflammé de rouler sur les parquets qui, dans les appartements riches, remplaçaient les anciens carrelages de terre cuite émaillée. L'Italie, Venise et Florence fabriquaient dès le xvi⁰ siècle de magnifiques landiers de bronze. Beaucoup de palais et châteaux en possédaient dans le nord de la France.

LAVOIR, s. m. (*lavabo*). Il était d'usage de placer, à proximité des réfectoires des établissements monastiques ou des palais, souvent dans la salle elle-même, de grands bassins de pierre, de marbre, de cuivre ou de plomb, destinés au lavement des mains avant et après le repas. On voit encore, dans un grand nombre de monastères, la place destinée à recevoir ces meubles d'un usage journalier[1]. C'est ordinairement une niche peu profonde, mais fort large, couronnée par une arcature soutenue par des consoles (voy. le *Dictionnaire d'architecture*, aux mots LAVABO et RÉFECTOIRE). Ces lavoirs étaient

---

[1] Les ruines de l'abbaye de Beauport (Bretagne) possèdent encore une de ces grandes niches, surmontée d'une triple arcature supportée par des culs-de-lampe. M. Alf. Ramé nous a fourni un dessin de cette niche.

munis d'une grande quantité de petites gargouilles qui répandaient l'eau sur les mains des personnes qui venaient laver. Quelquefois, dans les couvents, le lavoir était une grande vasque circulaire placée à l'un des angles du cloître (voy. le *Dictionnaire d'architecture*, au mot Cloître). Mais ces derniers objets ne pouvant être considérés comme des meubles, nous n'avons pas à nous en occuper ici. Les lavoirs de bronze ou de plomb étaient fréquents; il n'est pas besoin de dire qu'ils ont tous disparu des établissements monastiques pendant la révolution de 1793, et même avant cette époque; leur usage n'étant plus, pendant le dernier siècle, conforme aux habitudes des moines. Ces meubles étaient ordinairement en forme d'un grand coffre long, assez profond, posé sur un appui au-dessous duquel était une auge de pierre ou de métal, recevant l'eau tombant par les gargouilles et l'épanchant au dehors par une rigole. On en voit des représentations assez grossières et fort simples dans des vignettes de manuscrits, et la reproduction de ces vignettes ne peut avoir plus d'intérêt qu'une description. Mais on trouve, dans la collection Gaignières de la bibliothèque Bodléienne, un grand dessin assez bien

1

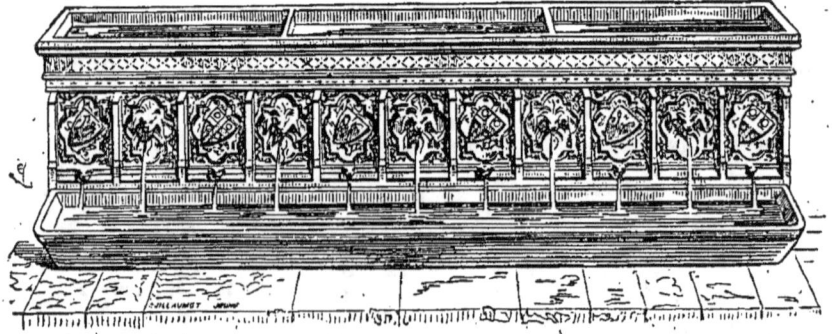

exécuté d'un de ces lavoirs. A défaut de monument existant, nous devons nous trouver fort heureux de rencontrer une copie fidèle d'un meuble de cette importance[1].

Voici (fig. 1) une réduction de cette copie, au-dessous de laquelle est écrite cette légende : « Piscine ou lavoir dans l'abbaye de Saint- « Amand de Rouen, auquel sont les armes de plusieurs abbesses, et

---

[1] Ce dessin, qui a 25 centimètres de long, et bien exécuté, se trouve dans le tome Ier des *Épitaphes des églises de Normandie*, p. 53, Biblioth. Bodl. Oxford.

2

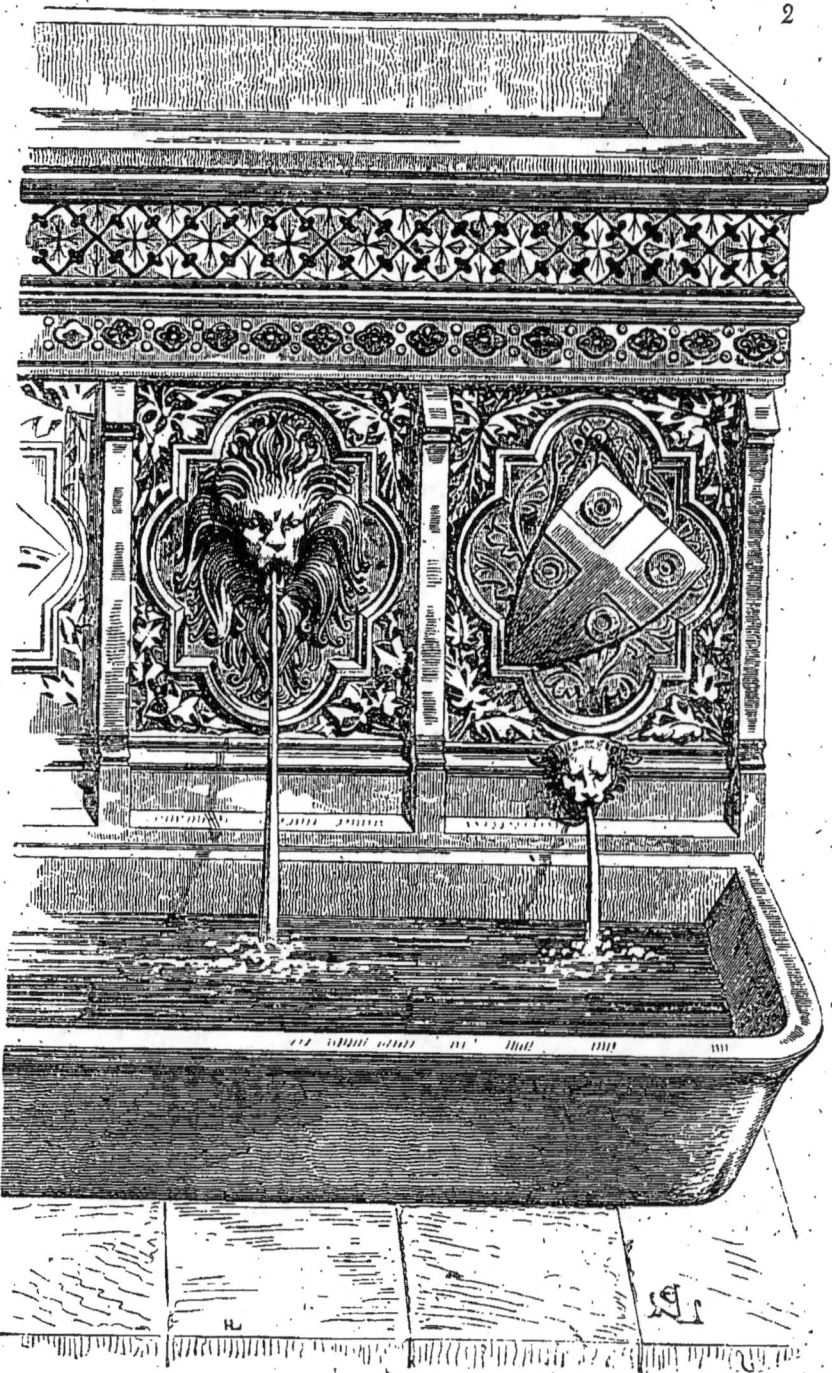

« qui a été fondu en 1702 pour employer aux dépenses du bâtiment
« neuf. »

Le lavoir est de bronze, divisé en trois compartiments, que l'on
remplissait probablement en raison de la quantité de personnes qui
venaient laver; où chaque compartiment, ainsi que les gargouilles y
correspondant, était peut-être affecté aux différents degrés du couvent : aux abbesses, prieures; sous-prieures, etc.; aux nonnes et aux
novices. Il est percé de onze gargouilles posées à des hauteurs différentes. Le dessin fait supposer que le bronze était émaillé sur les
écussons armoyés et dans les bordures. La cuvette qui reçoit les eaux
était également de bronze. Ce magnifique lavoir datait certainement
de la fin du xiie siècle ou du commencement du xive. La figure 2 en
donne le détail.

Dans les palais, depuis le xiiie siècle, on ne se servait plus des
lavoirs : lorsqu'on se mettait à table, des écuyers apportaient à
laver au seigneur, dans un bassin; des serviteurs, aux personnages
moins élevés en dignité (voy. le *Dictionnaire des ustensiles*, au
mot BASSIN). Cet usage se conserva jusqu'au commencement du dernier siècle. C'était sur la crédence que l'on plaçait le bassin et l'aiguière destinés au lavement des mains avant et après les repas.

« Quand tous ceux-cy furent entrez, on prit aussitôt à l'autel de
« la crédence un grand bassin d'argent doré avec une aiguière de
« mesme estoffe, et d'un des côtés de la nef qui estoit sur la table
« on prit une serviette plyée à fort petits plis. Avec tout cecy, les
« trois que je viens de dire [1] se lavèrent tous les mains, puis ceux
« qui estoient de cette suite auxquels on bailla d'autres serviettes,
« et aussitôt chacun se vint seoir [2]..... » Puis après le repas :
« ..... Après que chacun se fut rassasié de ces délicatesses, on com-
« mença à desservir ceux du bas bout, car en ceste action là ils
« escorchent l'anguille par la queuë. Et après qu'on eust tout osté, on
« apporta à ceux qui estoient demeurez à table (d'autant que la
« pluspart s'estoient levez) un grand bassin d'argent doré avec un
« vase de mesme estoffe, et dedans de l'eau où avait trempé de l'iris,
« avec laquelle ils lavèrent leurs mains, ceux du haut bout séparé-
« ment, et ceux qui estaient au-dessous ensemblement, et toutefois
« (ajoute l'auteur de cette curieuse satire [3]), elles ne devoient pas

---

[1] Henri III et deux de ses mignons.

[2] *L'Isle des Hermaphrodites*, pour servir de supplément au Journal de Henri III.
Cologne, 1624.

[3] D'Aubigné, croit-on.

« trop sentir la viande ni la gresse, car ils ne l'avoient pas touchée,
« ains seulement de la fourchette..... »

Les lavoirs n'avaient pas toujours l'importance de celui que nous
avons donné fig. 1 ; dans les maisons, dans les châteaux, on se servait, pendant le moyen âge, de lavoirs de marbre, de terre cuite, de
pierre, de cuivre ou de plomb, munis d'un ou deux robinets avec
une cuvette au-dessous. M. Parker, dans son ouvrage sur l'architecture domestique du moyen âge, donne un de ces lavoirs du xive siècle.
Nous en connaissons un autre existant encore dans un des bâtiments du palais archiépiscopal de Narbonne, mais il est de pierre et
fait partie de la construction. Ces lavoirs privés sont toujours disposés dans de petites niches pratiquées dans la muraille et souvent
décorées avec élégance. On trouve beaucoup de ces niches dans les
salles de nos anciens châteaux ; quant aux lavoirs, ordinairement de
métal, ils ont disparu. Les petites fontaines de faïence ou de cuivre
qu'on rencontre encore dans quelques vieilles maisons et dans la
plupart des auberges de province, suspendues à l'entrée des salles
à manger, sont un dernier vestige de ces meubles du moyen âge.

LIBRAIRIE, s. f. On donnait ce nom, pendant le moyen âge, aux
pièces qui renfermaient des meubles en forme de casiers, sur les
rayons desquels on plaçait des manuscrits, et, par extension, aux
meubles eux-mêmes.

Les livres, avant l'invention de l'imprimerie, étaient fort rares et
par conséquent chers : une bibliothèque qui se composait de cent
volumes était un luxe peu commun ; les abbayes, les évêchés, les palais des souverains, pouvaient seuls posséder un assez grand nombre
de manuscrits pour qu'il fût nécessaire de disposer des salles garnies
de meubles propres à les renfermer. Le lectrin avec une petite armoire,
une simple tablette disposée dans un angle de la chambre ou d'un
cabinet, pouvaient contenir toute la bibliothèque d'un particulier se
livrant à l'étude.

Presque toutes les abbayes possédaient déjà, au xiie siècle, une
bibliothèque à proximité de laquelle se trouvaient des cellules destinées aux copistes. Dans les cloîtres mêmes, il y avait un petit réduit
dans lequel on renfermait les livres laissés aux religieux pour les
lectures ordinaires pendant les heures de repos. Ce réduit, appelé
armariolum, était garni au pourtour de quelques tablettes et fermé
par une porte donnant sur l'une des galeries du cloître. A proximité des chœurs des églises abbatiales et cathédrales, ou dans leur
enceinte même, une grande armoire, bien fermée, contenait les

Évangiles et les livres de chant nécessaires au service religieux (voy. ARMOIRE).

Charles V réunit, dans l'une des tours du château du Louvre, une belle bibliothèque pour son temps, qui forma le premier noyau de cette riche collection de livres conservés aujourd'hui rue de Richelieu. Comment étaient faits les meubles de cette librairie, c'est ce que nous ne pouvons savoir aujourd'hui. C'était, autant qu'on peut en juger par les peintures des manuscrits, des tablettes sur lesquelles étaient rangés les livres, soit sur leur plat, soit le dos contre la muraille et la tranche vers le dehors; car les manuscrits, fermés par deux bandes de cuir et des agrafes (*pipes*), avaient le plus souvent leur titre gravé sur la tranche et non sur le dos. Ou bien c'étaient des armoires basses, sortes de buffets fermés avec tablette sur laquelle on ouvrait les livres lorsqu'on voulait les consulter. Sauval[1], qui pouvait puiser des renseignements à des sources perdues aujourd'hui, dit que Charles V « n'oublia rien pour rendre la bibliothèque du Louvre la « plus nombreuse et la mieux conditionnée de son temps.... Si bien « que, outre les bancs, les roues, les lettrins et les tablettes de la « bibliothèque du Palais qu'on y avoit transportés, il fallut que le « roi en fît faire encore quantité d'autres. Il ne se contenta pas de « cela; car, pour garantir ses livres de l'injure du temps, il ferma de « barreaux en fer, de fil d'archal et de vitres peintes, toutes les croi- « sées; et afin qu'à toute heure on y pût travailler, trente petits « chandeliers et une lampe d'argent furent pendus à la voûte, qu'on « allumoit le soir et la nuit. On ne sait point de quel bois étoient les « bancs, les roues, les tablettes, ni les lectrins; il falloit néanmoins « qu'ils fussent d'un bois extraordinaire, et peut-être même rehaussé « de quantité de moulures; car enfin les lambris étoient de bois « d'Irlande, la voûte enduite de cyprès, et le tout chargé de basses « tailles (bas-reliefs)..... »

LIT, s. m. Meuble de bois ou de métal garni de matelas, couver-tures, oreillers, courtes-pointes et draps, destiné au repos. De toute antiquité, les lits ont été en usage; les peintures et bas-reliefs assy-riens, égyptiens, grecs et romains, nous en donnent de nombreux exemples. Les anciens, jusqu'aux ive et ve siècles, prenaient même leurs repas couchés sur des lits disposés en fer à cheval autour d'une table sur laquelle étaient placés les mets. Cet usage paraît avoir été abandonné vers le vi^e siècle. A dater de cette époque ou environ, en

[1] Livre VII, p. 15.

Occident, les lits furent uniquement destinés au repos. Le moyen
âge mit un grand luxe, dans la façon et la décoration des lits, qui
prirent en même temps des formes très-variées. Le métal, le bronze,
l'argent, les bois précieux, l'ivoire, la corne, étaient employés dans
la construction de ces meubles, qui formaient l'ornement principal
des chambres à coucher.

Dans l'antiquité, les lits de repos étaient souvent, fabriqués en
métal, et il semble que cet usage ait persisté assez longtemps. Les

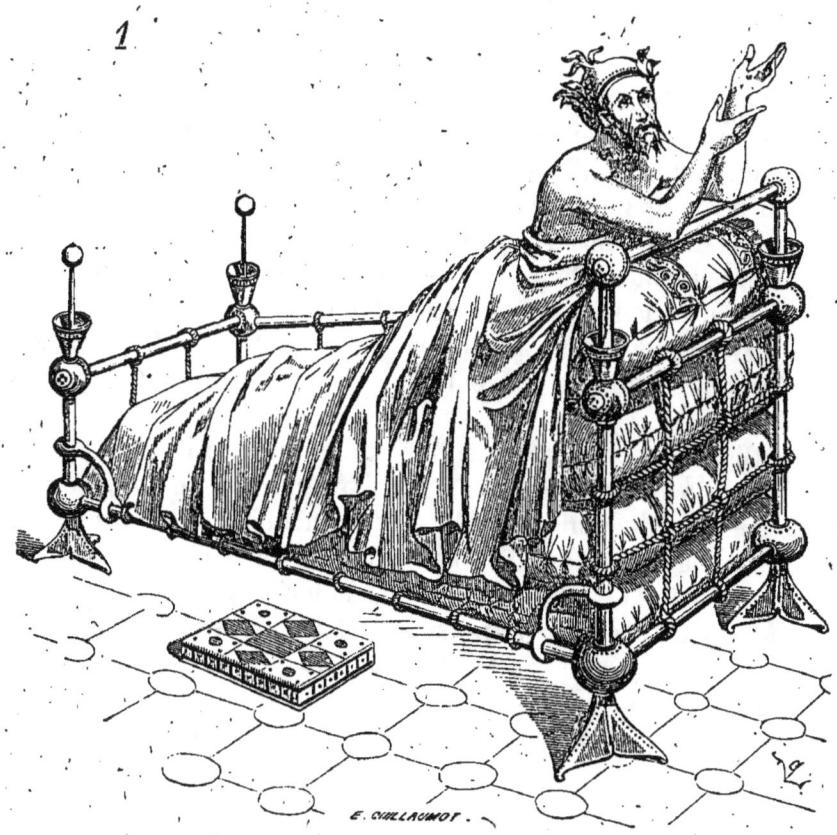

manuscrits de l'époque carlovingienne fournissent un grand nombre
d'exemples de ces meubles, qui par leur forme et leur disposition,
indiquent l'emploi du bronze. Ces lits étaient beaucoup plus élevés
du côté du chevet que vers les pieds, de manière que la personne
couchée se trouvait presque sur son séant. Nous voyons cette forme
de lits persister jusqu'au XIIIᵉ siècle. C'est par des amas de coussins
plus nombreux et plus épais vers la tête que l'on donnait une grande.

déclivité à la couchette. Ces lits étaient souvent garnis, sur l'un des grands côtés, comme nos sofas modernes, et la sangle n'était qu'un réseau de cordes lacées sur les deux traverses basses.

Nous donnons (fig. 1) un de ces lits [1].

A cette époque, et plus tard encore, les personnages couchés sont presque toujours représentés nus [2]. Il semblerait qu'on se drapait dans l'ample linceul qui était jeté sur des amas de matelas et de coussins. C'étaient encore là un reste des usages antiques. Le personnage représenté couché, fig. 1, quoique nu, est coiffé d'un bonnet bizarre et que nous avons rendu tel que la vignette nous le donne. Ce bonnet est décoré de palmettes qui paraissent être d'étoffe découpée.

Mais c'est surtout à partir du XIIe siècle que l'on déploya un grand luxe dans la confection des lits de repos. Les manuscrits du XIIe siècle nous donnent des lits d'une grande richesse : les bois semblent couverts d'ornements incrustés, sculptés ou peints ; les matelas, ornés de galons et de broderies, ainsi que les couvertures. Alors ces lits sont généralement accompagnés de courtines suspendues à des traverses ou à des ciels portés sur des colonnes.

Les lits ne semblent pas avoir en largeur, une dimension extraordinaire, quoique souvent deux personnes soient couchées ensemble.

Voici (fig. 2) une copie d'une vignette du manuscrit d'Herrade de Landsberg, de la bibliothèque de Strasbourg, représentant Salomon couché sur un lit magnifique [3]. Le roi est habillé, la couronne sur la tête. Il ne faut pas prendre, bien entendu, cette représentation à la lettre : c'était là, dans les peintures antérieures au XIVe siècle, une manière de désigner le personnage. Parmi les fragments des beaux bas-reliefs du XIIIe siècle provenant du jubé de la cathédrale de Chartres, on voit encore les trois rois mages couchés, réveillés par l'ange annonçant la naissance du Sauveur, couronnés et habillés. Ce

---

[1] Tiré du manuscrit de la Biblioth. nat., Bible, n° 6, Xe siècle. Les vignettes au trait de ce manuscrit sont fort grossières, et la perspective en est, comme toujours, très-irrégulière. Nous avons, tout en conservant l'exactitude du dessin, redressé ces imperfections pour mieux faire comprendre la construction de ce meuble.

[2]   « La pucele ki fut moult cointe,
      « Et li vallés ki moult biax fut,
      « Se coucherent tot nut à nut. »
              (Le *Roman des sept Sages*, XIIIe siècle.)

[3] Cette copie est réduite de moitié. Le manuscrit date du XIIe siècle et appartient à l'école rhénane. Il a été brûlé par les Allemands en 1870.

n'est que lorsque le *réalisme* commence à dominer dans les bas-reliefs et peintures du moyen âge, c'est-à-dire vers le milieu du xvᵉ siècle, que les artistes abandonnent ces traditions ; jusqu'alors un roi, un évêque, un pape, quelles que soient leur position ou l'ac-

2

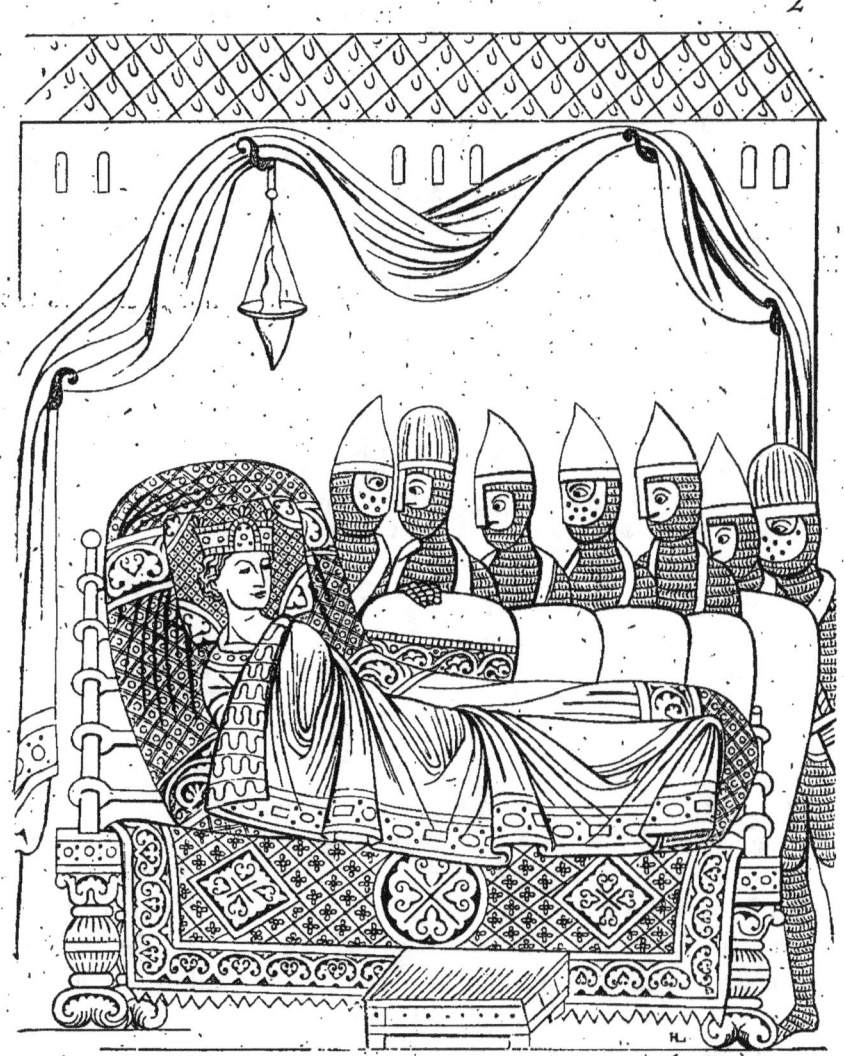

tion dans laquelle ils figurent, sont toujours revêtus de leurs insignes. Dans la vignette reproduite fig. 2, on voit indiquées les cordes ou tringles de fer qui sont attachées aux deux montants du chevet et maintiennent le matelas très-incliné du côté de la tête ; un tapis couvert d'ornements est placé sous le matelas, qui lui-même est couvert d'une étoffe très-riche. Sous la tête de Salomon est placé un petit oreiller, et le roi est enveloppé dans une couverture doublée de fourrure (vair). Des courtines sont suspendues au-dessus du lit, ainsi qu'une petite lampe. L'usage des veilleuses suspendues au-dessus des lits paraît avoir été habituel pendant les xiie, xiiie et xive siècles. On semblait craindre l'obscurité complète pendant le repos de la nuit. A une époque où l'on croyait aux apparitions, à l'influence des mauvais esprits, il n'est pas surprenant qu'on voulût avoir une lampe allumée près de soi pendant le sommeil; la clarté d'une lampe rassure les personnes qui éprouvent cette vague inquiétude que cause l'obscurité complète. On supposait d'ailleurs que les lumières éloignaient les esprits malfaisants ou des apparitions funestes.

Il s'agit d'une veuve qui se retire dans un monastère, voulant abandonner les pompes du siècle :

> « Or avoit donc en usage
> « Que pres du lit ou elle jesoit
> « Touz tems por nuit mettre fesoit
> « Deux chandelles qui y ardoient,
> « Quar tenebres mal li faisoient.
> « . . . .
> « Une nuit gesoit moult grevee
> « . . . .
> « Si vit entre les .ii. lumieres
> « Devant son lit saint Pierre ester
> « Quel connut bien sans arreter.
> « . . . . » [1]

Les courtines sont, au xiie siècle, comme nous l'avons dit plus haut, attachées à des traverses, avec ou sans ciel.

Voici encore un exemple (fig. 3) tiré du même manuscrit[2], représentant le songe de la femme de Pilate. Le lit paraît être de bois tourné décoré d'incrustations. Un seul matelas, très-relevé vers le chevet, pose sur un drap jeté sur la sangle. Un linceul enveloppe le personnage, qui, du reste, paraît vêtu d'une tunique et dont la tête est couverte d'un voile. Un petit oreiller couvert d'une riche étoffe

---

[1] *Poésies diverses d'un prieur du Mont-Saint-Michel.* Extraits publ. en 1837, p. 11, Caen, chez Mancel.

[2] D'Herrade de Landsberg, biblioth. de Strasbourg, xiie siècle. Nous avons ici, comme dans la fig. 1, rectifié la perspective et le dessin.

est placé au chevet et un marchepied au bas du lit. Les courtines sont attachées à des poutres sans ciel, de manière à former seulement deux paravents. Il faut remarquer qu'à cette époque les lits étaient placés le chevet vers la muraille ; on pouvait y monter à droite ou à gauche. Cet usage se conserva jusque pendant le dernier siècle, et ce

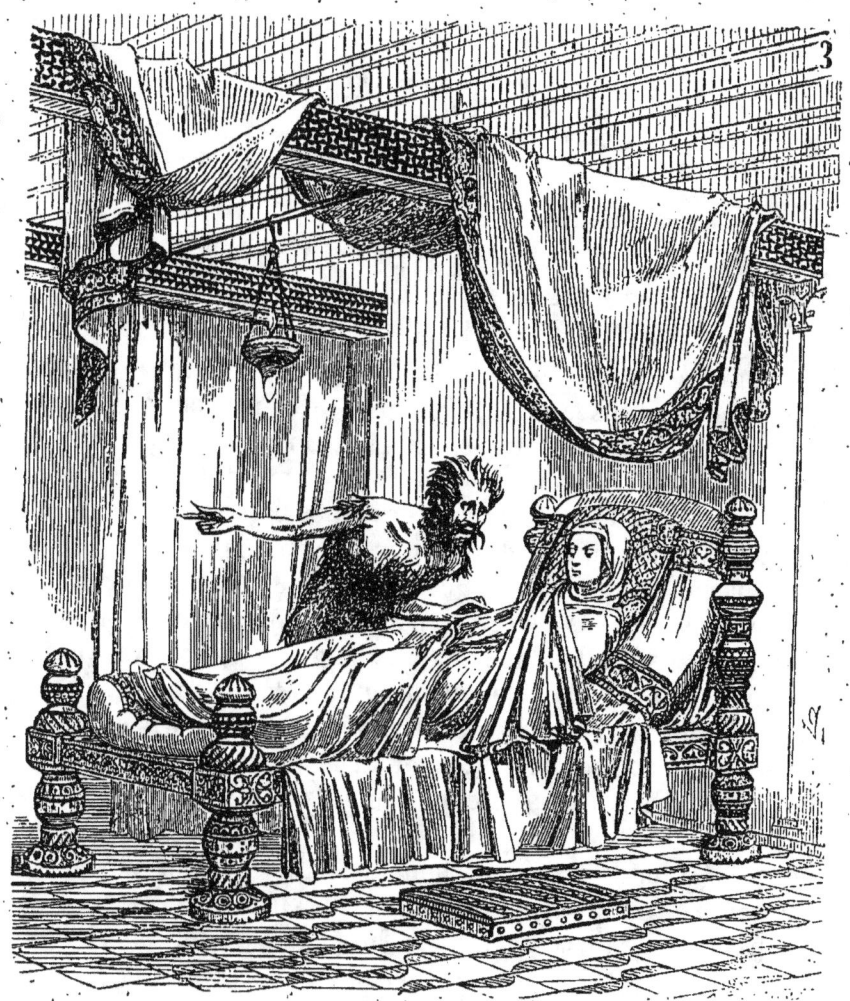

n'est que depuis que les appartements ont été tracés sur des plans exigus que, pour gagner de l'espace, on a placé les lits dans les angles des chambres à coucher, ou l'un des grands côtés contre la muraille. Autrefois, on laissait d'un côté un espace assez étroit entre le mur et l'un des grands côtés du lit, ou derrière le chevet, qui était la *ruelle*, et c'était dans cet espace que l'on recevait les intimes lorsqu'on gardait le lit [1]. Ces ruelles étaient même parfois de véritables cabinets ou clotets sans plafond. Les alcòves ne paraissent pas avoir été d'usage avant le xvie siècle.

Le xiiie siècle déploya, dans la construction et la garniture des lits, un luxe qui ne le cède en rien au siècle précédent. Les exemples peints ou sculptés et les descriptions abondent.

> « En .i. vergier moult riche et bel
> « Fist la pucele aparciller
> « .I. bel lit souef d'oreillier;
> « Molz de coutes et de blans dras
> « Qui ne n'iere petis, n'eschars,
> « Fu toute an mi la chambre pointe [2]. »

Et dans le roman de Guillaume d'Orange :

> « Après mengier font les napes oster;
> « Au gentil conte font son lit atorner,
> « De riches coutes et de dras d'outremer (d'Orient) [3]. »

Quand on recevait un hôte, on lui faisait dresser un lit dans la *salle*, c'est-à-dire dans la pièce principale de la maison; on se servait donc de lits facilement transportables. On paraît avoir, à cette époque, abandonné presque complétement le métal dans la confection des lits. Les vignettes des manuscrits, les bas-reliefs, les représentent façonnés de bois avec des peintures ou des sculptures, et disposés d'une façon particulière. En cela, comme en tout, le xiiie siècle était innovateur. Les lits de cette époque se composent habituellement d'une sorte de balustrade posée sur quatre pieds, avec un intervalle libre dans le milieu de l'un des grands côtés, pour permettre à la personne qui veut se coucher de se placer sans efforts entre ses draps. Ces lits sont bas, de la hauteur d'un sofa. La tête de la personne couchée est relevée par plusieurs oreillers posés les uns sur les autres.

Voici (fig. 4) un de ces lits [4], dont la forme et les ornements se reproduisent souvent dans les manuscrits du xiiie siècle. Alors on ne montait pas sur son lit comme on le fait généralement aujourd'hui

[1] Voyez le mot CHAMBRE, *Dict. raisonné d'archit.*
[2] Le *Roman des sept Sages.*
[3] Vers 2773 et suiv.
[4] Voyez le manuscr. de la fin du xiiie siècle, Bibl. nat., n° 6767. Ce manuscrit contient l'*Hist. du Saint-Graal*, la *Branche de Merlin*, le *Roman des sept Sages*, *Chron. fab. depuis Adam jusqu'à Néron*, transl. du latin en français. Le lit représenté sur notre gravure est copié scrupuleusement sur une des vignettes; nous n'avons fait que rectifier la perspective de l'ancienne miniature.

pour se coucher ; on s'asseyait entre les deux montants du milieu,
et, en soulevant la couverture, on se glissait entre les draps. Des
courtines pendues au plafond, à des tringles de fer ou de bois, pro-

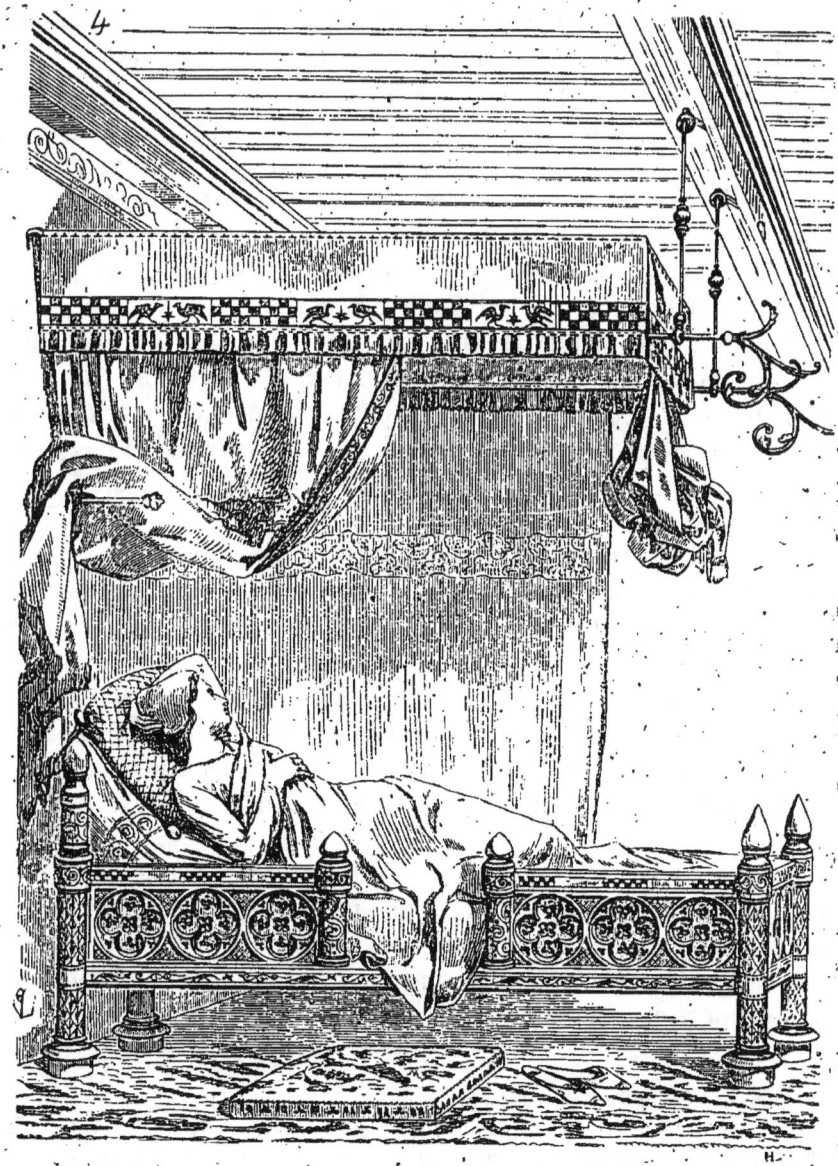

tégeaient le dormeur. Le peu d'élévation de ces lits au-dessus du sol,
placés dans la salle et pouvant au besoin servir de siéges, explique
ce passage curieux d'un de nos meilleurs románs du XIIIe siècle. Une
jeune femme, mariée à un vieux seigneur, veut éprouver sa patience.

« La dame s'en vint en sa meson. Il fu tart ; li feus fut biaus et ardoit
« cler, et li lit furent bien paré de belles coutes pointes, de biauz
« tapis ; et la dame fu vestue d'une pelice d'escureus toute fresche.
« Maintenant vint li sires de chacier ; ele se leva contre lui, si li oste
« sa chape, si li volt oster ses esperons, si s'obeist moult à li, et
« aporte .i. mantel d'escarlate forré, et li met à ses espaules, et apa-
« reille une chaière (approche un siége), et li sire s'i asiet ; d'autre
« part s'asiet la dame sor une sele. Et li chien vindrent de toutes
« parz, si s'en montèrent sur les liz ; et la levrière vient, si s'asiet
« sor le peliçon à la dame. La dame esgarde .i. des boviers qui fu
« venuz de la charrue. Si ot .i. costel à sa ceinture. La dame saut, si
« prant ce costel et fiert (frappe) cele levrière, si l'ocit, si que li
« peliçon fu ensanglantez, et li foiers. Li sires regarde celle mer-
« veille : Qu'est-ce, dame, fait-il, commant fustes vos si hardie que
« vos osastes ocirre ma levrière ? — Commant, sire, donc ne véez
« vos, chacun jor, commant ils atornent vos liz ; il ne passera ja .iii.
« jorz qui ne nos conviengne fere buée (lessive) por vos chiens ; par
« la mort Dieu ! si les occiroies avant, toz, de mes meins, que il
« alassent ainsint par ceànz.....[1]. »

Au XIV° siècle, les bois de lit prennent moins d'importance et sont
complétement recouverts de larges draperies flottantes. Mais le
chevet s'élève souvent beaucoup au-dessus de la tête de la personne
couchée et est composé de panneaux pleins moulurés et sculptés. La
décoration principale de ces meubles consiste dans la richesse des
couvertures ou courtes-pointes ; celles-ci sont de soie, de velours,
de drap d'or même, doublé de fourrures. « Item un couvertouer et
« demi d'escarlatte vermeille fourré de menuver, pour son lit à
« parer [2]. »

Le luxe déployé à cette époque dans les chambres à coucher des
princes ou princesses est fait pour nous surprendre. Les lits sont
entourés d'étoffes précieuses tissées de riches couleurs brodées d'argent et d'or ; on les surmonte de ciels avec lambrequins (gouttières),
courtines, dossiers, pendants (queues).

---

[1] Le *Roman des sept Sages*. Le lit, dans les manoirs, était dans la salle où se rassem-
blait la famille, dans la pièce principale, où entraient même les bouviers revenant de la
charrue pour rendre compte de l'emploi de leur journée. Ce passage donne l'idée des
mœurs intérieures des petits seigneurs de cette époque, chez lesquels on trouvait encore
les habitudes patriarcales de la féodalité primitive avec un certain amour du luxe, des
étoffes précieuses, des meubles et habillements somptueux.

[2] *Comptes de Geoffroi de Fleuri*, 1326 ; *Compte de l'argenterie des rois de France*,
publ par L. Douët d'Arcq. 1851.

« Pour sept mille de treffles, fais d'argent, dont la coustepointe,
« le ciel, le cheveciel (le chévet garni depuis les oreillers jusqu'au
« ciel), les gouttières et huit quarriaux, furent semez entre les pap-
« pegaus (perroquets) et pappeillons, pour argent, pour soye, de
« quoy ils furent faiz, 4 d. pour pièce, valent 116 l. 13 s. 4 d. —
« Pour pourtraire les pappegaus, pappeillons et treffles, par deux
« fois, l'une fois sus taille, et l'autre fois pour faire l'armoierie,
« 36 l.... — Pour assembler les veluiaus (velours) de la couste-
« pointe, du ciel, du cheveciel, des gouttières et des huit quarriaus,
« et la saierie d'entour le lit..... — Pour douze aunes de frenges
« dont les gouttières furent frengées, 6 s. pour l'aune, valent 72 s.
« — Pour la façon du matéras, 16 s. [1]. »

Nous donnerons une idée de ces lits du XIVᵉ siècle sur lesquels
étaient jetées des courtes-pointes larges, et qui se terminaient au

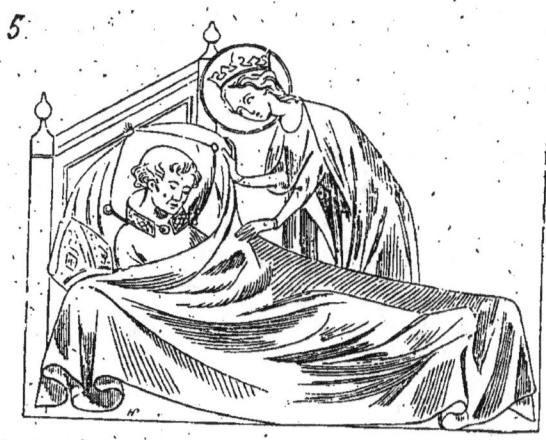

chevet par un haut dossier, en reproduisant une vignette d'un manuscrit de cette époque (fig. 5) [2].

Quant aux draps de lits, ils étaient déjà, pendant le XIVᵉ siècle, au
nombre de deux, comme de nos jours; l'un posé sur les matelas,
l'autre sous la couverture.

---

[1] *Ibid.*, p. 59 et 60. Chambre brodée, à Reims, de la reine, femme de Philippe le
Long, 1317.

[2] Les *Miracles de Notre-Dame*, biblioth. du séminaire de Soissons : « Du prestre que
« Notre-Dame deffendi de l'injure que son evesque li vouloit faire parce qu'il ne savoit
« chanter que une messe de Notre-Dame. »

Robert le Diable simulant la folie à la cour de l'empereur de Rome, couche auprès du chien, et ne se fait pas connaître :

« Se tu me veulz servir à gré,

dit l'empereur à son écuyer en parlant de Robert,

« Oste de ci premierement (prends ici d'abord)
« Et puis t'en vas isnellement
« Et li portez couste et cossin,
« Couverture et deuz dras de lin,
« Pour li couchier [1]. »

Le xve siècle renchérit encore sur le xive quant au luxe des matelas, coussins, couvertures, courtes-pointes, courtines ou ciels. Au xiiie siècle, le lit ordinaire ne se composait que « d'une couste, d'un « coussin et un faissel de feurre [2] ». Au xive siècle, au lieu d'un seul matelas, on en mettait déjà eux, des couvertures et deux draps. Au xve, le nombre des matelas et des coussins grands et petits était plus considérable, et les lits étaient en outre garnis d'un traversin. Les matelas des grands seigneurs étaient recouverts de satin vermeil ou d'autre étoffe de soie [3] ; ceux des riches particuliers, de coutil de Caen ; ceux des bourgeois, de toile. Les linceuls (draps) étaient amples ; on les enroulait autour de soi avant le xiiie siècle, mais depuis ils furent posés de façon que la personne couchée les laissât tomber autour du lit [4].

Ce fut pendant le xve siècle que les lits commencèrent à prendre des dimensions exagérées ; ils portaient déjà, à cette époque, sept pieds de long sur six pieds de large, et même quelquefois plus. Ces dimensions expliquent les fonctions singulières des fourriers du palais, qui devaient, chaque soir, avant le coucher des princes, battre le lit, afin de s'assurer que personne n'y était caché ; c'était comme marque de cette charge que le fourrier portait un bâton de bois vert. Ces dimensions extraordinaires données aux lits n'empêchaient pas les princes d'en mettre deux dans une même chambre.

[1] Miracle de Notre-Dame de Robert le Dyable, manuscr. du xive siècle, Bibl. nat.
[2] Ordonn. de l'hôtel, 1290 (J. reg., 57, fol. 16).
[3] Comptes de Charles VI.
[4]   « Et si leur fault encore avoir
          « Beaux lis, beaux draps, chambres tendues.
          «   »
          (Eust. Deschamps, le Miroir du mariage, xive et xve s.)

« La chambre de Madame » (Isabelle de Bourbon, femme de
Charles le Téméraire, alors comte de Charolais), dit Aliénor de
Poitiers dans ses *Honneurs de la cour*, « estoit grande et y avoit
« deux grands licts l'un emprez l'autre d'un rang, et au milieu des
« deux licts y avoit une allée (ruelle) bien de quatre ou cinq pieds
« de large.... Item il y avoit un grand ciel de drap de damas verd,
« lequel ciel comprenoit tous les deux grands licts; et y avoit cour-
« tines de demi-satin verd tout autour ceste entrée des deux licts, et
« lesdictes courtines estoient cousues au ciel, et ne couvroient point
« celles des pieds, et n'approchoient point l'une l'autre d'aussi
« large que l'allée (ruelle) estoit entre les deux licts; les franges
« qui estoient autour des gouttières (lambrequins) du ciel estoient
« de soie verde.

« Aux pieds de deux grands licts estoient lesdites courtines à
« annelets (anneaux) pour courre toutes deux, joindans (joignants)
« ensembles, quant on vouloit; et estoient lesdictes courtines tendues
« aussi hault que le ciel; et à deux ou trois pieds loing des autres
« courtines, et quand on vouloit on les clooit tout prez, que l'on ne
« voyoit point l'allée entre lesdicts licts, mais de jour elles estoient
« ouvertes, autant que l'allée entre les deux licts portoit.

« Au milieu des deux grands licts, il y avoit une pareille courtine
« (de séparation), laquelle estoit troussée tout hault, comme l'on
« trousse courtines, et estoit toute serrée au bout (de l'allée) dessus
« la chaire (placée entre les deux lits à la tète), et cette courtine
« n'estoit jamais tendue. Ces trois courtines dont j'ay icy parlé (une
« entre les deux lits et les deux autres des deux côtés extérieurs) on
« les appelle traversaines; et ay ouy dire que quand la royne de
« France gist, elle en a une plus, et est au travers de la chambre
« (comme paravent) : mais Mme la duchesse de Bourgongne ne
« Mme de Charrolois sa belle-fille n'en avoient que trois, comme cy-
« dessus est escript.

« La couchette [1] estoit tendue d'un pavillon quarré aussy grand
« que la couche estoit, aigu amont et avoit audit pavillon tout autour
« courtines de satin verd, lesquelles estoient cousues audict pavillon;
« mais aux deux costez les courtines estoient fendues pour les lever
« de quelque costé que l'on vouloit, et estoit le dessus dudict pavil-
« lon de damas verd, comme le ciel des licts..... Les deux grands
« licts et la couchette estoient couverts d'ermines arminées (mou-

---

[1] Cette couchette était disposée dans la chambre quelques jours avant l'accouchement
de la princesse; c'était ce qu'on appelle aujourd'hui le *lit de misère*.

« chetées, avec les queues), et le dedans desdicts couvertoirs estoit
« de fin drap violet ; et passoit le drap violet bien trois quartiers de
« la panne (fourrure) ; et quand ils estoient sur les licts, la panne

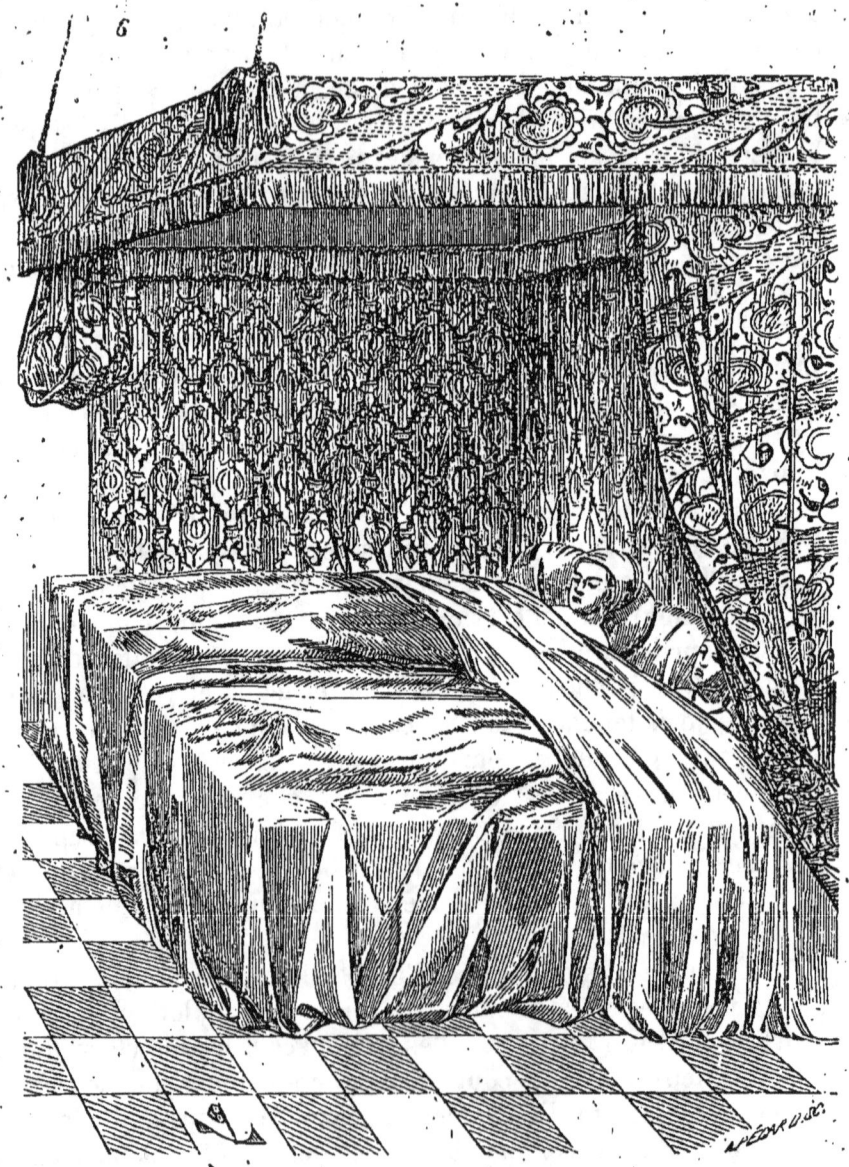

« et le drap pendoient bien à terre aulne et demie, et est à sçavoir
« que l'on met.toujours la panne dehors. Dessus ces couvertoirs il y
« avoit deux beaux draps de fin couvrechief de crespe empesé
« (toile fine comme de la batiste), qui traînoient plus long que les

« couvertoirs, et la couchette estoit couverte comme les grands licts,
« et estoient touts les licts rebrassés (relevés), comme pour s'y cou-
« cher ; mais les couvertoirs d'ermine estoient si hault que l'on ne
« voyoit point les draps ; sinon au chevet, et estoit ledit chevet cou-
« vert de drap de crespe (batiste) ; sur chaque grand lict avoit sur le
« chevet un carreau ; et estoient lesdicts quarreaux de trois quar-
« tiers de long et de deux de large ou environ.... » La couchette
était à roulettes, et placée devant le feu.

Il ne paraît pas que l'on fît, avant le xvie siècle, des lits à colonnes ;
les ciels et courtines étaient, avant cette époque, suspendus aux
murs ou au plafond. Voici (fig. 6) un grand lit disposé comme ceux
que décrit Aliénor de Poitiers, avec couverture de riche étoffe violette rehaussée d'or et courtines de drap d'or ; les draps sont blancs[1]
et tombent, ainsi que la couverture, jusqu'à terre.

Au xve siècle, on employait déjà la plume dans la confection des
sommiers[2] ; pour les matelas, ils étaient rembourrés de cosses de
pois[3], de paille[4]. Il n'est pas fait mention de laine ou de crin.

Chez les paysans et les petits bourgeois, le lit servait souvent à
toute la famille. Père, femme et enfants reposaient ensemble.

Outre les lits de repos, il y avait des lits de parade, et des lits sur
lesquels on s'asseyait ou l'on s'étendait comme sur nos sofas, mais
qui n'étaient pas faits pour se reposer la nuit entre des draps.

« Li nobles duc d'Anjou n'i fist arrestement ;
« En sa chambre mena roi Henri vistement :
« Sur .i. lit sont assis qui fut de parement,
« Là li compta li rois tout son demâinement.
« ....5. »

On était dans l'usage aussi, pendant le moyen âge, de dresser des
lits de parade dans une pièce précédant la chambre à coucher d'un
prince ou d'une princesse. Au Louvre, il y avait la chambre de parade du roi, dans laquelle il ne couchait point, mais où se trouvait
cependant un grand lit richement garni. C'était dans ces chambres
que l'on recevait certaines personnes de la cour qui n'entraient pas

[1] Le *Romuléon*, manuscr. du xve siècle, n° 6984, Biblioth. nat.
[2] « A deux sols la livre. » (*Décor. et ameubl. du palais abbat. de Saint-Bertin aux xve, xvie et xviie siècles*, Docum. hist., *Bull. monum. des comit. hist.*, janvier 1851.)
[3] « Pezats de pois à quatre sols la botte. » (*Ibid.*)
[4] « Gluis à deux sols six deniers par matelas. » (*Ibid.*)
[5] *Chron. de Bertr. du Guesclin*, poëme du xive siècle, vers 13088 et suiv. (Coll. des docum. inéd. sur l'hist. de France.)

dans la chambre à coucher, mais qui jouissaient cependant du privilége d'être reçues d'une façon plus intime que la foule des courtisans et des officiers du palais ; c'était souvent dans la chambre de parade ou de parement que l'on recevait les ambassadeurs en audience particulière ou des grands seigneurs auxquels on voulait faire honneur. Ce sont ces chambres de parade qui établirent la distinction, conservée jusque dans le siècle dernier, entre le petit et le grand lever des souverains. Le petit lever se faisait primitivement dans la chambre à coucher, et le grand dans la chambre de parade.

La chambre à coucher de la femme du comte de Charolais dont nous avons parlé ci-dessus était précédée d'une « grande chambre, « de laquelle on entroit dans la chambre de Madame, et estoit ceste « chambre appellée la chambre de parement, laquelle estoit parée, « comme s'ensuit :

« En ladite chambre avoit seulement un grand lict, lequel estoit « tendu de satin cramoisy tout autour, et le couvertoir de mesme, « et avoit au ciel un autre couvertoir, en chacune pièce un grand « soleil aussy grand que le tapis brodé de fin or moult riche, et « estoit appellée cette tapisserie la chambre d'Utrecht, et crois que « ceux d'Utrecht la donnèrent au duc Philippe. Les tapis (tapisse- « ries) d'autour de la chambre estoient de soie rouge, à ce que j'ai « retenu, les courtines de samyt cramoisy, et estoient troussées, et « le lict fait et couvert du couvertoir, comme un lict ou nully ne « couche : à un bout du chevet il y avoit un grand carreau de drap « d'or cramoisy, item autour du lict, tant aux pieds qu'au chevet, « un fort grand tapis velus [1]. »

A l'occasion de certaines cérémonies, on dressait des lits de parade ; lors du baptême des princes, par exemple : « En la chapelle « auprès du chœur de l'église estoit fait un lict de carreaux de drap « d'or, et est à sçavoir que c'estoit une table quarrée sur deux tret- « taux haults comme un lict. Dessus cette table avoit un beau fin drap « de toilette de Hollande, et dessus ce drap avoit un couvertoir de « drap violet fourré d'ermines arminées (mouchetées de leurs « queues), et passoit le drap violet une demie aulne la panne, et « estoit ledit couvertoir mis sur ladicte table tout estendu, et traînoit « tout autour bien une aulne, et estoit mise la panne dehors, comme « aux licts, et pardessus un beau drap fin de crespe empesé, et des- « sus tout avoit deux carreaux de drap d'or cramoisy, l'un au che- « vet et l'autre plus bas, comme on fait au lict.

[1] Alienor de Poictiers, les Honneurs de la cour.

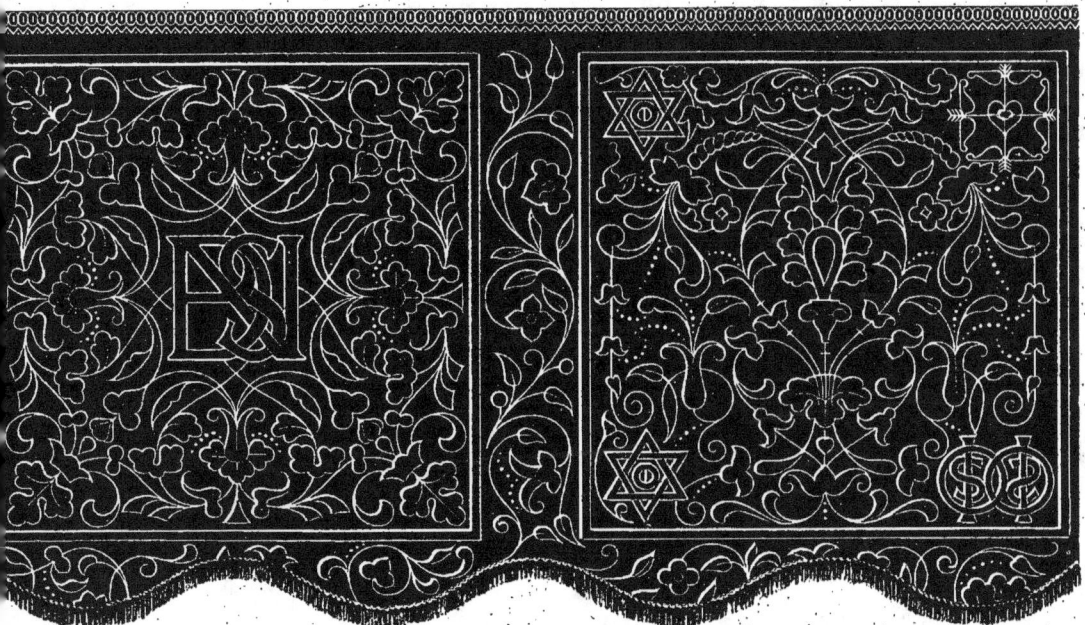

resse del

Viollet Le Duc direx

Emile Beau lib

GOUTTIÈRE DE LIT

Imp. R. Engelmann, Paris.

« Item, dessus le lict estoit tendu un pavillon verd quarré aussy
« grand que la table, et estoient les courtines roullées (relevées)
« devant ; et estoit le dessus du pavillon verd et les courtines de
« samyt.

« Item, tout autour estoient tapis velus [1]..... »

L'usage des chambres et lits de parade se perpétua jusque vers la
fin du XVIIe siècle.

Ce qu'on appelait un *lit de justice* était, en effet, une estrade tapissée, surmontée d'un dais duquel pendaient des courtines. Sur
cette estrade était posé un trône large, garni de coussins, avec carreau devant. Le souverain était plutôt étendu qu'assis sur ce siége.
Autour de lui, sur le parquet et les marches de l'estrade, se tenaient
assis, sur des pliants et tabourets, debout, couchés ou à genoux sur
les degrés, les princes de la famille, les grands du royaume et les
officiers du palais [2].

Lors du sacre et couronnement des rois de France, un lit était
dressé dans la grand'salle du palais archiépiscopal de Reims pour
le roi, qui recevait, assis sur ce lit, les évêques et chanoines venant
le prendre processionnellement pour le conduire à la cathédrale [3].

Pendant le moyen âge, on attachait une grande importance à la
décoration des lits d'appartements ; les exemples que nous avons
donnés indiquent assez quelle était la richesse de ces meubles couverts des plus brillantes tentures. La renaissance mit plus de luxe
encore dans la façon de tapisser les lits : chez les grands, les lits
furent surmontés souvent de doubles ciels et de doubles courtines

[1] Idem, *Baptesme de mademoiselle Marie de Bourgongne.*

[2] « Le vingt-quatrième jour de juillet 1527, le matin, le roy estoit en son siége et
« trône royal, au parquet du parlement (à Paris), tenant son Lict de Justice : pour
« monter auquel y avoit sept degrez, couverts d'un tapis de veloux bleu, semé de fleurs
« de lys d'or en façon de broderie, et au-dessus un ciel de mesme. Et à l'entour, derrière
« ledit sieur (le roi), et sous les pieds, y avoit quatre grands carreaux de mesme. Au
« costé dextre du roy, aux hauts siéges dudit parquet (estrade), estoient le roy de
« Navarre, etc... Au costé senestre, aux hauts siéges... estoient : le cardinal de Bour-
« bon.... etc. Aux pieds du roy estoient le duc de Longueville, grand chambellan de
« France, le plus près de la personne du roy du costé dextre, couché en terre sur le plus
« haut degré..... Devant le roy estoient à genoux, Anne de Resne, dit Michelet, capi-
« taine du Pont de Sée, et le sieur Nagu, huissiers de la chambre du roy, tenans chacun
« une verge à la main... » (Godefroy, *le Cérémonial françois*, Lit de justice du roy
François Ier, t. II, p. 463.)

[3] « ..... Et in camera magna debent reperire principem in regem consecrandum seden-
« tem, et quasi jacentem supra thalamum decenter ornatum..... » (*Formul. des sacres et
« couronn. des roys ; corrig. et mis par escrit en l'an 1365, du commandement du roy
Charles V. — Godefroy, *le Cérémon. françois*, t. I, p. 32.)

sur lesquelles l'art du brodeur figurait des sujets, des emblèmes qui choqueraient fort nos mœurs modernes. Les bois étaient de cèdre, de rose, d'ébène et d'ivoire, posés sur des tapis de soie avec une multitude de carreaux. « Nous entendons, dit l'auteur de l'*Isle des* « *Hermaphrodites*[1], que chacun ait double ciel en son lict, et que « celui qui sera au dedans ne soit pas moins riche que celui du de- « hors; voulons que l'histoire en soit prise des *Métamorphoses* « d'Ovide, déguisement des dieux, et autres choses pareilles... D'au- « tant aussi que la terre n'est pas digne de porter chose si précieuse, « nous ordonnons qu'on estendra sous lesdicts licts quelques riches « cairins ou autres tentures de soye. » Le même auteur décrit le lit du roi en cette façon[2] : « Ce lit estoit bien l'un des plus richement « parez qu'on eust sceu voir : car le ciel estoit fait par carrez dont « le fond estoit de toille d'argent, rehaussez d'or et de soye, où estoit « représentée l'histoire de.... Les montans estoient d'or nuez de « relief, et le double ciel : car ils ne pouvoient pas dormir en ce pays « là sous une simple couverture de carrez de point couppé. Sur le « lict estoit une grande housse à bastons de velours vert, chamarée « de clinquant, à bastons rompus qui estoit un secret hiéroglifique « du pays; elle estoit trainante à un pied près de terre, et audessous « se voyait le souzbassement de mesme estoffe..... » Deux oreillers de satin cramoisi soutenaient les bras du personnage à demi vêtu et sur son séant; « sous le lict on voyoit un grand marchepied, et à la « ruelle force siéges de même parure que le lict et houssez pour la « même considération ». Le luxe des lits des seigneurs persista; les lits des xviie et xviiie siècles sont d'une grande richesse : chez les souverains, les lits, à dater du xviie siècle, sont entourés d'une balus- trade au dedans de laquelle, au petit lever, se tenaient les grands seigneurs particulièrement favorisés. La première toilette du roi s'achevait dans l'espace compris entre la balustrade et le lit.

Pendant le moyen âge et jusqu'au dernier siècle, il était d'usage de bénir le lit des nouveaux époux avant la première nuit des noces. Les seigneurs féodaux avaient un droit sur cette première nuit, qui se payait non point au moyen d'une odieuse concession de l'époux, comme on a voulu le faire croire, mais bien par une redevance en argent, qui n'était pas plus immorale que beaucoup de nos lois fiscales.

---

[1] Page 60. *L'Isle des Hermaphrodites*, pour faire suite au Journal de Henri III.
[2] Page 21.

LITIÈRE, s. f. La litière était une sorte de lit couvert ou décou-vert, juché sur un double brancard et porté par deux chevaux. Les femmes, les malades, voyageaient souvent en litière, et ce mode de locomotion, hors d'usage chez nous depuis longtemps, est encore usité en Orient, en Sicile et en Espagne. Dans l'antiquité, on se ser-vait de litières. L'absence de route rendait cette façon de voyager fréquente pendant le moyen âge; si elle n'était pas des plus rapides, elle était du moins fort douce et permettait de traverser sans fatigue des pays dans lesquels on ne trouvait pas souvent de voies carros-sables, car une litière passe partout où peut passer un cheval.

Nos plus vieux auteurs parlent de litières :

« . . . . . une geline
« Que l'on omenoit en litiere
« Fete autresi con une biere [1]. »

Quand Robert le Diable veut se faire ermite, l'empereur de Rome

« . . . a mendé les charpentiers,
« Et fet une litiere ovrer,
« Apareiller et manovrer,
« Puis fait mettre Robert de seure.
« Qui avec lui plus ne demeure [2]. »

Dans les cérémonies publiques, les princesses étaient le plus souvent portées en litière. C'est ainsi qu'Isabeau de Bavière fit son entrée à Paris, en 1389, le 20 juin. Froissart et Godefroy, dans le *Cérémonial français*, ont décrit les magnificences de cette fête. La reine était en litière découverte, « si richement parée, que rien « n'y failloit. »

Dans le compte des dépenses du mariage de Blanche de Bourbon avec le roi de Castille [3], nous trouvons le détail de toutes les pièces qui composent la litière de la reine. Ce sont deux pièces de drap d'or et de soie « tenans sur l'azur pour housser ladicte litiere par « dedens après la peinture; six aunes d'escarlate vermeille pour « couvrir ladicte litiere et housser le fonz d'icelle; huit aunes de « toille vermeille pour mettre dessous le drap d'or; huit aunes de « toille cirée pour mettre dessous la toille teinte; huit aunes de cha- « nevaz à mettre entre l'escarlate et ladicte toille cirée; trois onces « de soye à brouder les fenêtres, les pendans (glands), les mantellez

[1] *Roman du Renart*, vers 9978 et suiv.
[2] *Li Roman de Robert le Dyable*, XIVᵉ siècle.
[3] *Comptes de l'argenterie des rois de France au XIVᵉ siècle*, publ. par L. Douët d'Arcq, 1851 (*Société de l'histoire de France*).

« et les las de ladicte litiere ; sept quartiers d'un marbré brun de
« grainé à faire rayes, cousues doubles, pour mettre dessoubs les
« cloux ; sept aunes d'un autre marbré de Saint-Odmer, à faire une
« housse dessus et deux mantellez pour ladicte litiere ; huit aunes de
« toille bourgoise pour faire une autre housse et deux mantellez. Il
« est donné 140 l. par à un certain Robert de Troies, pour le fust
« (le charronnage) d'icelle litiere, pour la peinture, pour les clous
« dorés et autres qui y appartiennent, pour les pommeaux, aneaux
« et chevilètes à fermer ladicte litiere, tout de cuivre doré, et pour
« le hernois de deux chevaux, c'est assavoir selles, colliers, aval-
« loueres et tout ce qui y appartient pour ledit hernois, fait de
« cordouan (de cuir de Cordoue) vermeil, garnis de clos dorez, et les
« arçons devant et derrière pains de la devise de ladicte litiere ; un
« tapiz provenant du mobilier de la reine ; deux pièces de velluau
« (velours) vermeil des lors, deux pièces de cendal verd des larges ;
« un quartier et demi de drap d'or et une demi-aune de camocas
« d'outremer. »

Olivier de la Marche, dans ses *Mémoires*, raconte comment, pendant les fêtes données à la cour de Bourgogne[1], lors du mariage
du duc Charles avec Marguerite d'York, sœur du roi d'Angleterre,
le bâtard de Bourgogne, qui avait été blessé dans un tournoi, se fit
toutefois apporter en litière couverte de drap d'or cramoisi : « ... et les
« chevaux qui portoyent la litière estoyent enharnachés de mesme, à
« gros boullons d'argent dorés. Il étoit, ajouté-t-il, dedans sa litiere,
« vestu d'une moult riche robe d'orfevrerie. Ses archers marchoyent
« autour de sa litiere, et ses chevaliers et gentils-hommes autour de
« luy ; et certes il entra dedans la lice, selon le cas, si pompeuse-
« ment et par si bel ordre, qu'il ne sembloit pas estre un bastard
« de Bourgongne, mais héritier d'une des plus grandes seigneuries
« du monde. En cette ordonnance se fit amener jusques à un hourd
« qu'il avoit fait faire à ce propos au bout de la lice, sur lequel hourd
« fut sa litiere posée, et fut soudainement close et baillée ; tellement
« qu'il fut hors du danger de toute presse de chevaux. »

Le même auteur décrit la litière du seigneur de Ravestain qui
figure dans les mêmes fêtes. « Suyvant ledict chevalier, dit-il, venoit
« la personne de monsieur Ravestain en une litiere richement
« couverte de drap d'or cramoisy. Les pommeaux de ladicte litiere
« estoyent d'argent, aux armes de mondict seigneur de Ravestain ; et
« tout le bois richement peinct, aux devises de mondict seigneur.

[1] En 1474.

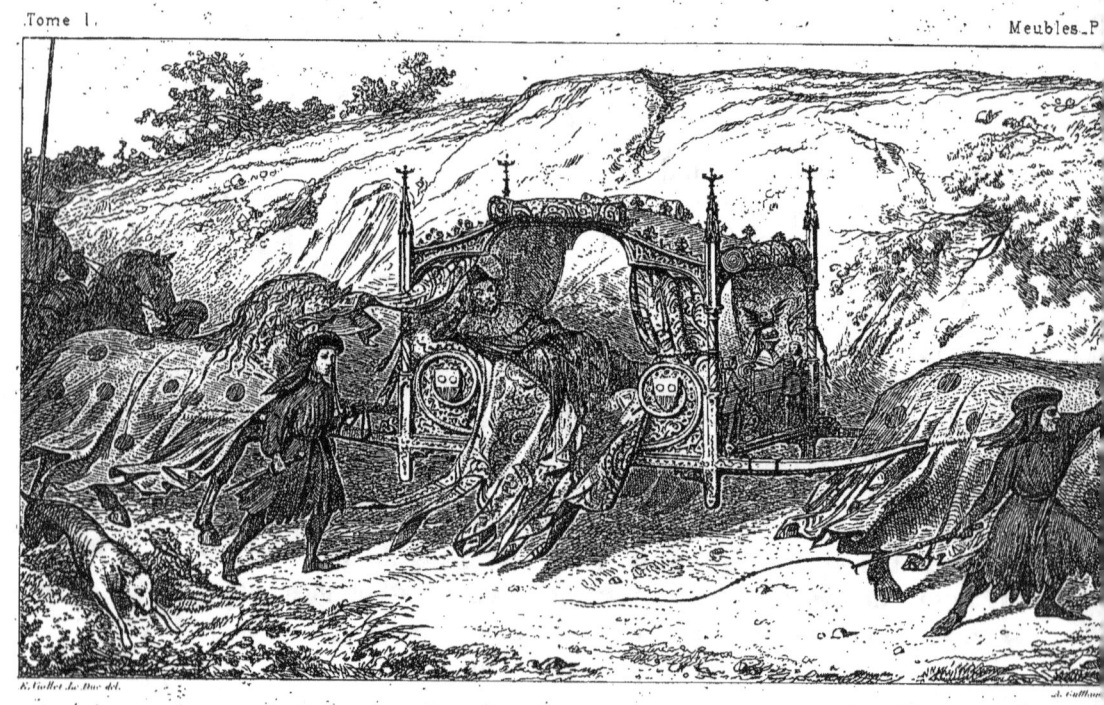

LITIÈRE DE VOYAGE.

« Ladicte litiere estoit portée par deux chevaux noirs moult beaux
« et moult fiers ; lesquels chevaux estoyent enharnachés de velours
« bleu, à gros cloux d'argent, richement ; et sur iceux chevaux avoit
« deux pages vestus de robes de velours bleu, chargés d'orfevrerie,
« ayant barrettes de mesmes ; et estoyent houssés de petits brode-
« quins jaunes, et sans esperons ; et avoient cháscun un fouet en la
« main. Dedans ladicte litiere estoit le chevalier, à demy assis sur
« de grans coussins de riche velours cramoisy ; et le fond de sa dicte
« litiere estoit d'un tapis de Turquie. Le chevalier estoit vestu d'une
« longue robe de velours tanné, fourrée d'ermines, à un grand
« colet renversé, et la robe fendue de costé, et les manches fendues
« par telle façon, que quand il se drécea en sa litiere l'on voyoit
« partie de son harnois. Il avoit une barrette de velours noir en sa
« teste, et tenoit toute manière de chevalier ancien (vieux), foulé et
« débilité des armes porter. Ladicte litiere estoit adextrée de quatre
« chevaliers qui marchoyent à pié, grans et beaux hommes, qui
« furent habillés de paletots de velours bleu, et avoyent chacun un
« gros batton en la main. »

Nous donnons (Pl. VI) une de ces litières.

Ces descriptions peuvent faire connaître le luxe que l'on déployait
dans les litières et dans les harnais des chevaux qui les portaient.
Ordinairement, les conducteurs des litières étaient à pied et me-
naient les chevaux par la bride ; ou bien, si la route était longue,
étaient à cheval des deux côtés des porteurs. En voyage, la litière
d'un seigneur considérable ou d'une dame était accompagnée de
nombreux serviteurs à pied et à cheval qui formaient comme une
escorte autour d'elle.

On avait aussi de simples litières découvertes, sortes de brancards
portés par deux chevaux, sur lesquelles on enlevait les combattants
blessés dans un tournoi, pour les transporter à leur hôtellerie.

LUTRIN, s. m. (*lectrin, leutrin, poulpitre, pupitre*). Meuble de
bois ou de métal disposé pour recevoir un ou plusieurs livres ouverts
de manière à en faciliter la lecture. Il y a plusieurs sortes de lectrins :
les lectrins fixes, placés au milieu des chœurs des églises, à l'usage
des chantres ; les lectrins facilement transportables, pour lire l'épître
et l'évangile sur le jubé, à l'entrée du chœur ; les lectrins de librairies, de bibliothèques, pour poser des livres à consulter.

Pendant le moyen âge, les lutrins de chœurs étaient souvent d'une
grande richesse comme matière et comme travail : on s'en servait
en France dès le VIIe siècle, car dom Doublet, dans ses *Antiquitez*

de l'abbaye de Sainct-Denys en France, rapporte, qu'au milieu de la première partie du chœur de cette église, « est posée l'aigle (ou « poulpitre) de cuivre, enrichie des quatre évangélistes et aultres « figures, donnée par le roy Dagobert, provenant de l'église de « Sainct-Hylaire de Poictiers, lorsque ledit roy ruina la ville dudict « Poictiers pour cause de rebellion [1]. » Ce lutrin avait été doré de fin or par l'abbé Suger [2].

Dans la primitive Église, les clercs se tenaient debout autour de l'autel, en cercle, et chantaient les psaumes à l'unisson ; mais Flavianus et Theodorus établirent qu'ils chanteraient et psalmodieraient alternativement. En France, en Allemagne et en Angleterre, un lectrin fut donc placé au milieu du chœur, et les chantres au-dessous, à droite ou à gauche.

Le lutrin était un meuble nécessaire dans toutes les églises abbatiales, cathédrales et paroissiales. Lebeuf, dans son *Histoire du diocèse d'Auxerre*, parle de « deux aigles qu'on fit faire, vers 1390, pour la cathédrale d'Auxerre, dont l'une était destinée à la chapelle de Saint-Alexandre [3] ». « En 1400, dit Dubreuil [4], l'évêque Guillaume fit faire l'aigle et le pupitre de cuivre qui se trouvaient de son temps au milieu du chœur de l'église Saint-Germain des Prés. » Le lectrin était toujours en effet placé au milieu du chœur, devant le sanctuaire. Dans le *Roman de Rou* [5], Robert Wace raconte que le duc Richard de Normandie, ayant coutume d'entrer à toute heure dans les églises qu'il trouvait sur son chemin pour y prier :

> « Une nuit vint à un mustier,
> « Orer voleit è Dex prier :
> « Luing de sa gent alout pensant,
> « Ariere alouent et avant,
> « Sun cheval areigna de fors (attacha dehors),
> « Dedens truva en biere un cors,
> « Juste la biere avant passa,
> « Devant l'autel s'agenuilla,
> « Sur un leitrum (lutrin) sis ganz geta,
> « Mez el partir les ublia
> « . . . . »

Sa prière finie, Richard, s'en retournant voit

> « Moveir li cors, cruistre la biere. »

[1] Dom Doublet, liv. I, p. 286.
[2] *Ibid.*, p. 245.
[3] Tome II, p. 18.
[4] *Antiq. de Paris*, liv. I.
[5] Rob. Wace, édit. de Rouen, 1827.

Devant la porte se dresse le diable prêt à le saisir; prenant son épée, il coupe en deux le malin esprit, qui retombe dans la bière. Dehors, le duc se souvient qu'il a oublié ses gants sur le lutrin; il revient sur ses pas, rentre dans le chœur et reprend ses gants. Depuis lors il commanda qu'aucun corps mort ne restât dans une église sans quelqu'un pour le garder.

Le lutrin était généralement surmonté d'un aigle, qui dominait les deux tablettes inclinées destinées à porter les livres de chant, ou qui recevait la tablette sur ses ailes, si le lutrin n'en possédait qu'une. L'aigle prend son vol vers les régions les plus élevées : c'est pourquoi il accompagne le lutrin, comme pour porter vers Dieu le chant des clercs. Guillaume Durand dit qu'on donne à saint Jean la figure d'un aigle, parce que son Évangile est celui qui s'élève le plus haut, lorsqu'il dit : « Dans le principe était le Verbe. » Saint Jérôme exprime cette pensée de l'élévation du chant d'église vers Dieu lorsqu'il conseille aux jeunes gens de ne pas écouter le chant. « On doit, ajoute-t-il, chanter pour Dieu, non pas autant avec la voix qu'avec le cœur. »

Les anciens lutrins de chœur ont disparu de nos églises; ceux que nous y voyons encore aujourd'hui ne remontent pas au delà du xvᵉ ou xviᵉ siècle, et encore sont-ils fort rares. Nous n'en connaissons aucun de l'époque romane qui ait quelque valeur. Il faut donc nous contenter de donner les seuls exemples existants.

Comme nous l'avons dit plus haut, le lutrin de chœur est simple ou double, c'est-à-dire qu'il se compose d'une seule tablette inclinée ou de deux. On voit encore un des premiers dans l'église de Saint-Symphorien à Nuits, qui date du milieu du xvᵉ siècle (fig. 1). L'aigle et le pied sont de bois, le support du livre, de fer. Ce support est muni d'une rallonge A avec flambeaux qui permet de placer, pendant les offices de nuit, le livre de chant plus bas, près de l'œil, et de l'éclairer au moyen de bougies. L'aigle tient un dragon entre ses serres, et pivote, à la volonté des chantres, sur son pied, au moyen d'un fort cylindre de fer entrant dans une douille pratiquée dans la tige octogone du pied. Cet aigle est doré, ainsi que la boule qui le porte; le dragon est peint en vert. Quant au pied, il a conservé sa couleur naturelle [1].

Les vignettes des manuscrits nous donnent d'assez nombreux exemples de lutrins de chœur dont les dispositions méritent d'être

---

[1] Ce lutrin est reproduit à une grande échelle dans l'*Architecture du* vᵉ *au* xiiiᵉ *siècle* de M. Gailhabaud.

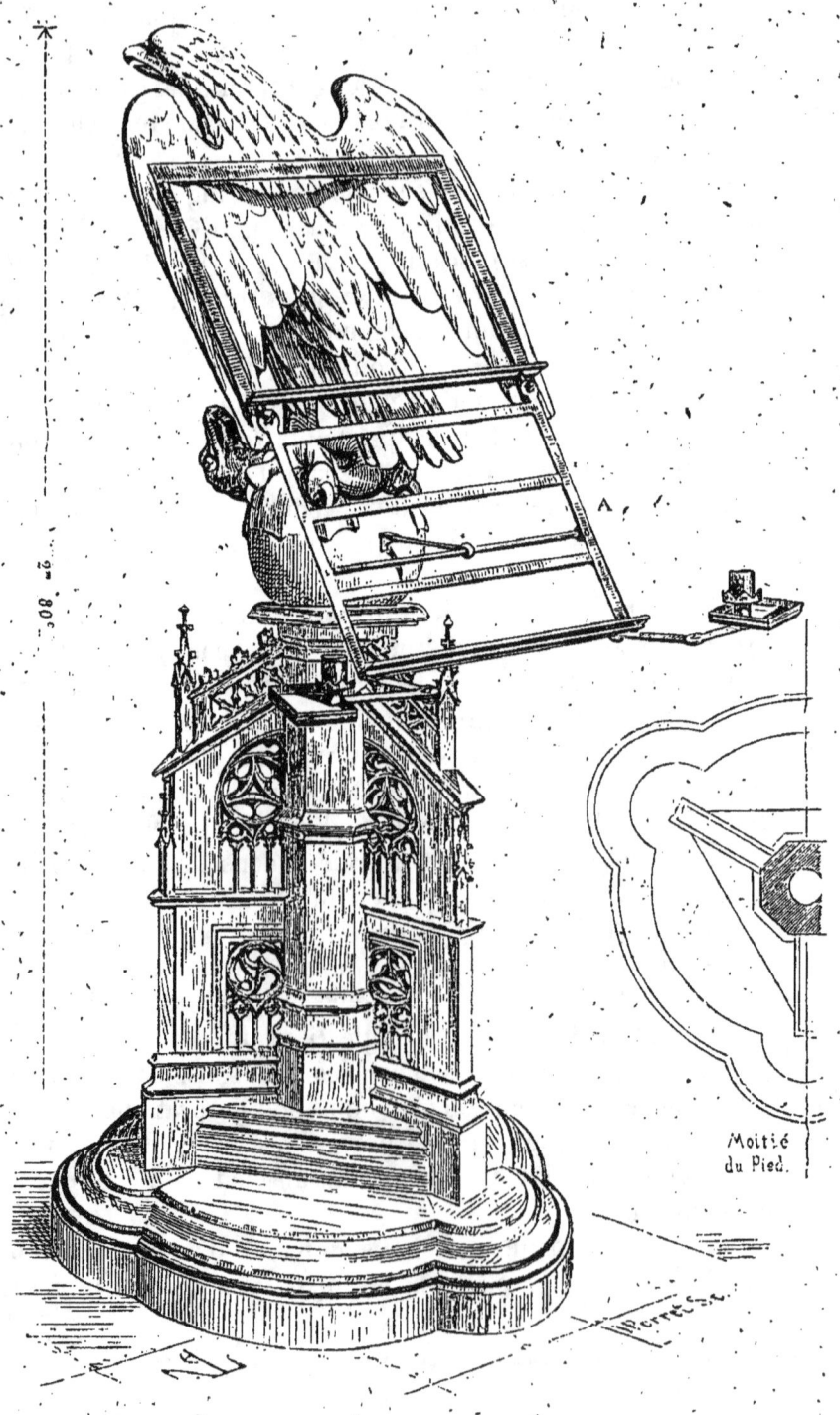

2m 80c

Moitié
du Pied.

signalées. La fig. 2 nous présente un lutrin à double tablette posé
sur un pivot, sans aigle [1]. Ce meuble date de la fin du XIIIe siècle.
La tige est contournée comme une manivelle, afin de permettre d'a-
vancer plus ou moins les tablettes supérieures portant les livres de
chant. Cette tige entre dans une douille percée dans un socle figu-

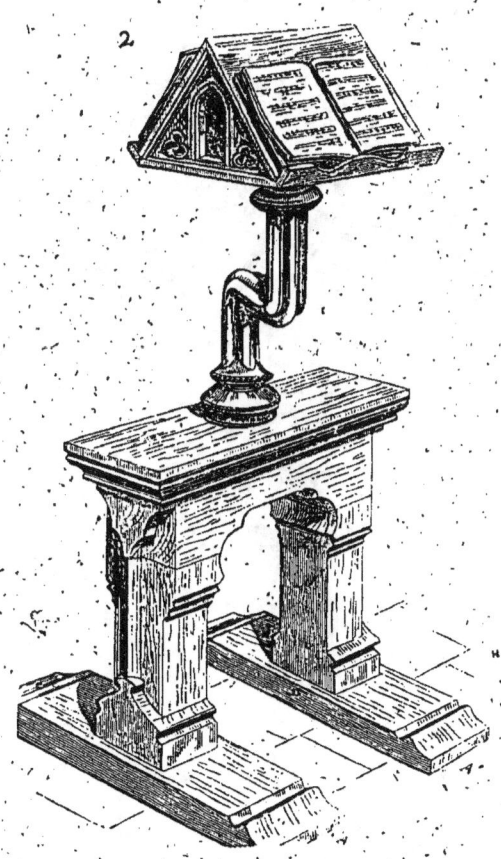

rant une petite arcade, afin de donner, dans un sens, du pied au
meuble, tandis que les deux patins A lui en donnent dans l'autre :
on évitait ainsi une trop grande lourdeur dans la partie inférieure
du lutrin; les tablettes tournaient elles-mêmes sur la tige. Souvent
la crête formée par la réunion des deux tablettes était garnie de
lacets de soie avec un petit poids au bout, afin d'empêcher les pages

[1] Bible franç., manuscr. de 1290, biblioth. du Corps législatif, nº 35.

du livre de se retourner mal à propos. La figure 3 indique cette disposition. Ces lacets avaient encore l'avantage de pouvoir servir de signets..

Quelquefois les lutrins de chœur possédaient des tiges à vis permettant d'élever ou d'abaisser les tablettes supérieures suivant le

3

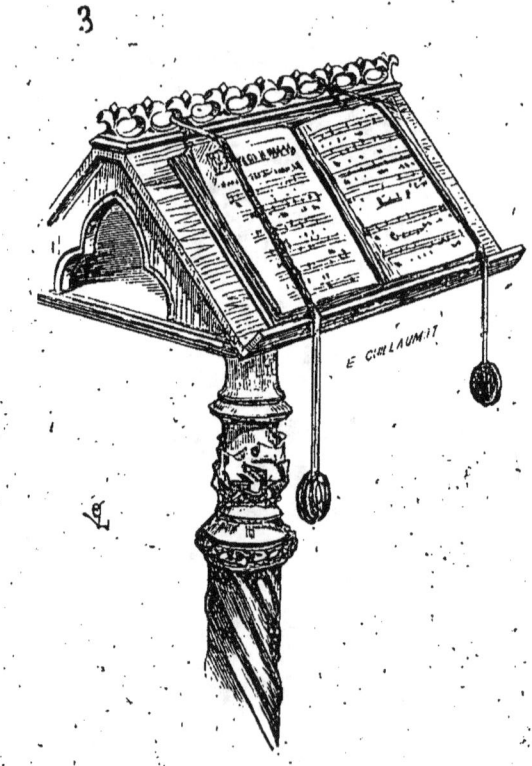

E. GUILLAUMIT

besoin. La figure 4, copiée sur une vignette d'un manuscrit de la Bibliothèque nationale [1], nous fait voir un lutrin établi conformément à cette donnée.

En Angleterre et en Belgique, il existe encore quelques lutrins des XIVe et XVe siècles, de bois ou de bronze ; mais le style de ces meubles est complétement différent de celui des meubles du même temps que l'on trouvait dans les églises de France, et nous craindrions de les donner comme des modèles bons à suivre. Leur dis-

---

[1] Vita et pass. S. Dionysii Areop., fonds latin, n° 35, manuscr. XVe siècle. On remarquera ici que la bière du mort est placée entre le lutrin et l'autel, ce qui est indiqué par la position des chantres. Cela explique le passage du Roman de Rou cité plus haut.

position générale est d'ailleurs semblable à celle des lutrins français dont nous venons de présenter quelques exemples à nos lecteurs.

Nous avons dit qu'outre les lutrins fixes placés au milieu des chœurs, les églises en possédaient d'autres plus légers, facilement

4

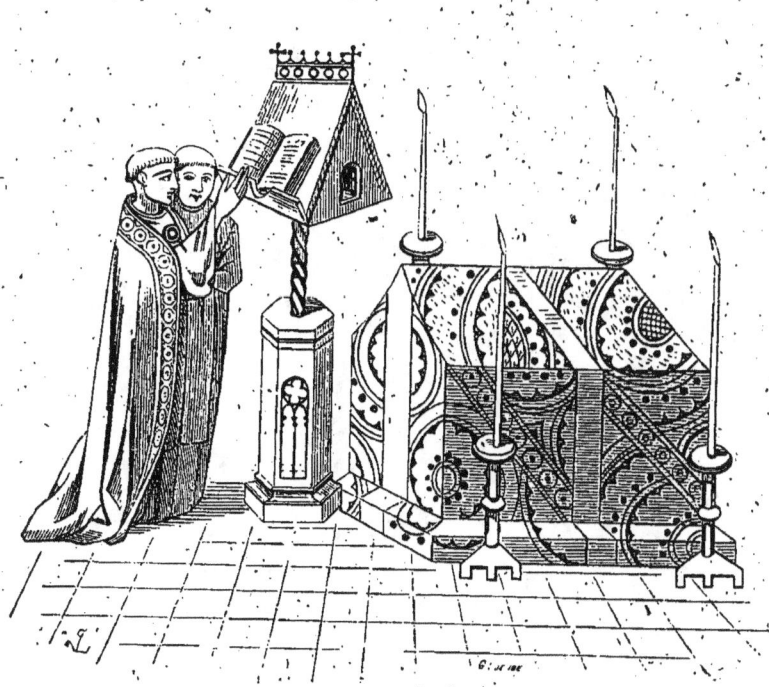

transportables, que l'on plaçait sur les jubés, à l'entrée des chœurs, pour lire l'épître et l'évangile, ou suivant les besoins du culte. Ces meubles, très-simples de forme, généralement fabriqués en fer, ont échappé au vandalisme du dernier siècle et aux dévastations de la révolution. Nos églises en possèdent un assez grand nombre encore utilisés aujourd'hui.

Un des plus anciens et des plus intéressants par sa forme que nous connaissions est certainement le lutrin de fer que l'on voit dans le chœur de la cathédrale de Narbonne. Il ne se compose que de deux tiges adroitement combinées pour obtenir en même temps une grande légèreté et une assiette parfaite sur le pavé de l'église.

Nous le donnons fig. 5. Ce meuble date du XIIIᵉ siècle. La garniture supérieure, destinée à supporter le livre, est de cuir ; étant
flexible, elle permettait de fermer le lutrin pour le transporter plus

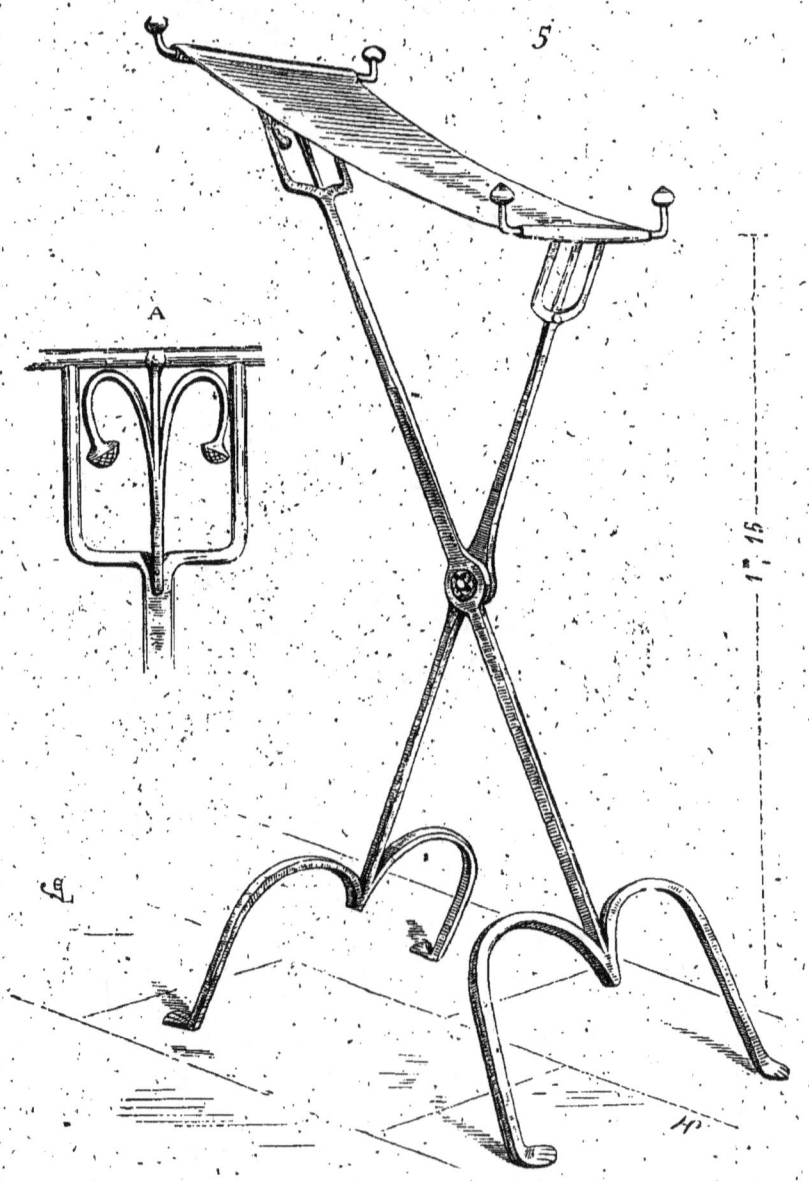

5

A

1ᵐ 15

facilement. En A, nous avons présenté le détail d'une des fourchettes
supérieures qui reçoivent les traverses munies de pommes. Une riche
couverture d'étoffe était jetée sur ce meuble ouvert avant de poser le

livre saint; les petites pommes qui terminent les traverses étaient

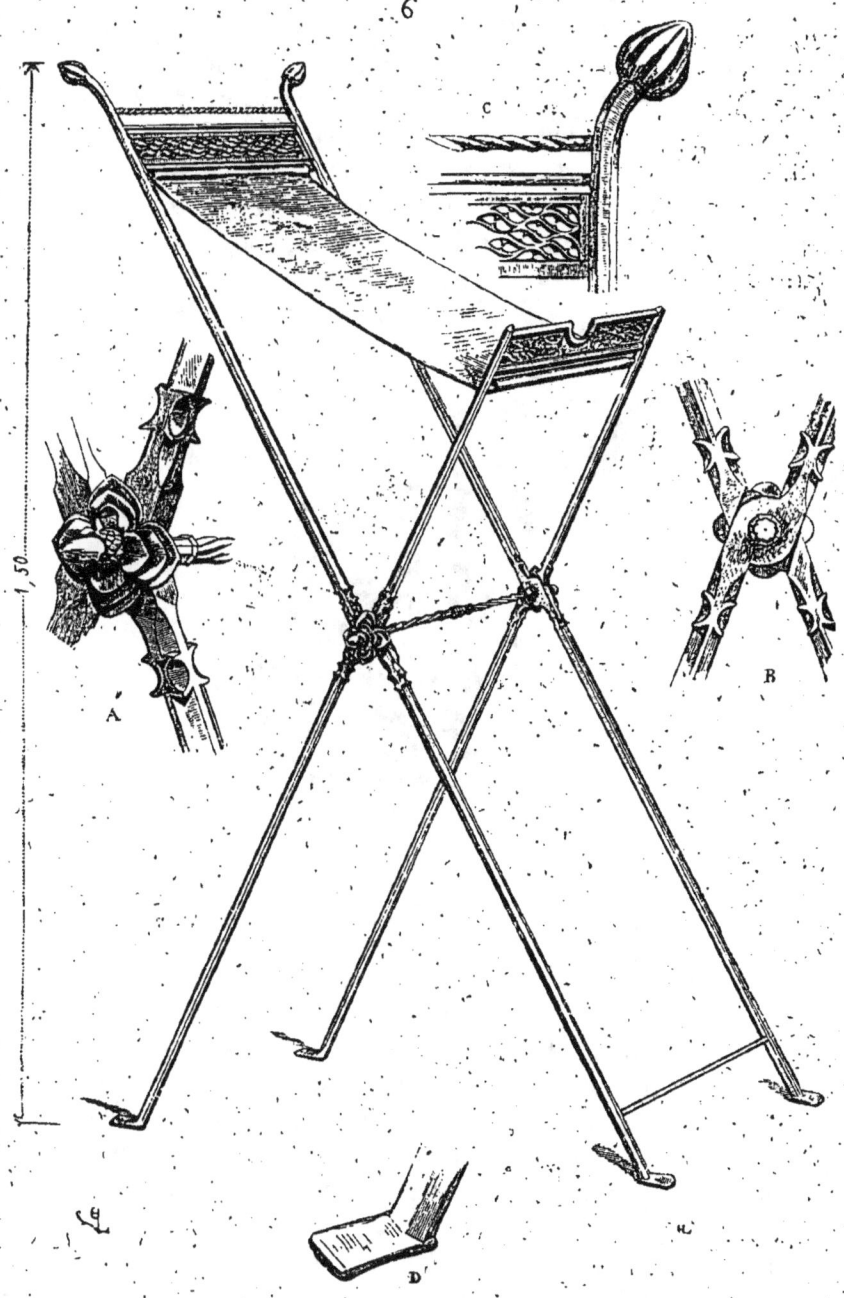

destinées à empêcher cette étoffe de glisser à droite ou à gauche et à retenir le livre ouvert. Le trésor de la cathédrale de Sens a conservé un de ces parements de pupitre fort précieux, qui paraît dater du x° au xi° siècle. C'est un morceau d'étoffe de lin tissé exprès pour l'usage auquel il était destiné; il a 1ᵐ,83 de long sur 0ᵐ,78 de large, et se termine par un effilé à chaque extrémité. La partie de devant est couverte d'ornements; celle de derrière est beaucoup plus simple et ne présente qu'un quadrillé; le fond de l'étoffe est jaune écru avec ornements rouges et verts. Nous en donnons un fragment (Pl. V).

Le musée de Cluny possède un charmant lutrin transportable, de fer, du xv° siècle, dont nous donnons une copie (fig. 6). Le tablier de cuir portant le livre est renforcé par quatre sangles. Deux gale-

7.

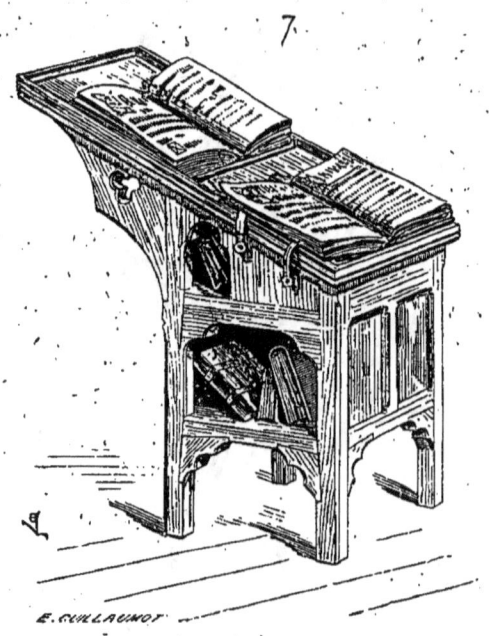

E. GUILLAUMOT

ries de tôle découpée servent, l'une de couronnement, l'autre d'arrêt à la partie inférieure du tablier; cette dernière galerie est échancrée au milieu pour laisser passer les signets du livre ouvert. Les quatre tiges de fer qui servent de supports sont légèrement renforcées près de l'axe et finement forgées, ainsi que l'indiquent les détails A et B. On voit en C le détail de la galerie supérieure et en D le détail de l'un des pieds.

Les lutrins destinés à l'usage privé et qui se trouvaient, soit dans les librairies (bibliothèques), soit dans les cabinets des personnes livrées à l'étude des lettres, des copistes, sont beaucoup plus variés

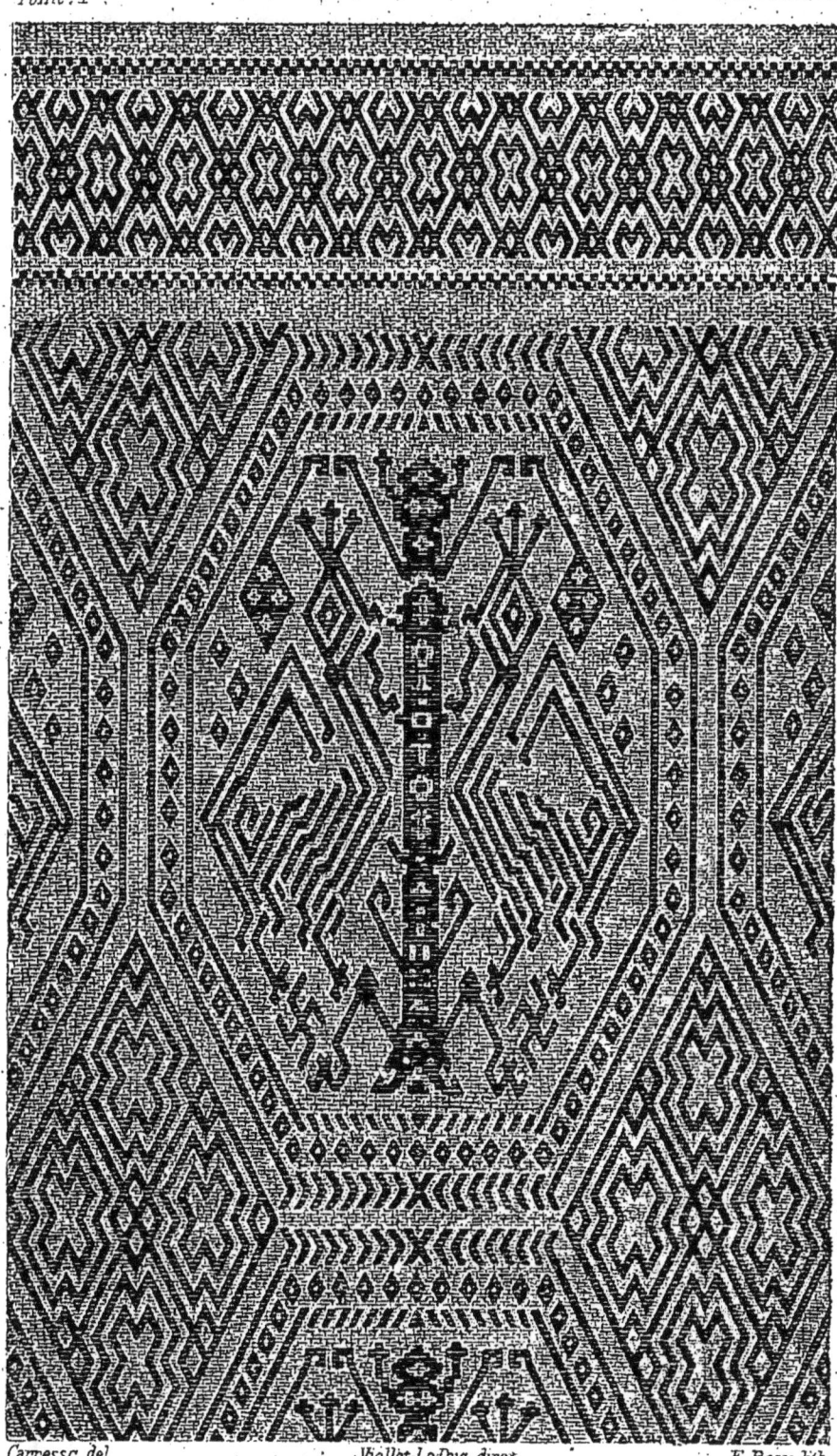

Carresse del

Viollet-Le-Duc. direx.

E. Beau lith.

PAREMENT DE LECTRIN

de forme que ceux réservés aux chœurs des églises. Il ne faut pas les confondre avec les *scriptionalia*, qui étaient des pupitres sur lesquels on posait le vélin pour écrire (voy. PUPITRE). Dans les vignettes des manuscrits du moyen âge, à partir du XIII° siècle, on voit souvent les personnages occupés à écrire ayant un *scriptionale* devant eux, quelquefois même sur leurs genoux, et un lectrin à côté de leur siége. Le lutrin était donc uniquement destiné à porter les livres à consulter. Alors les livres étaient fort chers, et par conséquent fort rares; le lectrin à lui seul pouvait contenir la bibliothèque d'un homme lettré. A cet effet, outre la tablette propre à recevoir plusieurs livres ouverts, il était muni de petits casiers dans lesquels on rangeait les manuscrits. Un lectrin pouvait ainsi renfermer une vingtaine de volumes, et beaucoup de gens d'étude n'en possédaient pas autant.

Voici (fig. 7) un de ces lectrins réservés à l'usage particulier, qui date du XIII° siècle; il est tiré d'un manuscrit de la Bibliothèque nationale [1].

Afin de pouvoir consulter un certain nombre de volumes à la fois, on donnait souvent à la tablette du lectrin de bibliothèque la forme circulaire. Le lectrin s'appelait alors *roë* (roue). Nous donnons (fig. 8) un de ces meubles. La disposition en est ingénieuse et mérite que nous nous y arrêtions quelques instants [2]. Le personnage est assis dans une chaire à dais, munie par-devant d'un *scriptionale* mobile posé sur deux petites potences. Des lacets de soie avec poids au bout sont attachés à la partie inférieure du pupitre et servent à maintenir le vélin sur la planchette inclinée. Le lectrin (*roë*) est placé à la gauche de l'écrivain, qui peut faire tourner à volonté sur son axe la tablette circulaire garnie de plusieurs livres ouverts. Un plateau porté sur trois pieds surmonte la tablette aux livres, et reçoit au centre une bougie qui, pendant le travail de nuit, éclaire à la fois les pages des livres à consulter et la tablette de la personne qui écrit. Nous savons, par expérience, combien il est fatigant d'avoir, sur la table où l'on écrit, plusieurs livres ouverts pour faire des recherches, le temps que l'on perd à placer ces volumes d'une façon commode, le danger qu'ils courent d'être maculés d'encre ou d'huile. On voit que les gens livrés à l'étude, autrefois, savaient prendre leurs aises pendant leurs occupations les plus graves, et qu'au moins ceux-ci ne méritent pas l'épithète de barbares. Des lectrins placés sur les tables de nos bibliothèques publiques seraient, nous le croyons, fort

[1] Ancien fonds Saint-Germain, n° 37. *Psalm.*

[2] Cet ensemble est copié, sauf quelques rectifications de perspective, d'une vignette de la Bible franç. de la biblioth. du Corps législatif, ms. de 1294, n° 35, fin du XIII° siècle.

8

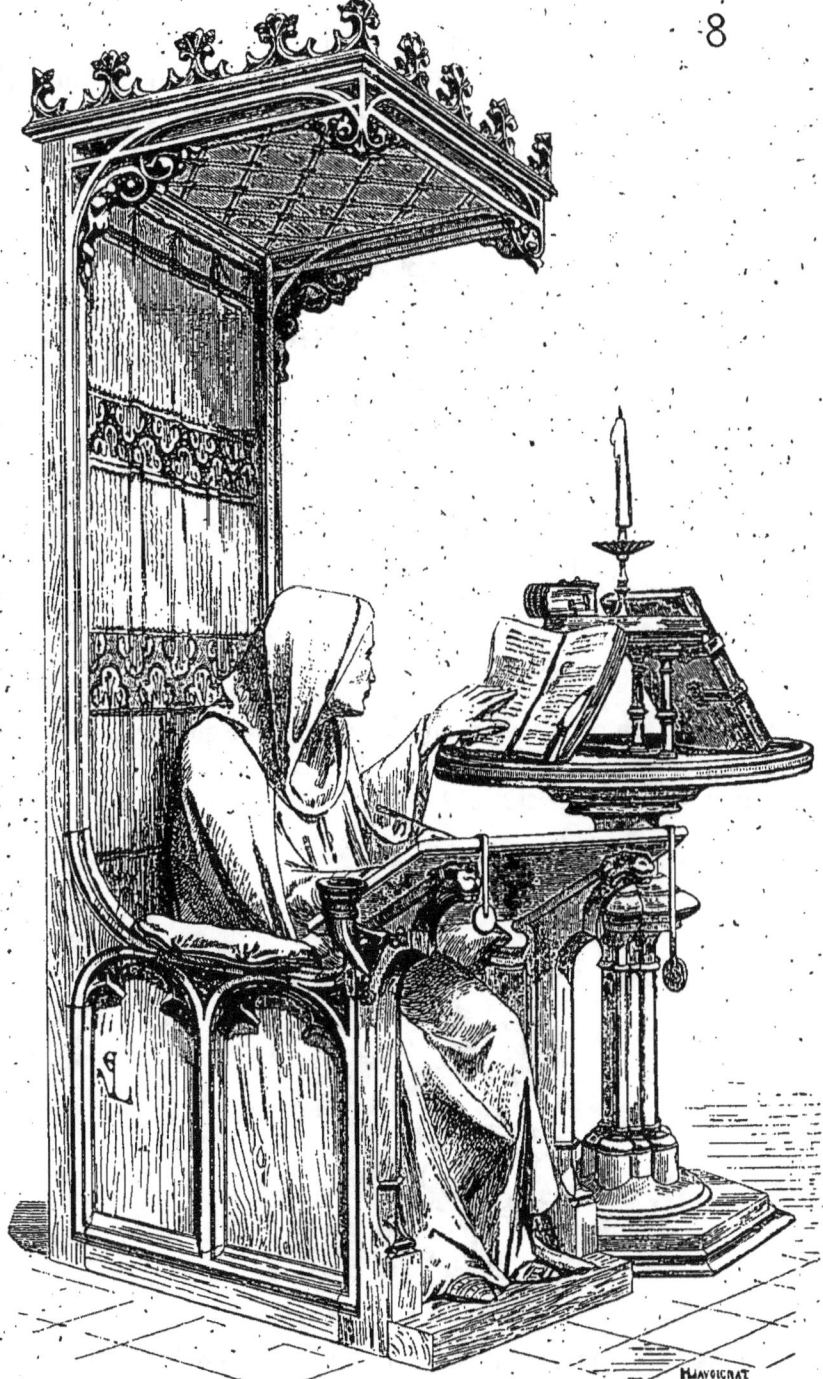

appréciés par les personnes qui obtiennent la permission de consulter à la fois plusieurs ouvrages. Les lecteurs y trouveraient moins de fatigue et les livres seraient préservés des taches d'encre.

Voici (fig. 9) un lectrin analogue au précédent [1], mais qui paraît destiné à poser les livres à plat : c'est une façon de guéridon, au

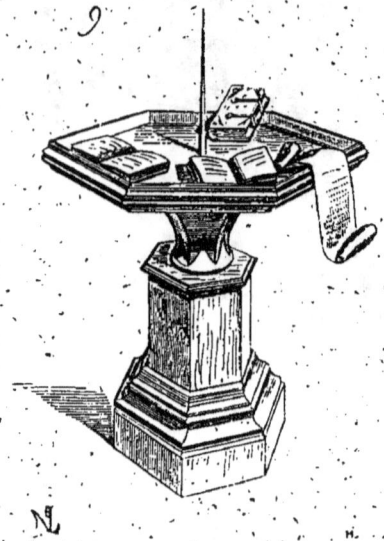

centre duquel on peut ficher un cierge sur une pointe de fer pour lire la nuit. Ces meubles destinés à l'étude, abondent dans les manuscrits des XIVᵉ et XVᵉ siècles.

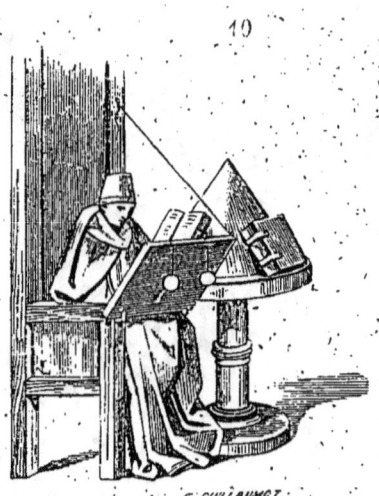

Voici (fig. 10) encore un lectrin circulaire terminé en cône; il est

[1] Tiré du manuscr. *le Miroir historial*, Biblioth. nat., n° 6731, XVᵉ siècle.

tiré d'un manuscrit du xv⁰ siècle. Le pupitre de l'écrivain n'est pas ici maintenu, comme dans la fig. 8, par deux potences fixées aux bras de la chaire, mais par une corde attachée aux montants du dossier, de façon à permettre de l'incliner plus ou moins. Mêmes lacets avec poids au bout pour maintenir la feuille de vélin sur la tablette.

Nous terminerons cette série de lectrins circulaires tournant sur un axe par un joli meuble copié sur un imprimé de la fin du xv⁰ siè-

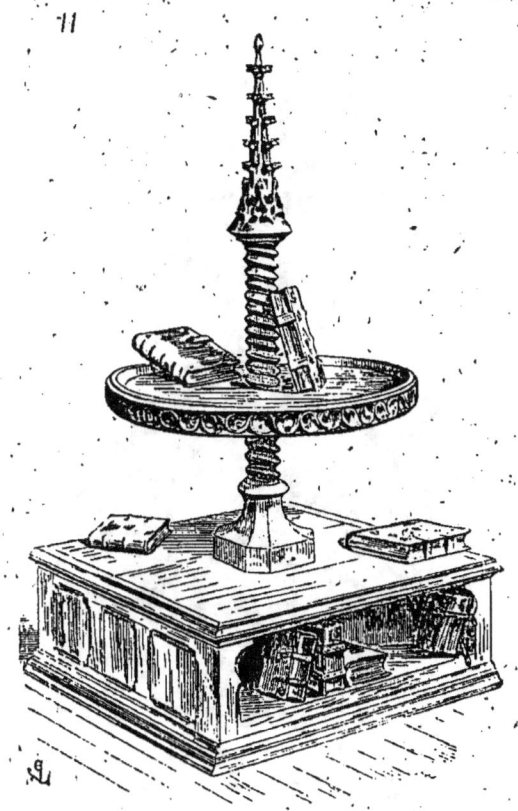

cle [1] (fig. 11). Le plateau circulaire de ce lectrin tourne sur un arbre fixe en forme de vis, et peut ainsi être élevé ou abaissé à volonté pour lire debout ou assis. L'arbre servant d'axe est fiché au milieu d'un coffre tenant lieu de petite bibliothèque, et se termine à son sommet par un pinacle sculpté.

Les lectrins circulaires ne sont pas les seuls cependant qui aient été adoptés par les hommes d'étude ; vers les derniers temps du moyen âge, il en est qui sont simplement composés de deux tablettes incli-

[1] *L'Art de bien vivre et de bien mourir.* Paris, 1492, in-4°.

nées, ainsi que les lectrins d'église, ou de quatre tablettes formant
comme un petit toit à deux croupes. Parmi ces derniers, nous en
choisissons un qui offre cette particularité de pouvoir être plus ou
moins rapproché du lecteur, sans cependant déranger le meuble.
(fig. 12). Le chapeau de ce lectrin A tourne sur l'arbre B coudé en
façon de manivelle, et cet arbre pivote lui-même dans une douille
percée dans le socle C : on pouvait ainsi, à volonté, éloigner ou

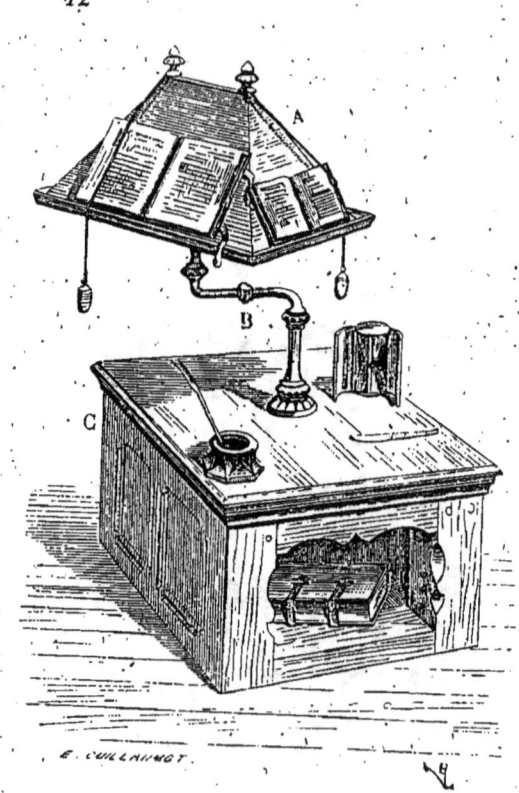

12

avancer le chapeau sur lequel quatre volumes ouverts trouvaient
place, deux grands et deux petits. Sur la tablette du socle qui sert à
renfermer des livres on voit une horloge de sable contenue dans un
étui à volets, une écritoire et le grattoir indispensable pour écrire
sur le vélin [1].

On trouve encore, dans quelques-unes des bibliothèques des colléges d'Oxford, de ces meubles destinés à faciliter l'étude des livres ;

[1] Vignette d'un manuscr. intitulé : *Proverbes, adages, allégories, portraicts,* ms.
franç. du xve siècle, fonds Lavallière, n 44, Biblioth. nat.

mais ils ne remontent pas au delà du XVI⁰ siècle. Il serait difficile de dire pourquoi ils ont cessé d'être en usage chez nous, dans nos bibliothèques publiques ou privées, car ils présentent les plus grandes facilités aux personnes appelées à faire des recherches, aujourd'hui surtout que les études sur les livres anciens sont très-répandues, et que nos bibliothèques, à Paris du moins, sont encombrées de lecteurs.

MALLE, s. f. Coffre de voyage. La malle, pendant le moyen âge, accompagne presque toujours le bahut. « Pour 4 malles à la garde-« robe du commun, 40 s. pour piece, valent 8 l. Pour une grant « malle à chevaliers nouviaus, 30 s. [1]. » Elles étaient faites habituellement de drap vert. « Item, 2 aunes de vert (drap) pour faire malles [2]. »

Ces malles ressemblaient à des ballots fermés par des courroies.

MALLETTE, s. f. Petite malle.

MATELAS, s. m. Grand sac d'étoffe, rembourré de cosses de pois, de paille ou de laine, que l'on posait sur les bois de lit ou sur des bancs, pour s'asseoir ou se coucher. Les matelas étaient souvent faits, pendant le moyen âge, d'étoffes précieuses et décorés de broderies. (Voy. COUSSINS, COUTE, LIT.)

MIROIR, s. m. Pièce de verre étamé ou de métal poli destinée à refléter les objets. On ne possédait, avant le XVI⁰ siècle, dans les appartements, que de petits miroirs à main (voy. au *Dictionnaire des ustensiles*).

---

[1] *Comptes de Geoffroi de Fleuri : Comptes de l'argenterie des rois de France au* XIV⁰ *siècle*, publ. par L. Douët d'Arcq.

[2] *Ibid.*

NAPPE, s. f. Pièce de toile ou de lin que l'on posait sur les tables à manger, sur les dressoirs et les crédences (voy. CRÉDENCE, DRESSOIR, TABLE).

> « Et sur ce point on apporta la nappe,
> « Où il congneut que le diner s'advance [1]. »

Les nappes de tables à manger, et principalement celles que l'on étendait sur les tablettes des dressoirs, étaient souvent très-riches, en linge damassé, avec bordures de velours et or, franges et soie, etc. Les nappes de table étaient doubles comme aujourd'hui, celle du dessous tombant jusqu'à terre, celle du dessus, le nappéron, couvrant le milieu de la table et ne la débordant pas. Le plus beau linge de table damassé se tissait à Caen ; on l'appelait linge de haute lice. « Les artisans telliers, dit le sieur de Bourgueville, y repré-
« sentent toutes sortes de fleurs, bestes, oyseaux, arbres, medalles,
« et armoiries de roys, princes et seigneurs, voire aussi naïfvement
« et proprement que le plus estimé paintre pourroit rapporter
« avecques son pinceau.....[2]. »

« Or demande le bonhomme, des nappes, des touailles (serviettes)
« ouvrées et blanches : mais on lui rapporte qu'il n'en peut point
« avoir.....[3]. »

Aujourd'hui, on met sur les autels des églises trois nappes, et autrefois la nappe de dessus devait descendre des deux côtés jusques à terre. Dans l'Église grecque, qui conservait religieusement les tra-

---

[1] *Les Lamentations Bourrien*, H. Baude (xvᵉ siècle).

[2] *Les Recherches et Antiquitez de la ville de Caen*, par C. de Bourgueville, sieur de Bras, 1570.

[3] *Les Quinze joyes de mariage* (xvᵉ siècle), édit. Janet, 1853, p. 77. Le mot de *touaille* s'emploie encore, dans le midi de la France, pour serviette.

> « Puis prens ton vaissel (graal) et le mets
> « Sus la table.

> « Et là, en droit te serras tu
> « Et le cuevre d'une touaille. »
> (*Roman du Saint-Graal.*)

ditions de la liturgie primitive, on mettait aux quatre coins de la
table de l'autel quatre morceaux de drap qu'on appelait *évangélistes*,
parce que, dit Thiers dans ses *Dissertations sur les principaux
autels des églises*, « le nom et l'image de chacun des quatre évan-
« gélistes y étoient..... Sur ces quatre morceaux de drap, on mettoit
« une première nappe appelée *ad carnem*, parce qu'elle est la figure
« du linceul blanc dans lequel le corps de Notre-Seigneur fut ense-
« veli.... Sur cette nappe, on en mettoit une autre de fil plus délié,
« parce qu'elle représente la gloire du fils de Dieu assis sur l'autel
« comme dans son trône..... Enfin, on mettoit par-dessus ces quatre
« morceaux de drap et ces deux nappes un corporal, qui estoit
« tout ensemble la figure de la mort et de la résurrection de Jésus-
« Christ. »

Chez les Latins, dans les siècles primitifs, les traditions sont moins
précises ; il est question souvent de nappes de soie.

Saint Sylvestre (ive siècle) fut le premier qui ordonna que les
nappes d'autel fussent de linge blanc et non de soie teinte ; et
cependant Grégoire de Tours, sur la fin du vi^e siècle, parle de
nappes d'autel de soie [1], à propos d'un songe qu'il eut : « Putabam
« me quasi in hac basilica sacro-sancta missarum solemnia cele-
« brare ; cumque jam altarium cum oblationibus *pallio serico*
« coopertum esset..... » Enfin, Polydore Virgile dit [2] que ce fut
Boniface III (viie siècle) qui, le premier, ordonna que l'on couvrirait
à l'avenir les autels de nappes blanches ; cependant Thiers [3] ne considère pas le texte de cet auteur comme faisant autorité, et il ajoute
d'après Anastase le Bibliothécaire, que l'empereur Constance étant
venu à Rome, et ayant visité l'église de Saint-Pierre, il y fit présent
d'une pièce de drap d'or pour couvrir l'autel..... Que le pape Zacharie fit faire une couverture de pareille étoffe pour le même autel, sur
laquelle il fit représenter la nativité de Notre-Seigneur, et qu'il l'enrichit de pierreries. Mais ces nappes étaient plutôt des parements
d'autel que des nappes, comme celles adoptées depuis le xve siècle ;
car ces couvertures tombaient sur le devant de la table, et il est probable que les broderies et les pierreries se trouvaient sur la face
vue de cette couverture. Nous penchons à croire qu'il en était de
même des nappes d'autel données par le pape Adrien Ier à la basilique de Sainte-Marie-Majeure, nappes de toiles d'or sur lesquelles

---

[1] *Hist. Franç.*, lib. VII, cap. XXII.
[2] *De inventor. rer.*, lib. V, cap. VI.
[3] *Dissert. sur les principaux autels des églises*, chap. XXI.

étaient représentées l'assomption de la Vierge, des fleurs et figures avec bordure d'écarlate ; de celles données par Léon III à la même église, et qui représentaient, l'une la Nativité en broderie, l'autre des figures de griffons sur toile écarlate, des roues ornées de clous d'or, etc. ; la troisième, l'histoire de la passion, donnée à l'église de Saint-Laurent ; et enfin des trois autres données à la basilique Saint-Paul : la première, de soie blanche, avec des clous d'or et l'histoire de la résurrection ; la seconde, de soie à clous d'or, avec l'histoire de la nativité et des saints Innocents, et la troisième, d'écarlate, avec l'histoire de l'aveugle-né et une résurrection. Thiers considère aussi ces nappes d'autel comme servant également de parements ; et, à l'appui de son opinion, il cite une nappe d'autel existant de son temps dans l'église de l'abbaye de Chaise-Dieu en Auvergne, laquelle « couvre le dessus, le devant et les côtés du grand autel ». Guillaume Durand, mort à la fin du XIIIe siècle, ne parle que de deux nappes sur les autels, pour marquer l'habit du corps et celui de l'esprit, et le corporal, de son temps, était une de ces deux nappes. Toutefois l'ordre de Cîteaux mettait, dès le XIIe siècle, trois nappes sur les autels de ses églises[1].

Depuis le XVe siècle, les rubriques des missels et des cérémoniaux veulent trois nappes sur les autels, ou deux au moins, dont une pliée en deux. Le synode d'Angers, en 1507, et le concile provincial de Toulouse, en 1590, ordonnent absolument de mettre trois nappes sur les autels.

Quant à la forme donnée à ces nappes d'autel, nous ne pouvons en prendre une idée que d'après les bas-reliefs ou vignettes des manuscrits, les églises ayant depuis longtemps perdu ces couvertures sacrées. Or, les plus anc ennes représentations d'autels que nous connaissions en France indiquent une nappe tombant des deux côtés de l'autel jusqu'à terre, et, par-dessus, le corporal plié.

Nous avons donné des copies de ces autels dans le *Dictionnaire d'architecture* (voy. le mot AUTEL, fig. 6, 7, 12, 19, 21 et 22) ; et ces exemples appartiennent à des monuments des XIe, XIIe, XIIIe et XVe siècles.

Mais voici (fig. 1) un autel tiré d'un manuscrit de la fin du XIIIe siècle[2] qui indique d'une manière précise les trois nappes. Celle du dessous tombe sur le devant jusqu'à moitié de la hauteur de

[1] *Us*, c. 53.

[2] *Manuscr. de l'Apocalypse*, appartenant à M. B. Delessert. Ouverture du cinquième sceau ; sous l'autel sont les âmes des martyrs, qui demandent vengeance au Seigneur.

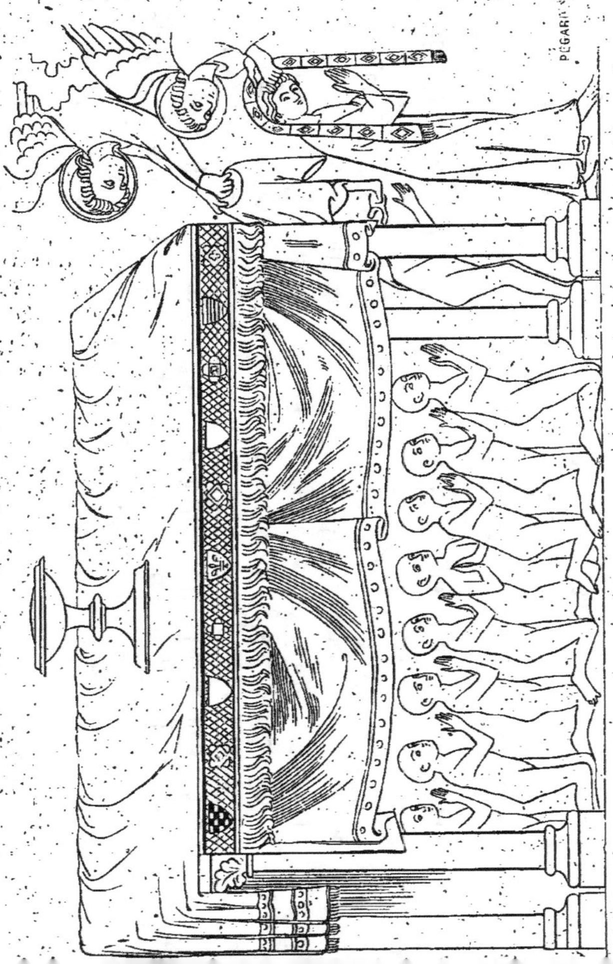

Fig. 1.

l'autel; elle est de couleur, bordée d'un galon et drapée; la seconde porte une bordure avec écussons armoyés et franges; et enfin la troisième, qui paraît être le corporal, tombe sur les côtés; elle est blanche, avec fines bordures et petites franges aux extrémités.

Les nappes d'autel ornées d'écussons armoyés paraissent avoir été assez communément adoptées à partir de la fin du XIIIᵉ siècle. En effet, dans l'inventaire des meubles de la comtesse Mahaut d'Artois, de 1313 [1], nous lisons : « Item une nape d'autel, parée « d'une pareure des armes d'Artois et de Beaugiu, tout à pelles, ou « pris de II c. lib. » Ces nappes sont souvent désignées, à cette époque, sous le nom de *touailles* : « Item II touailles d'autel, ou « pris de XL. s. »

Ce ne fut qu'à dater du XVᵉ siècle que l'on attacha aux nappes d'autel des ouvrages de fil à jour, des guipures; mais, à cette époque, ces ornements n'étaient attachés qu'aux extrémités de la dernière nappe tombant des deux côtés de l'autel. Quant à la seconde nappe, elle n'était bordée souvent sur le devant de l'autel que par une petite frange de fin or de deux ou trois doigts de haut. Le sire de Mauléon dit, dans ses *Voyages liturgiques en France* pendant le siècle dernier, avoir vu encore une certaine quantité de ces nappes frangées d'or.

NATTE, s. f. Treillis de joncs que l'on posait sur les planchers des maisons et châteaux.

« A Regnaut Laucon, nattier, pour avoir livré et assiz audict « Louvre en la chambre à parer du roy, devers la Fauconnerie, et « en la chambre à parer de la royne, dix toises et demys de nattes « en réparation [2]. »

On posait aussi des nattes sur les bancs et les coffres servant de siéges dans les salles des palais. Les lits (châlits) des prisonniers étaient couverts de nattes.

---

[1] Publ. par M. Le Roux de Lincy, Biblioth. de l'École des chartes, 3ᵉ série, t. III, p. 53.
[2] *Comptes des dépenses faites par Charles V*, publ. par M. Le Roux de Lincy.

OREILLER, s. m. (*orillier*). Sac d'étoffe carré, rembourré de laine ou de plume, que l'on posait à la tête du lit.

« L'oreiller crôlle (tombe) et cil est estormis [1]. »

Si les matelas des lits étaient richement couverts, les oreillers ne l'étaient pas moins.

« ..... Pour. I. orillier de veluyau (velours) vermeil semé de perles
« d'Orient losengié d'arm yeric de France et de Bourgoigne, et y a
« arbreciaux d'or, et y faillent (manquent) les 4 boutons de perles
« des 4 corneiz et 15 autres perles que ledict Estiènne doit rendre [2]. »

Ce n'était là, comme on l'entendra facilement, qu'un oreiller de parade; mais cependant, pour l'usage habituel, les oreillers étaient souvent couverts de broderies et faits d'étoffe de soie (voy. Lit).

PARAVENT, s. m. [*clotet, eperon (esperum), ote-vent*]. Les appartements des châteaux étaient très-vastes, et, bien que les portes fussent étroites et basses, les fenêtres rares, les murs épais, les cheminées énormes qui chauffaient les pièces réservées à l'habitation établissaient un courant d'air fort gênant. Il est un fait digne de remarque d'ailleurs : les hommes habitués à la vie en plein air, du moment qu'ils s'enferment dans une chambre, tiennent à être bien clos. Nos paysans, qui passent tout le jour aux champs, sitôt rentrés dans leur chaumière, ferment portes et fenêtres et craignent plus les courants d'air que les personnes qui vivent habituellement dans l'intérieur des appartements. Les habitants des châteaux et maisons du moyen âge prenaient toutes sortes de précautions pour

---

[1] *Li Romans de Garin le Loherain.*
[2] *Invent. de l'argent. dressé en* 1353 (*Comptes de l'argenterie des rois de France au* XIVᵉ *siècle*).

éviter l'humidité, le froid et les courants d'air. Outre les doubles vitrages, qui étaient assez fréquents, les portières de tapisserie tombant sur les portes, les vastes cheminées, on plaçait, dans les salles où l'on se réunissait le soir ou dans les chambres à coucher, de grands paravents dont la disposition est singulière. Ces paravents étaient des sortes de tambours placés au-devant des portes à l'intérieur, composés de deux joues et d'un plafond. Une draperie tombait devant l'ouverture.

Il est souvent question de ces sortes de paravents, appelés *eperons*, dans les ordonnances du règne de Henri III d'Angleterre. Ils sont désignés aussi sous le nom d'*escrinia* (écrans) ; mais, dans ce dernier cas, les paravents ne paraissent être qu'une garde de bois élevée sur le montant de la porte du côté de l'ouverture du vantail. Quelquefois les paravents étaient de grandes tentures libres que l'on pendait au plafond en travers des pièces, et qui manœuvraient sur une tringle au moyen d'anneaux et de cordes.

« Item pour 3 pièces de cendaus noirs, dont l'en fist 1 clotet,
« pesant 55 onces 2 s. 6 d. l'once, valent 6 l. 17 s. 6 d...... Item
« pour la façon de ce clotet, et pour corde et ruben, et pour aniaus,
« 30 s. [1] »

Ces clotets ne sont pas des courtines ordinaires placées devant les portes, les fenêtres et autour des lits ; ils ont une destination toute spéciale.

« Pour faire une grant courtine de salle et 1 clotet, 9 pièces de
« cendaus vermeus..... Pour la façon d'un clot et pour le roy, de
« cendaus vermeus, pour une grant corde et pour ruben de soie,
« pour aniaus, et pour façon, 30 s...., Pour la façon d'un clotet de
« cendaus rouges, pour une grant corde, pour soye, pour aniaus,
« pour ruben de soie et pour façon, 30 s. [2] »

Plus tard, l'usage des paravents à feuilles, analogues à ceux que nous avons vu encore lorsque les appartements avaient des dimensions moins exiguës, paraît s'être établi. Philippe de Commines rapporte [3] que « le roy (Louis XI) fit mettre (cacher) le seigneur de
« Contay *dedans* un vieil *oste-vent* qui estoit dedans sa chambre, et
« moy (Commines) avec luy, afin qu'il entendist et pust faire rap-
« port à son maistre des paroles dont usoient ledict connestable et
« les gens dudict duc ; et le roy se vint seoir sur un escabeau, rasi-

[1] *Compte de Geoffroi de Fleuri* (*Comptes de l'argenterie des rois de France au XIVe siècle*).
[2] *Ibid.*
[3] Livre IV.

« bus dudit oste-vent, afin que nous pussions mieux entendre les
« paroles que disoit Louis de Creville.....: Et en disant ces paroles,
« pour cuyder complaire au roy, ledit Louis de Creville commença
« à contrefaire le duc de Bourgongne, et à frapper du pied contre
« terre, et à jurer Saint-Georges, et qu'il appeloit le roi d'Angle-
« terre Blanc-borgne, fils d'un archer qui portoit son nom ; et tou-
« tes les moqueries qu'en ce monde étoit possible de dire d'homme.
« Le roy rioit fort, et lui disoit qu'il parlât haut ; et qu'il commen-
« çoit à devenir un peu sourd ; et qu'il le dit encore une fois ; l'autre
« ne feignoit pas, et recommençoit encore une fois de très bon
« cœur.. Monseigneur de Contay, qui estoit avec moy en cet oste-
« vent, estoit le plus esbahy du monde...... »

Lorsque dans les manoirs on donnait l'hospitalité, fortuitement, à
des personnes de distinction, on établissait pour leur suite des lits
dans la grand salle, et ces lits étaient séparés par des clotets que
l'on posait, à la demande, comme on pose des paravents.

Derrière les lits placés *de bout*, c'est-à-dire le chevet vers le mur,
des clotets étaient souvent établis et formaient ainsi comme une
petite garde-robe où une ruelle contre laquelle s'appuyait le dossier
du lit. On pouvait facilement cacher quelqu'un dans ces sortes de
cabinets, qui, habituellement, n'avaient pas de plafond et d'où l'on
pouvait entendre ce qu'on disait dans la chambre. Ces clotets étaient
de menuiserie, avec portes latéralement, ou de tapisseries montées
sur châssis. Dans les grand salles des palais et châteaux, les clotets
qui servaient de tambours devant certaines portes donnant sur les
appartements privés, enfin d'éviter le bruit, étaient quelquefois surmontés d'une tribune, où les dames se réunissaient les jours de
plaids.

PAREMENT (D'AUTEL), s. m. Table de métal, de bois, ou pièce
d'étoffe que l'on posait et que l'on pose encore devant les autels des
églises. Dans les premiers siècles du christianisme, les autels étaient
creux, en forme de table ou de coffre, de marbre ou de pierre, de
métal ou même de bois (voy. le *Dictionnaire d'architecture*, au mot
AUTEL). Il était d'usage, dans l'Église latine, dès une époque fort
reculée, de poser des parements devant les autels. Le pape Léon III
(VIIIe siècle) fit don de parements de vermeil aux églises de Saint-
Grégoire, de Saint-André et de Sainte-Pétronille à Rome [1] Le célèbre Hincmar, archevêque de Reims, passait pour avoir donné à sa

---

[1] Anastase le Bibliothécaire, *in Leone III*.

cathédrale un parement d'autel d'or. Il existait, devant le maître autel de l'église abbatiale de Saint-Denis en France, une plaque d'or qui avait été donnée par Charles le Chauve. Suger l'avait fait réparer et y avait joint deux autres plaques de même métal lorsqu'il rebâtit son église. Nous ne possédons d'ailleurs aucun dessin de ces parements. La table d'or aujourd'hui déposée au musée de Cluny, et qui provient du trésor de la cathédrale de Bâle, était un retable et non un parement, ainsi qu'on le suppose généralement. Il existe, dans le musée de Munster, une table de bois ornée de figures peintes sur fond d'or, dont le style appartient à la fin du XII° siècle, qu'on prétend être un parement d'autel; mais nous pencherions à croire que cet objet est aussi un retable[1].

Jusqu'au XV° siècle, les autels se composaient, le plus souvent, d'un dossier, avec une, deux, trois ou quatre colonnettes-recevant la table. Cette disposition, très-simple, était destinée à être masquée par un parement; et ces parements, dès une époque très-reculée, furent habituellement faits d'étoffes brodées enrichis de perles et de pierres précieuses. Les plus anciens parements d'étoffe couvraient le dessus de l'autel et tombaient par devant jusqu'au socle (voy. NAPPE). Ils ne devaient être autrefois, en France, que blancs, rouges, noirs ou verts. Du temps de Guillaume Durand, cependant, qui mourut en 1296, le violet était une des couleurs admises dans les ornements ecclésiastiques. Les retables des autels avaient aussi leurs parements d'étoffe; mais cet usage ne paraît pas remonter au delà du XIV° siècle. L'abbé Lebeuf[2] dit qu'il a vu dans l'église paroissiale de Toussus[3] un parement d'autel composé « d'une pièce de tapisserie parsemée « de fleurs de lis, sur laquelle est représenté un saint évêque et un « saint diacre; on y voit, ajoute-t-il, brodé en lettres de petite go- « thique, que *Tanneguy Aubery et Jeanne Formentin sa femme ont* « *donné à cette église ces deux parements.....* Vu les fleurs de lis, il « y a apparence que ce fut à Saint-Germain l'Auxerrois de Paris que « Tanneguy Aubery fit présent de ce parement qui étoit double, « c'est-à-dire l'un pour la table de l'autel, l'autre pour le retable. »

Dans l'inventaire des meubles dressé en l'église de Sainte-Made- laine de Genève, le 9 août 1535, on trouve cet article : « Le drapt « d'ort de vellour roge borde de velours pert, appartenant au grant

[1] Voyez, la *Notice* sur ce devant d'autel, insérée dans le *Bulletin monumental* de M. de Caumont, t. XVIII, p. 276.
[2] *Hist. du dioc. de Paris*, t. VIII, p. 492.
[3] Doyenné de Château-Fort.

« otel..... Item ung aultre drapt pert semé à figure de Madellene.....
« Item ung drapt de vellours noir et la croys de damas roge figuré
« à frenges [1]. »

Si les parements d'autel étaient souvent très-riches en broderie
ou ornés de peintures, ceux des retables ne l'étaient pas moins. On
voit, dans le musée du Louvre, un parement de retable de soie
peinté d'une très-grande dimension et provenant de la cathédrale de
Narbonne (voy. Retable). Le musée du Grand-Jardin, à Dresde,
conserve deux parements d'autel d'étoffe brodée; l'un d'eux, qui
date de la fin du XIIIe siècle, représente un arbre de Jessé, dont les
figures et ornements sont délicatement tracés par la broderie sur une
étoffe de lin blanche; l'autre appartient au commencement du
XIVe siècle; il est brodé de soie de couleur et d'or sur toile. Le centre
de ce beau parement, qui appartient à l'école française, représente
le couronnement de la Vierge; à la gauche du Christ est saint Jean-
Baptiste, et à la droite de la mère de Dieu saint Jean l'évangéliste [2].

Piganiol [3] dit avoir vu, dans la sacristie de l'église des Dominicains,
à Toulouse, un parement d'autel en broderie or et argent avec fleurs
au naturel; il vante fort cet ouvrage, mais ne nous en donne pas la
date.

L'usage des parements d'autel s'est conservé jusqu'à nos jours;
on les change suivant les fêtes de l'année.

On disait *chambre de parement* pour chambre de parade.

PLACET, s. m. Tabouret pour s'asseoir. Ce petit meuble ne prit
ce nom qu'à la fin du XVIe siècle (voy. Quarrel).

POÊLE, s. m. [*poisle, palle* (de *pallium*. drap d'or ou de soie)].
Voile que l'on suspendait en signe d'honneur au-dessus de la tête
des grands personnages, et que l'on posait sur des reliquaires lorsqu'on les transportait hors de l'église. Quand Guillaume le Bâtard
fait promettre à Harold de lui livrer l'Angleterre à la mort du roi
Édouard, afin de donner plus de solennité à son serment:

> « A Baieues, ço solent dire,
> « Fist assembler un grant concire;

---

[1] *Hist. de l'archit. sacrée du IVe au Xe siècle dans les anciens évêchés de Genève,
Lausanne et Sion*, par J.-D. Blavignac, 1853, chap. III.

[2] Ce parement est fort bien gravé dans le Catalogue du musée du Grand-Jardin de
Dresde (Dresde, 1852).

[3] *Nouv. descript. de la France*, t. VI, p. 274.

« Toz li corz sainz fist demander,
« Et en un liu (en un lieu) tuz assembler,
« Tut une cuve en fist emplir,
« Pois d'un paele les fist covrir
«   . . . . . . »

Quand, en 1440, Frédéric, roi des Romains, arriva à Besançon
et fut reçu par le duc de Bourgogne, « tant chemina celle noble
« compagnie, qu'ils arrivèrent à l'entrée de la cité : et là les
« citoyens apportèrent un palle de drap d'or, porté par les plus
« notables d'icelle cité, sous lequel palle entra le roy des Rom-
« mains, et à la vérité il travailla beaucoup, et mit grand'peine de
« faire que le duc de Bourgongne entrast avecques luy sous ledict
« palle. Mais le duc ne le voulut point faire [1]..... »

« Et fut la place du duc de Bourgongne (lors de la solennité de la
« Toison d'or) au maistre et principal siégé, couvert de son palle,
« qui fut de drap d'or [2]..... »

On couvrait aussi les cercueils d'un drap ou poêle lorsqu'on

1.

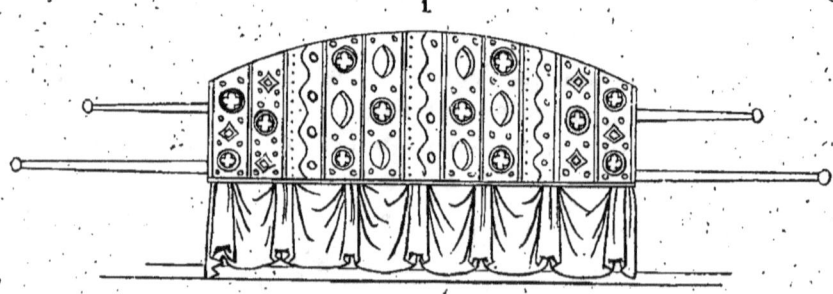

les transportait ou lorsqu'ils étaient déposés dans une chapelle
(voy. DRAP). Ces sortes de poêles, tissus d'or et de soie, n'étaient
pas toujours revêtus de la croix, mais de broderies de diverses
couleurs. La tapisserie de Bayeux nous montre le cercueil du roi
Édouard transporté sur les épaules de huit hommes et recouvert
d'un poêle brodé d'ornements de diverses couleurs ; de petites
croix surmontent les deux extrémités de la bière.

Nous voyons un cercueil ainsi couvert d'un poêle dans le *Roman
d'Alexandre*, de la Bibliothèque nationale [3]. Nous en donnons une
copie (fig. 1).

[1] *Mém. d'Olivier de la Marche*, liv. I, chap. VII.
[2] *Ibid.*, liv. I, chap. XV.
[3] *Rom. d'Alexandre*, fonds Lavallière, n° 45, fin du XIIIᵉ siècle.

Il est question, dans l'inventaire du trésor de l'église de Sainte-Madelaine de Genève, de poêles mortuaires brodés de dauphins d'or et d'armoiries.

PRIE-DIEU, s. m. Sorte de pupitre destiné à la prière. L'usage de ce meuble n'est pas ancien, et ne remonte pas au delà des dernières années du xve siècle. Jusqu'alors, lorsqu'on disait la prière du soir ou du matin, les seigneurs se rendaient avec leur famille et leur monde dans la chapelle du château, les bourgeois dans la salle principale de la maison; là on s'agenouillait à terre ou sur des tapis et des coussins. Les églises n'avaient ni chaises ni bancs; on se tenait debout pendant les offices ou à genoux sur les dalles. Mais,

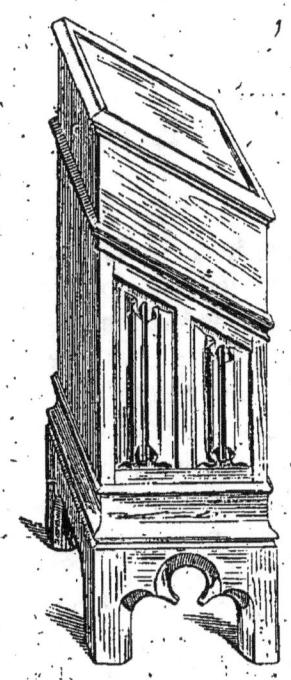

à la fin du xve siècle, lorsque les habitudes de luxe et de confort commencèrent à se répandre dans toutes les classes de la société, on plaça des bancs dans les églises, des prie-Dieu dans les oratoires et chapelles des châteaux pour les seigneurs. Des oratoires, ces meubles pénétrèrent dans les chambres à coucher ou les retraits (cabinets) y attenants. La prière cessant d'être commune, chacun voulut avoir un meuble particulier pour la dire à son aise. Les prie-Dieu de la fin du xve siècle et du commencement du xvie ne sont pas

rares; les vignettes des manuscrits et les bas-reliefs de cette époque
en sont remplis, et ils adoptent tous la même forme.

Voici (fig. 1) un de ces meubles copié sur les bas-reliefs des
stalles de la cathédrale d'Amiens. Les prie-Dieu de cette époque
n'ont pas toujours, comme les nôtres, une marche inclinée en avant
pour se mettre à genoux, mais un carreau garni d'étoffe ; le panneau
de devant, ou l'un de ceux des côtés, s'ouvre afin de permettre de
déposer le livre d'heures dans l'intérieur du meuble, comme dans
une petite armoire. Dans les cérémonies, les prie-Dieu des princes
étaient recouverts d'une pièce d'étoffe, de soie, d'or ou d'argent,
tombant tout autour jusqu'à terre. Les monuments funéraires qui
représentent un personnage agenouillé sur un sarcophage, monuments fort communs pendant le XVIe siècle, montrent habituellement
un prie-Dieu drapé devant la statue.

QUARREL, s. m. Coussin carré, tabouret pour poser les pieds et
aussi pour s'asseoir. La variété des petits meubles servant de siéges
ou annexés aux grands siéges est innombrable, pendant le moyen
âge, comme forme et dimension. On s'asseyait fréquemment à terre
sur des tapis, sur des coussins, des carreaux, pour se livrer au plaisir
de la conversation, et même pendant certaines séances solennelles.

Les faudesteuils, les trônes, les chaires, étaient toujours accompagnés d'un carreau de bois recouvert d'étoffe, ou simplement
d'étoffe, sur lequel la personne assise posait les pieds. Ces carreaux
étaient sur pieds (fig. 1)[2] ou pleins (fig. 2), de bois sculpté, de marqueterie, plats ou rembourrés de laine ou de plume. On en plaçait
près des lits; ceux-ci étaient généralement très-larges et servaient
de marchepied (voy. CHAIRE, FAUDESTEUIL, FORME, LIT, TRÔNE).

Les inventaires des XIVe et XVe siècles font souvent mention de
carreaux. « Pour la façon de 15 quarriaus de duvet pour 2 cham-

----

« Cil guerpissent murs et bretèches
« Et quarriaus de plume ou de bourre. »
(Guill. Guiart, vers 4010.)

[1] Tiré de la vignette de la création de l'homme (Manuscr. d'Herrade de Landsberg,
Biblioth. de Strasbourg).

« bres [1]..... Pour pièce et demie de samit vert baillé audit Thomas
« pour couvrir les 6 petis quarreaux de ladite chambre (du roi),
« les deux grans quarreaux de l'oratoire [2]..... Pour une pièce et
« demie de cendal de grainne, et une pièce de toille vermeille,
« baillées audit Thomas pour recouvrir 3 grans carreaux, appor-

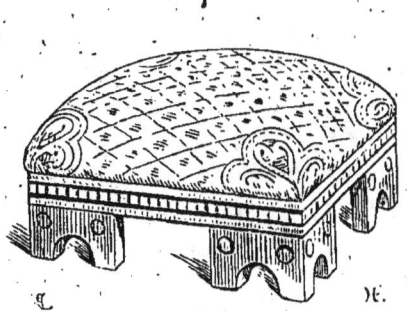

« tés de par devers Monseigneur le Dauphin le vii° jour de fé-
« vrier CCCLI; pour recouvrir, c'est assavoir les deux de son ora-
« toire, et un autre pour les nappes [3]..... » Ces derniers carreaux ne
sont, à proprement parler, que des coussins d'étoffe et n'étaient pas
montés sur châssis de bois; car, à dater du xiv° siècle, on paraît

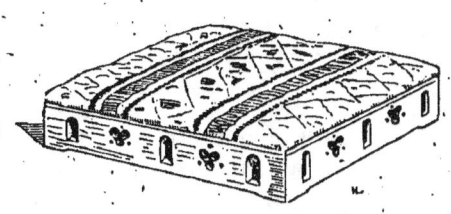

avoir abandonné les carreaux sur pieds ou sur cadre pour les sacs
d'étoffe rembourrés de laine ou de plume. Ces derniers carreaux se
posaient sur les meubles, bancs, formes, chaires, escabeaux, lits;
par terre, sur les nattes et les tapis, dans les litières et les chariots
de voyage.

[1] *Compte de Geoffroy de Fleury* (*Comptes de l'argenterie des rois de France
au xiv° siècle*, publ. par L. Douët d'Arcq).
[2] *Comptes d'Estienne de la Fontaine* (ibid.).
[3] *Ibid.*

R

RÉCHAUD, s. m. Sorte de récipient de tôle ou de fer forgé à jour, dans lequel on plaçait de la braise allumée pour chauffer l'intérieur des appartements. Ce meuble était le plus ordinairement monté sur roulettes; on remplissait le récipient de braise en dehors de l'appartement, et lorsque celle-ci était incandescente, qu'elle avait ainsi perdu la plus grande partie des gaz incommodes, on roulait le réchaud dans la pièce que l'on voulait chauffer. On se sert encore, en Italie et en Espagne, de meubles analogues à nos réchauds du moyen âge; ce sont des cuves de tôle ou de bronze, posées sur un trépied, et que l'on remplit de braise et de cendres chaudes. Dès le XIᵉ siècle, dans les abbayes, on avait d'immenses réchauds de fer forgé dont le fond et les côtés formaient une sorte de grillage; sous cette caisse à jour était une plaque de tôle avec rebords, pour recevoir les cendres, et montée sur quatre roues; une flèche ou timon permettait de traîner ce brasier à travers les dortoirs, avant l'arrivée des moines, et répandait de la chaleur dans les vastes salles. On en avait dans les bibliothèques et dans les sacristies, pour permettre aux prêtres de se chauffer les doigts avant d'aller à l'autel ou lorsqu'ils en revenaient. Au XIᵉ siècle, beaucoup d'églises abbatiales de la Bourgogne et du Midi étaient dépourvues de vitraux; les fenêtres, assez étroites et dont les ébrasements étaient coupés en biseau à l'extérieur et à l'intérieur, ne permettaient pas au vent de s'engouffrer dans l'intérieur; mais lorsque les moines venaient, en hiver, chanter les matines et qu'ils restaient dans leurs stalles depuis une heure après minuit jusqu'au lever du soleil, ils devaient, malgré leurs épais vêtements, souffrir cruellement du froid. En sortant du chœur, ils se rendaient au chauffoir : c'était une pièce attenante au cloître et autour de laquelle on plaçait plusieurs réchauds remplis de braise incandescente. Avant d'aller vaquer à leurs travaux du jour, les religieux pouvaient chauffer devant ces brasiers leurs membres engourdis par le froid de la nuit. Dans les châteaux, dans les palais, avant le XIIIᵉ siècle, époque pendant laquelle on établit des cheminées dans toutes les pièces importantes, ces réchauds roulants étaient fort usités. Il y a quelques années, on voyait encore un de ces

réchauds dans une des salles de l'ancien archevêché de Narbonne;
et, quoiqu'il fût en fort mauvais état, on pouvait cependant se rendre

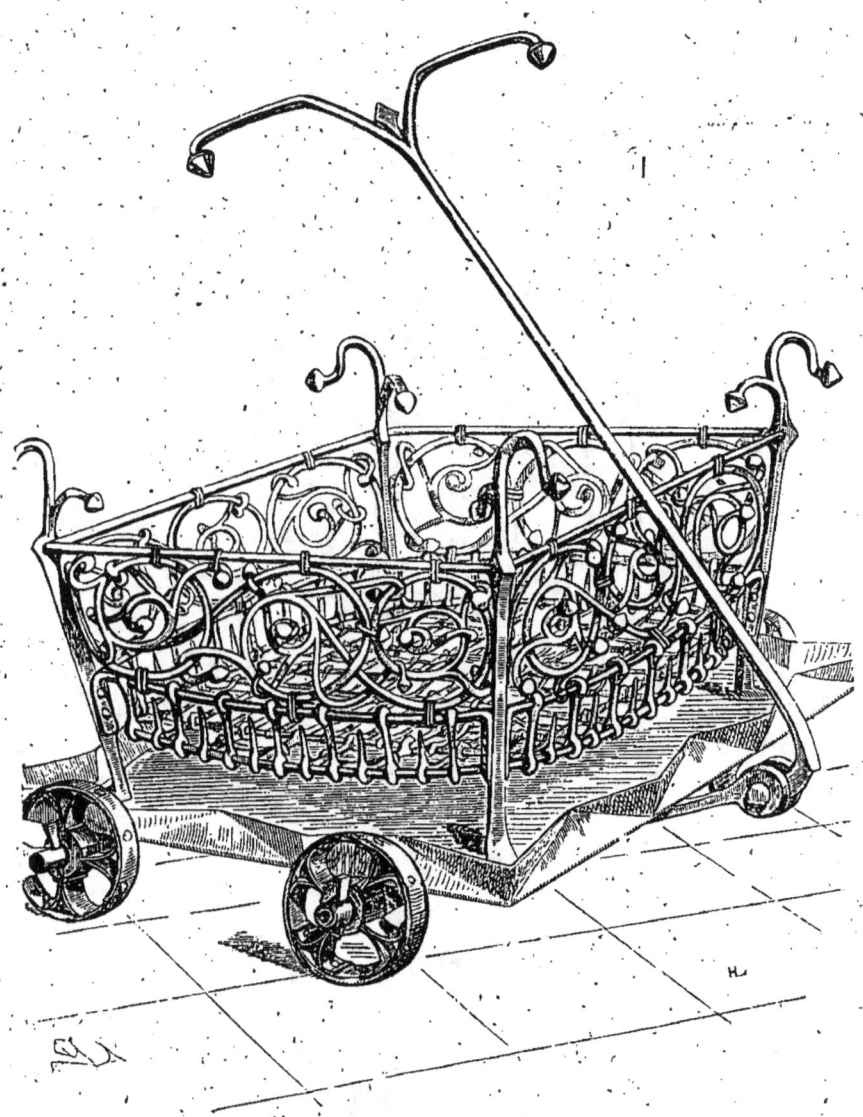

compte de sa construction. Nous en donnons (fig. 1) le dessin. Ce
meuble paraissait appartenir au commencement du xiiie siècle.

Le manuscrit d'Herrade de Landsberg, de la bibliothèque de
Strasbourg, contient une vignette [1] dans laquelle est figuré un

[1] 'Saint Pierre, interrogé par la servante, renie son maître.

réchaud disposé pour se chauffer les mains ; il est monté sur quatre pieds, mais sans roulettes. La figure 2 est une réduction de cette vignette.

2

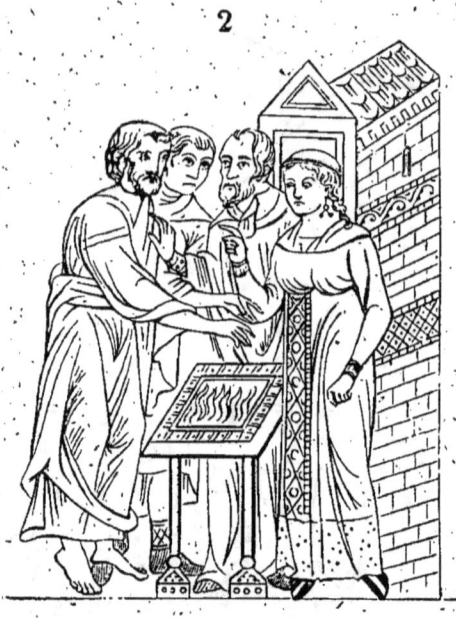

L'art de la serrurerie forgée était poussé très-loin pendant les XIIᵉ et XIIIᵉ siècles, et ces meubles en fer devaient être, dans les châ-

3

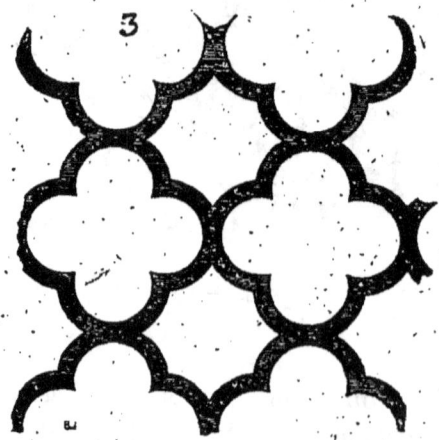

teaux ou les riches abbayes, fort beaux comme ouvrage de forge. Quelquefois même les panneaux à jour dont ils se composaient étaient de fonte de fer. Il existe encore, dans les magasins de l'église

4

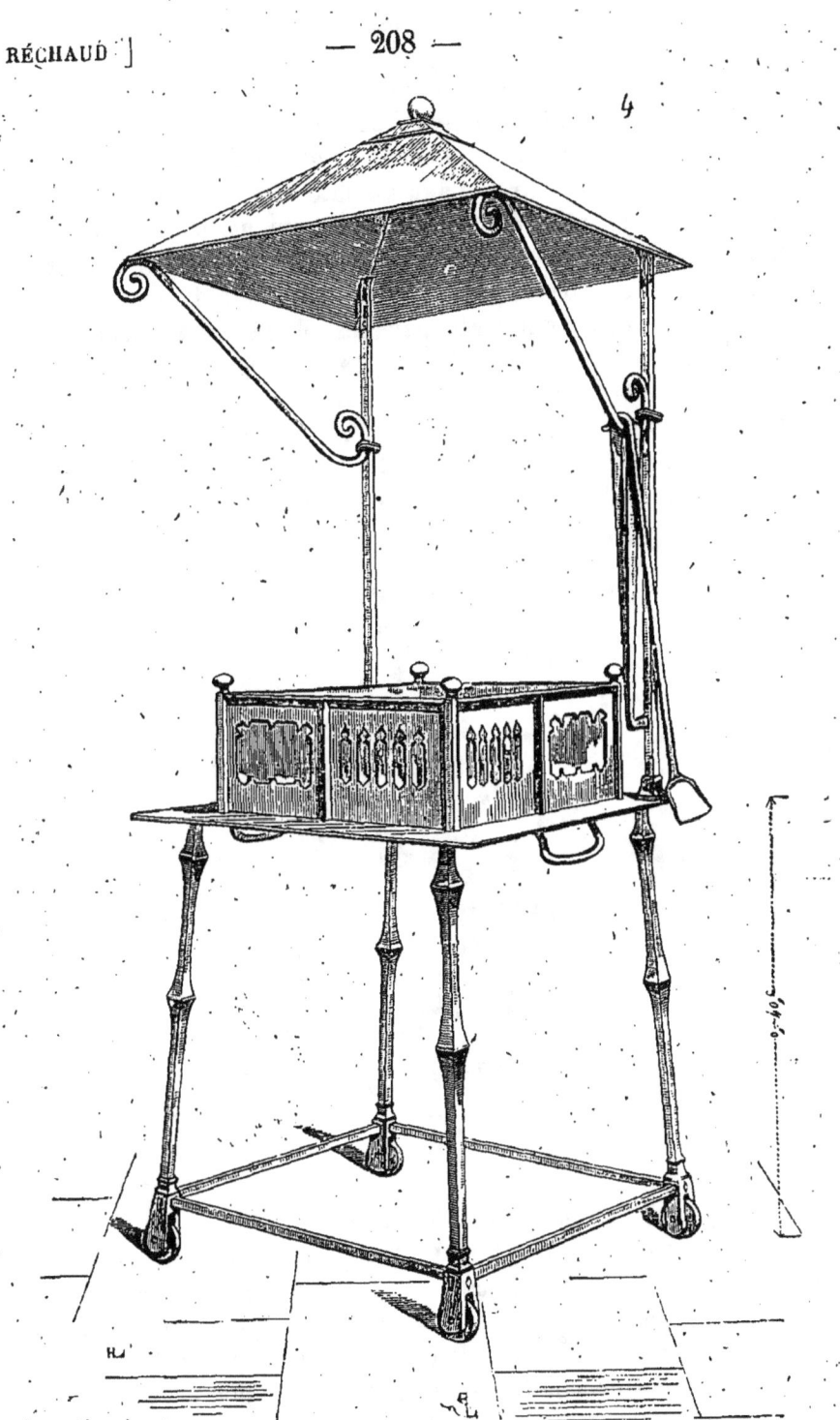

de Saint-Denis, une de ces plaques de fer délicatement fondue et qui appartient au XIIIᵉ ou au XIVᵉ siècle ; c'est une suite de quatre feuilles à jour formant le compartiment indiqué fig. 3.

Les sacristies des églises possédaient toutes des réchauds, comme encore aujourd'hui, pour fournir de la braise allumée aux thurifé-raires ; ces réchauds n'étaient ordinairement qu'un bassin avec poignées garnies de bois, posé sur un trépied. Quelques églises pos-sèdent encore des débris de ces meubles, qui disparaissent tous les jours pour être remplacés par des objets d'une forme le plus souvent barbare. On trouve un de ces réchauds dans la sacristie de l'église de Saint-Pierre de Beauvais : il est carré (fig. 4), posé sur quatre pieds à roulettes, et est surmonté d'un petit toit destiné à condenser la vapeur de la braise. La hauteur des pieds, qui n'est que de 0ᵐ,40, indique assez que ce réchaud n'était pas fait pour se

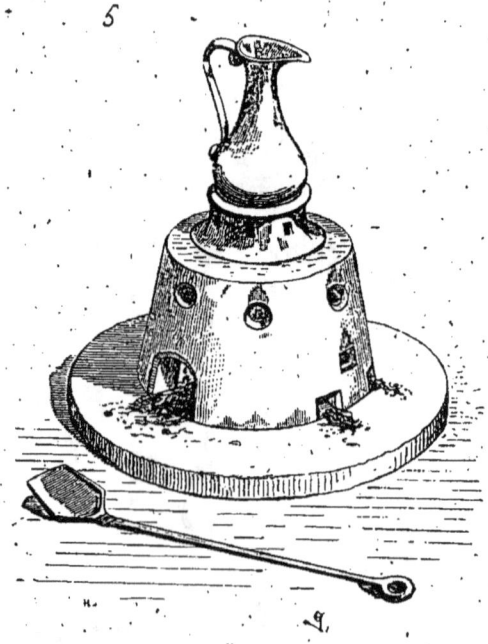

chauffer les mains, mais pour mettre la braise au niveau de la cap-sule de l'encensoir que le thuriféraire tient de la main gauche ; de la droite, au moyen des pincettes suspendues à l'une des consoles, il choisissait les morceaux de charbon rougis qu'il devait jeter dans la capsule. Une petite pelle longue et fine servait à retourner les cendres pour trouver la braise enfouie. Deux poignées, placées de manière que la chaleur du brasier ne pût les échauffer, permettaient de transporter le réchaud, fort léger, sans être obligé de le faire

rouler, et d'aller le remplir de sa braise. Ce meuble daté du XVᵉ siècle ; il est finement forgé [1].

On fabriquait aussi, pendant le moyen âge, de petits réchauds propres à faire chauffer de l'eau. C'étaient ordinairement des cylindres
de fer battu ou de terre cuite, ou des cônes tronqués, creux et percés
de trous, afin d'activer le feu. Un chapiteau de métal portait la bouil-
loire ; le tout était posé sur un plateau de terre cuite. Voici un de
ces petits meubles (fig. 5) [2], avec la pelle servant à retirer les cendres du fourneau.

RELIQUAIRE, s. m: (*phylactère*, *philatière*). Nom que l'on donne
à tout meuble contenant des reliques de saint. Il y avait des reliquaires de toutes formes, de toutes matières et de toutes dimensions. Il faut cependant distinguer le reliquaire, de la châsse. La
châsse contient un corps-saint : c'est le cercueil. Le reliquaire est le
vase, le coffre, le meuble enfin dans lequel on renferme, soit une
partie d'un corps-saint, soit un objet sanctifié. Ainsi on ne pourrait
dire que la couronne d'épines de Notre-Seigneur fût renfermée
dans une châsse, mais dans un reliquaire.

Dans l'église de l'abbaye de Saint-Denis en France, la châsse renfermant les ossements de saint Louis était déposée derrière l'autel
matutinal, ce qui n'empêchait pas le chapitre de la sainte Chapelle
de Paris de posséder un reliquaire contenant le chef du saint roi.
On comprend dès lors que, pendant le moyen âge, si le nombre des
châsses était limité par le nombre des corps-saints, il n'en était pas
de même des reliquaires, puisque la possession d'une parcelle d'un
de ces corps, ou d'un morceau d'étoffe, ou d'un objet ayant appartenu à un saint, obligeait le possesseur à faire faire un reliquaire.
Aussi n'essayerons-nous pas de donner un catalogue, même très-
sommaire, des principaux reliquaires du moyen âge. Non-seulement
les trésors des abbayes, des cathédrales et même des églises paroissiales en possédaient en quantité innombrable, mais les oratoires
des princes ou des seigneurs en étaient garnis. Les particuliers
mêmes avaient des reliquaires dans leurs maisons. La plupart de
ces meubles, grands ou petits, richement ornés ou simples, étaient
faits de métaux précieux, ou tout au moins de cuivre ou d'ivoire.
Il y avait cependant des reliquaires de bois précieux, de cristal et

---

[1] Ce réchaud est gravé dans le *Bulletin du Comité des arts de la France*, années
1853, 1854; nᵒ 3.
[2] Manuscr. de la Biblioth. nat., fonds Lavallière, nᵒ 44. *Proverbes, adages, allégories, portraits*, XVᵉ siècle.

même d'étoffe. On donnait aussi le nom de phylactères aux reliquaires. Guillaume Durand décrit ainsi les *phylatteria* : « C'est un
« petit vase d'argent ou d'or, ou de cristal ou d'ivoire, ou d'autre
« matière aussi précieuse, dans lequel sont enfermées les cendres
« ou les reliques des saints. Or, comme Elindius appelait les fidèles
« *cendreux (cinericios)*, à cause de ce qu'ils conservaient ces cen-
« dres, il fut établi dans l'Église, contre son avis, qu'on les garde-
« rait d'une manière honorable dans de précieux petits vases ; et
« ce nom est tiré de φυλάττω, *garder*, et de τίρον, *une extrémité*,
« parce que dans ces vaisseaux on garde un fragment de l'extrémité
« du corps des saints, comme, par exemple, une dent ou un doigt,
« ou quelque chose de semblable..... [1] »

Eginhard parle de saintes reliques transportées dans des sacs de
soie déposés dans des coffres de bois ; c'est de cette manière qu'il
fait venir de Rome à Sélingenstadt les restes des saints Marcellin,
Pierre et Tiburce. La translation de ces reliques, longuement dé-
crite par cet auteur, et pleine de détails curieux, fait ressortir l'importance que l'on attachait alors à la possession des corps-saints,
de quels soins et respects on entourait ces restes, et, il faut le dire,
du peu de scrupule que l'on apportait dans la manière de se les procurer. Le bénéfice de la possession semblait excuser, aux yeux des
personnages les plus respectables, la fourberie et le vol. Il est sans
cesse question, dans l'histoire du moyen âge, de reliques dérobées,
et dont la possession n'en est pas moins profitable aux larrons,
comme si l'intercession des saints était attachée à leurs cendres. On
comprend alors avec quelle ardeur on désirait posséder des reliques
qui étaient considérées comme de véritables talismans ; comme certains personnages, dont la vie n'était qu'un tissu de crimes abomi-
nables, croyaient cependant à l'efficacité de quelques ossements pour
les préserver de tout châtiment dans ce monde et dans l'autre ; comment ils s'en entouraient et les portaient même avec eux, pensant
que le saint dont ils possédaient un fragment ne pouvait se dispen-
ser de veiller sur leur salut. Cette croyance fit que les reliquaires se
multiplièrent à l'infini ; si bien qu'à plusieurs reprises le clergé dut
s'élever contre un abus qui tenait plus de la superstition que de la
véritable foi, et déclarer fausses et sans valeur toutes les reliques
dont l'origine n'était pas dûment constatée par l'Église [2].

---

[1] *Rational*, lib. I, cap. III.

[2] Saint Thomas d'Aquin examine et discute cette question : *Utrum suspendere
divina verba ad collum sit illicitum?* Le cardinal Tolet la nomme *observantia reli-
quiarum*.

Pendant les xiiᵉ et xiiiᵉ siècles, les juifs faisaient un véritable trafic de reliques, et contribuaient ainsi à détruire le prestige qui s'attachait aux restes des martyrs. Cependant, jusqu'au xviᵉ siècle, on ne cessa de fabriquer des reliquaires, non-seulement pour les églises, mais pour des particuliers, et il faut dire même que plus la croyance en l'efficacité des précieux restes diminuait, plus on donnait de richesse et d'élégance au contenant; si bien qu'au moment de la Réformation, les reliquaires étaient devenus plutôt des objets de luxe propres à décorer un oratoire que des meubles sacrés.

Non-seulement, pendant le moyen âge, chacun désirait posséder des reliques de quelque martyr, mais on en était venu à porter sur soi des objets auxquels on attachait une vertu particulière : par exemple, l'Évangile de saint Jean pendu au cou dans un tuyau de plume d'oie brodé par les deux bouts et ornés de franges de soie, ce qui garantissait d'une infinité de maux ; un morceau de verre sur lequel on gravait le psaume 9ᵉ ; un rosaire, un scapulaire, une ceinture de saint Augustin, un ceinturon de sainte Monique, un cordon de saint François; ou quelque autre signe de piété, ce qui devait vous préserver de la damnation éternelle et vous assurer les sacrements de l'Église à l'article de la mort, eussiez-vous vécu en païen ; ou bien encore des croix faites de certaines manières, des sachets remplis de mots cabalistiques. Tous les théologiens s'élevaient naturellement contre de pareilles pratiques; mais la preuve que le mal était fort répandu, c'est qu'ils ne cessent de s'en plaindre comme étant l'œuvre du démon.

Nous diviserons les reliquaires en reliquaires de trésors déposés dans les églises, les saintes Chapelles et les oratoires, et les reliquaires portatifs, que l'on portait avec soi ou sur soi. Les premiers sont encore aujourd'hui fort communs; quant aux autres, étant de petite dimension et faits de matières précieuses, ils sont assez rares. Jusqu'au xiiᵉ siècle, les reliquaires n'étaient pas aussi nombreux qu'ils le devinrent plus tard, car les églises qui possédaient des corps-saints entiers n'en laissaient pas aisément distraire quelques parcelles. Le culte pour les précieux restes des martyrs avait quelque chose de touchant dans les premiers temps de l'Église, et l'on comprend parfaitement le respect que les populations portaient aux tombeaux, demeurés intacts, des confesseurs de la foi. Mais peu à peu les abbayes, qui la plupart possédaient des corps-saints, soit pour obtenir les bonnes grâces d'un grand personnage, soit pour reconnaître un service signalé, donnèrent des fragments de ces corps, et il fallut faire des reliquaires pour contenir ces parcelles. Les croisades contribuèrent puissamment à répandre la passion pour les reliques saintes. Tous ceux qui revenaient de Palestine rapportaient quelque fragment sacré ou quelques ossements de saints. Constantinople et Venise en vendaient à toute la chrétienté, et fabriquaient les coffres ou étuis de métal, bois ou ivoire qui les contenaient. C'est ainsi probablement que les premiers émaux byzantins, imités plus tard à Limoges, vinrent en France ; que les arts de l'orfévrerie et de la sculpture sur ivoire pénétrèrent en Occident. Cette origine orientale est évidente, elle subsiste longtemps dans ces meubles ou objets sacrés, et lorsque déjà les arts de l'architecture et de la grande sculpture ont pris un caractère franchement occidental. L'orfévrerie, la sculpture sur ivoire, les émaux, la ciselure sur métaux, les nielles, sont encore empreints des arts industriels de l'Orient au commencement du XIIIᵉ siècle, tandis qu'à cette époque l'architecture rejette complétement les traditions d'outre-mer.

Ce qui caractérise les reliquaires fabriqués en Occident particulièrement pendant les XIIᵉ et XIIIᵉ siècles, c'est qu'ils affectent à l'extérieur la forme des objets qu'ils renferment : est-ce un crâne, le reliquaire est un buste d'or, d'argent ou de cuivre, reproduisant les traits du saint ; est-ce une côte, le reliquaire se recourbe en suivant les contours de cet os ; est-ce un bras, le reliquaire est façonné en forme de bras vêtu, avec la main bénissant. Tandis que les reliquaires venus d'Orient, pendant les XIIᵉ et XIIIᵉ siècles, sont des coffres, des boîtes plus ou moins riches, mais qui étaient évidemmant des objets fabriqués d'avance et dans lesquels on plaçait les reliques envoyées. Jamais ces reliquaires ne retracent en sculpture, ciselure ou émaux, des scènes ayant un rapport avec l'histoire du personnage dont ils contiennent les restes, et quelquefois même ce sont des scènes profanes qui entourent la boîte sacrée.

Le plus ancien et le plus précieux de tous les reliquaires vénérés pendant le moyen âge est le saint Graal.

Nous n'entreprendrons pas, après MM. Paulin Pâris, Le-Roux de Lincy et Francisque Michel, de dire quelque chose de neuf sur la légende du saint Graal. Le saint Graal est le vase qui servit à Jésus-Christ pour célébrer la cène[1], et dans lequel Joseph d'Arimathie

---

« Leenz eut un vcissel moult gent,
« Où Criz feisoit son sacrement;
« . . »

(*Le Roman du saint Graal*, vers 395. man. de la Biblioth. nat., fonds Saint-Germain, n° 1987.)

recueillit des gouttes du sang de Notre-Seigneur après la passion. Ce vase passa, dit la légende, des mains de Joseph d'Arimathie, qui vécut plus de deux siècles, en celles de son neveu, nommé Alain. L'histoire de ce précieux vase a fourni le sujet de plusieurs romans pendant le moyen âge.

Après cette relique, celle de la vraie croix occupe la première place. Découverte par sainte Hélène, elle fut transportée à Constantinople, et, de là, des fragments plus ou moins considérables furent donnés à la plupart des princes de la chrétienté. La sainte Chapelle de Paris en possédait plusieurs morceaux enfermés dans un étui fabriqué à Byzance.

Jérôme Morand, dans son *Histoire de la sainte Chapelle*, donne une gravure assez bien exécutée de ce reliquaire, dans lequel étaient incrustées trois croix à doubles branches, une grande et deux petites. Saint Louis avait acheté la sainte couronne d'épines de Baudouin de Courtenay, empereur de Constantinople; il lui fit faire un magnifique reliquaire d'or, qui existait encore dans le trésor de la sainte Chapelle en 1789, et dont nous possédons une assez belle copie coloriée dans le manuscrit des Heures d'Anne de Bretagne. Ce reliquaire était en forme de couronne royale, avec les douze apôtres dans des niches sur le cercle; un cylindre de cristal entrant dans le cercle renfermait la relique : le tout était porté sur un pied. Si le reliquaire fut fondu en 1792, la relique fut conservée; elle est aujourd'hui déposée dans le trésor de la cathédrale de Paris [1]. Parmi les reliquaires les plus célèbres, il faut encore signaler celui qui contenait la tunique de la sainte Vierge, appartenant au trésor de la cathédrale de Chartres, et qui avait été donné à cette église par Charles le Chauve, en 876.

Ainsi que nous l'avons dit plus haut, les formes données aux reliquaires pendant le moyen âge sont très-variées; les plus anciens sont ordinairement des coffres de métal ou d'ivoire, quelques-uns sont façonnés en forme de tours ou ressemblent assez à une lanterne. Le trésor de Conques possède encore un reliquaire de ce genre, de bois recouvert de feuilles de cuivre ou d'argent. Carré à sa base, il arrive à l'octogone au moyen de pans coupés, comme certains clochers du Limousin; sa partie supérieure est à jour. Les *Annales archéologiques* de M. Didron ont donné une très-bonne gravure du reliquaire de Conques, accompagnée d'une notice à laquelle

---

[1] Le reliquaire de la sainte Chapelle a été rétabli depuis peu, et est renfermé dans le trésor de Notre-Dame de Paris, où chacun peut le voir.

nous ne pouvons mieux faire que de renvoyer nos lecteurs[1]. Une inscription constate que ce reliquaire fut donné par l'abbé Bégon, qui gouverna le monastère de Conques de 1099 à 1118. Le musée de Cluny possède un fort beau reliquaire en forme de coffre, qui appartient aux dernières années du XIe siècle; il est connu sous le nom de *châsse de saint Yved*, et provient de l'abbaye de Braisne. Ses faces et son couvercle sont sculptés dans des plaques d'ivoire. Les figures qui l'entourent représentent : sur l'une des grandes faces,

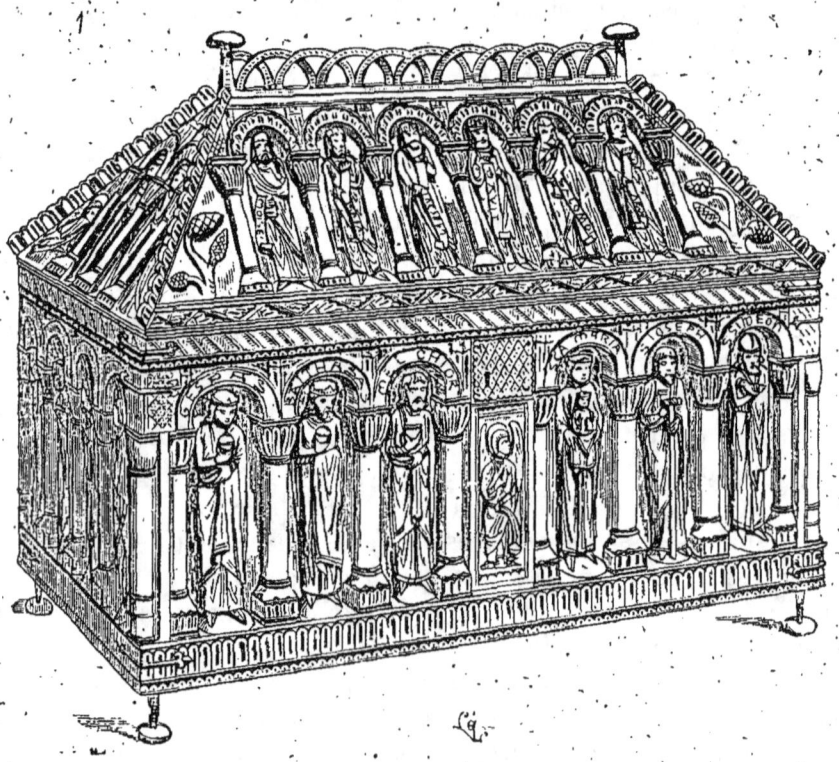

les trois mages, un ange thuriféraire, la Vierge et le Christ avec saint Joseph et saint Siméon; sur la face opposée, le Christ bénissant, saint Pierre et saint Paul; puis, à droite, saint André, saint Thomas, saint Jacques, saint Jude, saint Barnabé et saint Barthélemy; à gauche, saint Jean, saint Jacques le Mineur, saint Philippe, saint Mathias, saint Mathieu et saint Simon; sur le couvercle, du côté de la Vierge, Moïse, Isaïe, Jacob, David, Salomon et Aaron; du côté du Christ, Jérémie, Samuel, Roboam, Balam, Abraham et Daniel; au-dessus des petites faces, à la droite du Christ, Adam, Noé et les archanges Michel et Gabriel ; à sa gauche, Jessé, Jonas et les archanges Raphaël et Jérubin.

Nous donnons (fig. 1) l'ensemble de ce reliquaire, et (fig. 2) un détail de la sculpture sur ivoire. Le reliquaire de saint Yvet n'a pas,

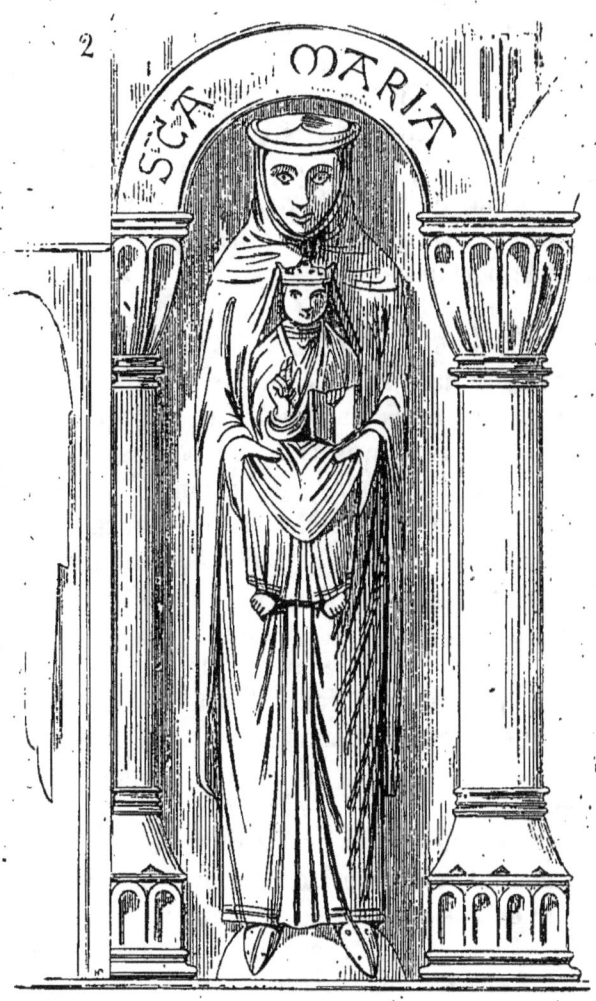

ainsi qu'on peut en juger, une destination spéciale : c'est un coffret pouvant renfermer quelque objet sacré que ce soit ; tandis que les *chefs*, par exemple, ou bustes de métal renfermant la tête d'un saint, indiquaient parfaitement leur contenu. Les trésors des abbayes et des cathédrales en conservaient un assez grand nombre, entre autres ceux des églises de Saint-Denis en France et de Saint-

Germain-des-Prés ; ces chefs sont gravés dans les histoires de ces abbayes [1].

Un des chefs les plus célèbres était celui que possédait la sainte Chapelle de Paris, et dans lequel était renfermée la partie supérieure du crâne de saint Louis. Ce chef était d'or, décoré de pierres précieuses ; il avait été donné à la chapelle royale par Philippe le Bel, et reproduisait les traits du saint roi. Il est fort bien gravé dans l'*Histoire de saint Louis* du sire de Joinville, publiée par Dufresne du Cange [2]. Nous croyons devoir donner ici une copie de ce reliquaire, afin, s'il est possible, de détruire une erreur grossière perpétuée depuis la révolution par nos peintres d'histoire. M. A. Lenoir, en faisant le classement du Musée des monuments français, avait fait enlever les statues de Charles V et de Jeanne de Bourbon, sa femme, qui décoraient le portail des Célestins à Paris, et, changeant les noms de ces deux personnages, les avait exposées au public comme étant les figures de saint Louis et de Blanche de Castille : il lui semblait regrettable de laisser dans sa collection une lacune aussi importante ; et, comme il possédait deux statues de Charles V et deux de Jeanne de Bourbon, il s'était permis cette innocente supercherie. Mais quand, au retour des Bourbons, on commanda aux artistes bon nombre de bas-reliefs ou de tableaux dans lesquels devait figurer le saint roi, ceux-ci copièrent tous, avec la plus scrupuleuse fidélité, la tête et le costume de la statue des Célestins, et donnèrent ainsi au roi Louis IX les traits passablement vulgaires du sage roi Charles V. Or, Joinville dit que son maître avait la taille élevée, le port noble et la tête haute [3] ; portrait qui répond parfaitement au buste de la sainte Chapelle que nous donnons (fig. 3), mais qui ne ressemble en rien au masque de Charles V. Il serait convenable, lorsqu'on veut peindre ou sculpter les traits du saint roi, ou de les trouver dans l'imagination de l'artiste, ou, si l'on veut rester fidèle à la tradition, de ne point perpétuer cette erreur qui prête au ridicule. Nous ne savons, au point de vue de l'art, ce que pouvait valoir le chef de la sainte Chapelle exécuté en or repoussé ; si l'on en juge par la gravure, c'était une œuvre remarquable.

Il existe encore, dans quelques églises, musées et collections particulières, des reliquaires de ce genre qui sont beaux. Un des plus

---

[1] Dom Felibien, dom Bouillard.
[2] 1678, in-fol.
[3] « ... Et vous promets que oncques si bel homme armé ne veis, car il paroissoit par « dessus tous depuis les espaules en amont... » (Joinville, *Histoire de saint Louis*.)

3

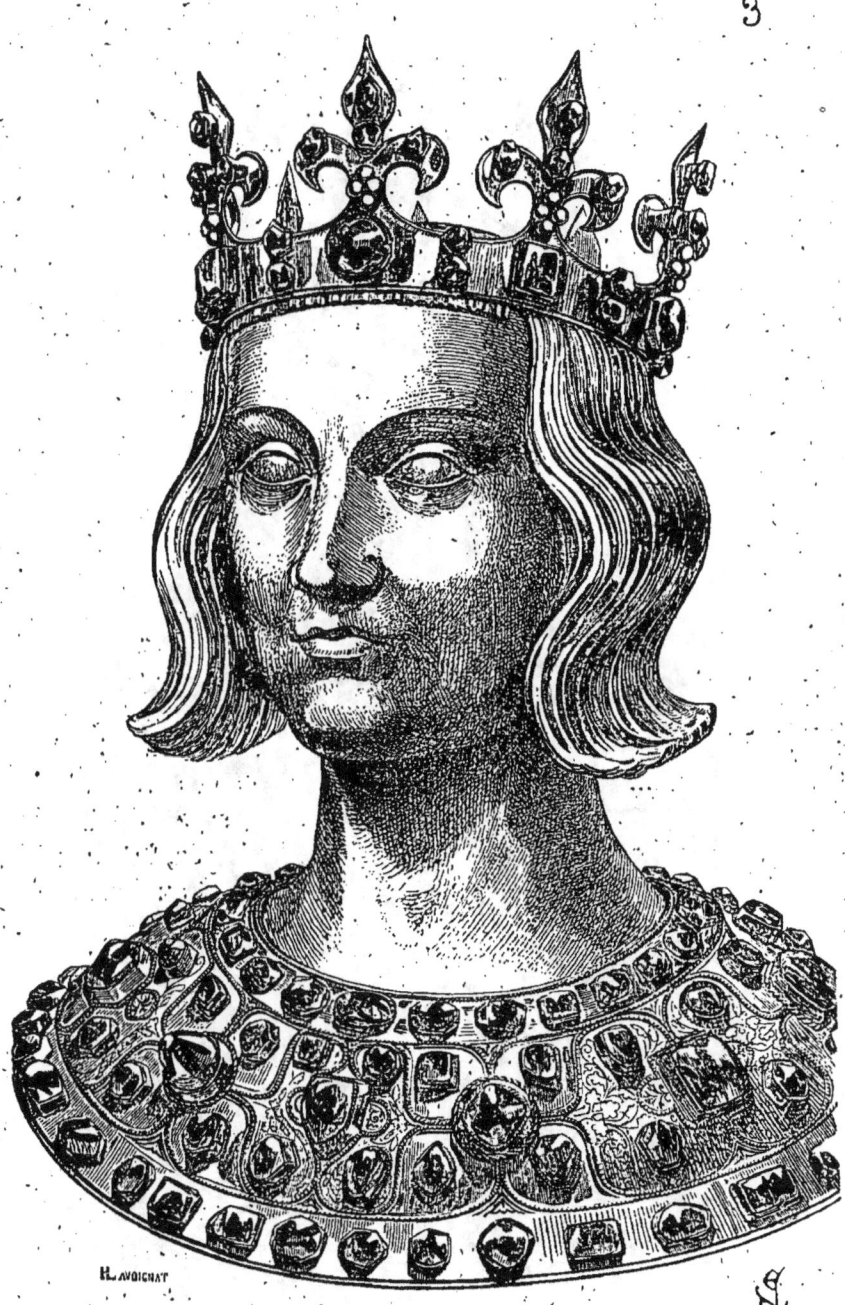

anciens est le chef de saint Candide, copié par M. Blavignac[1]. Ce

[1] *Histoire de l'architecture sacrée dans les anciens évêchés de Genève, Lausanne et Sion*, 1853, D. Blavignac, p. 7.

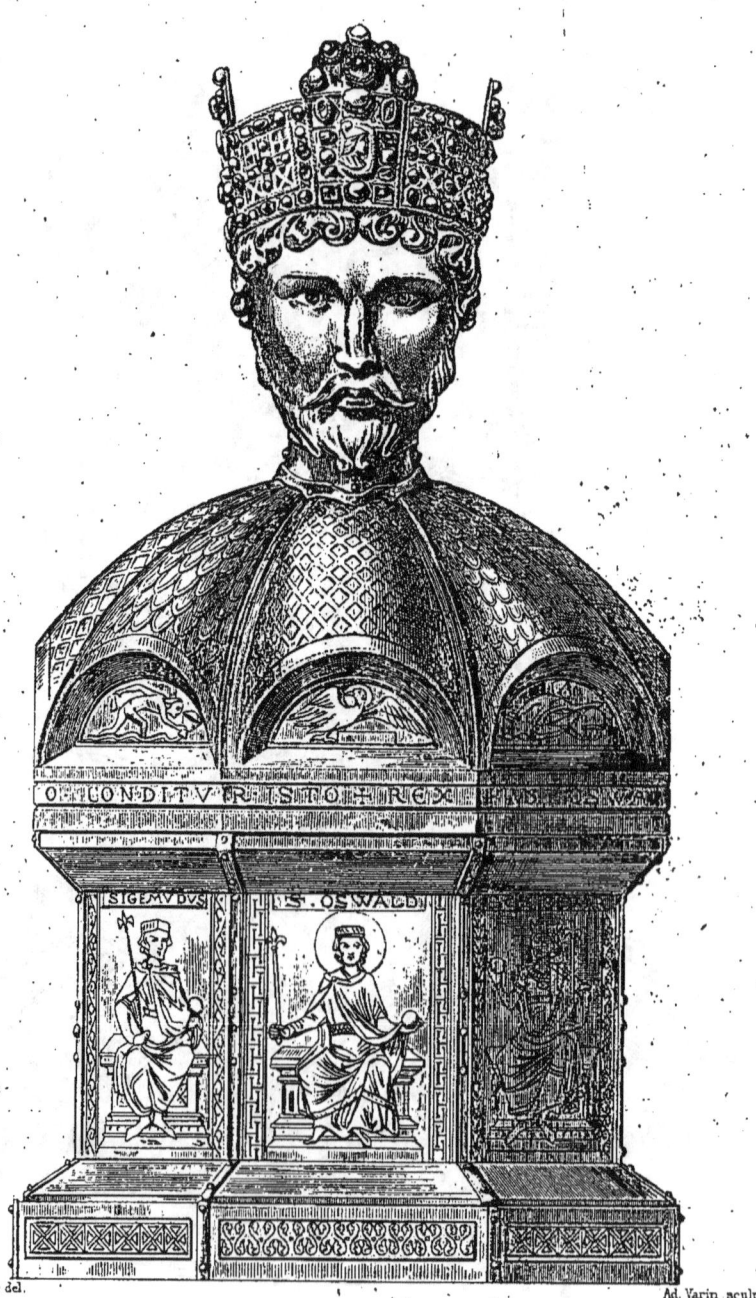

Viollet le Duc del.

Ad. Varin sculp.

RELIQUAIRE DE St OSWALD.

ARGENT REPOUSSÉ.

chef est fait de lames d'argent clouées sur un bois dur. La coiffure et les moustaches du saint sont ornées d'arabesques, ainsi que la bordure du collet. Le buste est monté sur un piédouche carré, sur lequel est représenté en petit relief le martyre du saint. Ce monument paraît dater du ixᵉ ou xᵉ siècle. La cathédrale de Vienne en Dauphiné conservait le chef de saint Maurice, lequel était d'or couronné de pierreries ; ce reliquaire datait du ixᵉ siècle [1]. Comme travail de repoussé, un des plus beaux chefs que nous connaissions se trouvait dans la collection de M. Louis Fould. C'est là une œuvre d'une grande valeur : nous ne connaissons pas la provenance de ce monument, qui appartient aux premières années du xiiiᵉ siècle, et est de cuivre fort épais, complétement repoussé au marteau ; les cheveux seuls sont retouchés au burin. Notre gravure (Pl. VII) reproduit le reliquaire, chef de saint Oswald, qui est déposé dans la cathédrale de Hildesheim, (Hanovre). Ce reliquaire est un des plus remarquables parmi tous ceux que le xiiiᵉ siècle nous a laissés. Il est d'argent repoussé. La couronne est ornée de perles et de pierres dures. Dans les huit tympans du dôme sont figurés en gravure remplie d'un mastic noir les quatre évangélistes et les quatre fleuves du paradis. Au-dessous, dans les huit faces du piédestal, des rois saints. Sur le listel est gravée l'inscription suivante : R. ISTO + REX. PIVS. OSWALDVS. SESE. DEDIT. ET. SVA. XPO. LICTORI. Q. CAPVD. QVOD. T. AVRO CONDITV. Les fonds des rois sont délicatement niellés, ainsi que les bordures du socle. Cet ouvrage est de travail rhénan.

Le trésor de la cathédrale de Laon était singulièrement riche en reliquaires. Plusieurs de ces reliquaires figuraient des images de la sainte Vierge portant de petits vases, des médaillons contenant de précieuses reliques ; d'autres avaient la forme de petites châsses ; beaucoup étaient de cristal, afin de permettre de voir les reliques qu'ils renfermaient. Dans l'inventaire de ce trésor [2], on remarque un magnifique reliquaire servant en même temps d'ostensoir [3], plusieurs statuettes, et des reliquaires (monstrances) en forme de candélabre, des coffrets (pixides), des boîtes en forme de boule, de croix, etc. ; des couronnes autour desquelles étaient suspendus de petits vases et des médaillons contenant des reliques. Le nombre des reliquaires du trésor de Laon s'élevait à près de cent quatre-

[1] Bérodi, *Histoire de saint Sigismond*, p. 364.
[2] *Inventaire du trésor de la cathédrale de Laon*, publié par Édouard Fleury, 1855.
[3] Voyez p. 4.

vingts, et la plupart étaient de matières précieuses. Les cathédrales
de Reims, de Rouen, de Bourges, de Chartres, d'Arras, de Saint-
Omer, de Troyes, de Sens, n'étaient guère moins riches en objets de
ce genre, qui, malheureusement pour l'histoire de l'art, sont aujourd'hui fondus ou dispersés. Mais c'était dans les abbayes particulièrement qu'on trouvait les plus riches et les plus nombreux
reliquaires. Celle de Saint-Denis en France contenait, dans son trésor, une quantité incroyable de ces meubles sacrés ; les plus remarquables sont gravés dans l'œuvre de Félibien. Celle de Saint-Germain-
des-Prés n'était guère moins riche. Les trésors des églises paroissiales elles-mêmes possédaient des reliquaires célèbres, et l'abbé
Lebeuf, dans son *Histoire du diocèse de Paris*, en signale un grand
nombre dont quelques-uns paraissent fort anciens.

La plupart des églises cathédrales et paroissiales avaient, dans
leurs trésors, de grands coffres, sorte de châsses dans lesquelles on
enfermait les reliques les plus vénérées, afin de les transporter dans
les villes et villages du diocèse, pour recueillir des dons destinés à
subvenir aux dépenses de la construction ou aux réparations de
l'église. C'est en transportant au milieu des populations les plus
précieuses reliques de leurs trésors que les cathédrales d'Amiens,
de Noyon, de Senlis, purent achever les constructions entreprises à
la fin du xiie siècle et au commencement du xiiie. Ces voyages que
l'on faisait faire aux reliques des églises, accompagnées de plusieurs
religieux s'étendaient souvent bien au delà du diocèse particulièrement intéressé à l'achèvement de l'œuvre, et les dons recueillis ainsi
étaient parfois considérables. Cependant, à la fin du xiiie siècle déjà,
ces collectes ne produisaient probablement plus des résultats assez
importants pour valoir la peine et les dangers auxquels les religieux
s'exposaient en transportant au loin leurs plus saintes reliques ; car,
à partir de cette époque, sauf dans les cas de calamités publiques,
les reliques restent dans les trésors, et c'est aussi à cette époque
que les chapitres comme les abbés font faire un grand nombre de
reliquaires sur des formes nouvelles et très-variées, afin d'attirer
l'attention des fidèles sur le contenu par la beauté du contenant.
C'est évidemment autant le besoin de réchauffer le zèle attiédi des
populations que le désir de donner aux reliques des enveloppes
dignes d'elles, qui engagea le clergé, pendant les xiiie, xive et xve
siècles, à faire exécuter une quantité si prodigieuse de reliquaires
sur les dessins les plus riches et les plus propres à émerveiller les
fidèles. Le clergé du moyen âge avait parfaitement l'intelligence de
son temps, et il savait qu'il captivait autant et plus peut-être les peu-

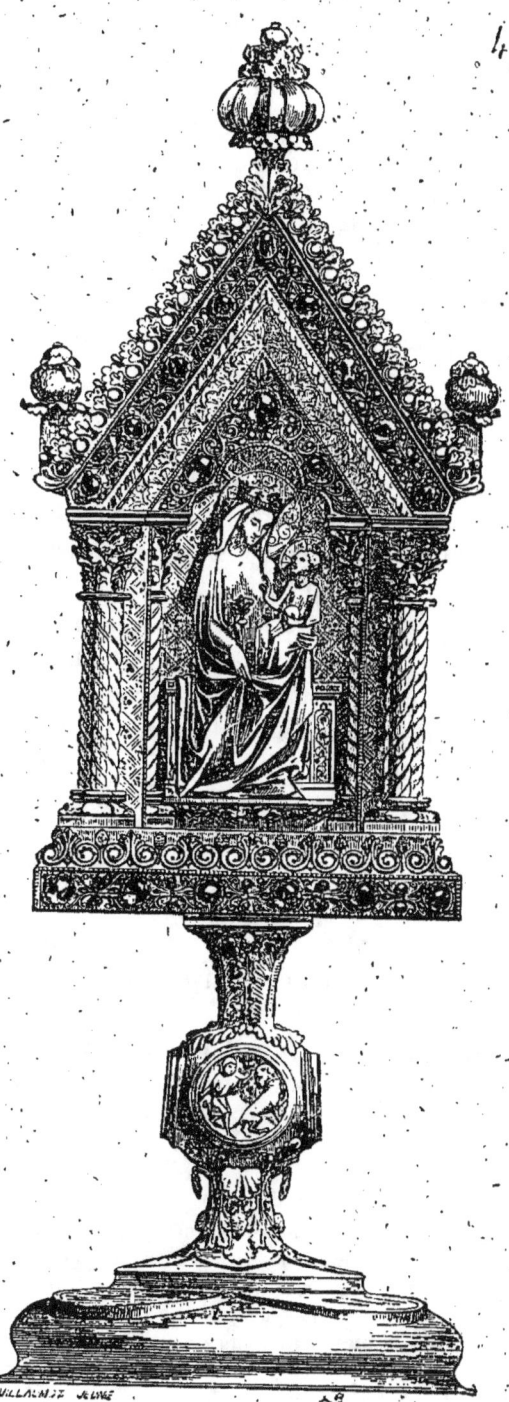

ples par les yeux que par la parole et les saintes maximes. Les monuments qu'il éleva, qu'il couvrit de sculptures, de peintures et de vitraux, qu'il remplit des meubles les plus précieux, les plus curieusement travaillés, font ressortir l'importance qu'il attachait aux arts comme moyen de retenir les populations autour de lui.

Pour donner à nos lecteurs une idée de quelques-unes des conceptions les plus heureuses de cette époque, en fait de reliquaires, nous choisirons plusieurs exemples, inédits autant que possible [1], et exécutés en France : car, il faut le dire, la moisson serait beaucoup plus riche si nous allions chercher ces exemples en Allemagne; mais les caractères de l'orfévrerie des pays d'outre-Rhin, comme style et moyens de fabrication, sont tellement différents de ce qui tient aux anciens arts industriels de notre pays, que nous ne pourrions, sans jeter la confusion dans l'esprit de nos lecteurs, prendre indifféremment nos exemples en deçà ou au delà du Rhin.

Voici (fig. 4) un reliquaire (monstrance) dépendant du trésor de la cathédrale de Reims, qui, comme composition et travail, est une œuvre remarquable. Il consiste en une sorte de tableau peu profond, porté sur un pied, et est fabriqué en argent et cuivre repoussé et doré. Cet objet d'orfévrerie appartient à la première moitié du XIIIe siècle. La partie centrale, comprise dans l'arcature, est détruite et était destinée à recevoir une statuette probablement assise, ainsi que nous avons cru devoir le figurer. Ce reliquaire s'ouvre par derrière au moyen d'une plaque de cuivre gravé et doré montée sur charnière. Au centre de cette plaque, la gravure représente Samson déchirant le lion avec ses mains. Sur le devant du pied, on voit représenté un personnage portant une épée et attaquant un lion. Le pied de cette monstrance est charmant comme forme et comme travail : le quatre-lobes repoussé sur ce pied est couvert de gravures représentant des rinceaux d'un beau caractère.

Notre fig. 5 donne un reliquaire dépendant du trésor de la même église, et qui consiste en un cylindre de cristal enchâssé entre deux gâbles, une sorte de faîtage et quatre tourelles. Sous le cylindre est posée une cassette couverte de charmantes gravures. Ce reliquaire

---

[1] Les publications archéologiques ont reproduit déjà un grand nombre de ces charmants petits meubles sacrés, et nous renvoyons nos lecteurs aux *Annales archéologiques* de M. Didron, aux *Mélanges archéologiques* des RR. PP. Martin et Cahier, à l'ouvrage déjà cité de M. Blavignac, pour prendre une idée générale de ces conceptions variées et souvent très-belles. Dans la partie de notre *Dictionnaire* qui traite de l'orfévrerie, nous avons d'ailleurs l'occasion de revenir sur ces objets, dans lesquels la finesse du travail l'emporte toujours sur la richesse de la matière.

5

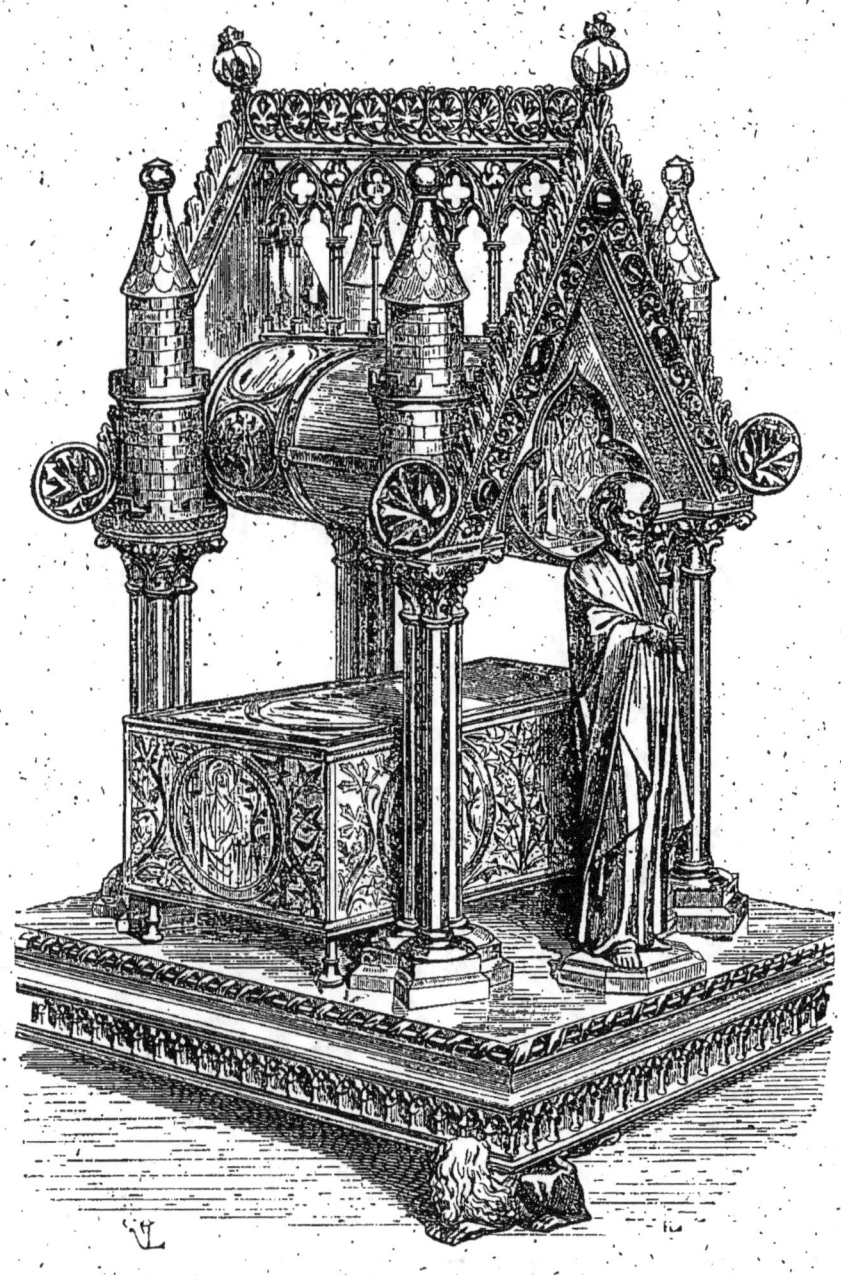

est quelque peu postérieur au précédent : il appartient à la seconde

moitié du XIIIᵉ siècle, et n'est malheureusement pas complet : ainsi
que la plupart de ces objets, il a été dépouillé de quelques ornements et remonté assez grossièrement. Il présente cependant encore
un ensemble gracieux et original. On remarquera la statuette d'argent repoussé qui est posée en avant de l'un des deux gâbles : cette
statuette représente un des apôtres portant de la main gauche une

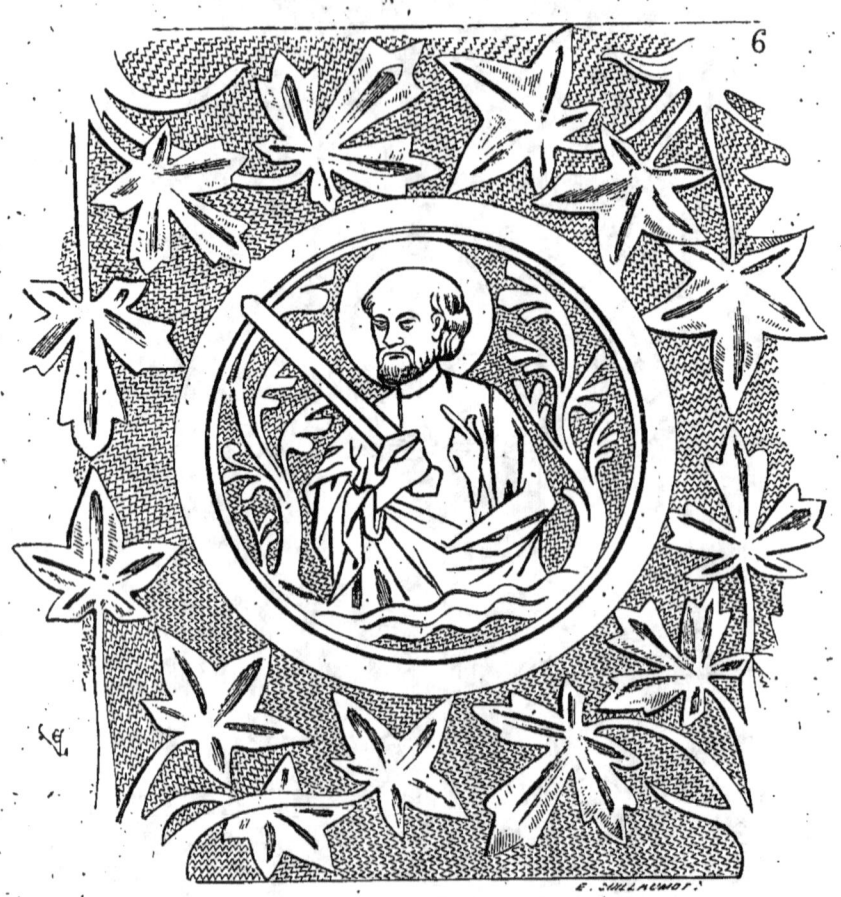

bourse qu'il montre de la droite. Nous la supposons provenir d'un
autre reliquaire ; cependant elle est de la même époque que celui-ci
et du plus beau travail. Comme repoussé, c'est là une œuvre du
plus haut intérêt. Nous donnons (fig. 6) un fragment des gravures
appartenant au couvercle de la petite cassette posée sur le plateau
intérieur.

Beaucoup de ces objets étaient enrichis de pierres précieuses, d'intailles ou camées antiques ; ces ornements ont été presque toujours

enlevés et dispersés. Les trésors de Notre-Dame de Chartres, de Paris, de Reims, de Bourges, de l'église de Saint-Denis, possédaient une grande quantité de reliquaires sur lesquels étaient incrustées des pierres antiques. Quelquefois même des vases antiques de jaspe, de cristal de roche ou d'agate, furent montés en argent ou en or et considérés comme des reliquaires d'un grand prix.

Le trésor de l'église de Saint-Denis possédait un de ces reli-

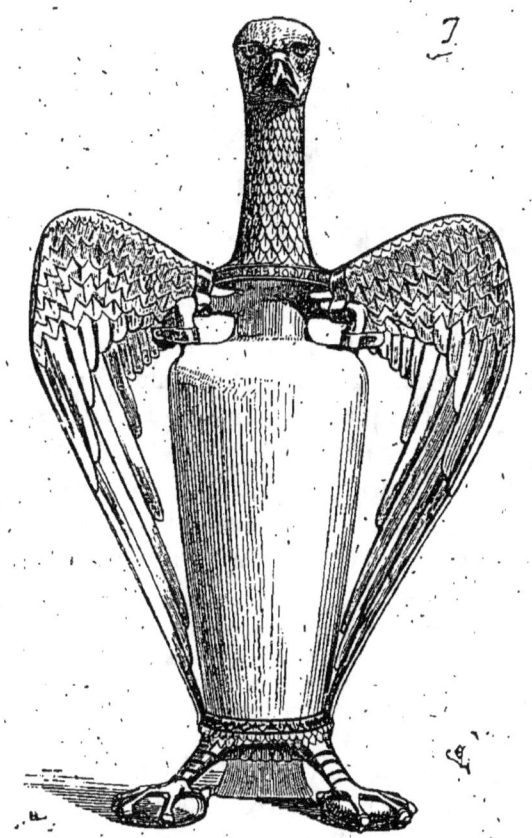

quaires (fig. 7), composé d'un vase de porphyre monté en vermeil. Cette monture figure un aigle ; elle date du XIIᵉ siècle, et est d'un travail précieux, ainsi qu'on en peut juger par le détail (fig. 8) de la tête de l'aigle. Sur le collet de métal du vase, on lit ces deux vers latins :

« Includi gemmis lapis iste meretur et auro :
« Marmor erat, sed in his marmore carior est. »

Pendant les XIVᵉ et XVᵉ siècles, on composa beaucoup de reliquaires avec des figures comme supports : c'étaient des anges, des religieux, des rois, des évêques qui portaient un vase ou un cylindre de cristal renfermant les précieux restes d'un saint. Tel était le reliquaire également déposé dans le trésor de Saint-Denis et qui contenait la mâchoire inférieure de saint Louis. « La relique, dit Félibien [1], était portée par deux figures couronnées, dont l'une représentait Philippe

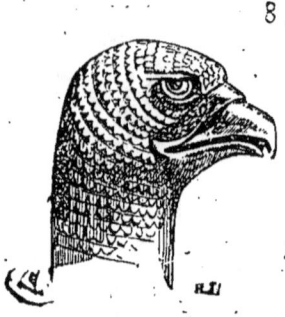

le Hardi et l'autre Philippe le Bel. » Sous la capsule contenant la relique, était représenté, à genoux, l'abbé mitré Gilles de Pontoise, tenant un autre petit reliquaire où se voyait enchâssé un fragment d'os du saint roi. Derrière l'abbé, sur le soubassement, était gravée cette inscription : « *Ægidius abbas sancti Dionysi qui in honorem* « *beati Ludovici præsens vas fieri fecit, quod ejus sacris istis reli-* « *quiis decenter ornavit.* » On trouve la gravure de ce reliquaire dans l'ouvrage de Félibien.

Voici (fig. 9) un autre petit meuble de ce genre, qui fait partie de la collection du musée de Cluny. C'est un cylindre de cristal, enchâssé dans du cuivre doré, avec crête décorée de boules de cornaline, Quatre abbés portent la relique sur une sorte de brancard. Le tout posé sur une feuille de cuivre soutenue par quatre colonnettes. Ce reliquaire appartient à la fin du XIVe siècle.

Nous avons dit qu'il était d'usage, pendant le moyen âge, d'avoir des reliquaires portatifs ; et, bien que ceux-ci ne puissent être considérés comme des meubles, cependant nous ne croyons pas devoir les séparer des reliquaires à demeure. Ces reliquaires étaient de deux sortes : les uns faisaient partie des bagages avec les ustensiles sacrés que la plupart des princes et seigneurs faisaient porter avec eux en voyage ; les autres se plaçaient dessus ou dessous les vêtements, de manière à mettre en tout temps et en tous lieux le possesseur sous la protection du saint dont il portait les reliques. Pendant leur séjour en Palestine, les croisés récoltaient une grande quantité de reliques, tout était relique sur la terre sainte : les pierres du sépulcre de Jésus-Christ, les pierres du Calvaire, les pierres des portes sous lesquelles Notre-Seigneur avait dû passer. Si, parmi les croisés, il se trouvait bon nombre de chevaliers et d'é-

9

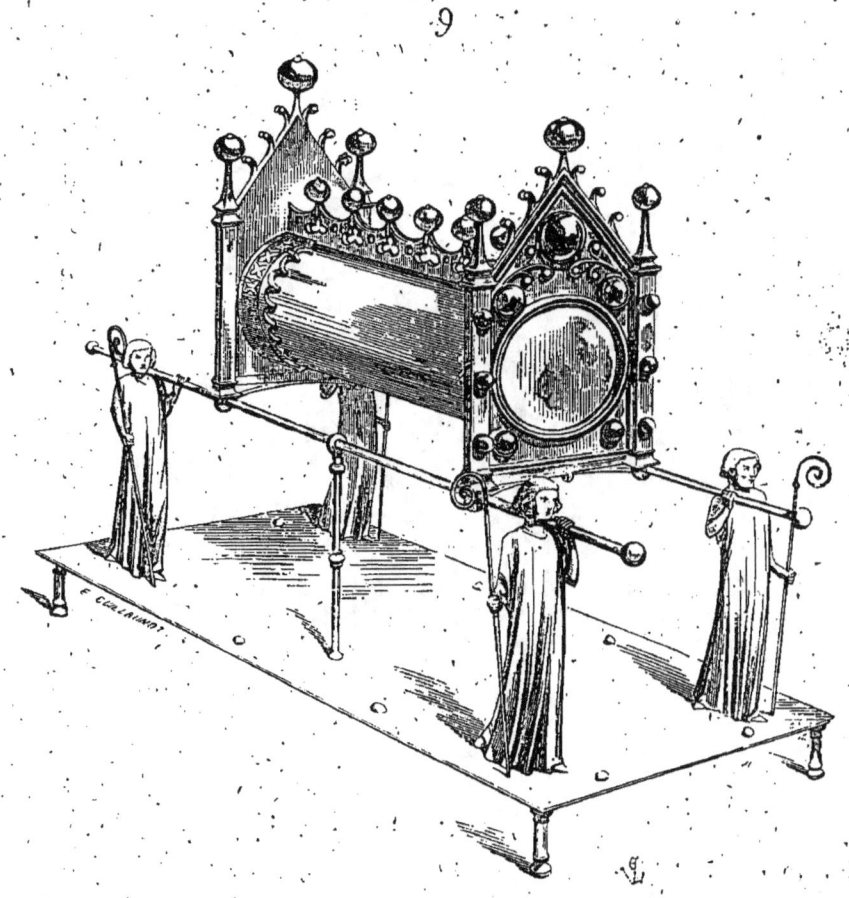

cuyers qui entreprenaient le voyage par des motifs peu édifiants, la plupart étaient croyants et ramassaient avec un pieux empressement quantité de fragments provenant des lieux visités par Jésus-Christ et sa mère. De retour dans leur pays, ils s'empressaient de faire en- châsser ces parcelles dans des reliquaires, comme nos touristes aujourd'hui recueillent et gardent dans un écrin des morceaux de monuments et même des fragments du sommet des montagnes qu'ils ont visités ¹. Souvent ces écrins sacrés des croisés étaient faits en

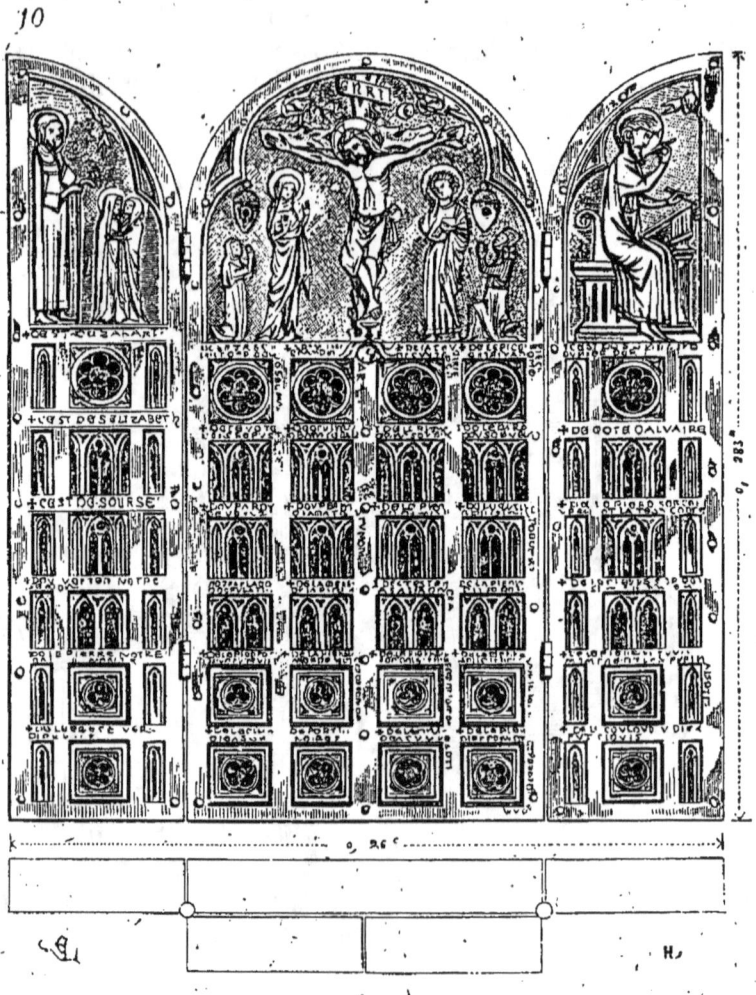

forme de diptyque ou de triptyque d'une assez petite dimension pour être portés partout avec eux.

¹ Ce n'est pas d'aujourd'hui, on le voit, qu'est né chez les peuples de l'Occident ce désir de conserver des souvenirs palpables, matériels, des lieux que l'on voit en passant. Au XIXᵉ siècle, les touristes rapportent un petit morceau du Parthénon ou inscrivent sur un bâton ferré tous les sommets de montagnes qu'ils ont gravis; cela est à coup sûr fort innocent, mais il ne faut pas s'étonner de trouver chez les pèlerins du moyen âge les mêmes idées auxquelles se mêle un sentiment religieux, et il ne faut pas pour cela les traiter de barbares. C'était un mérite au moyen âge, aux yeux de la société d'alors, d'avoir visité les lieux saints, et ceux qui avaient le bonheur d'en revenir en rapportaient

M. Arondel possédait un précieux reliquaire de ce genre qui date de la première croisade de saint Louis[1]. C'est un triptyque de bois, recouvert, en dedans et en dehors, de lames de cuivre repoussées à l'étampe, gravées et dorées. Les trois plaques intérieures, dont nous donnons l'ensemble au tiers de l'exécution, représentent, au sommet, le crucifiement, avec saint Jean et la Vierge, le soleil et la lune et deux anges pleureurs (fig. 10). Derrière saint Jean est un chevalier armé et agenouillé; derrière la Vierge, une femme également agenouillée : ce sont les deux personnages qui ont dû recueillir les reliques et qui les ont fait enchâsser dans ce reliquaire portatif. Au sommet de la plaque de droite est un saint Jean Bouche-d'or assis devant un scriptionale ; une main sortant d'une nuée le bénit. Au sommet de la plaque de gauche sont représentés la visitation et saint Zacharie. Au-dessous de ces sujets sont percées, dans les plaques de cuivre, une quantité de petites ouvertures en forme de roses ou de fenêtres, renfermant des fragments collés sur le bois qui fait le fond de ces ouvertures. Des inscriptions gravées surmontent chacune de ces petites cases et indiquent ce qu'elles contiennent : ce sont des reliques de sainte Élisabeth, de saint Zacharie, de saint Jean Chrysostome ; des parcelles de pierres du Calvaire, du saint sépulcre, de la grotte où Jésus s'est désaltéré, du rocher du mont des Oliviers où Dieu pleura, du bloc sur lequel saint Georges eut la tête tranchée, de la colonne où le Christ fut attaché ; des fragments de la crèche, de la porte Noire, etc. Ces reliques sont au nombre de trente-six.

Nous donnons (fig. 11) un détail, grandeur d'exécution, de l'un des compartiments du reliquaire, et (fig. 12) la copie, également grandeur d'exécution, du chevalier agenouillé. La partie externe du reliquaire est couverte de gravures représentant un losangé dans lequel apparaissent des fleurons, des fleurs de lis et des tours de

---

des preuves matérielles Il n'y a nul danger aujourd'hui à visiter l'Égypte et les Alpes, mais c'est un mérite dans le monde d'avoir vu beaucoup de pays, et l'on en rapporte des preuves. Le plaisir de raconter les événements et les dangers du voyage était aussi vif chez les croisés que chez nos pèlerins savants ou désœuvrés. Pendant la bataille de la Massoure, Joinville rapporte « que le bon conte de Soissons se railloit avec lui, et « disoit : Senneschal, lessons crier et braire cette quenaille. Et par la croffe Dieu, « ainsi qu'il juroit, encores parlerons-nous vous et moy de cette journée en cham- » bre devant les Dames. » Pèlerins du moyen âge et touristes peuvent se donner la main.

[1] M. Arondel a bien voulu nous communiquer ce précieux petit meuble et nous permettre de le faire graver.

Castille. En voici (fig. 13) un morceau, moitié d'exécution. De petites plaques émaillées devaient autrefois être incrustées dans les deux écus suspendus au-dessus des personnages agenouillés. Ces plaques ont disparu, de sorte qu'il est assez difficile de savoir à qui ce reliquaire portatif appartenait. La présence des fleurs de lis et des tours de Castille gravées sur les plaques qui revêtent l'extérieur du reliquaire ne désigne pas nécessairement le possesseur; car, à

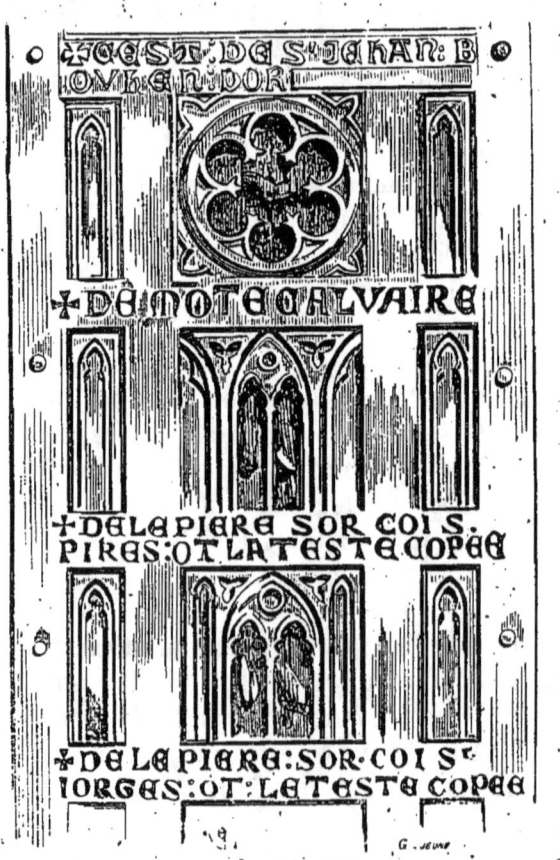

11

cette époque, on mettait des fleurs de lis sur beaucoup d'objets qui ne dépendaient pas pour cela du trésor royal. M. Arondel, le possesseur de ce précieux meuble, et plusieurs archéologues avec lui, ne semblent pas douter qu'il ait appartenu au roi saint Louis ; mais, si cela était, le chevalier agenouillé serait couronné suivant l'usage, et l'on verrait entre le losangé extérieur, avec les fleurs de lis et les tours de Castille, les armes de Marguerite de Provence, sa femme, qui, l'ayant suivi en terre sainte, serait alors la personne agenouillée

derrière la Vierge. D'ailleurs ce reliquaire portatif est trop grossièrement exécuté et fabriqué en matière trop commune pour donner

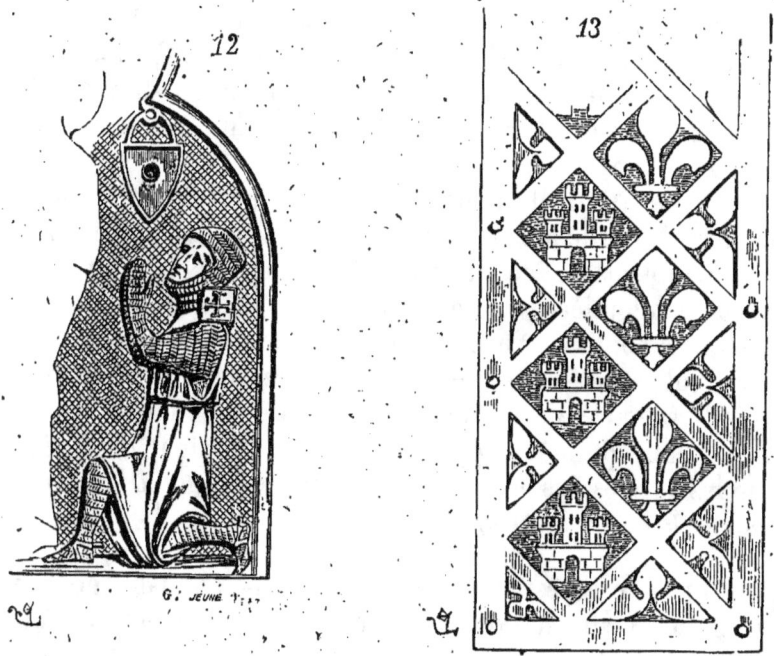

lieu de croire qu'il ait fait partie du trésor du saint roi. Peut-être

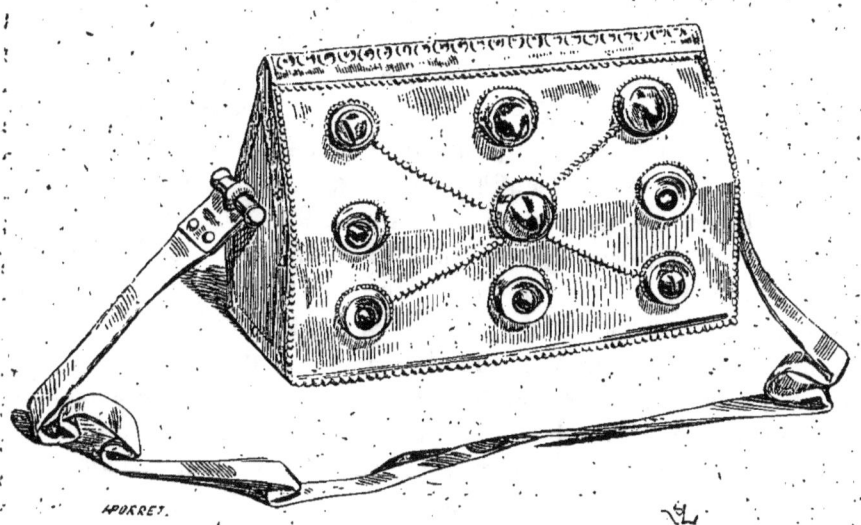

a-t-il appartenu à l'un des membres de sa famille. Les plaques intérieures, ainsi que nous l'avons dit, sont repoussées à l'étampe ; ce qui fait supposer que c'est là un de ces meubles de pacotille comme on en pouvait fournir à tous ceux qui rapportaient de terre sainte des reliques à enchâsser ; les fleurs de lis n'indiqueraient dans ce cas que la croisade dirigée par Louis IX. Cet exemple, unique peut-être, et qui appartient bien évidemment au milieu du xiii° siècle, n'en est pas moins d'un grand intérêt, en ce qu'il fait ressortir un usage de l'époque.

Le trésor de la cathédrale de Sens possède un reliquaire de la fin du xii° siècle, destiné à être porté sur les vêtements. Il est fait en forme de petite châsse, de cuivre doré plaqué sur bois, et se suspendait en bandoulière, comme nos gibernes de cavaliers. Il s'ouvre par-dessous à coulisse. Nous en donnons (fig. 14) une copie.

Les reliquaires destinés à être portés sous les vêtements étaient de formes très-variées : c'étaient des médaillons, des sachets, des diptyques. Souvent même certains bijoux recevaient des reliques, tels que les agrafes, les anneaux, les boucles (voy. les *Dictionnaires des vêtements et des bijoux*).

RETABLE, s. m. C'est le nom que l'on donne à la table posée verticalement au-dessus du dossier de l'autel. Nous n'avons pas à nous occuper ici des retables fixes, mais des retables meubles que l'on posait sur l'autel à l'occasion de certaines solennités. Ces retables étaient de bois sculpté, peint ; ou de métal, or, argent, cuivre repoussé et émaillé. La célèbre *pala d'oro* de l'église Saint-Marc de Venise est un retable, le plus riche et le plus précieux qu'il y ait en Europe. C'est une grande table de vermeil et d'or fin, de 3^m,70 de long sur 2^m,30 de haut, qui fut commandée à des orfévres de Byzance, en 976, par Pierre Orseolo. A plusieurs époques, ce retable fut augmenté et décoré de nouveaux ornements. Le comte Cicognara[1] estime que quelques panneaux byzantins de ce magnifique monument d'orfévrerie appartiennent à l'année 976 ; ce sont ceux qui contiennent des inscriptions grecques. Il paraîtrait que ce fut le doge André Dandolo qui fit remonter entièrement la *pala* vers 1345, en se servant de toutes les pièces successivement ajoutées à celles du retable primitif. Les figures sont de vermeil et d'or, faites au repoussé et ciselées ; la plupart des fonds sont émaillés et enrichis d'une quantité considérable de pierres précieuses, parmi lesquelles il y en a de fort belles. Au centre est le Christ bénissant et tenant le

[1] Cicognara, *Fabbriche piu cospicue di Venezia*.

livre des Évangiles ouvert ; autour de lui sont posés, dans des médaillons circulaires, les quatre évangélistes. Au-dessus on voit, dans cinq compartiments de formes différentes, deux archanges et deux chérubins ; au centre, un trône surmonté d'une colombe et d'une sphère avec une croix. Ces sujets forment ensemble un carré parfait et sont la partie la plus ancienne du retable. A droite et à gauche, sont les apôtres et les archanges ; au-dessous, les prophètes ; au-dessus et sur les côtés, diverses petites scènes : un crucifiement, Jésus au milieu des docteurs, Jésus descendant aux limbes, des sujets de la vie de saint Marc et de la Vierge. Enfin, dans la grande frise supérieure, on voit, au centre, l'archange Michel ; à sa droite, le crucifiement, la résurrection et l'entrée à Jérusalem ; à sa gauche, l'Ascension, la Pentecôte et la mort de la Vierge.

Comme nous le disions au commencement de cet article, ces sortes de retables n'étaient point à demeure sur les autels, et ce sont les plus anciens. Dans les églises primitives, et particulièrement dans les cathédrales, il n'y avait pas de retables fixes sur les autels principaux, puisque le trône épiscopal se trouvait au fond de l'abside. D'ailleurs, Guillaume Durand [1] dit expressément : « Que c'est pour « symboliser la fuite des apôtres, après que Jésus eut été livré, qu'a- « près avoir reçu l'hostie, le prêtre cache la patène sous le corporal, « ou au moins que le sous-diacre, l'ayant enlevée de dessus l'autel, « la tient enveloppée par derrière... ou ne laisse à découvert qu'une « petite partie de la patène, pour montrer que la bienheureuse « Vierge et le bienheureux Jean l'évangéliste ne s'enfuirent pas et « ne se cachèrent pas..... C'est pourquoi le prêtre, avant de dire « *Pax Domini*, comme pour annoncer la bonne nouvelle de la ré- « surrection du Seigneur, reprend la patène..... » Et plus loin il ajoute [2] : « S'il en est (des diacres et sous diacres) qui se tiennent « debout derrière l'autel, *les yeux fixés sur l'évêque*, ils représen- « tent les femmes qui virent la passion de loin. Tous ceux qui sont « derrière l'évêque ou derrière l'autel s'inclinent, par respect pour « la majesté divine et l'incarnation du Seigneur..... » Ces passages indiquent clairement que, du temps de Guillaume Durand, c'est-à-dire à la fin du XIIIᵉ siècle, en France, il ne pouvait y avoir de retable sur le maître autel des cathédrales, puisque la présence du retable eût empêché l'officiant de reprendre la patène, et les diacres, rangés derrière ce retable, d'avoir les yeux fixés sur l'évêque. Mais, dans

---

[1] *Rational*, lib. IV, cap. XXX.
[2] *Ibid.*, cap. XXXIV.

les églises abbatiales, il y avait, bien avant cette époque, des retables mobiles sur les principaux autels ; et dans les églises paroissiales et les chapelles il en existait, dès le XIIᵉ siècle, de fixes. L'église abbatiale de Saint-Denis possédait un retable d'or sur l'autel de la Trinité, dit *autel matutinal* (voy. *Dictionnaire d'architecture*, au mot AUTEL, fig. 7).

Si, en France, les cathédrales ne possédaient pas de retables fixes avant le XVIᵉ siècle, il paraîtrait qu'il en était de même en Allemagne, en Italie et en Angleterre ; la *pala d'oro* de Saint-Marc est, comme on l'a vu plus haut, d'une époque fort reculée, mais c'est un retable mobile ; et la cathédrale de Bâle en Suisse possédait un retable d'or du temps de saint Henri, que l'on plaçait sur son maître autel, à l'occasion de certaines solennités seulement. Ce retable fait aujourd'hui partie de la collection du musée de Cluny ; nous en parlons dans le *Dictionnaire de l'orfevrerie*, quoique ce ne soit pas là une œuvre française.

On voit aujourd'hui, dans la sacristie de l'église abbatiale de Saint-Denis, un retable mobile de cuivre repoussé et émaillé, d'une grande pureté de style, qui appartient au XIIᵉ siècle et fut rapporté de Coblentz pendant les guerres de la révolution. Ce retable porte 2ᵐ,16 de longueur sur 0ᵐ,50 de hauteur, non compris l'arcade centrale. Notre Pl. VIII en donne l'ensemble. Au sommet est représenté le Christ en buste, bénissant de la droite à la manière grecque, et tenant dans sa main gauche un livre ouvert, sur les pages duquel on lit : « *Pax vobis.* » Le Sauveur est entouré de langues de feu. Au-dessous de lui sont rangés, assis, les douze apôtres. Des rayons partant du Christ se répandent derrière eux sur le fond du retable. La tête de chaque apôtre porte un nimbe magnifique d'émail, et une flamme descend sur chaque nimbe. Ces personnages sont très-animés ; plusieurs tiennent des livres, un seul porte un phylactère ; quelques-uns montrent le Christ par un geste expressif, d'autres semblent écouter la voix d'en haut. Nous donnons (fig. 1) la copie d'une de ces figures pleines de style et d'une exécution parfaite. Toutes sont en ronde bosse, le cuivre doré très-mince est repoussé et rempli de bois et de mastic. Les émaux des nimbes sont de fabrique rhénane et d'une grande finesse. Les colonnes et les chapiteaux qui séparent les apôtres deux par deux sont une restauration moderne (voyez, pour les détails relatifs à la fabrication de ces meubles, le *Dictionnaire de l'orfevrerie*).

Un des plus anciens grands retables (meubles) que nous connaissions est celui que l'on voit encore aujourd'hui accroché dans le

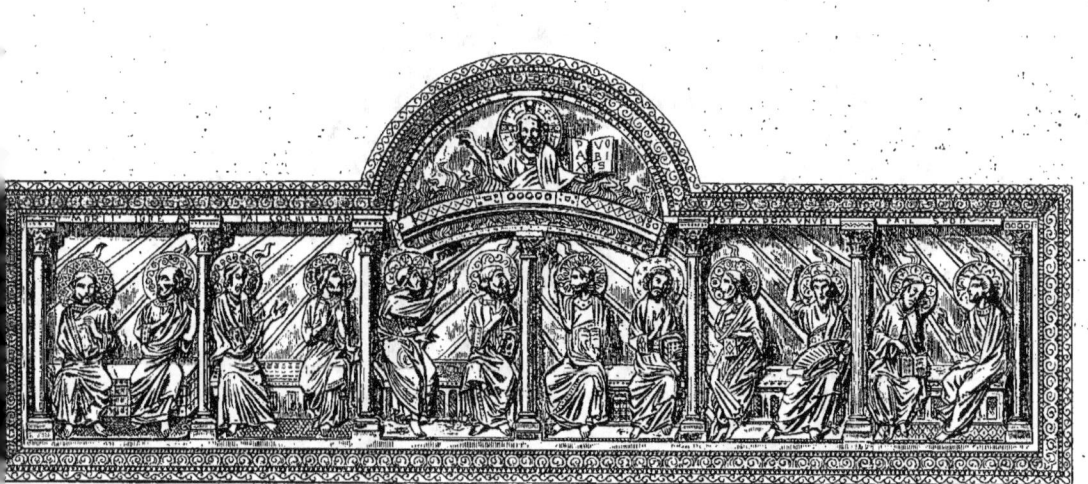

RÉTABLE DE COBLENTZ

cuivre repoussé et doré.

Paris, chez Bance, édit. et Impr-partie, é.

bas côté sud du chœur de l'église de Westminster à Londres, et qui, par sa dimension, n'a pu servir qu'au maître autel de cette célèbre

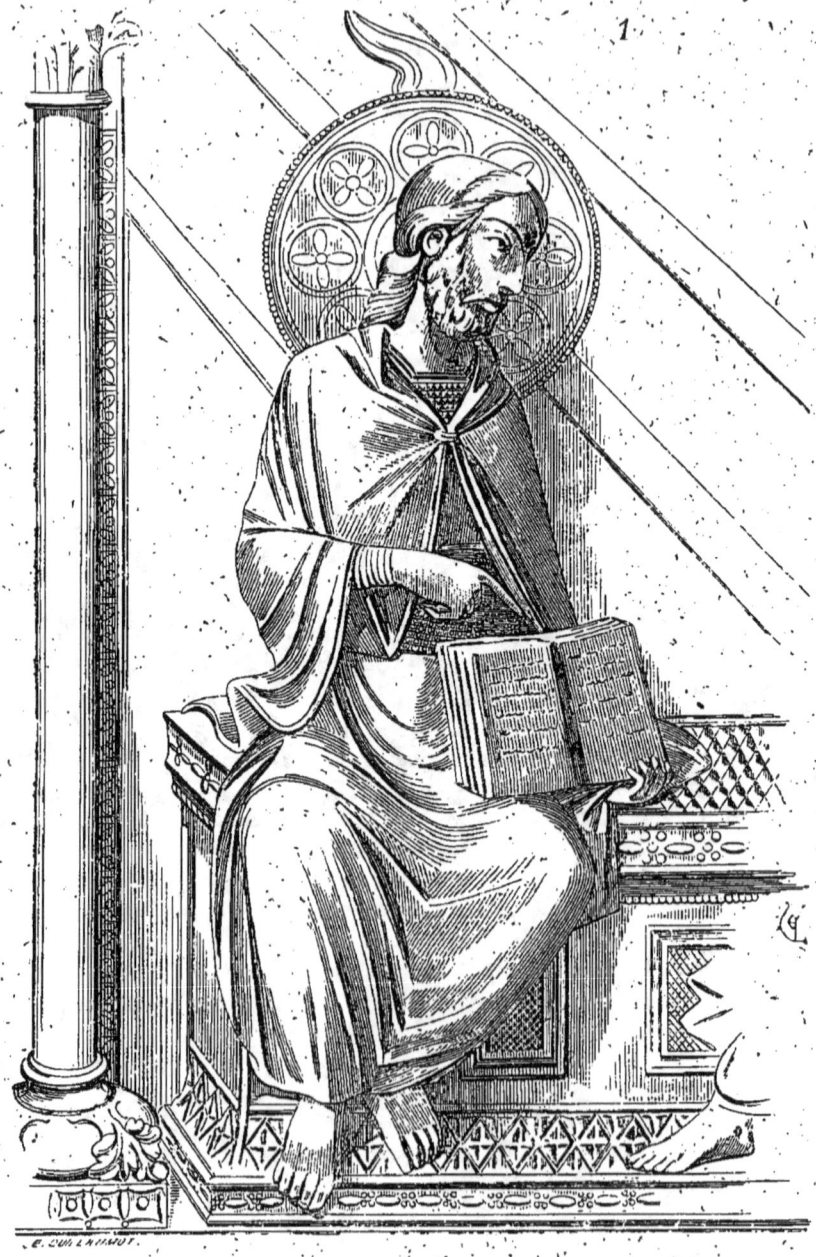

abbaye. Si ce retable n'est pas de fabrication française, il est du moins d'un style et d'une exécution qui rappellent les ouvrages de

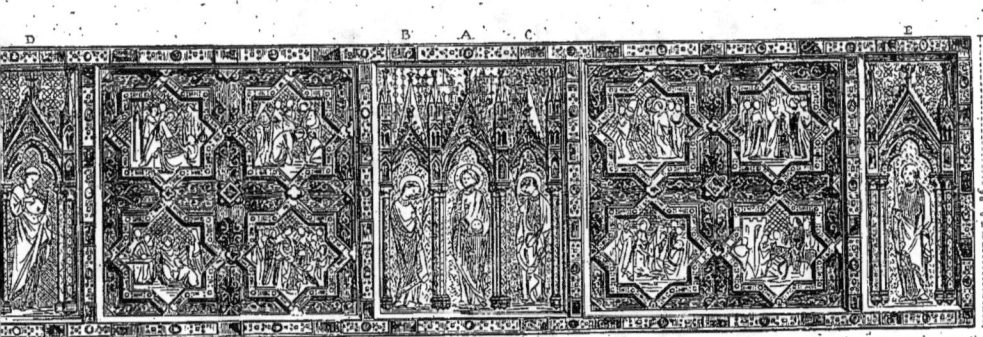

RETABLE DE L'ÉGLISE DE WESTMINSTER.

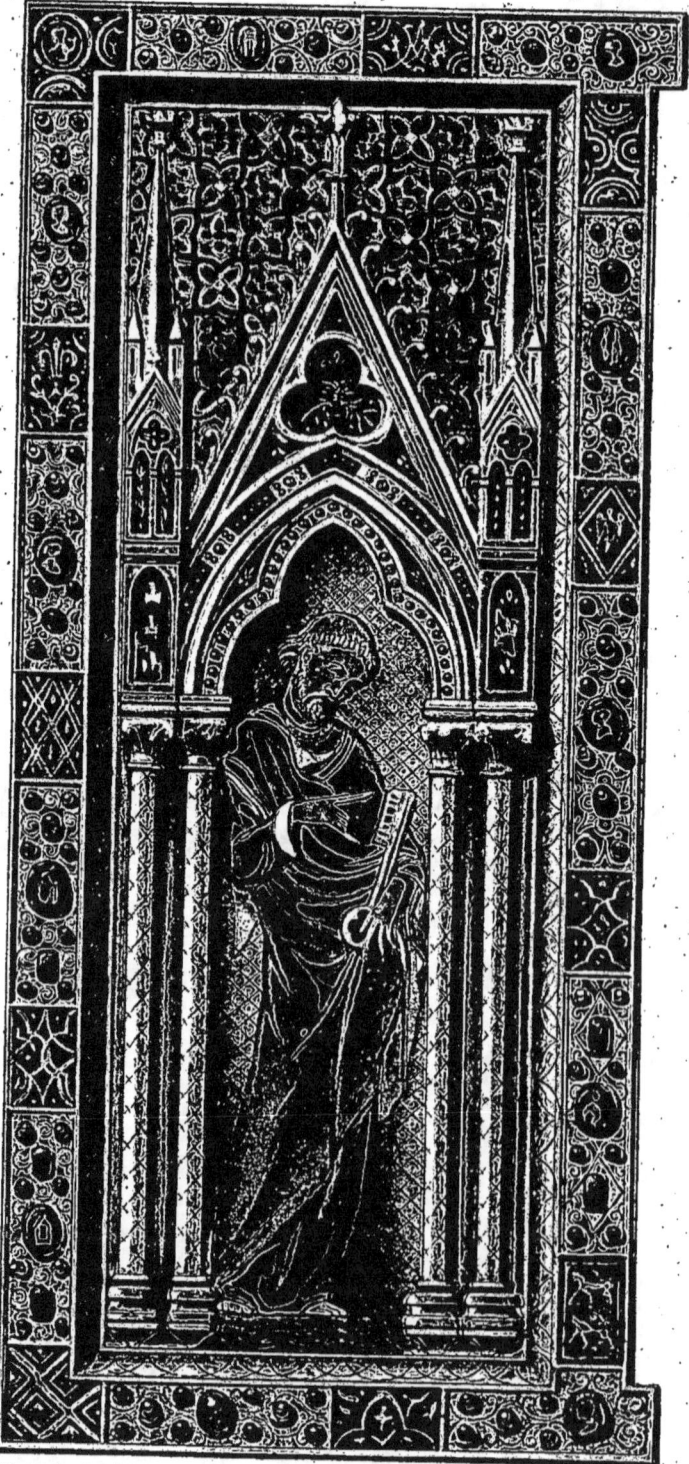

Viollet-Le-Duc del.   Imp. R. Engelmann, Paris.   Lemoine lith.

FRAGMENT DU RÉTABLE DE WESTMINSTER.

ce genre dont il reste en France quelques débris et qui datent du milieu du XIII° siècle. Sa longueur est de 3^m,30 (10 pieds) sur 0^m,96 de haut (3 pieds). Il se compose d'un parquet de bois à compartiments et sculpté, entièrement revêtu de vélin collé à la colle de fromage, couvert de gaufrures dorées, de plaques de verre fixant des dessins d'or sur couleur, d'une extrême finesse, et de peintures d'un beau style. Le moine Théophile parle longuement, dans son *Traité des divers arts*, de ce genre de décoration appliquée sur panneaux de bois. La moitié environ de ce beau retable est malheureusement altérée, au point qu'on a peine à reconnaître les sujets ; mais ce qui en reste suffit pour donner une haute idée de la perfection apportée dans la fabrication de ces meubles qui garnissaient nos églises. Nos lecteurs ne nous sauront pas mauvais gré de leur donner quelques renseignements sur un objet peut-être unique en Europe, et qui permet, en l'étudiant avec soin, de ressusciter un genre de fabrication entièrement oublié aujourd'hui, produisant les effets les plus splendides avec des moyens très-simples.

D'abord, la figure 2 donne l'ensemble de toute la composition de l'armature de bois. La partie centrale présente, dans l'arcature A, le Christ debout bénissant ; il tient dans sa main gauche une sphère sur laquelle sont peints le firmament, la terre et les eaux ; à sa droite, dans l'arcature B, est la Vierge, et dans l'arcature C, à sa gauche, saint Jean. Dans la niche D, on voit saint Pierre, et dans celle E, saint Paul. Divers sujets peints, d'un style remarquable, garnissaient les huit étoiles. Trois de ces sujets seulement sont assez bien conservés : l'un représente la femme adultère et Jésus écrivant sur le sable ; le second représente la résurrection de la fille du centurion ; le troisième, la multiplication des pains. Nous donnons (pl. IX) le saint Pierre avec son entourage. Pour le mode de fabrication de ces sortes de meubles, voyez le Résumé historique.

L'église abbatiale de Saint-Germain des Prés possédait un beau retable de cuivre doré, qui avait été donné à l'abbaye par l'abbé Simon, en 1236 [1]. Ce retable, qui avait 3 mètres de long sur 0^m,70 de

---

[1] Ce retable est assez bien gravé dans l'*Histoire de l'abbaye* de dom Bouillard, pour faire voir que le bénédictin se trompe lorsqu'il prétend que l'abbé Guillaume III le fit refondre en 1409. Ce n'est pas la seule erreur de dom Bouillard à ce sujet ; il donne le retable comme un parement d'autel, parce que de son temps, ce meuble était, en effet, enchâssé dans une riche bordure d'orfévrerie et se trouvait placé devant le maître autel. Mais les dimensions en hauteur de cette plaque de cuivre repoussé, ciselé, émaillé et doré, ainsi que les sujets qui la décorent, ne peuvent laisser douter qu'elle n'ait été originairement un retable mobile, de même que le style de l'ornementation la fait certai-

hauteur, se composait d'une suite d'arcatures séparées par des colonnettes. Dans l'arcature centrale, plus large que les autres, on
voyait le Christ en croix, saint Jean et la Vierge, puis l'abbé Guillaume à genoux, rapporté en 1409 devant le crucifix. Dans les trois
arcatures jumelles, à la droite du Christ, étaient placées les statuettes de cuivre repoussé et doré de saint Jean-Baptiste, de saint
Pierre, de saint Jacques, de saint Philippe, de saint Germain et de
sainte Catherine. Dans les arcatures à la gauche du Christ, celles de
saint Paul, de saint André, de saint Michel archange, de saint Vincent (premier patron de l'abbaye), de saint Barthélemy et de sainte
Madeleine. La bordure était ornée d'émaux ou de filigranes.

L'usage des retables mobiles paraît avoir cessé vers la fin du
XIVᵉ siècle. Les maîtres autels de quelques cathédrales continuèrent
à en être dépourvus jusque vers le milieu du siècle dernier ; quant
aux autels des églises paroissiales et des chapelles, ils possédaient
depuis longtemps des retables fixes (voy. le *Dictionnaire d'architecture*, au mot RETABLE).

SCRIPTIONALE, s. m. Pupitre que l'on plaçait sur les genoux
pour écrire, ou qui était monté sur pieds. Ce meuble est d'un usage
très-ancien ; on le voit figuré dans des manuscrits grecs et latins du
IXᵉ siècle, et il ne cesse d'être employé jusqu'au XVᵉ siècle.

Les scriptionales portatifs les plus anciens se composent de deux

---

nement remonter au XIIIᵉ siècle. La petite figure qui est à genoux devant le Christ,
au milieu du retable, portait, sous ses pieds, cette inscription : « *Guillermus tertius
hujus ecclesiæ abbas.* » C'est probablement là ce qui fit croire à dom Bouillard que le
retable en entier avait été refondu par cet abbé. Mais ceci prouve seulement que Guillaume trouva bon de faire ajouter sa statuette au devant du retable qu'il répara peut-
être ; on voit très-bien d'ailleurs, que cette statuette n'a aucun rapport avec le reste
de la composition et ne s'y relie en aucune façon. Puis Guillaume, s'il eût été le dona-
teur du retable, n'eût pas manqué d'ajouter « *hoc opus fecit* », suivant l'usage, et comme
il n'avait pas manqué de le dire dans l'inscription de la grande châsse refaite par lui.
Ajoutons que dom Bouillard reconnaît son erreur, car il dit : « Mais parce que ce *retable*
« n'avait pas assez de hauteur pour remplir le devant de l'autel, on y a ajouté une
« bordure..... » Si nous insistons sur ce fait, c'est qu'il est important de constater qu'a-
vant le XVIᵉ siècle on plaçait rarement des sujets et des personnages saints, surtout le
Christ, *devant l'autel*. Et, en effet, cette représentation de personnes divines devant les
genoux de l'officiant ne paraît guère convenable.

tablettes de bois réunies par trois planchettes verticales, de façon à former comme une petite boîte, dans laquelle on rangeait les rouleaux ou feuillets de vélin, le grattoir et les plumes. La tablette supérieure était munie d'une queue percée à son extrémité pour y placer un encrier de corne.

Nous voyons sculptés, sur la première rangée de personnages qui entourent le grand tympan de la porte de l'église de Vézelay (XIe siècle), du côté gauche, deux personnages assis qui ont chacun un scriptionale sur leurs genoux. Voici (fig. 1) la forme de l'un de

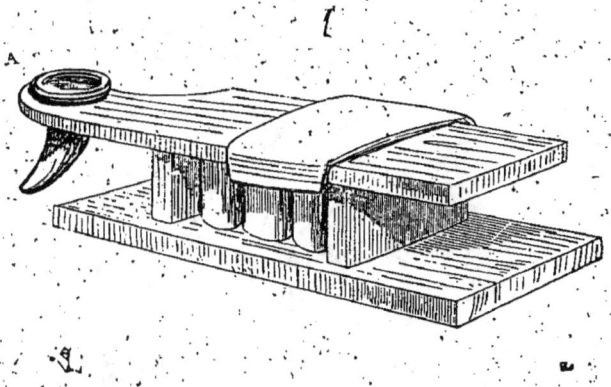

ces petits meubles : on voit, sous la tablette supérieure, trois rouleaux rangés dans la petite boîte ; à l'extrémité de la queue, en A, l'écritoire dans son trou. Une feuille de vélin est déployée sur le scriptionale ; les tablettes supérieure et inférieure, dépassant la boîte, permettaient de prendre et de poser facilement ce petit meuble sur les genoux. Nous trouvons, à la porte de droite de la façade occidentale de la cathédrale de Chartres, dont les sculptures appartiennent au XIIe siècle, des scriptionales à peu près semblables à celui-ci.

Les écoliers qui fréquentaient, pendant les XIIe et XIIIe siècles, les écoles de monastères et des cathédrales portaient avec eux ces scriptionales, dans lesquels ils plaçaient ce qu'il faut pour écrire, comme aujourd'hui les jeunes gens qui suivent les cours se munissent de cahiers-pupitres pour prendre des notes. Lorsqu'on cessait d'écrire, on bouchait l'encrier de corne et on le suspendait à sa ceinture ; on plaçait le scriptionale sous son bras, avec les plumes et peaux de vélin qu'il contenait. Quant aux scriptionales à pieds, ils ressemblent assez à nos guéridons, si ce n'est que la tablette supérieure est carrée et inclinée. On voit ces meubles figurés dans un grand nombre de manuscrits ; ils paraissent avoir été souvent assez richement décorés et fabriqués en métal ou en bois.

Dans la figure 2, copiée sur une vignette du xe siècle représentant
saint Jean ailé, on voit un scriptionale à trois pieds et dont la tablette
supérieure inclinée est portée par trois branches. Ce meuble paraît
être de métal ; mais ici l'écritoire est portée par l'aigle de l'évangéliste. Une belle vignette d'un évangéliaire du IXe siècle, faisant par-

2.

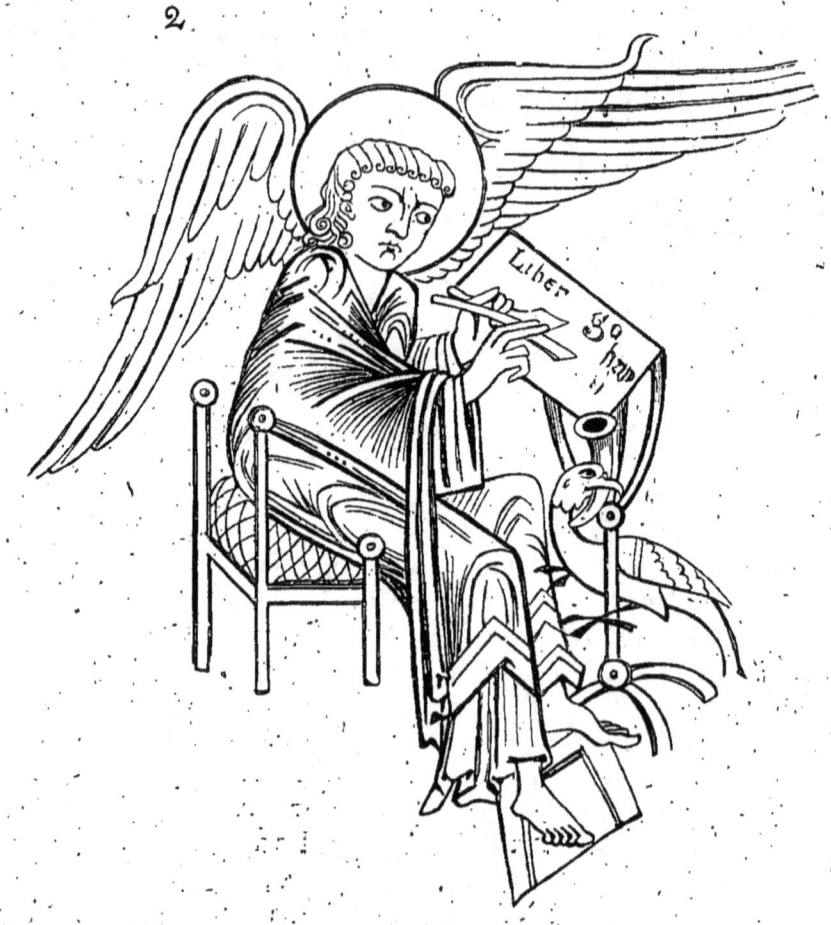

tie de la bibliothèque d'Amiens, représente saint Luc ayant devant
lui un scriptionale dont la forme est singulière[2]. Nous le donnons
ici (fig. 3). Il semblerait que le support A était de métal, de fer
ou cuivre, et que la tablette B, sur laquelle on écrivait, pouvait
s'enlever et s'incruster au moyen des deux tasseaux C sur la plan-

---

[1] *Biblia sacra*, Biblioth. nat., fonds lat., n° 10.
[2] Notre dessin représente ce meuble d'une façon moins conventionnelle que la vignette
du manuscrit, afin de rendre sa forme et sa construction plus intelligibles.

chette fixe E. Cette disposition d'une tablette mobile paraît se présenter fréquemment, et elle était justifiée par la nécessité où se trouvait le copiste de tendre sa feuille de vélin pour écrire ou peindre, au moyen de fils passant à travers de petits trous ménagés dans les tasseaux C, comme on tend la peau d'un tambour. Ce qui prouve que les copistes, les dessinateurs et peintres en miniature tendaient

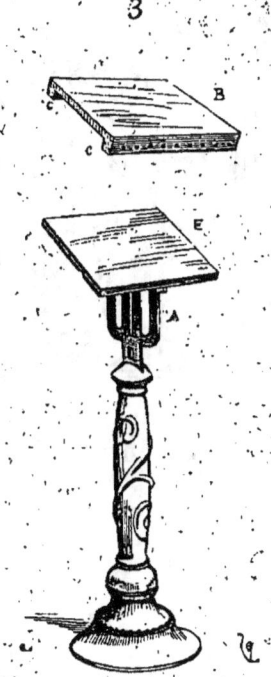

les peaux de vélin avant de s'en servir, c'est qu'on remarque encore, sur les bords des marges des manuscrits, des traces de tension et même quelquefois des trous rapprochés. L'usage de tendre les peaux de vélin au moyen de fils a causé ces ondulations qui se voient sur les tranches des manuscrits, et qui empêchent les feuillets d'être parfaitement plans, comme le sont nos papiers soumis à la presse avant d'être reliés.

Nous donnons ici (fig. 4) un joli scriptionale de la fin du XIIIᵉ siècle, provenant d'une vignette du roman d'Alexandre [1]. Ce scriptionale est muni, dans sa partie inférieure, d'une grosse bague destinée à donner du poids au pied et à empêcher le meuble de basculer sous la pression de la main s'appuyant sur la tablette. Le moine

---

[1] *Rommans d'Alixandre*, Biblioth. nation., fonds la Vallière, n° 45.

écrit avec une plume et tient un grattoir de la main gauche, suivant
l'usage. Ce grattoir était destiné à tailler la plume et à enlever les
aspérités qui se rencontraient sur la peau de vélin. La chaire dans
laquelle ce moine est assis est d'une forme assez peu commune.

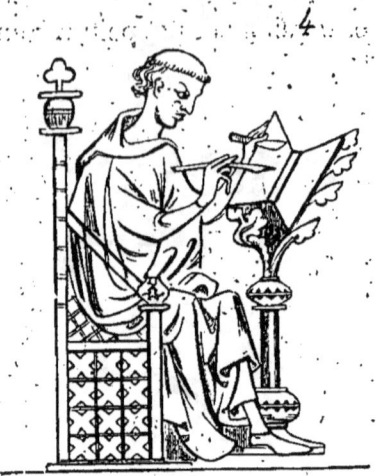

Les scriptionales à un pied étaient souvent, pendant le xv° siècle,
munis d'une double tablette pouvant s'incliner plus ou moins au

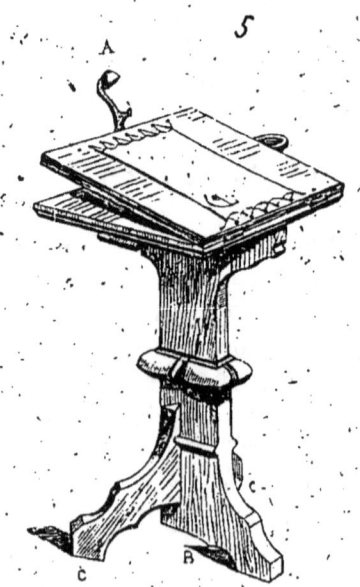

moyen d'une petite crémaillère de fer. Il existait encore, en 1835,
dans les galetas de l'abbaye du Mont-Saint-Michel en mer, des débris
de plusieurs scriptionales ayant la forme indiquée dans la fig. 5. La

planchette supérieure, maintenue à la planchette inférieure au moyen de deux charnières, était garnie d'une peau de vélin collée sur le bois, puis percée de trous, ainsi que l'indique notre figure, afin de permettre de tendre les feuilles sur lesquelles on voulait écrire. La petite crémaillère à trois crans est indiquée en A. Dans la planche B, d'un pouce d'épaisseur, servant de support principal, viennent s'assembler de biais deux pieds, formant ainsi un trépied fort simple. Le support principal B est disposé de manière à ne point gêner les genoux du copiste qui, grâce au peu d'épaisseur et à la direction de cette planche verticale, peut approcher le meuble entre ses jambes, tout près de sa poitrine. La faculté de pouvoir incliner plus ou moins la tablette, comme on le fait pour les tables dites *à la Tronchin,* rendait ce scriptionale fort commode. N'ayant que trois pieds, il était parfaitement fixe sur le sol, celui-ci n'eût-il pas été de niveau.

Les scriptionales à un support n'étaient pas les seuls en usage pendant le moyen âge; quelquefois ils étaient façonné en forme de pupitre sur quatre pieds, comme certains lectrins. Une des clefs de voûte du jubé de la cathédrale de Chartres, déposée dans les magasins de cette église, nous a conservé un scriptionale de ce genre près d'une figure de saint Jean l'évangéliste. Ce scriptionale, d'une simplicité primitive, se compose d'une tablette épaisse portée sur quatre pieds réunis par des croix de Saint-André. Un pot de terre contient l'encre.

Nos petits pupitres modernes, renfermant du papier, de l'encre, et dont la tablette inclinée est garnie de peau ou de drap, sont un dernier vestige du scriptionale du moyen âge.

SURTOUT (DE TABLE), s. m. L'usage des surtouts est fort ancien. Grégoire de Tours raconte que, s'étant rendu à la maison royale de Nogent [1], Chilpéric lui montra un grand plateau (*Ibique nobis rex missorium* [2] *magnum..... ostendit*) fabriqué par son ordre, composé d'or et de pierres précieuses et du poids de cinquante livres : « Je l'ai fait, dit-il, pour donner du relief et de l'éclat à la maison « des Francs. J'en ferai encore bien d'autres, si Dieu me conserve « la vie. » Le poids et la richesse de ce plateau indiquent une pièce d'orfévrerie qui était destinée à décorer la table et à contenir une certaine quantité de vases plus petits, et peut-être des fleurs et des

---

[1] *Histor. Franc.,* lib. VI.
[2] « Missorium » signifie un plateau destiné à servir à table.

fruits. Plus loin, le même auteur [1] dit que la reine Frédégonde, devenue veuve, laissa à Chelles une partie du trésor royal, et, entre autres, « ce bassin (*missorium*) d'or, fabriqué depuis peu ».

Pendant le moyen âge, il était d'usage de placer sur les tables de grandes pièces d'orfévrerie représentant des monuments, des fontaines, des jardins, des combats, qui tenaient exactement lieu de nos surtouts modernes. La cour de Bourgogne particulièrement, pendant le xvᵉ siècle, déploya un grand luxe dans ces sortes de décorations de tables.

TABERNACLE, s. m. (de *tabernaculum*, tente). Dieu commanda à Moïse, sur le mont Sinaï, de faire un tabernable composé de tapisseries les plus riches. Depuis plusieurs siècles, on appelle tabernacle, dans l'Église, le petit édicule fermé posé sur la table de l'autel, et dans lequel on réserve la sainte Eucharistie ; mais, pendant les premiers siècles du moyen âge, il ne paraît pas qu'on mit des tabernacles sur les autels. Guillaume Durand [2] ne parle du tabernacle que dans le sens figuré, comme représentant le sanctuaire, ainsi que chez le peuple hébreu. Thiers [3] est d'opinion qu'il n'y avait pas de tabernacles dans la plupart des églises, « parce qu'on n'y réservoit « point du tout la sainte Eucharistie pour les malades : ou que, si on « ly réservoit, ce n'étoit point sur les principaux autels. » Ce savant auteur prétend (et les monuments confirment son opinion) que l'eucharistie était réservée dans des armoires pratiquées dans la muraille derrière ou à côté des autels, ou encore dans des tours transportables, habituellement déposées dans la sacristie, et que l'on n'apportait près de l'autel qu'au moment de la communion des fidèles. Ce qui est certain, c'est que la sainte Eucharistie était réservée, dans beaucoup d'églises cathédrales et conventuelles, dès le xiiᵉ siècle, dans une colombe ou une petite boîte d'or ou d'argent suspendue au-dessus de l'autel au moyen d'une chaîne. Quant à ces tours servant de tabernacles et placées à côté des autels, le même Thiers dit en avoir vu une de bronze assez ancienne dans le chœur de l'église paroissiale de Saint-Michel de Dijon. Fortunat, évêque de Poitiers, loue saint Félix, archevêque de Bourges, qui vivait vers 570, de ce qu'il avait fait faire une tour d'or très-précieuse pour mettre le corps de Jésus-Christ. Flodoard [4] rapporte que Landon, archevêque

[1] Lib. VII.
[2] *Rational*, lib. I.
[3] *Dissert. sur les principaux autels des églises*, chap. XXIV.
[4] *Hist. eccles. remens.*, lib. II, cap. VI.

de Reims, fit faire une tour pour être placée *sur* l'autel de l'église
cathédrale de Reims. Grégoire de Tours raconte qu'un diacre indigne
de la ville de Riom, voulant porter une tour d'une sacristie voisine
dans l'église, cette tour s'échappa de ses mains et se transporta

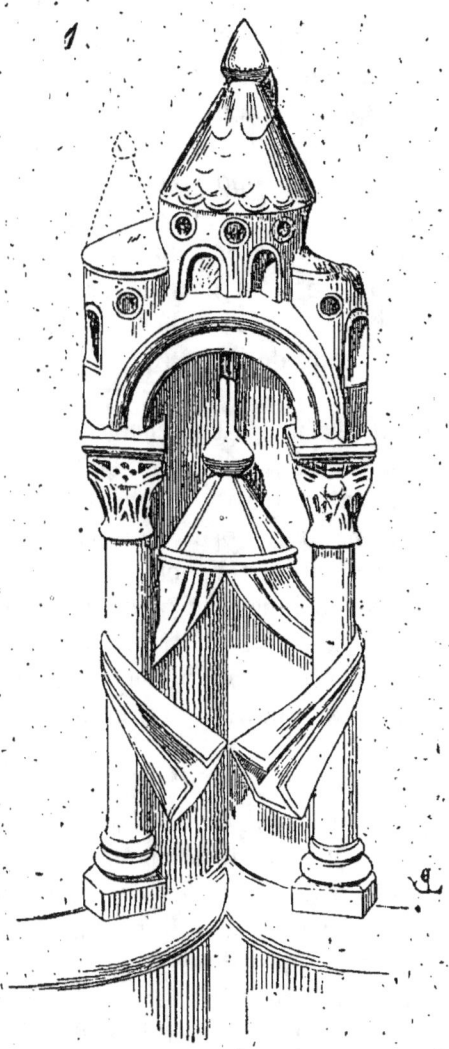

d'elle-même en l'air sur l'autel où l'on célébrait les saints mystères.
Ces textes, et bien d'autres qu'il serait superflu de citer, nous font
assez voir que si, dans les premiers siècles du moyen âge, il n'y
avait pas de tabernacles fixes sur les autels, les églises en possédaient
de portatifs qui conservaient ainsi le caractère de meubles , et qui,

à ce titre, doivent trouver ici leur place. Nous nous occuperons
d'abord des tabernacles en forme de tours suspendues ou posées sur
les autels ou près d'eux. Le nom de tabernacle nous indique assez
que, dans l'origine, les meubles destinés à renfermer la sainte Eucharistie devaient être revêtus d'une sorte de tente.

L'Église grecque, à laquelle il faut revenir toutes les fois que l'on
veut retrouver les traditions primitives, conservait et conserve encore
l'eucharistie dans une boîte entourée d'une morceau d'étoffe, ou
même dans un sac suspendu à la muraille, près de l'autel. En Italie,
il est encore d'usage de porter le saint sacrement dans une boîte
placée sous une sorte d'enveloppe d'étoffe précieuse qui, tombant
tout autour, forme au-dessus d'elle une sorte de petite tente. Enfin,
l'un des chapiteaux du cloître de Moissac (XIIIᵉ siècle) nous donne
la représentation sculptée d'un dais encourtiné qui, suivant toute
apparence, reproduit la forme des tabernacles les plus anciennement
adoptés par l'Église. Nous donnons (fig. 1) une copie de ce curieux
fragment.

Les tours de métal servant de tabernacles ont disparu depuis longtemps de nos églises ; mais, heureusement, ces meubles n'étaient
pas toujours fabriqués en matières précieuses ; beaucoup étaient
simplement de bois peint et doré. On voit encore, dans l'église de
l'ancienne abbaye de Sénanque (Vaucluse), une de ces tours qui date
du XIIIᵉ siècle ; elle est de bois dur, à deux étages séparés par un
petit plancher, percés de fenêtres vitrées en verre d'un ton verdâtre.
Quoique repeinte grossièrement à une époque récente, on retrouve
l'ancienne peinture sous la nouvelle, et le plafond du premier étage
a conservé ses tons primitifs.

Voici (fig. 2) une copie de ce meuble, destiné à être porté sur un
pied dont on aperçoit l'attache sous la planchette inférieure. Chaque
étage est muni d'une petite porte simplement fermée par un tour-
niquet de bois. La croix qui devait terminer la pyramide principale
n'existe plus. Sur les bandeaux qui portent les pignons, entre les
tailloirs des chapiteaux, on lit l'inscription suivante, repeinte probablement d'après l'ancienne : QUI : MANDUCAT : HUNC : PANEM : VIVET :
IN : ÆTERNUM. Chaque mot occupant une des faces de l'octogone,
l'une d'elles, par conséquent, est vide [1].

Là figure 3 présente le plan du tabernacle au niveau AB, et la
figure 4, le plan au-dessus des pyramides.

[1] M. Joffroy, architecte à Avignon, a bien voulu dessiner ce précieux meuble pour
nous.

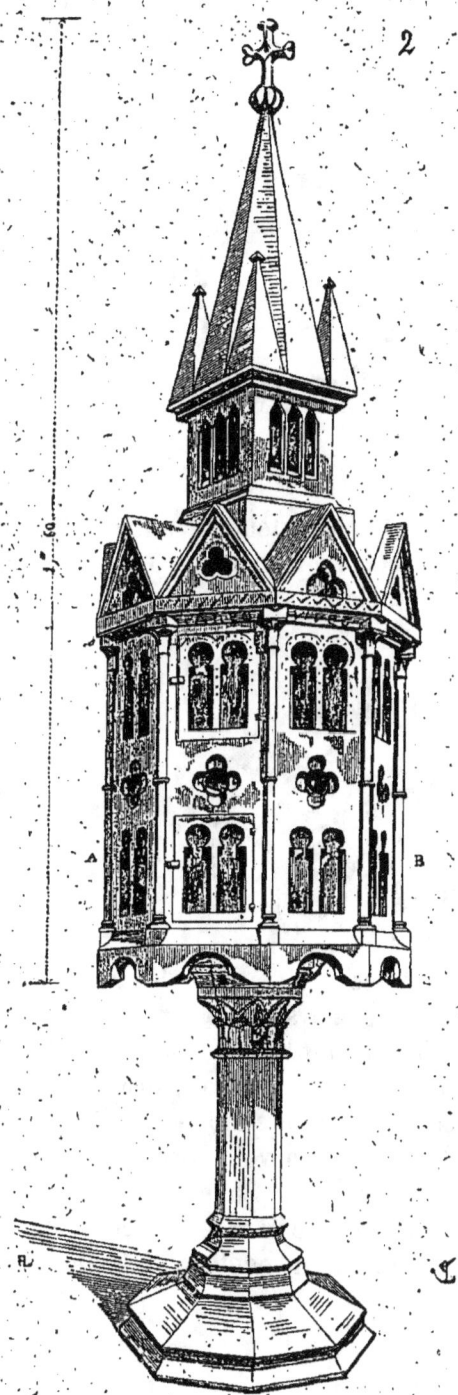

L'abbé Lebeuf[1] dit avoir vu, sur le grand autel de l'église de Choiseul, du doyenné de Châteaufort, un retable de pierre « devant « lequel est posé un tabernacle à l'antique qui est en forme de pyra-

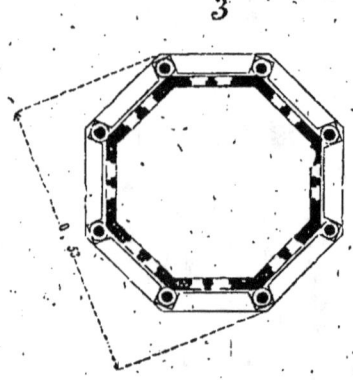

3

« mide ou tourelle à jour. L'abbé Chastelain et autres célèbres litur-
« gistes estimoient fort ces sortes de tabernacles, dont quelques-uns
« qui restent peuvent avoir trois ou quatre cents ans d'antiquité;

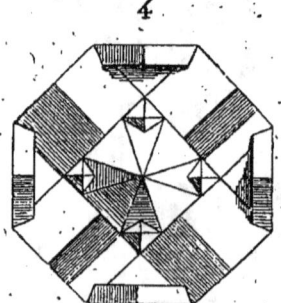

4

« mais ils ajoutent que leur place étoit à côté de l'autel, comme on
« les voit communément dans les Pays-Bas. »

Piganiol, dans la *Nouvelle description de la France*[2], rapporte que Louis IX, avant de mourir, donna à la cathédrale d'Arras, entre autres legs pieux, un tabernacle et une statue de la Vierge d'argent pesant deux cent cinquante marcs. On voit encore, dans l'église de Moltot (Calvados, canton d'Evrecy), un tabernacle replacé par les soins du curé de cette église en 1842. « Ce tabernacle, dit M. de « Caumont[3], offre l'image d'une tour pentagone terminée par une

---

[1] *Hist. du diocèse de Paris*, t. IX, p. 155.
[2] Tome II, p. 420.
[3] *Bulletin monum.*, t. IX, p. 321.

« gracieuse pyramide garnie de crochets. Deux étages superposés.
« dans la hauteur d'un joli tourillon sont percés sur chaque face de
« fenêtres d'une délicatesse extrême dans le genre flamboyant. Ces
« étages sont séparés l'un de l'autre par une rampe simulée, dans le
« même style que les fenêtres..... Tout porte à croire que ce
« tabernacle est à peu près du temps de Louis XII. L'étage inférieur
« était destiné à contenir les hosties, et l'étage supérieur pouvait
« servir d'exposition. » Ces descriptions et l'exemple que nous donnons (fig. 2) indiquent assez quelle était la forme habituelle de ces
sortes de meubles, posés, comme le disent Thiers et l'abbé Lebeuf,
plutôt à côté des autels que sur les retables.

Pour les tabernacles suspendus, et qu'on désignait sous le nom de
suspensions, ils étaient fréquents, ainsi que nous l'avons dit, dans
les églises cathédrales et monastiques. Mabillon, Thiers, le sieur de

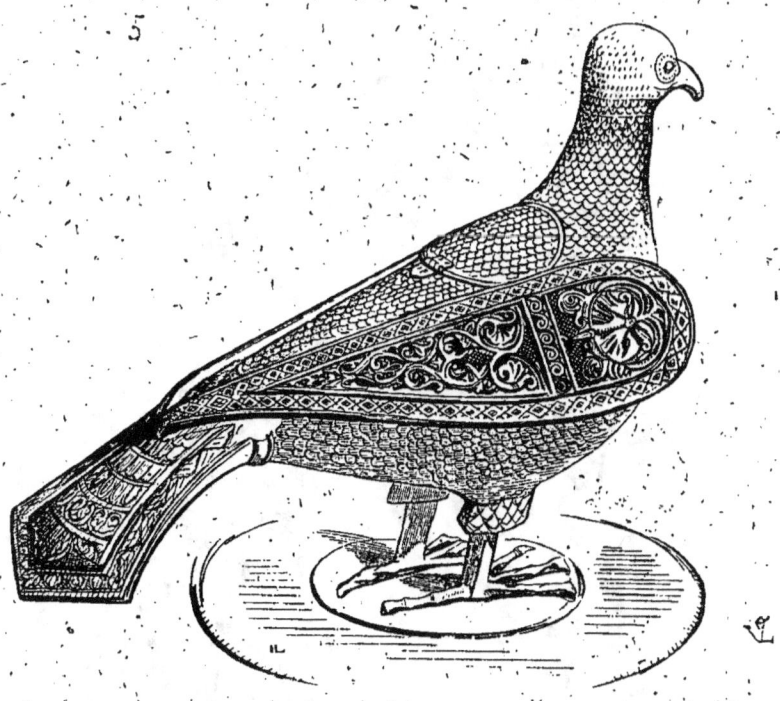

Moléon, l'abbé Lebeuf, citent un grand nombre de ces sortes de
tabernacles, dont la forme la plus ordinaire était celle d'une colombe
posée sur un plateau suspendu par trois chaînettes et une chaîne
principale à une crosse de bronze ou même d'argent doré. Nos
musées conservent encore un assez grand nombre de ces taberna-

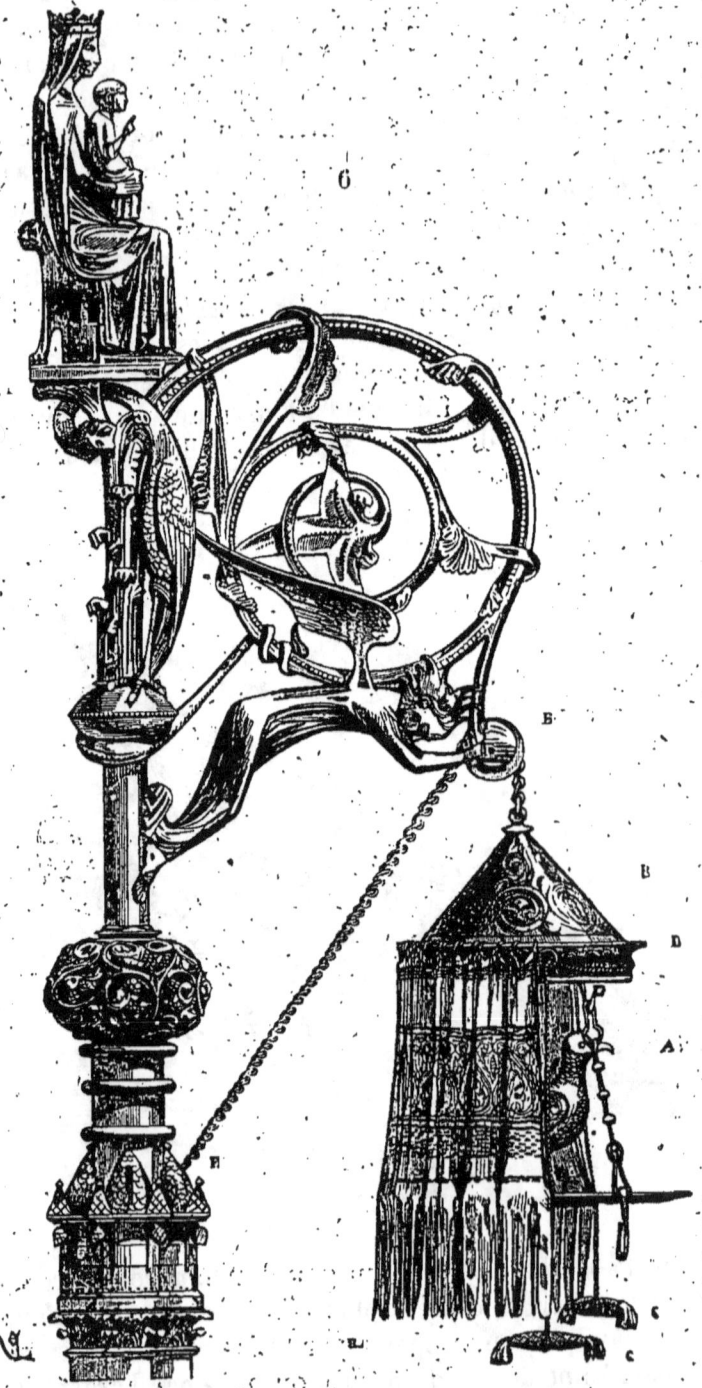

cles, ce qui indique suffisamment qu'ils étaient fort communs. On en voit plusieurs au musée de Cluny. M. le prince Soltykof en possédait un fort beau de cuivre doré et émaillé.

La figure 5 reproduit l'une de ces colombes. Le couvercle est placé sur le dos de l'oiseau. Les ailes, au lieu de simuler des plumes, sont couvertes d'arabesques d'un beau style et qui donnent la date précise de cet objet (XIIᵉ siècle).

Nous ne saurions faire comprendre les dispositions d'ensemble de ces tabernacles suspendus, sans une figure (6), qui nous épargnera de longues descriptions. On voit en A la colombe disposée sur son plateau, accrochée au dais B par trois chaînes pouvant être facilement décrochées, de manière à enlever le plateau avec le ciboire, si l'on ne veut le laisser exposé. Au dais B est fixée une tringlette circulaire par deux attaches, l'une derrière, l'autre devant. Un petit rideau, garni au chef de ganses de soie, muni de deux annelets, peut entourer complétement le plateau inférieur, si l'on tire les deux bouts C de la ganse passant par les annelets. Cette manœuvre est facile à comprendre. Voulant fermer le tabernacle (la petite tente), le prêtre tient de la main droite le bord antérieur du plateau, afin de l'empêcher de basculer ; de la gauche, il prend les deux glands C, tire sur les annelets qui tendent à se réunir au point D, les ganses du chef du rideau glissent ainsi sur la tringlette circulaire. On voit que la chaîne principale roule sur une poulie E, puis vient entrer dans une petite lucarne percée en F dans les combles d'un groupe de tourelles. Une autre poulie, logée dans l'intérieur de la tige de la suspension, renvoie la chaîne jusqu'au pied de la colonne, où elle est accrochée à un goujon caché par une petite porte fermant à clef. C'est le même mécanisme que celui servant à faire descendre et à hisser les anciens réverbères suspendus à des crosses de fer.

Dans notre *Dictionnaire d'architecture*, au mot AUTEL, on trouve plusieurs de ces suspensions au-dessus des retables. Quelquefois le tabernacle suspendu se composait d'une boîte (custode) accrochée sous le dais par un anneau sans plateau. Le plus ordinairement une petite tente d'étoffe entourait cette boîte, comme dans l'exemple que nous venons de donner. « ...... Pour cinq pièces de custodes « de cendal de grainne ¹ pour l'oratoire du roy pour la feste de l'Es-« toile....². » Le nom de tabernacle, conservé à travers les siècles,

---

¹ *Cendal*, étoffe de soie unie, employée fréquemment pour tentures. Le *cendal de grainne* était rouge.

² *Invent. de l'argenterie trouvée en garnison en l'ostel de Estienne de la Fontaine, argentier du roy*, fait le 15 mai 1353 (*Comptes de l'argenterie des rois de France au* XIVᵉ *siècle*, publ. par L. Douët d'Arcq. 1851).

pour indiquer la réserve de la sainte Eucharistie, indique assez que

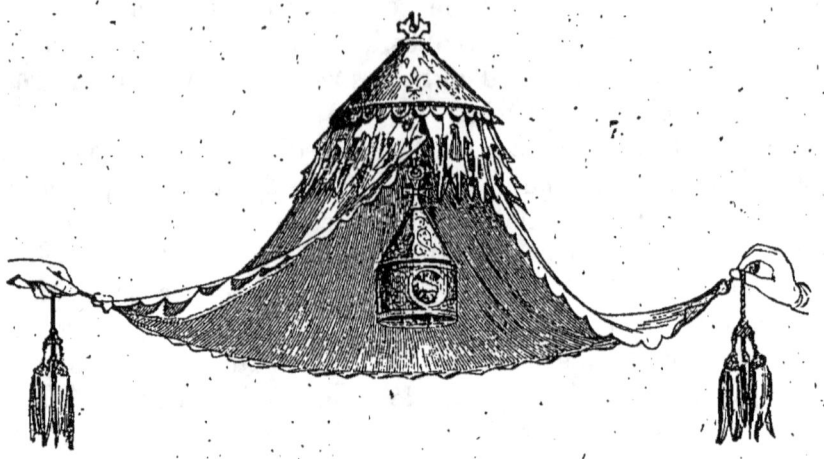

la forme d'une tente fut longtemps adoptée. L'enveloppe d'étoffe, qui était destinée à entourer la boîte (custode) suspendue sans pla-

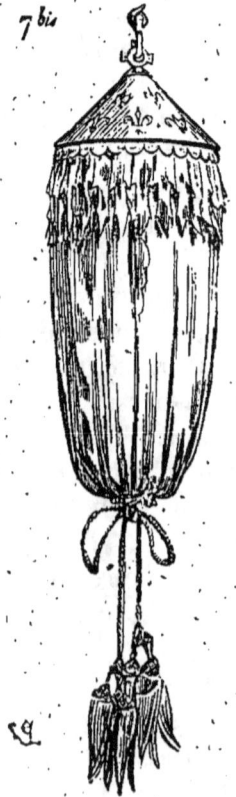

teau, était fixée au dais; mais sa partie inférieure était garnie d'une ganse cousue seulement de distance en distance. Un cordonnet passant entre la ganse comme dans des anneaux permettait de fermer la petite tente par le bas, qui avait ainsi l'apparence d'un sac retourné.

La fig. 7 indique ce genre de tabernacle ouvert, et la fig. 7 *bis* le tabernacle fermé. Jusqu'à la fin du dernier siècle, l'usage de suspendre la sainte Eucharistie au-dessus du maître autel s'est conservé dans la plupart de nos grandes églises cathédrales et abbatiales; mais depuis le rétablissement du culte, il n'en est plus tenu compte, bien qu'il y ait encore quelques cathédrales, comme Reims et Amiens, qui ont conservé la suspension. Il arrivait aussi que l'on suspendait au bec d'une colombe la boîte contenant l'eucharistie; nous avons encore vu, il y a quelques années, dans l'église de Saint-Thibaut (Côte-d'Or), une crosse et une colombe de bois doré posées au-dessus du retable de l'autel et servant à suspendre la boîte aux hosties; mais ces objets étaient d'une fabrication assez récente et grossièrement exécutés.

TABLE, s. m. Meuble composé d'un plateau circulaire ou de figure rectiligne portant sur des pieds. Les tables ont de tout temps été destinées à des usages divers : les unes, couvertes de nappes, servaient à placer les mets pendant les repas; d'autres étaient disposées dans les appartements des palais, pour jouer à divers jeux; quelques-unes n'étaient guère que des objets de luxe. Nous commencerons par parler des tables à manger. Il est difficile de préciser l'époque où l'on cessa de prendre les repas couchés sur des lits inclinés, autour d'une table étroite disposée ordinairement en fer à cheval. Il ne paraît pas que les barbares qui envahirent les Gaules aient conservé cet usage antique; leurs mœurs sauvages ne se prêtaient pas à de pareils raffinements, et les monuments écrits les plus anciens que nous possédions font supposer que les Germains et les Francs s'asseyaient, pour manger, autour de tables assez basses. Grégoire de Tours parle souvent de tables sur lesquelles sont posés les mets, mais il n'indique pas que ces tables fussent entourées de lits. Il est certain que, dès les premiers temps de la période carlovingienne, on s'asseyait autour de tables rondes ou rectangulaires pour prendre les repas. Une Bible manuscrite du ${IX}^e$ ou ${X}^e$ siècle, de la Bibliothèque nationale, et contenant un grand nombre de vignettes au trait[1], nous donne la forme des tables à manger de cette époque.

[1] Manuscr., n° 6-3.

[TABLE] — 254 —

Nous donnons (fig. 1) le *fac-simile* de l'une de ces vignettes représentant le festin de Balthazar. La table est de forme semi-circulaire,
posée sur des tréteaux pliants. Un rebord ou galerie, qui semble
avoir une hauteur de quelques centimètres, cerne les bords de la
table dans tout son pourtour. De cette galerie pendent des draperies
qui masquent en partie les tréteaux. Au milieu, un seul plat, posé

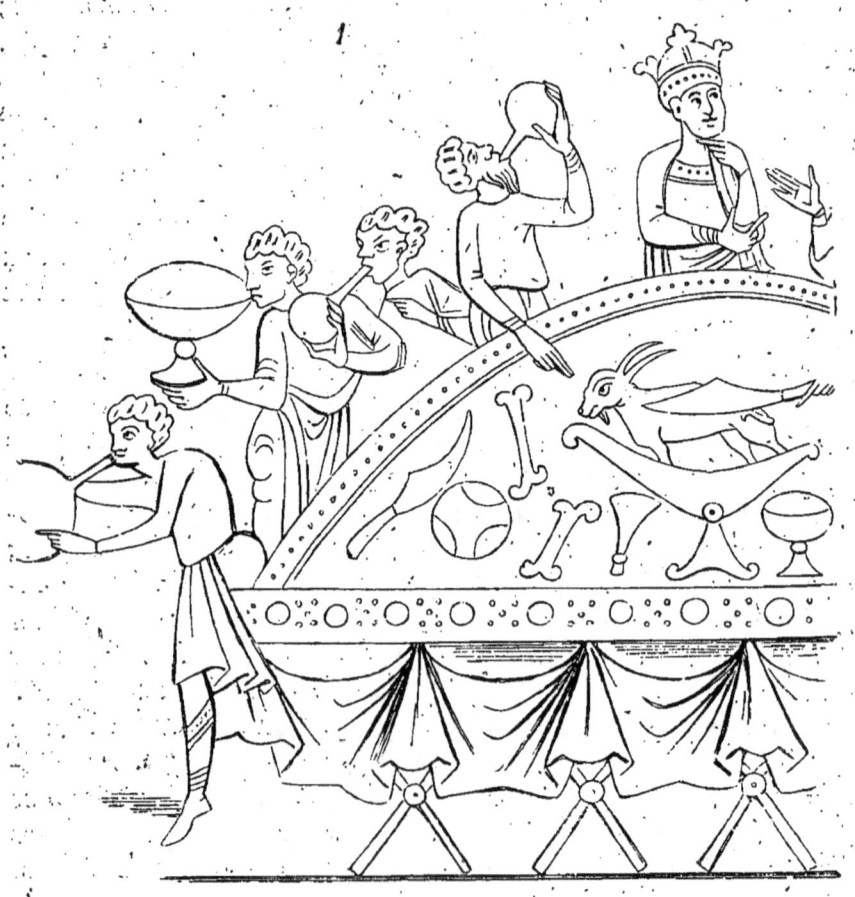

1

sur un pied élevé, contient un chevreau ; à côté du plat est un vase,
peut-être une salière. D'ailleurs on n'y voit ni assiettes ni fourchettes, mais des couteaux, des pains, et des os dépouillés de chair.
Les convives se détournent pour boire dans des cratères énormes
ou à même des bouteilles, ce qui paraît indiquer que les vases à
boire étaient placés en dehors de la table, autour des convives. C'était
là un usage des Germains, qui se levaient de table pour aller boire,
à même des vases disposés le long des murs de la salle. On prenait

les viandes avec les mains, après les avoir coupées par quartiers, et les os restaient sur la table, alors dépourvue de nappes.

Au XII⁰ siècle, il semblerait qu'on avait encore conservé ces galeries ou rebords saillants autour des tables et les pentes drapées tombant de ce rebord à terre. Le manuscrit d'Herrade de Landsberg, de la bibliothèque de Strasbourg, nous fait voir une table à manger ainsi disposée (fig. 2). Les pentes sont attachés par des anneaux à une tringle qui pourtourne le rebord de la table.

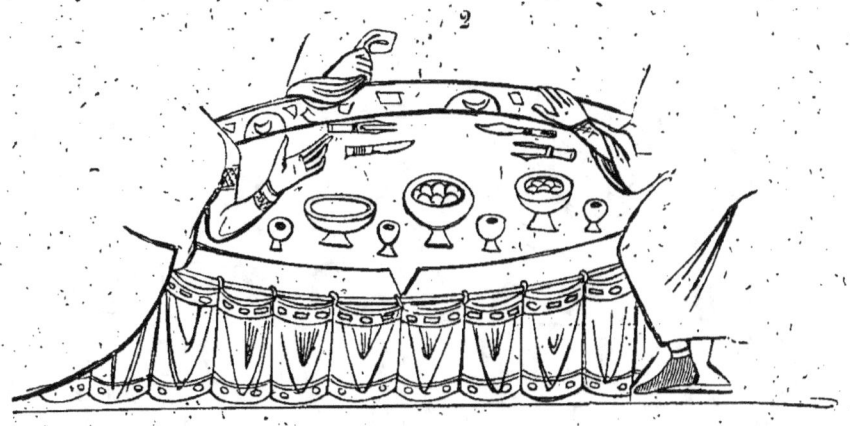

« Les tables furent mises et li tabliers, et li saliers, et li coustel; « et il s'assistrent [1]. » Bien que ce texte appartienne à un roman du XIIIᵉ siècle, le mot *tablier* indiquerait ces pentes drapées. Ici il n'est question ni de nappes, ni d'assiettes. Notre figure 2 ne montre, en effet, que des plats sur pieds, des couteaux, des salières et des fourchettes à deux branches qui paraissent destinées à pincer les morceaux que les convives prenaient dans les plats, plutôt qu'à les piquer. Le roman du châtelain de Coucy, qui fut écrit vers le commencement du XIIIᵉ siècle, parle de tables à manger autour desquelles les convives s'asseyaient, ayant une seule assiette pour deux personnes. Ces tables sont couvertes de nappes. Du reste, le manuscrit déjà cité de la bibliothèque de Strasbourg [2] nous fait voir une table servie qui paraît être entièrement couverte d'une nappe; mais il faut dire que cette table oblongue est accompagnée d'un dossier sur l'un de ses deux grands côtés, ce qui lui donne l'apparence de ces meubles que nous désignons sous le nom de buffets.

[1] Le *Roman des sept Sages*.
[2] Herrade de Landsberg. Ce manuscrit a été brûlé par les Allemands en 1870.

[TABLE] — 256 —

Nous donnons (fig. 3) une copie réduite de la vignette [1].

Il est certain qu'au XIIIᵉ siècle, les tables à manger étaient habituellement couvertes de nappes :

> « Einsi s'eshatent sans dangier
> « Tant qu'il fu ore de mangier
> « Et puc les napes furent mises,
> « Et dessus les tables assises
> « Et les salieres et li pains [2]. »

Après le repas, les convives se levaient ; des serviteurs enlevaient

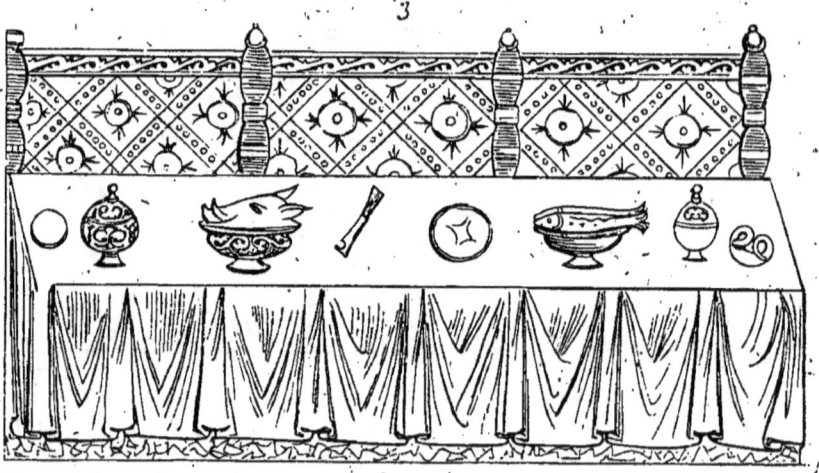

3

les nappes, et, sur les mêmes tables qui avaient servi à manger, on jouait aux échecs, aux tables (trictrac), aux dés :

> « Rois Arragons les fist moult bien servir,
> « A mangier orent assez et pain et vin,
> « Grues et gentes et bons poons rostiz ;
> « Des autres mès ne sais que vos devis ;
> « Tant en i ot com lor vint à plésir.
> « Quant ont mengié et béu à loisir,
> « Cil eschançons vont les napes tolir,
> « As eschès jeuent paien et Sarrazın [3]. »

Ce texte, antérieur au précédent, parle déjà de nappes enlevées de dessus les tables à manger pour permettre aux convives de jouer.

[1] Page 119.
[2] Le *Roman du Renart*, vers 22769 et suiv.
[3] *La Prise d'Orenge*, vers 551 · *Guill d'Orange*, chansons de geste des XIᵉ et XIIᵉ siècles, publ. par J.-A. Jonckbloet. La Haye, 1854.

Les tables à manger du XIIIᵉ siècle sont ordinairement carrées, lorsque le nombre des convives est petit; oblongues ou en fer à cheval, lorsque ce nombre est grand. A l'occasion de certaines fêtes, lorsqu'on donnait de grands repas auxquels prenaient part de nombreux invités, il était d'usage aussi de dresser quantité de petites tables :

> « Fromons commande qu'on les tables méist,
> « Et l'on si fait, léans en un jardin;
> « Onze vint tables i poïssiez choisir[1]. »

La rapidité avec laquelle, dans les grandes salles des châteaux, on dressait et l'on enlevait les tables à manger ou à jouer indique assez que ces meubles n'étaient composés que de grands panneaux posés sur des tréteaux pliants, qu'ils n'étaient pas à demeure. Suivant que le nombre des convives était plus ou moins grand, on dressait et l'on assemblait un nombre plus ou moins considérable de ces tables. Cependant il existait, dans certaines grandes salles, des tables fixes de pierre ou de marbre destinées à divers usages. Dans la grand salle du palais de la Cité à Paris, il y avait, à l'un des bouts, dit Sauval[2], « une table qui en occupoit presque toute la largeur, « et qui de plus portoit tant de longueur, de largeur et d'épaisseur, « qu'on tient que jamais il n'y a eu de tranches de marbre plus « épaisses, plus larges, ni plus longues. Elle servoit à deux usages « bien contraires : pendant deux ou trois cents ans, les Clers de la « Basoche n'ont point eu d'autre théâtre pour leurs farces et leurs « momeries; et cependant c'étoit le lieu où se faisoient les festins « Royaux, et où l'on n'admettoit que les Empereurs, les Rois, les « Princes du sang, les Pairs de France, et leurs femmes, tandis que « les autres Grands Seigneurs mangeoient à d'autres tables. Tout « cela fut consumé en 1618...... »

Toutes les représentations de repas laissent toujours un des grands côtés des tables libre pour le service; c'est-à-dire que, sur une table longue, par exemple, les convives n'étaient assis que d'un côté; l'autre côté était, comme dans l'antiquité, laissé libre pour faciliter le service.

Dans les châteaux des princes et grands seigneurs, les tables à manger étaient si larges, que souvent, pendant les entremets, des personnages y montaient pour réciter des couplets, pour distribuer

---

[1] *Li Romans de Garin de Loherain*, édit. Techener, 1833, t. II, p. 143.
[2] *Antiq. de la ville de Paris*, t. II, p. 3.

[TABLE] — 258 —

des fleurs aux convives ou représenter quelque scène allégorique. Il n'est pas besoin de dire que ces tables devaient être solidement établies. Habituellement, cependant, ces *entremets*, c'est-à-dire ces représentations entre deux services, se donnaient sur le pavé de la salle, au milieu des tables disposées en fer à cheval. (Voy. le RÉSUMÉ HISTORIQUE.)

Les personnages qui possédaient de grandes richesses faisaient fabriquer des tables de métal, de bronze, d'or ou d'argent, qui semblent n'avoir eu d'autre usage que de décorer les intérieurs des appartements. Éginhard, en rapportant le testament de Charlemagne, mentionne [1] l'existence de trois tables d'argent et d'une table d'or d'une dimension et d'un poids considérables. « L'une d'elles, dit-il, « de forme carrée, sur laquelle est représentée la ville de Constan-« tinople, devoit être jointe aux autres dons destinés à la basilique « de Saint-Pierre de Rome et y être transportée; l'autre, de forme « ronde, ornée d'une vue de la ville de Rome, devoit être donnée à « l'église de Ravenne; la troisième, qui surpasse de beaucoup les « deux autres par la beauté du travail comme par le poids, et qui, « formée de trois cercles, contient une description de l'univers « entier, tracée avec autant d'art que de délicatesse, étoit destinée, « ainsi que la table d'or, que l'on a déjà dit être la quatrième, à » augmenter le lot qui devoit être réparti entre ses héritiers et dis-« tribué eu aumônes [2]. » Ces tables étaient-elles montées sur pieds, ou étaient-ce des tableaux destinés à être adossés aux murs des appartements, ou des plateaux sur lesquels on apportait des fruits, des épices, des parfums, ainsi qu'on le fait encore en Orient? C'est ce que nous ne saurions décider. Toutefois il nous est resté une description d'une table d'or, enrichie de pierreries et d'un admi-rable travail, d'une époque plus rapprochée de nous, qui était évi-demment destinée à servir de plateau, qui se développait au moyen de charnières, et sur laquelle on apportait du vin, des épices, comme on le fait encore aujourd'hui avec nos tables de déjeuners, qu'un

[1] *Vita Karoli imperatoris*, xxxiii.

[2] M. Teulet, dans les notes qu'il a jointe à sa traduction de la vie de l'empereur Charles, dit (t. I, p. 3), d'après Thégan, chap. VIII : « Que de tous les trésors de Char-lemagne, Louis le Débonnaire ne se réserva, en mémoire de son père, que cette table, « formée de trois cercles, ce qui la faisait paraître l'assemblage de trois boucliers « réunis »; et d'après les *Annales de Saint-Bertin*, qui la décrivent « comme un disque « d'argent d'une grandeur et d'une beauté remarquables, sur laquelle brillaient, sculptés « en relief et occupant des espaces distincts, la description du globe terrestre, les con-« stellations et les mouvements des diverses planètes. »

serviteur apporte toutes montées et pose sur un trépied ou un pliant. Cette table célèbre est celle apportée, par don Pèdre de Castille, à Angoulême, et dont il fit présent au prince de Galles, afin d'obtenir

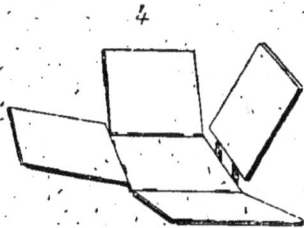

4

des secours contre Henri de Transtamare. Voici ce que Cuvelier, trouvère du xive siècle, dit de cette table[1] :

> « La table du roy Pietre dont je vous voi comptant
> « Ne saroient nombrer nul clerc qui soit lisant;
> « Car trestoute estoit d'or, en croix aloit plôiant (fig. 4)
> « A charnières d'or fin qui bien furent séant
> « Et qui moult justement vont gentement fermant;
> « De pierres précieuses, de pierres (perles) d'Oriant
> « Estoit environnez et de maint diamant (aymant);
> « D'asur et de sinople y ot cuvre plaisant;
> « Où ymages taillées y avoit de Rolant,
> « De tous les xii. pers, d'Olivier le poissant;
> « Comment furent vendu à Marsille la grant (le grant)
> « Et dedens Roncevaux occis en combatant;
> « Et en mi celle table dont je vous voi comptant
> « Estoit .i. escharboucle si clère et si poissant
> « Qu'elle rendoit clarté par jour à nuit faillant[2]
> « Ainsi con li solaus va à midi luisant;
> « Et delez l'escharboucle, qui valoit maint besant,
> « I avoit une table (une pierre) qui de vertu ot tant
> « Que nulz homs ne pooit ne roy ne amirant
> « Aporter nul venin qui tant fu mal faisant,
> « Que s'on li apportoit la table cá servant[3]
> « Que pierre n'alast tout en l'eure changent.
> « Noire comme charbon se changoit en samblant »

Ces derniers vers indiquent bien clairement que cette table était destinée au service, qu'on y plaçait des mets ou des épices, puisque

[1] *Chron. de Bertrand du Guesclin (Collect. des docum. inédits sur l'hist. de France,* t. I, vers 9093 et suiv.).

[2] C'était une croyance généralement répandue alors, que l'escarboucle brillait la nuit et donnait une lumière assez vive pour éclairer l'intérieur d'une pièce comme un flambeau.

[3] C'est-à-dire : « Que si on lui apportait la table sur laquelle des mets auraient été empoisonnés. » Donc les mets étaient posés sur cette table comme un plateau, pour être présentés à la personne qui voulait être servie.

[TABLE]　　　　　— 260 —

l'auteur prétend que si ces mets étaient empoisonnés, fût-ce par un roi ou un amiral, les pierres précieuses devenaient noires comme charbon. Plus loin, en donnant la table merveilleuse au prince de Galles, don Pèdre indique l'origine de ce riche joyau :

> « Sire, cestui joiiel je vous le donne en don
> « Qui me vint par eschange de mon père Alfon;
> « Et sachiez que jadis la conquist mon tayon (aïeul)
> « Au roy qui de Grenade maintenoit le royon;
> « Car il le tint jadis et mist en sa prison
> « Et se riche joiel il en ot à rençon[1]. »

Sans croire aux vertus merveilleuses du joyau de don Pèdre, ce curieux passage nous fait voir qu'alors ces tables portatives étaient en usage, et que parfois elles étaient d'une excessive richesse.

Le manuscrit d'Herrade de Landsberg[2], dans la miniature qui représente les meubles et ustensiles réunis par Salomon dans le

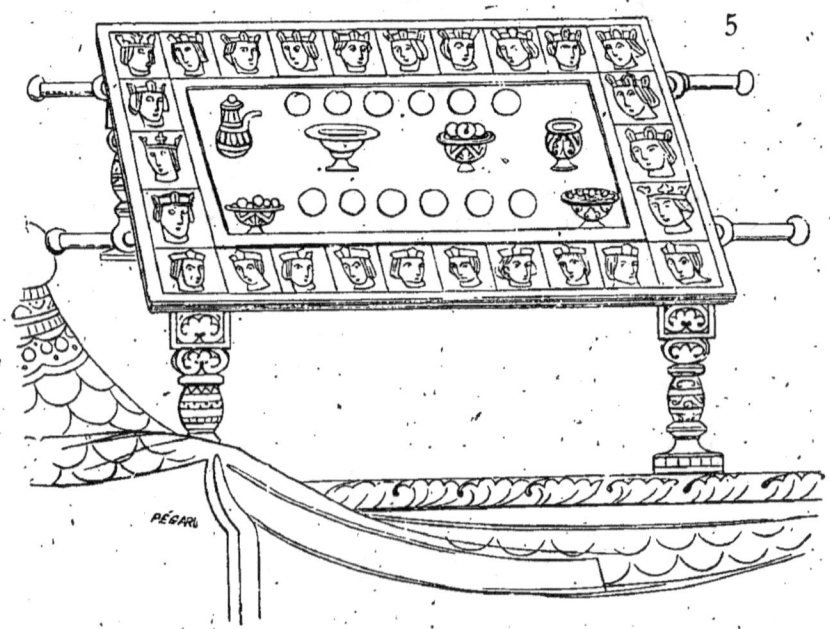

5

temple de Jérusalem, donne une table carrée ornée de tête de rois gravées sur le dessus[3]. Voici (fig. 5) la réduction de cette table, telle que la vignette la donne.

[1] Vers 10650 et suiv.

[2] xiie siècle, biblioth. de Strasbourg, brûlée par les Allemands en 1870.

[3] « Il donna (David) de même de l'or pour faire les tables qui devoient servir à exposer « les pains, selon les mesures qu'elles devoient avoir; et donna aussi l'argent pour en « faire aussi d'autres tables d'argent. » (I *Paralip.*, XXVIII, v. 16.)

6

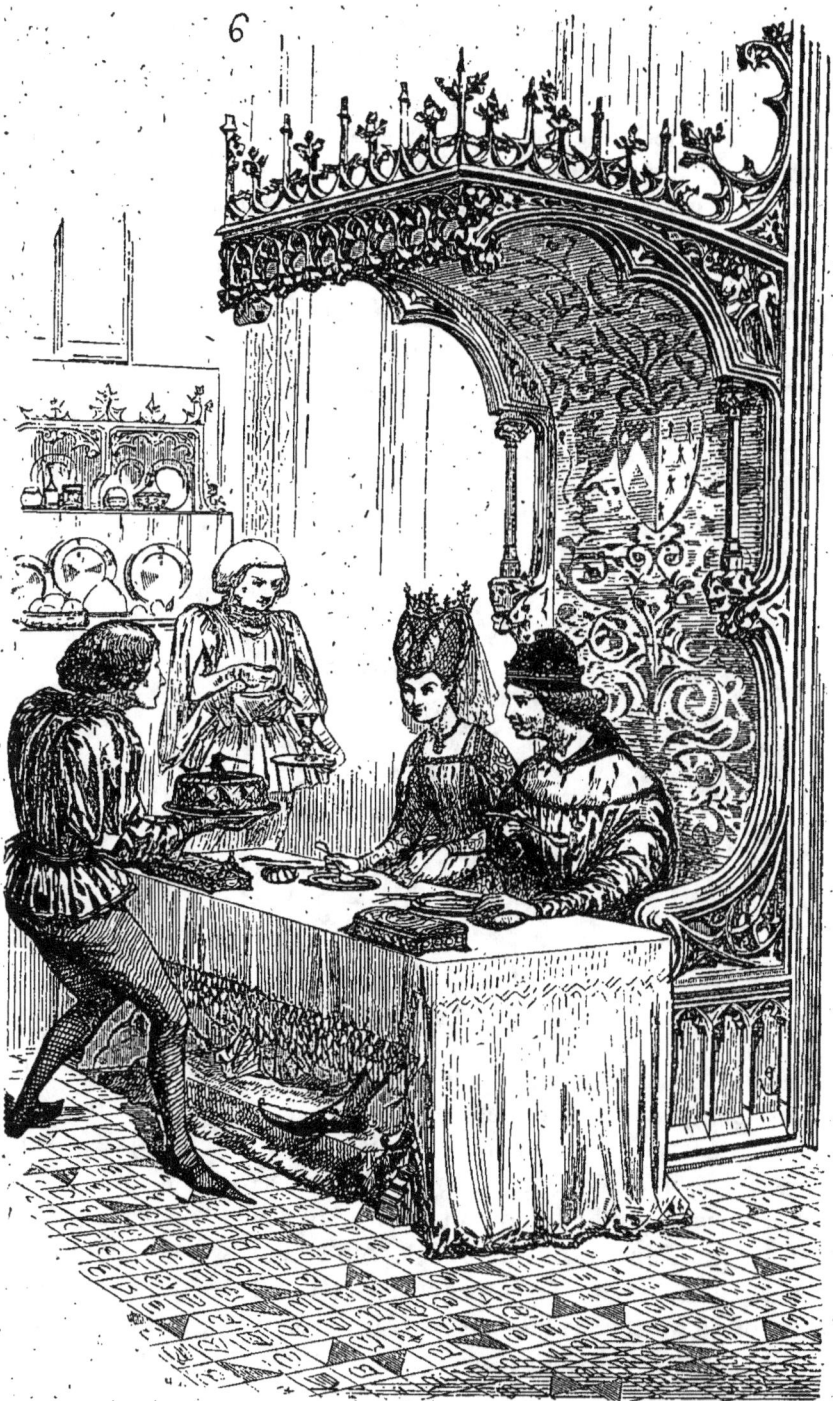

Chez les particuliers et dans l'intérieur des châteaux, on avait des

[TABLE] — 262 —

tables de petite dimension pour manger, lorsque l'on n'avait point
de convives. Les princes et les grands seigneurs avaient l'habitude,
même lorsqu'ils recevaient des étrangers, de manger sur une table
séparée; ces tables étaient longues et étroites, accompagnées d'un
banc avec marchepied et garni quelquefois d'un dais. L'inventaire
du mobilier du Louvre, sous Charles V, mentionne des tables à dais,
et un grand nombre de vignettes de manuscrits des XIVe et XVe siècles représentent de grands personnages, rois ou princes, mangeant
seuls ou avec leur femme sur des tables dont les bancs sont garnis
de dossiers et de dais tendus de tapisseries. (fig. 6). Parfois aussi
ces bancs sont simples; mais les tables à manger affectent toujours
la forme barlongue (fig. 7) [1]. Les mets, les vins étant déposés sur

7

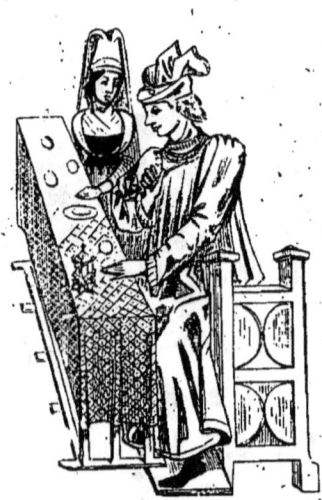

les buffets et les crédences, les serviteurs n'apportaient sur la table
que l'assiette dans laquelle l'écuyer tranchant avait déposé la pièce
de viande découpée et le hanap contenant le vin versé après avoir
fait l'essai. Ce n'était que dans les repas composés d'un grand nombre de convives que l'on déposait sur les tables des viandes et pièces
montées, que l'on découpait sur le buffet après qu'elles avaient
été vues par les invités, comme cela se fait encore de nos jours.
Dans le privé ou sur les tables séparées des princes, il n'y avait que
de petits pains, les assiettes servies, la coupe de chaque convive, des

---

[1] Vignette de l'Hist. de Girart, comte de Nevers. manuscr. de la Biblioth. nation.
fonds la Vallière, n° 92.

fourchettes [1] et cuillers, suivant la nature du mets placé sur les assiettes. Les serviteurs présentaient alors en face des personnes assises des plats dans lesquels, grâce à l'étroitesse des tables, on pouvait choisir le morceau qui convenait. Les bancs sur lesquels les convives étaient assis étant munis d'un marchepied, les tables étaient plus hautes que les nôtres ; cette disposition faisait ressortir davantage les personnages mangeant à des tables spécialement réservées pour eux.

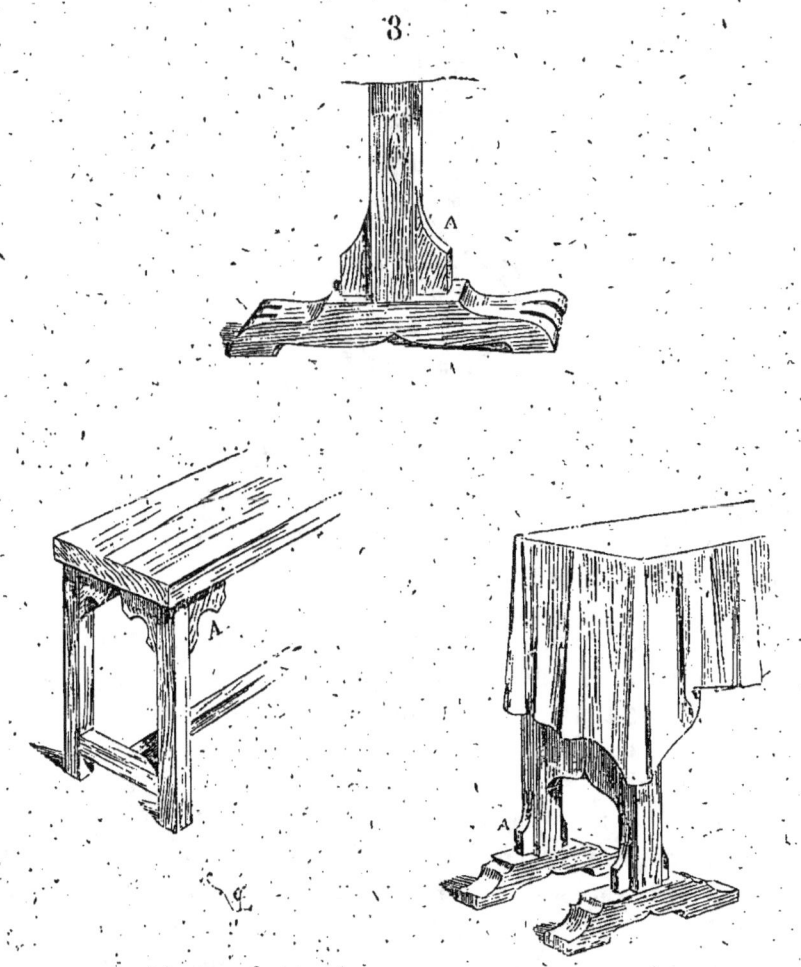

Nous terminerons ce passage sur les tables barlongues par des figures indiquant les divers assemblages des pieds de ces meubles pendant le XVe siècle et le commencement du XVIe (fig. 8) [2]. De petits

[1] L'usage des fourchettes ne fut guère introduit qu'au XIIIe siècle.
[2] Des bas-reliefs des stalles de la cathédrale d'Amiens.

[TABLEAU]   — 264 —

goussets A, assemblés dans les montants et les traverses, étaient destinés à empêcher le roulement des pieds et à leur donner une parfaite rigidité.

Il ne faudrait pas croire que les tables à un pied n'étaient pas en usage pendant le moyen âge. Dans les appartements des femmes, il

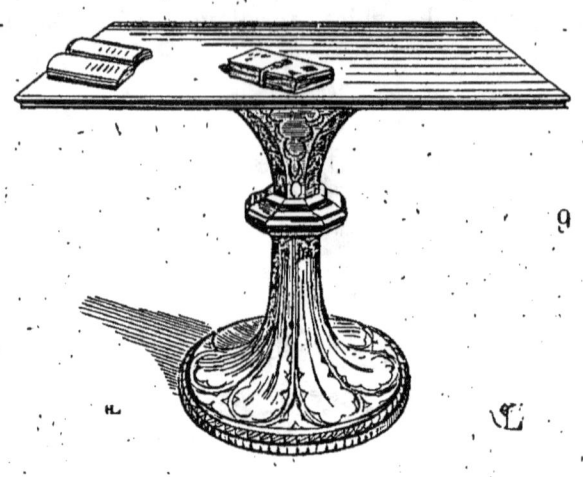

9

y avait çà et là des guéridons sur lesquels on déposait les ouvrages d'aiguille, des vases de fleurs, des livres, etc. Dans le manuscrit des chroniques du roi Louis XI, nous trouvons une vignette représentant une table carrée à un pied (fig. 9) [1].

TABLEAU, s. m. Panneau composé d'ais assemblés présentant une surface plane que l'on recouvrait de cire, de toile ou de peinture, suivant la destination particulière du meuble. Nous parlerons d'abord des tableaux de *tour*, c'est-à-dire des panneaux appendus aux piliers des églises, et sur lesquelles on écrivait avec un poinçon les noms de ceux qui devaient faire l'office de la semaine.

Au commencement du dernier siècle, il existait encore, près du maître autel de la cathédrale de Rouen, contre un pilier, un tableau enduit de cire destiné à cet usage [2], c'est-à-dire à recevoir les noms de ceux qui devaient faire l'office de célébrant pendant la semaine, de diacre, de sous-diacre ou porte-chape. Une fois inscrits au tableau de semaine, les manquants étaient punis d'une grosse amende

---

[1] *Mélanges pour servir à l'histoire.* Biblioth. nation., vol. 748, manuscr. du commencement du XVIe siècle.

[2] *Voyages liturg. en France*, par le sieur de Moléon, 1718, p. 275.

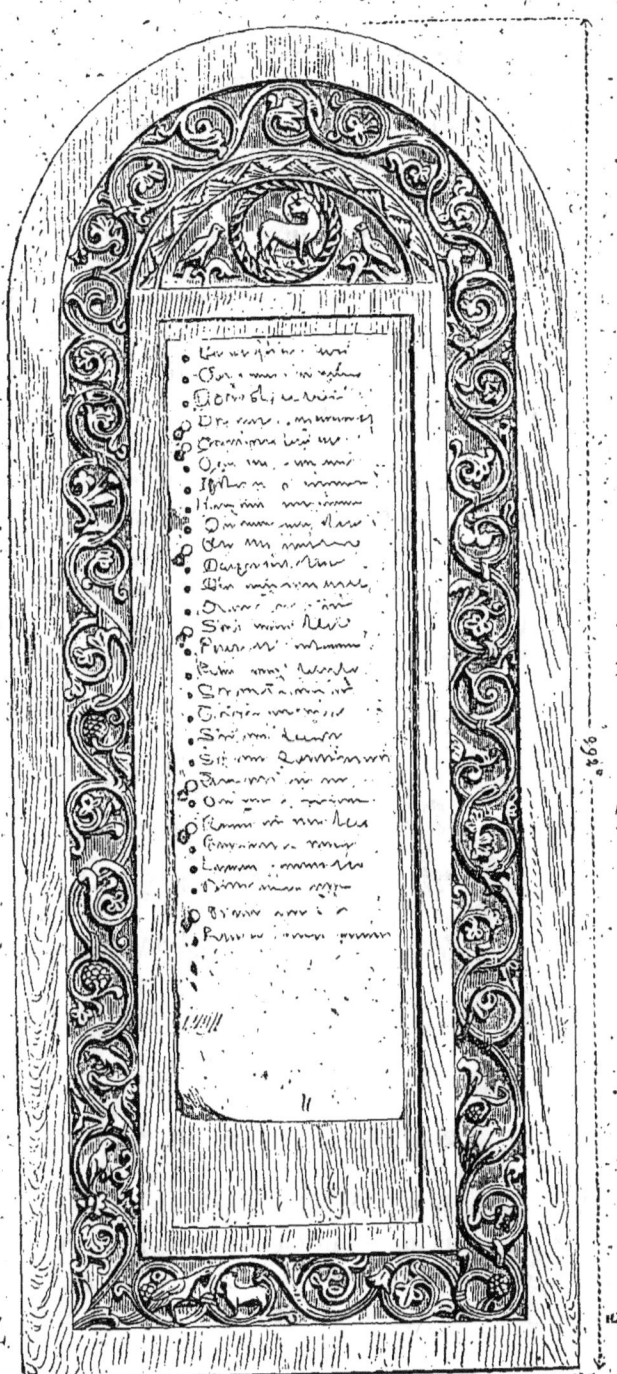

pécuniaire. Le même usage était observé dans l'église de Saint-Lô

de Rouen. Ces sortes de tableaux sont encore usités de nos jours
dans les cathédrales ou grosses paroisses ; seulement le panneau, au
lieu d'être enduit de cire, est couvert d'un drap sur lequel on pique
la liste des semainiers écrite sur un papier.

Il existe encore, dans l'ancienne cathédrale de Coire, en Suisse,
un tableau de ce genre, qui date du XIIe siècle. Il est fait de bois de
châtaignier, à deux faces et monté sur gonds, de manière à pouvoir
présenter à la vue l'une ou l'autre de ses deux faces. Il est entouré
d'un double cadre richement sculpté et percé de petits trous. M. le
docteur Keller, de Zurich, à qui nous devons des détails sur ce
meuble précieux, dit « qu'il est destiné à contenir, sur l'une de ses
« faces, la liste des membres de la congrégation, et à indiquer les
« noms de ceux dont le tour arrive le lendemain, soit pour dire la
« messe, soit pour remplir d'autres fonctions. Le tour de service
« est pointé au moyen d'une cheville de bois fixée dans le trou qui
« correspond au nom de la personne désignée. »

La fig. 1 représente la face de devant de ce tableau. La face opposée offre la même disposition ; les ornements seuls qui décorent
le cadre et le tympan sont différents. Nous donnons (fig. 2) le som-

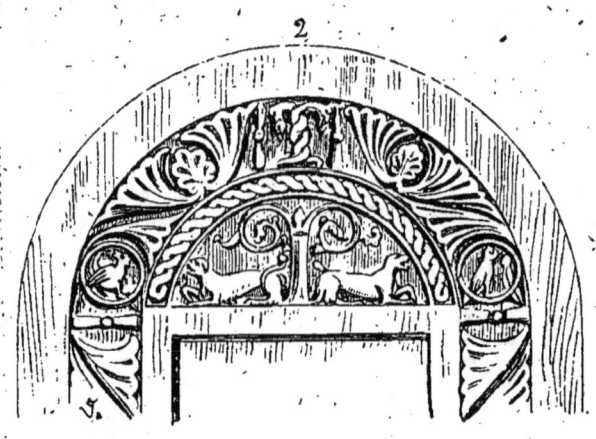

met de cette autre face[1]. La sculpture est plate, franchement coupée
dans le bois, et indiquerait chez nous une époque antérieure au
XIIe siècle. Mais les parties les plus anciennes de la cathédrale de
Coire ne remontant pas au delà de cette époque, il n'est pas probable que ce tableau soit plus ancien ; les arts de ces contrées sont
d'ailleurs fort en retard sur ceux de la France. Ce tableau présente

[1] Nous devons ces dessins à l'obligeance de M. Didron, directeur des *Annales archéologiques*.

encore des traces de peinture; le fond de la face qui contient l'Agneau est peint en brun rouge, les feuillages se détachent en vert et les figures du tympan en bleu d'outremer.

Ce n'est que fort tard, vers la fin du xve siècle, que l'usage de suspendre des tableaux peints aux murailles fut introduit dans les églises. Jusqu'alors on réservait ce genre de décoration, assez peu commun, pour les intérieurs des sacristies, des salles des palais et châteaux. Les peintures des églises étaient faites sur les murs ou remplissaient les verrières (voy. le *Dictionnaire d'architecture*, au mot PEINTURE). Il faut reconnaître que l'effet des tableaux appendus aux murailles ou piliers des églises n'est pas heureux, et indique, de la part de ceux qui tolèrent ce genre de décoration, un singulier mépris des formes de l'architecture et aussi de la peinture, souvent même l'oubli des plus simples convenances. Mais ce n'est pas ici le lieu de discuter cette question.

Dès le xiie siècle, on peignait des tableaux sur panneaux de bois. Le moine Théophile [1] indique les moyens de préparer ces panneaux. Ils étaient formés d'ais de bois séchés au four, collés avec de la colle de fromage, mis sous presse, enduits d'une préparation de plâtre et de colle de peau. Ces tableaux n'étaient guère destinés qu'à la décoration des retables d'autel, des oratoires; ils étaient de petite dimension, presque toujours à volets et peints avec un soin et une recherche infinis sur fond d'or gaufré, enrichis quelquefois même de verroteries et de pierres. Peu à peu on donna des dimensions plus grandes à ces tableaux; on les entoura de cadres décorés de sculptures dorées. Tout le monde connaît les tableaux précieux des anciennes écoles italienne et flamande déposés dans nos musées, et provenant presque tous d'établissements religieux. La sacristie de la cathédrale d'Amiens possédait, avant 1820, une suite de tableaux entourés de cadres d'une excessive richesse, donnés par la confrérie de Notre-Dame du Puy. Vers cette époque, un évêque d'Amiens donna les cadres à madame la duchesse de Berry, et ces meubles, respectés par la Révolution, furent ainsi dispersés [2].

Pendant le moyen âge, il était d'usage de suspendre dans les rues, les jours de fête, des tableaux couverts d'armoiries et d'emblèmes. « Devant ledict hostel [3] avoit un riche tableau tout peint d'or et

---

[1] *Essai sur divers arts.*

[2] Ces tableaux sont aujourd'hui déposés dans l'escalier de l'évêché d'Amiens; deux cadres sont placés dans le musée de la même ville, deux autres dans le château de Rosny.

[3] Du duc de Bourgogne. — Entrée de la duchesse à Bruges (*Mémoires* d'Olivier de la Marche).

« d'asur, au milieu duquel avait deux lions élevés, tenant un écu
« armoyé des armes de Monsieur de Bourgongne ; et à l'entour du-
« dict tableau avoit douze blasons des armes des païs de mondict
« seigneur…. Et au-dessus du tabernacle estoit à un des costés saint
« Adrien, et au-dessous dudict tableau estoyent des fusils pour devise,
« et le mot de mondict seigneur, qui dit : « Je l'ay emprins…… »

Dans l'une des salles des châteaux, il existait presque toujours un
grand tableau peint sur bois représentant la généalogie du seigneur.
Dans les hôtels de ville, quelques tableaux étaient aussi appendus
aux murailles des chambres principales. En 1535, on voyait encore,
dans une salle de l'hôtel de ville de Béthune, un certain « grand
« rolle ou estoit empraint et figuré, par privilége, toute la noble
« généalogie et descente de l'empereur. » Puis « une painture sur
« parchemin, ou estoient pourtraictz les éschevins, le greffier et le
« clerc, selon l'anchienne loy, avecq dicliez et escriptz comment
« juges doibvent maintenir justice [1]. » Dans la salle des plaids, on
voyait aussi un tableau représentant le jugement dernier, et un
nommé Micquiel le Thieulier, peintre, fournissait, en 1540, moyen-
nant vingt livres, un nouveau tableau représentant « une histoire en
« forme d'arbre, ou s'observoient les sept pechies mortelz et les
« branches et deppendances d'iceulx ; ainsi que pluisseurs person-
« naiges, auctorités, et escriptions de la saincte escripture [2]. » On
voyait, dans la salle du parlement de Paris, à la fin du dernier siècle,
un magnifique tableau (triptyque) représentant un Crucifiement, de
Jean de Bruges, entouré d'un cadre sculpté, et au fond duquel était
représentée la cour du May [3].

Les tableaux allégoriques furent en vogue à la fin du XVe siècle et
pendant le cours du XVIe. Les seigneurs ou les bourgeois tenant pour
tel ou tel parti aimaient à placer sous leurs yeux des allégories plus
ou moins transparentes qui représentaient le triomphe de leur opinion, tout en étant une énigme pour les étrangers. Au moment de
la réformation, cette mode fut suivie dans les châteaux comme dans
les plus humbles maisons. Il nous reste encore quelques-uns de ces
tableaux, médiocres pour la plupart au point de vue de l'art, mais
assez curieux au point de vue de l'histoire des mœurs. On en voit
un dans le château du Mesnil, autrefois Mesnil-Habert ou Mesnil-

---

[1] *Les Artistes du nord de la France, etc.*, *aux* XIVe, XVe *et* XVIe *siècles*, par Al. De la
Fons, baron de Mélicocq. Béthune, 1848.

[2] *Ibid*

[3] Ce tableau existe encore et est déposé dans la salle des séances de la Cour d'appel.

Fargis, près de Trappes, qui date du commencement du XVIIe siècle ;
il est peint sur toile et représente une allégorie de la réformation
traitée de la façon la plus singulière [1].

TAPIS, s. m. (*tapiz*). **TAPISSERIE**, s. f. L'usage des tapis et tapisseries remonte à l'antiquité. Pendant les premiers siècles du moyen
âge, on en plaçait à profusion dans les églises, soit sur le pavé, soit
comme tentures. Dans les cathédrales, les côtés du chœur étaient
tendus en tapisserie de diverses sortes que l'on changeait suivant les
temps de l'année, et, dès le Xe siècle, les évêques affectaient des
sommes importantes à l'acquisition de ces tissus, qui venaient presque tous de l'Orient. L'abbé Lebeuf, dans ses *Mémoires concernant
l'histoire civile et ecclésiastique d'Auxerre* [2], rapporte que l'évêque
Gaudry, vers 925, possédant « une très-belle tenture parsemée de
« lions, au milieu de laquelle étoit une inscription brodée en lettres
« grecques, n'eut point de repos qu'il n'eût trouvé une autre tenture
« de même dessin. L'ayant trouvée, il l'acheta et la donna à l'église,
« afin qu'elles ornassent les deux côtés..... » L'usage de décorer les
églises de tapisseries se perpétua jusque vers le commencement du
dernier siècle, et les trésors des cathédrales et des églises abbatiales
renfermaient une grande quantité de ces tissus que l'on étendait
dans les sanctuaires et même dans les nefs pendant les jours fériés
ou à l'occasion de certaines cérémonies. Dans les châteaux, les appartements d'habitation, les salles de *parement* ou de parade étaient
tendues le plus souvent de tapisseries, ou tout au moins de toiles
peintes (voy. TOILE). Il est difficile de donner la date de l'introduction des fabrications de tapis en France. Dès le IXe siècle, saint An-
gelme, trente-quatrième évêque d'Auxerre, faisait présent à la cathédrale de très-belles tapisseries pour orner le lieu où se tenait le
clergé [3]. Il n'est pas certain que ces tapisseries fussent de fabrication occidentale ; mais, vers 985, les religieux de l'abbaye de Saint-
Florent de Saumur fabriquaient eux-mêmes, dans leur monastère,
des tapisseries [4]. En 1025, la ville de Poitiers possédait des fabriques
de tapis ; il en était de même à Troyes, à Beauvais, à Reims, à Arras,

[1] Voyez la description de ce curieux tableau dans la *Notice sur Notre-Dame de la
Roche*, par M. P. Huot (*Bullet. monum.* de M. de Caumont, t. XII, p. 34). L'explication
de ce tableau donnée par Huot nous paraît excellente, mais elle indiquerait que ce
tableau est une satire des deux partis catholique et de la réforme.

[2] Publ. par MM. Challe et Quantin, 1848, t., p. 231.

[3] L'abbé Lebeuf, t. I, p. 186.

[4] D. D. Martenne et Durand, *Hist. monast. S.-Florenti Salm*

à Saint-Quentin. Ces tapisseries étaient à *haute lisse*, c'est-à-dire que la chaîne servant à faire le tissu était placée verticalement sur le métier. Ce genre de fabrication, qui remonte à la plus haute antiquité, puisqu'il était connu des Égyptiens, fut probablement pratiqué en Occident dès l'époque de la domination romaine. Quant aux tapis veloutés, ils furent introduits en France, pendant le moyen âge, par les Orientaux. Au XIIe siècle, sous le règne de Philippe-Auguste, les fabricants de ces sortes de tapis portaient le nom de *Sarrasinois*, et l'on entendait par tapis *sarrasinois* les tapis veloutés ; ces fabricants formaient alors une corporation réglementée par des statuts. Au commencement du XIVe siècle, les tapissiers *sarrasinois* et les tapissiers *hauts lissiers* furent soumis à une même maîtrise, dont les règlements datent de 1302 [1]. Ce ne fut que sous le règne de François Ier que la fabrication des tapis, qui jusqu'alors était du domaine de l'industrie privée, fut confiée par ce prince à quelques maîtres venus de Flandre et d'Italie, et prit un nouvel essor. Cette première manufacture royale fut d'abord établie à Fontainebleau, et était destinée à fournir à la décoration de cette belle résidence.

L'usage d'étendre des tapis sur le sol des appartements paraît avoir été fort anciennement adopté chez les peuples orientaux ou ceux qui subissaient leur influence, et introduit en France à l'époque des croisades. Nous voyons qu'en Angleterre les tapis de plancher furent importés, au XIIIe siècle, par Éléonore de Castille et les ambassadeurs espagnols qui précédèrent son arrivée [2]. Mathieu Paris raconte que les habitants de Londres s'indignaient du luxe déployé par les seigneurs étrangers, qui couvraient leurs planchers de précieux tapis, tandis que leur suite était misérable, désordonnée, et n'était montée que sur des mules. Il ajoute que quand Éléonore arriva à Westminster, elle trouva les appartements qui lui étaient destinés, décorés, par le soin des envoyés de son pays, de riches tentures, comme l'étaient les églises, et les planchers couverts de tapis, conformément à la mode espagnole. Il ne paraît pas qu'avant le XIVe siècle les intérieurs des appartements en France fussent tendus de tapisseries de haute lisse ; du moins nous ne trouvons à cet égard aucun renseignement certain, mais plutôt de toiles peintes et d'étoffes.

---

[1] Par le prévôt Pierre le Jumeau. (Voy. la *Notice sur les manufactures de tapisseries et de tapis réunies aux Gobelins*, par M. Lacordaire, 1852.)

[2] Voy. l'*Archit. domest. pendant le moyen âge*. — Parker, *Some Account of domest. Archit. in England*, t. I, p. 98. — Mathieu Paris, p. 782.

« En haut font tendre les cortines,
« Où il y a estoires devines
« De la loy anciiennes pointes, -
« De maintes bonnes coulors taintes [1]. »

« . . . Encourtiné ont
« De dras d'or la maison trestoute [2]. »

Ces tapisseries, soit de haute lisse, soit brodées sur un fond d'étoffe, paraissent avoir été réservées pour séparer des pièces, comme portières, ou encore comme courtines de lits. Cependant Necham [3], lorsqu'il censure [4] le luxe étalé dans les constructions de son temps, parle avec dédain des vestibules couverts de sculptures comme étant le réceptacle de toiles d'araignée. Il dit encore que les murailles de la chambre privée devraient être couvertes de tentures pour éviter les mouches et les araignées ; il fait observer que la tapisserie serait convenablement suspendue devant l'épistyle, et cela dans le cas où la chambre se trouvait divisée par des colonnes.

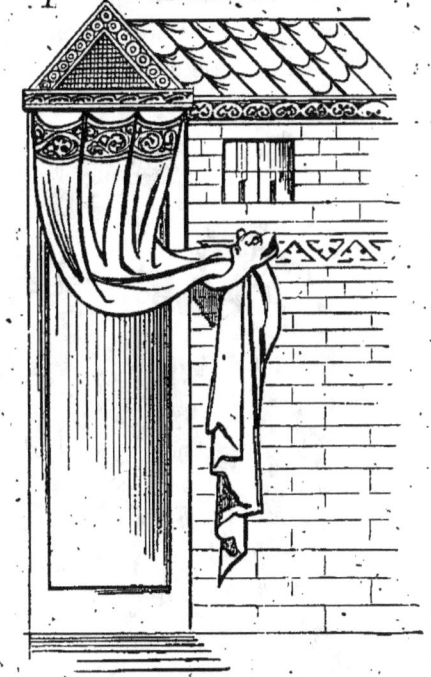

Les vignettes des manuscrits du XIIe siècle nous donnent de nombreux exemples de ces tapisseries suspendues en guise de grandes portières pour séparer les pièces d'un appartement ou même pour diviser une chambre. Flodoard rapporte que saint Remi laissa par testament, à l'évêque son successeur, « trois tapis qui « servent les jours de fête à fermer les portes de la salle du festin, « du cellier et de la cuisine [5]. »

La figure 1 [6] nous donne une de ces tentures suspendue à l'entrée

---

[1] *Roman de Mahomet*, en vers, du XIIIe siècle, publ. par MM. Reinaud et Francisque Michel, 1831.

[2] *Le Roman du Renart*, vers 1170.

[3] *De naturis rerum*, manuscr. Harl., 3737, t. 95, 6.

[4] Voy. Parker, *Domest. Archit.*, t. I, p. 15, auquel nous empruntons ce passage.

[5] Flodoard, p. 67 (M. Guizot, *Collection des mémoires*).

[6] Manuscr. d'Herrade de Landsberg, biblioth. de Strasbourg, brûlée par les Allemands en 1870.

d'une salle. Cet usage se perpétua fort tard ; des tableaux et des gravures du xvi⁰ siècle en font voir quantités d'exemples, et même encore, au commencement du xviii⁰ siècle, dans les palais, certaines pièces n'étaient fermées que par des portières sans vantaux. Saint-Simon, en racontant la scène qui, au château de Marly, précéda la mort de Monsieur, frère du roi, remarque que le cabinet de Louis XIV n'était fermé que par des portières ; ce qui permit à tous les courtisans, et même aux gens de service, d'entendre la querelle des deux princes.

Au xii⁰ siècle, on tendait autour des lits des tapisseries dont la disposition mérite d'être remarquée. C'était comme une sorte de tente dont la partie supérieure était fixée à une tringle de bois ou

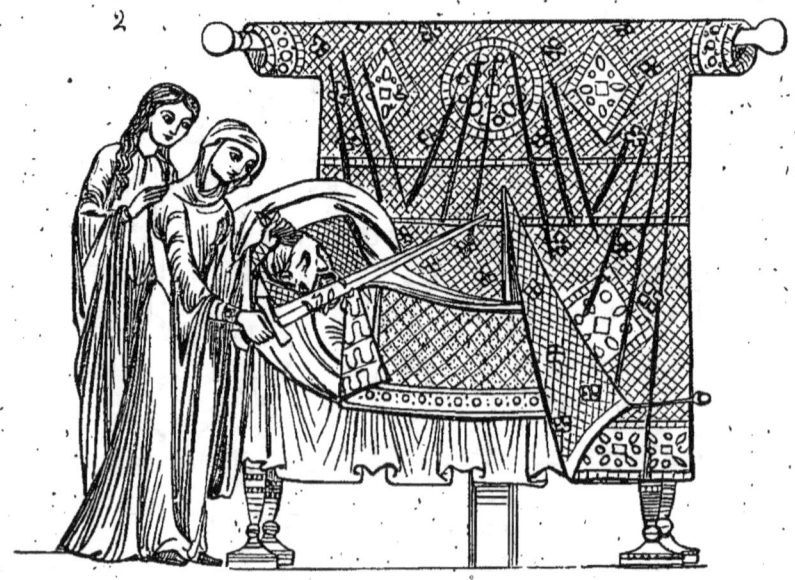

de métal, et qui tombait des deux côtés avec une ouverture permettant d'entrer dans le lit, à peu près comme les moustiquaires en usage dans le Midi. Voici (fig. 2) une de ces tapisseries de lit [1].

Au xiv⁰ siècle, l'emploi des tapisseries comme tenture devint général ; beaucoup de salles de châteaux de cette époque ont conservé les clous à crochet qui servaient à suspendre ces tapisseries maintenues seulement au chef, tombant jusqu'au sol, et masquant les portes. Il faut observer que, dans les distributions intérieures, on ne

---

[1] Manuscr. d'Herrade de Landeberg, biblioth. de Strasbourg, brûlée par les Allemands. en 1870. Le sujet représente la mort d'Holopherne.

ménageait point de ces portes larges de quatre à cinq pieds, comme on le fit vers le milieu du XVII⁰ siècle, mais seulement des baies larges de quatre pieds au plus et hautes de six pieds, qui, souvent même, n'étaient pas munies de vantaux. Une fente verticale, pratiquée dans la tapisserie, permettait aux entrants et aux sortants de passer en soulevant l'un des pans de la tenture, ainsi que le fait voir

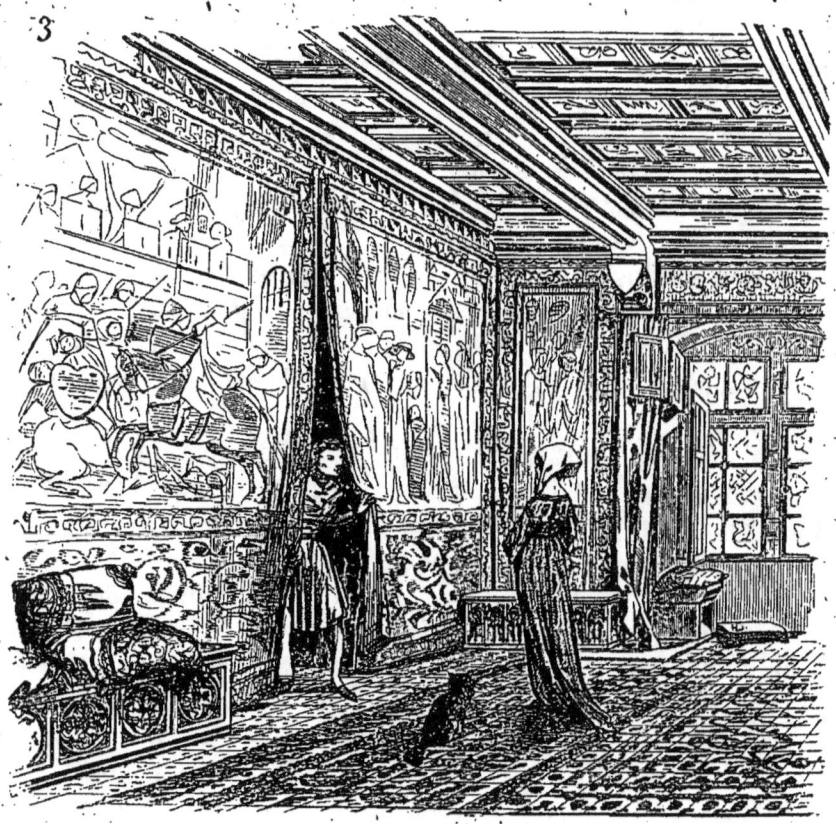

la fig. 3. Derrière ces tapisseries, on pouvait se cacher; aussi, chaque fois que l'on voulait être seul, on avait le soin de tâter la tapisserie autour de la pièce. Dans la tragédie de Shakspeare, Hamlet, s'apercevant que quelqu'un écoute, derrière la tenture, son entretien avec sa mère, tire son épée et perce Polonius à travers la tapisserie : « Comment! ici un rat?... Mort!.. Un ducat qu'il est « mort![1] » Qu'on se figure la scène d'Hamlet au milieu d'une pièce

How now! a rat?
Dead, for a ducat. Dead.

entièrement tendue de tapisseries dont les franges traînent à terre,
l'action du héros est d'un effet terrible ; mais que Polonius soit
caché derrière une portière comme un enfant jouant à *cligne-mu-
sette*, Polonius est un niais, et le coup d'épée, l'acte d'un fou en-
ragé. Hamlet ferait mieux alors d'aller prendre Polonius par les
oreilles et de le jeter à la porte. C'est ainsi que, sur nos théâtres, la
mauvaise mise en scène d'anciens chefs-d'œuvre altère la pensée du
poëte. Ceci dit sous forme de parenthèse.

Ces vastes pièces tendues de tapisseries étaient trop peu sûres
pour la vie intime ; cela explique pourquoi, dans les châteaux, on
réservait presque toujours, près des grandes pièces, de ces réduits
étroits où l'on pouvait s'enfermer lorsque l'on voulait se livrer à
quelque entretien secret ou lorsqu'on cherchait la solitude. Dans
l'intérieur même des grandes pièces, on établissait des *clotets* (voyez
ce mot), qui, le plus souvent, n'étaient fermés que de tapisseries.
C'est au moyen de ces clotets que l'on pouvait donner à coucher à
beaucoup de monde dans des châteaux pourvus d'un très-petit
nombre d'appartements. La grand salle était alors un véritable dor-
toir divisé en cellules par des cloisons d'étoffe.

Les tapisseries les plus riches étaient possédées par les églises.
Comme nous l'avons dit plus haut, ces tapisseries étaient exposées
dans les chœurs et même dans les nefs à l'occasion de certaines fêtes
religieuses. De ces tentures, il ne nous reste rien qui soit antérieur
au xve siècle, si ce n'est la tapisserie de Bayeux, attribuée à la reine
Mathilde, femme de Guillaume le Conquérant, et qui est certainement un monument de la seconde moitié du xie siècle. Cette tapisserie n'est qu'une longue bande de canevas sur laquelle des événements relatifs à la conquête d'Angleterre par les Normands sont
brodés sans fond. Il y a tout lieu de supposer qu'elle était destinée à
décorer le chœur des chanoines comme une frise continue accrochée
pendant certains jours de l'année [1]. La collection Gaignères de la
bibliothèque Bodléienne à Oxford contient une suite de tapisseries
fort belles, du xiiie siècle, qui existaient encore dans l'église Saint-
Médard en l'Ile, à Paris, au commencement du dernier siècle, et
figuraient la légende du patron de l'église.

En 1483, Louis Raguier, chanoine de Paris, devenu évêque de
Troyes, donna à son église quatre grandes pièces de tapisserie qui
représentaient plusieurs sujets de la vie de saint Pierre et les figures

---

[1] Voy. *Un mot sur les discuss. relat. à l'origine de la tapisserie de Bayeux*, par M. de
Caumont (*Bullet. monum.*, t. VIII, p. 73).

des évêques canonisés de Troyes. Ces tapisseries étaient destinées à décorer le chœur.

La cathédrale de Sens possède encore quelques-unes des magnifiques tapisseries qui étaient gardées dans son trésor ; elles datent du XVe siècle et sont d'un travail admirable : l'une d'elles surtout, qui représente le couronnement d'Esther, est traitée avec une finesse exquise. Les personnages sont certainement des portraits, et l'Assuérus est très-probablement une image de Charles VIII. Les vêtements, les meubles, les bijoux, sont rehaussés de fils d'or très-habilement mêlés à la laine, et les têtes, qui n'ont que six à huit centimètres de haut, sont modelées par des artistes fort habiles. Cette tapisserie est de haute lisse. Les cathédrales de Reims [2], les églises de Saint-Remi de Reims, de la Chaise-Dieu, de Montpezat (Tarn-et-Garonne), le palais ducal à Nancy, conservent encore de fort belles tapisseries qui datent du XVe et du XVIe siècle.

Quant aux tapis destinés à être étendus sur le sol des églises, on en fit longtemps venir d'Orient. On voit encore, dans beaucoup de nos églises, des fragments de ces tapis qui sont originaires de Perse. L'église de Mantes possède encore un magnifique tapis persan qui paraît dater du XVIe siècle, et qui était tendu sur les marches de l'autel. Il représente, au milieu d'arabesques d'un goût charmant, des chasseurs et des animaux. Les chasseurs portent des arquebuses assez semblables à celles dont on se servait en France vers le commencement du XVIe siècle.

Les tentures des appartements se composaient souvent d'étoffes brodées ou couvertes d'applications.

Quand du Guesclin fut fait connétable, la chambre qu'il occupait dans le logis du roi était tendue de drap semé de fleurs de lis d'or.

« Pour une chambre broudée pour madame la Royne, qu'elle ot « à son couronnement à Rains.

« Premierement. Pour la façon de 1321 pappegaus, faiz de brou-« deure amantelés des armes nostre sire le Roy, pour la façon de « ces pappegaus, pour or, pour soie, de quoy ils furent faiz, et pour « paine d'ouvriers, 6 s. pour pièce, valent 396 l. 6 s. [3]. »

Ces tentures étaient souvent couvertes d'armoiries, de devises.

---

[1] Voy. *Compte de l'œuvre de l'église de Troyes.* Troyes, 1855.

[2] Voy. l'ouvrage de MM. Leberthois et Louis-Paris sur les toiles peintes et tapisseries de la ville de Reims (Paris, 1843), et entre autres les pièces de tapisseries de haute lisse représentant l'histoire de Clovis.

[3] *Comptes de Geoffroi de Fleuri*, 1316 (*Comptes de l'argenterie des rois de France au* XIVe *siècle*, par L. Douët d'Arcq).

« ...Pour la chambre de la Toussâins, dont le cheveciel est vert,
« bordé d'une bordeure de soucie tout entour, de compas des
« armes de France et de monsseigneur de Vallois, de monsseigneur
« d'Evreus et de monsseigneur de la Marche, tenant 9 aunes quar-
« rées, 15 s. l'aune, valent 6 l. 15 s. Item, pour 6 tapiz vers, dont
« les 3 tiennent 30 aunes, et les autres 3, 24 aunes, toutes quar-
« rées, et sont à tiex esauciax comme le cheveciel, 11 s. pour aune,
« valent 29 l. 14 s. [1] »

« ...Pour une chambre vermeille de dix tappiz..., qui sont semez
« de pappegaus armoiez de France, et de pappeillons armoiez de
« Bourgongne, et entre deux sémez de treffles d'argent [2]......»

La serge était employée souvent comme tenture.

« ...Pour une sarge de tapisserie semée de feuillage de
« vigne [3]..... ».

Les salles de villes, les parlements, étaient tendus d'étoffes fort
riches souvent, pendant certaines solennités.

« Quant ilhs furent là venus, sachies que la ville fut durement
« plaine de singnours, chevaliers, eskuwiers et daltres gens, et fut
« li halle de la ville engordinee de beais draps dor et de soye, come
« les chambres de roys [4]. »

A l'occasion des fêtes publiques, des entrées des rois et reines, on
tendait des tapisseries dans les rues, devant les maisons, et l'on se
plaisait, vers la fin du xve siècle, à représenter sur ces tapisseries
des histoires morales, des caricatures, des satires. Henri Baude,
poëte du xve siècle, donne plusieurs *Dictz moraulz* pour mettre en
tapisserie, tels que ceux-ci :

— « Des pourceaulz qui ont répandu ung plain panier de fleurs »
(avec cette devise) :

> « Belles raisons qui sont mal entendues
> « Ressemblent fleurs à pourceaulz estendues.. »

— « Ung bonhomme regardant dans un bois ouquel a entre deux
« arbres une grant toille d'éroigne. Unh. homme de court luy dit :

> « Bonhomme, diz-moy, si tu daignes,
> « Que regarde-tu en ce bois ?

[1] *Compte de Geoffroi de Fleuri* 1316 (*Comptes de l'argenterie des rois de France
au* xive *siècle*, par L. Douët d'Arcq.
[2] *Ibid.*
[3] *Invent. de l'argent. dressé en* 1353 (*ibid.*).
[4] Conférences du roi Philippe de Valois et du roi David d'Écosse (*Chroniq. de Jehan
le Bel, chan. de Saint-Lambert à Liége*, publ. par M. L. Polain; Liége, 1850).

LE BONHOMME.

« Je pence aux toilles des éreignes
« Qui sont semblables à noz droiz :
« Grosses mouches en tous endroiz
« Passent ; les petites sont prises.

LE FOL.

« Les petitz sont subjectz aux loiz,
« Et les grans en font à leurs guises [1]. »

Nous renverrons nos lecteurs au poëte ; plusieurs de ces satires sont assez vives.

Pendant les xve et xvie siècles, on se plaisait fort à garnir les murailles des appartements de ces tapisseries sur lesquelles étaient figurés des allégories, des fables, des apologues, des moralités. Tout le monde connaît les tapisseries trouvées dans la tente de Charles le Téméraire, après la bataille de Nancy, et déposées aujourd'hui dans l'ancien palais ducal de cette ville [2]. Ces tapisseries font ressortir les dangers de la bonne chère, au moyen d'une suite de tableaux allégoriques dans lesquels Gourmandise, Friandise, Passe-temps, Je-bois-à-vous et Bonne-compagnie, deviennent les victimes de Banquet et Souper, qui conspirent contre leurs hôtes en appelant à leur aide Gravelle, Goutte, Colique, Apoplexie. Souper et Banquet finissent par être traduits devant le tribunal de dame Expérience, assistée de docteurs. La plainte entendue, Banquet est condamné à être pendu ; des circonstances atténuantes sont admises en faveur de Souper.

« Quant à Soupper qui n'est pas si coulpable,
« Nous luy ferons plus gracieusement ;
« Pour ce qu'il sert de trop de metz sur table
« Il le convient restraindre aucunement :
« Poignets de plomb pesans bien largement
« En long du bras aura sur son pourpoint,
« Et du Diner prins ordinairement
« De six lieues il n'approchera point. »

Maître Avicenne, présent au parquet, prend le soin d'expliquer la partie de l'arrêt relative aux six lieues :

« Qu'entre eux deux fault ordonner
« Six heures par digestion [3]. »

[1] Voyez les *Vers* de maître H. Baude, recueillis par M. J. Quicherat (Paris, Aug. Aubry, 1856).

[2] Palais de justice aujourd'hui.

[3] *Condamnation des banquets*, par Nicole de la Chesnaye, poëte de la fin du xve siècle. Paris, 1836 — Voyez la *Notice* de M. Achille Jubinal sur la tapisserie de Nancy.

Toutcela est d'un assez pauvre goût ; mais ces tapisseries, que nous croyons postérieures à la mort de Charles le Téméraire, sont fort curieuses, pleines de détails, de costumes, de meubles, qui sont pour nous aujourd'hui d'un grand intérêt.

Pendant le XVIᵉ siècle, la mythologie païenne vint remplacer les moralités du XVᵉ siècle, et l'on exécuta alors un nombre prodigieux de tapisseries retraçant l'histoire des dieux, les métamorphoses, et quantité d'allégories plus ou moins transparentes, suivant le goût des seigneurs[1]. Plus tard, les paysages, les fables d'Ésope, les chasses, les sujets historiques, eurent leur tour ; ces dernières tapisseries étaient fort en vogue pendant le XVIIᵉ siècle, et il en existe encore un grand nombre dans nos musées et nos châteaux. Dans les vieux inventaires, les tapisseries représentant des animaux, des chasses, des paysages, sont désignées sous le nom de tapisseries de verdures ou à *figures de bêtes*.

A voir les tapisseries qui, dans des peintures ou les bas-reliefs, décorent les murs ou qui drapent les grands meubles, pendant le moyen âge, comme les lits, les dais, les trônes, il est facile de reconnaître qu'à cette époque les tapissiers avaient acquis une grande habitude pratique de tailler les étoffes de manière à produire certains effets de plis, de chutes très-mesquinement rendus de notre temps, non pas tant à cause de l'économie apportée dans l'emploi de la matière que par un défaut d'instruction première. Beaucoup de personnes seraient fort étonnées si on leur disait qu'un bon tapissier doit posséder à fond la géométrie et l'art de développer les surfaces ; rien cependant n'est plus certain. Nous voyons tous les jours des pentes de lit, des tentures drapées, qui, malgré l'abondance de l'étoffe mise en œuvre, sont maigres et d'un aspect pauvre ; c'est que la plupart de nos tapissiers ne se rendent pas un compte exact de l'effet que doit produire la coupe de l'étoffe avant de la mettre en place, qu'ils tâtonnent et emploient des surfaces considérables en pure perte. Avec un même aunage d'étoffe, on peut faire une tenture ample ou mesquine ; le tout est de savoir la tailler. On reconnaît tout de suite, en voyant les plis d'un rideau, par exemple, si le tapissier est géomètre ou s'il n'est qu'un artisan ignorant. Pendant le moyen âge et plus tard, dans le dernier siècle encore, les tapissiers avaient conservé certaines traditions de coupes qui produisaient toujours un effet sûr. Ces traditions ont été perdues, et il

[1] Voyez, dans l'*Isle des Hermaphrodites* (Cologne, édit. 1724), la description satirique des tapisseries qui ornent les appartements du roi Henri III.

serait à désirer pour nos bourses, aussi bien que pour l'effet de nos tentures d'appartements, que les tapissiers voulussent bien apprendre le géométrie.

TOILE, s. f. Tissu de fil. La toile peinte était une des tentures les plus ordinaires pendant le moyen âge. On commençait par coucher un encollage assez épais sur le tissu, à peu près comme le font encore nos décorateurs de théâtres, et sur cet apprêt on peignait, soit des sujets, soit des ornements.

Dans les premiers siècles de notre ère, à l'imitation des anciens, on employait les toiles peintes pour décorer et couvrir les rues lors des grandes solennités publiques. Grégoire de Tours dit qu'à l'occasion du baptême de Clovis, les rues de la ville de Reims étaient ombragées par des toiles peintes [1]. Et, encore aujourd'hui, l'Hôtel-Dieu de cette ancienne cité possède une nombreuse collection de toiles peintes représentant la mise en scène du théâtre des confrères de la Passion [2], qui datent de la fin du XVe siècle et du commencement du XVIe.

Nos collections, nos églises et nos châteaux ne possèdent point de fragments de ces tentures antérieures à cette époque ; nous ne pouvons avoir qu'une idée assez vague du genre d'ornementation qui s'y trouvait appliqué. Les comptes des XIVe et XVe siècles mentionnent souvent des toiles et des couleurs destinées à les décorer, mais ne nous donnent aucun détail sur le caractère de ces décorations. Ces documents, si précieux d'ailleurs, parlent de toiles employées comme doublures de tentures, de courtines de tapis. La toile, dans ce cas, était piquée, ainsi que cela se pratique encore de notre temps pour les doublures.

TRONC, s. m. Pièce de bois creusée, munie d'un couvercle avec une fermeture solide, destinée à recevoir les aumônes des fidèles à l'entrée des églises, des monastères, des hôpitaux, maisons de refuge, etc. Cette dénomination de *tronc* indique assez que ces meubles étaient originairement composés d'une bille de bois évidée. En effet, les plus anciens troncs sont ainsi façonnés ; on obtenait ainsi une plus grande solidité, et les voleurs ne pouvaient songer à s'emparer des sommes déposées dans ces meubles, scellés d'ailleurs à la muraille. En France, les anciens troncs ont été partout remplacés par

---

[1] « Telis depictis adumbrantur plateæ. »
[2] *Toiles peintes et tapisseries de la ville de Reims*, par C. Leberthois et L. Paris, 1843.

A

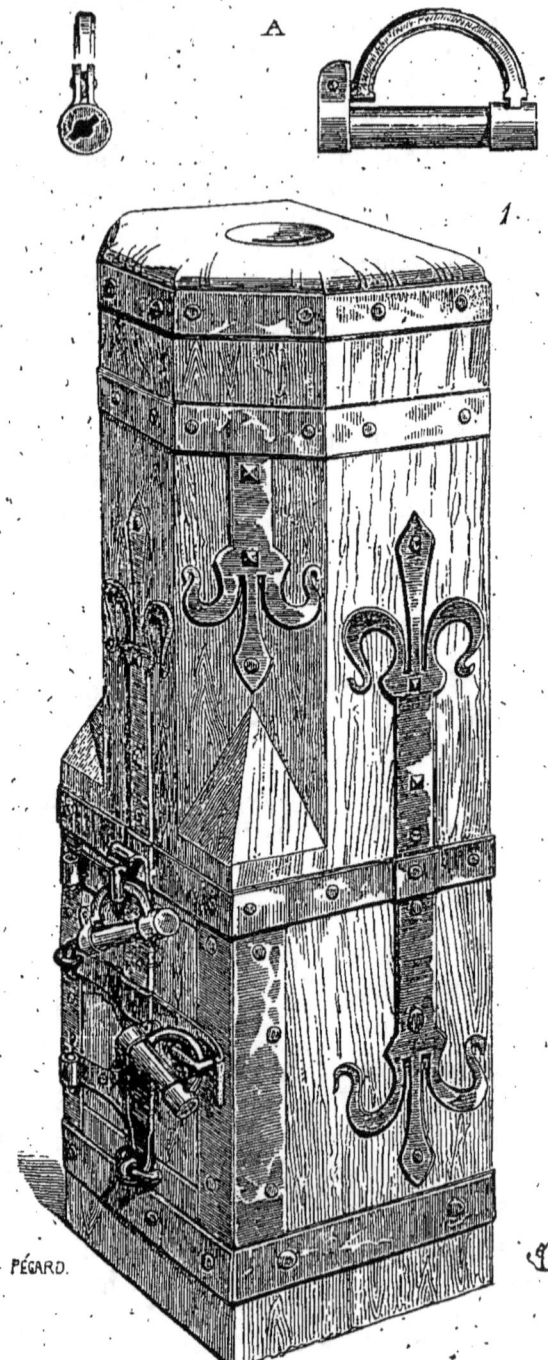

1

PÉGARD.

des boîtes de bois mal faites et qui n'opposent aux larrons qu'une très-faible résistance ; mais l'amour de la nouveauté a prévalu ; on ne fabrique plus depuis longtemps de troncs évidés dans une bille de bois. Cependant les provinces de l'est et l'Allemagne en possèdent encore quelques-uns qui rappellent les formes primitives, quoiqu'ils ne soient pas fort anciens.

Nous donnons (fig. 1) le tronc qui se trouve scellé, à l'intérieur, près de la porte de la cathédrale de Fribourg en Brisgau. Il paraît être du XIVᵉ siècle, et, comme on le voit, est ferré avec un luxe remarquable. C'est une seule pièce de bois, percée d'un trou à sa partie supérieure pour le passage des pièces de monnaie, évidée à l'intérieur et munie à sa base d'une petite porte fermée par deux barres en croix entrant dans des pitons auxquels sont appendus des cadenas cylindriques. Nous donnons en A l'un de ces cadenas de fer. Il est probable qu'il fallait, pour ouvrir le tronc, le concours de deux personnes ; c'est ce qui explique la présence de deux cadenas.

Nous avons vu quelquefois, dans des églises françaises, des troncs pratiqués dans la muraille ; ils n'étaient alors que de petites armoires fermées par une porte ferrée solidement et percée d'une fente pour le passage des pièces de monnaie.

TRONE, s. m. Siège réservé aux rois et aux évêques pour les occasions solennelles. Nous donnons, dans les articles CHAISE et FAUTEUIL, des sièges qui peuvent passer pour de véritables trônes. Mais ce qui constitue le trône, ce n'est pas tant la forme particulière donnée au siège que les accessoires qui l'accompagnent, tels que les gradins, les dossiers et les dais. Un fauteuil pouvait devenir un trône du moment qu'on le plaçait sur un emmarchement et qu'on l'entourait de tapisseries ; c'est cet ensemble qui constitue, à proprement parler, le trône, et non la forme donnée au siège. Les fauteuils ou *faudesteuils* pliants, par exemple, si fréquemment employés pendant les premiers siècles du moyen âge, et qui faisaient partie du bagage des princes, devenaient de véritables trônes du moment qu'on les posait sur des gradins et qu'on les surmontait de dais. Il est à croire que l'usage d'entourer, dans certaines occasions solennelles, un siège royal de courtines, était venu de l'Orient. En effet, dans ces contrées, un roi, encore de nos jours, ne se laisse pas voir facilement ; à l'idée de puissance sur les hommes s'attache l'idée du mystère, et, chez ces peuples du moins, la foule respecte d'autant mieux le pouvoir souverain qu'elle ne voit celui qui le représente qu'à l'occasion de certaines solennités pendant lesquelles il n'apparaît que comme un être mystérieux qui demeure habituellement

caché aux regards humains. Les Romains étaient fort éloignés de
partager ces idées, et les empereurs tenaient au contraire à être vus
et connus de tous ; ils paraissaient continuellement en public, dans
les fêtes, dans les occasions qui réunissaient un grand concours de
monde. Leur siége alors demeurait découvert, et s'il était plus élevé
que les autres, c'était autant comme marque de leur dignité que
pour faire voir leur personne. Mais lorsque les empereurs s'instal-
lèrent à Byzance, ils prirent peu à peu aux Orientaux quelques-unes
de leurs habitudes, et le souverain s'entoura bientôt de mystère. Les
palais devinrent des sanctuaires dans lesquels on ne pénétrait
qu'avec de grandes difficultés ; le représentant du pouvoir ne se
montra plus aux peuples que comme on montre une châsse vénérée,

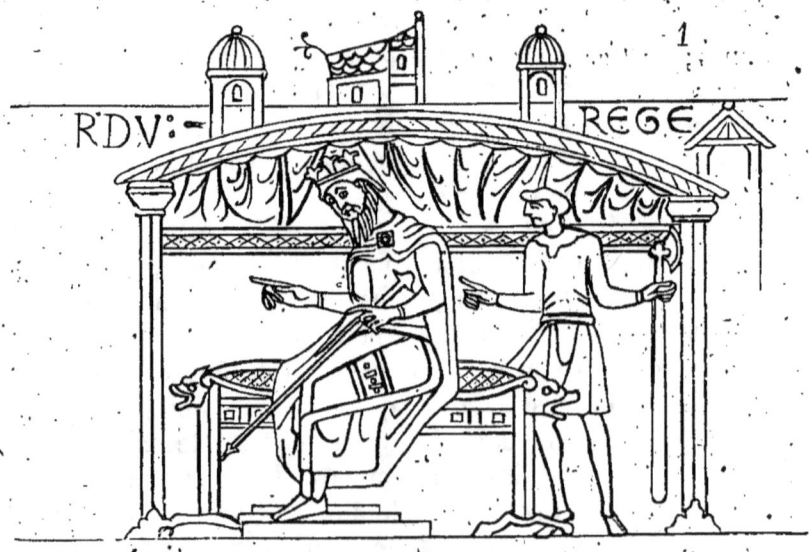

avec tout l'appareil et toute la pompe dont on entoure ces objets
sacrés. Les trônes furent entourés de courtines qui demeuraient bais-
sées, et que l'on n'ouvrait qu'au moment où le prince devait faire
acte de présence. Ces dispositions durent avoir une influence en
Occident ; mais là les traditions romaines étaient encore vivaces et
les habitudes des barbares complétement opposées aux idées des
peuples orientaux : si l'on prit aux trônes des princes byzantins leur
décoration, on n'en adopta point la signification mystérieuse ; les
draperies ne furent qu'un ornement destiné à donner plus de majesté au siége royal, non point un moyen de cacher la personne sou-
veraine aux yeux de la foule. Les vignettes des manuscrits des xe et
xie siècles nous représentent quantité de ces trônes entourés de dra-

peries disposées comme un fond derrière les siéges, ou bien comme des lambrequins appendus à des sortes de coupoles qui les surmontent en guise de dais. La tapisserie de Bayeux (xɪᵉ siècle) montre le roi Edward assis sur une sorte de banc garni d'un coussin et dont

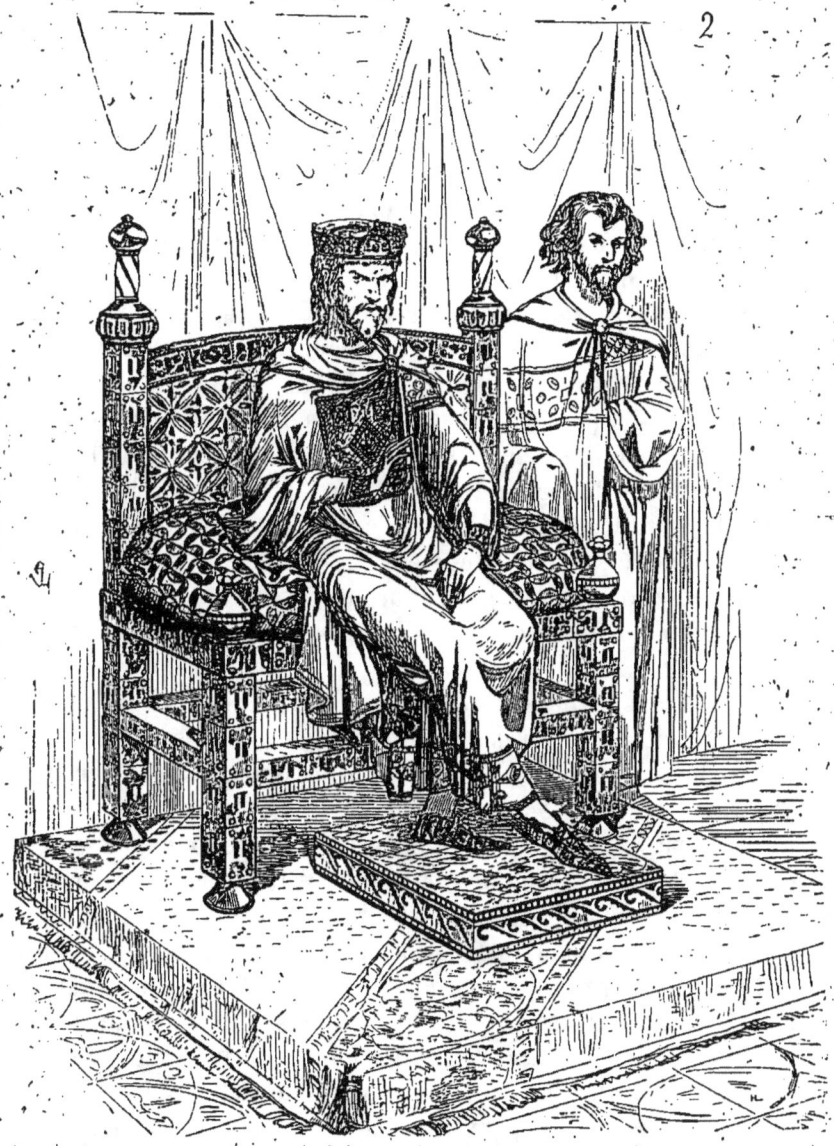

2

les montants se terminent, sous la tablette, par des têtes d'animaux, et aux pieds par des griffes ; ce trône est surmonté d'une arcade dont le fond est drapé.

Voici (fig. 1) une copie de ce fragment. Les formes des trônes sont très-variables pendant le moyen âge, soit comme siéges, soit comme accessoires. Quelquefois les siéges sont des bancs longs sans dossier, ou de larges chaires à dossier (fig. 2)[1], ou des pliants[2] de métal ou de bois. Les dais qui les surmontent ne paraissent pas avoir eu, avant le XIVᵉ siècle, une forme consacrée : ce sont de petites coupoles portées sur quatre colonnes, ou des demi-berceaux reposant sur un dossier plein, ou des cadres suspendus au plafond et garnis d'étoffes. Pendant la période romane, les bois de ces trônes paraissent avoir été de préférence ornés d'incrustations de métal, d'ivoire et de pierres dures ; plus tard, pendant la période gothique, la sculpture l'emporta sur la marqueterie.

Lorsque, dans les cathédrales, les trônes ou chaires des évêques n'étaient point à demeure, c'est-à-dire de pierre ou de marbre (voy. le *Dictionnaire d'architecture*, au mot CHAIRE), mais de bois, ou plus fréquemment de métal, ils affectaient la forme de pliants ; et, en effet, avec l'habit épiscopal, cette forme est la meilleure, en ce qu'elle permet de passer la chasuble ou la chape derrière le meuble, et d'éviter ainsi de s'asseoir sur un vêtement décoré de broderies. D'ailleurs ces trônes pouvaient être facilement changés de place, et cela était nécessaire lors de certaines cérémonies. Il est certain que, déjà au XIᵉ siècle, les siéges épiscopaux fixes ou mobiles étaient surmontés de dais et souvent accompagnés de dorsals ou parement d'étoffe derrière le dossier ; ils constituaient donc de véritables trônes.

Nous ne pouvons avoir quelque idée de ces meubles primitifs que par les manuscrits, les ivoires ou les bas-reliefs, et c'est d'après ces documents, fort incomplets il est vrai, que nous avons cherché à restituer un de ces trônes romans (fig. 3)[3]. Les pliants furent bientôt remplacés par des siéges à dossier bas, car, pendant des offices très-longs, il était fatigant pour un prélat d'être assis sans pouvoir s'appuyer[4] ; puis on supprima les colonnettes antérieures, qui, le plus souvent, soutenaient le dais, afin de laisser un espace plus libre autour du personnage assis, et ces dais furent ou suspendus aux voûtes ou fixés au dossier. Aux formes simples des trônes primitifs on substitua de riches sculptures et des étoffes d'un grand prix. Au XIIIᵉ siècle, le mobilier des églises était d'une telle valeur comme matière et comme travail, qu'il fallait mettre en harmonie les

[1] Manuscr. d'Herrade de Landsberg, biblioth. de Strasbourg, XIIᵉ siècle.
[2] Siége de Dagobert, biblioth. nationale. Voy. FAUTEUIL.
[3] Ivoire du XIᵉ siècle, moulage appartenant à l'auteur.
[4] Au XIIᵉ siècle, le trône pliant de Dagobert fut surmonté d'un dossier.

trônes des évêques avec la splendeur des objets qui les entouraient. De ces meubles, il ne reste que des représentations tout à fait insuf-fisantes dans les manuscrits, les vitraux ou les bas-reliefs, et les textes ne font que les énoncer. En réunissant toutefois ces renseigne-

3

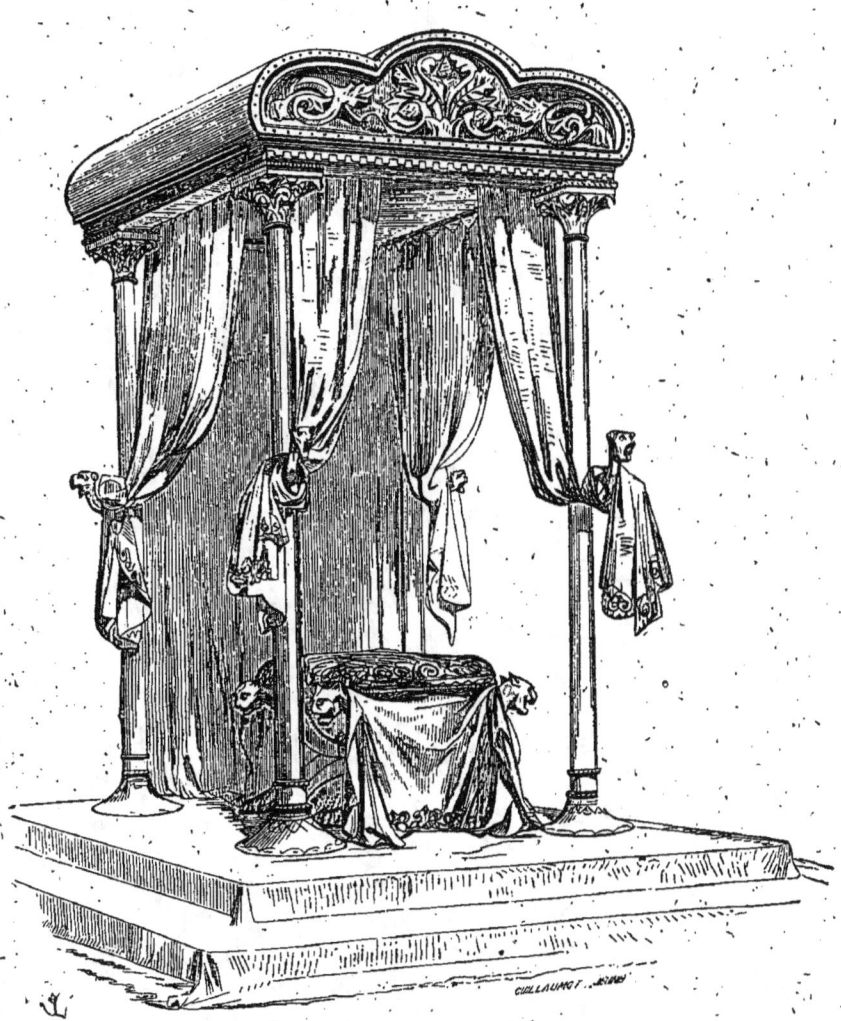

ments, si faibles qu'ils soient, particulièrement ceux qui nous sont laissés par les ivoires délicatement travaillés de la seconde moitié du XIIIe siècle, on peut arriver à donner une idée de ces grands meubles, et c'est ce que nous avons essayé de faire ici (fig. 4) [1]. Les

[1]. Ce trône est copié sur un ivoire du Musée du Louvre, salle des Émaux, n° 866.

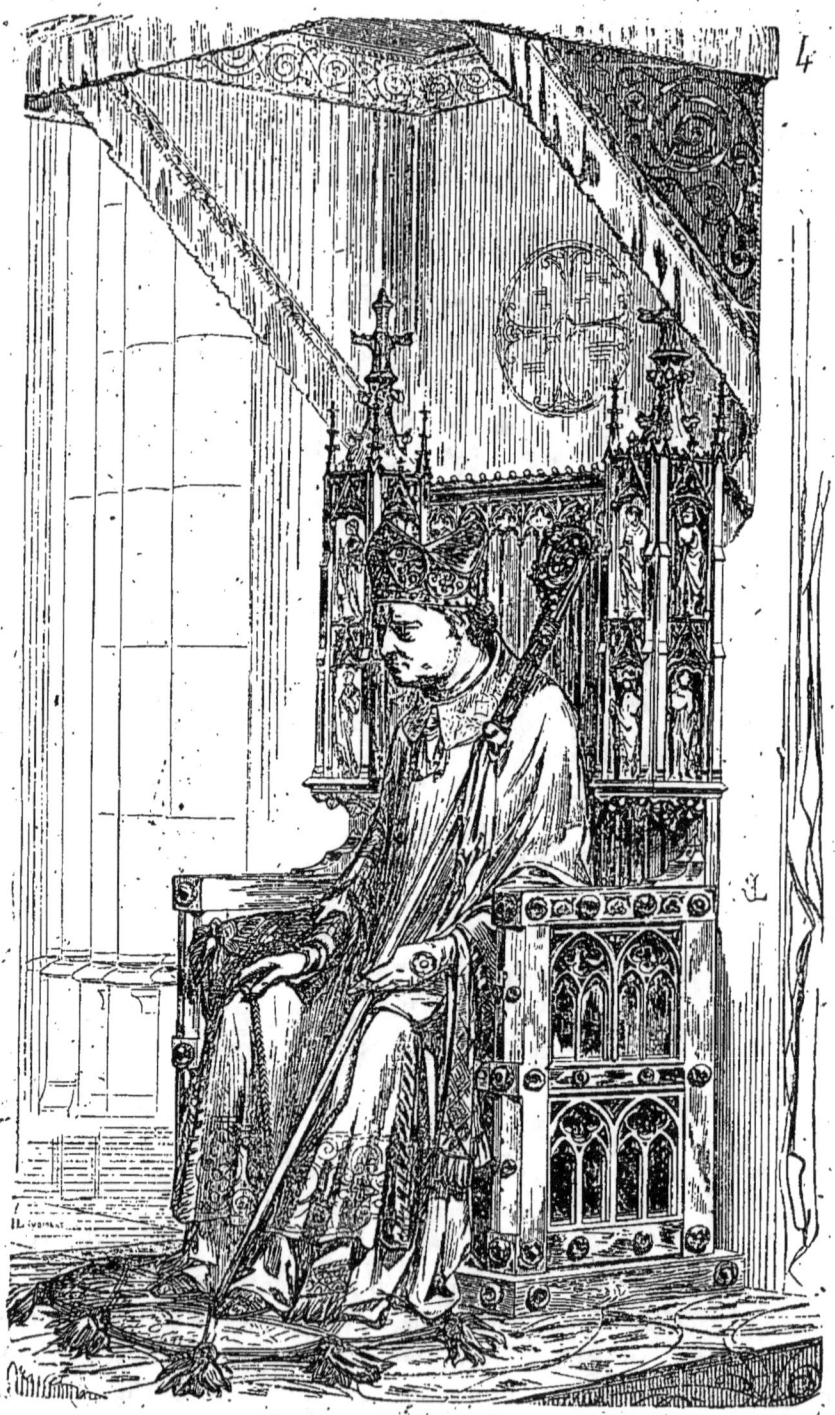

XIVᵉ et XVᵉ siècles renchérirent encore sur le XIIIᵉ, quant à la sculp-

ture. Les étoffes jouèrent un rôle plus important dans la composition
des trônes ; on en trouve beaucoup dans les manuscrits de ces époques qui sont complétement drapés et ne laissent voir que peu de

5

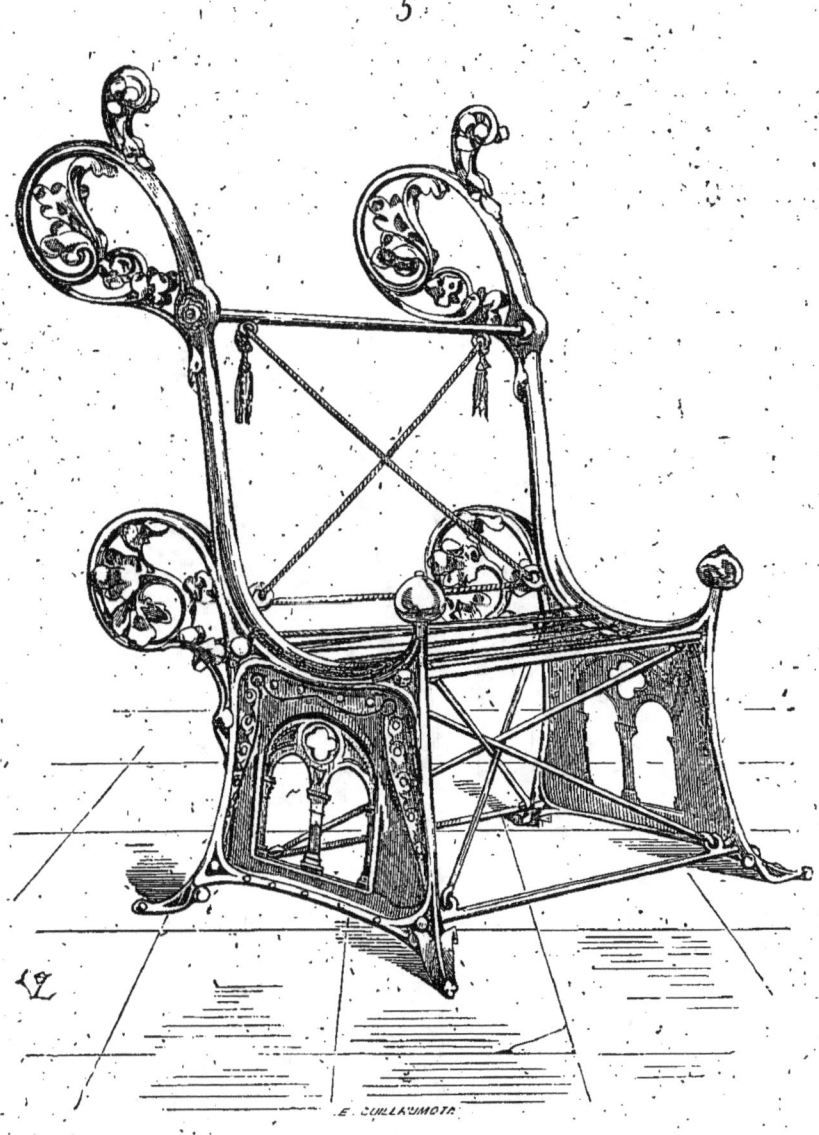

E. GUILLAUMOT.

bois. Ce qui distingue toujours ces meubles des chaires, c'est que
le siége est indépendant du dossier et du dais, ainsi que le font voir
ces deux derniers exemples. Ces siéges sont, pour les trônes laïques,
des pliants terminés par des têtes d'animaux, recouverts de coussins

et de draperies, ou des sortes de coffres sans dossier, mais enrichis d'incrustations d'or, d'argent et d'ivoire. Pendant le XIIIe siècle, les pliants persistent encore [1], et un grand nombre de sceaux des XIIIe et XIVe siècles nous en ont conservé la forme, ou sont remplacés par des sièges dont le dossier ne se compose que d'une sangle drapée maintenue par deux montants qui paraissent être de métal, comme le corps du meuble, et sont richement ouvragés.

Nous donnons (fig. 5) un de ces sièges (trône) de la fin du XIIIe siècle [2]. Nous avons supposé ce meuble dépouillé de ses draperies, du dossier et des coussins, pour en mieux faire comprendre la forme. Quelquefois ces montants, ornés et recourbés, au lieu de

6

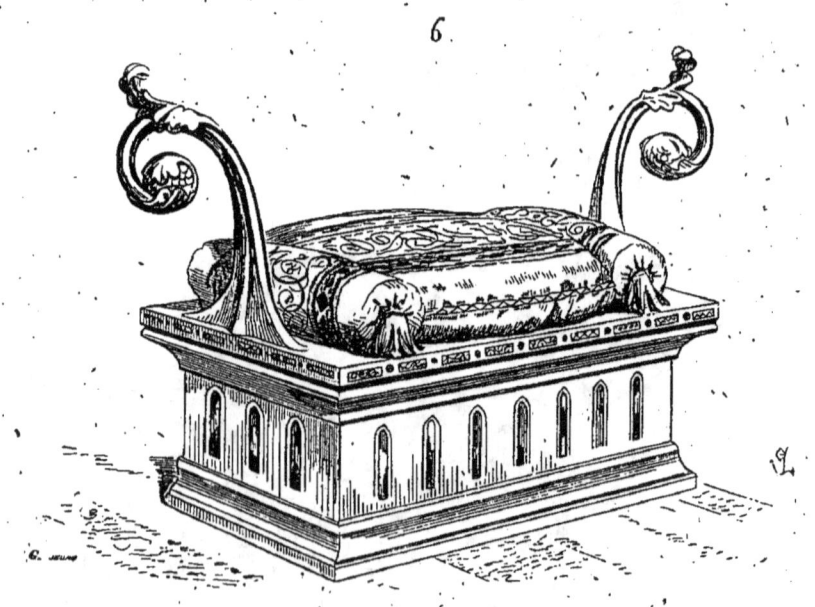

former le dossier du siège, surmontent ses côtés; alors le trône a la figure d'un banc assez long, accompagné latéralement de ces appendices qui semblent destinés à servir d'accoudoirs ou tout au moins de saillies pour poser les mains.

La fig. 6 reproduit un de ces sièges si fréquemment représentés dans les vitraux, les peintures ou les vignettes des manuscrits [3].

---

[1] Voyez FAUTEUIL.

[2] Manuscr. de la Genèse, d'une partie de l'Ancien Testament et de la généalogie de la Vierge (Musée Britannique, vij, p. 22).

[3] Voyez l'un des médaillons du réduit gauche de la sainte Chapelle du Palais à Paris.

On sait quel était le luxe de la cour du duc de Bourgogne pendant le xvᵉ siècle. Lorsque les affaires de France furent rétablies, et que Charles VIII eut fait son expédition d'Italie, la cour de France dépassa, comme splendeur, ce que l'on avait vu jusqu'alors ; elle avait pris outre monts des idées de grandeur qui influèrent sur l'architecture, les meubles, les vêtements et sur le cérémonial. Pendant le xvᵉ siècle, le goût dominant de cette époque, recherché à l'excès, donnait à tout ce que l'on faisait alors, quelle que fût la richesse des sculptures, des peintures et des étoffes, une apparence de maigreur et de pauvreté. La jeune cour du roi Charles VIII abandonna bien vite ces traditions vieillies. Les meubles particulièrement, la manière de les draper, prirent plus d'ampleur. Les artisans français, arrivés à une exécution aussi parfaite que possible, l'appliquèrent aux modes nouvelles. La composition plus large des meubles fut cependant soumise à cette exécution parfaite, et la cour imprimant le mouvement, ce changement se fit sentir d'abord dans les meubles tenant au cérémonial. Ceux-ci prirent un certain air de grandeur que l'on ne trouvait pas encore dans l'architecture, plus lente à se conformer aux idées nouvelles. Les peintures, les vignettes et les gravures de la fin du xvᵉ siècle et du xvıᵉ nous ont conservé des représentations des meubles d'apparat qui, comme disposition générale, comme ampleur, comme entente de l'*effet*, l'emportent certainement sur ce qui se faisait sous Charles VII et Louis XI. La disposition pittoresque des draperies, leur abondance, indiquent l'habitude du vrai luxe. A ce point de vue, nous ne saurions trop étudier les œuvres de cette époque et même celles du xvııᵉ siècle, qui conservèrent ces qualités précieuses. Pour nous, aujourd'hui, les meubles d'apparat, étrangers à nos mœurs, sont ou mesquins ou théâtrals ; ils ne s'accordent ni avec nos vêtements étroits, ni avec nos habitudes bourgeoises ; ils sont chargés d'ornements dont on ne comprend pas la signification ; leurs draperies pauvres indiquent trop les efforts du tapissier, avare de sa précieuse marchandise, rarement l'invention de l'artiste. Or, il est bon d'observer que pour qu'un meuble de luxe ait l'apparence de la véritable grandeur, il faut que sa construction soit claire, simple, et que la richesse soit obtenue, non par des combinaisons cherchées, mais par l'ampleur et la juste disposition des parties décoratives. Il ne faut pas prendre ici le *gros* pour le *grand*, l'exagération d'échelle des détails pour la magnificence ou la majesté. Le *gros* a l'inconvénient, dans les meubles d'apparat, d'amoindrir l'objet principal, le personnage. Les meubles du commencement de la renaissance ont le mérite d'éviter les mièvreries de ceux de la dernière époque gothique, et de ne pas tomber dans les exagérations et la lourdeur de ceux du siècle de Louis XIV. Alors (au commencement de la renaissance) les vêtements si laids du milieu du xv° siècle avaient fait place à un costume élégant et large, laissant au corps toute sa liberté. Il en était de même pour les meubles d'apparat : leur construction s'était simplifiée, s'était soumise aux besoins, les indiquait clairement ; et leur décoration facile à comprendre, leurs draperies largement disposées, s'accordaient avec l'aisance et l'ampleur du vêtement. Louis XIV avait fait faire à Versailles un trône d'argent qui était d'une grande magnificence comme travail. C'était une dernière tradition de ces meubles destinés à des personnages souverains, et que l'on ne composait que de matières précieuses.

VESTIAIRE, s. m. (*revestiaire, revestouère*). Coffre renfermant les habits sacerdotaux. Beaucoup de petites églises ne possédaient pas de sacristies, mais une armoire ou un grand coffre derrière l'autel, où l'on enfermait les habits religieux du desservant. M. Blavignac, dans son *Histoire de l'architecture sacrée dans les anciens évêchés de Genève, Lausanne et Sion*, a donné le dessin d'un de ces coffres déposé dans l'église Notre-Dame de Valère [1]. Il se compose d'une grande caisse longue fermée par un couvercle, et déposée sur quatre pieds ajourés par de petites arcades plein cintre découpées dans les madriers. La face antérieure du coffre est décorée d'une double arcature bas-relief. Il est fermé par une vertevelle [2]. Ce meuble paraît être du XIII° siècle et de fabrication méridionale. On rencontre encore, dans nos petites églises de village, de ces bahuts vestiaires, fortement ferrés et très-simples de forme. Il en existe un assez complet encore, mais fort grossier, dans l'église de Montréal (Yonne).

VOILE, s. m. On entend par *voile*, pendant le moyen âge, les courtines qui entouraient les autels. Thiers observe avec raison [3]

---

[1] Atlas, p. 22.
[2] Vertevelle, serrure à moraillon.
[3] *Dissert. sur les principaux autels des églises*, par J.-B. Thiers, chap. xiv.

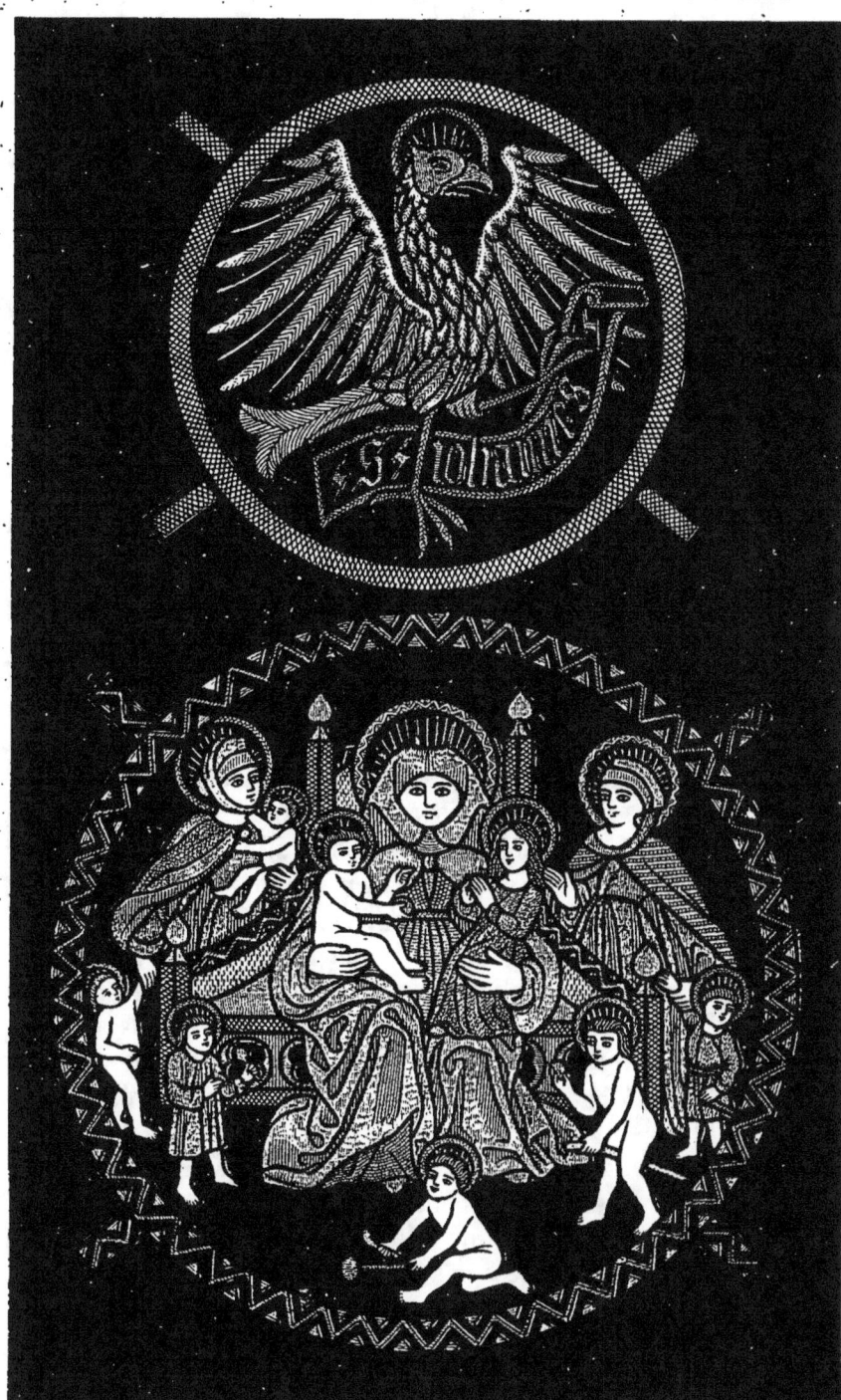

Carresse del.

Viollet-Le Duc direx.

E. Beau lith.

VOILE D'AUTEL.

Imp. R. Engelmann, Paris.

que les anciens autels dans les églises d'Orient et d'Occident étaient
entourés de voiles « que l'on tenait dépliés et étendus au moins
« pendant la consécration et jusqu'à l'élévation de la sainte hostie,
« afin de procurer plus de vénération aux divins mystères..... Mon-
« sieur de l'Aubespine, évêque d'Orléans, ajoute-t-il, appelle l'autel
« fermé de toutes parts, le *premier sanctuaire*, ou le *vestibule du*
« *Sancta sanctorum*, et assure que c'est de ce vestibule qu'on doit
« entendre les *oraisons du voile*..... » Ce prélat n'entend parler ici
toutefois que de l'Église grecque. Il dit[1] : « Dans ce vestibule et pre-
« mier sanctuaire, il y avait un espace fermé, non de balustres, mais
« de rideaux et de voiles, dans lequel était le *Sancta sanctorum*....
« L'oraison du voile, qui se trouve dans les liturgies, et particuliè-
« rement dans celle de saint Jacques et dans celle de saint Basile, de
« la version arabique, *oratio veli, oratio velaminis*, se doit expli-
« quer du *Sancta sanctorum* et du voile qui le fermait... »
En Occident, pendant le XIIIᵉ siècle, Thiers croit qu'on n'avait
conservé que les deux voiles latéraux de l'autel ; mais cependant les
tableaux déposés dans la sacristie de la cathédrale d'Arras, et qui
représentent les anciens autels principaux de cette église, les gravures de l'ancien maître autel de Notre-Dame de Paris, et quantité
de vignettes de manuscrits, nous font voir autour des autels, non-
seulement des voiles latéraux, mais aussi un voile postérieur. Le
tableau de van Eyck, représentant l'autel matutinal de l'église de
Saint-Denis, reproduit dans notre *Dictionnaire d'architecture*, au
mot AUTEL, indique encore un voile antérieur relevé pour laisser
voir le saint sacrifice. Cette tradition se perpétua pour les principaux autels des églises régulières ou séculières jusqu'à la fin du
XVIᵉ siècle, et même alors, en enlevant les courtines, on laissa subsister souvent les colonnes qui les portaient. Il n'est pas besoin de
dire que la plupart de ces voiles étaient faits d'étoffes précieuses
et richement brodés. Plusieurs représentaient des scènes de l'Ancien
ou du Nouveau Testament ou des images de saints, les signes des évangélistes. Un de ces voiles nous est conservé ; il faisait partie de la collection de M. A. Gérente. C'est une toile verte brodée de soie jaune
et rehaussée de traits noirs dessinés au pinceau. Au centre est la
Charité, sous la figure d'une femme assise dans un trône ; deux autres femmes debout lui amènent des enfants ; toutes ces figures sont
nimbées. La Charité tient sur son giron une petite fille vêtue et un
petit garçon nu ; autour d'elle d'autres enfants jouent à divers jeux.

[1] *De l'ancienne police de l'Église*, liv. II, chap. x.

Aux quatre coins sont brodés les signes des évangélistes. Nous donnons (Pl. X) le sujet principal du voile et l'un des signes des évangélistes. Cette broderie paraît appartenir aux dernières années du xve siècle; elle est exécutée avec soin. Une ganse de soie, cousue de distance en distance au chef, tenait lieu d'anneaux en passant dans la tringle posée d'une colonne à l'autre. Il est vraisemblable que deux autres voiles accompagnaient celui-ci et représentaient, au centre, l'Espérance et la Foi. (Voyez, pour la position de ces voiles, le mot AUTEL du *Dictionnaire raisonné d'architecture.*)

RÉSUMÉ HISTORIQUE

Les meubles antérieurs au xviᵉ siècle sont devenus fort rares en Occident, et particulièrement en France. La mode a, de tout temps, chez nous, rejeté de la vie habituelle ce qui n'est pas du jour, et, depuis l'époque de la renaissance, il semble que ce côté de notre caractère national ait pris chaque jour plus de force et d'activité. Or, un meuble remplacé, abandonné dans un grenier, ou laissé à la merci du premier venu, est bientôt détruit.

Les établissements religieux, les églises, conservaient cependant des meubles anciens, soit parce qu'ils étaient vénérés, soit parce qu'ils étaient d'une trop grande valeur pour être remplacés facilement. Les guerres de religion de la fin du xviᵉ siècle et du commencement du xviiᵉ en détruisirent un grand nombre. Pendant le xviiiᵉ siècle, le clergé régulier ou séculier s'était laissé aller au goût pour les décorations lourdes et les meubles contournés de cette époque; les évêques, les abbés et les chapitres firent disparaître alors les mobiliers d'églises dont la forme paraissait vieillie et l'usage incommode. La révolution du dernier siècle acheva la destruction mobilière poursuivie sans relâche par le clergé et les familles nobles. Cependant des amateurs tentèrent de réunir les quelques débris épars dans les châteaux et les églises. Alexandre Lenoir forma le Musée des monuments français. Cette recherche toutefois ne s'adressait guère qu'à des meubles de l'époque de la renaissance, et l'on ne songeait pas encore qu'il pût y avoir de l'intérêt à rassembler des débris pourris antérieurs à cette époque, à les classer dans un ordre méthodique, et à étudier les moyens de fabrication abandonnés depuis si longtemps. Le musée des Petits-Augustins contenait cependant encore une quantité considérable de ces précieux restes déposés dans des caves où des galetas. Sa dispersion, à un moment où les amateurs de ces sortes d'objets étaient en très-petit nombre, fut une nouvelle occasion de pertes regrettables. Dans l'empressement que l'on mit à commencer les travaux de la nouvelle École des Beaux-Arts, on laissa perdre la majeure partie des objets qui n'avaient point été restitués aux églises[1]. Cette triste fin d'un musée très-précieux, ce pillage officiel, enrichit quelques collections particulières. Aujourd'hui, le musée de Cluny, fondé par feu du Sommerard, à une époque où l'on n'attachait qu'une faible valeur aux meubles anciens, est devenu le noyau d'une collection qui, chaque jour, s'enrichit, sous la direction du ministère d'État et d'un conservateur intelligent et infatigable, M. du Sommerard, le fils du fondateur. Mais, quel que soit le zèle de l'administration du musée de Cluny, cette collection présente des lacunes fort difficiles et peut-être impossibles à combler. On y voit bien peu de meubles des bois antérieurs à la fin du xve siècle : ceux de métal, d'une époque plus ancienne, plus faciles à conserver, y sont même fort rares ; et ces objets ont acquis aujourd'hui une telle valeur, que le musée de Cluny ne peut entrer en concurrence avec les riches particuliers qui font des collections. Il faut donc, lorsqu'on veut connaître les meubles du moyen âge, fouiller de tous côtés : dans les églises, dans les musées de province, dans les collections particulières, et surtout dans les manuscrits. Nos lecteurs ont pu voir, en parcourant ce *Dictionnaire*, à combien de sources il nous a fallu aller puiser pour donner des exemples de meubles antérieurs à l'époque de la renaissance, et comment nous avons dû souvent, à défaut des objets ou de leurs représentations, nous aider de textes, presque toujours laconiques ou très-vagues. De ce travail il nous est resté une masse considérable de documents qui, par leur caractère général, ne pouvaient entrer dans nos articles spéciaux, mais qui ont cependant, nous osons le croire, un véritable intérêt, en ce qu'ils mettent en lumière les ha-

---

[1] Cette restitution ne pouvait être réelle. Beaucoup d'églises auxquelles on avait enlevé des fragments précieux pour composer le Musée des monuments français n'existaient plus ; les premiers venus s'emparèrent des objets à leur convenance, et l'église de Saint-Denis hérita de tout ce qui ne fut pas enlevé par les plus avisés, qui revendiquèrent une possession à laquelle ils n'avaient nul droit.

bitudes et les mœurs d'une société dont nous cherchions à réunir le mobilier.

Pour prendre une idée exacte de la destination des meubles anciens, il est nécessaire, d'ailleurs, de connaître les usages de ceux qui s'en servaient : or, ces usages diffèrent des nôtres sur bien des points, s'en rapprochent sur d'autres ; certaines habitudes de notre société, dont nous ne nous rendons pas compte, ne sont que des traditions d'habitudes antérieures conservées à travers les siècles et les révolutions, parce qu'elles tiennent à la nature même de notre caractère national. Ces dissemblances et ces rapprochements, qui nous avaient frappé tout d'abord, nous ont mis sur la voie de recherches nouvelles qui peuvent avoir une certaine utilité pour ceux qui étudient notre histoire et croient que la véritable civilisation d'un peuple consiste, non pas à mépriser son passé, si elle a le bonheur ou le malheur d'en avoir un, mais à le connaître et à s'en servir.

Monteil avait déjà, au commencement de ce siècle, entrevu le parti que l'on pouvait tirer de l'étude des mœurs des temps passés, et son ouvrage [1], présenté sous forme d'épîtres, est un des plus attrayants que l'on puisse lire. Toutefois les sources auxquelles il va puiser ne sont pas toujours des plus pures. De son temps, les savantes recherches historiques des Guizot, des A. Thierry, n'étaient point faites, et il n'avait pu compulser avec soin les nombreux documents manuscrits, les chroniques, les poëmes, les romans, les contes, qui depuis ont été livrés à la publicité. Il règne dans tout le cours de son livre une intention satirique assez piquante, mais qui s'éloigne souvent de la vérité. Enfin, il ne cite jamais les textes, et ses pièces justificatives, très-légèrement notées, viennent parfois, si l'on veut y recourir, contredire son discours. Il faut lui savoir gré d'avoir donné une forme attrayante à une matière aride, de s'être fait lire ; car, si parfait que soit un livre plein de recherches, faut-il encore, pour qu'il puisse être de quelque utilité, qu'on le lise. Nous avons donc cherché à classer méthodiquement nos *pièces justificatives*, de manière à en faire une sorte de récit, à coudre ces notes éparses, afin de présenter une suite de faits propres à jeter quelque clarté sur la vie publique et privée de la société du moyen âge et sur l'industrie appliquée aux objets mobiliers ; au besoin, des figures viendront appuyer le texte, ce qui nous épargnera souvent de fastidieuses descriptions. Il est une observation qui nous a engagé à terminer par

[1] *Hist: des Français des divers Etats aux cinq derniers siècles*, par Am. A. Monteil, 1828.

un résumé historique notre travail sur les meubles. Depuis le commencement du siècle, les gens de lettres et les artistes ont cherché
à donner à leurs travaux historiques un cachet de vérité, ce qu'on
appelait, il y a vingt ans, la *couleur locale*. Jusqu'alors, sur le
théâtre, dans les peintures, on attachait peu d'importance à la reproduction fidèle des habitudes, des vêtements, des objets que l'on
représentait ; c'était peut-être, au point de vue de l'art, un avantage,
et personne ne songe à blâmer le Titien d'avoir entouré la Vierge
présentée au temple, de personnages en costume vénitien du
xvie siècle. Le Cid vêtu comme un seigneur du temps de Louis XIV,
et les Horaces coiffés d'une grande perruque, n'ôtaient rien à la
qualité des chefs-d'œuvre de Corneille. Mais le jour où les acteurs,
aussi bien que les peintres, se sont mis à vouloir exprimer les passions et les sentiments des hommes, en même temps qu'ils les représentaient sous leur forme réelle, qu'ils se sont attachés à reproduire
fidèlement leur entourage, leurs habitudes du moment, le public est
devenu bientôt exigeant : il a discuté le costume, il a relevé les
erreurs ; il s'est mis à siffler sans miséricorde les anachronismes.
C'est un malheur : l'art, à proprement parler, n'a rien à faire de
cette friperie ; ce n'en est pas moins un fait auquel il faut se soumettre de bonne grâce. Si l'on représentait aujourd'hui sur la scène
du Guesclin en uniforme de général, avec le tricorne, les épaulettes
et la culotte blanche, le drame, fût-il un chef-d'œuvre, serait hué
impitoyablement dès le lever du rideau. Ce que nous tolérons dans
les œuvres des artistes passés, nous ne l'admettons plus chez les
nôtres ; si nous ne trouvons pas mauvais que Lebrun ait donné à
Alexandre le vêtement d'un *romain* de carnaval, nous ne permet-
trions pas cette licence à nos peintres. Grâce aux études classiques,
ceux-ci connaissent assez bien les vêtements, les meubles, les ustensiles de l'antiquité ; depuis quelques années particulièrement, plusieurs d'entre eux affectent même une sévérité d'observation, une
fidélité dans la reproduction de la forme extérieure, qui passent, à
tort ou à raison, pour une qualité aux yeux du public. Quant à ce
qui est du moyen âge, nous ne sommes pas aussi avancés, et nous
voyons, tous les ans, quantité de tableaux à sujets historiques où
l'on pourrait signaler de singulières bévues. Telles, par exemple,
que si l'on représentait sur une même toile une scène dans laquelle
les personnages seraient vêtus, qui en marquise du temps de
Louis XV, qui en officier de dragons de l'empire, qui en maire de
notre temps, qui en conseiller au parlement du dernier siècle ; c'est-
à-dire une mascarade grotesque. Cela est peu de chose encore auprès

des erreurs qui touchent aux habitudes, aux mœurs, aux cérémonies, aux meubles, aux ustensiles, à la façon d'être, etc. La bonne peinture n'a pas affaire de tout ceci, soit ; mais alors mettons de côté toute prétention à la vérité : que les peintres ne suivent que leur fantaisie ou leur inspiration ; s'ils semblent rechercher la vérité sur un point, le public a le droit de l'exiger partout. Lorsque le peintre entre dans le domaine de l'archéologie, nous lui demandons d'être archéologue, de ne point nous représenter saint Louis dans une salle du XVᵉ siècle, de ne pas l'armer comme un chevalier du temps de Charles VII ; de ne pas l'entourer de nobles du temps de François Iᵉʳ, de ne pas surtout le représenter agissant comme aucun grand seigneur de son temps n'eût agi : tout saint qu'il fût, Louis IX était fort grand seigneur. Les artistes ont rarement le temps d'étudier les mœurs et les habitudes des personnages historiques qu'ils veulent représenter : ils se fient à des compilations erronées souvent, à des recueils de gravures faits sans critique et sans méthode ; il en résulte les rapprochements les plus étranges, ils perpétuent ainsi les erreurs dont ils sont les victimes. Depuis Voltaire, qui, le premier, attacha une grande importance à la vérité du costume sur le théâtre et fut l'inventeur de la couleur locale, nous avons fait des progrès ; nous avons beaucoup à faire encore. La vérité est un besoin de notre temps ; nous n'admettons guère les à peu près ; le public en sait trop pour ne pas lui donner beaucoup : il veut qu'on lui montre le passé tel qu'il était. Blâmons-le, disons-lui que l'art n'est pas là ; mais, tant que son goût n'aura pas pris un autre cours, nos protestations seront inutiles : il courra voir une mise en scène qui passe pour être la reproduction fidèle d'un fait historique, il lira avec passion un roman qui rappellera les mœurs et les usages d'un monde éloigné de nous, et il ne s'inquiétera pas de savoir si ces œuvres sont conformes ou non aux règles immuables de l'art. Or, le devoir des artistes, à notre sens, dans ce cas, c'est d'aller au-devant du public. Pourquoi l'art ne trouverait-il pas sa place à côté de la vérité ? Les anachronismes, ou l'ignorance des mœurs appartenant aux personnages que l'on fait parler ou que l'on représente, ne sont pas absolument nécessaires dans une œuvre d'art ; celle-ci peut subsister malgré l'étude de ces mœurs, elle peut aussi s'en servir ; quelques-uns de nos auteurs modernes nous l'ont prouvé. Pourquoi donc les peintres et le théâtre resteraient-ils en arrière ? Il nous semble que, pour une époque comme la nôtre, où tout tend à se niveler, où les grands caractères disparaissent, il y aurait au contraire, pour les artistes, un avantage réel à se retremper dans l'étude scrupuleuse du passé. Les époques héroïques sont loin de nous, les caractères individuels s'effacent, chacun sent instinctivement que le vieux monde craque de toutes parts, et, dans ce naufrage que la masse pressent, les esprits éclairés cherchent avec une ardeur fébrile à rassembler tout ce qui pourra venir en aide à la civilisation future. Nous sommes dans le temps des innovations en toutes choses ; mais nous inventorions le passé, parce que nous sentons qu'il nous échappe. Le public, qui ne peut heureusement se livrer à de grands excès au milieu d'une civilisation policée, veut au moins repaître son imagination de la grandeur en bien ou en mal des siècles précédents ; c'est un besoin qu'il faut satisfaire : ne pouvant plus être acteur, il veut être spectateur, et c'est un spectateur difficile, déjà instruit, blasé même et passablement sceptique. Il n'admet pas que Philippe-Auguste doive parler comme Louis XIV, et qu'il se promène dans le Louvre de Charles V ; la vérité, ou ce qu'il croit être la vérité, agit sur lui plus que toutes les fictions poétiques.

Il y a vingt-cinq ans déjà, les novateurs que l'on désignait sous le nom de *romantiques* ont dit ce que nous disons ici ; mais leur arsenal, assez médiocrement garni, ne leur a pas permis de remporter une victoire décisive. Lorsqu'ils ont voulu se mettre à l'œuvre, il s'est trouvé que leurs principes ne pouvaient s'appuyer que sur des études très-superficielles ; le public s'est moqué d'eux. Et cependant qui ne se rappelle certains succès de leurs chefs ? Est-il un livre qui ait été plus lu que la *Notre-Dame de Paris* ? Est-il un succès plus justement mérité et plus durable que celui des *Chroniques du temps de Charles IX*, de M. Mérimée, de *la Ligue*, de M. Vitet ? Ces ouvrages resteront, parce que leurs auteurs sont des écrivains du premier ordre. Mais sont-ce seulement les qualités de style qui ont fait leur succès populaire ? Non, certes. C'est l'étude suivie, minutieuse des mœurs d'une époque, la vérité historique sans pédanterie, sans affectation ; c'est la réalité des contours et des couleurs, ce caractère un que donne toujours la connaissance parfaite des hommes et des choses d'une époque. Qu'y a-t-il de plus poétique que la vérité ? L'imagination des poëtes ou des romanciers a-t-elle jamais pu offrir un spectacle plus émouvant que celui de l'histoire, que celui des événements qui sans cesse passent devant nos yeux ? Pourquoi donc les peintres dans leurs tableaux, les auteurs dramatiques dans leur mise en scène, ne tenteraient-ils pas de substituer la reproduction de la réalité à ces défroques de convention, si complétement usées aujourd'hui ? Pourquoi ? Parce que les idées banales, les préjugés, en fait d'art, ont chez nous force de loi, et que les meilleurs esprits

aiment encore mieux s'y soumettre que les combattre. On aura vu
au théâtre, ou sur des toiles peintes de nos jours, des copies,
souvent mal comprises ou incomplètes, de meubles de la fin du
xve siècle ; on en conclut que les meubles du *moyen âge* étaient
incommodes, rares, peu variés, lourds, qu'ils sont en désacc rd
avec nos habitudes. Le gros luxe de l'époque de Louis XIV ne s'ac-
corde guère avec le confort moderne ; on fait une règle de proportion, et l'on raisonne de cette manière : « Si les meubles du temps
de Louis XIV nous semblent incommodes et barbares, à plus forte
raison ceux de Charles VI et de Charles VII le sont-ils. » Autant
vaudrait dire : « Si les perruques de Louis XIV étaient lourdes,
combien devaient être pesantes et incommodes celles de Louis XI. »
Le fait est que l'excessive recherche des habitudes des xive et
xve siècles, le luxe intérieur des appartements du commencement
du xvie, s'étaient perdus et avaient été laissés de côté pendant les
longues guerres religieuses de la fin du xvie siècle, et que le mobilier
d'un grand seigneur sous Louis XIII aurait paru barbare et grossier
à un grand vassal de Charles VII. Il faisait meilleur, peut-être, de
vivre sous le règne de Louis XIV que sous celui de Charles V ; mais
certainement Charles V, les nobles et les bourgeois de son temps,
étaient logés et meublés d'une façon plus confortable que ne l'étaient
les seigneurs et les roturiers sous le règne du grand roi.

Pour conclure, nous ne prétendons pas que la connaissance exacte
des choses et des habitudes du moyen âge donne du talent aux
artistes de notre temps qui n'ont pu en acquérir ; mais nous sommes
convaincu qu'elle doit aider l'homme habile et familier avec les ressources de son art.

VIE PUBLIQUE DE LA NOBLESSE FÉODALE,
RELIGIEUSE ET LAIQUE

CÉRÉMONIES, SACRES, COURONNEMENTS.

Eginhard rapporte que le jour de Noël de l'année 801, Charlemagne entra dans la basilique de Saint-Pierre à Rome, pour assister
à la célébration de la messe, et qu'au moment où il s'inclinait, pour
prier, devant l'autel, le pape Léon lui mit une couronne sur la tête.
Alors tout le peuple romain s'écria : « A Charles Auguste, couronné par Dieu, grand et pacifique empereur des Romains, vie et
victoire ! » Après cette proclamation, le pontife se prosterna devant
lui, et l'adora suivant la coutume établie du temps des anciens empereurs, et dès lors Charles, quittant le nom de Patrice, porta celui
d'empereur et d'Auguste [1].

Guillaume le Conquérant se fit couronner roi d'Angleterre dans
l'église abbatiale de Westminster, le jour de la Nativité de Notre-
Seigneur.

> « E tant que li Noël avint
> « Que li Engleis e li Normant
> « Communaument petit e grant
> » Voudrent qu'il fust reis coronez.
> « Eissi le jor que Deus fu nez,
> « Sens terme plus e senz devise,
> « Ont la corone el chef assise
> « A Saint-Pere de Westmostier [2]. »

---

[1] Eginhard, *Hist. de Charles*
[2] *Chron.* de Benoit de Sainte-More.

Wace décrit les pompes du couronnement d'Arthur[1]. La cour s'assemble,

> « Quant la cort al roi fut jostée (réunie)
> « Mult véissiés forte asamblée,
> « Et tote la cité frémir ;
> « Sergans aler, sergans venir,
> « Et ostex saisir et porprandre [2] ;
> « Maisons veair, cortines tandre.
> « Les marescax ostex livrer [3],
> « Soliers (salles) et cambres délivrer.
> « Et cil qui nul ostél n'avoient
> « Lor loges et lor trés tendoient [4].
> « Mult véissiés as escuiers
> « Palefrois mener et deffers
> « Seles metre, seles oster,
> « Lorains (harnais) terdre (essuyer), lorains laver,
> « Faire estables, paissons fichier [5],
> « Cevax mener et estrillier,
> « Ceval tondre, ceval férer,
> « Et seles des cevaus oster,
> « Cevaux torchier et abrever,
> « Avaine et fuerre (paille), erbe porter.
> « Mult véissiés en pluisors sens
> « Vallés aler et camberlens (chambellans),
> « Garnimens et mantiax ploier,
> « Et enverser et atacier,
> « Péliçons porter vairs et gris ;
> « Foire samblast, ce vous fust vis.
> « Al matin, al jor de la feste,
> « Ce dist l'estoire de la geste,
> « Li vinrent tot li arcevesque
> « Et li abé et li evesque.
> « El palais le roi coronerent [6],
> « Et à l'église le menerent :
> « Dui archevesque le menoient ;

[1] *Li Romans de Brut*, XIIe siècle, vers 10609 et suiv. On ne peut mieux faire que de donner ce passage, qui peint vivement l'animation de la foule, le jour de la fête, et qui, d'ailleurs, est plein de curieux détails.

[2] S'emparer des hôtels.

[3] Les maréchaux font les logis.

[4] Ceux qui ne peuvent trouver de logements se mettent sous des tentes.

[5] *Paissons*, littéralement lieux de pâture, mais ici doit s'entendre comme fourrage ; *paissons fichier*, fourrage fiché, mis dans les râteliers, ou peut-être posé sur des fourches, ainsi que cela se pratiquait en campagne.

[6] La cérémonie du couronnement se fait dans le palais du roi, Artur est ensuite conduit à l'église.

> « Chascuns un bras li sostenoit
> « De si qu'à son siege venoit.
> « Qatre espées i ot à or
> « Que pont, que helt, que entretor.
> « Qatre rois ces quatre portoient
> « Qui par devant Artur aloient;
> « . . . .
> « La roine par grant esgart
> « Fu servie de l'autre part.
> « Devant la feste avoit mandées
> « Et à cele cort assamblées
> « Les grant dames del païs,
> « Et les fames à ses amis;
> « Ses amies et ses parantes
> « Et meschines beles et gantes
> « Fist à la feste à soi venir.
> « Por cele feste maintenir
> « En sa chambre fu coronée.
> « Et al temple as nonains menée,
> « Por la grant presse départir,
> « Que nus masters ne peust sofrir,
> « Quatre dames qui devant vinrent
> « Quatre cornelles blances tinrent;
> « As quatre estoient mariées
> « Qui portoient les quatre espées.
> « . . . . »

Le poëte décrit les riches costumes des personnages composant le cortége, la presse du peuple, la splendeur de la cérémonie dans l'église :

> « Mult oïssiez orgres soner,
> « Et clers chanter et orguener. »

Et les chevaliers qui vont et viennent, regardent les dames, courent aux églises. La messe finie, le roi et la reine ôtent leurs couronnes, changent leurs vêtements de cérémonie pour d'autres plus légers, et vont s'asseoir au festin, le roi chez lui, la reine chez elle. Après, commencent les jeux : les uns montent à cheval, d'autres combattent, sautent, jettent la pierre ou le dard; les vainqueurs sont conduits devant le roi, qui leur donne des présents.

> « Les dames sor le mur montoient,
> « Qui les jus agarder voloient,
> « Qui ami avoit en la place,
> « Tost li monstre l'oil et la face. »

---

¹ Comme le roi, la reine est couronnée dans ses appartements, avant d'aller à l'église.

Puis viennent les jongleurs, les chanteurs et joueurs d'instruments, les poëtes et les conteurs. On joue aux dés, aux dames, aux jeux de hasard. La fête se prolonge ainsi trois jours, et finit par de grandes largesses à toute l'assemblée.

Le cérémonial des couronnements des rois ne fut formulé à peu près régulièrement qu'au xiie siècle, à l'occasion du sacre du roi Louis le Jeune, en 1179, et enregistré, la même année, en la chambre des comptes[1]. Voici en quoi consistait cette cérémonie : Devant le chœur de l'église cathédrale de Reims était dressé un trône sur un échafaud élevé, auquel on montait par des gradins en assez grand nombre pour que les pairs du royaume et d'autres seigneurs s'y pussent tenir. Le sacre devait avoir lieu le dimanche, et, dès la veille, l'église était gardée par les gens du roi et ceux de l'église. La nuit, le roi venait prier dans l'église, avant les matines, chantées à l'ordinaire.

Primes sonnées, le roi est accompagné à la cathédrale par les archevêques, évêques et barons, avant que l'eau bénite soit faite. Des siéges sont disposés autour de l'autel à droite et à gauche, celui du roi au milieu. Dès l'aube, le roi a dû envoyer ses plus notables et puissants barons à l'abbaye de Saint-Remi chercher la sainte ampoule ; ceux-ci jurent de la reconduire après la cérémonie et de la rendre à l'église abbatiale. La sainte ampoule est accompagnée, entre prime et tierce, par les religieux de Saint-Remi, et portée par l'abbé sous un dais de soie, dont les bâtons sont soutenus par quatre moines en aube. L'archevêque de Reims reçoit la sainte ampoule à la grande porte de la cathédrale, étant accompagné des autres archevêques, évêques et barons ; il promet de la rendre à l'église de Saint-Remi, et la porte sur l'autel. Les religieux attendent la fin de la cérémonie que la sainte ampoule soit rapportée.

L'archevêque se prépare à dire la messe, et le roi se lève. Après quoi, le prélat fait au roi cette demande : « Nous te requérons nous octroyer, que à nous et aux églises à nous commises, conserves le privilége canonique, loi et justice dues ; nous gardes et défendes comme roi est tenu en son royaume, à chaque évêque et église à lui commise. » Le roi octroie et promet.

Le *Te Deum* est entonné, et deux archevêques ou évêques conduisent le roi par les mains à l'autel, devant lequel il se prosterne, ne se relevant qu'après le chant. Sur l'autel ont été placés la cou-

---

[1] Voyez le *Formulaire des sacres et couronnemens des roys* (Godefroy, *Cérémonial françois* 1649).

ronne royale, l'épée dans son fourreau, les éperons d'or, le sceptre, la verge surmontée d'une main d'ivoire, les chausses ou bottines de soie bleue semées de fleurs de lis d'or, la tunique ou dalmatique de même étoffe et couleur, le manteau royal également bleu, semé de fleurs de lis, fait en manière de chape sans chaperon; toutes choses apportées par l'abbé de Saint-Denis en France et gardées par lui. Alors le roi, étant devant l'autel, ôte ses vêtements, sauf la camisole ou veste de soie et sa chemise, lesquels derniers vêtements sont ouverts fort bas devant et derrière et maintenus par des agrafes d'argent.

Le grand chambellan de France chausse au roi les bottines; le duc de Bourgogne lui attache les éperons et incontinent les lui ôte. L'archevêque lui ceint son épée, puis, replaçant le fourreau sur l'autel, remet le fer nu entre les mains du roi en lui disant : « Prends « ce glaive donné avec la bénédiction de Dieu, etc. [1]. » Le chœur chante une antienne pendant laquelle le roi offre l'épée à l'autel, la reprend des mains de l'archevêque, et sans délai la remet au connétable ou à celui des barons qui en tient lieu, lequel la porte devant le roi tant en l'église qu'après la cérémonie et jusqu'au palais. Cela fait, l'archevêque ouvre la sainte ampoule, en tire un peu d'huile qu'il mêle au saint chrême dans une patène sur l'autel. Les agrafes des vêtements du roi sont ouvertes, et celui-ci s'étant mis à genoux devant l'archevêque, assis comme quand il consacre, les évêques disent sur lui trois oraisons. L'archevêque dit celle de la consécration et oint la personne du roi en cinq endroits, savoir : le dessus de la tête, la poitrine, entre les épaules, sur les deux épaules et aux saignées des deux bras. A chaque onction, le prélat dit : « Je t'oins « de l'huile sanctifiée, au nom du Père, etc., etc. », et l'on chante une antienne.

Le vêtement du roi est refermé, et le grand chambellan de France revêt le roi de la dalmatique, du manteau royal, de façon que son bras droit soit libre; l'archevêque lui met l'anneau au doigt du milieu de la main droite, en disant : « Prends l'anneau, signal de la sainte Foi, etc. » Puis il récite une oraison. Il remet le sceptre en la main droite du roi, en disant : « Prends ce sceptre, insigne de la

[1] A l'occasion du sacre de Louis le Gros, Suger, dans la Vie de ce prince, s'exprime ainsi . « ... L'archevêque oignit de l'huile sainte le seigneur Louis, célébra la messe « d'actions de grâces, ôta au jeune roi le glaive de la milice séculière, lui ceignit celui « de l'Église pour la punition des malfaiteurs..., etc. » (Suger, *Vie de Louis le Gros*. chap. XIII)

« puissance royale, etc. » Il récite une seconde oraison. Il remet la
verge de justice en la main gauche du roi, en disant : « Prends la
« verge de vertu et d'équité, etc. » Le chancelier de France, ou, à son
défaut, l'archevêque, appelle par leurs noms et selon leur ordre les
pairs de France, les laïcs les premiers, lesquels étant réunis autour
du roi, le prélat prend la couronne sur l'autel et la pose sur le chef
du roi, et aussitôt tous les personnages assemblés y mettent les mains
et la soutiennent pendant que l'archevêque dit : « Dieu te couronne
de la couronne de gloire et de justice..., etc. » Puis il récite une
oraison. S'adressant ensuite à la personne du roi, il lui dit : « Sois
stable, et retiens dorénavant l'État, lequel tu as tenu jusqu'aujour-
d'hui par la succession de ton père de droit héréditaire..., etc. » Il
termine en appelant les bénédictions de Dieu sur le roi. Cette cérémonie achevée, l'archevêque, accompagné des pairs, mène le roi sur
le trône posé sur l'estrade, afin qu'il soit vu de tous, et la messe
commence. Au moment de la lecture de l'Évangile, le roi se lève, et
la couronne est enlevée de dessus sa tête. Le livre est porté ensuite
au roi à baiser par le plus grand parmi les archevêques, puis à l'archevêque officiant. A l'offrande, on porte un pain, un baril d'argent
rempli de vin et treize pièces d'or ; le roi y est conduit et ramené
par les pairs soutenant la couronne, son épée nue portée devant lui.
La secrète étant dite et les bénédictions appelées sur le roi et le
peuple, après le *Pax Domini*, celui qui aura porté le livre des Évangiles à baiser au roi prend la paix de l'archevêque, le baisant sur
la joue, et la présente à baiser au roi. Après lui, tous les autres
archevêques et évêques en leur ordre vont baiser le roi séant sur
son trône. La messe achevée, les pairs conduisent le roi derechef
à l'autel, où il reçoit la communion. Cela fait, l'archevêque lui ôte la
grande couronne et met sur sa tête une autre couronne plus petite
et légère ; ainsi le roi s'en va au palais, l'épée nue portée devant lui. Sa chemise est brûlée, à cause de l'onction qu'elle a touchée. La sainte ampoule est accompagnée à Saint-Remi comme elle
a été amenée.

Quand la reine est sacrée et couronnée avec le roi à Reims, un
trône est préparé pour elle, de moindre apparence que celui du roi,
lequel séant déjà couronné, la reine est amenée dans l'église, et se
prosterne devant l'autel pour prier. Après son oraison dite, les
évêques la relèvent sur les genoux. La reine est ointe sur le chef et
la poitrine ; le sceptre, la main de justice et l'anneau lui sont remis
comme au roi. Puis l'archevêque seul place la couronne sur sa tête,
laquelle couronne est soutenue de tous côtés par les barons. La reine

est conduite ainsi jusqu'à son trône, et le même ordre est suivi comme pour le roi pendant le reste de la cérémonie.

Un grand festin était donné après le sacre et le couronnement. Philippe-Auguste fut servi par le roi d'Angleterre pendant ce banquet du sacre, le vassal à genoux [1]. Pendant ces fêtes, on tendait des étoffes dans les rues de la ville. Au sacre et couronnement de la reine Marie de Brabant, en 1275, à Paris, « les bourgeois firent aussi « fête grande et solennelle ; ils encourtinèrent la ville de riches draps « de diverses couleurs. Les dames et pucelles s'éjouissoient en « chantant diverses chansons [2]. » On se ferait difficilement une idée aujourd'hui du luxe déployé dans les cérémonies des couronnements et de l'hospitalité donnée à tous venants pendant plusieurs jours par les princes à cette occasion, s'il ne nous était pas resté des descriptions assez détaillées de ces solennités. Un écrivain de Londres, clerc probablement [3], vers la fin du XIIIe siècle, raconte ce qui fut fait au palais de Westminster pour le couronnement d'Edward Ier, en 1273 : « Tout l'espace de terrain vacant dans l'enclos du palais de West- « minster fut entièrement couvert de maisons et dépendances. Plu- « sieurs salles furent construites au sud du vieux palais, autant qu'il « en put tenir, dans lesquelles des tables, solidement fixées sur le sol, « furent dressées pour régaler les grands et tous les nobles le jour « du couronnement et pendant deux semaines après. Tous ceux qui « vinrent à la solennité, riches ou pauvres, furent reçus et nourris « gratuitement. Des cuisines en grand nombre furent bâties dans le « même enclos, et, dans la crainte qu'elles ne pussent suffire, des « chaudières de *plomb* en nombre incalculable furent disposées au « dehors, en plein air, pour la cuisson des viandes. » L'auteur fait remarquer que « la cuisine principale dans laquelle les volailles et « autres mets devaient être cuits était entièrement découverte, afin « de permettre à la fumée de s'échapper librement ». Les comptes des dépenses faites à cette occasion mentionnent « l'acquisition de « 300 tonneaux de vin qui coûtèrent, compris le transport, 643 livres « 15 s. 4 d. Il en fut bu 116 le seul jour du couronnement. Ces « vins provenaient en grande partie de Bordeaux ». Ces mêmes comptes relatent l'achat des chaudières de plomb, l'établissement

---

[1] La *Chronique de Rains*, chap. I, manuscr. de la Biblioth. nation., publ. par L. Pâris, Techener, 1837.

[2] *Rubriq. et chapitres du bon roy Philippe, fils de Mgr saint Louis* (Coll. des mém. relatifs à l'hist. de France, de MM. Michaud et Poujoulat, t. II, p. 158).

[3] Voy. *Domestic Architect.*, by T. Hudson Turner, t. I, p. 64. Oxford, Parker, 1851.

de fours, etc. Une écurie provisoire, d'une étendue considérable, fut élevée dans le cimetière de Saint-Margaret. Pour que le roi et la reine pussent passer à couvert de leurs appartements à l'église, on dressa une galerie de bois. Le chœur de l'abbaye était garni d'un plancher provisoire [1]. Les travaux et le vin seulement s'élèvent à 2865 liv. 1 s. 1 d. Cette somme doit être multipliée par 15, si l'on veut connaître la valeur qu'elle représente aujourd'hui, c'est-à-dire 1 074 375 francs environ. A cette occasion, la grande et la petite salle de Westminster furent « blanchies et repeintes à neuf, et le « palais fut réparé ».

Le trouvère Cuvilier, au xive siècle, donne quelques détails sur le couronnement de Henri de Transtamare à Burgos :

« Le jour de saintes Pasques que Dieu fu surrexis,
« Fu couronnez à joie li nobles roys Henris
« Ou moustier Nostre-Dame, la mere Jhesu-Cris
« Là fu li nobles rois sacrez et bénéis
« Et rèceut la couronne par devant les martirs ;
« De l'evesque de Burs (Burgos) fu li services dis ;
« Li rois fu couronnez, et la dame gentilz
« Ramenée au palais, qui estoit moult jolis.
« A joie et à honnour fu li rois recueillis.
« Nobles fu li disners de tous bien raemplis,
« De gelines, de grues et de chappons rostis
« Et de tous riches vins des meilleurs du païs.
« Maint son de menestrez y fu ce jour oys,
« Menestrez et heraut y furent bien partis :
« Chascun receut beaux dons et fu bel revestis. »

Les comptes de Geoffroi de Fleury, argentier du roi Philippe le Long (fin de l'année 1316), donnent le détail des dépenses faites à l'occasion du sacre du roi, le 9 janvier 1317, en vêtements, étoffes, tentures et tapis. Ces dépenses s'élèvent, pour le roi, à 2378 liv. 8 s. 6 d., pour la reine et ses enfants à 5007 liv. 13 s. 10 d. Ils mentionnent, pour le roi, trois chambres, et pour la reine deux chambres, tendues de neuf avec un grand luxe d'étoffes, de broderies, de tapis, coussins, courtines [2].

Froissart s'étend assez longuement sur le sacre et couronnement du jeune roi Charles VI, le dimanche 4 novembre 1380 : « Et entra

[1] Comptes de maître Robert. Voy. *Domestic Architect.*, thirteenth century, *General Remarks*, p. 65.
[2] Voyez les *Comptes de l'argenterie des rois de France au xive siècle*, publ. par L. Douët d'Arcq. Renouard, 1851.

« le jeune roi en la cité de Reims le samedi à heures de vespres,
« bien accompagné de noblesses, de hauts seigneurs et de menes-
« trandies; et par espécial il avoit plus de trente trompettes devant
« lui qui sonnoient si clair que merveilles » Le roi veilla en l'église,
suivant l'usage, une bonne partie de la nuit. « Quant ce vint le
« dimanche, jour de la Toussaint, l'église de Notre-Dame fut parée
« tres richement, et si que on ne sauroit mieux ordonner ni deviser;
« et là fut à haute solennité de la haute messe, de l'archevesque de
« Reims, sacré et béni..... Avant la consécration, le roi fit là devant
« l'autel tous les jeunes chevaliers nouveaux..... Et là seoit le jeune
« roi, en habit royal, en une chaire élevée moult haut, parée et
« vestue de draps d'or, si tres riches que on ne pouvoit avoir plus;
« et tous les jeunes et nouveaux chevaliers dessous, sur bas écha-
« fauds couverts de draps d'or, à ses pieds..... et seoit le roi en
« majesté royale, la couronne tres riche et outre mesure précieuse
« en chef..... Après la messe on vint au palais; et pour ce que la
« salle étoit trop petite pour recevoir tel peuple, on avoit, en-my
« la cour du palais où il a grand'place, tendu un haut et grand
« tref (tente) sur hautes estaches; et là fut le disner fait et ordonné.
« Et s'assist le jeune roi Charles et ses quatre oncles, Anjou, Berry,
« Bourgogne et Bourbon, et avec eux son grand oncle Brabant à sa
« table et bien en sus de lui. L'archevesque de Reims et autres pré-
« lats seoient à dextre; et servoient hauts barons; le sire de Coucy,
« le sire de Cliçon, messire Guy de la Trémoille, l'amiral de mer
« (Jean de Vienne), et ainsi des autres, sur hauts destriers couverts
« de drap d'or..... »

Le journal d'un bourgeois de Paris sous le règne de Charles VII
donne, sur le couronnement à Paris du jeune roi Henri d'Angleterre, petit-fils d'Isabeau de Bavière, de curieux renseignements.
« Le 16 decembre à ung dimanche, vint le dit roy Henry du Palais
« Royal (palais de la Cité) à Nostre-Dame de Paris, c'est assavoir
« à pié bien matin, accompaigné des processions de la bonne ville
« de Paris, qui tous moult chantoient mélodieusement; et en la dite
« église avoit ung eschaffaut qui avoit bien de long et de large.....
« et montoit sus à bien granz degrez larges que dix hommes et plus
« y pouvoient de front; et quant on estoit dessus, on pouvoit aller
« par-dessous le crucifi autant dedans le chœur, comme on avoit
« fait par dehors[1], et estoit tout paint et couvert d'azur, et là fut
« sacré de la main du cardinal de Vincestre. »

---

[1] Il existait alors, devant l'entrée du chœur de Notre-Dame de Paris, un jubé haut

Mais voici qui peint les mœurs de cette malheureuse époque :

« *Item*, après son sacre vint au Palays (en l'Ile) disner lui et sa
« compagnie, et disna en la grant salle, à la grant table de marbre,
« et tout le remanant (le reste) parmy la salle çà et là ; car il y avoit
« nulle ordonnance, car le commun de Paris y estoit entré dès le
« matin, les ungs pour véoir, les autres pour gourmander, les autres
« pour piller ou pour desrober viandes ou autre chose ; car icellui
« jour à icelle assemblée furent emblez en la presse plus de qua-
« rante chapperons et coppes et mordans (boucles) de saintures
« grant nombre ; car si grant presse y ot pour le sacre du roy, que
« l'université, ne le parlement, ne le prevost des marchans, ne
« eschevins n'osoient entreprendre à monter à mont pour le peuple,
« dont il y avoit tres grand nombre : et vray est qu'ils cuiderent
« monter devant deux ou trois foys à mont ; mais le commun les
« reboutoit arrieres si fierement, que par plusieurs foys leur con-
« venoit tresbucher l'ung sur l'autre ; voire quatre-vingt ou cent à
« une foys, et là besoingnoient les larrons. Quant tout fut escoullé
« le commun, ils monterent (le roi et seigneurs) ; et quant ils furent
« en la salle, tout estoit si plain, que à peine trouverent-ils où ils
« peussent s'asseoir ; neantmoins s'assirent-ils aux tables qui pour
« eulx ordonnées estoient ; mais ce fut aux savetiers, moustardiers,
« lieurs ou vendeurs de vin de buffet, aides à maçons, qu'on cuida
« faire lever ; mais quant on en faisoit lever ung ou deux, il s'en
« asseoit six ou huit d'autre costé. »

On peut admettre que l'auteur du journal a forcé un peu le tableau ; mais ce mélange de splendeurs et de misère, cette anarchie
pendant la domination du parti des Anglais, cette police étrangère
à la cité n'ayant nul pouvoir, ce peuple qui n'est plus retenu par le
respect qu'inspirait alors la présence de hauts personnages, tout
cela peint cette triste époque.

Le cérémonial des sacres des rois et reines ne fut guère modifié
jusqu'au XVIIᵉ siècle. Il est à remarquer cependant que le sacre de
François Iᵉʳ à Reims eut lieu la nuit du 25 janvier 1515, contrairement à l'usage, si l'on en croit le témoignage de Champier, qui
assista à cette cérémonie.

On prendrait une idée inexacte des mœurs et habitudes du moyen

---

de 5 mètres environ, dont la porte principale était surmontée d'un grand crucifix de
pierre ; l'échafaud était donc placé devant ce crucifix, son sol au niveau du pied de la
croix, c'est-à-dire à 6 mètres environ au-dessus du pavé de l'église. Un emmarchement
descendait de l'échafaud jusque dans le chœur par-dessus le jubé.

âge si l'on admettait que le cérémonial des sacres et couronnements, fût rigoureusement observé, ainsi que les auteurs ecclésiastiques particulièrement le donnent à entendre. Tous les actes auxquels, pendant cette période, les pouvoirs religieux et civil participent à la fois sont soumis à des variations. La grande querelle des investitures, qui occupa près de trois siècles, dût réagir nécessairement sur des cérémonies qui tendaient, après tout, à remettre aux mains de l'Église la consécration des pouvoirs civils. Il ne faudrait donc pas toujours prendre à la lettre les procès-verbaux plus ou moins authentiques que des chroniqueurs, clercs pour la plupart, nous ont laissés sur les détails de ces cérémonies.

ENTRÉES DE ROIS, DE REINES, DE SEIGNEURS ET D'ÉVÊQUES.

Rien n'égale la magnificence des entrées solennelles des rois et reines à dater du XIVe siècle. Jusqu'alors ces sortes de cérémonies tiraient leur lustre principal de la richesse de l'assemblée des seigneurs, de l'empressement du populaire, des tentures improvisées dans les rues, des jonchées de fleurs sur le pavé; mais il ne semble pas que les cités fissent les dépenses extraordinaires qu'elles ordonnèrent plus tard. Les personnes souveraines entrant dans leur ville capitale allaient tout d'abord à la cathédrale rendre grâces à Dieu; de là elles se dirigeaient vers leur palais ou le logis qui leur avait été préparé, et la fête se terminait par un banquet.

> « Gram joie out à Roem quant Richard i entra [1];
> « Li eveskes e li clers, li conte e li baron
> « Ont Richart recheu o grant procession.
> « El mostier Nostre-Dame fist prime s'oroison;
> « Devant li mestre autel fist mainte aflicion.
> « Mult out riche conrei (assemblée) li jor en sa meson;
> « Grant presse veïssiez des baronz environ. »

Au XIIIe siècle, les choses se font avec plus de magnificence et un certain appareil de fête. Dans le roman de *Berthe aux grands*

---

[1] Le *Roman de Rou*, vers 3810 et suiv.

pieds [1], la princesse entre dans la ville du Mans ; les habitants sortent de la cité à sa rencontre :

> « Leur dame ont salué bel et courtoisement,
> « Roy Floires l'adestroit (la dirigeait) et Naymons ensement.
> « Delez li fu sa mere qui l'esgarde souvent.
> « Ce jour y ot de lances fait grant defroissement [2],
> « Tuit li saint [3] de la vile sonnoient hautement.
> « Li clergiés vint encontre moult ordenéement,
> « A grant procession et bel et nettement.
> « Fiertes [4] et encensiers y ot d'or et d'argent,
> « De dras d'or et de soie la champaigne resplent.
> « Tous li païs y est venus communément.
> « Dames et chevalier y viennent noblement
> « Pour connoistre leur dame, qu'il en ont grant talent
> « En la cité du Mans entrerent erramment ;
> « Les rues sont couvertes et bel et richement,
> « Les chaucies jonchiés, desus le pavement,
> « De fresche herbe et de jonc partout espessement.
> « Les dames as fenestres sont acesméement ;
> « Ce jour y peussiez veoir maint parement.
> « De ce ne vous ferai nul lonc acontement. »

Blanchefleur veut aller voir sa fille Berthe en France ; le roi entend qu'elle sera accompagnée de cent chevaliers :

> « Des plus vaillans qui soient entrestoute Hongrie.
> « Ne veuil pas que aillez à petite mesnie,
> « Car gent françoise sont de grant beubancerie. »

Quand le roi Jean revint en France après sa captivité, les Parisiens lui firent une entrée magnifique : les rues et le grand pont étaient tendus de tapisseries ; près de la porte Saint-Denis était une fontaine « qui rendoit vin aussi abondamment comme eau, et por-« toit dessus le roi un poelle (dais) d'or, sur quatre lances ; et alla « le roi faire son oraison à Notre-Dame, et puis retourna descendre « au Palais, et firent à lui ceux de Paris un bel présent de vaisselle « qui pesoit environ mil marcs d'argent [5] ».

Lorsque l'entrée d'un prince avait lieu dans une ville soumise ou rendue, il était d'usage de présenter au roi les clefs de la ville.

---

[1] *Li Romans de Berte aus grans piés,* édit. 1832, p. 179. Techener.
[2] Il y eut des tournois pour fêter l'entrée de la reine.
[3] *Li saint* pour les églises, ou pour les cloches, *signa* ; mais, suivant ce dernier sens, il y aurait *sains,* conformément à l'orthographe ordinaire de ce mot.
[4] Châsses.
[5] *Chron de Saint-Denis.*

Henri de Transtamare reçut, en entrant à Tolède, les huit clefs des huit portes de la ville [1].

De toutes les entrées solennelles dont il nous reste des descriptions, la plus magnifique est celle de la reine Isabeau de Bavière à Paris, le 20 août 1389. Le cortége de la jeune reine était composé en grande partie de dames en litières découvertes ou sur des palefrois, accompagnées des plus brillants seigneurs. « A la première « porte de Saint-Denis [2], ainsi que on entre dedans Paris, et que on « dit à la Bastide [3], y avoit un ciel tout estellé, et dedans ce ciel « jeunes enfans appareillés et mis en ordonnance d'anges, lesquels « enfans chantoient moult mélodieusement et doucement. Et avec « tout ce il y avoit une image de Nostre-Dame qui tenoit par figures « un petit enfant, lequel enfant s'ébattoit par soi à un moulinet fait « d'une grosse noix; et estoit haut le ciel armoyé tres richement des « armes de France et de Baviere, à un soleil d'or resplendissant et « donnant ses rais..... Après ce vu, la royne de France et les dames « vinrent tout le petit pas devant la fontaine en la rue Saint-Denis, « laquelle estoit toute couverte et parée sur un drap de fin azur, « peint et semé de fleurs de lys d'or, et les piliers qui environnoient « la fontaine armoyés des armes de plusieurs hauts et notables sei- « gneurs du royaume de France; et donnoit cette fontaine par ses « conduits claret et piment [4] tres bons et par grans rieus; et avoit « là, autour de la fontaine, jeunes filles tres richement ornées, et « sur leurs chefs chapeaux d'or bons et riches, lesquelles chantoient « tres mélodieusement..... Et tenoient en leurs mains hanaps d'or « et coupes d'or; et offroient et donnoient à boire à tous ceux qui « boire vouloient..... » Devant le couvent de la Trinité, on avait dressé un théâtre, sur lequel on représenta une bataille entre chrétiens et Sarrasins. A la seconde porte Saint-Denis [5], un château avait été dressé, couvert d'un ciel semé d'étoiles, avec la représentation de Dieu le Père, du Fils et du Saint-Esprit, entourés d'anges chantants. Lorsque la reine vint à passer, « la porte de paradis ouvrit et « deux anges yssirent hors, en eux avalant; et tenoient en leurs

---

[1] Chron. de du Guesclin, liv. II (Coll. des mém.).

[2] Froissart, liv. IV.

[3] La porte Saint-Denis était, en effet, une petite bastille. Froissart entend parler de celle-là, et non de la bastille Saint-Antoine, qui conserva seule ce nom de bastille jusqu'à la fin du dernier siècle.

[4] Le claret était une boisson fabriquée avec des vins du Midi et du miel; le piment était un vin de Grèce ou d'Espagne mêlé d'épices.

[5] Démolie sous François Ier.

« mains une tres riche couronne d'or garnie de pierres précieuses,
« et la mirent les deux anges et l'assirent moult doucement sur le
« chef de la royne, en chantant tels vers :

> « Dame enclose entre fleurs de lis;
> « Royne estes vous de Paris,
> « De France et de tout le pays;
> « Nous en rallons en paradis. »

Autre échafaud devant la chapelle Saint-Jacques, richement
étoffé, au milieu duquel on jouait des orgues. La rue Saint-Denis
était couverte dans toute sa longueur de draps camelots et de soie,
« si richement comme si on eust les draps pour neant ou que on
« fust en Alexandrie ou en Damas ». Jusqu'au grand Châtelet, les
maisons étaient tendues de tapisseries de haute lisse. Devant le grand
Châtelet était un château de charpente, avec bois autour rempli
de lièvres, de lapins, d'oiseaux. Le pont Notre-Dame était couvert
d'étoffes de soie verte et blanche lamée d'étoiles.

Lorsque le cortége déboucha dans l'île de la Cité, il était tard
déjà ; ce fut alors qu'un homme « natif de Genève » descendit sur
une corde tendue du haut des tours de Notre-Dame à la plus haute
maison du pont Saint-Michel. Il portait des torches dans chaque
main et chantait. Tout Paris et les campagnes virent ainsi descendre
cet acrobate portant ses deux flambeaux. Arrivée dans la cathédrale,
la reine, reçue par l'évêque, alla faire ses prières au grand autel,
offrit au trésor la couronne qu'elle avait reçue à la porte Saint-Denis
et quatre draps d'or ; l'évêque lui mit sur la tête une couronne plus
riche que la première ; après quoi, le cortége se rendit au Palais,
dans le même ordre qu'il était venu, à la lueur des flambeaux.

Lorsque Charles VI rentra à Paris, le 13 octobre 1414, le soir,
les « bonnes gens de Paris commencerent, sans commandement, à
« faire feus, et à buciner (jouer des instruments) le plus grande-
« ment qu'on eust veu passé cent ans devant, et les tables emmy les
« ruës dreciées à tous venans par toutes les ruës de Paris qui point
« ayent de renom [1]. »

Quelques années plus tard, ce fut le duc de Bedford, régent de
France, qui fit son entrée dans la ville de Paris (1424). Les gens de
Paris se portèrent au-devant de lui, « vètus de vermeil » et enton-
nèrent le *Te Deum* à son arrivée. Le peuple criait *Noël !* et les rues
étaient parées. « Devant le Chastelet avoit ung moult bel mystere

---

[1] *Journal d'un bourgeois de Paris sous Charles VI (Coll. des mém.).*

« du Viel Testament et du Nouvel, que les enffans de Paris firent,
« et fut fait sans parler ne sans signer (gestes), comme ce si ce
« feussent ymages enlevez contre ung mur (bas-relief) [1]. Après,
« quand il ot moult regardé le mystere, il s'en alla à Nostre-Dame,
« où il fut reçeu comme ce fust Dieu : car les processions qui
« n'avoient pas esté aux champs et les chanoynes de Nostre-Dame le
« receurent à la plus grant honneur, en chantant hymnes et loüanges
« qu'ils purent, et joüoit-on des orgues et des trompes, et sonnerent
« toutes les cloches [2]. » Mêmes réjouissances, fêtes et mystères, pour
l'entrée du roi Charles VII, en 1458 : « Et à l'entrée, les bourgeois
« luy mirent un ciel (dais) sur la teste que on a, à la Saint Sauveur,
« à porter Nostre-Seigneur, et ainsi le porterent jusques à la porte
« aux Paintres [3] dedens la ville..... »

Martial d'Auvergne, poëte du xve siècle, décrit en assez jolis vers
l'entrée du roi Charles VII à Rouen. Le cortége ici prend une nouvelle allure ; ce sont des compagnies régulières d'archers qui ouvrent
la marche :

> « Ils estoient bien six cens archiers
> « A brigandines et jacquettes
> « Montez sur roussins et dextriers
> « A harnoix et armes complettes. »

Puis vient le comte de Saint-Pol, armé tout de blanc, et accompagné de trois pages ; puis le comte de Nevers, suivi de huit
hommes d'armes en rang dont les chevaux étaient houssés de satin
vermeil à croix blanches. Après lui, Juvénal le chancelier, vêtu
d'une robe écarlate, précédant une haquenée blanche couverte de
velours bleu fleurdelisé et portant un coffret renfermant les sceaux
de France. Les hérauts d'armes, les trompettes et bannières formaient une troupe brillante que suivait le grand écuyer Poton
de Xaintrailles :

> « Il estoit tout armé à blanc [4],
> « Fringant sur un dextrier paré,
> « Combien qu'il feust vieillart et blanc,
> « Couvert de velours azuré. »

Le roi était monté sur un coursier caparaçonné de velours bleu

[1] On voit que les tableaux vivants ne sont point une invention nouvelle.
[2] *Journal d'un bourgeois de Paris sous Charles VII (Coll. des mém.).*
[3] La seconde porte Saint-Denis dont parle Froissart.
[4] « Armé à blanc » voulait dire armé de plates d'acier poli sans mailles apparentes ni haubergeon d'étoffe.

fleurdelisé, suivi de ses pages, et accompagné du roi de Sicile et du comte du Maine, son frère. Derrière eux chevauchaient des seigneurs

« Par ordre et selon leur degré,
« Vestuz de diverses couleurs,
« De satin et de soye à leur gré, »

l'écuyer tranchant, le grand maître de l'hôtel. Le cortége était fermé par six cents hommes d'armes à cheval, tous richement armés et portant lances à pennon de satin vermeil.

L'archevêque, suivi d'un nombreux clergé, vint à sa rencontre, ainsi que les bourgeois de la ville et gros marchands. Après la harangue obligée, les clefs de la ville furent remises au roi,

« Et les bailla de prime face
« A Brezé qu'il fist capitaine. »

Le roi entra par la porte des Chartreux, où il trouva de nombreuses processions portant bannières et reliquaires. Les rues étaient tapissées et couvertes de draps très-riches; les enfants criaient *Noël!* les ménétriers jouaient de leurs instruments, montés sur des estrades et sur les tours; le *Te Deum* chanté dans toutes les églises.

« Quatre bourgeois de la cité
« Portoient sur le roy, à l'entrée,
« Ung beau ciel vermeil velouté,
« Aux armes du roy et livrée. »

On n'avait pas oublié la fontaine laissant couler vin et hypocras.

« Puis au carrefour de l'église
« Y avoit ung beau cerf volant [1]
« Portant en son col par devise
« Une couronne d'or boullant.

« Et quant le roy illec alla
« Dire ses grâces en l'église,
« Le dit cerf s'agenouilla
« Par l'honneur et plaisance exquise. »

La fête se termina par des feux et des repas dans les rues, et dura cinq jours.

---

[1] Le roi Charles VII avait adopté, comme support de ses armes, un cerf ailé portant au cou une couronne d'or.

L'entrée du roi Louis XI à Paris, le 31 août 1461, fut magnifique. A la porte Saint-Denis (car l'usage voulait que tous les rois entrassent par cette porte) le roi « trouva une moult belle nef en figure d'ar-
« gent, portée par hault contre la maçonnerie de la dicte porte
« dessus le pont-levis d'icelle, en signifiance des armes de la dicte
« ville, dedans laquelle nef estoient les trois Estats, et aux chas-
« teaulx (gaillards) de devant et derrière d'icelle estoient Justice
« et Équité, qui avoient personnages pour ce à eulx ordonnez, et
« à la hune du mast de la dicte nef, qui estoit (la hune) en façon
« d'un lys, yssoit ung Roy habillé en habit royal que deux anges
« conduisoient. »

Les entrées des grands seigneurs dans les villes soumises à leur juridiction, pour être moins splendides que celles des rois et reines de France, n'en différaient guère. Le cérémonial était le même : le seigneur entrant se présentait d'abord à l'église, et les bourgeois venaient au-devant de lui jusqu'en dehors des portes. Si ces entrées se faisaient dans des villes soumises ou revenues à l'obéissance, outre l'apport des clefs des portes, les bourgeois marquaient leur soumission par quelque signe apparent. Ainsi, quand le duc de Bretagne, Artus III, rentra dans sa ville de Saint-Malo, en 1413, « ceux de la ville vindrent au devant de lui vestus de blanc et de
« noir [1]; et tous les petits enfans avoient panonceaux d'hermine
« blancs et noirs; et on y cria bien *Noël !* et fut tout aboli; et depuis
« ont esté bons et loyaux au duc. » Si c'était au nom du roi que des seigneurs prenaient possession d'une ville, l'un d'eux portait la bannière royale. Après la reddition de Bayonne, en 1451, le 21 août, les gens du roi entrèrent dans la ville, précédés de mille archers;
« et après vindrent deux heraulx du roy, et autres portant leur cotte
« d'arme; et après messire Bertrand d'Espagne, seneschal de Foix,
« armé tout au blancq [2], qui portoit la bannière du roy monté sur
« un coursier moult richement habillé [3]. »

Il était d'usage d'offrir le vin d'honneur aux grands personnages dans les églises, lorsqu'ils entraient dans une ville, soit comme seigneurs, soit comme représentants du roi. Cette coutume s'éten-

---

[1] *Hist. d'Artus III, duc de Bret. et comte de Richemont (Coll. des mém., t. III).* Les ducs de Bretagne portaient d'hermine; c'est pour rappeler ces armes, que les bourgeois de Saint-Malo se vêtirent de blanc et de noir.

[2] On entendait, comme il est dit ci-dessus, par *armé au blanc,* couvert d'une armure d'acier poli, sans damasquinages ni couleurs.

[3] *Mém. de du Clercq (Coll. des mém., t. III).*

dait même aux femmes : en 1381, Blanche d'Orléans reçoit des chanoines de Saint-Quiriace de Provins le vin d'honneur [1].

Les entrées des rois, pendant le moyen âge, étaient, comme toutes les cérémonies publiques de cette époque, l'occasion de certains privilèges. Piganiol de la Force [2] rapporte qu'il existait dans la place publique de Péronne « un grès long de quatre pieds, « large de deux, élevé au-dessus du pavé de quatre ou cinq pouces, « et qui étoit érigé en fief dont il est la glèbe et tout le domaine. « On assure, ajoute-t-il, que quand le roi veut faire son entrée dans « la ville, le tenancier de ce fief doit faire ferrer avec des fers d'ar-« gent les quatre pieds du cheval sur lequel le roi doit monter, et « c'est sur ce grès que le maréchal doit ferrer le cheval ou haquenée. « Le tenancier du fief le présente ensuite au roi, qui le monte pour « entrer en souverain dans la ville de Péronne. Le tenancier de ce « fief jouit de plusieurs privilèges : 1° La desserte et la vaisselle « qui a servi au roi dans le repas qu'il a fait après son entrée dans « la ville de Péronne lui appartiennent. 2° Il jouit d'une redevance « sur toute la bière qui se consomme dans Péronne. 3° Il perçoit un « droit sur toutes les boutiques des marchands qui s'établissent en « baraques pendant la foire qui se tient dans cette ville ; il va choisir « dans les boutiques de ceux qui vendent des instrumens coupans « la pièce qui lui convient le mieux et qu'on nomme le *premier* « *taillant ;* c'est-à-dire que, chez les couteliers, il prend un couteau « ou un rasoir ; chez les taillandiers, une hache ou doloire, ou une « bêche, etc. ; chez les autres marchands, on lui donne une rede-« vance en argent. 4° Un homme qui est décrété de prise de corps « ne peut être enlevé de dessus ce grès ou glèbe, s'il a le temps de « s'y réfugier. »

Entrées des évêques.

Les cérémonies observées aux entrées solennelles des évêques, qu'ils soient ou non seigneurs des villes, méritent d'être mention-nées. L'évêque, le jour de son entrée, se rendait dans l'église d'une abbaye proche l'une des portes, en dehors ou en dedans de la ville. Là il trouvait une chaire préparée ; on le revêtait de ses habits épiscopaux ; le clergé entonnait le *Te Deum ;* puis, processionnellement, le prélat était porté dans la chaire, recouverte de riches étoffes, jusqu'à la cathédrale. Les porteurs étaient les quatre plus

---

[1] *Coutumes de Provins,* t. II, p. 42.
[2] *Nouv. Descript. de la France,* t. II, p. 204.

grands seigneurs du diocèse, lorsque l'évêque n'était point seigneur de la ville, ou les quatre plus notables bourgeois, s'il l'était. Les évêques de Soissons étaient portés par le comte de Soissons, le seigneur de Pierrefonds, le seigneur de Montmirail et le seigneur de Bazoches[1]. Les évêques d'Auxerre se rendaient habituellement, le jour de leur entrée, à l'abbaye de Saint-Germain; c'était du chœur de cette église que le prélat était porté dans sa chaire, par quatre des plus notables bourgeois, jusqu'à la porte de la cathédrale, où les chanoines le recevaient en chape, avec la croix et l'eau bénite. L'évêque faisait alors le serment d'usage, qui consistait à maintenir les privilèges du chapitre; après quoi, ayant sonné une clochette, la porte principale s'ouvrait, et les bourgeois portaient le prélat jusqu'au grand autel. Alors commençait la cérémonie d'installation[2]. Les cérémonies qui avaient lieu pendant ces entrées donnèrent souvent lieu à des contestations ou des protestations. Il arrivait que les clefs des villes étaient remises aux prélats, bien que ces villes dépendissent du domaine royal. Quelquefois le serment des évêques de Laon, dit Piganiol[3], se faisait dans la cour de l'évêché et dans les assemblées générales. « Les habitans, un genou « en terre, la main droite étendue vers l'église cathédrale, promet- « toient d'être fidèles à l'évêque (sauf l'obéissance due au roi, et à « leurs droits de commune et privilèges), et l'évêque leur promettait « de ne rien attenter contre leurs droits, leurs libertés, et de con- « server leurs privilèges. Dans cette cérémonie, ajoute cet auteur, « on s'est quelquefois avisé de présenter les clefs de la ville à « l'évêque, parce que quelques-uns de ces prélats ont prétendu, « très-mal à propos, être seigneurs de la ville, quoique ce soit le « roi. » Piganiol nous a laissé une description fort détaillée des cérémonies de l'entrée des évêques de Beauvais et des fêtes à cette occasion[4]. Nous renvoyons nos lecteurs, pour le menu, à cette description.

Il était d'usage encore, pendant le XIVe siècle, lorsque les évêques de Troyes faisaient leur entrée dans la ville, de descendre à l'abbaye des Dames; l'abbesse prenait le cheval du prélat par la bride pour le faire entrer dans le monastère, et ce cheval lui appartenait. Le

---

[1] *Nouv. Descript. de la France.* Piganiol de la Force, t. I, p. 27.
[2] Voy. *Mém. concernant l'histoire du diocèse d'Auxerre,* par l'abbé Lebeuf, publ. par MM. Challe et Quantin, t. II, p. 23 et 61.
[3] *Nouv. Descript. de la France,* t. I, p. 47.
[4] *Ibid.,* t. I, p. 75 et suiv.

lendemain, en partant, l'évêque, qui avait droit de gîte, emportait
le lit dans lequel il s'était couché [1].

BAPTÊMES, NOCES, OBSÈQUES.

Baptêmes.

Les baptêmes des princes furent, pendant le moyen âge, l'occasion de cérémonies et de fêtes splendides. Jusqu'au XV° siècle, les
catéchumènes étaient plongés dans une cuve baptismale; on ne se
contentait pas, comme aujourd'hui, de les asperger d'eau.

Dans les premiers temps du christianisme, il fallait baptiser des
personnes de tout âge, et souvent en grand nombre, beaucoup étant
entraînés par l'exemple de quelques-uns. Les baptistères étaient
alors des salles assez vastes, carrées, ou plus ordinairement circulaires ou à pans, au milieu desquelles était creusée une large cuve
au ras du sol. Nous possédons encore en France quelques-uns de ces
baptistères primitifs, à Poitiers (église Saint-Jean), à Aix en Provence. Dernièrement, en démolissant les maisons qui entouraient la
cathédrale de Marseille, on a trouvé l'ancien baptistère circulaire,
avec sa cuve pavée de mosaïques au centre. Flodoard[2] raconte ainsi
le baptême de Clovis à Reims : « Cependant on prépare le chemin
« depuis le palais du roi jusqu'au baptistère; on suspend des voiles,
« des tapis précieux; on tend les maisons de chaque côté des rues ;
« on pare l'église, on couvre le baptistère de toutes sortes de par-
« fums.... Le cortége part du palais : le clergé ouvre la marche,
« avec les saints Évangiles, les croix et les bannières, chantant des
« hymnes et des cantiques spirituels; vient ensuite l'évêque (saint
« Remi), conduisant le roi par la main; enfin, la reine suit avec le
« peuple. » Le prêtre qui portait le saint chrême n'ayant pu percer
la foule et arriver aux fonts, une colombe blanche apporta la sainte
ampoule. « Le saint évêque prend la fiole miraculeuse, asperge
« de chrême l'eau baptismale, et Clovis demande avec instance le
« baptême. Il est plongé par trois fois dans la cuve. » Ces cérémonies furent exactement suivies pendant plusieurs siècles. Grégoire
de Tours raconte le baptême de Clovis à peu près dans les mêmes

---

[1] *Topogr. de Troyes :* Abbaye de Notre-Dame aux Nonnains.
[2] *Hist. de l'église de Reims (Coll. des mém. relatifs à l'hist. de France*, trad. de
M. Guizot).

termes. Il était d'usage alors de baptiser les catéchumènes la veille de Pâques ; ceux-ci étaient vêtus de blanc et ne quittaient cet habit que le premier dimanche après Pâques, qui, à cause de cela, était nommé : *Dominica in albis* ou *ab albis depositis.* Le baptême ayant lieu par immersion, c'était le parrain qui retirait l'enfant ou le catéchumène de la cuve, et, par cet acte, il l'adoptait pour son fils en Dieu.

Souvent alors les baptistères étaient hors de la ville, à cause du concours de personnes qui se présentaient ensemble pour être baptisées. Grégoire de Tours[1] rapporte que l'évêque Avitus baptisa un grand nombre de Juifs en dehors de la ville de Clermont. Une émeute populaire avait détruit leur synagogue ; cinq cents d'entre eux demandèrent le baptême. « A cette nouvelle, dit l'historien, le
« pontife, transporté de joie, pendant la nuit de la Pentecôte, après
« la célébration des vigiles, se rendit au baptistère situé hors des
« murs de la ville ; là, une multitude, prosternée devant lui,
« demanda le baptême. Et lui, pleurant de joie, les lava tous dans
« l'eau sainte, les oignit du saint chrême..... Les cierges brûlaient,
« les lampes jetaient un vif éclat; toute la ville brillait de la blan-
« cheur de ce troupeau. »

Lorsque l'on convertissait des femmes infidèles à la foi chrétienne, il était d'usage souvent de les marier après qu'elles avaient reçu le baptême. Dans la *Chevalerie d'Ogier de Danemark*, un passage signale une cérémonie de ce genre ordonnée par Charlemagne :

« Là (dans le palais) sont les dames qi querront en Jhésu :
« Kalles les ot amenées lassus,
« Soixante furent vestues de bon fus ;
« Tos lor adous furent à or batus.
« Trente arcevesque furent tous revestus,
« Cil les batisent el non del roi Jhésu ;
« Kalles de France, ainc si bon rois ne fu,
« Les maria as contes et as dux[2].
« . . . . »

Au xive siècle, nous voyons qu'il est question, pour la cérémonie du baptême, non-seulement de l'eau et du saint chrême, mais du sel :

« Quant li enfes ot pris baptesme
« Et seil et oile e ewe et cresme,
« Dont li fait noriches venir
« Por alaitier et por norir[3]. »

[1] Lib. V.
[2] La Chevalerie Ogier de Danemarche, xiiie siècle, vers 13001 et suiv.
[3] Li Romans de Robert le Dyable, xive siècle.

Ce fut à cette époque aussi que le cérémonial du baptême des princes fut réglé et suivi avec une grande solennité.

Les chroniques nous ont laissé des descriptions détaillées de l'ordre et des splendeurs de ces fêtes. Charles VI étant né le 3 décembre 1368, quelques jours après eut lieu la cérémonie du baptême, le 11 du même mois, en l'église Saint-Pol : « Dès le jour « précédent [1] furent faictes lices de bois en la rue devant la dicte « église; et autour des fonts de l'église, pour mieux empescher la « grande presse de gens qu'elle ne fust trop grant. Premierement, « devant le dit enfant il y avoit deux cens torches et deux cens « varlets qui les portoient, qui tous demourerent en la rue, excepté « seulement vingt-cinq torches qui furent dedans l'église. Et après « estoit messire Huc de Chastillon, seigneur de Dampierre, maistre « des arbalétriers, qui portoit un cierge, et le comte de Tancarville « portoit une couppe en laquelle estoit le sel, et avoit une touaille « (serviette) sur son col, dont le sel estoit couvert. Et après estoit « la royne Jehanne d'Evreux qui portoit l'enfant..... Et ainsi fut « apporté ledit enfant jusques à la grant porte de l'église de Saint- « Pol, à laquelle estoient, qui attendoient l'enfant, le cardinal de « Beauvois, chancelier de France, qui le dit enfant crestienna (bap- « tisa), et le cardinal de Paris en sa chappe de drap sans autre « parement, » et quantité de prélats et d'abbés. « Et le tint sur les « fonts monseigneur de Montmorency..... En celluy jour fist le roy « faire une donnée (aumône, largesse) en la coulture de Sainte- « Catherine de vingt deniers parisis à chascune personne qui y « vouloit aller, et y eut si grant presse qu'il y eut plusieurs femmes « mortes. »

Dans les *Honneurs de la cour* (xve siècle), Aliénor de Poitiers nous a conservé l'ordonnance de ces cérémonies princières. Voici ce qu'elle dit : « Le portail, où l'on commence l'office du baptesme, « doibt estre tendu de tapisserie; et sy le font (les fonts) est en une « chapelle, elle doibt estre tendue tout autour, et s'il n'y at chapelle, « sy doibt-on mettre tapisserie là où sont les fonts. Item la pierre « des fonts jusques à terre tout autour doibt estre couverte de « velour, et dessus les bords du font tout autour un beau doublier « (nappe en double), et dessus les fonts il ne doibt rien avoir de « tendu, car cela est pour les princesses. Item, il y doibt avoir une « chapelle toutte tendue, et là doibt avoir une table carrée, comme « un lict, et dessus un couvertoir de menu vair, et par dessus le

---

[1] *Chron. de Saint-Denis.*

« menu vair un drap de crespe, et là-dessus des oreillers ou quar-
« reaux de drap de soye pour desmaillotter et renvelopper l'enfant. »

François Ier pria le pape d'être le parrain de son premier-né ; ce
fut le duc d'Urbin, son neveu, qui vint à sa place à Amboise, où
eut lieu la cérémonie du baptême du Dauphin. Il y eut à cette
occasion des fêtes splendides, tournois, banquets, bals. Toute la
cour du château d'Amboise fut tapissée et couverte d'une riche
tenture. A cette occasion, le roi fit faire une ville de bois environnée
de fossés en plein champ, que l'on se mit à battre en brèche avec
de l'artillerie. « Dedans la ville, il y avoit de gros canons faicts de
« bois, et cerclés de fer, qui tiroient avec de la poudre, et les bou-
« lets, qui estoient grosses balles pleines de vent et aussi grosses
« que le cul d'ung tonneau, frappoient au travers de ceulx qui
« tenoient le siége, et les ruoient par terre, sans leur faire aucun
« mal ; et estoit chose plaisante à veoir des bonds qu'elles faisoient. »
Les assiégés firent une sortie vivement reçue. « Et feust le plus
« beau combat qu'on ait oncques veu, et le plus approchant du
« naturel de la guerre. Mais le passe-temps », ajoute le chroniqueur
auquel nous empruntons ce passage [1], « ne plust pas à tous ; car il
« y en eust beaucoup de tués et affolés. » C'est là, il faut l'avouer,
une singulière façon de fêter un baptême et une noce. Le duc
d'Urbin épousa pendant ces fêtes « la plus jeune fille de Bou-
« longne ».

Mariage. — Noces.

Chez les Germains, c'était l'époux qui apportait une dot à l'épousée, et non celle-ci à l'époux [2]. La femme se trouvait, par suite de
cette habitude, dans une dépendance servile à l'égard de son mari,
et devenait chose acquise. Nous trouvons cet usage encore établi
chez les Francs du temps de Grégoire de Tours. « Les députés du
« roi Chilpéric, dit cet historien, Ansovald et Domegisil, revinrent
« d'Espagne où ils avaient été envoyés pour prendre connaissance
« de la dot destinée à sa fille [3]. » Les seigneurs barbares, à cette
époque, ne pratiquaient nullement, à l'égard du mariage, l'antique
loi romaine, ni la loi chrétienne ; ils prenaient plusieurs femmes,
qui semblent être traitées sur le pied de l'égalité. « Le roi Clotaire,

---

[1] *Mém. de Fleurange.*
[2] Tacit., *Germ.*, VI.
[3] Greg. de Tours, *Hist. Franc.*, lib. VI, xviii.

« dit le même auteur[1], eut sept fils de différentes femmes..... Il
« avait pour épouse Ingonde ; il l'aimait uniquement, lorsqu'elle
« lui fit cette demande : — Monseigneur a fait de sa *servante* (*ancilla*
« *suâ*) ce qu'il a voulu ; il m'a reçue dans son lit : maintenant, pour
« mettre le comble à ses faveurs, que mon seigneur roi daigne
« écouter ce que sa servante lui demande. Je vous prie de vouloir
« bien chercher pour ma sœur Aregonde, votre esclave, un homme
« capable et riche, qui m'élève au lieu de m'abaisser, et me donne
« les moyens de vous servir avec plus d'attachement encore. — A ces
« mots, Clotaire, déjà trop enclin à la volupté, s'enflamme d'amour
« pour Aregonde, se rend à la campagne où elle résidait, et se
« l'attache par le mariage. Quand elle fut à lui, il retourna près
« d'Ingonde, et lui dit : — J'ai travaillé à te procurer cette suprême
« faveur que m'a demandée ta douce personne ; et en cherchant un
« homme riche et sage qui méritât d'être uni à ta sœur, je n'ai
« trouvé rien de mieux que moi-même. Sache donc que je l'ai prise
« pour épouse ; je ne crois pas que cela te déplaise. — Ce qui
« paraît bon aux yeux de mon maître, répondit-elle, qu'il le fasse ;
« seulement, que ta servante vive toujours en grâce avec le roi ? »
Un certain Andarchius, esclave, homme entreprenant, ayant acquis
près de son jeune maître des connaissances dans les lettres et les
sciences, attaché plus tard au roi Sigebert, résolut d'arriver à la
fortune par un mariage. Il se lie d'amitié avec un citoyen de Clermont nommé Ursus, cache sa cuirasse dans un coffre où l'on a
l'habitude de serrer les papiers, et dit à la femme d'Ursus, pendant
une absence de celui-ci : « Je te recommande mes pièces d'or renfermées dans ce meuble ; il y en a plus de seize mille, et elles
pourront t'appartenir, si tu me donnes ta fille en mariage. » La
femme promet. Andarchius obtient un privilége, qu'il montre au
juge du lieu, pour épouser la fille d'Ursus, en lui disant : « J'ai
donné des arrhes pour l'épouser[2]. » Le mariage des Francs était
donc alors précédé d'un contrat consistant en la remise d'une
somme par le futur aux parents de la future. C'était un véritable
marché. Le clergé eut à lutter longtemps contre ces habitudes de
barbares ; nous les voyons persister encore au commencement du
IXᵉ siècle. Il n'est pas besoin de dire que, jusqu'au moment où
l'épousée fut considérée comme une compagne et non comme une
esclave, les cérémonies qui avaient lieu au moment du mariage

---

[1] Grég. de Tours, *Hist. Franc.*, lib. IV, III.
[2] *Ibid.*, lib. IV, VII, XL.

étaient fort simples. Un seigneur franc qui épousait autant de femmes qu'il en pouvait nourrir, malgré les lois canoniques, n'admettait pas qu'un acte ressemblant passablement à une acquisition fût revêtu des formes solennelles d'un sacrement. Aussi ne doit-on point s'étonner de la persistance du haut clergé à donner tous les jours aux cérémonies du mariage une splendeur et, par suite, une authenticité plus considérable. Chez les peuples du Nord qui s'étaient emparés du sol des Gaules, la femme possédait, de toute antiquité, une influence et inspirait un respect inconnu parmi les Romains. Profitant avec adresse de cette disposition, le clergé sut se servir de cette influence pour agir à son tour sur l'esprit des conquérants barbares; si bien que les mariages des princes devinrent bientôt des actes politiques; par suite, les cérémonies qui avaient lieu dans ces occasions se firent avec une pompe extraordinaire. Suger rapporte, dans la Vie de Louis le Gros, que Bohémond, prince d'Antioche, vint dans les Gaules en 1106, afin d'obtenir en mariage Constance, sœur du roi futur. Cette princesse était parfaitement belle, et possédait un certain empire sur la cour du roi Philippe, son père. « L'adroit prince d'Antioche fit si bien, dit Suger, à force « de dons et de promesses, qu'il fut jugé tout à fait digne de s'unir « solennellement à cette princesse, dans la ville de Chartres, en « présence du roi, du seigneur Louis, de beaucoup d'archevêques, « d'évêques et de grands du royaume. A cette cérémonie assista « aussi le seigneur Brunon, évêque de Segni, légat du siége aposto- « lique de Rome, et chargé par le pape Pascal d'accompagner le « seigneur Bohémond, afin de solliciter et d'encourager les fidèles à « partir pour le Saint-Sépulcre[1]. » Après les cérémonies religieuses, c'étaient pendant plusieurs jours des fêtes, des repas, des jeux, qui quelquefois dégénéraient en rixes sanglantes, car il était difficile alors de réunir un grand concours de monde sans en venir à des combats.

Dans le *Roman de Garin*, on trouve la description d'un repas de noces de l'empereur Pepin avec Blanchefleur, qui se termine par une véritable bataille; les convives se jettent les coupes à la tête, s'arment de broches, de pilons, s'accablent d'injures; la nouvelle reine elle-même n'est point épargnée[2].

Lorsque les enfants étaient nés avant le mariage, pour les légitimer, on les plaçait sous le poêle. « Por quoy li dus espousa

---

[1] Suger, *Vie de Louis le Gros.*
[2] *Li Rom. de Garin le Loherain*, publ. par M. P. Paris, t. II, p. 14. Techener, 1833.

« Grannor, et li enfant qui devant avoient esté né furent mis souz
« le paile [1]. »

Les chansons de geste des xie et xiie siècles décrivent des noces
splendides. Après la prise d'Orange, le duc Guillaume fait baptiser
Orable, retenue prisonnière par les Sarrasins, et l'épouse.

> « A un mostier qu'eurent fet dédier,
> « Là ou Mahoms fut devant reclamez,
> « L'ala li cuens Guillaumes espouser.
> « Messe lor chante li evesques Guimers.
> « Après la messe sont del mostier torné,
> « En gloriete (boudoir richement orné) font la dame monter
> « Granz sont les noces sus el palès pavé.
> « Li cuens Bertrans les servit au digner,
> « Et Guileberz et Guielins li bers.
> « Viij. jorz durerent à joie et à barné,
> « Assez i orent harpeor et jugler
> « Et dras de soie et hermins engrailez,
> « Et muls d'Espaigne et destriers sejornez [2]. »

Jehan lé Bel, qui mourut vers 1370, raconte le mariage par procuration du roi d'Angleterre Édouard avec la fille du comte de
Hainaut, à Valenciennes, et décrit les fêtes qui eurent lieu à Londres
à l'arrivée de la jeune reine. « Quant ilhs furent revenus à Valen-
« chines si fut li mariage otroyeis et affermeis done part et doltre ;
« si fist ons apparelhier tout chu quilh y afferoit honorablement et
« puis fut esposée par le vertu done procuration suffisante qui fut
« la apportée de part le roy d'Engleterre. Après chu fut emenée en
« Engleterre et conduycte à Londre par messire Johans de Bralmont
« son oncle. La furent ilhs recheus noblement et mult honoreis et
« festoies de roy et de ma damme la royne sa mere, des oltres
« dammés, des barons et de toute la chevalerie d'Engleterre. Si ilh
« oit adoncq à Londre grant gentilheche de singnours, de comtes,
« dus et marchis, de barons, de haltes dammes, de riches pucelles,
« et de joustes et behours por lamour delle, de danseir et carosseir
« et des beaux et gras mangniers cascon jour donneir che nest mie
« à demandeir ne al mettre en escript, car cascon doit savoir que
« toute nobleche afferoit là et y astoit.

« Cette fieste durat bien par lespause de trois samaines anchois
« que lidit messire Johans se posist partir ; et après ilh prist congiet

---

[1] *Chron. de Normandie,* publ. par Franc. Michel, 1834, p. 64.
[2] *La Prise d'Orenge,* vers 1872 et suiv. (*Guillaume d'Orange,* chansons de geste, publ.
par M. W. J. A. Jonckbloet, 1854, t. I).

« et se partit atout sa compagnie, bien furnis de beais joweals et
« riches que ons les avoit donneit d'on costeit et doltre [1]. »

Les noces d'Isabeau de Bavière furent magnifiques; elles eurent
lieu à Amiens, en 1385, le 18 juillet. La jeune reine était dans
l'hôtel de la duchesse Marguerite de Hainaut, qui fut chargée de la
conduire à la cathédrale « en chairs couverts si riches qu'il ne fait
« pas ademander comment, la couronne au chef, qui valoit l'avoir
« d'un pays, et que le roy le dimanche lui avoit envoyée..... Après
« la haute messe et les solemnités faites qui au mariage apparte-
« noient à faire, on se retrait au palais de l'evesque où le roi estoit
« logé; et là fut le disner des dames appareillé, et du roi et des sci-
« gneurs à part eux; et ne servoient que comtes et barons [2]..... »

Les mariages des princes étant devenus des actes de politique,
ils furent souvent la cause de rivalités et de guerre entre seigneurs
suzerains. Tel seigneur qui prétendait avoir des droits à une
alliance, se trouvant déçu dans ses espérances, devenait un ennemi.
A ce propos, nous citerons une curieuse anecdote rapportée par
Froissart. Le duc Aubert de Hainaut ayant résolu de marier son
fils Guillaume à la fille du duc de Bourgogne (1385), le duc de
Lancastre, qui pensait que Guillaume devait épouser sa fille, « tout
« mérencolieux de ces nouvelles », envoya à Cambrai, près du duc
Aubert, pour savoir la vérité. Le maître du marché des laines de
toute l'Angleterre prit la parole et demanda audit duc s'il était
réellement dans l'intention de marier son fils à la fille du duc de
Bourgogne. « De celle parole le duc Aubert mua un petit couleur
« et dit : Oïl, sire, par ma foi! pourquoi le demandez-vous? —
— « Monseigneur, dit-il, j'en parle pour ce que monseigneur le duc
« de Lancastre a toujours espéré jusques à ci que madamoiselle
« Philippe, sa fille, auroit Guillaume monseigneur votre fils. — Lors
« dit le duc Aubert : Compaing, dites à mon cousin que quand
« il aura marié ou mariera ses enfans, que point je ne m'en ensoi-
« gnerai; aussi ne se a-t-il que faire d'ensoigner de mes enfans, ni
« quand je les vueil marier, ni où, ni comment, ni à qui [3]. » Il n'en
fallait pas tant pour causer une guerre longue et cruelle entre deux
pays. L'importance que l'on attachait alors à ces alliances faisait
qu'on entourait les cérémonies nuptiales d'un luxe inouï et qu'on

---

[1] Les Chron. vrayes de Jehan le Bel, chan. de Saint-Lambert de Liége, publ. par
M. L. Polain, 1850.
[2] Chron. de Froissart, liv. II, c. ccxxxi.
[3] Ibid., liv. II, c. ccxxiii.

cherchait à réunir autour des époux le plus grand nombre de nobles, en les attirant par des fêtes somptueuses, de brillantes joutes et des largesses. C'était une façon de faire montre de ses partisans. A l'occasion du mariage que nous venons de citer, des charpentiers et maçons furent employés pendant plusieurs jours à mettre les hôtels de la ville à Cambrai en état de recevoir les hôtes illustres que l'on attendait, et parmi lesquels était le roi de France. « Aussi, « dit notre chroniqueur, en devant de celle fête, il n'estoit pas ainsi « et n'estoit point en souvenance d'homme ni en mémoire que depuis « deux cens ans si grand' fête eust été à Cambray comme elle se « tailloit de avoir et estre ; ni les seigneurs pour eux appareiller et « jolier, et pour exaulcier leur estat n'épargnoient or ni argent, non « plus que dont si il plust des nues ; et s'efforçoient tous l'un pour « l'autre. » Ce déploiement de luxe, à l'occasion des noces, avait gagné même la bourgeoisie, si bien qu'à Paris, pendant la triste année 1416, le peuple mourant de faim, et toujours prêt à insulter à toute manifestation ressemblant à une fête privée, on fut obligé de faire crier par les rues « que nul ne fust si hardy de faire assem- « blée à corps, ne à nopces, ne en quelque maniere, sans le congié « du prevost de Paris. En ce tems avoit, quant on faisoit nopces, « certains commissaires et sergens aux despens de l'espouse, pour « garder que homme ne murmurast de rien [1]. »

Obsèques.

La coutume, chez les Francs, était d'ensevelir les corps en terre, dans un cercueil de pierre ou de bois, dans lequel on réunissait les objets qui appartenaient au défunt : armes, bijoux, ustensiles, monnaies. Après la mort, les corps restaient exposés quelque temps à visage découvert ; peut-être étaient-ils soumis à un embaumement grossier ; puis ils étaient ensevelis. Il dut y avoir, dans les Gaules, vers le ve siècle, des habitudes diverses dans la façon d'ensevelir les corps ; les traditions romaines étaient encore puissantes, et les invasions barbares introduisaient au milieu de la société gallo-romaine de nouveaux usages. Ce n'est pas le lieu ici de nous occuper des sépultures, mais seulement des usages et des cérémonies qui furent adoptés dès les premiers temps du moyen âge.

Les Romains païens, comme chacun sait, brûlaient les corps des

---

[1] *Journ. d'un bourgeois de Paris sous Charles VI* (*Coll. des mém.*, par MM. Michaud et Poujoulat, t. II).

morts, déposaient les ossements calcinés dans une urne de terre cuite, un vase ou un sarcophage de marbre. Les chrétiens, croyant à la résurrection, laissaient les corps entiers, les lavaient d'eaux odoriférantes, les enveloppaient de bandelettes ou de linceuls, et les plaçaient horizontalement dans des cavités creusées dans les parois des carrières où des rochers; ces sortes de cases étaient murées. Parfois aussi les corps morts étaient couchés dans des sarcophages de pierre ou de marbre placés dans des monuments ou des enclos réservés aux sépultures. Dans les Gaules, ces usages se mêlèrent aux habitudes germaniques. Cependant les gens riches pouvaient seuls faire la dépense d'une pareille sépulture; aussi beaucoup de cimetières gallo-romains ou même mérovingiens font voir des corps simplement posés dans une fosse creusée au milieu de l'argile, de la craie ou du tuf; et, dans ce cas, les squelettes sont inclinés ou même assis.

Pendant ces époques primitives, les morts étaient toujours ensevelis avec leurs vêtements, et souvent, avant l'inhumation, on entourait les corps de mottes de gazon [1]. On les portait en terre ainsi après les avoir laissés exposés dans l'église pendant un ou plusieurs jours. Le lavage des corps est sans cesse mentionné par les historiens. Flodoard rapporte que, l'archevêque de Reims Foulques ayant été assassiné dans la campagne, les gens de Reims rapportèrent le corps du prélat dans la ville au milieu du deuil et de la désolation de tous les siens. « Là, après avoir lavé le corps et « lui avoir rendu les derniers devoirs avec pompe, ils le déposèrent « dans un sépulcre digne de lui [2]. »

Plus tard, au XII⁰ siècle, le poëte auteur de la *Chanson de Roland* décrit ainsi les obsèques de son héros et des barons morts à Roncevaux. Charlemagne, arrivé sur le lieu du combat trop tard, exprime sa douleur et ses regrets :

« Pluret des oilz, sa blanche barbe tiret;
« Et dist dux Naimes : Or ad Carles grant ire.

CCVIII. « Sire emperère, ço dist Gefrei d'Anjou,
« Ceste dolor ne démenez tant fort,
« Par tut le camp faites querre les noz
« Que cil d'Espaigne en la bataille unt mort,
« En un carnel cumandez que hom les port.
« Ço dist li reis .Sunez-en vostre corn. Aoi.

---

[1] Grégoire de Tours, *Vitæ Patrum*, cap. VI, n° 7; cap. IX, n° 3.
[2] Flodoard, *Hist. de l'église de Reims*, chap. X.

CCIX. « Gefreid d'Anjou ad sun greisle sunet :
« Franceis descendent, Carles l'ad comandet.
« Tuz lur amis qu'il i unt morz truvet,
« Ad un carner sempres les unt portet.
« Asez i ad evesques et abez,
« Muines, canonies, proveires coronez.
« Si 's unt asols et seignez de part Deu;
« Mirre e timoine i firent alumer,
« Gaillardement tuz les unt ensensez,
« A grant honor pois les unt enterrez,
« Li 's unt laisez : qu'en fereint-il el? Aoi.

CCX. « Li emperere fait Rollant costeir,
« E Olivier et l'arcevesque Turpin,
« Devant sei les ad fait tuz uverir
« E tuz les quers en paile recuillir.
« Un blanc sairau de marbre sunt enz mis,
« E puis les cors des barons si unt pris,
« En quirs de cerf les seignurs unt mis !
« Ben sunt lavez de pimente de vin.
« Li reis cumandet Tedbalt e Guebuin,
« Milun le cunte e Otes le marchis;
« En .iii. carettes tres ben les unt guiez.
« Bien sunt cuverz d'un palie galazin. Aoi. »

Ces vers sont pleins d'intérêt; ils nous donnent le détail des coutumes observées lors des obsèques de personnages plus ou moins considérables. Les uns sont simplement portés au cimetière en présence du clergé et après qu'ils ont été encensés. Les corps de Roland, d'Olivier, de l'archevêque Turpin, sont ouverts; leurs cœurs, enveloppés dans des étoffes précieuses, sont placés dans un coffre de marbre; les cadavres sont lavés de vins épicés, puis ensevelis dans du cuir de cerf et placés sur trois chariots recouverts d'un poêle. L'usage de brûler des parfums autour des corps morts paraît avoir subsisté jusqu'à la fin du XIII⁰ siècle, puisque l'on trouve encore, dans des cercueils de cette époque, de petits vases troués remplis de charbon, que l'on plaçait dans la bière même au moment de la mise en terre [2]. Dans la Vie de Charles le Bon, écrite par Galbert (XII⁰ siècle), nous trouvons des détails sur la manière d'ensevelir les corps des grands personnages à cette époque. « Le jeudi « 21 avril (1127), dit cet auteur, on fit coudre une peau de cerf

---

[1] Il était d'usage, pendant les premiers siècles du moyen âge, d'ensevelir les corps de personnages notables dans des peaux de cerf.

[2] Voyez la *Normandie souterraine* de M. l'abbé Cochet. Nous avons trouvé beaucoup de ces vases, faits de terre légère non vernie, dans des tombeaux des XII⁰ et XIII⁰ siècles.

« pour y mettre le corps du comte, et l'on fit aussi une bière pour
« l'y placer et l'y renfermer.

« Le vendredi 22 avril, sept semaines après la première sépulture
« du comte » (enseveli provisoirement après l'assassinat dont il
avait été victime), « on détruisit le tombeau qu'on lui avait construit
« dans le clocher, et on lava respectueusement son corps avec des
« parfums, de l'encens et des odeurs ; car les frères de cette église
« croyaient que le corps du comte avait déjà mauvaise odeur, et que
« personne n'en pourrait soutenir la puanteur.... Ils ordonnèrent
« donc qu'au moment où l'on enlèverait le corps du tombeau, on fît
« du feu tout auprès, et qu'on y jetât des parfums et de l'encens.....
« Lorsque la pierre fut levée, on ne sentit aucune odeur : alors on
« enveloppa le corps dans la peau de cerf, et on le mit dans un
« cercueil au milieu du chœur. Le roi, entouré de la multitude des
« citoyens et de tous les autres, attendit dans l'église que l'évêque,
« accompagné de trois abbés de l'église de Saint-Christophe, et
« avec toute la procession du clergé et les reliques de saint Dona-
« tien, saint Basile, saint Maxime, vinssent au-devant du mort et
« de lui, sur le pont du château, et emportassent le saint corps au
« milieu des larmes et des soupirs dans cette même église de Saint-
« Christophe. Là, l'évêque, avec tout le chœur des prêtres, célébra
« la messe des morts pour le salut de l'âme du bon comte[1]. »

Suger, rapportant la mort de Louis le Gros, dit qu'aussitôt après
la mort du prince, le 1er août 1137, « son corps fut enveloppé de
« riches étoffes pour être transporté et enterré dans l'église des
« Saints-Martyrs (Saint-Denis)[2]. »

Le *Roman de Garin* nous fournit une remarquable description
d'un ensevelissement. Le vieux Fromont veut lui-même rendre les
derniers devoirs à son ennemi

«   Begues de Belin :
« Puis fait le cors del chevalier ouvrir,
« Et le dedans (les entrailles) en paile recoillir,
« Et puis le fist richement sevelir
« Devant l'autel, au mostier Saint-Bertin.
« Le cors laverent et d'iave (d'eau) et de vin.
« Li quens méismes ses blanches mains i mist;
« D'un fil de soie le restraint et cousi.
« Puis l'envolipe en un drap de samis.
« En cuir de cerf font le baron covrir;

[1] Galbert, *Vie de Charles le Bon* (*Collect. des mém. relatifs à l'hist. de France*, par M. Guizot).

[2] Suger, *Vie de Louis le Gros* (même collection).

> « Font une biere, le vassal i ont. mis,
> « Et environ trente cierges espris, ·
> « Il firent crois et encensiers venir,
> « Li quens Fromons à son chevet 's'assit[1]. »

Et plus loin on exhume le corps :

> « Il li descout le cuir de cerf bouli.
> « . . . .
> « Sus en la salle font la biere venir,
> « Veoir la vont cil damoisiaus depris,
> « Les belles dames qui ont simples les vis (visages).
> « Dist l'une à l'autre : Diex ! quel damage a ci !
> « Grant luminaire ont entor lui esprins. »

Puis enfin :

> « En un sarcuel qui fu de mabre bis
> « Cochent le duc, en terre le r'ont mis ;
> « Apres l'ont fait moult richement couvrir ;
> « Un paile d'Ynde ont desus des cors mis ;
> « La sepolture toute faite à or fin,
> « Et por desore ot sa semblance escrit.
> « La lettre dit qu'il ont desor lui mis :
> « CE FU LI MIEULDRES QUI SOR DESTRIER SEIST. »

Rien ne manque à cette description.

Si un chevalier était tué sur le champ de bataille, on rapportait son corps sur son écu, comme faisaient les Spartiates. Ce détail, mentionné dans plusieurs chansons de geste, est précieux, et nous en trouvons l'expression très-vive dans le remarquable *Roman de Raoul de Cambrai*, qui paraît avoir été écrit au XIIe siècle.

Raoul est tué dans une bataille sanglante ; son oncle le retrouve parmi les morts, et rapporte le corps à sa mère Alaïs. Celle-ci est prévenue du malheur qui la frappe par la voix publique et par un songe. Raoul est fils unique.

> « La gentix dame (Alaïs) vit le duel (deuil) engraigner (grandir).
> « Parmi la porte (du château qu'elle habite) entrent li bon destrier,
> « Les arçons frais (brisés) ; n'i a que pécoier (détruire)
> « Ocis i furent li vaillant chevalier.
> « Sergant y qeurent (y courent), vaslet et esquier.
> « Parmi la porte cis-vos entrer Gautier

[1] *Li Roman de Garin le Loherain.*

« Qui Raonl porte sor son escu plegnier.
« Si le sostiennent li vaillant chevalier,
« Le chief euclin soz son clme (heaume) à ornier.
« A Saint Géré le portent au mostier :
« En une biere fissent le cor couchier;
« Quatre crois d'or fisent au chief drécier [1]. »

Ce passage est d'un véritable intérêt comme étude des mœurs du moyen âge. Le cortége funèbre (le dueil) arrive au château, les chevaux en désarroi, les harnais brisés par le combat. Le fils de la châtelaine, l'héritier, est rapporté sur son écu par les chevaliers ses frères d'armes, sa tête repose sur son heaume. Mais bientôt le corps est déposé dans une bière à l'église du monastère voisin. Cette bière reste ouverte, ainsi que le montre la suite du récit; un poêle recouvre seulement le corps, et chaque personne qui vient pleurer le mort soulève ce voile funèbre. Quatre croix d'or sont placées au chevet. Sur les sarcophages mérovingiens, nous avons souvent vu trois ou cinq croix gravées sur la paroi du côté de la tête [2].

Terminons ce que nous avons à dire sur les obsèques des premiers temps du moyen âge, en mentionnant un fait digne d'intérêt. Les églises étaient la plupart entourées de cimetières, ou des charniers étaient établis en dehors de l'enceinte des villes. Il était d'usage de planter des ifs dans les champs de repos, comme on y plante aujourd'hui des cyprès, et encore des ifs. Le trouvère Benoît, dans ses *Chroniques des ducs de Normandie*, décrit un cimetière abandonné [3] :

« Tombes i out et cors enz mis,
« Kar cimetire i out jadis.
« N'ont borc ne ville ne maison
« D'une bonne leuve (lieue) environ :
« Arbres i out e un grand if
« Où li venz mena grant estrif. »

Cet usage devait remonter à une haute antiquité, ainsi que l'observe M. L. Delisle [4].

[1] *Li Romans de Raoul de Cambrai et de Bernier*, chap. CLXX, publ. d'après le manuscr. unique de la Biblioth. nation. par M. Eward Le Glay Paris, Techener, 1840.
[2] Voyez le *Dictionnaire d'architecture*, à l'art TOMBEAU
[3] Liv. II, v. 25036.
[4] *Études sur la condit. de la classe agric. en Normandie au moyen âge.* Évreux, 1851. — M. L. Delisle cite à ce propos un passage curieux de Sulpice Sévère (*De vita B. Martini*) : « Item dum in vico quodam templum antiquissimum diruisset, et arborem « pinum, quæ fano erat proxima, esset agressus excedere, etc. »

Les cérémonies des obsèques des princes sont décrites avec détail par les auteurs des xive et xve siècles, et elles se faisaient avec une pompe extraordinaire. Les corps restaient exposés à visage découvert dans l'église, à la vue du peuple, entourés de cierges en grand nombre, et revêtus des habits de parade. Christine de Pisan, dans le *Livre des fais et bonnes mœurs du sage roy Charles V*, rend compte ainsi des obsèques de la reine Jeanne de Bourbon, femme de ce prince : -

« ..... Si fu son corps apporté solemnéement, selon l'usage des
« roys et roynes, vestue, parée et couronnée, sus un riche lit cou-
« vert de drap d'or, à tout un ciel dessus, et ainsi fu portée à
« grant procession à l'église Notre-Dame; le ciel à quatre lances
« portoient le prevost des Marchans et les eschevins, et le poille
« les seigneurs de parlement; quatre cens torches, chascune de six
« livres de cire, y avoit; toutes les religions (communautés) devant
« le corps aloyent, et noz seigneurs après vestus de noir. A Nostre-
« Dame fu receups le corps à grans sons de cloches et chant, dictes
« messes et faictes grans aumones et grans oblacions à tres grant et
« merveilleux luminaire; là furent quinze que arcevesques que
« evesques, en pontifical, et là fu la royne Blanche, la duchece
« d'Orliens, fille de roy, et toutes les haultes dames de France qui
« lors à Paris estoyent, dont y ot grant compaignie. Toute jour et
« la nuit, démoura le corps ou cueur de l'esglise, soubz une cha-
« pelle couverte de sierges, et sanz cesser y estoit service dit de
« messes, vigiles, psaultiers et prieres de jour et de nuit.

« Lendemain, après les messes dictes, fu semblablement porté
« le corps à Saint-Denis, à merveilleusement bel luminaire et
« solemnité..... »

Il n'est pas besoin de dire que les corps ainsi transportés à visage découvert étaient embaumés. Dans les comptes de Geoffroi de Fleuri[1], nous trouvons le détail des dépenses faites à l'occasion des obsèques du petit roi Jean, né le 15 novembre 1316 et mort peu de jours après. Il est question de drap d'or à fleurs de lis, de chandeliers de bois, d'une bière, d'un brancard, de tréteaux, d'étoffes noires, de drap d'or de Turquie, de marchepieds tendus d'étoffe bleue, de crieurs « qui alerent avec le cors à Saint-Denis », et enfin des objets et ingrédients qui servirent à l'embaumement du corps, et qui sont : six livres de coton, une aune et demie de toile cirée et une aune et demie de toile fine blanche; deux onces d'ambre, une

[1] *Comptes de l'argenterie des rois de France au xive siècle*, publ. par L. Douët d'Arcq

demi-once de musc, quatre onces « d'estorat ? calmite et mierre », de l'encens et du laudanum.

Froissart, racontant les obsèques du roi Édouard III d'Angleterre, mort le 21 juin 1376, dit : « Si fut le dit roi embaumé et mis « et couché sur un lit moult révéramment et moult puissamment, et « porté tout ainsi aval la cité de Londres de vingt-quatre chevaliers « vestus de noir, ses trois fils et le duc de Bretagne et le comte de la « Marche derriere lui, et ainsi allant pas pour pas, à viaire (visage) « découvert [1]. » Et ailleurs, en parlant de l'ensevelissement du comte de Foix [2] en 1391 : « En ce propre jour fut apporté à Ortais « et mis en un chercus le comte Gaston de Foix..... et fut apporté à « viaire découvert, ainsi que je vous dis, à l'église des Cordeliers ; « et là fut vuidé et embaumé, et mis en un chercus de plomb ; et « laissé en cel état, et bonnes gardes de-lez lui jusques au jour de « son obsèque ; et ardoient nuit et jour sans cesse autour du corps « vingt quatre gros cierges tenus de quarante huit varlets, les vingt « quatre par jour et les autres vingt quatre par nuit..... »

« Si fut avisé pour le meilleur que on feroit l'obsèque du bon « comte Gaston de Foix à Ortais ; et seroient mandés tous les nobles « et prélats de Béarn, et ceux de la comté de Foix qui venir y vou- « droient, et là auroit-on conseil général comment on se cheviroit « à la recueillette du seigneur... » (comment on se comporterait à la réception du corps).

Le jour des obsèques, le 12 octobre 1391, trois évêques assistèrent au service. Le luminaire fut magnifique. Devant l'autel, pendant la célébration de la messe, quatre chevaliers tinrent des bannières armoyées aux armes de Foix et de Béarn. Le vicomte de Bruniquel portait l'écu, le sire de Valencin et de Béarn offrit le heaume, et le sire de Corasse le cheval.

« ..... Et fut le jour de l'obsèque, après la messe dite, le comte « de Foix oté du chercus de plomb et enveloppé le corps en belle « touaille (linceul) neuve cirée, et enseveli en l'église des Corde- « liers devant le grand autel du chœur. »

Il était d'usage, aux funérailles des seigneurs, d'offrir à l'autel le cheval et certaines parties de l'armure du défunt, ou de payer un droit équivalent.

Lorsque le corps de du Guesclin fut apporté à Saint-Denis, par ordre du roi, pour être enseveli dans l'église, au milieu du chœur

[1] *Chron. de Froissart*, liv. I, 2ᵉ part., chap. CCCLXXXV.
[2] Liv. IV, chap. XXIII.

d'icelle, on avait dressé une grande chapelle ardente couverte de
torches et de cierges, sous laquelle était une représentation de
l'illustre défunt, probablement de cire [1]. « L'evesque d'Auxerre qui
« célébroit la messe conventuelle étant à l'offerte, il descendit avec
« le roy. pour le recevoir, jusques à la porte du chœur (vers le
« milieu de la nef), et là parurent quatre chevaliers armez de toutes
« pièces et des mesmes armes du feu connestable, qu'ils représen-
« toient parfaitement, suivis de quatre autres montez sur les plus
« beaux chevaux de l'escurie du roy, caparaçonnez des armoiries
« du mesme connestable et portant ses banniéres jadis si redoutables
« aux ennemis de l'Estat. L'evesque reçut ces chevaux par l'impo-
« sition des mains sur leur teste, et on les ramena (puisqu'ils appar-
« tenaient au roi) en mesme tems qu'il retourna à l'autel ; mais il
« fallut pour cela composer du prix ou de la récompense, pour le
« droict des religieux ou de l'abbaye, à qui ils appartenoient. Après
« cela marcherent à l'offrande le connestable de Clisson et les deux
« maréchaux, au milieu de huit seigneurs de marque qui portoient
« chascun un escu aux armes du défunt, la pointe en haut, en signe
« de perte de sa noblesse terrestre, et tous entourez de cierges allu-
« mez. Puis suivirent monsieur le duc de Touraine, frere du roy,
« Jean, comte de Nevers, fils du duc de Bourgongne, et messire Pierre,
« fils du roy de Navarre, tous princes du sang, et messire Henry
« de Bar, aussi cousin du roy, tous la veuë baissée (visière baissée) et
« portans chascun une épée nuë par la pointe, pour marque qu'ils
« offroient à Dieu les victoires qu'ils avoient remportées, et qu'ils
« avoüoient qu'on les avoit receuës de sa grace par la valeur du dé-
« funt. Au troisieme rang parurent quatre autres des plus grans de
« la cour, armez de pied en cap, conduits par huit escuyers choisis
« entre la plus noble jeunesse de la suitte du roy, portans chascun un
« casque entre les mains ; puis quatre autres aussi vestus de noir,
« avec chascun une banniere déployée et armoyée aux armes de du
« Guesclin, qui sont d'argent à l'aigle impériale de sable. Tout
« cela marcha pas à pas avec beaucoup de gravité et de marque de
« deuil, et chascun en son ordre s'agenouilla devant l'autel, où
« furent posées toutes les pieces d'honneur, et se retira dans le

---

[1] Ces représentations des morts, en cire, étaient fréquentes depuis le XIIᵉ siècle ; elles restaient dans les églises et étaient placées dans quelque endroit apparent. Il y en avait plusieurs à Notre-Dame de Paris du temps de Dubreul. Cet usage se conserva jusque pendant
le XVIᵉ siècle. Sur une litière couverte de drap d'or « estoit la portraicture du dict defunt
« roy Charles (VIII), revestu d'un bel habit royal, une couronne en la teste, etc. » (*Chron.
de Jean de Troyes.*)

« même ordre, après avoir baisé les mains du prélat officiant[1]. »
Cette pompe ne se pratiquait qu'aux funérailles des rois et des princes
du sang; ce fut un honneur extraordinaire que méritait certainement le grand connétable.

Alain Chartier, dans son *Histoire du roy Charles VII*, nous a
conservé une très-curieuse description des funérailles de ce prince;
nous en extrayons les principaux passages :

« Le mercredy cinquiesme jour d'aoust (1460), à dix heures de
« nuict, fut apporté le corps du roy Charles, à Paris, et demoura
« hors de la dite ville en l'église de Nostre-Dame des Champs, et
« reposa jusques au landemain qu'il fut porté à Nostre-Dame de
« Paris. Et y eut quatre seigneurs de la cour de Parlement qui
« tenoient les quatre cornets du poesle revestuz de manteaux d'es-
« carlate, et plusieurs autres seigneurs de la dite Cour, vestuz de
« vermeil tenans le dit poesle.

« Item après ledit corps, lequel estoit couvert d'un poesle de drap
« d'or bien riche en une litière, laquelle portoient six vingt Ha-
« nouars, estoient monseigneur d'Orléans, monseigneur d'Angou-
« lesme, monseigneur d'Eu, et le comte de Dunois, faisant le deuil
« à cheval tous quatre.

« Item après un chariot, auquel avoit esté apporté le dit corps de
« Mehun jusques à Paris, couvert de velours noir, signé du long et
« du travers d'une grant croix blanche de drap de velours moult
« riche. Et au dit chariot y avoit cinq chevaux qui le menoient,
« couverts jusques à terre de velours noir figuré, et ne voyoit on
« que les yeux des dits chevaux. Et après ce dit chariot y avoit six
« paiges vestuz de velours noir enchapperonnez de mesmes, montez
« sur six chevaux, et les harnois de velours noir. »

Devant le corps marchaient le patriarche qui fit le service à Notre-
Dame à Paris et à Saint-Denis; les chapitres de Notre-Dame et de
la sainte Chapelle; puis les clergés des paroisses, l'Université de
Paris, le recteur en tête, la chambre des comptes, les maîtres des
requêtes, le prévôt de Paris, la cour du Châtelet, et enfin les bourgeois et le peuple, « chacun en son ordonnance », les ordres men-
diants et des communautés religieuses.

Derrière le corps suivaient les gens de la maison du roi et la foule.
« Et y avoit deux cens torches de quatre cens livres, que portoient
« deux cens hommes vestus de noir. Et tout devant estoient toutes

Extrait de l'hist. de du Guesclin — *Nouv. Coll. des mém. relat. a l'hist. de France*
publ. par MM Michaud et Poujoulat, 1857, t. II, p. 577.

« lès clochettes de Paris, que portoient hommes vestuz de noir[1].

« Item en l'église Notre-Dame de Paris, laquelle estoit tendue
« doublement de toile perse semée de fleurs de lys, fut apporté le dit
« corps, et mis au milieu du cueur. »

Le lendemain, le corps fut transporté à Saint-Denis. Arrivés à la
Croix-aux-fiens (entre la Chapelle-Saint-Denis et le champ de foire
du Lendit), les porteurs ne voulurent passer outre, prétendant qu'il
leur était dû dix livres parisis pour aller jusqu'à Saint-Denis. Pendant la discussion qui s'en suivit, le corps « demeura assez grant
« piece sur le chemin ». Les dix livres furent enfin accordées aux
Hânouars, qui portèrent le cercueil jusqu'au milieu du chœur de
l'église abbatiale ; il était huit heures du soir.

« Item avoient apporté les gens du roy un ciel (dais) de drap d'or,
« auquel estoient huit lances pour le porter, et sur le chemin de
« Paris endroit la dessusdite Croix-aux-fiens, voulurent huict reli-
« gieux de Saint-Denys bien richement revestuz prendre le dit ciel
« pour porter sur le dit roy jusques au lieu de Saint-Denis, mais
« fut refusé par le grant escuyer, en disant que n'estoit pas la
« coustume de porter le dit ciel sur iceluy corps, parmy les champs,
« mais seulement parmy les villes. Et quand ledit corps fut arrivé
« à la porte de la dite ville, fut là faicte station, et là furent dites
« certaines oraisons propres. Et adonc fut baillé le dit ciel aux huict
« religieux..... »

Ce soir-là vêpres furent chantées, et le lendemain matin la messe
dite devant la plus noble assistance.

« Item après la dite messe fut le roy mis en terre en la chapelle
« de son grant pere, entre son dit grant pere et son pere, et estoit
« le chœur d'icelle église tendu tout autour par bas, de velours
« noir, et aussi une chappelle qui estoit au milieu du chœur, souz
« laquelle estoit ledit roy, et pardessus estoient tant de cierges qu'on
« pouvoit mettre. Et estoit le roy dedens une biere de plomb tout
« de son long, en laquelle estoit une autre dedens de bois.

« Item estoit pardessus la figure du dit roy sur un matheras, une
« paire de fins draps de lin, et le poesle dessus dit. Et estoit la dite
« figure vestue d'une tunicque, et un manteau de velours blancs à
« fleurs de lis fourré d'ermines, tenant en main un sceptre, et en
« l'autre main la justice, une couronne dessus sa teste, et un orillier
« de velours dessouz.

[1]. Dans quelques provinces de France encore, les convois funèbres sont précédés
d'hommes tenant des clochettes que l'on tinte par intervalles

« Item après l'enterrement du dit corps eut grosse altercation
« entre le grant escuyer d'escuyrie du dit roy et les religieux du dit
« Saint-Denis, pour le poesle qui estoit souz la dessusdite figure;
« pource qu'iceulz escuyers disoient le dit poesle leur appartenir, et
« les dits religieux au contraire. Et tellement que le dit poesle fut
« mis en la main de monseigneur de Dunois et de monseigneur le
« chancelier de France. Et en fin fut appoincté que le dit poesle qui
« estoit de drap d'or bien riche, demoureroit à l'église.

« Après l'oraison funèbre prononcée par Thomas de Courselles,
« docteur en théologie, fut crié : — Dieu ayt l'ame du roy Charles
« tres victorieux. — Puis après : — Vive le roy Loys! — Et adonc
« les huissiers et autres seigneurs jetterent leurs verges sur la fosse
« d'icelluy.

« Item après toutes ces choses faites alla un chascun disner en la
« grant salle de l'abbé d'icelle église, où fut court planiere et ouverte
« à tous venans. Et de ceste heure le disner fait, les graces dites,
« monseigneur de Dunois dit à haulte voix que luy et tous les autres
« serviteurs avoient perdu leur maistre, et qu'un chascun pensast à
« se pourveoir. A quoy furent plusieurs moult dolans, et alors com-
« mencerent ses paiges à plorer. »

Les cérémonies des funérailles étaient suivies chez les princes,
comme chez les particuliers, d'un repas ; c'était là un usage remontant à une haute antiquité. A la mort des rois, et lorsque le corps
était descendu dans le sépulcre, tous les serviteurs, à quelque degré
qu'ils fussent, perdaient leur charge ; c'était en signe de cet abandon
des charges que l'on jetait les bâtons, marques de commandement,
dans la fosse.

On a conservé tout au long la description détaillée des cérémonies qui eurent lieu à Angers, en 1481, à l'occasion de l'enterrement du corps et du cœur de René d'Anjou, roi de Sicile.

La duchesse, sa femme, avait fait transporter le corps de son
époux d'Aix en Provence à Angers. Le corps arriva la nuit et fut
déposé dans l'église de Saint-Lau, près de la ville. Après la messe, le
lendemain matin, les chanoines firent transporter le cercueil dans
la salle capitulaire et constatèrent l'identité du corps en ouvrant le
cercueil de bois, et dessoudant une partie de la boîte de plomb. On
ne connut à Angers l'arrivée du corps qu'après le reçu des lettres
de Louis XI, ordonnant que chaque chef de maison de la ville se
rendrait à l'église cathédrale pour entendre la lecture de ces
lettres. Après cette lecture, toutes les cloches de la ville sonnèrent
une heure durant; et l'on délibéra sur l'enterrement du roi de Sicile.

Tous les abbés d'Anjou furent mandés pour le jour de la cérémonie, fixée au 9 d'octobre, dans la grande église des Frères mineurs d'Angers. On dressa une chapelle ardente au milieu du chœur de cette église, laquelle chapelle fut « moult belle et magnifique à « quatre croysées et à seize croix doubles d'Anjou de tous les quar- « tiers ; au milieu de la dicte chapelle avoit un hault clocher de « boys et sur icelluy estoit un crucifix. Laquelle chapelle estoit « garnie dessus et dessoubz et par les costez de fine thoile noire, et « es quatre croysées y avoit à chacune un grant ange qui tenoit « les armes et escussons couronnez dudict roy, et sur icelle chapelle « avoit de mil à douze cens cierges de deux livres la piece, et es « quatre coings de la dicte chapelle, auprez du corps, en quatre « grandz chandelliers avoit quatre cierges de chacun neuf livres, « pareillement au grant autel avoit dix cierges de chacun cinq « livres, et aussy par tous les autelz de la dicte église, qui sont en « nombre de vingt huict, avoit chacun deux cierges de chacun une « livre. En oultre, estoient tous les dessus dictz autelz parez hault « et bas de parementz noirs es lesquelz estoit la croix de Jerusalem « potencée à escussons des armes du dict seigneur faict à argent. »

L'église entière, à l'intérieur, était tendue d'une litre de fine toile noire couverte d'écussons armoyés aux armes du roi, avec chacun une torche allumée. Le caveau du roi fut ouvert, et toutes les cloches de la ville furent mises en branle. Il était midi. Tout le cortége s'étant rendu à l'église de Saint-Lau, les chanoines de cette église levèrent le corps, « lequel estoit à la porte de la dicte église, « sous la galerie d'icelle en une littiere, laquelle et estoit fournie « de sel tout à l'entour, et dedans estoit la chasse de plomb en « laquelle estoit le corps, et dessus y avoit une table fort large, « faicte propre à ce, sur laquelle estoit un grand drap d'or cramoysy « pendant jusques à terre, lequel estoit bordé tout à l'entour de « veloux noir, et en icelluy veloux estoient escussons couronnez du « dict roy, lesquelz estoient moult riches.

« En aprez dessus l'icelluy drap d'or estoit la représentation « dudict prince vestu d'un habillement royal de veloux cramoysy « obscur, fouré d'hermines. Laquelle représentation avoit sur la « teste une couronne moult riche ; en la main dextre tenoit un « sceptre doré de fin or, et en la senestre tenoit une pomme en « laquelle on avoit élevé une petite croix, pareillement le tout doré, « et avecq ce avoit aux mains gans, chausses et souliers, ainsy qu'il « est de coustume en royaux à avoir.

« Pareillement à l'issue de la dicte gallerie, avoit un grant poisle

« tout de veloux noir avecq gouttierés et franges de mesme, auquel
« avoit dix boustons noirs, lequel poisle portoient sur le dict corps
« et représentation six chanoynes de la grande église, et fut ainsy
« porté jusques en une place qui est entre le chasteau et ladicte
« église de Sainct-Lau, nommée les *Lices*, là où l'Université l'atten-
« doit et illec le prindrent en la maniere qui s'en suit :

« C'est assavoir, six docteurs en droictz canon et civil prindrent
« le dict poisle, vingt escoliers licenciez, touz gentilz hommes et
« vestus de noir portoient le corps. Le recteur de l'Université se
« tenoit à la teste, en soustenant et portant le dict drap d'or, et tous
« les aultres docteurs, es droictz canon et civil que en théologie,
« lesquelz estoient en grant nombre à l'entour du corps en souste-
« nant de tous costez le dict drap d'or, et fut ainsy porté par l'une
« des grandes rues de la ville, jusques au milieu du chœur
« de la grant église et fut mis soubz la chapelle ardente dessus
« dicte[1]. »

Toutes les communautés religieuses suivaient processionnellement ; puis les colléges, puis cinquante pauvres vêtus de noir, portant chacun une torche ; puis les serviteurs et chapelains des églises
de Saint-Lau et de la grande église. Après ceux-ci, les abbés, l'administration d'Angers et les gens de justice. Le cœur du roi était
enfermé dans une boîte d'argent et déposé dans la chàsse. Le corps
placé dans l'église, chacun retourna faire un service dans les
paroisses, communautés et chapelles.

Le lendemain, après la messe dite, on procéda à l'enterrement.
Huit des plus grands personnages de l'assemblée mirent le corps en
terre ; le cœur fut enlevé par l'évêque pour être porté en grande
pompe dans la chapelle de Saint-Bernardin, où fut fait un service
comme pour le corps.

Les obsèques de Charles le Téméraire ont, comme la vie entière
de ce prince, quelque chose d'étrange. Son corps, trouvé dépouillé
de vêtements après la bataille de Nancy, par un page à lui et son
médecin (7 janvier 1476), fut transporté dans la ville, « et illec lavé
« et mondé, et netoyé ; il fut mis en une chambre bien close où il
« n'y avoit point de clarté, laquelle fut tendue de veloux noir, et
« estendu le corps dessus une table, habillé d'un vestement de toile
« depuis le col jusques aux pieds, et dessous sa teste fut mis ung
« oreiller de veloux noir, et dessus le corps ung poille de veloux

---

[1] Voyez *Œuvres choisies du roy René*, avec notes, etc, par M. le comte de Quatre-
barbes, t. Ier. Angers, 1845. — Manuscrit n° 265, coll. Dupuy.

« noir, et aux quatre cornets[1] avoit quatre grans cierges, et aux
« pieds la croix et l'eauë benoiste. Et ainsi habillé qu'il estoit le vint
« veoir mon dit seigneur de Lorraine[2] vestu de deuil et avoit une
« grant barbe d'or venant jusques à la seinture, en signification des
« anciens preux, et de la victoire qu'il avoit sur luy eue. Et à l'en-
« trée dist ces mots en luy prenant l'une des mains de dessus le dit
« poille : « Vos ames ait Dieu, vous nous avez fait mains maulx et
« douleurs. » Et à tout vint prendre l'eauë benoiste et en getta
« dessus le corps, et depuis y entrerent tous ceulx qui le vouldrent
« voir, et puis le fist le dit duc de Lorraine enterrer en sépulture bien
« et honorablement, et luy fit faire moult beau service[3]. »

INVESTITURE.

L'investiture est un acte, une cérémonie par laquelle le suzerain
investit d'un fief son vassal. Il était plusieurs manières de donner
l'investiture. Au vi[e] siècle, le roi Gontran, en déclarant son neveu
majeur, lui donne l'investiture de son royaume en lui mettant une
lance en la main[4]. Plus tard, la lance fut remplacée par le bâton de
commandement, le sceptre. Dans la cérémonie du sacre, la remise
du sceptre entre les mains du roi est une tradition de cette coutume
des Francs. Quand le royaume du Dauphiné est cédé à Humbert II,
dauphin de Vienne, en 1335, par l'empereur Louis de Bavière, le
comte chargé de la procuration de ce souverain remet un bâton
audit dauphin[5]. L'investiture se donnait aussi par la paille ou
l'anneau. « En 1249, Anseau, chevalier, seigneur de Tournan,
« ayant fait hommage à l'évêque Gautier (de Paris) pour le château
« et la châtellenie de Tournan, en fut investi par l'anneau[6]. Jean,
« son frère, fit le même hommage à raison de sa part dans le même
« fief, et comme l'évêque voulait lui donner l'investiture par le

---

[1] On appelait cornets les coins du poêle, à cause du pli en forme de cône ou de corne
que formait, aux angles, le drap mortuaire.
[2] Le duc de Lorraine, qui l'avait battu à la bataille livrée deux jours auparavant.
[3] Les Chron. de Jean de Troyes. (Coll. des mém.).
[4] Grég. de Tours, Hist. Franc., lib. VII, c xxxiii.
[5] Dom Plancher, Hist. de Bourgogne, t. Ire, liv. IV, p. 217.
[6] On donnait autant d'anneaux que de fiefs.

« bâton ou la paille, suivant l'usage, il la refusa, prétendant qu'il
« devait être investi par l'anneau d'or[1]. » Thibaut, comte de Beaumont sous Philippe-Auguste, fait hommage à l'évêque de Paris,
pro castro et castellania de Confluente, et reçoit de l'évêque un
anneau d'or[2].

Les seigneurs de Montjoy étaient de même investis de leur château et châtellenie par l'évêque de Paris. « Ils devaient se recon-
« naître hommes liges de ce prélat et lui présenter un cierge de dix
« sols ; et l'évêque, de son côté, leur devait un anneau d'or pour la
« cérémonie de l'investiture[3]. »

Aymo de Donjon, sous Louis le Gros, entrant en religion dans le
prieuré de Longpont, donna à cette maison son domaine de la forêt
de Séquigny. « Ce présent, dit l'abbé Lebœuf, fut revêtu de l'une
« des cérémonies des investitures observées alors; sçavoir de la po-
« sition d'une petite cuiller d'airain sur l'autel de Notre-Dame[4]. »
Les personnes qui, sans prendre l'habit monastique, donnaient quelque bien à une maison religieuse, en investissaient l'abbé ou le prieur
en lui mettant un chandelier dans la main[5].

Tout le monde connaît la longue querelle qui s'éleva entre le pape
et l'empereur d'Allemagne au sujet des investitures des évêques
au XIIe siècle. L'empereur, considérant les évêques comme des seigneurs féodaux, prétendait devoir les investir seul, par la crosse et
l'anneau; à cela le pape répondait « que, si l'Église ne pouvait élire
« un prélat sans consulter l'empereur, elle lui était servilement
« subordonnée, etc.[6] »

HOMMAGE

Les fiefs nobles obligeaient le possesseur à l'hommage envers le
seigneur suzerain et au service militaire. La cérémonie de l'hommage fut pratiquée, pendant le moyen âge, de diverses manières.

[1] Voyez la préface au *Cartul. de l'église Notre Dame de Paris*, par M. Guérard, p. LXXII
(*Collect. des cartul., Docum. inéd. sur l'hist. de France*).

[2] Lebeuf, *Hist. du dioc. de Paris*, t. IV, p. 146.

[3] *Ibid.*, t. VI, p. 103.

[4] *Ibid.*, t. X, p. 117.

[5] *Ibid.*, t. IV, p. 143.

[6] Suger, *Vie de Louis le Gros*, chap. IX.

Galbert[1] décrit ainsi la cérémonie de l'hommage prêté au comte de Flandre, Guillaume, par les seigneurs ses vassaux (1124). « La chose « se passa dans l'ordre suivant, selon les formes déterminées pour « prêter foi et serment. On fit hommage d'abord de cette manière. « Le comte demanda à celui qui prêtait hommage s'il voulait sincè- « rement devenir son homme, et celui-ci répondit : —Je le veux. — « Ils unirent leurs mains, et le comte l'entourant de ses bras, ils « s'allièrent par un baiser. En second lieu, celui qui avait fait « hommage donna sa foi en ces termes au prolocuteur (avocat) du « comte : — Je promets sur ma foi d'être fidèle au comte Guillaume, « et de bonne foi et sans fourberie, de garder sincèrement contre « tous l'hommage que je lui ai fait. —En troisième lieu, il fit le « même serment sur les reliques des saints. Ensuite, avec une « baguette qu'il tenait à la main, le comte donna l'investiture à « tous ceux qui, par traité, lui avaient fait foi et hommage, et prêté « serment. »

Cette cérémonie, antérieurement à cette époque, revêtait des formes moins civiles ; l'hommage se prêtait quelquefois en baisant le pied du suzerain : aussi, quand le roi Charles, pour vivre en paix avec Rollon, consentit à lui céder le duché de Normandie, celui-ci, devant, selon l'usage, prêter hommage comme vassal, se refusa absolument à baiser le pied du roi, malgré l'insistance des évêques assistants ; à force de prières, il consentit à remplir cette formalité par procuration, et ordonna à l'un de ses chevaliers d'accomplir la cérémonie usitée. « Alors le chevalier saisissant aussitôt le pied du « roi, le porta à sa bouche, et, se tenant debout, il le baisa, et fit « tomber le roi à la renverse[2] », « dont moult fu ris et gobé par « la ville[3]. » Parfois aussi l'hommage, quand le suzerain voulait y attacher une humiliation, se prêtait en mettant une selle sur son dos et offrant au seigneur de *chevaucher* :

> « Quant à Richart vint li cuens Huc,
> « Une sele à sun col pendue
> « Sun dos offri à chevalchier[4]..... »

Quand on voulait renoncer à l'hommage, on rompait des brins de paille en disant : « Désormais nous rompons, repoussons et

[1] *Vie de Charles le Bon*, chap. XII.
[2] Guillaume de Jumiéges, liv II.
[3] *Hist. des ducs de Normandie et des rois d'Angleterre*, publ. par Franc Michel.
[4] *Le Roman de Rou.*

« abjurons la foi et hommage que nous vous avons gardés jusqu'à
« présent[1]. »

« Il est parlé, dit Lebeuf[2], dans des lettres de 1248, d'une reddi-
« tion de devoir d'un chevalier tenant en fief un domaine dépen-
« dant des abbés de Saint-Maur, à Ozoir, indiqué par ces mots :
« *Palmeia præstita*, ce qui paraît signifier l'hommage lige rendu
« entre les deux paumes des mains du seigneur. » En effet, la chronique de Cluny dit que le comte de Clermont, vers 1375, « les deux
« mains jointes dans celles de l'abbé de Cluny, et la tête découverte,
« le baisa sur la bouche, et lui fit foi et hommage[3] ».

La coutume de donner la main droite en signe d'amitié, de
dévouement, dérive de cet usage. Suger rapporte[4] que le roi
Philippe et le seigneur Louis, son fils, étant venus voir le pape
Pascal II à Cluny[5], « lui donnèrent leur main droite, en signe
« d'amitié, de secours et d'union ».

Dans certains cas, l'hommage pouvait être prêté par procuration.
Lebeuf[6] rapporte que l'évêque d'Auxerre, Pierre de Longueil, en
1464, voulut bien admettre que Pierre de Beffroymont, sénéchal du
duc de Bourgogne, qui tenait en fief plusieurs terres à Châtel-Censoir
et aux environs, lui ferait hommage comme à son seigneur féodal,
par procuration. Antoine de Montaignerot, chargé de cette procuration, « s'étant mis à genoux et ayant les mains jointes, baisa le prélat
« à la bouche et fit le serment et les devoirs en tels cas accou-
« tumés ».

---

[1] Galbert, *Vie de Charles le Bon*, chap. IX.
[2] *Hist. du dioc. de Paris*, t. XIV, p. 260.
[3] *Hist. de l'abbaye de Cluny*, par M. P. Lorain, p. 209.
[4] *Vie de Louis le Gros*, chap. IX.
[5] Premières années du XIIe siècle.
[6] *Hist. du dioc. d'Auxerre*, t. II, p. 64.

VIE PRIVÉE DE LA NOBLESSE FÉODALE.

LE CHATEAU

Mœurs de ses habitants. — Son mobilier.

Il nous faut prendre le château lorsqu'il devient une demeure contenant tous les services nécessaires à la vie sédentaire, lorsqu'il cesse d'être simplement une enceinte plus ou moins étendue protégée par un donjon, et renfermant des bâtiments, ou plutôt des baraques de bois destinées au logement d'une garnison temporaire. Ce n'est guère qu'au XII° siècle que le château commence à perdre l'aspect d'un camp retranché ou d'une *villa* entourée d'un retranchement, pour prendre les dispositions qui conviennent à une demeure permanente, et destinée à des propriétaires habitués déjà au bien-être, au luxe même, cherchant à s'entourer de toutes les commodités de la vie. Il serait fort inutile d'essayer de donner un aperçu de la vie du château avant cette époque : les documents font défaut ; puis, par ce qui reste des habitations des X° et XI° siècles (fragments rares d'ailleurs), on doit supposer que la vie s'y passait à peu près comme elle se passe dans un campement fortifié. Excepté le donjon, qui présentait une demeure bâtie d'une manière durable, et qui ne contenait qu'une ou deux salles à chaque étage, le reste de ces enceintes défendues n'était qu'une sorte de hameau ou de village où l'on se logeait comme on pouvait. Ici une écurie, là une salle de festin, plus loin des cuisines, puis des hangars pour serrer les fourrages et les engins. Le long des murailles, des appentis pour la garnison, qui, en temps ordinaire, habitait les tours. Mais, vers la fin du XII° siècle, la noblesse féodale avait rapporté d'Orient des habitudes de luxe, des étoffes, des objets et meubles de toute nature qui devaient modifier profondément l'aspect intérieur des châteaux. A cette époque aussi, la féodalité cléricale, singulièrement enrichie depuis les réformes de Cluny et de Cîteaux, donnait l'exemple d'un luxe raffiné, dont nous pouvons difficilement aujourd'hui nous faire une idée, malgré les nombreux abus si souvent signalés alors et dont les textes font mention. Les seigneurs laïques ne pouvaient, près des riches abbayes, des évêchés déjà somptueux, à leur retour d'Orient, conserver les mœurs grossières de ces châtelains des x⁰ et xi⁰ siècles, ayant pour habitude de porter leur avoir avec eux; avoir qui ne consistait qu'en quelques bijoux, quelques meubles transportables, une vaisselle d'étain, force armes et harnais, et un trésor en matière qui ne les quittait pas.

Pour qu'un homme songe à se bâtir une demeure dans laquelle il accumule peu à peu les objets nécessaires à la vie, des provisions, dans laquelle il laisse en dépôt ses richesses, il faut qu'il soit arrivé à un degré de civilisation assez avancé. Il faut qu'il ait confiance non-seulement en la sûreté de cette demeure, mais en la fidélité du personnel chargé de la garder. Il faut qu'il ait des garanties, des sûretés autour de cette demeure, qu'il ait acquis, par la crainte ou le respect, une influence morale sur ses voisins. Tant qu'il n'est pas arrivé à ce résultat, il n'a que des repaires et non des demeures. La femme n'était pas, vis-à-vis du chef germain, ce qu'elle était chez les Romains; quelle que fût l'infériorité de sa position, voisine de l'esclavage, cependant elle participait jusqu'à un certain point aux affaires, non-seulement de la famille, mais de la tribu. Le christianisme développa rapidement ces tendances; l'émancipation fut à peu près complète. Le clergé sut profiter avec adresse de ces dispositions des conquérants barbares, et il fit tout pour relever la femme à leurs yeux; par elle, il acquérait une influence sur ces esprits sauvages; et plus la compagne du chef franc sortait de l'état de domesticité, plus cette influence était efficace.

Le système féodal était d'ailleurs singulièrement propre à donner à la femme une prépondérance marquée dans la vie journalière. Les Romains, qui passaient toute leur vie dans les lieux publics, ne pouvaient considérer la compagne attachée à la maison que comme un être réservé à leur plaisir, une société n'ayant et ne pouvant exercer aucune influence sur leur vie de citoyen. Mais, dans le château féodal, quelle que fût l'activité du seigneur, il se passait bien des journées pendant lesquelles il fallait rester près de l'âtre. Ce tête-à-tête forcé amenait nécessairement une intimité, une solidarité entre l'époux et l'épouse dont le Romain n'avait point l'idée. Cette vie isolée, parquée, de lutte contre tous, rendait le rôle de la femme important. Si le seigneur faisait quelque lointaine expédition.

en défiance perpétuelle, ne comptant même pas toujours sur le petit nombre d'hommes qui l'entourait, il fallait bien qu'il confiât ses plus chers intérêts à quelqu'un ; que, lui absent, il eût un représentant puissant et considéré comme lui-même. Ce rôle ne pouvait convenir qu'à la femme, et il faut dire qu'elle le remplit presque toujours avec dévouement et prudence. Le moral de la femme s'élève dans l'isolement ; n'éprouvant pas les besoins d'activité physique au même degré que l'homme, étant douée d'une imagination plus vive, son esprit lui crée, dans la vie sédentaire, des ressources qu'elle sait mettre à profit. Il ne faut donc point s'étonner si, au moment où la féodalité était dans sa force, le rôle de la femme devint important, si elle prit dans le château une autorité et une influence supérieures à celles du châtelain sur toutes les choses de la vie ordinaire. Plus sédentaire que celui-ci, elle dut certainement contribuer à l'embellissement de ces demeures fermées, et les rivalités s'en mêlant, au XIII° siècle déjà, beaucoup de châteaux étaient meublés avec luxe et contenaient en tentures, tapis, boiseries sculptées, objets précieux, des richesses d'autant plus considérables qu'elles s'accumulaient sans cesse, la roue de la mode ne tournant pas alors avec la vitesse que nous lui voyons prendre depuis un siècle. Il n'était pas aisé d'ailleurs, alors comme aujourd'hui, de remplacer un mobilier vieilli : il fallait faire sculpter les bois, ce qui était long ; pour cela s'adresser au huchier, au boîtier [1] ; acheter les étoffes à la ville, et souvent le château en était éloigné ; s'adresser au mercier, au cloutier, au crespinier [2], au cardeur, au chavenacier [3], puis enfin au tapissier. Tout cela demandait du temps, des soins, beaucoup d'argent, et c'est ce dont les seigneurs féodaux vivant sur leurs domaines manquaient le plus ; car la plupart des redevances se payaient, soit en nature [4], soit en services.

Jusqu'à la fin du XV° siècle, le service intérieur des châteaux était fait au moyen de corvées [5]. Les difficultés n'étaient pas moindres

---

[1] Fabricant de serrures à boîtes pour meubles.

[2] Faiseurs de crépines.

[3] Marchand de grosse toile, canevas, pour doublures.

[4] Les redevances des paysans s'appelaient, en Normandie, *regarda, regardamenta, regardationes, roarda* et *respectus* ; elles consistaient en poules, chapons, œufs, oies et gibier de rivière, pains de diverses espèces, pains fêtis, pains quartonniers, fouaces, tarières et tourteaux ; quelquefois une rente en deniers s'ajoutait à ces redevances. (Voy. *Études sur la condit. de la classe agric. en Normandie au moyen âge*, par Léop. Delisle, 1851, p. 57.)

[5] En Normandie, cette classe de paysans était désignée sous le nom général de *bordiers*. Les bordiers étaient assujettis aux travaux les plus pénibles, tels que le curage

lorsqu'il fallait transporter jusque dans la résidence du châtelain des meubles fabriqués au loin. Il fallait alors réclamer les services des vavasseurs ou des villages et hameaux. Tel canton devait un char traîné par plusieurs paires de bœufs, tel village ou tel vavasseur ne devait qu'un cheval et une charrette ou une bête de somme[1]. Les dépenses, la difficulté d'obtenir du crédit, l'embarras d'avoir affaire à toutes sortes de fournisseurs, faisaient qu'on gardait ses vieux meubles, qu'on ne les remplaçait ou plutôt qu'on n'en augmentait le nombre qu'à l'occasion de certaines solennités. Peu à peu cependant, ne détruisant rien, on accumulait ainsi, dans les résidences féodales, une énorme quantité d'objets mobiliers, reléguant les plus vieux dans les appartements du second ordre, dans les galetas, où ils pourrissaient sous une vénérable poussière.

Les distributions intérieures des châteaux étaient larges, et ne ressemblaient guère à nos appartements. Les bâtiments, simples en épaisseur, ne contenaient souvent qu'une suite de grandes salles avec quelques dégagements secrets. On suppléait à ce défaut de distribution par des divisions obtenues au moyen de tapisseries tendues sur des huisseries, ou par des sortes d'alcôves drapées qu'on appelait des *clotets* (voyez ce mot), des *éperviers* ou *espevriers*, des *pavillons*[2]. Ces distributions s'enlevaient, au besoin, lors des grandes réceptions, des fêtes, ou même pendant la saison d'été. On retrouve encore, dans cet usage qui fut suivi jusqu'à l'époque de la renaissance, une tradition des mœurs primitives féodales; car, dans les premières enceintes fortifiées, les habitations, comme nous l'avons dit plus haut, n'étaient, pour ainsi dire, qu'un campement que l'on disposait en raison des besoins du moment[3].

Au XII° siècle, les manoirs, habitations des chevaliers, sans donjons ni tours, ne se composent généralement à l'intérieur que d'une salle basse à rez-de-chaussée contenant la cuisine et le cellier, d'une salle au premier étage avec une garde-robe voisine. Par le fait, les

des étangs, des égouts, des fossés, le nettoyage et balayage des salles du château, de la cour, des écuries; ils aidaient aux maçons... (*Ibid.*, p. 15, 20, 79, 83; voyez les notes p. 709.)

[1] « ... Per servitium roncini. » (*Cart. de la Chaise-Dieu.*) — « Servicium ad saccum « cum masculo equo. » — « Par service de cheval sont entendus villains services qui se « font à sac et à somme, lesquels on appelle communément *sommayes*... » (*Liv. des fieux de Saint-Floscel.*) — Voyez L. Delisle, p. 78.

[2] *Interclusoria*, dans les anciens textes latins.

[3] Les manuscrits des XI° et XII° siècles, les peintures murales ou des vitraux, et les bas-reliefs des XII° et XIII° siècles, indiquent souvent ces sortes de clôtures provisoires en tapisseries établies dans de grandes salles. On trouve là d'ailleurs une tradition antique.

distributions des appartements des châteaux ne différaient de celle-
ci que par leurs dimensions ou par une agglomération de pièces
répétant cette disposition primitive. Dans la salle, qui était le lieu de
réunion, se trouvait la chambre à coucher, prise aux dépens de la
pièce. Le mobilier de la salle se composait de bancs à barres avec
coussins, de siéges mobiles, de tapis, ou tout au moins de nattes de
jonc, de courtines devant les fenêtres et les portes, d'une grande
table fixée au plancher, d'un dressoir, d'une crédence, de pliants et
de la chaire du seigneur. Le soir, des bougies de cire étaient posées
sur des bras de fer scellés aux côtés de la cheminée, dans des flambeaux placés sur la table, ou sur des lustres façonnés au moyen de
deux barres de fer ou de bois en croix, suspendus au plafond. Le feu
de la cheminée ajoutait son éclat à cet éclairage. Le mobilier de la
chambre consistait en un lit avec ciel ou dais, en une chaire; des
coussins en grand nombre, quelquefois des bancs servant de coffres,
complétaient ce mobilier. Des tapisseries de Flandre, ou des toiles
peintes, tendaient les parois, et sur le pavé on jetait des tapis sarrasinois qu'alors on fabriquait à Paris et dans quelques grandes villes.
Dans la garde-robe étaient rangés des bahuts renfermant le linge et
les habillements d'hiver et d'été, les armes du seigneur; cette pièce
devait avoir une certaine étendue, car c'était là que travaillaient les
ouvriers et ouvrières chargés de la confection des habits[1]; c'était
encore dans la garde-robe que l'on conservait les épices d'Orient,
qui alors coûtaient fort cher[2]. Un château grand ou petit devait contenir les mêmes services, car le régime féodal faisait de chaque
vassal de la couronne un petit souverain ayant sa cour, ses archives,
sa juridiction, ses audiences, ses hommes d'armes, son sénéchal,
son sommelier, son veneur, ses écuyers, etc.

Cependant, vers la seconde moitié du xiv° siècle, les distributions
intérieures des châteaux étaient plus compliquées. Déjà les principaux habitants possédaient des appartements séparés, composés de
plusieurs pièces, avec escaliers spéciaux à chacun d'eux. On ne couchait plus dans la salle, mais dans des chambres séparées, possédant
des dépendances, cabinets, retraits, etc.

Jusqu'alors, en temps de guerre, le château était occupé et défendu

---

[1] On ne pouvait alors se procurer certaines étoffes qu'aux foires périodiques qui se
tenaient dans les villes ou gros bourgs. Il fallait donc acheter à l'avance les fourrures,
les draps, les soieries nécessaires pendant toute une saison. Or, la plupart des seigneurs
se chargeaient de fournir des vêtements aux personnes attachées à leur maison, et tout
cela se façonnait dans le château.

[2] Ces épices sont désignées sous le nom général de *stomatica*.

par les hommes liges du seigneur, par ceux qui lui devaient le service militaire ; mais beaucoup de ces redevances avaient été rachetées à prix d'argent, et les châtelains se voyaient alors contraints d'enrôler des mercenaires. Ces troupes d'aventuriers, peu sûres, étaient casernées dans les places de manière à permettre d'exercer sur elles une surveillance constante. Ainsi, dans le château des xive et xve siècles, y a-t-il les locaux destinés au casernement, et ceux destinés aux habitants, à ce qu'on appelait la maison, aux fidèles.

Le mobilier de ces locaux destinés aux mercenaires était très-simple. Une ou deux grandes salles, en raison de l'étendue du château, contenaient des lits (châlits) disposés comme le sont nos lits de camp, quelques grandes armoires pour renfermer les armes et vêtements, des tables, bahuts et bancs. De vastes cheminées chauffaient ces salles, qui n'avaient aucune communication directe, soit avec les appartements, soit avec les dehors. (Voyez le *Dict. d'architecture*, art. CHATEAU.)

Mœurs féodales.

Vers la fin du xiiie siècle, les mœurs étaient devenues plus raffinées ; on séparait alors les appartements privés des appartements destinés aux réceptions, des salles d'audience, des salles réservées aux hommes d'armes. Ce fut ce changement dans les mœurs féodales qui fit modifier et rebâtir en partie les vieux châteaux des xiie et xiiie siècles. Les seigneurs féodaux n'admettaient plus la vie commune avec leurs hommes. On fit des chambres à coucher séparées des appartements de réception ; ces chambres eurent toutes leur garde-robe, leur issue particulière ; on y joignit même souvent des cabinets ou retraits, comme au château de Coucy, par exemple, à Pierrefonds, à Creil, à Loches. Ces cabinets étaient garnis de boiseries et meubles de bois précieux[1], de rouets, de métiers propres à des ouvrages de femmes. Alors les appartements des femmes étaient séparés de ceux du châtelain, souvent dans un corps de logis particulier. Il en était de même des appartements destinés aux étrangers : ceux-ci étaient placés le plus ordinairement à proximité des dehors, ayant leur escalier et leurs dégagements privés.

Pour donner une idée de ce qu'était la vie de château à la fin du

---

[1] Au château de Marcoussis, il y avait anciennement, dit Lebeuf, des meubles de chêne entremêlé de cèdre et de bois odoriférant, « aussi bien que des tables longues ou « caisses à nourrir des vers à soye, et jusqu'à des moulins et ustensiles à façonner les « soyes » (*Hist. du dioc de Paris*, t. IX, p. 272.)

xiv⁰ siècle, nous ne saurions mieux faire que de citer ici un passage de la *Cronica del conde don Pero Niño*[1] :

« Il y avait près de Rouen un noble chevalier qu'on nommait mon-
« sieur Renaud de Trie[2], amiral de France, lequel était vieux. Et il
« dépêcha au capitaine Pero Niño pour qu'il le vînt visiter. Adonc
« se partit de Rouen et s'en vint en un lieu nommé Sérifontaine où
« demeurait l'amiral[3]. Lequel le recueillit très-bien et le convia d'y
« reposer avec lui, et s'y donner du bon temps après si grand travail
« en la mer. Et de fait y reposa trois jours. Or l'amiral était un che-
« valier vieil et dolent, tout travaillé par les armes qu'il avait faites,
« ayant toujours été pratique en la guerre ; car il avait été bien rude
« chevalier en armes, mais lors ne pouvait pratiquer ni la cour ni
« les armes. Il vivait retiré dans son château, où il tenait force com-
« modités et toutes choses à sa personne nécessaires. Et son châ-
« teau était simple et fort, mais si bien ordonné et garni comme s'il
« eût été dans la ville de Paris. Là entretenait ses gentilshommes et
« serviteurs de tous offices comme à un si grand seigneur apparte-
« nait. Dans ledit château était une chapelle moult bien pourvue dans
« laquelle tous les jours on lui chantait messe ; des ménestrels, des
« trompettes sonnaient merveilleusement de leurs instruments.
« Devant le château passait une rivière[4], le long de laquelle on trou-
« vait force bois et jardinets. De l'autre côté dudit château était un
« étang fort poissonneux bien fermé à clef, et tous les jours on en
« eût pu tirer du poisson pour rassasier trois cents personnes. Et
« quand on voulait prendre le poisson, on retenait l'eau d'en haut
« qu'elle n'entrât pas en l'étang, et l'on ouvrait un canal par où se
« vidait toute l'eau, et l'étang demeurait à sec. Lors prenait-on le
« poisson à volonté, laissant le reste ; puis ouvrant le canal d'en
« haut, en peu d'heures l'étang était rempli. Et il entretenait qua-
« rante ou cinquante chiens pour courre le fauve, avec gens pour en
« avoir soin. Item jusques à vingt chevaux pour son corps, parmi
« lesquels il y avait des destriers, coursiers, roussins et haquenées.

[1] M. Mérimée a bien voulu nous traduire ce curieux passage en vieux langage français, avec lequel le texte espagnol a beaucoup de rapports.

[2] Renaud de Trie, seigneur de Sérifontaine, capitaine du château de Rouen ; il s'était démis en cette année (1405) de la charge d'amiral de France. (Note des trad. du *Victorial.*) — Voyez la traduction de la *Chronique de D. Pero Niño* par M. le comte Albert de Circourt et M. le comte de Puymaigre, liv. II, chap. XLII (Paris, V. Palmé, 1867).

[3] Sérifontaine, dans le Vexin, à 8 kilomètres au nord de Gisors, près de Trie et de Chaumont, berceaux de la famille de l'amiral. (Note des traducteurs.)

[4] L'Epte.

« Que dirai-je de tous les meubles et provisions ? A l'entour ne
« faillaient grands bois pleins de cerfs, daims et sangliers. Outre
« plus avait des faucons *neblis*, que les Français appellent *gentils*,
« pour voler le long de la rivière, et très-bons héronniers. Ce vieux
« chevalier avait à femme la plus belle dame qui fût lors en France,
« laquelle venait du plus grand lignage de Normandie, fille du sei-
« gneur de Bellengues, et était fort louable en toutes perfections
« appartenant à si noble dame, de grand sens, et entendue à gou-
« verner sa maison mieux que dame quelconque du pays, et riche
« à l'avenant. Elle avait sa maison seigneuriale à part de celle de
« M. l'amiral, entre lesquelles deux était un pont-levis. Or les deux
« maisons étaient comprises dans une même enceinte. Les meubles
« et pourvéances d'icelles étaient tant et de si rare façon, que le
« compte en serait long. Là se tenaient jusques à dix damoiselles de
« parage, bien étoffées et habillées, lesquelles n'avaient d'autre soin
« que de leurs corps et de garder leur dame tant seulement. Enten-
« dez qu'il y avait force filles de chambre. Je vous conterai l'ordre
« et la règle que madame observait. Se levait le matin avec ses de-
« moiselles, et allait dans un bois là près, chacun son livre d'heures
« en main et son chapelet, et s'asseyaient à part et disaient leurs
« prières, sans mot souffler tant que priaient ; après cueillaient vio-
« lettes et fleurettes, ainsi s'en retournaient au château, en la cha-
« pelle, et entendaient basse messe. Sortant de la chapelle, on leur
« apportait un bassin d'argent auquel étaient poules et alouettes et
« autres oiseaux rôtis ; lors mangeaient ou laissaient à leur volonté,
« et on leur donnait le vin. Rarement madame mangeait, elle, le
« matin, ou peu de chose pour faire plaisir à ceux qui là étaient.
« Aussitôt madame chevauchait ensemble ses damoiselles toutes sur
« haquenées, les meilleures et les mieux harnachées qui se pussent
« voir, et avec elles les chevaliers et gentilshommes qui se trouvaient
« là, et allaient s'ébattre aux champs faisant chapels de verdure. Là
« aussi entendre chanter lais, virelais, rondes, complaintes, ballades
« et chansons de tout art que savent les *trouvères* de France, en voix
« diverses et bien accordées. Là venait le capitaine Pero Niño avec ses
« gentilshommes, pour qui se faisaient toutes ces fêtes, et semblable-
« ment s'en retournaient au château à l'heure de dîner ; descen-
« daient de cheval et entraient dans la salle à manger où trouvaient
« les tables dressées. Le vieux chevalier, ne pouvant plus chevau-
« cher, les attendait et les accueillait si gracieusement que c'était
« merveille, car il était chevalier très-gracieux, bien que dolent en
« son corps. A table s'asseyaient l'amiral, madame et Pero Niño, et

« le maître d'hôtel donnait ordre à la table et plaçait chacun un
« chevalier à côté d'une damoiselle ou un écuyer. Les viandes étaient
« très-diverses et abondantes avec bons ragoûts tant de chair que de
« poisson et de fruits, selon le jour de la semaine. Tant que durait
« le dîner, qui savait parler celui-là, pourvu qu'il gardât l'hon-
« nêteté et la modestie, d'armes et d'amour il pouvait deviser, sûr
« de trouver oreille pour l'écouter et langue pour lui répondre et
« le rendre satisfait. Cependant ne manquaient pas jongleurs pour
« jouer gentils instruments de main. Le *Benedicité* dit et les nappes
« ôtées, venaient les ménestrels, et madame dansait avec Pero Niño
« et chacun de ses chevaliers avec une damoiselle, et durait icelle
« danse environ une heure. Après la danse, madame donnait la
« paix au capitaine, et chacun à la dame avec qui il avait dansé. Puis
« on apportait les épices et le vin, et l'on allait dormir la sieste. Le
« capitaine allait dans sa chambre, laquelle était dans la maison de
« madame, et l'appelait-on la *chambre touraine*. Aussitôt qu'on se
« levait après dormir, on montait à cheval, et les pages portaient les
« faucons et d'avance on avait dépisté les hérons. Madame prenait
« un faucon *gentil* sur son poing, les pages faisaient lever le héron,
« et elle lançait son faucon si adroitement qu'on ne saurait mieux.
« Là enfin une belle chasse et grande liesse : chiens de nager, tam-
« bours de battre, leurres de tourner [1], et damoiselles et gentils-
« hommes s'abattaient si joyeusement le long de cette eau qu'on ne le
« saurait conter. La chasse terminée, madame mettait pied à terre et
« tous avec elle dans un pré, et l'on tirait des paniers poulets, perdrix,
« viandes froides et fruits dont chacun mangeait, puis on faisait des
« chapels de verdure et l'on s'en retournait au château en chantant
« belles chansonnettes. La nuit on soupait si c'était l'hiver ; si c'était
« l'été, on mangeait plus tôt, et madame sortait à pied aux champs
« pour s'ébattre, et l'on jouait à la boule jusqu'à nuit noire. On ren-
« trait aux torches dans la salle, puis venaient les ménestrels et l'on
« dansait bien avant dans la nuit. Alors on apportait des fruits et du
« vin, et prenant congé chacun allait dormir.

« Or de la façon que j'ai dite se passaient tous les jours toutes les
« fois que venait le capitaine ou d'autres, selon leur mérite. Tout
« cela était régi et ordonné par madame, et ses terres et autres biens

---

[1] « *Leurre*, terme de fauconnerie, morceau de cuir rouge ou estuf garny de bec, et
d'ongles et d'ailes, estant pendu par une lesse à un crochet de corne, dont les faucon-
niers se servent pour réclamer leurs oiseaux. On le nomme quelquefois *rappel*. » (*Dict.*
de Furetière.).

« régis par elle, car l'amiral était un riche seigneur, possédant des
« terres et de grosses rentes, mais ne se mêlait de rien, car sa dame
« suffisait à tout. Et Pero Niño fut tant aimé honnêtement de madame
« pour le mérite qu'elle voyait en lui, qu'elle lui parlait un peu de
« ses affaires, et le pria qu'il allât voir son père, un noble chevalier
« qui s'appelait Bellengues et vivait en Normandie. »

Parmi les renseignements que nous fournit ce passage, l'un des
plus curieux est certainement celui concernant la châtelaine, qui
remplit exactement les fonctions d'une maîtresse de maison, comme
on dirait aujourd'hui ; dont l'appartement est séparé des autres corps
de logis par un pont-levis ; qui exerce, dans le domaine, un pouvoir
entier. Au xiv⁰ siècle donc, l'importance de la femme dans le château
féodal était considérable. Le passage de don Pero Niño n'est pas le
seul qui puisse nous éclairer sur ce fait : Froissart et les auteurs des
xiv⁰ et xv⁰ siècles, parlent fréquemment de châtelaines possédant la
direction des affaires du seigneur. On comprendra facilement comment, sous une pareille influence, les châteaux des seigneurs féodaux devaient se garnir non-seulement de tous les objets nécessaires à la vie, mais encore de toutes les superfluités et du luxe dont
s'entoure bientôt toute existence riche et oisive. Dans l'espace d'un
siècle, les mœurs féodales s'étaient profondément modifiées. Les
romans du xiii⁰ siècle sont remplis d'histoires dans lesquelles les
femmes sont loin d'avoir acquis cette indépendance que nous leur
voyons prendre pendant le xiv⁰ ; traitées avec égard et respect, leur
rôle n'est cependant que celui de sujettes. Il n'est point de ruses que
les poëtes ne leur prêtent pour se soustraire à la dépendance absolue
de l'époux ; ces ruses ont toujours un plein succès, bien entendu.
Lorsqu'on lit, comme nous avons dû le faire, les romans si nombreux
écrits pendant les xiii⁰ et xiv⁰ siècles, on reconnaît bientôt que les
mœurs de cette époque étaient fort éloignées de la barbarie. On sent
dans ces œuvres littéraires un parfum de politesse exquise ; à chaque
page percent des habitudes raffinées, un amour du luxe, de bien-être,
qui ne rappellent guère les mœurs farouches, les grossières rodo-
montades et le sans-gêne que la plupart de nos auteurs modernes ont
bien voulu prêter à la noblesse et à la bourgeoisie de cette époque.
On pourrait, avec plus de raison, reprocher à cette société des xiii⁰ et
xiv⁰ siècles une recherche excessive poussée jusqu'à l'afféterie.

Charles V avait donné à la reine Jeanne de Bourbon, sa femme,
un train magnifique ; il l'avait entourée des plus nobles dames de
France, « toutes de parage, honestes, duites d'onneur, et bien
« morigénées, car, autrement, ne fussent ou lieu souffertes, et

« toutes vestues de propres abis, chascune, selon sa faculté, corres-
« pondens à la solemnité de la féste..... Les aornemens des sales,
« chambres d'estranges, et riches brodeures à grosses perles d'or
« et soyes à ouvrages divers; le vaissellement d'or et d'argent et
« autres nobles estoremens n'estoit se merveilles non. » Sa maison
« était parfaitement réglée et gouvernée; « car autrement ne le souf-
« frist le tres sage roy, sanz lequel commandement et ordonnance ne
« feist quelconques nouvelleté en aucune chose; et comme ce soit
« de belle pollicie à prince, pour la joye de ses barons, resjoyssans
« de la présence de leur prince, mengeoit en sale communément le
« sage roy Charles; semblablement luy plaisoit que la royne feust
« entre les princepces et dames , se par grossesse ou autre impédi-
« ment n'en estoit gardée; servye estoit de gentilzhommes, de par
« le roy, à ce commis, sages, loyaux, bons et honnestes, et, durant
« son mangier, par ancienne coustume des roys, bien ordonnée pour
« obvyer à vaines et vagues parolles et pensées, avoit un preudomme
« en estant au bout de la table, qui, sans cesser, disoit gestes de
« meurs virtueux d'aucuns bons trespassez. En tel maniere le sage
« roy gouvernoit sa loyal espouse, laquelle il tenoit en toute paix
« et amour et en continuelz plaisirs, comme d'estranges et belles
« choses luy envoyer, tant joyauls, comme autres dons, se présentez
« luy fussent, ou qu'il pensast que à elle deussent plaire, les procu-
« roit et achetoit; en sa compagnie souvent estoit et tousjours à
« joyeux visages et moz gracieux, plaisans et efficaces [1]...... »

Ce Pero Niño, comte de Buelna, dont nous avons parlé plus haut,
et qui fut envoyé en France par le roy d'Espagne avec des galères
armées, conformément au traité d'alliance signé par Don Enrique II,
en 1368, pour courir sus aux Anglais, nous fournit, dans les mémoires écrits par Guttiérre Diaz de Gamez [2], son *alferez* (lieutenant
porte-bannière), de nombreux renseignements sur la manière de
vivre de la noblesse française en 1400. Fort honorablement reçu
partout, même à la cour du malheureux Charles VI, et malgré une
scène assez vive au sein du conseil des princes, Pero Niño vante
avec chaleur les mœurs de la noblesse française.

---

[1] Christine de Pisan, *le Livre des fais et bonnes meurs du sage roy Charles V*,
chap. XX.

[2] Voyez le *Victorial*, chron. de D. Pero Niño, comte de Buelna, par *Guttierre Diaz
de Gamez*, 1379-1449, trad. de l'espagnol par M. le comte de Circourt et M. le comte de
Puymaigre, avec introd. et notes. Cet ouvrage est un des documents curieux que doivent
consulter les personnes qui veulent se faire une idée exacte des mœurs de la noblesse
pendant le XIVᵉ siècle et le commencement du XVᵉ.

« Les Français, dit-il[1], sont une noble nation ; ils sont sages, en-
« tendus et raffinés en toutes choses qui appartiennent à bonne
« éducation, courtoisie et noblesse. Ils sont très-élégants dans leurs
« habits et magnifiques en leurs équipages. Ils sont très-attachés aux
« choses de leur pays ; ils sont larges et grands donneurs de pré-
« sents ; ils aiment à faire plaisir à tout le monde ; ils traitent très-
« honorablement les étrangers ; ils savent louer, et louer beaucoup
« les belles actions ; ils ne sont pas malicieux, ils hébergent même
« les ennuyeux (*dan posada à los enojosos*) ; ils ne demandent raison
« à personne en paroles ou en fait, sauf s'il y va beaucoup de leur
« honneur. Ils sont très-courtois et gracieux dans leur parler ; ils
« sont très-gais, se livrent au plaisir de bon cœur et le recherchent,
« aussi bien les femmes que les hommes. Ils sont très-amoureux et
« s'en piquent..... » En faisant la part à l'exagération naturelle chez
un étranger auquel on croit devoir les plus grands égards, et qui doit
emporter, comme allié fidèle et brave, la meilleure opinion des gentilshommes, ses frères d'armes, cet éloge cependant n'a point l'apparence d'une banalité. Cette courtoisie parfaite était bien en effet
dans les mœurs de la noblesse féodale de l'époque ; et pour qu'elle
ait pu laisser dans l'esprit d'un seigneur de la cour d'Espagne, alors
renommée pour sa politesse, une impression aussi vive, il fallait
qu'elle se manifestât en toute occasion. La noblesse sous Charles VI
n'était que trop raffinée, et bien mal lui en advint. Mais toute considération politique mise à part, on se méprend étrangement quand
on représente cette société du xive siècle comme vivant, relativement
à notre temps, dans un état barbare et grossier ; le contraire serait
plus près de la vérité.

Mobilier des châteaux.

Vers le commencement du xiiie siècle, les mœurs de la noblesse
se ressentent déjà de la galanterie romanesque et affectée si fort en
honneur pendant le xive siècle. De la déférence et du respect pour
les femmes, on arrivait à exprimer des sentiments de dévouement
aveugle, véritable culte dont les romans de cette époque nous donnent la mesure et nous font connaître l'exagération. Dans les choses
ordinaires de la vie, cette direction des esprits se manifeste par un
luxe inouï dans les habits, les parures, les armes et le mobilier.
Parmi les seigneurs, c'était à qui surpasserait ses rivaux en dépenses
de tout genre. Peu à peu ce qu'il pouvait y avoir de sincère dans ce

---

[1] Liv. II, chap. XLI.

désir de plaire aux femmes dégénéra en vanité ; et la passion s'estimait en raison du luxe déployé dans les tournois, dans les fêtes, les banquets et les demeures. Non-seulement les meubles étaient précieux par le travail et la matière, par les étoffes dont on les couvrait, mais ils étaient nombreux et d'une incroyable variété de formes ; les appartements se remplissaient de ces superfluités innombrables qui sont considérées, dans une société raffinée, comme des nécessités. Quand on parle de la simplicité de nos aïeux, il ne faut pas espérer la trouver dans les époques comprises entre les règnes de saint Louis et de Charles VI. Il faut remonter plus haut ou ne pas aller au delà de la fin du XVIᵉ siècle, alors qu'une partie de la noblesse, ayant embrassé les tendances de la réformation, livrée à la guerre civile, n'avait ni le loisir de s'abandonner au luxe, ni les moyens de se le procurer. A la fin du XIIᵉ siècle, la plupart des gentilshommes avaient été en Orient ; ils avaient rapporté de ces contrées le goût des habitations splendides, des meubles précieux, et les artisans devenant de plus en plus habiles et nombreux sous le règne de Louis IX, les châteaux se garnirent de riches tapis, de meubles sculptés, incrustés, peints et dorés. Les lourds bahuts, siéges et lits romans, étaient remplacés par des objets plus maniables, plus élégants et plus commodes. On ne s'en tenait pas là : on voulait avoir des pièces mieux chauffées, mieux fermées ; on encourtinait les fenêtres, on garnissait les murailles de boiseries ou de tapisseries. Dans les vastes chambres des châteaux, on disposait des réduits, des clotets de menuiserie ou de tentures, derrière lesquels on abritait les lits :

> « . . . . en la chambre qui bien est estoupée,
> « De dras d'or et de soie tres bien encourtinée . »

Devant les bancs, les chaires, on posait des marchepiéds et des carreaux pour éviter le froid des carrelages. On étendait sur le sol des tapis de laine, des fourrures ou des nattes et des *jonchées* ; on parfumait les intérieurs.

> « Elle vet (passe) avant et il après : si trespasserent la tor et vien-
> « nent en une grant sale jonchiée de jonc menuz ; et fleroit si souel
> « comme se totes les espices dou monde i fussent espandues². »

On multipliait à l'infini les siéges : les uns fixes, larges, bien garnis, couverts de dais et d'abris ; les autres mobiles, de toutes dimensions et formes. L'usage si ancien de s'asseoir à terre se conservait

¹ *Li Romans de Berte aus grans piés* (XIIIᵉ siècle), c. LXXXII.
² *Li Roman de la Charrette*.

cependant, et de nombreux coussins, des fourrures, de petits tapis
étaient, à cet effet, répandus dans les pièces :

> « Quant il les voit, sis apela,
> « Mut les chéri e honera;
> « Entur ses bras prist Graelent
> « Si l'acola estreitement :
> « De joste li séir le fist
> « Sor un tapi, puis si li dist... »

Et dans le roman de *Berte aus grans piés* (XIIIᵉ siècle) :

> « En la chambre s'assiént tous trois sur les tapis. »

Ce qui donnait alors aux appartements un aspect particulier,
c'étaient ces dispositions provisoires, ces sortes de campements que
l'on établissait au milieu des pièces immenses, pour les distribuer
suivant les besoins du moment; puis ce mélange de services domestiques et d'habitudes de luxe. Arrive-t-il un étranger, on lui dresse
un lit dans la pièce occupée par les maîtres, on encourtine le lit, on
lui compose une petite chambre dans la grande, un pavillon à lui.
Les romans, les chroniques, rapportent sans cesse des faits de ce
genre. Dans ces grandes pièces, à côté d'un meuble élégant, on
trouve le bahut dans lequel on range les draps et la perche pour
les étendre. Le chevalier Gugemer est surpris dans la chambre de
la reine par son époux :

> « Gugemer est en piez levez,
> « Ne s'est de nient effréez ;
> « Une grosse perce de sap (sapin),
> « U suleïent pendre li drap,
> « Prist en sa main, si les atent,
> « Il en ferat aukun dolent[1]. »

Ces perches, destinées à suspendre le linge ou les habits, repa-
raissent souvent dans les romans ou les chroniques :

> « Tot maintenant lor fist doner
> « Mantiax vairs et pelices grises,
> « Qui à ses perces furent mises[2]. »

---

[1] *Lai de Graelent (Poés. de Marie de France*, publ. par Roquefort, t. I, p. 490). ——
Dans l'*Hist. de saint Louis* du sire de Joinville, on lit ce passage : « Fesoit (le roy)
estendre tapis pour nous seoir entour li. »
[2] Le *Lai de Gugemer (Poés. de Marie de France*, t. I, p. 92).
[3] *Chron. du roi Guillaume d'Angleterre (Recueil d'extraits et d'écrits relatifs à l'hist.
de Normandie, etc.*, publ. par Franc. Michel, 1840, t. III, p. 166).

Et dans le *Roman de la Charrette* [1] :

« Et lors va jus de la Charrete (Lancelot); si a monté contremont
« les degrez en une tor, et trove une blanche et bele chambre de-
« vers senestre; et il entre enz, si se lesse en vue des plus beles
« couches dou monde qui i estoit. Si clot fenestres qui estoient
« overtes por la chambre plus ennubler; si se commence tot par lui
« desarmer. Mes tantost i viennent dui vallet illecques, si le desar-
« ment. Et il voit un mantel à une perche pendre, si le prent et
« s'en afuble, et enveloppe sa testé que l'en ne le quenoisse. »

Le luxe était si bien passé dans les habitudes au xive siècle, que
ce n'était pas, pour un gentilhomme possédant un bien médiocre,
une petite affaire de prendre femme. Aussi Eustache Deschamps,
écuyer des rois Charles V et Charles VI, châtelain de Fismes et
bailli de Senlis, fait-il, sous forme de satire, une longue énuméra-
tion des charges qu'entraîne le mariage pour un gentilhomme :

> « Et sces-tu qu'il fault aux matrones [2]
> « Nobles palais et riches trones;
> « Et à celles qui se marient,
> « Qui moult tost leurs pensers varient [3],
> « Elles veulent tenir d'usaige
> « D'avoir pour parer leur mesnaige,
> « Et qui est de nécessité,
> « Oultre ta possibilité,
> « Vestemens d'or, de drap de soye,
> « Couronne, chapel et courroye
> « De fin or, espingles d'argent. »

La femme énumère tous les objets de toilette qui lui sont nécessaires, dit-elle; puis elle demande un char, une haquenée, le tout
pour faire honneur à son seigneur. D'ailleurs n'est-elle pas de bonne
maison? peut-elle n'avoir point le train qu'on voit prendre à des
bourgeoises ?

> « Encor voy-je », dit-elle, « que leurs maris,
> « Quant ilz reviennent de Paris,
> « De Reims, de Rouen ou de Troyes,
> « Leur apportent gans ou courroyes,

---

[1] *Le Roman de la Charrette,* Gauthier Map et Chrestiens de Troies. Publ. par le docteur Jonckbloet. La Haye, 1850, p. 9.

[2] *Le Mirouer de mariaige.*

[3] On est trop disposé à croire que les modes des habits ne variaient pas alors avec la
même rapidité qu'aujourd'hui. Il suffit de jeter les yeux sur les vignettes des manuscrits
du xive siècle, pour être assuré que, dans un espace de temps très-court, les modes se
modifiaient profondément.

> « Pelices, anneaulz, fremillez (agrafes),
> « Tasses d'argent ou gobelez,
> « Pieces de cuevrechiés entiers (coiffures montées).
> « Et aussi me fust bien mestiers
> « D'avoir bourses de pierrerie,
> « Couteaulx à ymaginerie,
> « Espingliers, tailliez à esmaulx ;
> « Et chambre, quant j'aray les maulx
> « D'enfans, belle et bien ordonnée
> « De blanc camelot, et brodée,
> « Et les courtines ensement,
> « Pigne, tressoir [1] semblablement,
> « Et miroir, pour moy ordonner,
> « D'yvoire me devez donner ;
> « Et l'estuy qui soit noble et gent,
> « Pendu à cheannes d'argent. »

Il lui faut encore des Heures bien peintes et couvertes de drap d'or ; puis vient le train de maison :

> « Escuier fault et chambriere [2]
> « Qui voisent [3] devant et derriere
> « Et qui facent vuidier les rens [4],
> « Et si fault faire grans despens ;
> « Un clerc fault et un chapelain
> « Qui chantera la messe au main (matin) ;
> « Un queux (cuisinier), une femme de chambre.
> « Et si fault, quant je m'en remembre,
> « Maistre d'ostel et clacelier, (chef d'office) ;
> « Grant foison grain en un celier,
> « Bestaulx, poulailles, garnisons,
> « Foings, avoines en leurs maisons ;
> « Grans chevaulx, roncins, haguenées,
> « Salles, chambres bien ordonnées,
> « Pour les estrangiers recevoir ;
> « Et si leur fault encor avoir
> « Beaux lis, beaux draps, chambres tendues,
> « Et qu'ils mettent leurs entendues
> « A belles touailles et nappes.
> « Et si fault, ains que tu eschapes,
> « Belles chaieres et beaux bans,
> « Tables, tretiaulx, fourmes, escrans,
> « Dreçoirs, grant nombre de vaisselle ;
> « Maint plat d'argent, et mainte escuelle

----

[1] Démêloir.
[2] Non point femme de chambre, mais demoiselle de compagnie
[3] L'accompagnent.
[4] Faire place.

> « Si non d'argent, si com je tain,
> « Les fault-il de plomb ou d'estain ;
> « Pintes, pos, aiguiers, chopines,
> « Salieres, et pour les cuisines
> « Fault poz, paelles, chauderons,
> « Cramaulx (crémaillères), rostiers, sausserons,
> « Broches de fer, hastes de fust (broches de bois),
> « Croches hanes (fourgons), car ce ne fust,
> « L'en s'ardist la main à saichier
> « La char du pot, sans l'acrochier.
> « Lardouere fault et cheminons (chenets).
> « Pétail (pilon), mortier, aulx et oignons,
> « Estamine, poelle trouuée (passoire)
> « Pour plus tost faire la porée (purée),
> « Cuilliers grandes, cuilliers petites,
> « Cretine (lard) pour les leschefrites. »

La dame de maison ne s'arrête pas en si beau chemin ; elle demande des pelles à four, des terrines, des couteaux de cuisine et du bois, du charbon, du sel, du vinaigre, des épices en grand nombre, des tranchoirs, de la poudre à mêler à l'hypocras, du sucre blanc pour la pâtisserie, des fruits, des conserves, des dragées, des drageoirs, des serviettes pour la table et pour laver, etc. :

> « Encor ne t'ay-je pas ouvert
> « Qu'il fault escrins, huches et coffres. »

Elle décrit la garde-robe du gentilhomme, puis la sienne ; on peut en conclure que les artifices de la toilette des dames d'aujourd'hui ne sont pas plus étranges que ceux employés par les élégantes du XIVe siècle.

L'auteur finit par ces trois vers :

> « Des nopces qui sont de grans coux (dépense)
> « Puisse bien sermonner à tous
> « Que c'est folie de les faire.

Le luxe, dès le XIVe siècle, s'était introduit dans la bourgeoisie, et les demeures des riches marchands ne le cédaient guère, comme richesse de mobilier, à celles des nobles. Chez les bourgeois comme chez les seigneurs, les femmes sont accusées, par les romanciers ou les poëtes, de provoquer des dépenses hors de proportion avec le bien de leurs époux :

> « Pancez vous quelle preignent garde
> « Commant largent se depent. Non !. »

¹ La Complainte du nouveau marié (XVe siècle).

Il faut dire que le luxe de bon aloi n'est que plus ruineux. Les étoffes étaient fort chères ; l'industrie n'en était pas arrivée à fabriquer à bon marché et à donner l'apparence pour la réalité. La sculpture, répandue à profusion sur les meubles, attachait à chacun d'eux la valeur d'un objet d'art. Mais ce qui caractérise le mobilier du moyen âge, ce n'est pas tant sa richesse que le goût et la raison dans l'adoption des formes, la destination franchement accusée, la variété infinie et l'apparence de la solidité, l'emploi vrai de la matière en raison de sa qualité. Le bois, le cuivre, le fer, conservent les formes qui leur conviennent ; la structure reste toujours apparente, quelle que soit l'abondance de l'ornementation. Par le fait, les meubles de bois ont toujours l'apparence primitive de la charpente ; ce n'est que pendant le xve siècle que cette construction est masquée par une décoration confuse. Jusqu'alors les étoffes sont particulièrement destinées à revêtir d'une enveloppe la forme simple des meubles : aussi étaient-elles, chez les riches nobles, employées avec une grande profusion ; on en peut juger en fouillant les inventaires, en examinant les vignettes des manuscrits. Posées sur des coussins ou petits matelas mobiles, ces étoffes pouvaient être enlevées, soit pour être nettoyées, soit pour être remplacées par d'autres. C'est ainsi que dans les inventaires on trouve deux garnitures pour un même mobilier : l'une pouvait, par exemple, être posée en hiver, l'autre en été, ou bien la plus simple à l'ordinaire, la plus riche pour les jours de gala. Ces étoffes étaient donc à peu près ce que sont aujourd'hui nos housses, seulement les coussins sur lesquels on les posait étaient eux-mêmes mobiles, non point cloués sur les bois.

Nous terminerons cet article en donnant à nos lecteurs des appartements meublés de châteaux aux xiie, xiiie, xive et xve siècles.

La planche XII représente une chambre de seigneur vers le milieu du xiie siècle. L'architecture est d'une grande simplicité : des poitraux accolés, portés par de lourds piliers, traversent la pièce et reçoivent les poutres qui elles-mêmes supportent le solivage. La cheminée est circulaire [1] ; sa hotte est décorée de peintures [2]. A côté est suspendue une image du patron du maître de la chambre ; au-dessous, un bras de fer attaché à la muraille est destiné à recevoir un cierge. Des courtines suspendues à des potences mobiles de fer peuvent masquer les jours des fenêtres [3]. Le lit est protégé par deux

---

[1] Voyez le Dict. raisonné d'architect. franç., au mot CHEMINÉE.
[2] Salle de la maîtrise, près de la cathédrale du Puy en Velay.
[3] Dans les chambres des châteaux des xiie et xiiie siècles, on voit encore, le long des fenêtres, les pitons de fer qui étaient destinés à recevoir ces potences mobiles.

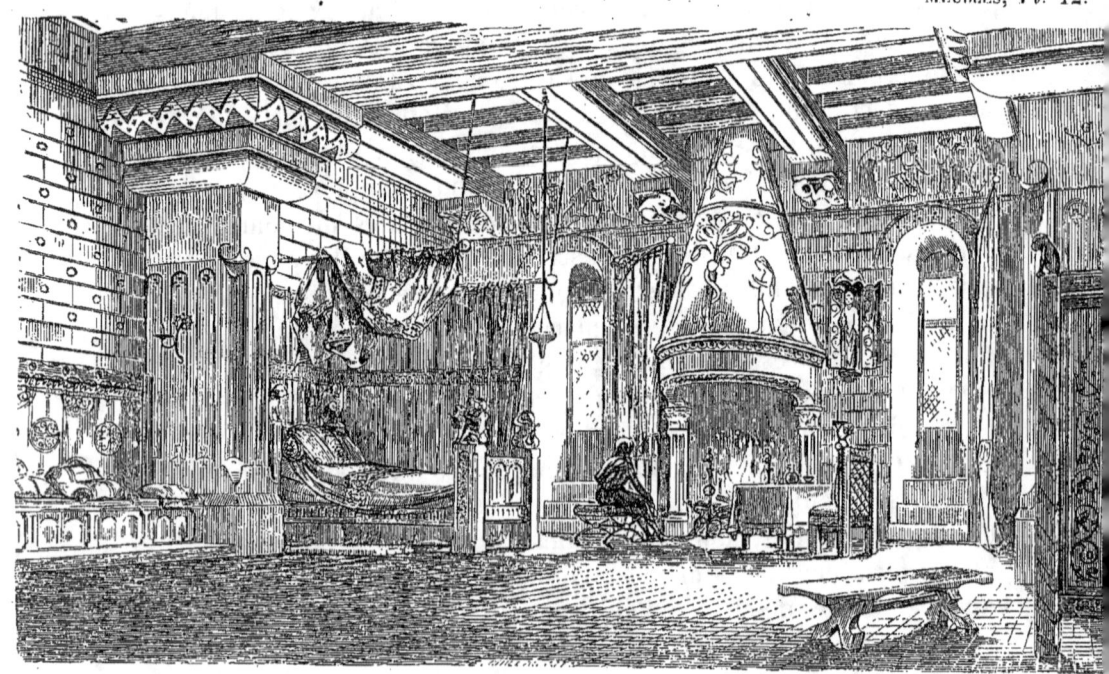

CHAMBRE DE CHATEAU AU XIIᵉ SIÈCLE

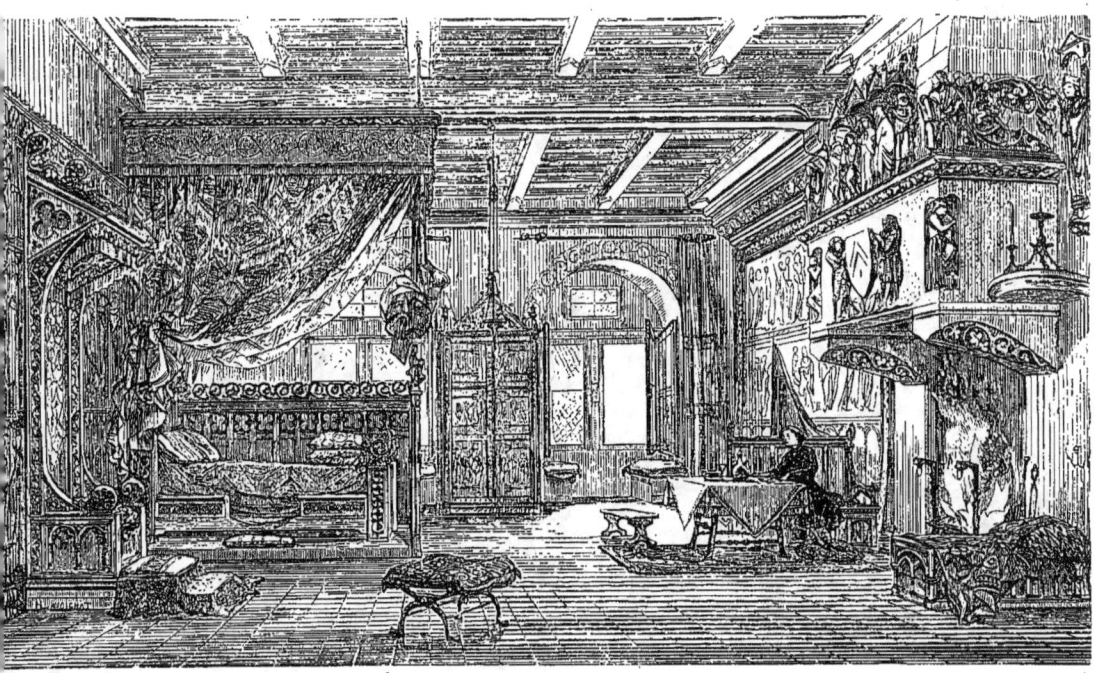

CHAMBRE DE CHATEAU AU XIIIe SIÈCLE

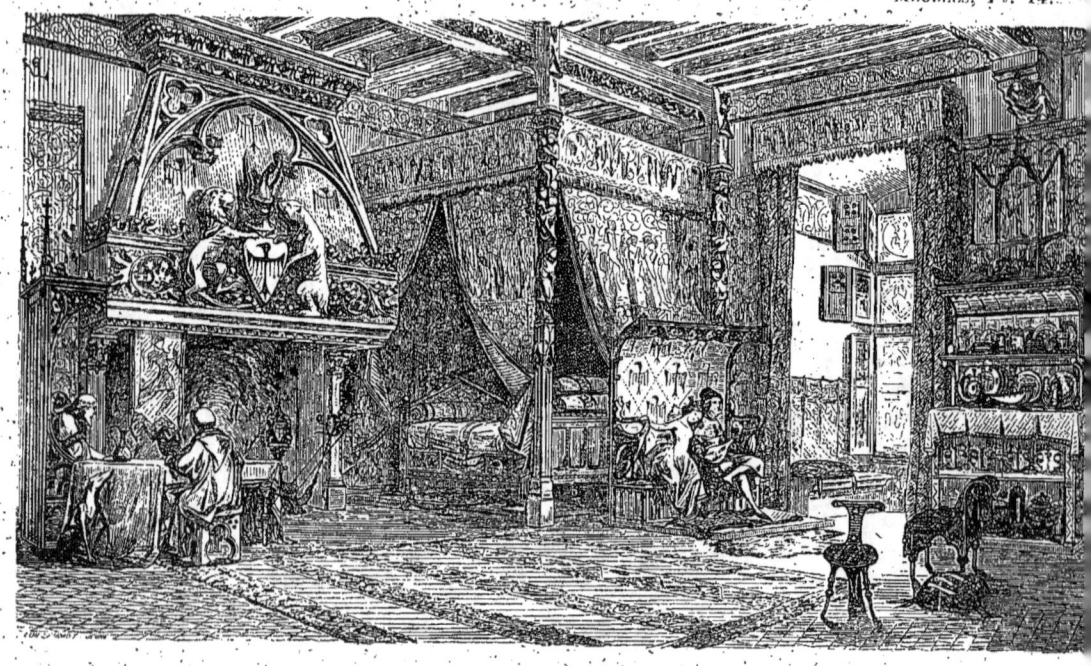

CHAMBRE DE CHATEAU AU XIV° SIÈCLE.

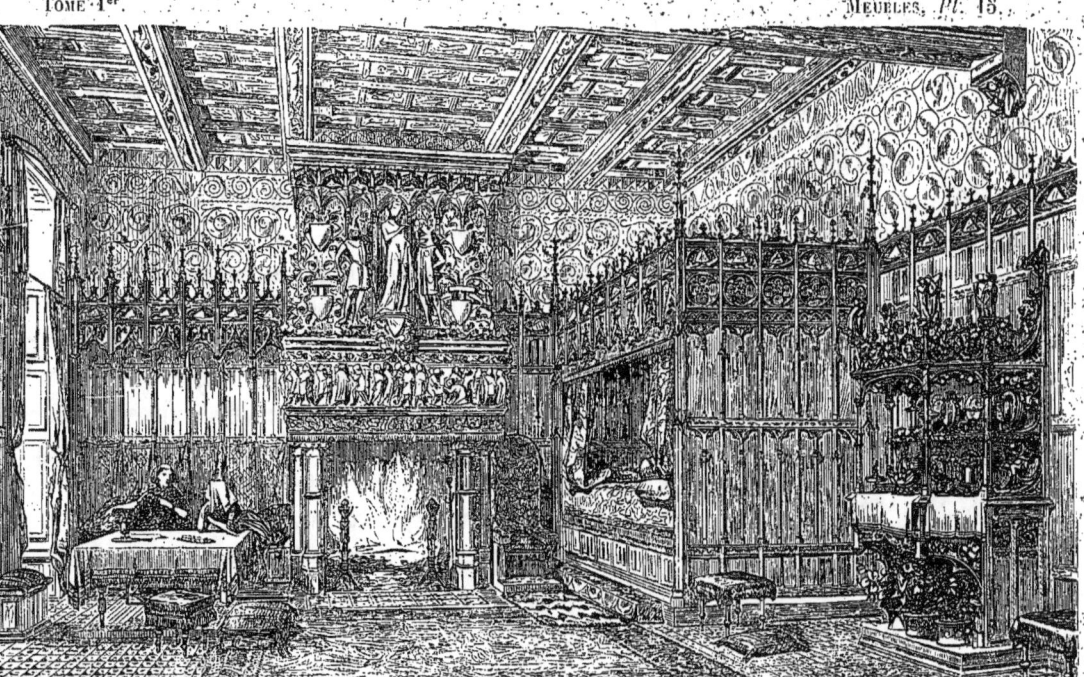

CHAMBRE DE CHATEAU DU XVe SIÈCLE

courtines attachées à des tringles de fer tenant au mur par des pitons et au plafond par des cordes. Une lampe était allumée la nuit, au pied du lit. Les meubles ne consistent qu'en escabeaux, pliants, chaises de bois, armoires et bancs servant de coffres. Les murs ne sont décorés que par des peintures simples, à deux ou trois tons, parmi lesquels le jaune et le brun-rouge dominent. Les étoffes seules sont déjà riches et rehaussées de broderies ou d'applications. Le pavé est fait de petits carreaux de terre cuite émaillée. Alors, sur le sol des chambres étaient jetées des peaux de bêtes fauves, produits de la chasse des seigneurs. Les tapis rapportés d'Orient étaient rares et chers, et on ne les employait que comme couvertures de meubles, dorsals de bancs, portières, etc.

La planche XIII nous montre une chambre de château vers le milieu du XIIIᵉ siècle. Les fenêtres sont plus grandes ; les plafonds, exécutés en solivages apparents, traités avec plus de soin et d'élégance, décorés de moulures et de quelques ornements. La cheminée, plus vaste, et son manteau décoré de sculptures. Le lit est garanti par un clotet peu élevé, sorte de paravent fixe ; il est surmonté d'un dais ou ciel suspendu au plafond et garni de courtines sur les trois côtés ; celle du devant est relevée et nouée, suivant l'usage, pendant le jour. A côté du lit est la chaire, le siége honorable, avec deux degrés. Entre les fenêtres est placée une armoire décorée de ferrures, de sculptures et de peintures. Les murs sont tendus de tapisseries fendues devant les portes. Les courtines des fenêtres sont attachées à des tringles avec corde de tirage, et les vitres garnies de volets. Les bancs fixes, recouverts de coussins, sont réservés dans les ébrasements des baies. Les siéges se composent de bancs à dossier, ou bancs-coffres, d'escabeaux et pliants. Des coussins, des tapis par terre et sur les siéges.

La planche XIV reproduit une chambre de château du commencement du XIVᵉ siècle. Le lit est disposé dans un angle avec ruelle et amples courtines. Un banc à dossier tient lieu de paravent au pied de ce lit. Un dressoir est placé à côté de la fenêtre. La cheminée est riche ; son manteau est décoré d'un grand écusson armoyé avec deux supports. Les solives et poutres des plafonds sont moulurées avec soin. Les meubles sont plus nombreux, plus riches et d'un usage plus commode.

La planche XV est une chambre du commencement du XVᵉ siècle. Les parois des murailles sont entièrement boisées, et le lit est lui-même enfermé dans un clotet de menuiserie. Les fenêtres sont larges et les solives du plafond disposées déjà de manière à former comme une suite de caissons.

La planche XVI nous donne une garde-robe de la même époque[1]. On voit, tout autour de la pièce, des armoires et bahuts destinés à renfermer les vêtements, les armes, les bijoux, des provisions d'étoffes. Au centre, une table basse pour les tailleurs, les couseuses, etc.

COURS, FÊTES, BANQUETS.

La salle principale des châteaux, la grand salle, n'était jamais trop vaste ; et lorsqu'on examine le plan des châteaux bâtis depuis le xiie siècle, on reconnaît que les salles occupaient un espace considérable comparativement aux autres pièces. C'est que, par le fait, la vie du châtelain et de ses hommes se passait dans la grand salle, lorsqu'il n'était pas en course ou en chasse. C'était là qu'il rendait la justice, qu'il assemblait ses vassaux, qu'il donnait des fêtes et banquets.

Guillaume le Roux fit bâtir près de l'abbaye de Westminster, où les rois normands résidaient souvent, une salle, une des plus riches du monde, dit la chronique : « Ançois k'ele fust parfaite, le vint « veoir, si le blasma moult durement (la salle), ses gens li deman- « derent por coi il le blasmoit, s'ele li sambloit estre trop grans. — « Par Diu ! dist li rois, chou n'est nulle chose : elle est trop grans à « chambre, et trop petite à sale[2]. »

Il prit fantaisie à Guillaume de tenir une cour plénière dans sa nouvelle salle ; elle n'était pas encore couverte. « Or oüés que il fist : « toutes les escarlates (étoffe de soie) de Londres fist prendre, si en « fist couvrir sa sale ; et tant comme la fieste dura, fu-elle couvierte « d'escarlate. »

On ne s'étonne pas des dimensions extraordinaires données aux grand salles des palais et châteaux, lorsqu'on voit quel était le nombre de personnes qu'il y fallait réunir dans certaines circonstances.

---

[1] Au château de Pierrefonds, il reste des traces de ces garde-robes boisées et garnies de tablettes. Dans ces pièces était ordinairement une chaise percée ou un siége d'aisances ; ce qui n'empêchait pas de recevoir les intimes dans cette annexe de toute chambre à coucher. A Pierrefonds, les garde-robes sont munies de cheminées et de siéges d'aisances.

[2] *Hist. des ducs de Normandie*, d'après deux mss. de la Biblioth. nation., publ par Francisque Michel, p. 65. Paris, 1840.

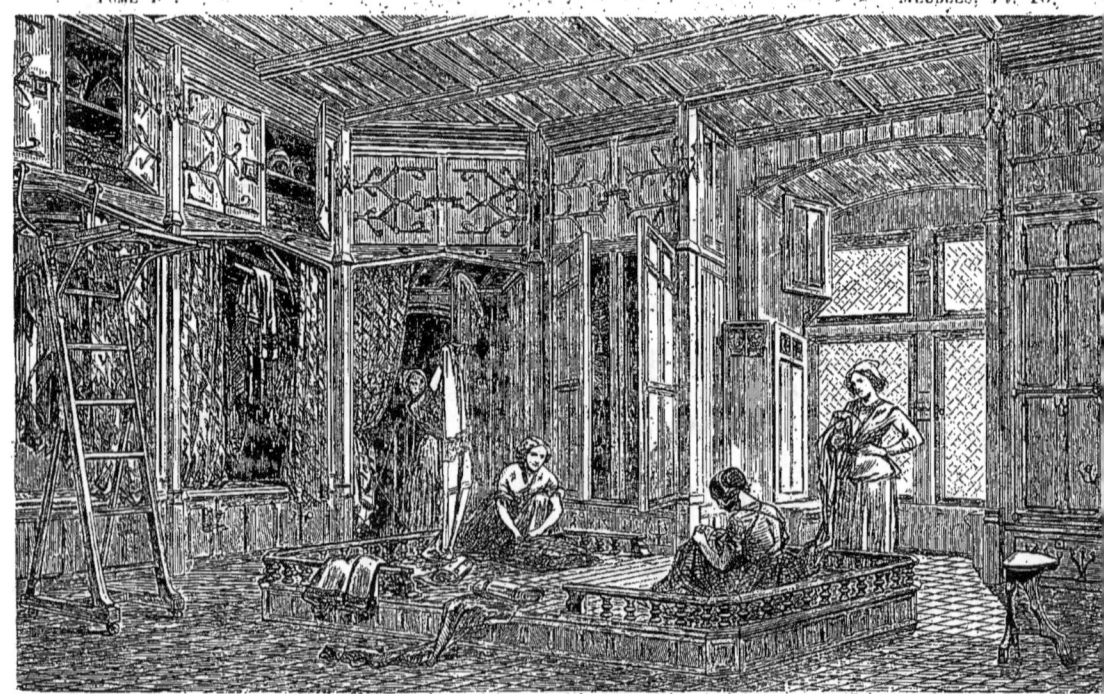

GARDE-ROBE D'APPARTEMENT, XVe SIÈCLE

Guillaume le Conquérant, lors de son retour en Angleterre, tint une cour plénière.

> « En Engleterre s'enrevint,
> « A Westmoster sa feste tint ;
> « En la sale que ert novele
> « Tint une feste riche et bele.
> « Mult i out rois, contes et ducs ;
> « Treis cenz huissers i out as huis,
> « Chescuns avoit ou veir ou gris
> « U bon paille d'autres païs.
> « Si conduient les barons
> « Por les degrez par les garçons,
> « Od les verges k'es mains tenoient
> « As evesques voie fesoient
> « Que nul garçon n'i apresmast,
> « Si aucuns de eus n'el comandast [1]. »

Il arrivait souvent encore, au XIIIᵉ siècle, que l'on trouvait difficilement des emplacements propres à contenir de si nombreuses assemblées ; aussi est-ce à cette époque que l'on commence à élever des salles immenses dans les châteaux et les résidences seigneuriales. Quand Louis IX alla à Poitiers, avant la levée de boucliers du comté de la Marche, il tint une grande cour à Saumur. Joinville [2], témoin oculaire, a laissé une description détaillée du nombreux personnel qui y figura. La fête se tint dans les halles de Saumur. « Et disoit l'en que le grand roy Henry d'Angleterre les avoit « faites pour ces grans festes tenir. Et les hales sont faites à la guise « des cloistres de ces moinnes blans ; mes je croi que de trop il n'en « soit nul si grant. » Le roi et la reine sa mère occupaient une des galeries, avec vingt évêques et archevêques, entourés de nombreux chevaliers et « serjans ». La galerie opposée contenait les cuisines, paneteries, bouteilleries et dépenses. Les deux autres ailes et le préau étaient remplis de convives ; « et dient que il y ot bien trois « mille chevaliers ».

Froissart nous donne le détail du banquet offert par le duc de Lancastre au roi de Portugal, en 1386. « Et, dit-il, estoient « en l'hôtel du duc chambres et salles toutes parées de l'armoirie « et des draps de haute lice et de broderie du duc, aussi richement « et aussi largement que si il fust à Londres. » L'ordre des tables

---

[1]. *Chron. de Geoffroi Gaimar.*
[2]. Première partie.

est celui-ci : une haute table, à laquelle séaient le roi de Portugal,
quatre évêques et archevêques, le duc de Lancastre, « un petit
« audessous du roi, et audessous du duc le comte de Novarre et le
« comte d'Angousse, Portingalois. » Deux autres tables séparées,
probablement disposées en retour, ainsi qu'il était d'usage, pour les
grands maîtres des ordres, les hauts barons, les dignitaires, abbés
et ambassadeurs. D'autres tables séparées étaient réservées pour
« les chevaliers et escuyers de Portingal, car oncques Anglois ne
« sist à table ce jour en la salle ou le grand disner fut ; mais ser-
« voient tous chevaliers et escuyers d'Angleterre, et asséoit à la
« table du roi messire Jean de Hollande ; et servit ce jour le vin
« devant le roi de Portingal Galop Ferrand Percek, Portingalois ; et
« devant le duc de Lancastre, le vin aussi, Thierry de Soumain de
« Hainaut. Le disner fut grand et bel et bien étoffé de toutes choses ;
« et y ot là grand foison de menestrieux qui firent leur métier. Si
« leur donna le duc cent nobles et aux heraults autant, dont ils
« crioient largesse à pleine gueule.... » Après le repas : « Vous
« vissiez varlets ensonniés (empressés) de descendre draps et de-
« trousser, et ne cesserent toute la nuit ; et le dimanche on mit tout
« à voiture[1].... »

Pendant ces banquets, le siége du prince était ordinairement
couvert d'un dais et sa table plus élevée que les autres. Les convives n'étaient assis que d'un côté ; les tables assez peu larges pour
que le service pût se faire en face des personnes assises. Au xvᵉ
siècle cependant, on avait déjà des tables doubles fort larges et sur
lesquelles on représentait même diverses scènes. Le cérémonial de
ces repas de fêtes est décrit tout au long dans l'*Estat de la maison
du duc Charles de Bourgongne* (Charles le Téméraire) composé par
Olivier de la Marche[2]. Le service était fait, lorsque le suzerain pré-
sidait au festin, par des nobles, souvent à cheval ; dans l'intervalle
des services, on représentait quelque fable dialoguée en vers, ou des
pantomimes, que l'on appelait des *entremets*. (Voyez notre pl. XVII,
qui figure un de ces repas de cours plénières vers la seconde moitié
du xivᵉ siècle.) Sauf les personnes suzeraines, tous les convives
étaient assis sur des bancs[3] recouverts de tapis et coussins. Le pavé
était jonché de feuillées et de fleurs. Les nappes étaient *peluchées*

---

[1] Froissart, *Chron.*, liv. III, chap. XLI, édit. Buchon.
[2] Voyez la *Nouv. Collect. des mém. relatifs à l'hist. de France*, par MM. Michaud et
Poujoulat, t. III, p. 579 et suiv. Ce cérémonial est des plus curieux et décrit jusque dans
les moindres détails.
[3] D'où le nom de *banquets*.

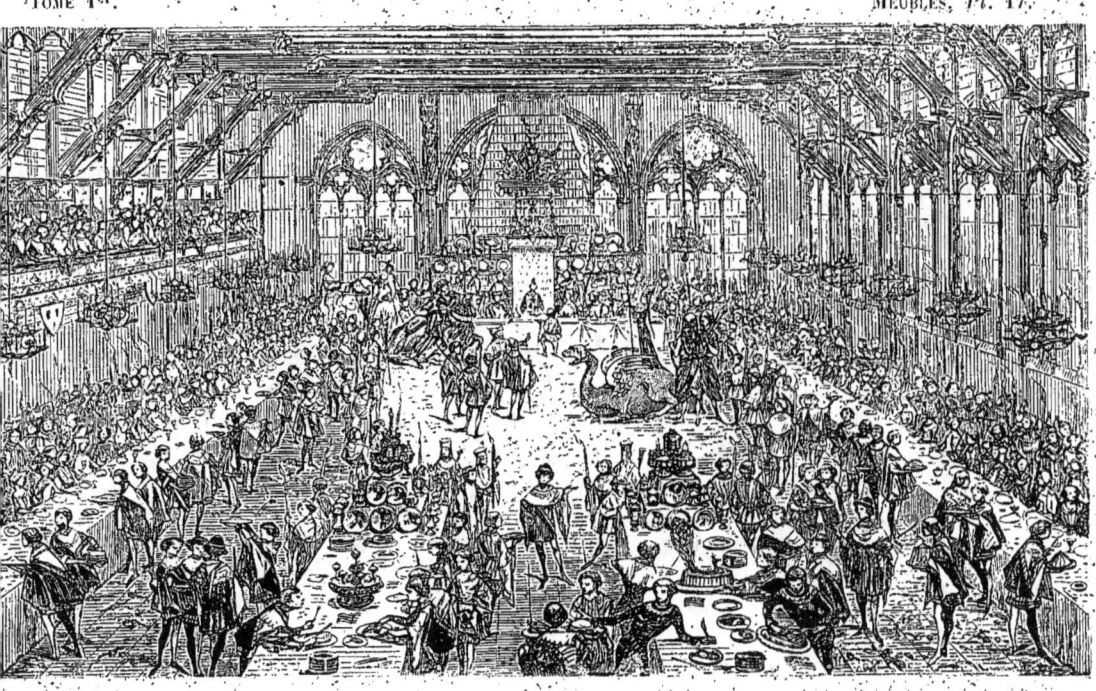

BANQUET AU XIVe SIÈCLE

et pliées en double (doubliers). Des cierges de cire portés par des valets composaient le principal éclairage. Dans la salle du banquet étaient disposés des buffets et dressoirs qui servaient à étaler la vaisselle d'argent ou de vermeil, la verrerie et les émaux. Il y avait un dressoir pour chaque espèce de vaisselle. Suivant la tradition antique, on jetait des roses sur les tables ; les convives portaient des *chapels* de fleurs, et l'on en couronnait les vases à boire. Le moment du repas s'annonçait au son du cor, ce qui s'appelait *corner l'eau*, parce que, avant de s'asseoir, on présentait à laver. Après le repas, on enlevait les nappes : c'était alors le moment des jeux, et l'on servait les épices comme ne faisant pas partie du repas, mais seulement comme on sert aujourd'hui le café. Ce ne fut guère qu'au XVIe siècle que l'on donna des fruits crus aux convives après les viandes. Avant cette époque, on les servait souvent au commencement du repas. Legrand d'Aussy, dans son *Histoire de la vie privée des François*, donne à ce sujet de nombreux détails qu'il est inutile de reproduire ici, cet ouvrage étant entre les mains de tout le monde.

Notre planche XVII indique la disposition des tables simples. Au fond de la salle est la place du suzerain, plus hautes que les autres, et au milieu d'une table particulière à laquelle sont assis les membres de sa famille ou les personnages auxquels il prétend faire honneur. Derrière lui sont les dressoirs sur lesquels est rangée sa vaisselle particulière ; les vins sont placés de même, hors de la table, sur des crédences. Des nobles à cheval apportent les mets, qui sont présentés par un seigneur un genou en terre, puis portés à l'écuyer tranchant. Des deux côtés de la salle est la foule des convives ; deux grands buffets sur lesquels on apporte les plats de la cuisine servent à découper les viandes, à disposer les assiettes et tout le menu service. Les valets viennent prendre les plats découpés sur ces buffets et les présentent devant les convives ; ceux-ci choisissent et sont servis sur des assiettes d'argent ou d'étain. Derrière les convives sont les valets portant des torches et les échansons servant à boire ; le long du mur sont disposées des crédences sur lesquelles sont rangés les vases contenant les boissons. Devant la table du prince, on représente une scène (entremets). Une tribune (échafaud) est dressée d'un côté de la salle pour l'assistance. Outre les torches portés par des valets, on pendait des lustres aux plafonds ; quelquefois des torchères étaient posées sur les tables même. Le service des tables est dirigé par des maîtres d'hôtel.

Ces sortes de repas, mêlés d'entremets joués, et composés d'une quantité considérable de services, devaient être fort longs et fort

étourdissants. Ils coûtaient des sommes fabuleuses ; on doit croire
qu'ils étaient du goût de la noblesse pendant les xive, xve et xvie siècles, car ils se répètent à chaque occasion, et sont décrits par les historiens du temps avec une abondance de détails et une minutie qu'ils
ne recherchent pas lorsqu'il s'agit de sujets plus graves.

FABRICATION DES MEUBLES

Le Huchier.

Les huchiers, au xiiie siècle, fabriquaient des portes, des fenêtres,
des volets, des coffres, bahuts, armoires, bancs [1]. Cet art équivalait
à celui de menuisier. Défense leur était faite de prendre des ouvriers
tâcherons. Ils étaient compris dans la classe des charpentiers [2]; c'est
qu'en effet les meubles, à cette époque, aussi bien que la menuiserie,
étaient taillés et assemblés comme de la charpenterie fine. Les bois
étaient toujours employés de fil, assemblés à tenons et mortaises,
chevillés en bois ou en fer [3]. Les collages n'étaient employés que
pour les panneaux, les applications de marqueterie, de peaux ou de
toiles peintes ; quant aux moulures et à la sculpture, elles étaient tail-
lées en plein bois, et non point appliquées.

Pour éviter les longueurs et rendre nos descriptions des moyens
de fabrication plus vives et plus claires. nous nous supposons introduits dans un atelier de menuiserie en meubles, d'un huchier,
vers la fin du xiiie siècle, et nous rendons compte du travail des ouvriers.

Jacques le huchier nous fit voir d'abord, derrière son atelier, une
assez grande pièce remplie de bois de chêne refendu, disposé là
pour sécher, en nous faisant observer qu'il n'emploie que du mer-
rain [4] emmagasiné depuis plusieurs années; en ayant soin de remplacer le vieux par du neuf, afin de conserver toujours la même

---

[1] Voyez les *Ordonn. relat. aux métiers de Paris* (*Coll. des docum. inéd. sur l'hist.
de France*, 1re série).

[2] *Réglem. d'Etienne Boileau.*

[3] « Item, ne huchier ne huissier ne peuent ne ne doivent faire ne trappe ne huis ne
fenestre, sans gouions de fust ou de fer. » (*Réglem. d'Etienne Boileau.*)

[4] Bois refendu et non scié.

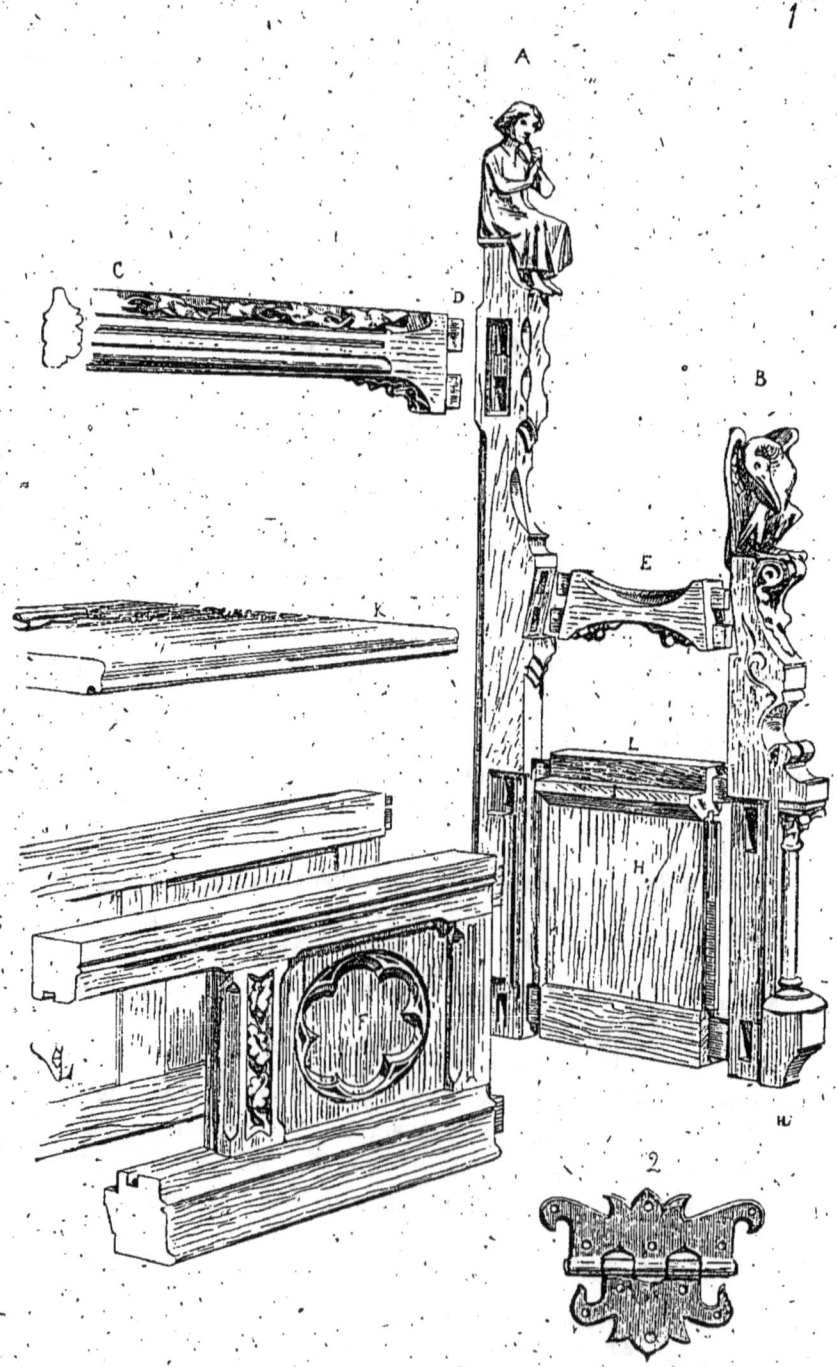

provision. De ces bois, les uns sont carrés comme du chevron plus

ou moins gros; les autres sont refendus en planche d'un à deux
pouces d'épaisseur pour les encadrements et panneaux. Quand il a
quelque ouvrage de choix à exécuter, Jacques nous dit qu'il soumet
les panneaux à l'action de la fumée pendant plusieurs semaines, en
les suspendant au-dessus de l'âtre de la cheminée. Jacques n'a et ne
peut avoir qu'un apprenti ; son fils et son neveu complètent l'atelier. Ils sont donc trois ouvriers ;. lui, Jacques, ordonne, s'occupe
de ses bois dont il a grand soin, va chez les seigneurs ou les bourgeois pour prendre les commandes, et travaille aussi de ses mains :
c'est un habile homme. Il nous montra un banc à barre, servant de
coffre (fig. 1), et dont toutes les pièces, terminées, étaient prêtes
à être assemblées. « Vous voyez, nous dit Jacques, les quatre mon-
« tants principaux, ceux du dossier A plus élevés que ceux du de-
« vant B pour recevoir la barre C. Je fais toujours mes assemblages
« de barres à doubles tenons D avec embrèvement, car j'ai remarqué
« que ces barres sont sujettes à se désassembler ; je les renforce à
« l'assemblage : cela perd un peu de bois, mais les personnes à qui
« je les fournis ne me les renvoient jamais pour être réparés. On
« s'appuie sur ces barres ; les valets peu soigneux tirent dessus
« pour reculer ou avancer les bancs, et si elles ne sont pas solide-
« ment assemblées et chevillées, elles ont bientôt quitté les mon-
« tants. Deux tenons valent mieux qu'un, car ils sont tous deux
« serrés par les doubles mortaises. Vous voyez aussi que je donne
« de la force à mes bois là où je suis obligé de pratiquer des mor-
« taises, puisque celles-ci affaiblissent les pièces. Maintenant, nos
« seigneurs ne veulent plus de ces meubles massifs comme ceux
« que l'on faisait autrefois ; ils veulent être commodément assis, se
« plaignent quand ils trouvent sous leur main des arètes vives. Il
« faut nous soumettre à ces exigences, et, sans nuire à la solidité,
« je diminue autant que je puis la force du bois entre les assem-
« blages, soit par des adoucis, des chanfreins ou quelques colon-
« nettes. Remarquez cet appui E, comme il permet de poser le bras
« sans fatigue, et comme je l'assemble par de bons doubles tenons
« pour réunir le grand montant A au petit B. Devant mon banc,
« j'ai une suite de panneaux F serrés entre deux traverses et des
« montants. J'en fais autant par derrière ; puis, sur les côtés, j'ai
« des joues H qui portent les tasseaux I recevant le couvercle K
« qui sert de siége. Le bord des joues L affleure la tablette à
« charnières. Ces charnières (fig. 2) sont forgées avec soin ; on les

---

¹ *Règlem. d'Etienne Boileau.*

« pose avec des clous rivés sur le coffre, et les bords du fer sont
« fraisés pour ne point accrocher les habits des personnes qui
« s'assoient. C'est une précaution assez inutile; car personne ne
« s'assied sur un banc sans coussins. J'ai vu un temps, qui n'est pas
« très-éloigné, où les couvercles des bancs servant de coffres étaient
« ferrés avec des pentures saillantes sur le dessus du couvercle;
« mais on ne veut plus de ces lourdes ferrures sur les meubles;
« déjà on nous demande de les dissimuler autant que possible, et
« l'on arrivera à nous demander de les supprimer entièrement. —
« Vous regardez ces sculptures qui décorent les montants et la
« barre. C'est mon neveu qui les exécute, et j'espère en faire un
« imagier; d'ici à quelque temps il entrera en apprentissage chez
« l'imagier Belot, l'un des meilleurs de Paris et que je vous engage
« à visiter. Tous les jours on nous demande de la sculpture sur les
« meubles; et l'on ne veut plus entendre parler de ces incrustations
« d'ivoire, d'étain, de cuivre ou d'argent que l'on aimait beaucoup
« jadis. Cependant les seigneurs et les bourgeois riches qui exigent
« de la sculpture sur les bois des meubles les plus ordinaires n'y
« mettent pas un prix raisonnable, et nous sommes obligés ou de
« travailler pour rien, ou de nous contenter d'une exécution gros-
« sière. Puis les imagiers prétendent que nous empiétons sur leurs
« priviléges, et si nous avons recours à eux, ils se font si bien payer,
« qu'il ne nous reste pas de quoi payer le bois. » Jacques nous fit
voir alors dans un coin de son atelier une assez grande armoire
prête à être livrée. Sur notre observation que ce meuble paraissait
être de forme ancienne, bien qu'il fût neuf, Jacques nous dit qu'il
était destiné à l'abbaye de ***, qu'il devait renfermer des reliquaires
et vases sacrés, que l'abbé avait exigé que ce meuble fût couvert
de peintures et dorures, afin de s'accorder avec l'ancien mobilier du
sacraire, exécuté il y a plus d'un siècle. « J'ai eu grand'peine, con-
« tinua le huchier, à faire cette armoire, on ne veut plus de ces
« meubles dont la fabrication exige beaucoup de temps et de soin;
« aujourd'hui on est pressé, et personne ne consent à attendre un
« meuble pendant un an, car il n'a pas fallu moins de temps pour
« terminer celui-ci : encore les peintures ne sont-elles pas ache-
« vées; le peintre imagier de l'abbé a plus d'ouvrage qu'il n'en peut
« faire. Voyez comme ces faces de volets sont unies; on croirait voir
« du marbre poli. Mon grand-père a fait beaucoup de ces meubles
« peints et dorés pour les églises et les appartements des seigneurs,
« et c'est à lui que je dois de savoir les fabriquer. Les volets sont
« composés d'ais parfaitement secs, collés ensemble sur leur rive

« avec de la colle de fromage ; il faut beaucoup de peine et de soin
« pour les bien assembler [1]. Ces ais tiennent ainsi entre eux, sans
« grains d'orge, par la seule force de la colle ; car les grains d'orge [2]
« ont l'inconvénient de paraître toujours à la surface du panneau et
« les font fendre le long des joints. Quand tous les ais d'un panneau
« sont bien collés et secs, il faut racler sa surface avec un fer tran-
« chant, mais peu à peu ; autrement on éraille le fil du bois, et l'on
« n'obtient pas une surface unie. Après cela, on tend sur les pan-
« neaux une peau de cheval, d'âne ou de vache, non encore tannée,
« mais bien macérée et dépouillée de son poil ; la peau est collée au
« panneau avec cette même colle de fromage. Ceci fait, il faut laisser
« sécher doucement, sous presse, et ne point se hâter de toucher
« aux panneaux, car si la peau n'est pas parfaitement desséchée, elle
« fait coffiner les panneaux. En été, il faut compter un mois au
« moins pour que ces apprêts soient secs et en état d'être employés.
« Alors, dans un lieu frais mais non humide, on passe, sur la peau
« ainsi tendue sur les ais, trois couches de plâtre bien broyé, que
« l'on fait chauffer dans de l'eau avec de la colle de peau ; entre
« chaque couche, il faut laisser s'écouler un temps assez long pour
« que le plâtre sèche parfaitement. Après quoi, on racle doucement
« la surface et on la dresse avec un fer plat et tranchant. Ce travail
« exige une main exercée, car si l'ouvrier appuie sur un point plus
« que sur un autre, il se produit des bosses et des dépressions ; il
« faut recommencer l'opération ; encore ne réussit-elle jamais
« comme la première fois. Les couches de plâtre aplanies au fer,
« il faut les polir avec de la prêle jusqu'à ce que la surface devienne
« brillante comme du marbre. Ceci terminé, on passe sur le plâtre
« une première couche de peinture bien broyée avec de l'huile de
« lin, puis une seconde. C'est sur ce fond que l'imagier trace et
« peint les figures ou les ornements, qu'il applique les feuilles d'or
« ou d'argent, au moyen d'une colle faite de clair de blanc d'œuf
« battu sans eau ; s'il veut brunir l'or ainsi appliqué et lui donner
« un certain relief, ce qui est fort plaisant aux yeux, il superpose
« jusqu'à trois feuilles d'or battu, en ayant le soin de coller chacune
« d'elles ; puis, quand l'ouvrage est bien ferme, mais non encore
« complétement desséché, il brunit doucement l'or ou l'argent avec
« une pierre d'agate polie et arrondie en forme de dent de loup.

---

[1] Voyez la manière de faire la colle de fromage dans l'*Essai sur divers arts* du moine Théophile, chap. XVII.

[2] On assemblait alors les planches à grain d'orge, et non par des languettes, comme aujourd'hui.

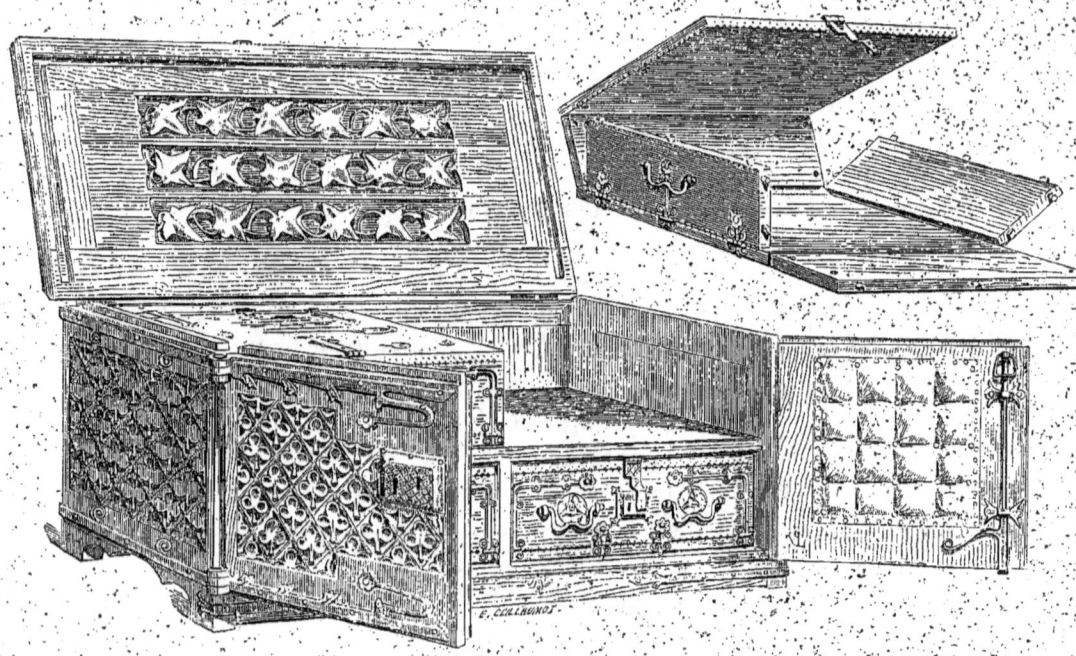

GRANDE HUCHE EN BOIS, XIVe SIÈCLE

« Il rehausse sa peinture et cerne la dorure par un trait de couleur
« brune détrempée dans un vernis composé d'huile de lin et de
« gomme laque que l'on a fait cuire à feux doux. S'il veut donner
« du brillant à la peinture, il passe sur toute sa surface une couche
« de ce même vernis fait avec le plus grand soin dans un pot neuf
« et bien propre. Quant aux parties sculptées du meuble sur les-
« quelles on ne peut tendre de la peau, on se contente de passer les
« couches de plâtre sur le bois, puis on répare avec de petits outils
« de fer et l'on polit avec de la prèle, comme je viens de le dire tout
« à l'heure. Ces meubles sont fort beaux, très-riches, brillants et
« propres ; ils décorent mieux les salles et les chambres que nos
« meubles de bois sculpté, souvent grossièrement peints ; mais cela
« est passé de mode aujourd'hui, et l'on n'emploie plus guère ce
« genre de fabrication que chez les écriniers, pour les litières, pour
« les selles de chevaux, les écus et quelques petits coffres de voyage. »
Jacques nous fit voir ensuite une huche d'une dimension énorme,
telle qu'un âne eût pu y être enfermé[1]. Sur ce que nous étions
ébahis de voir pareille huche, Jacques nous dit : « Vous vous émer-
« veillez, messieurs, mais on nous demande aujourd'hui des huches
« de cette taille ; nos seigneurs et même nos bourgeois et bourgeoises
« ne trouvent jamais les huches assez grandes pour serrer leur be-
« sognes. Levez le couvercle, et vous trouverez en dedans plusieurs
« coffres faits pour la place. Si la huche est bien travaillée, les coffres
« le sont mieux encore. Vous allez me demander comment on peut,
« sortir ces coffres ? Or remarquez que le devant de la huche est
« divisé en deux vantaux, retenus par une feuillure, un loqueteau et
« le moraillon attaché au couvercle ; ouvrant les vantaux, vous tirez
« les coffres à votre plaisir. Il y a dans cette huche (pl. XVIII) quatre
« malles ; la tablette qui supporte les deux malles supérieures permet

---

[1] Les vignettes des manuscrits du commencement du XIVe siècle indiquent déjà des
huches énormes, et dans les romans il est souvent question de huches dans lesquelles
on renferme quantité d'objets et des coffres, des malles. Ces grandes huches furent longtemps en usage. — Voyez la nouvelle LXI : le C... dupé (Cent Nouvelles nouvelles).
« L'an mil ccccxviii. ung gentilhomme frequentant les armes, appelé Casin du Boys,
« estoit en garnison au chasteau de Beau Mont sur Oyse, lequel chasteau le duc de Bour-
« goigne assaillit, et dura l'assault troys jours et troys nuiz... Lequel Casin fut prins
« et mené en ung villaige environ deux lieues de Beaumont, et la fut enfermé en une
« huche fermante de clef, et en oultre fut liée ladite huche d'une moult grosse corde
« tout à travers, à l'endroit de la claveure,... et fist coucher un homme dessus ladite
« huche, affin qu'il ne peust trouver manière de soy en sortir ne eschapper... » (Les
« Miracles de madame sainte Katherine de Fierboys, 1375-1446, mss. de la Biblioth.
« nation., publ. par l'abbé Bourassé. Tours, 1858.)

« de tirer celles du dessous. — Mais pourquoi enfermer des coffres
« dans une huche? — Ah! voici pourquoi, continua Jacques : quand
« on part en campagne, on emporte un, deux, trois ou quatre coffres
« avec soi, suivant le besoin; dans l'un doit être enfermé du linge,
« dans le second des habits, dans le troisième des armes, dans le der-
« nier de la vaisselle. Celui-ci est encore, à l'intérieur, divisé en trois
« petites caisses séparées et fermées chacunes : dans l'une est de
« l'argenterie, dans l'autre des bijoux et dans la troisième des
« épices et des dragées[1]. On peut ainsi charger chacune de ces
« caisses sur des bêtes de somme, ou les placer facilement dans des
« chariots; on les enveloppe alors dans des peaux munies de boucles
« et courroies qui servent à les attacher. Si l'on part avec ces

<hr />

   ° « Pour 4 bahuz pour les sommiers de la chambre....

   « Pour 4 bouges, desquelles il y en a deux fermanz à clef....

   « Pour ses chauces et pour ses sollers, 1 coffre....

   « Pour un coffre à espices....

   « Pour 1 grand coffre à mectre les robes de madame la Royne....

   « Pour 4 coffres.... pour la chambre de la Royne.... » *Comptes de Geoffroi de Fleuri.*)

   « Guillaume Le Bon, coffrier, pour un grand coffre fermant à clef, délivré le xxiiii° jour
« demai CCCLII, par mandement du Roy, rendu à court, pour mectre et porter les robes
« dudit seigneur, 12¹ p.

   « Ledit Guillaume, pour 4 paires de coffres garniz de 4 bahuz, livrés en ce terme en
« la chapelle du Roy....

   « Ledit Guillaume, pour 4 malles et 4 bahus, baillés et délivrés en ce terme à Thomas
« de Chaalons, coutepointier le Roy, pour charger dedens la coutepointerie et tapisserie
« des chambres du Roy et de Nosseigneurs, et porter hors de Paris aus termes de
« Pasques et de Toussains, quelle part qu'ils soient; pour malle et bahu, 50° pièce,
« valent 10 p. » (*Comptes d'Etienne de la Fontaine*, dans *Comptes de l'argenterie des
rois de France au* xiv° *siècle*, publ. par L. Douët d'Arcq.)

   « La nuit prenant fin, le jour commença à primer. Alors on ouvrit les coffres de
« voyage; car il fallait bien choisir avec soin maintes pierreries qui devaient reluire sur
« des robes de prix préparées par la main des femmes. Elles choisirent leurs meilleurs
« habits. » (*Les Niebelungen*, 13° aventure, trad. de M° Moreau de la Meltière.)

   Dans le *Voyaige d'oultremer en Jhérusalem* par le seigneur de Caumont, l'an 1428,
on trouve un inventaire des joyaux rapportés par ce seigneur dans une « huche de siprès ».
La huche devait être grande, car l'inventaire mentionne des étoffes, des pierres précieuses, des chapelets, des croix, des reliques, des parfums, une bouteille d'eau du
Jourdain; cette huche en contenait plusieurs autres.

   « Item, trois caixons; l'un de siprès, et les deux de fust pinte (de bois peint) où sont
« l'une partie des joyes susdites.

   « Item une autre petite caixette de siprès où il ha quatre targes de saint George de ma
« devise ouvrée de fil d'argent et de soye.

   « ... lesquelles joyes de celuy païs je pourtay pour donner à ma femme et aux seigneurs
« et dames de mon païs. » (Voy. la publ. de ce voyage par le marquis de la Grange,
« d'après le manusc. du Musée britann.; 1858.)

« caisses, on ôte la tablette intérieure, qui est mobile, et l'on enferme
« dans la huche des courtines, des fourrures, des tapis, des draps,
« que l'on ne veut point laisser à la poussière ou qui pourraient
« être gâtés par les insectes et les rats. Les petits bourgeois et les
« paysans ont aussi de ces grandes huches grossières : quand ils
« sont à la maison, ils y mettent la farine et y font le pain ; quand
« ils quittent le logis, ils y enferment leurs ustensiles de ménage et
« les habits qu'ils ne veulent pas emporter avec eux. Dans tous les
« ménages grands ou petits, vous verrez au moins une huche. Nous
« en faisons toujours, et jamais nous n'en avons de reste ; souvent
« même on vient nous en demander à louer pour porter les morts
« au cimetière, et quoique ce profit nous soit interdit, il est des mo-
« ments de mortalité où le prévôt est obligé de fermer les yeux, car
« bien de pauvres gens ne peuvent payer une bière, et l'on fait sem-
« blant de croire qu'ils ont pris leur huche pour ensevelir leur

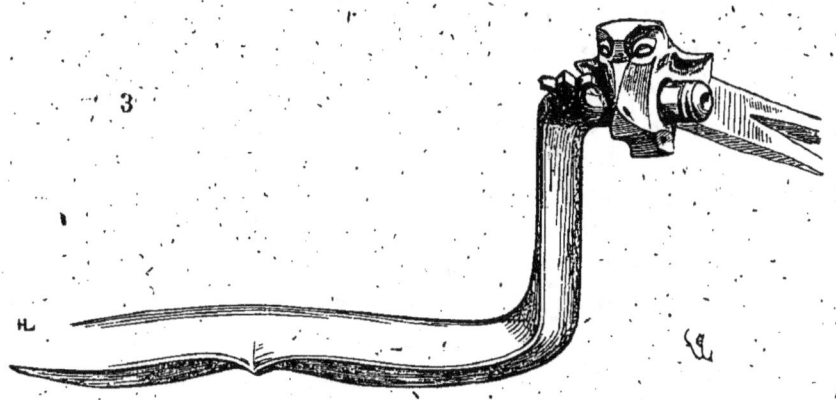

« parent, tandis que la même huche sert à une douzaine d'enter-
« rements en quelques jours. Mais tirons un des coffres de la
« grande huche que vous voyez. Chacun des côtés de ces coffres est
« garni de charnières bien ferrées qui permettre d'abattre le
« devant, les côtés, le couvercle et le derrière. On voit ainsi d'un
« coup d'œil tout ce qu'on a rangé dans son coffre. Vous remar-
« quez que chaque abattant est maintenu par de petits prisonniers
« sur ses rives, qui forment autant de tenons quand tout est fermé
« au moyen de la vertevelle. Ces coffres sont munis de poignées sur
« le devant pour les tirer et sur les côtés pour les soulever et les
« transporter (fig. 3). Aujourd'hui, il est rare que nous soyons
« chargés de fabriquer les coffres intérieurs ; ce sont ordinairement
« les écriniers qui se mêlent de cette besogne, car ils font, pour les

« voyages, des malles de bois très-légères, recouvertes de cuir
« gaufré, et qui sont extrêmement solides ; on préfère ces écrins à
« nos coffres de menuiserie, car ceux-ci sont lourds. Si vous voulez,
« je vais vous conduire chez mon voisin, l'écrinier ; vous y verrez
« de très-beaux ouvrages de ce genre. » Nous nous empressâmes
d'accepter la proposition de Jacques le huchier ; et, ôtant sa robe
de travail et son tablier[1], il nous conduisit chez Pierre Aubri,
l'écrinier.

L'Écrinier.

Pierre Aubri est un homme âgé, d'un aspect vénérable, et qui
prend volontiers des airs d'importance, car il fait des affaires avec
toute la noblesse ; il est souvent appelé dans les appartements des
seigneurs et des damoiselles pour recevoir leurs ordres et s'occuper
du mobilier de l'intérieur des familles. Il tient à paraître discret et
réservé, non sans raisons, car il sait bien des secrets de nobles
dames et riches seigneurs. Dans la boutique, sur la rue, on ne voit
guère que des coffrets recouverts de lames de cuivre étampé ou de
plaques d'étain fondu, puis de petites tables incrustées d'os et
d'ébène. Mais lorsque Jacques lui eut assuré que nous étions étrangers et très-capables d'apprécier le mérite de ses œuvres, il nous
fit passer dans un atelier situé au premier étage où travaille son
apprenti. Là nous nous trouvâmes au milieu de petits meubles de
toute forme et de toute manière, les uns de bois, d'autres d'ivoire
ou d'os, de marqueterie de métal et de bois étrangers, de cuir de
vache, d'âne ou de cheval ; les uns peints des plus brillantes couleurs et dorés, d'autres couverts de plaques d'émaux. En soulevant
quelques-uns de ces coffrets, nous fûmes surpris de leur extrême
légèreté, et notre étonnement à ce sujet fit sourire Pierre Aubri.
« Il n'y a qu'ici, messieurs, nous dit-il, où vous trouverez des écrins
« aussi solides qu'ils sont légers. Voyez ce coffre, poursuivit-il en
« nous mettant dans les mains une assez grande boîte recouverte de
« cuir gauffré et qui paraissait ancienne, il y a douze ans que je l'ai
« fabriquée pour un riche marchand de bijoux qui ne cesse de

---

[1] Les menuisiers huchiers endossaient, pour travailler, une sorte de blouse juste au
corps, à manches courtes, et mettaient devant eux un petit tablier (vignettes de manu-
crits, vitraux). Ce vêtement se conserva jusqu'au XVIe siècle (voy. une très-belle vignette
du temps de Louis XII appartenant à M. Delaherche, de Beauvais). On retrouve dans
cette vignette tous les outils alors en usage : ce sont les mêmes que ceux dont se servent
encore aujourd'hui nos menuisiers.

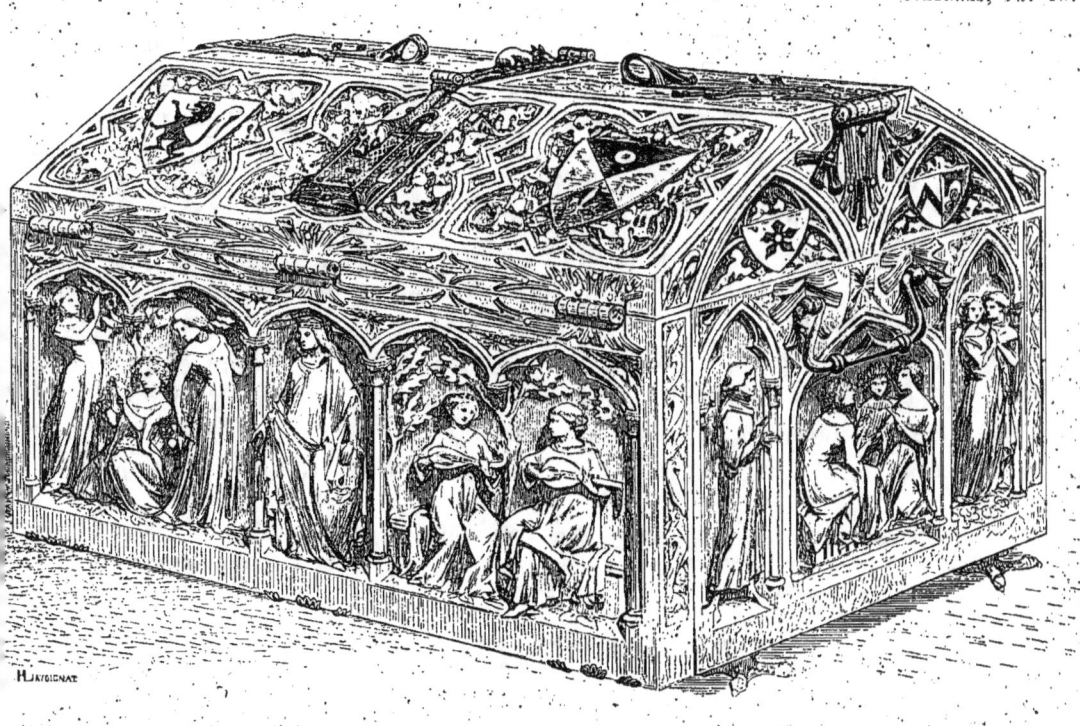

ÉCRIN D'IVOIRE

« courir les foires toute l'année · eh bien! il n'a jamais laissé ce
« coffre chez lui, toujours il le porte à cheval, en croupe, ou en
« chariot; il me l'a rendu pour réparer les coins qui sont usés et y
« mettre une serrure neuve à secret comme celles que je fais fabri-
« quer depuis peu. D'ailleurs, il pourrait servir longtemps sans y
« rien faire. » Nous avisâmes un coffret d'ivoire fort beau et couvert de sculptures et d'écus armoyés peints et dorés.. — « Oh! je
« vois que vous aimez les œuvres qui méritent d'être examinées.
« C'est un bel écrin, celui-ci », dit maître Aubri en soulevant le
coffre avec précaution par ses deux poignées et le plaçant sur une
petite table (pl. XIX). « Vous n'êtes point de là ville, n'est-ce pas?
« car, y demeurant, vous connaîtriez la personne à laquelle ce coffre
« est destiné; vous me permettrez de ne pas vous la nommer : c'est
« un présent que fait un noble baron des environs à une belle dame
« de la ville, qu'il aime fort. Laissez faire, je vous l'ouvrirai tout à
« l'heure. Toute cette enveloppe est composée de plaques d'ivoire
« assemblées non sans peine. Les charnières, poignées, la bosse de
« la vertevelle et son moraillon sont d'argent ciselé; les clous sont
« de même d'argent. Sur le devant de l'écrin, au milieu, j'ai figuré
« LOYAUTÉ, tenant un écu sur lequel sont gravées deux mains entre-
« lacées. A sa droite, des damoiselles cueillent des fleurs et des
« feuilles pour en faire des chapels; à sa gauche, un chevalier et
« une gentille dame se divertissent en jouant des instruments [1]. Sur

---

[1] Les habitants des châteaux, et les dames particulièrement, aimaient fort à passer
leur temps à deviser dans les jardins, les vergers qui entouraient leur résidence; on
cueillait des fleurs, on inventait des jeux. En voici qui jouent au confesseur.

        « Tant c'une feste saint Jehan,
        « K'esjoïst toute créature,
        « S'en alerent par aventure
        « Les grans dames esbanoïer
        « Toutes .xij. en j. vregier;
        « Ains plus n'i ot que eles .xij.
        « Une eu i ot molt tres jalouse
        « A dire chou ke ele pense;
        « Dehait cui mais fera deffense
        « A chou k'ele vaura jà dire :
        « — Voire itel chose i porés dire,
        « Bien sai quant le raison orés
        « Ke volentiers l'ostrierés.
        « Or dites donc chou k'il vous samble,
        « — Nous l'otrions toutes ensamble,
        « Dame sommes et renvoisies,
        « Cointes et nobles et prisies,
        « Femmes as pers de cest chastiel,
        « Plaines sommes de grant reviel,
        « Ni a cheli n'aint par amours.
        « Et molt est envoisiés cis jours. »
        « — D'une de nous fasons nous prestre:
        « Séoir en voist en mi cel estre (clôture),

« le retour de droite sont des chevaliers qui devisent de leurs faits,
« deux damoiselles les écoutent sans se faire voir. De l'autre côté,
« de nobles dames tiennent quelque gentil propos, et un chevalier
« survient qui prend plaisir à les entendre. L'une des damoiselles
« trouve les devis de son ami plus doux que ceux de ses compagnes.
« Sur la plaque de derrière, divisée en trois compartiments comme
« le devant, vous voyez, au milieu, CONSTANCE, et des deux côtés des
« seigneurs et dames qui se promènent par couples dans un jardin,
« et vont boire à la fontaine du dieu Cupidon. Sur le couvercle sont
« sculptés et peints les blasons de la dame à laquelle appartiendra
« cet écrin. Il y a huit écus armoyés : ce sont ses huit quartiers. »
Après nous avoir laissé le temps d'admirer les ivoires sculptés de ce
meuble, lesquels, en vérité, nous ont paru fort délicats et sont gracieusement rehaussés de couleurs dans les fonds et de fines dorures
sur les habits des personnages, mais sans profusion, en laissant
paraître la pâleur de l'ivoire sur les têtes et les mains et sur toutes
les parties nues des figures, Pierre Aubri mit une petite clef d'argent
bien travaillée dans la serrure attachée à l'un des rampauts du couvercle, et nous fûmes surpris de voir comment s'ouvre cet écrin. Le
dessus se sépare en deux plaques d'ivoire, maintenues par le moraillon de la serrure et par deux charnières d'argent. Ces deux
plaques, renversées de çà et de là, les deux rampant se développent
devant et derrière, et tout le devant tombe d'une pièce. Alors
(pl. XX) on aperçoit, à l'intérieur, quatre petites liettes [1] gracieusement ornées sur le devant de feuillages, de fleurs et d'oiselets
gravés et d'annelets d'argent. La tablette qui couvre les tirettes, le
revers des abattants des couvercles, sont gravés de même, et cette
gravure est bien remplie, jusque dans les traits les plus déliés,
d'une matière brune qui la fait ressortir. Cet ensemble était d'un
aspect si doux et gracieux, la couleur de l'ivoire si délicate, qu'il
semblait vivant. Maître Aubri jouissait, sans mot dire, du plaisir que

> « Lès cel ente (arbre fruitier) ki est flourié;
> « Chascune i voist, et se li die
> « Cui ele a immo en confession
> « Ne à cui elle a fait le don :
> « Ensi sarons certainnement
> « Li qu'ele aimme plus hautement. »
> « Toutes respondent : « — Bien a dit.
> « Nous l'otroions sans contredit.
> « Vous méisme prestres serés,
> « Les confesses escouterés.
> « Alès seoir dalès cel' ente. »

Il se trouve que les douze dames confessent avoir accordé leurs faveurs au même chevalier. (Le *Lai d'Ignaurès*, XIII° siècle.)

[1] Tirette, tiroir. *Liette*, d'où est venu *layette*.

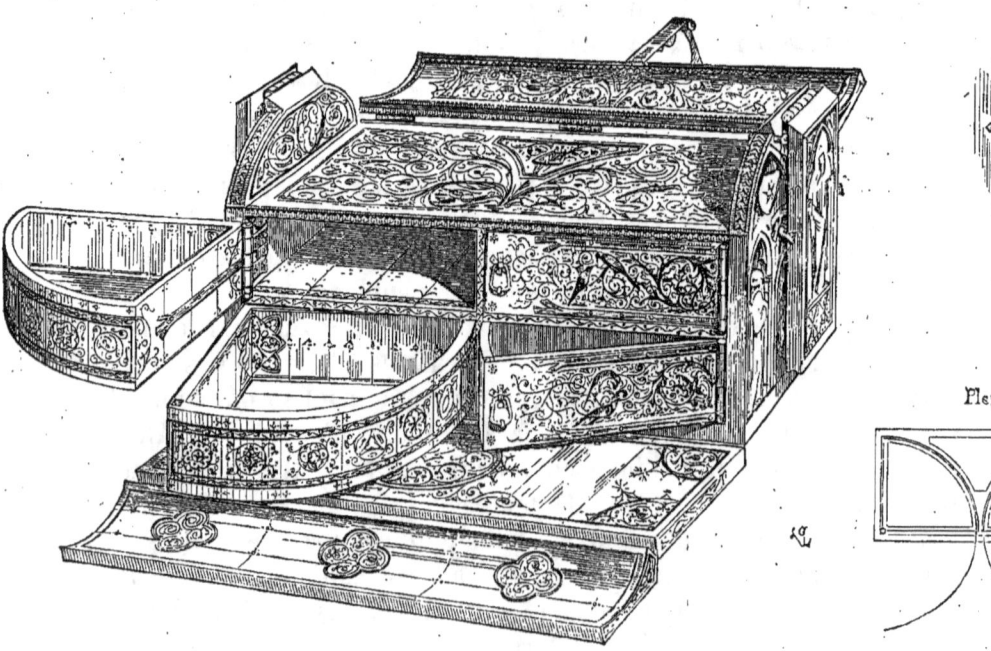

ÉCRIN EN IVOIRE (OUVERT)

nous éprouvions à voir un si beau travail, nous regardant nous
baisser et nous relever tour à tour pour examiner les détails et l'ensemble. « Tirez une des liettes, nous dit enfin l'écrinier, mais
« doucement; il n'est pas besoin d'effort. » Notre admiration
redoubla en sentant les liettes tourner sur leur angle comme les
tiroirs d'un chapier, et former, en s'ouvrant, deux cases étagées à
droite et à gauche. « Examinez bien ceci, continua Aubri. Cet écrin
« est pour enfermer tous les objets de toilette de la dame. Dans les
« tirettes du haut, elle met d'un côté les parfums, de l'autre tous
« les menus objets de la coiffure, peignes d'ivoire, épingles, poudre
« blonde et poudre d'or, dans celles du bas, elle enfermera ses
« bijoux de col, de coiffure et de corsage, ses bracelets, ses
« baguiers, son riche fermail, son aumônière brodée, ses ceintures
« d'orfévrerie, ses patenôtres, et tant d'autres menus objets de la
« femme. Mais il ne faut pas perdre de place dans des meubles de
« ce genre, qu'on emporte souvent en voyage. Levez le petit cou-
« vercle en forme de triangle qui est engagé dans la tablette du
« dessus; c'est dans ce petit réduit bien doublé de velours que la
« dame met son miroir à main, ses baguettes de fer enveloppées
« dans un étui pour rouler les cheveux, les pinces pour les faire
« friser, des ciseaux, des spatules d'ivoire et d'argent pour
« gratter et polir la peau, et même des boîtes de couleurs pour la
« colorer suivant la circonstance. Sur la tablette et dans l'intervalle
« qui reste entre elle et les abattants du couvercle, on place de
« fines touailles [1] de lin pour la toilette. Remarquez que les côtés
« courbes et droits des liettes étant vus lorsqu'elles sont ouvertes,
« j'ai jugé bon de les graver comme le reste. Quand tout l'écrin est
« développé, c'est comme un petit dressoir de dame. Ainsi le
« dedans comme le dehors de cet écrin sont composés de tablettes
« d'ivoire collées ensemble, de manière à contrarier les joints, et
« maintenues encore par de petits clous d'argent munis de leur
« rondelle [2], afin de ne pas faire fendre l'ivoire en frappant sur la
« tête de ces clous, qui sont d'ailleurs posés le plus souvent dans
« les joints mêmes, et maintiennent ainsi chacun deux plaques
« d'ivoire. Si l'on place l'écrin sur le bord d'une table, l'abattant
« du devant peut tomber verticalement, car vous voyez que les char-
« nières de cet abattant sont posées sous la plaque du fond. Les
« tirettes sont fortement maintenues chacune par trois pentures

---

[1] Serviettes.

[2] La figure A donne un de ces clous avec sa rondelle grandeur d'exécution.

« d'argent attachées avec des clous rivés par dedans sur une ron-
« delle; car il faut prendre garde que ces tirettes fatiguent beaucoup
« lorsqu'elles sont ouvertes, et si la dame, impatiente peut-être,
« cherche brusquement les objets dont elle a besoin. » Nous deman-
dâmes alors à Maître Aubri combien coûtait un pareil écrin. « Je
« ne le sais pas encore, nous répondit-il, car je n'ai pas tout fait :
« l'imagier de crucifix [1] a fait les sculptures du dehors; l'orfèvre a
« fabriqué les pieds, les bandes, charnières, poignées et anneaux
« d'argent; un serrurier habile a fait la serrure; un gaînier, les
« compartiments de velours des tirettes que je n'ai pas encore pla-
« cées. Et quand j'aurais tous ces comptes par devers moi, vous
« m'excuseriez de ne pas vous dire le prix de cet écrin, car le noble
« seigneur qui me l'a commandé ne me pardonnerait pas de l'avoir
« dit à d'autre qu'à lui. Ce dont vous pouvez être assurés, c'est que
« cela coûte gros, car il y a pour plus de six mois de travail rien
« que pour moi et mon apprenti. — Je le crois bien, répliqua
« Jacques le huchier. Tel va le siècle : nos riches hommes dépensent
« le plus clair de leur revenus en habits, en écrins, en étoffes, en
« bijoux, et il est de nobles damoiselles qui portent sur elles de
« quoi acheter un château. — Pourquoi nous en plaindrions-nous ?
« reprit Aubri, cela enrichit les bourgeois et les gens de métiers.
« Mon père ne faisait que des malles de voyage en cuir de vache, et
« encore ne le payait-on pas toujours. Les seigneurs ne venaient à
« la ville que pendant les parléments et cours plénières, ils vivaient
« comme des loups; aujourd'hui, ils engagent leurs terres, mais ils
« nous payent : nous ne nous en trouvons pas plus mal. — Les juifs
« y trouvent encore mieux leur compte que nous », ajouta
Jacques.

Maître Aubri rompit brusquement le propos en prenant un assez
grand étui de couleur brune et en forme de mallette : « Prenez ceci,
« messieurs, nous dit-il, ce n'est guère pesant, c'est l'écrin du
« maître-queux de notre seigneur le comte de *** (pl. XXI). Dans
« toute cette pièce, il n'entre pas un copeau de bois, tout est fait de
« cuir bouilli. Ni la pluie ni le soleil ne peuvent altérer cette enve-
« loppe, lorsqu'elle est bien fabriquée. Observez que cet étui est
« double, que ce n'est qu'une liette entrant dans une enveloppe.
« Voici d'abord quatre petits compartiments pour les épices, poivre,
« cannelle, poudre pour les sauces et piment; puis, au bout
« de la tirette, un grand compartiment divisé par des lanières de

---

[1] Les imagiers qui travaillaient l'ivoire.

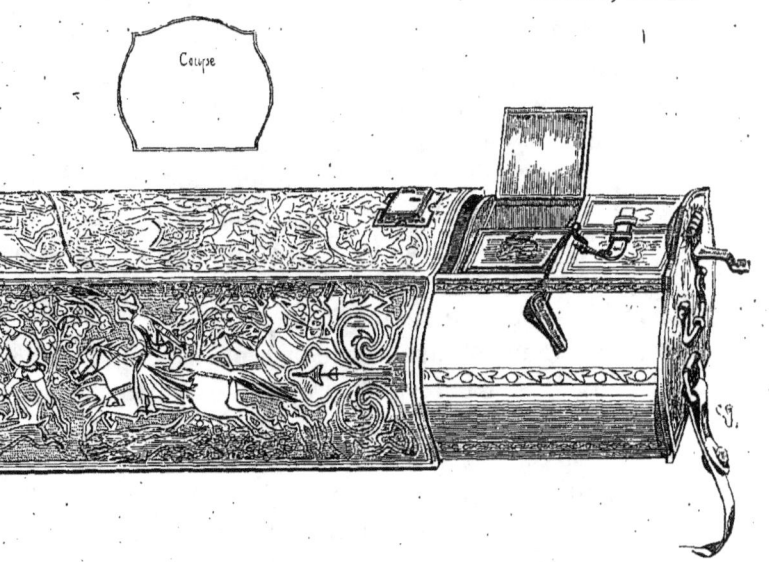

Coupe

ÉCRIN DE QUEUX, XIVᵉ SIÈCLE

« peau souple pour serrer les couteaux, lardoirs, les cuillers, et
« fourchettes. Deux anneaux attachés aux deux bouts permettent de
« passer une courroie et de porter l'étui en bandoulière. La tirette
« est fermée par une petite serrure à moraillon. Voyez comme les
« angles sont légèrement relevés pour que la tirette glisse bien droit
« dans son étui. Je donne une surface quelque peu cylindrique à
« trois côtés, parce que cette forme est plus solide, puis parce que
« le frottement se trouve diminué, les courbes des faces de la
« tirette étant un peu peu plus plates que celles de l'étui. La face du
« dessous est plate pour pouvoir poser l'étui sur une table. La
« fabrication de ces étuis demande beaucoup d'expérience et de
« soin, et je puis me vanter d'être le premier qui ait fait de ces
« écrins qui ne se gauchissent ni à la chaleur, ni à l'humidité. Je
« commence par faire un moule de bois de tilleul ou de hêtre bien
« séché au four, suivant la forme que je veux donner à l'écrin ; ce
« moule est en plusieurs pièces, l'une au centre, en forme de coin.
« Puis je prends la meilleure peau de veau que je puis trouver, non
« tannée ; je la fais macérer longtemps dans de l'eau avec de
« l'écorce de chêne : il faut changer l'eau plusieurs fois. Après
« quelques semaines, j'étends la peau sur une table de pierre polie,
« et je la gratte en enlevant le poil jusqu'à ce qu'il n'en reste plus
« trace. Je la retourne et je la racle avec un racloir de fer large et
« bien affûté. J'enlève ainsi toutes les parties étrangères au cuir, et
« cette opération étend la peau d'un cinquième au moins. Ceci fait,
« je la laisse sécher, non au soleil, mais dans un lieu sec et fermé.
« Il faut huit jours au moins, en été, pour qu'elle soit sèche. Je
« plonge alors cette peau, qui est devenue roide, dans une cuve d'eau
« bouillante avec un peu de très-belle colle de peau faite avec des
« peaux de lapin. Je laisse bouillir dix heures, renouvelant l'eau,
« afin que les peaux demeurent bien baignées. Pendant ce temps,
« j'ai mouillé d'eau gommée l'extérieur du moule, et je l'ai
« saupoudré de sable de plaine très-fin et pur. Alors je retire la
« peau de la cuve, je l'étends sur une pierre tiédie, je la coupe
« suivant le besoin, j'amincis les bords qui doivent se rejoindre et
« se couvrir ; je la plonge ainsi coupée dans un bain chaud de colle
« de peau claire, et je l'étends sur le moule avec les mains, en ayant
« grand soin de jeter du sable sur le moule pour qu'il soit bien
« poudreux. Puis on frotte la peau avec un outil de bois à mesure
« qu'elle se refroidit, de façon qu'elle touche le moule partout et
« que ses deux bords soient parfaitement collés. Je laisse sécher,
« pas trop cependant ; je retire le moule au moyen du coin, comme

« les cordonniers font avec leurs embauchoirs. Je tâte mon étui, je
« vois s'il ne s'y trouve aucun défaut en dedans et en dehors ; il est
« encore souple. M'étant bien assuré qu'il n'y manque rien, je sau-
« poudre de nouveau le moule de sable et je remets le cuir sur la
« forme. Il faut laisser sécher doucement pendant plusieurs jours.
« On fait alors cuire de l'huile de lin avec de la gomme arabique
« dans un pot de terre vernie neuf ; et prenant une peau d'âne très-
« belle et unie, on la trempe dans cette huile très-chaude jusqu'à
« ce qu'elle soit devenue souple comme une toile de lin. On met une
« couche de cette même huile chaude sur le cuir de veau, toujours
« sur forme, et, retirant la peau d'âne de son pot, on l'étend sur ce
« cuir ; on la coupe, on amincit les bords sur une pierre chaude, et
« on la colle en frottant avec une agate, de façon à polir l'œuvre et
« à lui donner exactement la forme du moule. On laisse sécher
« quatre ou six jours, suivant le temps ; et ensuite, avec un petit fer
« chaud, on fait tous les dessins que vous voyez sur la surface, les
« lignes, les filets, les figures, les animaux, tout ce que l'on veut,
« en appuyant fortement sur la peau. Il ne s'agit plus alors que
« d'être bon imagier et d'avoir la main ferme, égale et sûre, car
« tout faux trait ne se peut réparer. Il faut aussi que les fers soient
« toujours à la même température, assez chaude pour qu'on ne
« puisse y tenir la main, mais pas assez pour brûler la peau. Ces
« dessins ont encore l'avantage de donner beaucoup de solidité
« à tout l'ouvrage, en reliant ensemble par une quantité de linéa-
« ments et en faisant adhérer davantage les deux peaux l'une à
« l'autre. J'ai quelquefois employé de la peau de chien préparée
« avec du vert-de-gris ; cet ouvrage se polit bien, est brillant
« et plaisant à l'œil, mais on n'y peut tracer des dessins. Il faut des-
« sécher complétement l'ouvrage dans un four, à une chaleur
« très-douce et égale, après quoi on retire le moule ; mais faut-il
« s'assurer auparavant que tout est bien sec, autrement l'écrin se
« gauchirait. Quand tout est fini, si l'on veut, on peut, avec un pin-
« ceau, de la couleur et de l'huile de lin chaude, peindre les figures,
« les animaux, les feuillages, et même étendre des feuilles d'or par
« parties ou sur le tout. On vernit par-dessus avec de l'huile de lin
« et de la gomme cuites ensemble. Un écrin ainsi disposé est dur
« comme le bois le plus dur ; il ne saurait cependant se briser et est
« très-léger. On fait les trous pour poser les anneaux, les poignées,
« la serrure, fixés avec des rivets. On dispose des compartiments
« faits de la même manière et qui sont roidés comme des planchettes,
« on les colle avec de la bonne colle de peau. On fait des char-

« nières avec du cuir souplé de chevreau, collées de même avec de la
« colle de peau ; on colle, si l'on veut, en dedans, du drap, de la
« peau douce, du velours ou des feuilles d'or et d'argent, comme
« je l'ai fait pour les cases aux épices. Pour que la tirette glisse par-
« faitement dans l'étui, j'ai frotté ses parois avec une agate. Vous
« pouvez vous asseoir sur cet étui sans qu'il subisse la moindre
« déformation. »

Maître Aubri nous fit voir encore quantité de coffrets, d'étuis et
de mallettes exécutées avec beaucoup d'art et de soin. Après quoi, il
nous offrit de nous conduire chez un de ses amis, peintre imagier,
qui travaille en même temps et pour les églises et pour les palais [1].

L'Imagier.

Nous entrâmes bientôt dans un atelier assez vaste, bien éclairé,
au milieu duquel travaillaient un assez grand nombre d'ouvriers, car
Guillaume Bériot est l'imagier le plus occupé de Paris, et il peut
avoir avec lui autant d'apprentis et de valets qu'il en veut prendre ;
les priviléges de sa corporation lui permettent même de travailler
de nuit quand besoin est. Guillaume Bériot façonnait alors un beau
retable de bois recouvert de reliefs, de peintures et de dorures. Laissant de côté ses pinceaux et sa petite palette de bois divisée en plusieurs
cases dans lesquelles se trouvaient des couleurs humides, et après
quelques compliments, car les bourgeois de Paris sont polis et affa-
bles, il nous montra son atelier. De tous côtés nous vîmes des planchettes de bois bien dressées et préparées pour la peinture et la gau-
frure, de petites figures de bois et d'os, des baquets dans lesquels
trempaient des peaux d'âne ou de cheval, des pots bien nets remplis
de colle, et quantité d'outils très-délicats pour sculpter et graver.
Revenant au grand retable, il se mit à nous en détailler la fabrication : « C'est une pièce considérable, nous dit-il, et qui m'occupe,
« moi et mes hommes, depuis plus de six mois, encore n'est-elle
« point achevée. Le huchier, mon compère, qui vous accompagne,
« m'a fait la grande table de bois assemblée par petites pièces, em-
« brevées et collées ensemble de manière à ne point jouer ; de

---

[1] Au XIIIᵉ siècle, du temps d'Étienne Boileau, il existait, à Paris, deux corporations
d'imagiers : les « ymagiers tailleurs qui taillent crucefis » ; ceux-ci sculptaient l'os,
l'ivoire, le bois, façonnaient des crucifix, des figures de saints, des manches de couteau
et autres menus objets ; puis les « paintres et taillières ymagiers », qui pouvaient sculpter
et peindre des meubles, ustensiles et tableaux ; ceux-ci subsistèrent seuls et fabriquèrent
les objets sacrés et profanes (Voy. les *Registres des métiers et marchandises* d'Étienne
Boileau, titres LXII et LXIII).

« grandes barres à queue maintiennent le tout bien uni et toutes les
« pièces jointives. Vous voyez ces petits cadres en étoiles qui s'en-
« trelacent, ces colonnettes en relief avec leurs arcatures et leurs
« gâbles, tout cela est pris non dans la masse, mais apporté sur le
« champ et collé avec soin. Sur ce premier travail de bois, j'ai

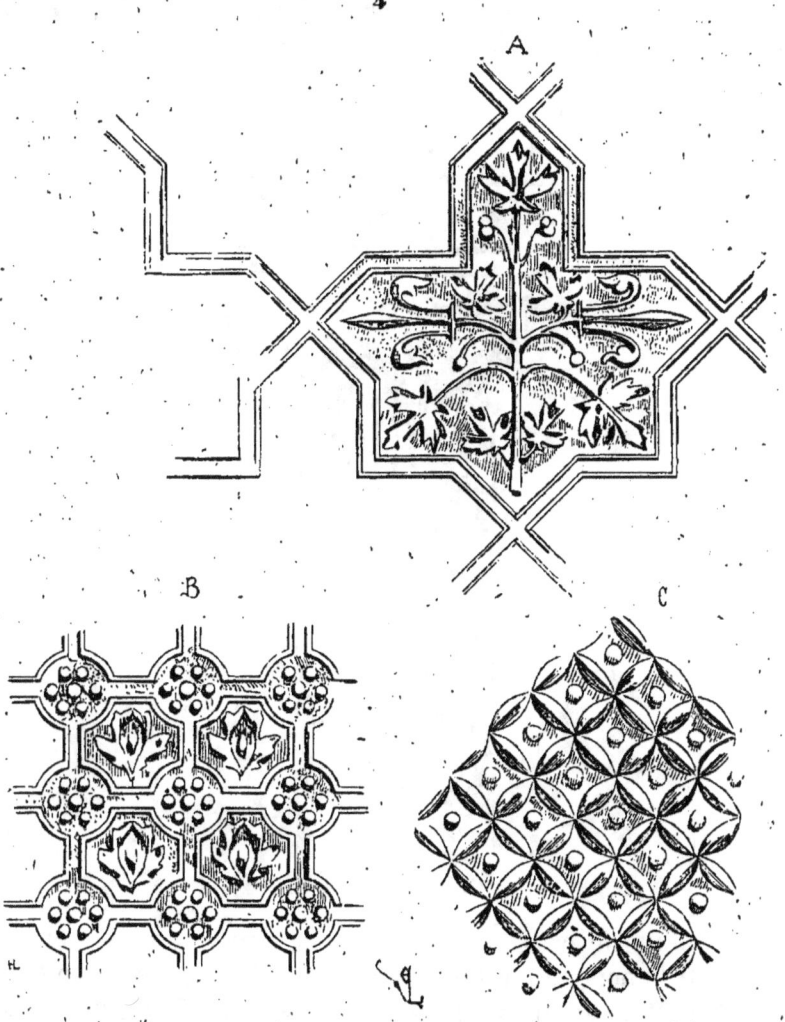

« étendu plusieurs couches de colle de peau, puis des feuilles de peau
« d'âne, puis enfin d'autres couches de colle de peau mélangées avec
« du plâtre fin ; après quoi j'ai tracé tous les dessins que vous voyez
« en relief. Au moyen d'outils de fer, j'ai gravé les compartiments
« principaux ; dans chacun d'eux, j'ai posé une couche très-épaisse
« de ce mélange de colle de peau et de plâtre, et pendant que la ma-

« tière était molle, j'ai estampillé les ornements saillants au moyen
« de petites matrices de plomb préparées exprès, comme on im-
« prime un sceau sur de la cire (fig. 4)[1]. Tous ces reliefs très-lé-
« gers qui garnissent les fûts de colonnettes et les champs seront
« dorés, comme vous le voyez de ce côté, la dorure appliquée, je
« redessine le relief par des lignes brunes, presque noires, très-fines,
« qui donnent à l'or du brillant et aux reliefs la netteté nécessaire

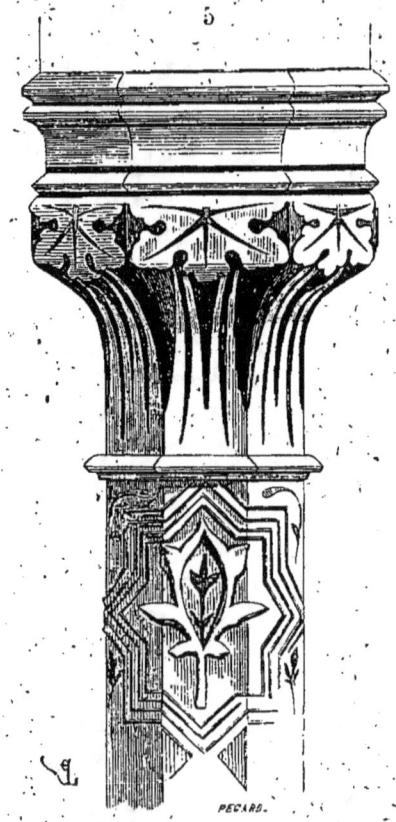

« à un meuble de cette nature destiné à être vu de loin. La peau
« collée sur le bois ne pouvant suivre la sculpture des chapiteaux,
« ceux-ci sont laissés unis, et les feuilles sont simplement redessi-
« nées en noir (fig. 5). Afin de donner au retable une grande

---

[1] Nous avons indiqué dans notre figure 4, non les matrices, mais les empreintes, pour
rendre le dessin plus intelligible. Ces matrices étaient quelquefois faites de bois, de
pierre fine ou d'ardoise. On comprend comment, avec une seule matrice ayant la forme
donnée par la figure A, on pouvait estamper un fond étendu, ou même des parties
cylindriques. L'ornement A provient du retable de Westminster; celui B, d'un fragment
de boiserie en notre possession, et celui C, du tabernacle de la sainte Chapelle de Paris,
avant sa restauration.

« richesse à laquelle l'application seule de l'or ne saurait atteindre,
« de place en place j'ai collé des pâtes de verre de diverses couleurs
« faisant l'effet de cabochons, puis quelques pierres dures, intailles
« et camées, qui m'ont été données pour cet objet. Ces pierres et
« gouttes de verre sont enchâssées dans un orle de pâte faite avec
« de la gomme laque et de l'huile de lin cuites ensemble; cette
« même matière sert à les coller; les sertissures sont dorées comme
« le reste, et sous chaque pierre est une petite feuille d'argent qui
« leur donne de l'éclat. Dans les fonds et les bordures, j'ai collé
« des plaques de verre, qui, vous le voyez, ont tout l'éclat des plus
« brillants émaux et une apparence plus délicate et plus transpa-
« rente. Voyez celles-ci (A et B, pl. XXII): ce sont des verres bleus
« et pourpres. Voici comment on obtient l'effet qu'ils produisent:
« On commence par coller sous le verre une feuille d'argent battu
« avec de la gomme arabique pure mélangée d'un peu de miel. Puis,
« sur le verre, on peint des ornements délicats avec de l'huile de lin
« mêlée à de la cire, de l'essence de térébenthine et de la sanguine,
« que l'on fait cuire ensemble à un feu très-doux. Sur cette assiette
« encore molle, on applique de l'or en feuilles; quand l'assiette est
« durcie, on brosse l'or, et il ne reste que l'ornement; puis on colle
« la plaque comme les pâtes de verre. L'ornement doré extérieur
« projette une ombre sur la feuille d'argent du dessous; cela donne
« une grande élégance et du relief à l'ornement. Ces autres fonds (C)
« sont peints de diverses couleurs rehaussées de dorures sous un
« verre blanc verdâtre; on applique sous la peinture, qui est trans-
« parente, une feuille d'or, et l'on colle la plaque comme les autres:
« cela prend un vif éclat et ne peut s'altérer. Mais il faut apporter
« dans ces menus travaux beaucoup de soin et de délicatesse, car de
« pareils ouvrages paraissent communs s'ils ne sont exécutés par des
« mains habiles, et ressemblent à ces boîtes que l'on vend dans les
« foires aux petites gens pour enfermer leurs bijoux. Les sujets
« colorés sur les fonds gaufrés et dorés sont peints à l'œuf et vernis
« très-légèrement au moyen d'une couche d'huile de lin cuite avec
« de la gomme arabique. Ce vernis s'étend avec la paume de la main,
« afin de ne faire aucune épaisseur et de ne donner qu'un brillant
« très-doux. Quelques parties de la dorure sont également vernies,
« pour leur donner de la chaleur et leur enlever l'apparence trop
« métallique, notamment dans les fonds gaufrés; car, si l'on ne
« prenait cette précaution, la peinture paraîtrait terne et terreuse [1]. »

[1] C'est ainsi qu'est fabriqué le beau retable déposé dans le collatéral sud du chœur de

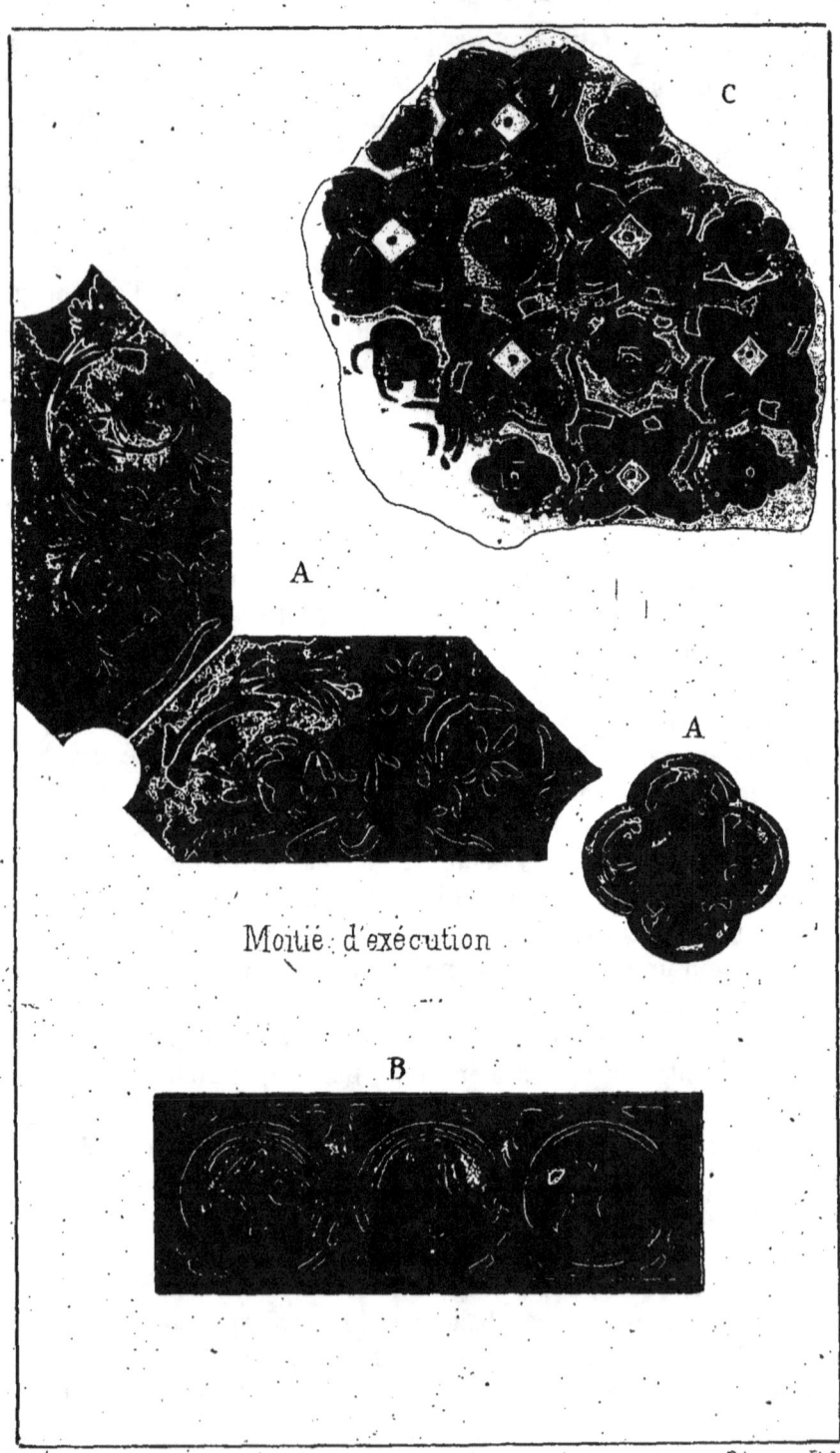

C

A

A

Moitié d'exécution

B

Violet le Duc del

Daumont. Lith.

DETAILS DU RETABLE DE WESTMINSTER.

Imp. R. Engelmann, Paris.

Après avoir admiré l'œuvre de Guillaume Bériot, nous lui deman-
dâmes s'il faisait pour les appartements des riches seigneurs des
ouvrages de cette nature : « Oui, nous dit-il, j'ai fait des lambris
« et des plafonds ainsi décorés, recouverts de toile fine collée
« sur le bois, dorés et couverts de pâtes gaufrées et de plaques de
« verre, de feuilles d'argent, de peintures représentant des feuil-
« lages et des oiseaux, et de petites figures en relief peintes au
« naturel. J'ai fait ainsi des bois de lit, de petits tableaux pour ora-
« toires, des armoires et des dressoirs ; mais ces ouvrages sont
« chers, et aujourd'hui on préfère les meubles de bois sculpté et
« recouverts de belles étoffes ou de tapisseries. »

Le Serrurier.

En sortant de chez l'imagier, Jacques le huchier nous engagea à
entrer avec lui dans l'atelier du serrurier qui fabrique des pentures,
charnières et serrures pour les coffres et armoires aussi bien que
pour les écrins. « Hugues, nous dit Jacques, est un serrurier déjà
« vieux, mais qui fabrique suivant la mode du jour ; le fer semble
« doux comme le plomb entre ses mains : il le tourne, l'amincit, le
« burine, le façonne aussi facilement que la pâte, et il n'est pas de
« forgeron à Paris qui travaille plus rapidement. Vous lui voyez faire
« des grilles, des landiers, de grandes pentures de portes et les
« ouvrages les plus fins, de petits coffrets de fer, des étuis, de petites
« serrures, des cadenas, que vous prendriez pour de l'orfévrerie,
« tant la matière est délicatement travaillée. Hugues emploie aussi
« parfois l'argent pour certains objets, tels que les écrins que vous
« avez vus tout à l'heure. On est surpris de voir ses larges mains
« noires et calleuses façonner adroitement les objets de métal les
« plus délicats ; cependant il a le poignet solide, et il n'est pas un
« forgeron qui étampe aussi nettement que lui un morceau de fer
« rouge. »

L'atelier de Hugues est grand ; on y voit une forge fixe, de petites
forges mobiles avec leurs soufflets, des enclumes et bigornes de
toutes dimensions, de gros marteaux, d'autres très-menus, des
ciseaux, des pinces de toutes tailles et quantité d'étampes ou matrices d'acier soigneusement rangées sur des tablettes. Hugues n'a
qu'un apprenti, mais lui-même est un homme vigoureux malgré son
âge, et travaillant tant que dure le jour.

l'église abbatiale de Westminster, et dont nous avons donné l'ensemble au mot RETABLE,
fig. 2. (Voyez, pour ces derniers procédés, l'*Essai sur divers arts*, du moine Théophile.)

En nous voyant entrer, Hugues salua de la tête le huchier et l'écrinier et leur demanda la permission de terminer son travail. Il forgeait à petits coups une plaque de fer très-mince, qu'il remettait à chaque instant dans un tas de braise incandescente sans trop la laisser rougir. « Que faites-vous là, maître Hugues? dit le huchier. « — Une boîte de serrure à bosse, répondit le serrurier. Vous savez « que je les fais toujours d'une seule pièce; c'est pour rendre le fer « ferme et malléable que je le chauffe ainsi doucement et le bats à « petits coups, afin de ne point brûler et de ne point crever la boîte, « qui doit être très-relevée pour contenir le mécanisme. » Laissant alors son marteau, il nous fit voir une serrure à bosse en forme d'écu, fort délicatement travaillée : « Voici, ajouta-t-il, une pièce « pareille, ou peu s'en faudra, à celle dont je fais la boîte. Tout cela « n'est que de la forge avec quelques burinages (pl. XXIII). Les « feuilles et tigettes qui ornent la boîte sont soudées à chaud, rele- « vées au marteau, puis attachées au fond par de petits rivets que « vous voyez apparents. Il faut de bon fer pour un travail aussi délicat « et qu'un coup de feu trop vif brûlerait sans ressource : c'est dans « les vieilles ferrailles des anciennes portes, dans les rebuts et les « vieux clous, que je trouve le fer convenable pour faire ces travaux « très-fins; les fers qu'on nous vend aujourd'hui sont cassants et « mal corroyés. Vous ne voyez dans tout ceci ni cuivre, ni étain. « Le mécanisme C est d'acier; c'est un pène qui entre dans le « moraillon au moyen d'un tour de clef. L'entrée de la serrure est « masquée par une garde retenue par un ressort; en poussant le « bouton A, la garde saute d'elle-même par l'effet d'une paillette « entaillée à côté de l'entrée, et l'on introduit la clef. — Pourquoi, « dit l'écrinier, ne me faites-vous jamais d'aussi belles pièces, maître « Hugues? — C'est que vous ne me les payez pas assez cher. Un « riche marchand, mon voisin, m'a commandé cette serrure pour « un vieux coffre très-beau qu'il a acheté en Touraine; c'est un « amateur. Les seigneurs qui vous commandent des écrins ne « veulent pas mettre le prix à ce qui ne brille point, et tous les jours « l'art du forgeron se perd; les serruriers d'aujourd'hui n'ont pas « l'occasion de se donner tant de peine, et vous n'en trouveriez plus « un seul en état de forger les pentures de Notre-Dame de Paris. « — Je le crois bien, répliqua le huchier, ces pentures ont été for- « gées par le diable! — Voire! dit Hugues; mon grand-père les « aurait bien forgées, sans avoir besoin d'appeler le diable. Voilà « une de ces œuvres que mon père a toujours gardée chez lui et « que je conserve de même, sans la vouloir vendre. Qui achèterait

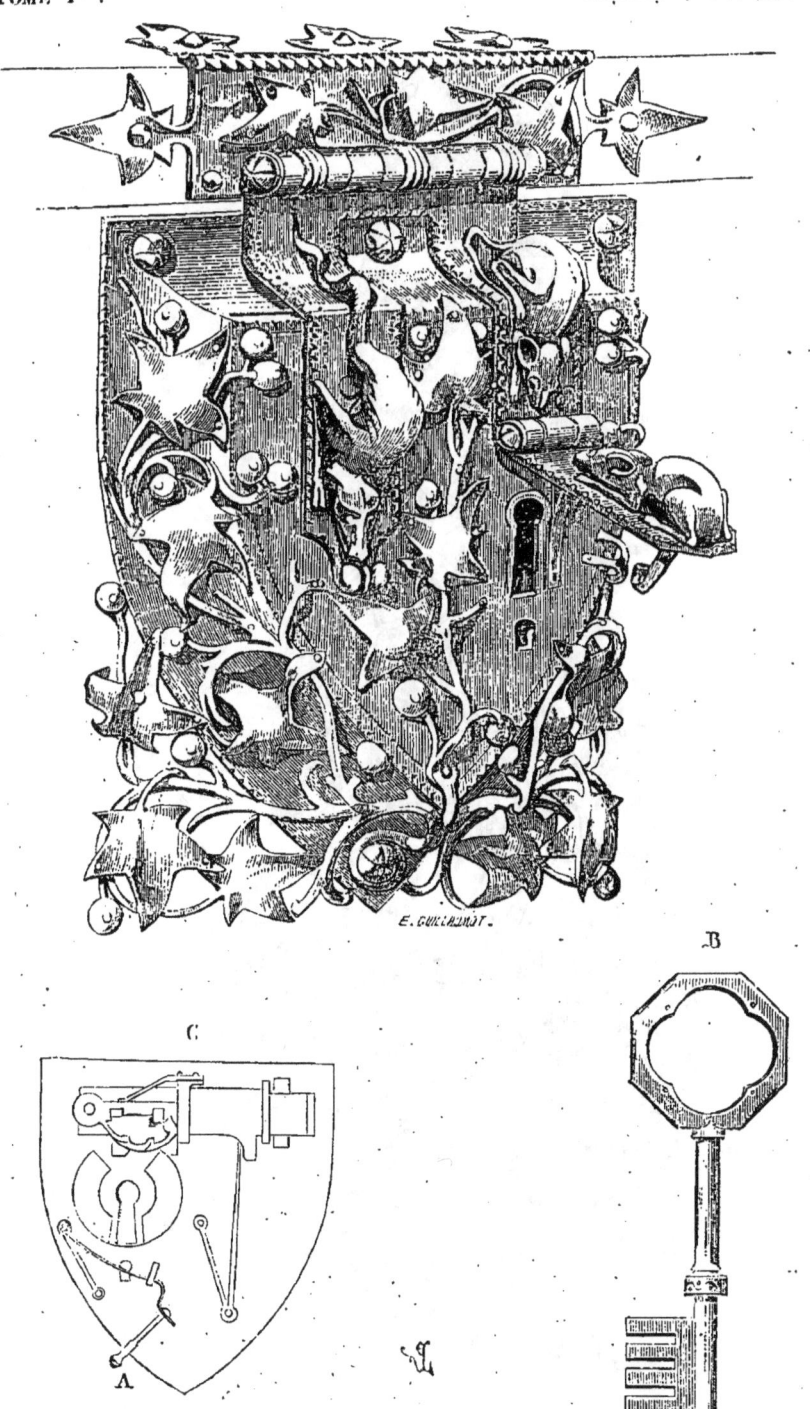

SERRURE A BOSSE, XIVᵉ SIÈCLE.

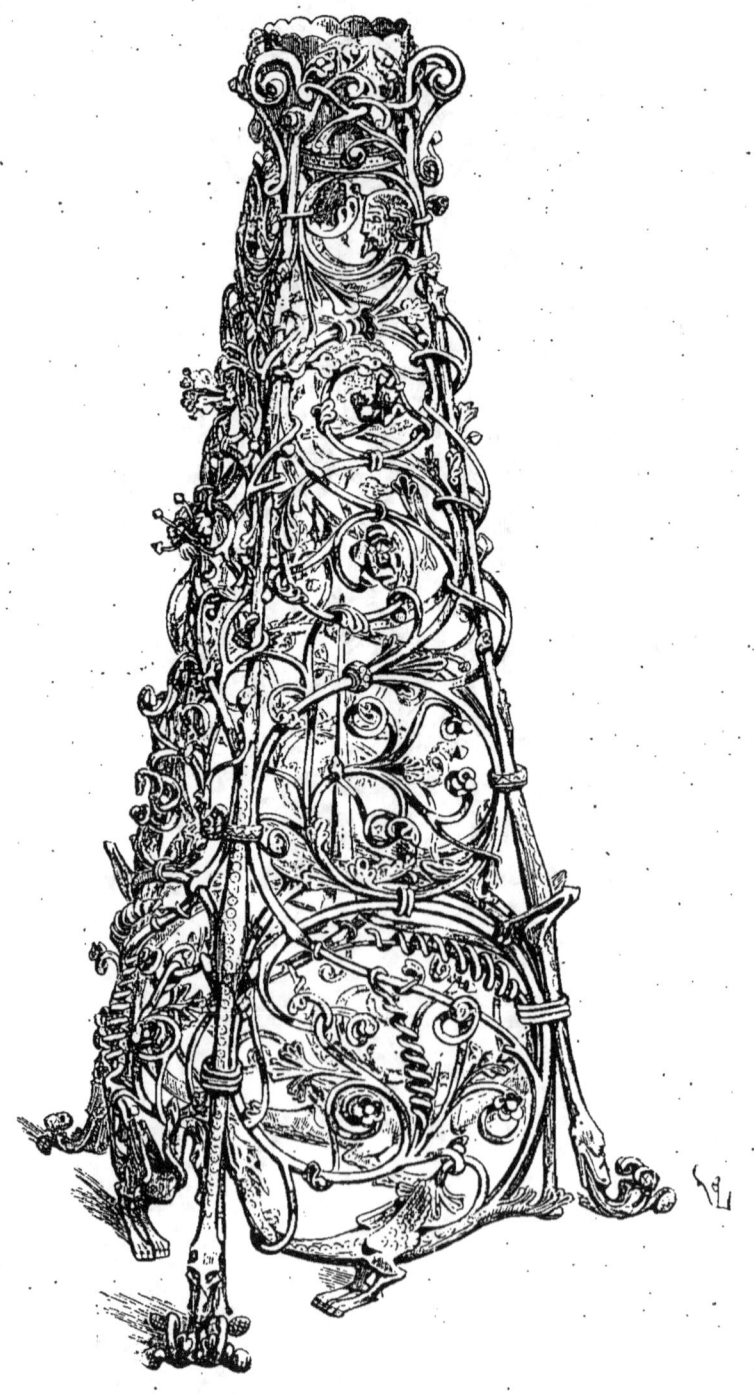

PIED DE CIERGE PASCAL, XIIIe SIÈCLE

« cette pièce, d'ailleurs? Personne aujourd'hui. » En disant cela, maître Hugues ouvrit une armoire dans laquelle était enfermée une grande pièce de forge qu'il nous laissa le temps d'admirer (pl. XXIV).

« C'est, continua maître Hugues, un pied de cierge pascal. L'abbé de « Saint-Germain des Prés l'avait commandé à mon grand-père; « mais, l'ouvrage terminé, l'abbé étant mort, son successeur, ama- « teur des choses nouvelles, n'offrit de ce pied qu'un prix fort infé- « rieur à celui qui avait été convenu, car on voulait alors faire dans « l'abbaye de grosses dépenses pour la construction du réfectoire et « de la chapelle de la sainte Vierge. Mon grand-père garda son œuvre, « espérant toujours que, les travaux achevés, on la lui payerait ce « qu'elle vaut; mais il mourut avant que Pierre de Montereau eût « terminé les constructions nouvelles de l'abbaye. Plus tard, cepen- « dant, mon père fit porter le pied de cierge chez l'abbé; les reli- « gieux trouvèrent le travail ancien, firent les connaisseurs, pré- « tendirent avoir pour le prix demandé un pied qui décorerait mieux « le chœur de l'église. Le candélabre revint donc à la maison, et je « le garde pour me remettre toujours en mémoire, ainsi qu'à mes « apprentis, comment on savait forger le fer autrefois. Les gens du « siècle et les religieux veulent aujourd'hui des meubles qui brillent, « qui soient chargés d'argent et d'or et de petits morceaux de verre « que le menu peuple prend pour des pierres précieuses. Peu de « personnes savent apprécier ce qui est bon et bien fait; chacun tient « à paraître; aussi les artisans perdent les traditions de leur métier. « — Vous feriez bien encore, maître Hugues, un candélabre « comme celui-ci? — Hum! peut-être; mais je suis vieux, et j'ai « fabriqué de ces sortes d'ouvrages avec mon père; les jeunes « gens ne sauraient s'en tirer, et moi-même il me faudrait, pour « achever une œuvre pareille, le double du temps qu'y a mis mon « grand-père. Remarquez bien que chacun des trois grands pan- « neaux de rinceaux est d'une seule pièce; les trois pieds ou branches « sont chacun aussi d'une seule pièce. Il n'y a donc dans ce candé- « labre, haut comme un homme, que six pièces, la bague supé- « rieure et le plateau inférieur avec sa pointe. Les pièces principales « sont maintenues ensemble, non par des rivets, mais par des « brides qui tiennent à l'ornement. Bien que le tout ne pèse guère, « cependant lorsqu'un homme forge un de ces panneaux, aidé seu- « lement par son apprenti, croyez qu'il lui faut de bons bras pour « retourner dans la braise et sur l'enclume une pièce de cette lon- « gueur, la façonner, souder chaque branche, tigette et bouquet, « et leur donner le contour convenable. Chaque tigette, fleur ou

« feuille est d'abord forgée et étampée à part, puis on soude ces
« petites pièces ensemble de façon à en composer les bouquets ; puis
« enfin, lorsque ces bouquets ont reçu leur contour, on les soude
« ensemble pour composer le panneau par leur réunion. Ainsi, dans
« un panneau, il y a environ quarante fleurettes ou feuilles, ou têtes,
« qui, pour être étampées et façonnées de manière à pouvoir être
« soudées, ont passé chacune au moins quatre fois au feu, ce qui
« fait déjà cent soixante passages dans la braise. Pour souder et
« contourner ces petites pièces de manière à former les bouquets
« et leur donner le contour convenable, il faut compter au moins
« dix passages au feu en moyenne par bouquet, ce qui fait cin-
« quante, puisqu'il y a cinq bouquets par panneau. Pour les souder
« ensemble, faire les embrasses et entrelacs, il faut compter pour le
« moins trente passages au feu, ce qui fait pour un panneau deux
« cent quarante ou deux cent cinquante chauffages, et pour les
« trois panneaux sept cent cinquante environ. Si nous comptons
« quarante chauffages par pied ou branche, vingt pour la bague et
« le plateau, nous aurons en tout bien près de mille passages au feu
« pour forger ce candélabre. Ajoutons à cela les retouches et les
« gravures au burin, les pièces manquées qu'il faut recommencer,
« vous comprendrez qu'aujourd'hui on n'estime pas un pareil tra-
« vail ce qu'il coûte de temps, de sueurs et de charbon. Les habiles
« forgerons qui façonnaient autrefois ces pièces, ne gagnant plus
« leur vie ici, se sont établis ou en Angleterre ou dans les villes
« de l'Allemagne, car dans ces pays on estime et l'on paye encore
« ces sortes d'ouvrages A Paris, vous voyez quantité de serruriers,
« ou de gens se disant tels, n'ayant d'autre souci que de découper
« de petites plaques de fer aminci, de les river les unes sur les
« autres, d'y graver quelque dessin au burin, et de faire ainsi des
« ouvrages qui séduisent les ignorants par leur apparence déli-
« cate, mais qui ne sont ni solides ni beaux, et devraient être lais-
« sés aux chaudronniers ou à ceux qui fabriquent des bossettes
« pour les selles et pour les chariots, ou des plaques de cein-
« tures et de hauberts. » Ayant dit, maître Hugues nous laissa admirer le candélabre fabriqué par son grand-père, et se remit à sa
forge. « Mais », reprit-il après avoir plongé le fer dans la braise et
pendant que son garçon soufflait, « nous ne devons pas nous
« plaindre ; en somme, je gagne deux fois plus que mon père
« chaque année, et lui-même gagnait plus que son père : les sei-
« gneurs et les riches hommes recherchent moins ce qui est bon et
« bien fait qu'autrefois, mais ils dépensent plus d'argent pour re-

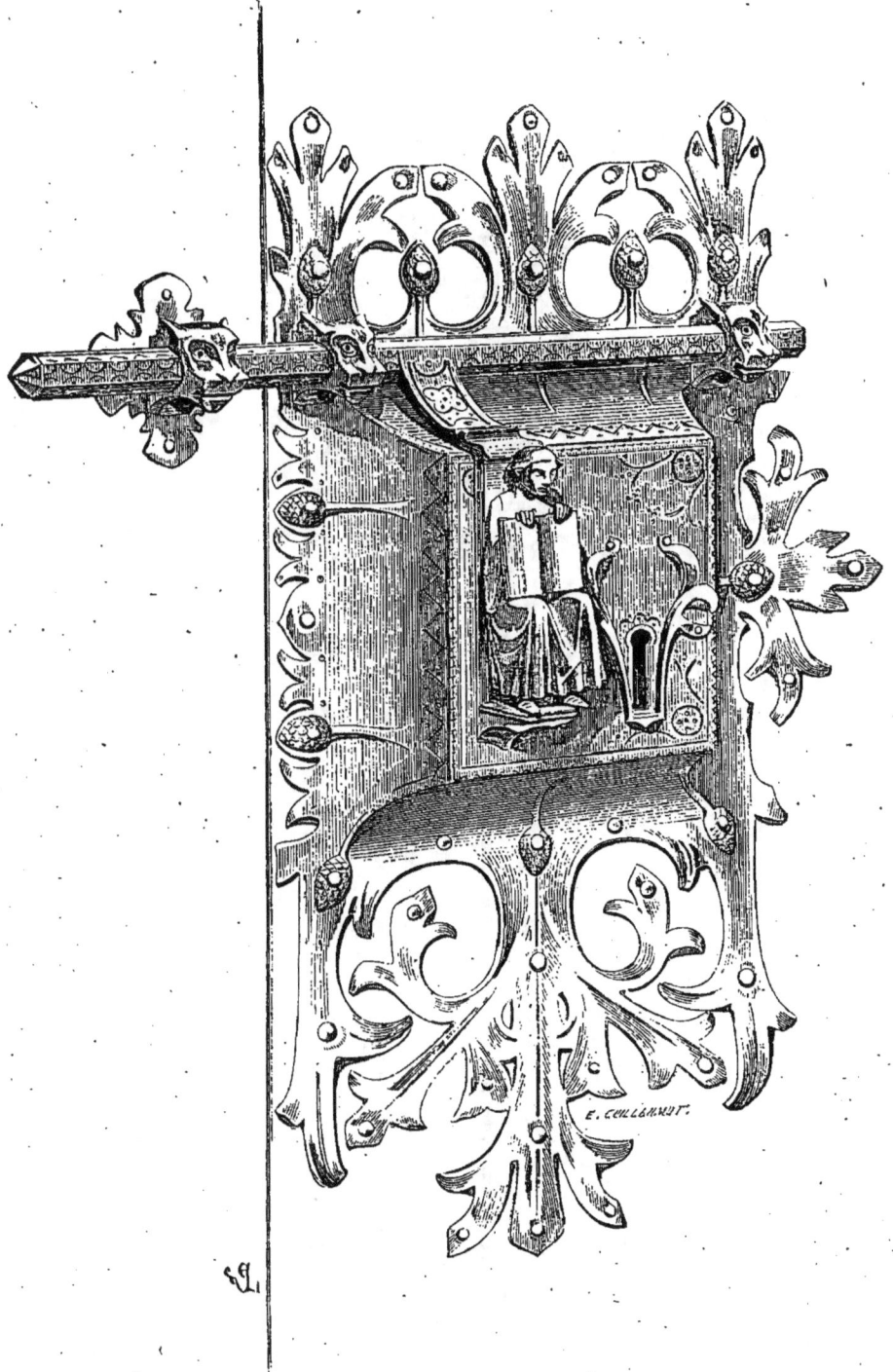

E. CUILLEMOT.

VERTEVELLE, XIVᵉ SIÈCLE

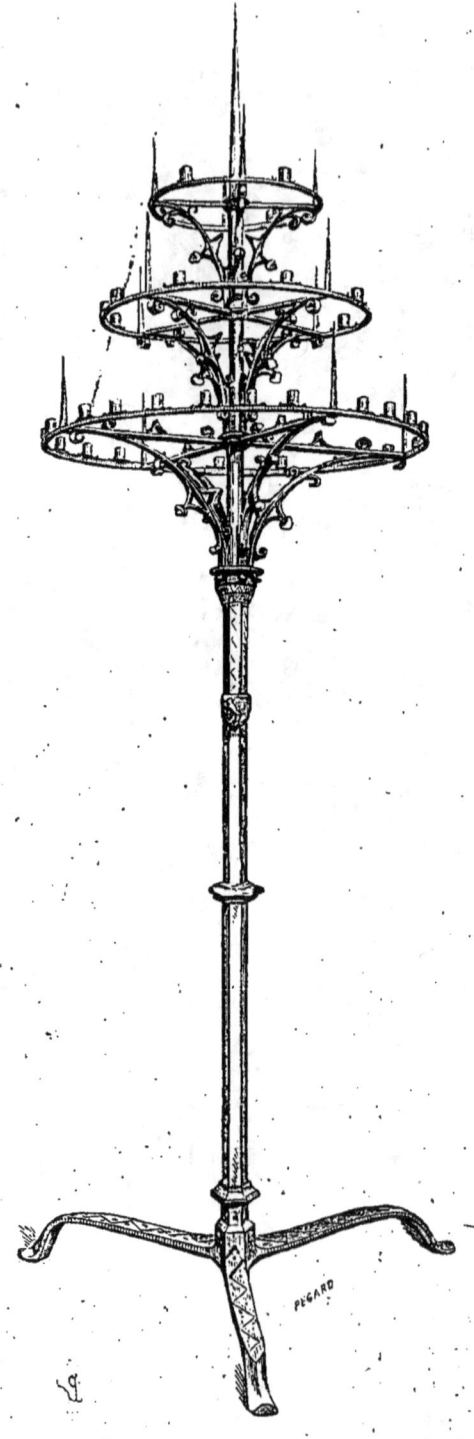

CANDÉLABRE EN FER, XIVe SIÈCLE

« nouveler leurs meubles et leurs maisons ; les gens de métier sont
« plus heureux, moins foulés ; ils mangent du pain et de la viande
« tous les jours, et s'ils sont moins habiles, ils se font mieux payer.
« Moi aussi je m'accommode au temps. Tenez, voici une vertevelle
« que je viens de finir (pl. XXV) ; cela ne donne pas grand'peine à fa-
« çonner, ce n'est que du fer battu découpé, quelque peu relevé à
« froid et buriné. Cependant j'ai soudé dessus, ces grappelettes
« faites à la forge pour recevoir les têtes des clous, afin que celles-ci
« n'appuient pas sur le fer à cru, ce qui ne vaut rien. C'est pour
« une armoire servant de librairie. Vous voyez que j'ai orné le mo-
« raillon d'un petit clerc assis tenant un livre ouvert ; j'ai conservé
« l'habitude de placer ainsi quelques pièces de forge très-fines, même
« sur les objets les plus vulgaires ; il faut s'entretenir la main, et mon-
« trer aux apprentis à ne laisser jamais perdre le métier. Voici encore
« une pièce de serrurerie comme nous en fabriquons chaque jour
« pour les églises et les châteaux : c'est un grand chandelier à cou-
« ronne ; cela ne demande ni beaucoup de peine, ni beaucoup de
« soin. Vous voyez au centre une tige de fer, ronde au sommet, à six
« pans dans la partie inférieure (pl. XXVI), puis des traverses plates
« posées en croix, soulagées par des potences qui maintiennent les
« trois cercles auxquels sont fixées des pointes pour les grands cierges
« et des viroles pour les petits cierges. Le candélabre est porté sur
« trois pieds et ne peut ainsi vaciller, quelle que soit l'inégalité du sol.
« Je fais de ces grands porte-lumières par douzaine, et cela ne coûte
« pas cher ; mais aussi n'est-ce ni long ni difficile à fabriquer. Les
« branches soutenant les cercles sont assemblées avec ceux-ci au
« moyen de rivets, et leur extrémité inférieure passe à travers les
« petits plateaux circulaires qui sont enfilés par la tige de fer. Les
« cercles peuvent ainsi tourner sur l'arbre central, afin que l'allumeur
« de cierges ne soit pas obligé de faire le tour du porte-lumières. Les
« petits ornements qui égayent les supports des cercles sont eux-
« mêmes rivés. Ainsi, dans ces grandes pièces, les difficultés de
« forge sont évitées ; il n'y a point de soudures ; les pièces sont tour-
« nées à chaud, quelque peu gravées par des coups de burin et rivées
« les unes aux autres. De pareilles œuvres déplaisent à un vrai for-
« geron ; elles gâtent la main. Cependant, ces pièces ne coûtant pas
« cher et ayant de l'apparence, quelques-uns les font dorer et les
« placent dans les salles de banquet. A distance, on peut croire que
« ce sont là des porte-lumières d'un beau travail... Que voulez-

Candélabre de fer tiré du cabinet de M. A. Gérente.

« vous? Si nous passions notre temps à ne faire que des ouvrages re-
« cherchés par les amateurs, nous ne pourrions gagner assez pour
« donner du pain à nos enfants. Mon voisin, Jacques Blin, qui était
« bon serrurier et façonnait ces beaux ouvrages tant prisés, est mort
« dans la misère, sans laisser de quoi l'enterrer. Quand il venait me
« voir, et si j'avais sur ma forge une pièce comme celle-ci, j'étais
« honteux; il ne disait rien, et se sauvait. Ce sont ces ouvrages de
« peu de valeur qui nous rapportent les plus gros bénéfices. » Maître
Hugues reprit alors sa boîte de serrure, et nous le quittâmes.

« Avant que le soleil soit couché, nous avons encore le temps, si
« vous voulez, nous dit Jacques le huchier, d'aller visiter l'atelier de
« mon compère le lampier, Alain Le Grant. C'est un habile et riche
« homme qui a voyagé longtemps et qui sait bien son métier; il est
« fort considéré par les seigneurs, qui lui confient l'exécution de leurs
« sceaux, bien que ces ouvrages ne dépendent pas de son état : c'est,
« comme vous savez, une besogne délicate, car on doit craindre les
« faux; s'il gagne beaucoup à faire ces petits ouvrages, ce n'est pas
« là ce que je vous ferai voir chez lui, mais de belles œuvres de fonte
« d'archal et de cuivre. Il a des secrets pour jeter en moule de
« grandes pièces d'un seul jet, et il est rare qu'il les manque. »

Le Lampier.

Nous allâmes donc chez Alain Le Grant. Son atelier est au fond
d'une allée, près d'une cour assez spacieuse autour de laquelle sont
bâtis des hangars renfermant des fourneaux et des provisions de
sable, de terre grasse, du bois sec, des lingots de cuivre jaune et
rouge, des pots de terre et des creusets de toutes dimensions. Sur
la rue, Alain Le Grant ne possède qu'une boutique étroite, sur la
devanture de laquelle on voit de petits chandeliers, des anneaux, des
plaques de chariots, de harnais, et quantité de petits objets qui se
vendent habituellement. Maître Alain était occupé à façonner un
grand lampier en cire brune, car il est bon modeleur[1]. « Voici, dit
« Jacques, des étrangers de mes amis qui demandent la permission

---

[1] « Premièrement, que nulle ne pourra ouvrer ou dit mestier de nuys, fors tant seule-
« ment come il verra du jour, si ce n'est pour fondre. . Item, que nus chandelliers de
« cuivre ne soient faiz de pieces soudées pour mètre sus table, ne lampes ne soient faites
« qué d'une piece, se ils ne sont à clavail (pièces retenues par des clavettes) . Item,
« que nuls ne puisse nulles vielles euvres réparer ne brunir, ne vendre pour neuves, sus
« paine de perdre les, et de paier l'amende, etc.... » (*Registres des mét et marchand.*
d'Ét. Boileau)

« de visiter vos ateliers, et qui voudraient bien voir quelques-unes
« de ces belles pièces de fonte que vous avez chez vous. — Soyez
« les bienvenus, messieurs, dit Alain, vous me faites honneur : je
« vous ferai voir ce que j'ai de meilleur, et si vous restez à Paris, vous
« pourrez, si bon vous semble, voir couler cette pièce que je termine
« et qui sera prête à fondre dans un mois environ. On dit que j'ai des
« secrets, mais ce sont là des contes ; mon secret est de savoir mon
« métier et de ne jamais rien négliger. Si les fondeurs, mes confrères,
« ne réussissent pas comme moi, c'est qu'ils ne mettent pas à leur
« travail le temps et la patience qu'il faut y apporter, ou qu'ils crai-
« gnent la dépense. A Paris, on veut aller trop vite en besogne, et
« pour un fondeur, le temps et le soin font les trois quarts du travail.
« J'ai été longtemps en Brabant, en Bourgogne, en Allemagne et en
« Italie, où il se trouve de bons fondeurs, que l'on paye bien, parce
« que, dans ces pays, on estime leur travail, et si l'on me trouve habile
« ici, c'est que je n'ai pas perdu mon temps en chemin et ne me suis
« pas amusé, comme tant d'autres, à blâmer ce qu'ils voient chez les
« étrangers, sans songer à profiter de ce que ceux-ci savent et prati-
« quent mieux que nous. C'est à Milan et à Venise que j'ai appris à mé-
« langer les métaux, chose d'une grande importance pour nous ; que
« j'ai vu comment on préparait de grands modèles et comment on
« fait pénétrer le métal en fusion jusque dans les parties les plus dé-
« licates du moule. Ne croyez pas qu'en France on ne sût pas fondre
« autrefois ; il y a un siècle et demi, nos devanciers savaient bien
« leur métier, et vous en aurez la preuve si vous allez à Saint-Remi
« de Reims, par exemple [1]. Vous verrez dans le chœur des religieux
« un candélabre qui est aussi beau comme fonte que le grand chan-
« delier à sept branches de Milan [2]. J'ai recueilli dans mes voyages
« quelques belles pièces que je conserve comme modèles ; je voudrais
« les vendre que je ne pourrais en tirer un bon prix, car cela est
« passé de mode, et aujourd'hui on ne veut plus que des pièces de
« fonte toutes remplies de petites figures, de niches, de colonnettes,
« de feuillages, de clochetons : cela est surprenant, mais c'est, entre

---

[1] Un fragment du candélabre de Saint-Remi de Reims se voit encore dans le musée de
cette ville ; c'est une des plus belles pièces de fonte que nous connaissions : ce candélabre
fut fabriqué vers la fin du XIIᵉ siècle. Mais l'une des pièces de fonte de cuivre les plus
remarquables que l'on puisse voir est le grand chandelier qui appartient à M. Espaular,
au Mans. Il est fondu sur cire perdue, et date du XIIᵉ siècle. (Voy. les *Mélang. archéol.*,
t. IV, des RR. PP. Martin et Cahier, et le *Dictionnaire*, partie USTENSILES)

[2] Ce chandelier existe encore dans le trésor de la cathédrale ; il a été publié dans les
Ann. archéol. de M. Didron.

« nous, bien moins difficile à fabriquer que des anciens meubles, car
« on dissimule les défauts sous la multiplicité des détails. On attache
« les pièces les unes aux autres par des goupilles, on les retaille, on
« les couvre de ciselures ; s'il se trouve une soufflure, on la remplit
« d'étain. Mais les gens d'église et les seigneurs n'y connaissent
« rien, et veulent avoir beaucoup pour peu d'argent ; il faut bien les
« satisfaire. Toutefois j'aime mon métier, j'ai de quoi vivre, et n'en-
« treprends que les travaux qui me plaisent. Le grand lampesier
« dont je termine le modèle en ce moment est pour notre sire le roi ;
« il doit être suspendu dans sa chambre, au Louvre. Il sera fondu en
« sept pièces. Mais tout à l'heure, quand les apprentis auront dîné,
« je vous ferai voir les modèles déjà terminés. Entrez dans cette
« chambre, où je conserve les objets que j'ai pu me procurer pen-
« dant mes voyages. » Maître Alain nous ouvrit une petite porte
basse, et nous nous trouvâmes dans une assez belle chambre toute
tendue de vieilles tapisseries, contre lesquelles sont rangées des débris de meubles, de métal et aussi de quelques meubles entiers ;
de grands chandeliers, des suspensions pour les autels ; des bra-
« siers et des plateaux à jour de cuivre comme nos drageoirs, mais
plus grands ; des lampiers de toute forme, des bras pour recevoir des
cierges, quantité d'objets d'une finesse extrême de travail, tels qu'encensoirs, navettes, crosses, fermaux, pièces de harnais, etc. Il eût
fallu une journée entière pour examiner toutes ces choses à loisir, car dans le nombre il y en avait qui me parurent d'une singulière délicatesse. « C'est ici, nous dit maître Alain, que je viens me
« reposer de mon travail et chercher les moyens de perfectionner
« mes modèles et ma fonte. Voici, par exemple, des ouvrages sar-
« rasinois que j'ai achetés à Venise : ce sont de petits vases d'argent
« faits pour contenir des boissons chaudes, enveloppés d'un réseau
« ajouré de fonte de cuivre, afin d'éloigner les mains du vase et de
« ne point brûler les doigts. Voyez comme ces ornements sont dé-
« liés, regardez ce métal comme il est beau. J'ai bien des fois cher-
« ché à obtenir une fonte pareille, mais je n'ai pu encore y parvenir.
« De ce côté, est une de mes plus belles pièces : c'est une table de
« campagne, comme les grands seigneurs en faisaient mettre dans
« leurs bagages et sur lesquelles on servait un repas. Lorsqu'on
« campait, on apportait les mets sur ce plateau garni de rebords,
« chacun s'asseyait autour sur des tapis, de la paille ou du foin,
« et l'on posait les assiettes sur des escabeaux ou même à terre[1].

---

[1] Bien que dès le ix⁰ siècle l'usage des tables hautes et des siéges fût généralement

« Deux hommes pouvaient facilement porter le plateau au moyen
« de deux bâtons que l'on passait dans les anneaux (fig. 6). Aujour-
« d'hui nos seigneurs, à la guerre, veulent être servis comme dans
« leurs châteaux : au camp, on met des tables et des nappes, on

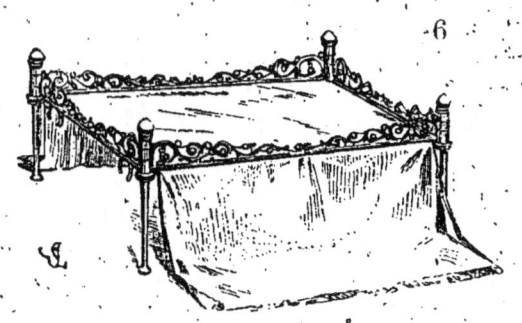

-6

« place des siéges autour, et il faut de nombreux serviteurs ; mais,
« autrefois, un connétable, ou même un roi en campagne se con-
« tentait d'un plateau comme celui-ci pour son souper. Ce plateau
« peut se démonter ; les quatre pieds ne sont que des boulons qui
« passent à travers des œils ménagés aux extrémités des rebords,
« qui portent en dessous un repos sur lequel pose le panneau du
« fond, de bois, que l'on couvrait d'une nappe débordant par-des-
« sous des deux côtés, de façon à faire deux nappes pour poser les
« assiettes, le pain et le sel. En apportant la table et lorsqu'on la
« desservait, les deux pans de la nappe étaient reployés sur le pla-
« teau et l'on emportait la table avec son service en un moment [1]. Il

adopté en France, même en campagne, cependant il est question parfois, pendant les
XIe et XIIe siècles, de tapis étendus à terre pour manger (Voy. la *Vie de saint Arnould*,
évêque de Soissons ; voy. Legrand d'Aussy, *Hist. de la vie privée des François*, t. III,
p. 153.)

[1] Au XIIe siècle encore, les tables étaient souvent munies de rebords (voy. TABLES).
Quant aux meubles transportables, nous avons expliqué ailleurs qu'ils étaient fort en
usage jusque vers la fin du moyen âge. Le métal se prêtait mieux que toute autre matière
à la fabrication de ces meubles, qu'il fallait démonter souvent, qui devaient occuper peu
de place et peser le moins possible. Nous savons par expérience, de nos jours, comment
des meubles de métal, adroitement composés et exécutés, ont moins de poids que des
meubles de bois. Lord Londesborough possède, dans sa magnifique collection d'objets
du moyen âge, un *fauteuil* (pliant à dossier) de fabrication espagnole, qui date probablement du XVIe siècle et qui est entièrement de fer, travaillé avec une délicatesse
rare, composé de panneaux ajourés pouvant se démonter, se plier et se placer facilement
parmi les bagages (voy. *Miscell. Graphica : represent. of ancient, medieval, and renaissance remains*, London, 1857). Il est à croire que les Maures possédaient beaucoup de
ces meubles portatifs ; ils excellaient dans les ouvrages de métal. La table de dom Pèdre
de Castille était d'origine mauresque.

« fallait que ces tables fussent légères; aussi les quatre galeries à
« jour, d'une fonte si fine, les quatre boulons et l'ais de bois qui
« forme le plateau, ne pèsent ensemble plus de vingt-cinq livres,
« bien que le tout soit assez grand pour contenir plusieurs plats [1].

---

[1] Nous ne possédons sur ces tables portatives que des données assez vagues, et l'exemple
que nous donnons ici ne s'appuie (quant à la forme et aux détails de l'ornementation) que
sur un calque fait sur les dessins de la collection Garnerey, vendue il y a vingt-cinq ans,
et malheureusement dispersée. Jusqu'à nos jours, les personnes souveraines avaient pour
habitude de manger seules. Leur repas était apporté dans des barquettes couvertes, et les
mets étaient déposés couverts sur la table (d'où le mot *couvert* pour désigner une table
servie). Ces usages s'étaient conservés encore sous les rois Louis XVIII et Charles X. Le
dîner du roi était porté, des cuisines à la salle à manger, dans une ou deux barquettes,
par des valets; et précédé d'un quartier-maître en uniforme et de gardes du corps. De
temps à autre le quartier-maître criait : « Messieurs! la viande du roi! » Et chacun de
se découvrir. Notre table peut bien avoir servi de barquette. Mais alors (au xiie siècle)
le cérémonial n'était pas réglé comme il le fut plus tard. Pour prendre une idée de ce
qu'était le cérémonial de table au xve siècle, il faut voir l'*État de la maison de Charles le
Hardy*, par Olivier de la Marche. Cet auteur dit (chap. du *Tiers estat*) : « Or il est besoin
« que je déclare comment l'escuyer trenchant sert, ne en quelle manière, quand les estats
« sont appointés, et la table parée, l'escuyer trenchant qui doit servir doit mettre son
« chapperon ou chappeau sur le buffet, ès mains du somellier, et en doit le somellier
« prendre garde, et doit bailler à l'escuyer à laver, qui essuie ses mains à la nappe du
« buffet, et ces choses ne doit-on souffrir ne laisser faire à autre que à l'escuyer tren-
« chant; et le prince assis, l'escuyer trenchant va devant luy, puis desveloppe le pain,
« et baise la petite serviette qu'il trouve enveloppée (avec le pain), et la mect entre les
« mains du prince, et puis prend celle où estoit le pain enveloppé, il l'escout (la secoue)
« et la mect sur son col, et y mect les deux bouts d'icelle devant luy, et la cause est
« telle, car l'escuyer trenchant doit tousjours veoir toutes les choses qui doivent toucher
« au pain, à la viande et aux cousteaux, dont il doit trencher, et doit toucher à ses mains
« et à sa bouche. » Ce passage doit s'entendre ainsi : L'écuyer tranchant examinera avec
soin tous les ustensiles qui doivent toucher au pain et aux mets; il les prendra en sa main
et les approchera de sa bouche, pour faire l'essai, et s'assurera si ces ustensiles ne sont
point empoisonnés. « Puis il prend le pain et le mect en la main sénestre, qui doit estre
« couverte de la serviette (attachée à son col), et du plus grand cousteau le doit partir
« en deux (partager le pain en deux), et en doit prendre l'une, et la bailler au valet
« servant pour faire son essay, puis prend l'épreuve de la licorne en la petite nef, et
« touche le pain tout à l'entour, et puis trenche devant le prince, et quand il a servi le
« pain, il la remet sur la table (la petite nef), entre luy et le panetier, et puis prend
« un petit cousteau, et baise le manche, et puis le mect devant le prince, et tous les
« mects et toute la viande qui est sur la table, il la doibt descouvrir l'un après l'autre,
« et mettre devant le prince, soit fruict ou autrement, et quant le prince a mangé de
« l'un, il lui baille de l'autre, selon son appétit, et doit avoir discrétion de présenter
« au prince les mects comme ils doivent aller, c'est à sçavoir, les potages premiers que
« le plat, et les œufs avant le poisson, et quand il a mis à chascun plat devant le prince,
« il le doibt descouvrir, et puis faire espreuve de la licorne, et après faire son essay avant

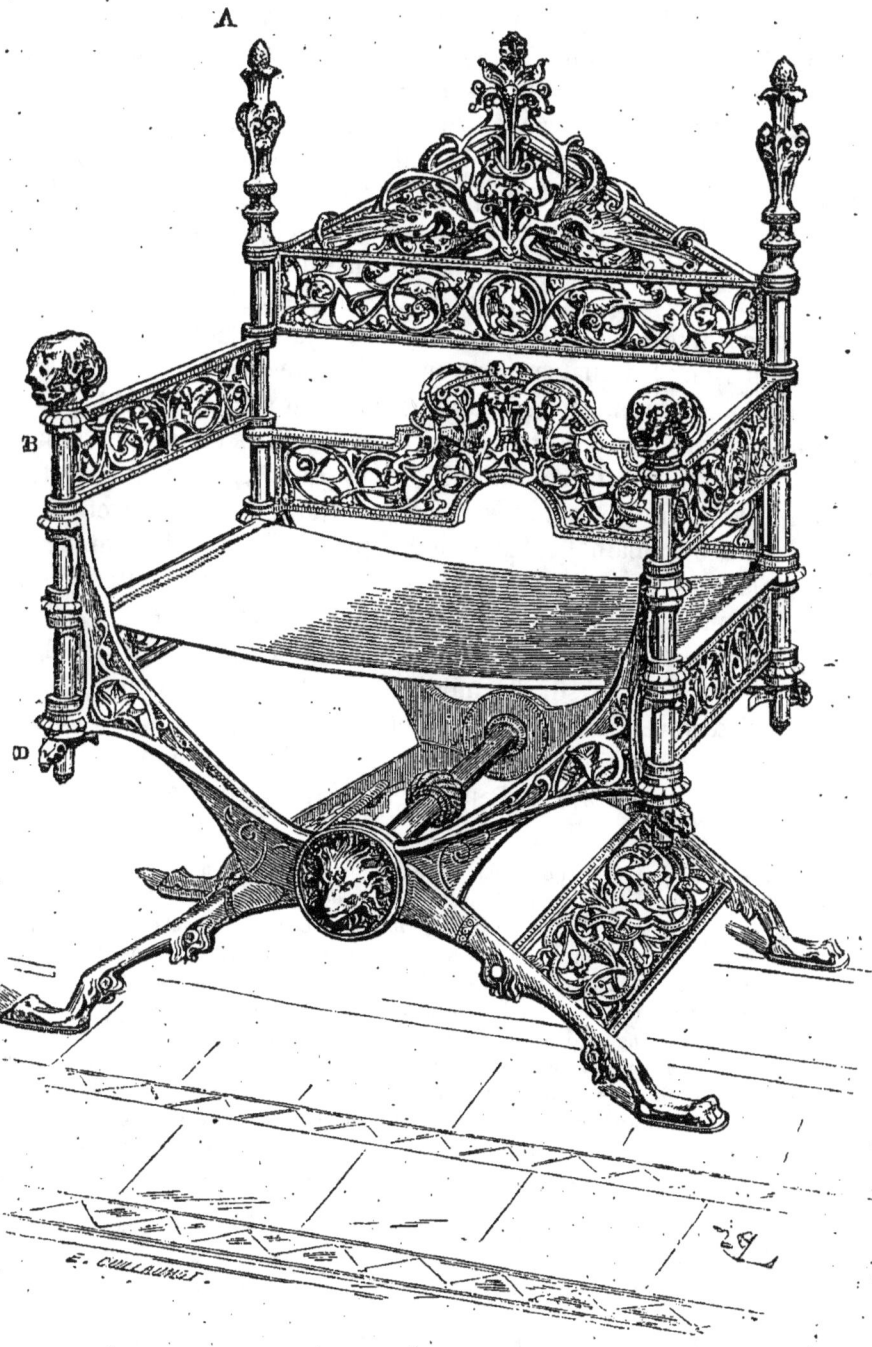

FAUDESTEUIL EN BRONZE, XIIe SIÈCLE

« Dans ces ouvrages de fonte anciens on enchâssait volontiers des
« cabochons de cristal de roche ¹. Cela n'est plus de mode depuis
« longtemps ; je le regrette, car ces pierres transparentes et bril-
« lantes donnent quelque chose de précieux aux ouvrages de fonte,
« surtout lorsqu'ils ne sont pas destinés à être dorés. Cependant ce
« que je possède de plus riche, c'est ce *faudesteuil*, fondu en Flandre
« il y a plus de cent ans ; car alors il faut dire que ces fondeurs en
« cuivre étaient plus habiles qu'ils ne le sont aujourd'hui. Ce siége
« (pl. XXVII) se démonte, afin de pouvoir être transporté avec le
« bagage du seigneur. Après avoir retiré les clavettes à ressort D,
« on enlève les quatre montants A, B, qui passent à travers les œils
« réservés aux extrémités supérieures du pliant, dans les accoudoirs
« et le dossier ; les quatre pieds croisés, à tête de compas, se plient ;
« les plaques d'appui et celle du dossier ne sont alors que des pan-
« neaux légers que l'on met dans un coffre. Les deux têtes tenant
« aux montants du devant sont de cristal de roche, ce qui est fort
« sain, parce que cette matière, étant toujours froide, entretient la
« fraîcheur des mains..... Mais les apprentis² ont fini de dîner, et
« si vous voulez, messieurs, nous allons rentrer dans l'atelier ; ils
« m'aideront à vous faire voir le lampier du roi notre sire. » En
effet, plusieurs apprentis s'étaient remis au travail : les plus âgés
« battaient des pièces sur des modèles, d'autres enduisaient de terre
des objets de cire ; nous en vîmes deux qui étaient occupés à fondre
de l'or dans une coupelle de terre au milieu d'un réchaud muni d'un
soufflet (fig. 7) ³. Auprès d'eux se trouvait le moule d'une croix

« que le prince en mange, et si c'est viande qu'il faille trencher, il doit prendre un tren-
« choir d'argent (plat propre à découper), et mectre dessus quatre trenchoirs de pain et
« les mettre devant le prince ; et devant soy doit mettre quatre trenchoirs de pain, et
« sur iceux un autre qui font le cinquiesme trenchoir de la crouste, pour soustenir le
« fais du trenchoir et du cousteau, et doit l'escuyer prendre la chair sur son cousteau,
« et le mettre devant le prince ; et s'il est bon compaignon, il doit très-bien manger, et
« son droit est de manger ce que luy demeure en la main en trenchant, et certes s'il
« mange bien, le prince luy en sçay bon gré, car en ce faisant il lui montre seureté et
« appétit, il peut aller boire au buffet, et ne luy peut-on refuser le vin de bouche,
« toute la viande qui est devant le prince est sienne, pour en faire son plaisir, pourveu
« que le prince mange publiquement ; car si le prince mangeoit en sa chambre à privé,
« en ce cas la viande est à ceux de la chambre, et n'en alleroit l'escuyer trenchant que
« par portion. »
¹ Comme on peut le voir encore dans le fragment du candélabre de Saint-Remi de
Reims. (Bibl. de Reims.)
² Les fondeurs en métaux à Paris pouvaient avoir autant d'apprentis qu'ils voulaient.
(Et. Boileau.)
³ Biblioth. nation., ms. ancien fonds Saint-Germain, n° 37, xiiiᵉ siècle. On voit, dans
cette vignette, le boisseau dans lequel est la provision de charbon ; puis, par derrière,

dont le pied reposait au fond d'une sorte d'auge de terre destinée à recevoir le surplus du métal. Maître Alain, voyant que j'examinais le soufflet avec attention, nous dit : « Vous voyez là un de ces soufflets, « que j'emploie de préférence à tout autre pour obtenir un courant

7

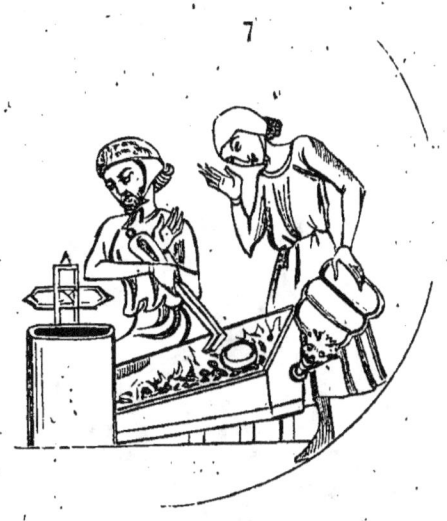

« d'air égal et continu. Il se compose de trois cellules, de façon « qu'en poussant et en tirant le fond comme le fait l'apprenti, au « moyen de soupapes intérieures de peau, l'air est toujours chassé « par le tuyau. Je fais presque tous mes outils moi-même, et vous « voyez que le conduit de métal du soufflet s'attache à la peau par « une tête de bête. Soyez assuré que ce luxe n'est pas inutile; il « porte les apprentis à soigner et à respecter les ustensiles dont ils « se servent journellement. La petite tête d'animal n'ajoute rien à la « bonté du soufflet, mais elle le fait durer plus longtemps, parce « que les jeunes gens sont naturellement disposés à ménager des « objets qui paraissent précieux par le travail : je me trouve ainsi « largement dédommagé de la peine que j'ai prise de mettre de « l'art dans un objet vulgaire. Maintenant l'apprenti a monté la tige « principale de mon lampesier et l'une de ses six branches; vous « pouvez vous figurer ce que deviendra l'ensemble du travail lors- « qu'il sera terminé (pl. XXVIII). Les six cavaliers seront variés, les « ornements seuls se répètent à toutes les branches. Chacune de ces « branches sera fondue d'un seul jet, sauf les plateaux des cierges

le moule d'une croix que le fondeur s'apprête à remplir. Comme aujourd'hui le fondeur a la tête garnie d'un bonnet feutré dont la visière peut se rabattre sur ses yeux lors- qu'il coule les métaux.

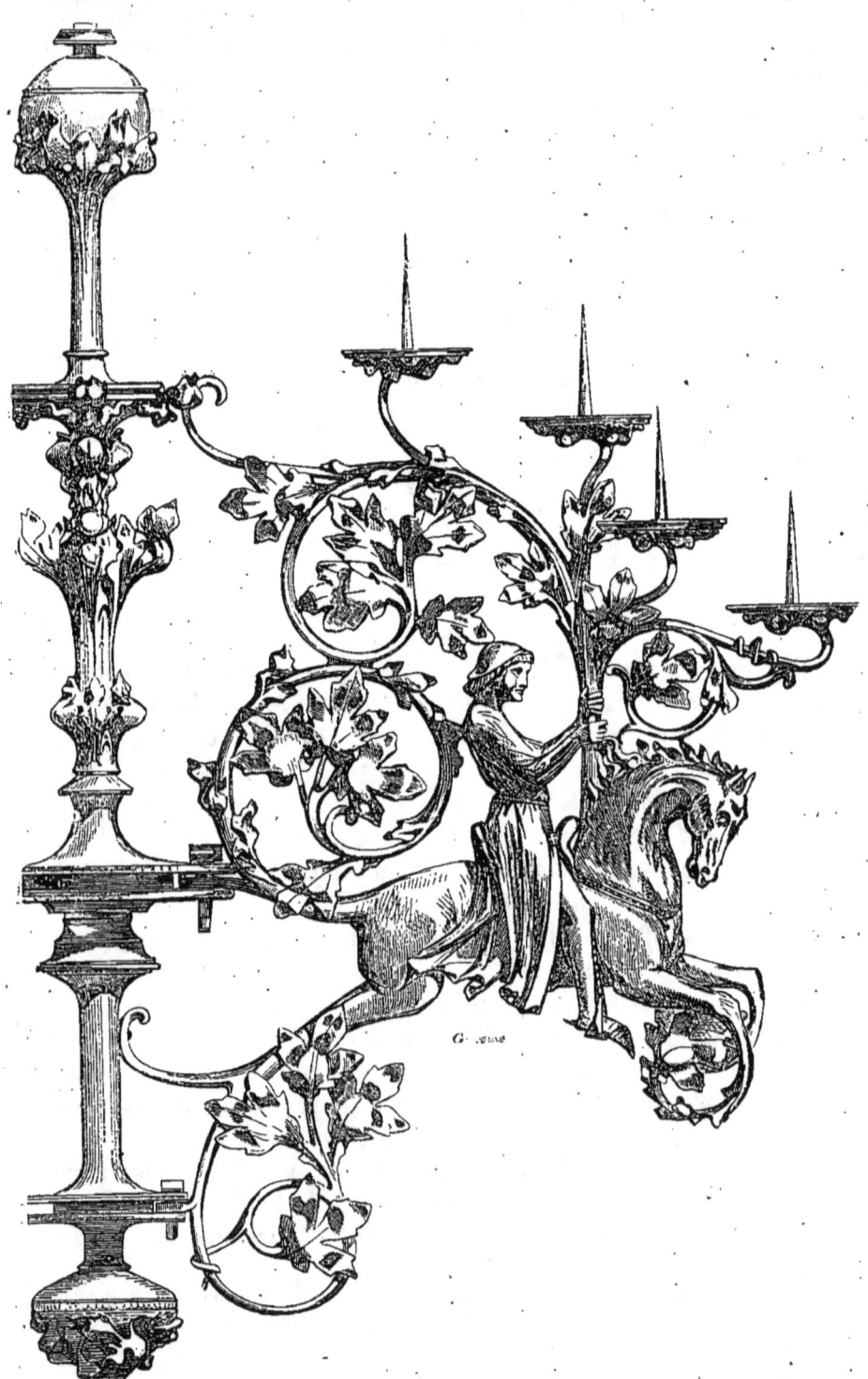

FRAGMENT D'UN LAMPESIER EN FONTE DE CUIVRE, XIVe SIÈCLE

« qui sont rapportées avec leurs pointes. Pour qu'une pièce de fonte
« soit belle, la première condition c'est que le travail du modèle soit
« irréprochable. Celui-ci qui vous semble achevé, cependant il me
« faut deux ou trois semaines pour le terminer. Tout ce que vous
« voyez est en cire ; mais, au milieu des parties les plus épaisses, il
« y a des noyaux de terre pétrie avec de la paille pourrie. La cire
« bien modelée à ma satisfaction à l'aide de ces outils de bois et de fer,
« j'enduirai le tout avec un grand soin d'une couche d'argile légère,
« puis d'une autre, et toujours ainsi jusqu'à ce que la *forme* ait la
« solidité convenable, en réservant des entonnoirs, des jets et des
« évents, en maintenant les parties délicates au moyen de petites
« tiges de fer et de renforts d'argile. Quand cette forme sera bien
« sèche, je mettrai la pièce au-dessus d'un feu très-doux, et, par
« des trous réservés exprès, la cire coulera fondue ; lorsqu'il n'en
« restera plus dans les formes, je placerai celle-ci au milieu de la
« braise, qu'on allumera peu à peu et bien également. Cette opéra-
« tion est très-délicate, car, faute de soin, on peut faire éclater le
« moule. Je chaufferai ainsi successivement jusqu'à ce que la forme
« blanchisse au feu ; après quoi, l'en ayant retirée, je l'enduirai de
« nouveau d'argile, puis je la placerai dans une fosse avec de la
« terre battue tout autour, en laissant les entonnoirs et les évents
« libres. Alors je jetterai le métal en fusion dans le moule. Lorsqu'il
« est refroidi, on casse la terre, et par des trous laissés exprès dans
« les parties cachées, on enlève les noyaux intérieurs. Vous voyez
« ici, à travers la cire, les parties du noyau qui doivent toucher la
« forme, afin que, la cire étant fondue, ce noyau ne ballotte pas
« dans le moule. Ce sont ces parties adhérentes qui produiront les
« issues par lesquelles le noyau sera enlevé à l'aide de fers re-
« courbés [1]. »

Maître Alain Le Grant ne voulut nous laisser prendre congé de
lui qu'après nous avoir fait accepter à chacun une boucle de ceinture d'un joli travail. Il se faisait tard, et nous allâmes souper chez
notre ami le huchier.

[1] Voy. Théophile, *Diversarum artium schedula : De thuribulo fusili*, lib. III, c. LX.

VIE PRIVÉE DE LA HAUTE BOURGEOISIE

Si, de nos jours, quelques industries nouvelles se sont élevées, s'il en est d'anciennes qui se soient perfectionnées, il en est plusieurs qui n'ont fait que décroître depuis le xvi⁰ siècle. Les corps de métiers avaient l'inconvénient de maintenir la main-d'œuvre à un prix élevé, de composer une sorte de coalition permanente, exclusive, jalouse, et toujours en situation de faire la loi à l'acheteur; mais ces corps conservaient les traditions, repoussaient les incapacités ou les mains inhabiles. La main-d'œuvre, n'ayant pas de concurrence ruineuse à craindre, tenait à la bonne renommée qui faisait sa richesse et lui assurait le travail de chaque jour. Il faut bien reconnaître qu'en France nous ne savons pas user de la liberté avec la discrétion et la tenue qui peuvent seules en garantir la durée, et qu'une barrière n'est pas plutôt renversée, que tout le monde veut la franchir en même temps sous peine de passer les uns sur les autres. Les industries affranchies de toute entrave par les principes de 1789 se sont bientôt livrées à une concurrence effrénée, à ce point que plusieurs ont cessé d'inspirer la confiance, et ont vu les demandes cesser peu à peu, surtout à l'étranger, à cause de l'infériorité de la fabrication. Aucun peuple ne sait faire d'aussi bonnes lois que nous, mais aucun peut-être ne sait moins s'y soumettre. Nos chefs d'industrie sont très-capables, nos ouvriers sont pleins d'intelligence; mais, dans le cours ordinaire des choses, maîtres et ouvriers se contentent d'*à peu près*. S'il s'agit d'une exposition industrielle, de paraître devant les autres nations, la plupart de nos fabricants pourront se trouver au premier rang, envoyer des produits incomparables sous le rapport du goût et de l'exécution ; mais s'il s'agit de multiplier ces produits à l'infini, d'en exporter des milliers, beaucoup seront défectueux, négligés, incomplets. Ce malheureux défaut, qui tient à notre caractère, nous a fermé bon nombre de débouchés sur la surface du globe ; tandis que nos voisins les Anglais, inférieurs à nous sur bien des points, s'emparent des marchés par l'égalité de leurs produits. L'organisation des jurandes et maîtrises apportait un frein à cette déplorable habitude de fabriquer d'autant moins bien qu'on fabrique davantage. Nous avons tous éprouvé que l'on ne peut aujourd'hui prendre dans le commerce les objets qui demandent une exécution régulière et soignée, et que si nous voulons, par exemple, de bonnes serrures, il faut les faire faire exprès ; que si nous avons un appartement à meubler, nous devons commander chaque meuble et veiller à ce que son exécution soit irréprochable.

L'amour irréfléchi pour le luxe qui s'est répandu dans toutes les classes est venu encore augmenter chez nous cette disposition de l'industrie mobilière à donner son attention à l'apparence, au détriment du fond. Si bien que, pour aucun prix, on ne trouve, dans les ateliers, un meuble simple, mais irréprochable comme exécution ; s'il vous prend fantaisie d'en posséder un, il faut le faire faire. Il est vrai qu'aujourd'hui un chef de famille change cinq ou six fois son mobilier pendant le cours de sa vie, et qu'autrefois les mêmes meubles servaient à deux ou trois générations. Les meubles étaient de la famille, on les avait toujours vus, on s'y attachait, comme il est naturel de s'attacher à tout objet témoin des événements de la vie et des occupations de chaque jour. Sans être trop profond observateur, chacun peut reconnaître qu'il s'établit entre les hommes et les objets qui les entourent, quand ces objets demeurent constamment sous leurs mains, certains rapports harmonieux qui, à notre avis, donnent aux habitations un caractère particulier, comme une âme.

Tout s'enchaîne et se tient dans la vie des hommes ; il serait illogique de demander aux familles du xixe siècle une perpétuité dans leurs meubles qui n'existe plus dans les mœurs. Les familles se dispersent aujourd'hui à chaque génération, après chaque décès, et nous ne pouvons raisonnablement demander à un chef de famille de meubler *sa maison* pour un temps illimité, puisque, lui mort, sa maison sera démembrée. Mais telle est la force des traditions, malgré les lois, malgré les mœurs, que nous voyons cependant chaque jour des hommes graves oublier qu'ils sont, au xixe siècle, à l'auberge leur vie durant, et qu'après eux un voyageur inconnu habitera leur chambre.

Du XIIIe au XVIe siècle, le luxe était singulièrement développé, non-seulement chez les nobles, mais aussi parmi la classe bourgeoise. Pendant les malheurs politiques des XIVe et XVe siècles même, il semble que dans les habitations des villes le mobilier devint plus riche et plus nombreux. A cette époque, la bourgeoisie profitait de l'affaiblissement de la noblesse et rivalisait de luxe avec elle dans ses maisons et sur ses habits. Elle ne se ruinait pas comme les gentilshommes à la guerre ; elle vendait, achetait, prenait en gage, se plaignait fort, obtenait des priviléges, imposait des conditions usuraires aux seigneurs qui avaient besoin d'argent, et se moquait d'eux quand elle les voyait dénués de tout.

> « Hommes d'onneur, chevalereux,
> « Gentilz, sages, loyaulx et preus
> « N'en savoient leur cuer abaisser
> « De tousjours ses dons demander (au roi);
> « Mais hommes bas, de néant venus,
> « Qui veulent de bas monter sus,
> « N'ont honte de riens demander;
> « Puys parle qui en vouldra parler,
> « Car ils l'auront pour flatoyer,
> « Ou pour la robe desplumer ;
> « Sy se riront des chevaliers
> « Qui n'auront robes ne deniers,
> « Qui ont porté pour le Roy douleur,
> « Et sont prests de porter greigneur,
> « Et de mourir com bon vassal.
> « Pour garder le Roy de tout mal.
> « Les autres, par sainte Marie,
> « Le serviront de flaterie
> « Et de porter nouvelle guise;
> « N'oncques leur pères n'eust la mise
> « Que il peust payer la façon.
> « Après vouldront faire maison
> « De deux sales de lis tendus;
> « D'argent vaisselle comme dus
> « Vouldront-il avoir tost après,
> « Et s'ils treuvent rentes assés
> « Que veulent vendre gentilz hommes,
> « Les achèteront ces prudommes
> « Le mondes est huy très-puissans
> « Quant des sy bas fait sitost grans;
> « Car de vray vilain, chevalier :
> « Ne de droit buzart, 'esprevier

« Ne de toille, franc camelin :
« Ne de Goudale, sade vin,
« Souloient dire les anciens,
« Non se pourroit faire pour riens.
« Se au prince failloit conseil querre,
« Ou s'il survenoit une guerre,
« De quoy luy sauroyent ayder?
« Ne le me vueilliez demander [1].
« . . . . »

Ailleurs le Sarrasin reproche aux Français les abus du temps :

« Vous avez une autre police
« Qui certes me samble trop nice,
« Qu'entre vous je voy ces truans
« Voulans contrefaire les grans;
« Se un grans portoit mantel en ver,
« Incontinent un vilain sers
« Aussi se prent en ver porter
« Pour les bien nobles ressambler.
« . . . . »

Puis, c'est le Juif qui demande à rentrer en France; car les marchands, dit-il, se livrent, à l'abri de leur négoce, à une usure cent fois pire que la sienne. Jehan lui reproche de ne cultiver aucun art, de n'être ni laboureur ni marin :

« Pourquoi estes-vous venus cy? »

Le Juif répond :

« Loy de Dieu, Sire, je vous pry
« Que vous me veuilliez escouter :
« Je suy çà venus espyer,
« Par mandement de nos Juifz,
« Se nous pourrions estre remis
« Et retourner en ceste terre.
« Nous avons oy que tel guerre
« Y font les usuriers marchans
« Qu'ilz gaignent le tiers tous les ans :
« Sy font secrètement usure
« Tel qui passe toute mesure,
« Car il fauldra grant gage perdre
« Se cilz ne vient au jour por rembre;

[1] *L'Apparition de Jehan de Meun*, par Honoré Bonet, prieur de Salon, XIVᵉ siècle. Publ. par la Société des Biblioph. franç., 1858.

« Et qui gage bailler ne puet
« Il aura perles se il vuelt,
« Mais il fault qu'il les pleige bien,
« Autrement n'emportera rien.
« Les perles on ly monstrera,
« Mille francs les achètera :
« Il confessera cel achat,
« Mais il vendra de l'autre part
« Un marchant qui marchié fera,
« Et pour huit cens francs les aura
« Et sy sera mise journée
« Pour payer la somme nommée,
« Et s'il ne paye celluy jour
« Oncques ne fut tant mal séjour;
« Car il fault prendre autre terme
« Mais il fault bien l'intérest rendre
« Tel que, si je disoye tot
« Vous orriez envis celluy mot.
« Pires usures oncques ne vy.
« Qu'ils font aujourd'uy, je vous dy
« Les courratiers font ce Lendit.
«   »

Ces braves marchands des villes qui rançonnaient si bien les seigneurs, et qui n'avaient nulle occasion de déployer un luxe ruineux
à l'extérieur, se meublaient richement, mettaient leur plaisir à avoir
de bonnes maisons bien closes et bien garnies, de belle vaisselle, de
bons vêtements ; et certainement il était, au xive siècle, plus d'un
baron en France qui se fût trouvé heureux de posséder le mobilier,
l'argenterie, les provisions de toiles, de drap et d'étoffes de tel gros
bourgeois de la ville voisine. Les documents écrits qui nous restent
de cette époque, et qui donnent quelques détails sur la vie privée
de la bourgeoisie, sont tous empreints de cet amour du chez soi,
qui indique toujours le bien-être intérieur, la vie régulière, l'aisance
et ce luxe privé, égoïste, que nous appelons le confort. Il est un
livre fort curieux à lire lorsqu'on veut prendre une idée complète
des habitudes de la riche bourgeoisie au xive siècle en France, c'est
le *Ménagier de Paris*[1]. L'auteur de cet ouvrage entre dans tous les
détails de la vie privée ; il nous fait connaître que le luxe s'était
répandu partout sous les règnes de Charles V et de Charles VI, et
qu'alors, plus qu'aujourd'hui peut-être, la vie était embarrassée de

---

[1] *Le Ménagier de Paris, composé vers* 1393 *par un Parisien pour l'éducation de sa
femme*. Publ. pour la première fois par la Société des Biblioph. franç., 2 vol., 1857.

ces soins infinis, de ces habitudes de bien-être, de ces menus détails,
qui appartiennent à une société très-raffinée. Nous allons essayer
de résumer les passages de ce traité qui se rapportent à notre sujet.
Notre auteur recommande à sa femme de prendre soin de son mari,
dans la crainte qu'il ne s'éloigne d'elle. Les hommes, dit-il, doivent
s'occuper des affaires du dehors ; c'est aux femmes à avoir cure de
la maison. Le mari ne craindra ni le froid, ni la pluie, ni la grêle,
ni les mauvais gîtes, s'il sait au retour trouver ses aises, « estre des-
« chaux à bon feu, estre lavé des piés, avoir chausses et soulers
« frais, bien peu (repu), bien abreuvé, bien servi, bien seignouri
« (traité en maître), bien couchié en blans draps, et cueuvrechiefs
« blans, bien couvert de bonnes fourrures.... » Trois choses, dit-il,
« chassent le preudhomme de son logis : c'est assavoir maison dé-
« couverte, cheminée fumeuse et femme rioteuse.... Gardez en
« yver qu'il ait bon feu sans fumée, et entre vos mamelles bien
« couchié, bien couvert, et illec l'ensorcellez. Et en esté gardez que
« en vostre chambre ne en vostre lit n'ait nulles puces, ce que vous
« povez faire en six manieres, si comme j'ay oy dire..... » Plus loin,
il recommande à sa femme de se garantir des cousins (cincenelles)
au moyen de moustiquaires (cincenelliers), des mouches, en prenant certaines précautions encore en usage de nos jours[1]. L'auteur
parle de chambres dont les fenêtres doivent être bien closes de
« toile cirée ou autre, ou de parchemin ou autre chose. » On pourrait croire, d'après ce passage, que les châssis de fenêtres des habitations bourgeoises, au XVe siècle, n'étaient fermés que par de la
toile cirée, du parchemin ou du papier huilé[2] mais cependant on
employait depuis longtemps le verre à vitres, et l'on en trouve des
traces nombreuses dans les constructions mêmes des XIVe et XVe siècles, et des représentations dans les peintures et les vignettes des
manuscrits. Nous pensons que ces toiles cirées, parchemins, etc.,
s'appliquaient bien plutôt sur les volets dont on laissait une partie
découpée à jour. Cette précaution était d'autant plus utile pour se
garantir du froid, du soleil et des mouches, que les verres à vitres
n'étaient alors, dans les habitations, que des *boudines*, c'est-à-dire
de petits culots de verre circulaires réunis par un réseau de plomb.
L'air devait passer entre ces pièces de verre, et le soleil, traversant
ces lentilles, eût été insupportable si l'on n'eût tempéré son éclat
par des châssis tendus de toile ou de parchemin.

[1] Tome I, art. vii, p. 169 et suiv.
[2] Voyez la note, t. i, p. 173, *le Ménagier*.

Plus loin il est fait mention des soins donnés aux chevaux revenant de longue course et aux chiens revenant de chasse. Les chevaux sont déferrés et couchés (mis au bas) ; « ils sont emmiellés, ils « ont foing trié et avoine criblée..... Aux chiens qui viennent des « bois et de la chasse fait-l'en lictiere devant leur maistre, et luy « même leur faict lictiere blanche devant son feu ; l'en leur oint de « sain doulx leurs piés au feu, l'en leur fait souppes, et sont aisiés « par pitié de leur travail.... »

Les bourgeois des villes n'avaient pas autour d'eux les ressources que possédait le châtelain pour se faire servir ; ils n'avaient pas de paysans corvéables et étaient obligés de prendre des valets à gage. Dans le *Roman du roi Guillaume d'Angleterre*[2] le héros, fugitif, se voit forcé de se mettre en service chez un bourgeois, auquel il se présente sous le nom de Gui :

« Or me dit (le bourgeois), Gui, que sès-tu faire?
« Saras-tu l'eue del puc traire,[3]
« Et mes anguilles escorcier?
« Saras-tu mes cevax torcier[4]?
« Saras-tu mes oisiax larder?
« Saras-tu ma maison garder?
« Se tu le sès bien faire nete
« Et tu sès mener me carete,
« Dont deserviras-tu molt bien
« Çou que jou donrai del mien.
« — Sire, fait Gui, je ne refus
« Tou çou à faire et encor plus :
« Jà de faire vostre servisse
« Ne troverés en moi faintise. —
« En liu de garçon sert li rois
« Molt volentiers chiés le borgois,
« Ne ja par lui n'iert refusée
« Cose qui lui soit commandée. »

Un valet chez un bourgeois, au XIIIe siècle, remplissait ainsi l'office de cuisinier, de palefrenier, de cocher, de majordome, de portier, d'homme de peine. Il faut dire qu'alors les maisons de ces bourgeois étaient petites et qu'elles ne contenaient que deux ou

---

[1] Tome I, p. 175.
[2] *Chron. anglo-normandes; Recueil d'extraits et d'écrits relat. à l'hist. de Normandie et d'Angleterre.* Publ. par Francisque Michel, t. III, p. 79.
[3] Tirer l'eau du puits.
[4] Panser mes chevaux.

trois pièces à chaque étage, simplement meublées. D'ailleurs les bourgeois étaient tous ou fabricants ou négociants, et, comme tels, ils avaient un ou plusieurs apprentis qui demeuraient chargés d'une partie du service intérieur de la maison.

Les seigneurs féodaux résidant sur leurs terres pouvaient facilement faire faire, tout le service grossier de l'intérieur du château avec un intendant[1] et des corvées ; mais les bourgeois, dès que les habitudes de luxe se furent introduites chez eux, ne pouvant avoir un nombre considérable de valets, en louaient, suivant le besoin, pour certains services. Les serviteurs, dit l'auteur du *Ménagier*[2], « sont de trois manières. Les uns qui sont prins comme aides pour « certaine heure, à un besoin hastif, comme porteurs à l'enfeu- « treure[3] brouetiers (voy. fig. 8)[4], lieurs de fardeaulx et les sem- « blables ; ou pour un jour ou deux, une sepmaine ou une saison, « en un cas nécessaire ou pénible ou de fort labour (travail) comme, « soieurs, faucheurs, bateurs en grenche ou vendengeurs, bottiers, « fouleurs, tonneliers et les semblables. Les autres à tems pour un « certain mistere (ministère), comme cousturiers, fourreurs, bou- « lengiers, bouchiers, cordœnniers et les semblables qui œuvrent à « la pièce ou à la tasche pour certain œuvre. Et les autres sont pris « pour estre serviteurs domestiques pour servir à l'année et demou- « rer à l'ostel. Et de tous les dessusdis aucun n'est qui voulentiers « ne quiere besongne et maistre. » Pour les premiers continue l'auteur, que l'on prend pour des travaux de peine, les transports, etc., ils sont « communément ennuyeux », grossiers, arrogants, prêts à

---

[1] Au XIIIe siècle, nous voyons apparaître déjà cet intendant, dont les fonctions sont définies dans le *Lai d'Ignaurès* :

> « Il vint por mi une autre rue
> « Avoec lui avoit un *aufage*
> « Ki li faisoit tout son message :
> « Icil li assembloit sa rente.
> « La dame ki fu en atente
> « Avoit le postic (la porte) entr'ouvert
> « Li bers i entre tout en apert
> « (Ains k'il en is aura anui) ;
> « La dame vint encontre lui ;
> « Son message à l'ostel renvoie,
> « Il n'a cure ke il le voie. »

Ce nom d'*aufage*, pour intendant, n'est pas ordinaire, et nous ne l'avons vu employé que dans ce petit poëme.

[2] Tome II, p 53.

[3] Porteurs munis d'un bourrelet feutré ou d'un coussin pour placer sur la tête ou les épaules, et faciliter ainsi le port de la charge, comme le font encore nos portefaix.

[4] Ms. *Vita et passio S. Dionysii Areopagi*, Biblioth. nation., fonds latin, n° 5286.

dire des injures lorsqu'il s'agit de les payer : aussi faut-il faire avec
eux prix d'avance ; quant aux seconds, il est bon de régler clairement et souvent leur compte pour éviter toute discussion. Mais pour
les serviteurs à gages, notre auteur veut qu'on s'informe de leurs
précédents, « de quels pays et gens ils sont », pourquoi ils ont quitté

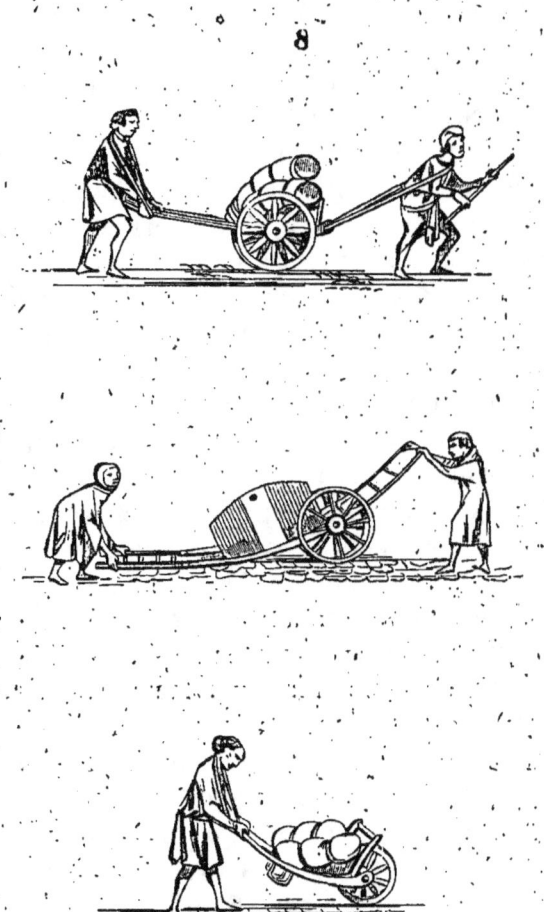

leurs premiers maîtres. Il entend qu'on doit tenir un livret de leur
entrée, du lieu de naissance de leurs parents, de leurs répon-
dants. « Et nonobstant tout, aiez en mémoire le dit du philosophe,
« lequel s'appelle Bertrand le vieil, qui dit que se vous prenez
« chambriere ou varlet de haultes responses et fieres, sachiez que
« au départir, s'elle peut, elle vous fera injure ; et se elle n'est mie
« telle, mais flateresse et use de blandices, ne vous y fiez point,
« car elle bée en aucune autre partie à vous trichier ; mais si elle

« rougist et est taisant et vergongneuse quant vous la corrigerez,
« amez la comme vostre fille. »

Notre auteur a un intendant, Jehan le dépensier (*dispensator*),
et une première femme de ménage, Agnès la béguine ; ce qui
indique un personnel nombreux de gens. « Si soiez advertie, con-
« tinue-t-il, et dites à dame Agnès la béguine qu'elle voie com-
« mencier devant elle ce que vous aurez à cuer estre tost fait ; et
« premierement qu'elle commande aux chambrieres que bien
« matin les entrées de vostre hostel, c'est assavoir la salle et les
« autres lieux par où les gens entrent et s'arrestent en l'ostel pour
« parler, soient au bien matin balleyés et tenus nettement, et les
« marchepiés (devant les bancs), banquiers et fourmiers (garni-
« tures, coussins, tapis posés sur les formes) qui illecques sont sur
« les formes, despoudrés et secoués ; et subséquemment les autres
« chambres pareillement nettoiées et ordonnées pour ce jour, et de
« jour en jour ainsi comme il appartient à nostre estat.

« *Item*, que par ladicte dame Agnès vous faciez principalement
« et songneusement et diligemment penser de vos bestes de chambre
« comme petits chiennés, oiselets de chambre : et aussi la béguine
« et vous pensez des autres oiseaulx domeschés, car ils ne pevent
« parler, et pour ce vous devez parler et penser pour eulx, se vous
« en avez. » S'ensuivent de longues recommandations sur les soins
à prendre des bêtes, au village, dans la propriété des champs, mou-
tons, bœufs, gélines, oies, chevaux, sur l'état qu'il en faut tenir,
sur leurs produits ; comme il faut que la maîtresse prenne intérêt
à ces détails, se faire renseigner, afin que les domestiques soient
plus diligents. Puis des recettes pour détruire les loups, les rats ;
les soins à apporter pour la conservation des fourrures, des draps,
pour détacher les étoffes, pour conserver les vins. Encore sur les
repas des domestiques, qui doivent être abondants mais courts : car,
disent « les communes gens : *Quant varlet presche à table et cheval*
« *paist en gué, il est tems qu'on l'en oste, que assez y a esté.* »
Sur la clôture la nuit, sur le couvre-feu : « Et ayez fait adviser, par
« avant, qu'ils aient chascun (les gens) loing de son lit le chandelier
« à platine (à large plat) pour mettre sa chandelle, et les aiez
« fait introduire (instruire) sagement de l'estaindre à la bouche
« ou à la main avant qu'ils entrent en leur lit, et non mie à la che-
« mise [1]. » Il recommande à la maîtresse de faire coucher ses

---

[1] On se couchait nu ; il paraîtrait que les domestiques avaient l'habitude d'éteindre
leur chandelle en jetant leur chemise dessus

chambrieres de quinze à vingt ans « pour ce que en tel aage elles
« sont sottes et n'ont guere veu du siècle » près d'elle, en la garde-
robe ou en chambre qui n'ait ni lucarne ni fenètre basse. Cette
instruction se termine par ces mots : « .... Si est que se l'un de
« vos serviteurs chiet en maladie, toutes choses communes mises
« arriere, vous mesmes pensez de luy tres amoureusement et
« charitablement, et le revisetez et pensez de lui ou d'elle tres
« curieusement en avançant sa garison, et ainsi aurez acompli cet
« article. »

Ces extraits font assez voir qu'à la fin du xive siècle la vie intérieure de la riche bourgeoisie ne différait guère de celle de la
noblesse; mais si nous parcourons les parties de ce curieux livre
qui traitent de la table, on sera surpris du luxe et des raffinéments
qui s'étaient introduits dans la manière de recevoir les hôtes et dans
tout ce qui tenait à l'existence matérielle. Cependant les maisons
habitées par la haute bourgeoisie, par les gens de robe ne contenaient
pas de salles assez vastes pour permettre de recevoir un très-grand
nombre de convives. A l'occasion de certaines fêtes de famille,
comme les noces par exemple, on louait la salle meublée de quelque
hôtel seigneurial. Nous trouvons la trace de cet usage dans le
Ménagier[1]..... « Sur quoi est assavoir que l'ostel de Beauvais[2]
« cousta à Jehan du Chesne quatre francs ; tables trestaulx, fourmes
« *et similia* cinq francs ; et la chapellerie luy cousta quinze
« francs[3]. » Le personnel loué en pareil cas était considérable. Il
faut, dit l'auteur du *Ménagier* : 1° trouver un clerc ou un valet qui
se chargera d'acheter « erbe vert, violette, chapeaulx, lait, fro-
« mages, œufs, busche, charbon, sel, cuves et cuviers tant pour
« sale que pour garde-mengier, vert jus, vinaigre, ozeille, sauge,
« percil, aulx nouveaulx, deux balais, une poesle, et telles menues
« choses ; 2° un queux (cuisinier) et ses varlets qui cousteront deux
« francs de loyer, sans les autres drois, mais le queux paiera varlets
« et portages, et dient : *à plus d'escuelles plus de loyer*. 3° Deux

[1] Tome II, p. 116.
[2] L'hôtel de l'évêque de Beauvais.
[3] La *chappellerie*, c'est-à-dire l'acquisition des couronnes ou chapels de fleurs que l'on
donnait aux convives.

       « Totes estoient desfublées,
       « Ensi sans moelekins (coiffes) estoient,
       « Mais capeaus de roses avoient
       « En lor cliés mis, et d'aiglentier,
       « Por le plus doucement flairer. »
                (Le *Lai du trot* xiiie s.)

« porte-chappes[1], dont l'un chappellera pain et fera tranchouers[2]
« et sallières de pain[3], et porteront le sel et le pain et tranchouers
« aux tables, et fineront pour la sale de deux ou trois couloueres
« pour gecter le gros relief comme souppes, pain trenché ou brisié,
« tranchouers, chars et telles choses : et deux seaulx pour gecter et
« recueillir brouets, sausses et choses coulans[4]. 4° Convient un ou
« deux porteurs d'eaue ; 5° sergens grans et fors à garder l'uis ;
« 6° deux escuiers de cuisine, desquels l'un ira marchander de
« l'office dé cuisine, de paticerie et du linge pour six tables ; aus-
« quelles convient deux grans pos de cuivre pour vingt escuelles,
« deux chaudieres, quatre couloueres, un mortier et un pestail
« (pilon), six grosses nappes pour cuisine, trois grans pos de terre
« à vin, un grant pot de terre pour potage, quatre jattes et quatre
« cuillers de bois, une paelle de fer, quatre grans paelles à ance,
« deux trépiers et une cuiller de fer. Et aussi marchandera de la
« vaisselle d'estain : c'est assavoir dix douzaines d'esquelles, six dou-
« zaines de petits plas, deux douzaines et demie de grans plas, huit
« quartes, deux douzaines de pintes, deux pos à aumosne[5]. Et
« l'autre escuier de cuisine ou son aide ira avecques le queux vers

[1] Porteurs de pains.

[2] Tranches de pain sur lesquelles on servait les viandes.

[3] Le sel se mettait dans des morceaux de pain creusés en forme de godets.

[4] La viande était servie à chaque convive sur des *tranchoirs*, c'est-à-dire sur des morceaux de pain rassis, cuits exprès pour cet usage. Les écuyers tranchants découpant les viandes plaçaient chaque morceau sur ces tranchoirs rangés sur un plat; on les pré-sentait aux convives, qui désignaient le morceau à leur convenance, afin qu'on le plaçât devant eux avec son tranchoir sur la nappe, ou, chez les grands, sur une assiette d'argent. Chacun coupait ainsi sa viande sur ce lit de pain, sans endommager la nappe ou sans faire grincer le couteau sur la vaisselle plate. Chez les petites gens, on mangeait avec ses doigts. Quant aux potages, aux brouets, ils étaient servis dans des écuelles ou assiettes creuses communes à deux convives; d'où la locution « à pot et à cuiller », c'est-à-dire dans la plus grande intimité avec quelqu'un. Dans l'*Apologie pour Hérodote*, on lit ce passage, liv. Ier, chap. XXI : « Un boucher ayant perdu sa femme, et mesme « pensant qu'elle fust morte (au moins estoit-elle bien perdue pour luy, mais non pas « pour les cordeliers, avec lesquels elle estoit *cum poto et cochleari*, à pot et à cueiller, « ainsi que nous avons ouy parler Menot), et voyant un novice..... » Bien que l'usage de manger deux dans la même écuelle et avec la même cuiller se soit perpétué jusqu'au XVIIe siècle, déjà cependant, au XIVe siècle, on voit que, dans les repas somptueux, chaque convive possède son écuelle à potage. Les *couloueres* étaient des vases percés de trous, comme nos passoires; nous serions disposé à penser que les *couloueres* se posaient sur les *seaulx*, et qu'en jetant les restes des mets solides et liquides dans ces couloueres, les premiers y restaient, tandis que les seconds tombaient dans les seaux.

[5] Vases destinés à recevoir les reliefs que chaque convive voulait faire remettre aux pauvres. « Et apres luy (le panetier) va le somellier qui porte en ses bras la nef d'ar-« gent qui sert aux aumosnes, et dedans icelle nef d'argent sont les trenchoirs d'argent

« le bouchier, vers le poulaillier, l'espicier, etc., marchander,
« choisir et faire apporter, et paier portages ; et auront une huche
« fermant à clef où seront les espices, etc., et tout distribueront
« par raison et mesure. Et après ce, culx ou leurs aides retrairont
« et mettront en garde le surplus en corbeillons et corbeilles, en
« huche fermant pour eschever le gast et excès des mesnies. 7° Deux
« autres escuiers convient pour le dressouer de sale, qui livreront
« cuilliers et les recouvreront ; livreront hanaps, et verseront tel
« vin comme chascun leur demandera pour ceulx qui seront à table,
« et recouvreront la vaisselle ; 8° deux autres escuiers pour l'es-
« chançonnerie, lesquels livreront bon vin pour porter au dres-
« souer, aux tables et ailleurs ; et auront un valet qui traiera le vin ;
« 9° deux plus honnestes et mieulx savans, qui compaigneront
« toujours le marié et avec luy yront devant les mets ; 10° deux
« maistres d'ostel pour faire lever et ordener l'assiette des per-
« sonnes, un asséeur et deux serviteurs pour chascune table, qui
« serviront et desserviront ; getteront le relief ès corbeilles, les
« sausses et brouets ès seilles ou cuviers, et retrairont et apporte-
« ront la desserte des mets aux escuiers de cuisine ou autres qui
« seront ordonnés à la sauver, et ne porteront rien ailleurs. L'office
« du maistre d'ostel est de pourveoir des salieres pour la grant
« table ; hanaps, quatre douzaines ; gobelets couverts dorés, quatre,
« aiguieres, six ; cuilliers d'argent, quatre douzaines ; quartes d'ar-
« gent, quatre ; pos à aumosne, deux ; dragouers, deux. — Une
« chappeliere qui livrera chappeaulx le jour du regard [1] et le jour
« des nopces. L'office des femmes est de faire provision de tapis-
« serie, de ordonner à les tendre, et par espécial, la chambre parer
« et le lit qui sera benoist (béni) (voy. LIT). Lavendière pour
« tressier [2] Et *nota* que se le lit est couvert de drap, il convient
« penne de menu vair ; mais s'il est couvert de sarge, de broderie,
« ou courte-pointe de cendail, non. » Ce curieux passage, résumé
par M. Jérome Pichon, de la manière la plus claire, dans la savante

---

« et la petite salliere, et une autre petite nef, ensemble le baston d'argent et licorne,
« dont on faict l'espreuve en la viande du prince..... » (Olivier de la Marche, *Estat de
la maison de Charles le Hardy.*) Chez les grands, au lieu de reliefs du festin, on déposait des pièces de monnaie pour les pauvres, dans la grande nef d'argent, à la fin du
repas.

[1] Repas de noce rendu par les parents des mariés.

[2] Probablement des nattes d'herbes fraiches et aromatiques destinées à couvrir le sol,
au lieu des simples jonchées usitées pendant les XII° et XIII° siècles.

Introduction placée en tête du *Ménagier*[1], nous donne une idée complète de ce qu'était le luxe de table, à la fin du XIVe siècle, dans la classe moyenne, les jours de fêtes de famille, lorsqu'on réunissait un nombre de convives assez considérable pour être obligé de louer une salle garnie de ses meubles, des gens, de la vaisselle, etc. Dans la vie habituelle, l'auteur du *Ménagier* nous fait assez voir que les riches bourgeois avaient, de son temps, des habitudes de bien-être et de luxe même fort avancées. Outre les détails infinis qu'il donne sur l'intérieur d'une maison bien tenue (non noble), il raconte à sa femme quelques histoires morales pleines de renseignements précieux. Entre autres, cette histoire d'une femme qui, par caprice, fantaisie ou ennui, veut prendre un amant, mais qui, conseillée par sa mère, éprouve par trois fois la patience de son époux, avant d'en venir à le tromper : les deux premières épreuves lui réussissent, le mari se contient ; à grand'peine la mère décide sa fille à tenter une dernière épreuve : « Essayer tant et tant, dit la fille, et encores et « encores, ainsi ne finiroie jamais ! — Par mon chief! fait la mère, « tu l'essaieras encore par mon los (conseil), car tu ne verras jà si « male vengence ne si cruelle comme de vieil homme.... — Ainsi « auray essaié monseigneur par trois fois de trois grans essais, et « légerement rappaisié, et à ce savez-vous bien que ainsi légiere- « ment le rappaiseray-je des cas plus obscurs et couvers et es quels « ne pourra déposer que par souspeçon.... » Voici donc cette troi- sième épreuve. La fille, rentrée chez elle, « servit cordieusement, « par semblant, et moult attraiement et bien son seigneur, et moult « bel, tant que le jour de Noël vint. Les vavasseurs de Romme (la « scène se passe à Rome) et les damoiselles furent venues, les tables « furent drécées et les nappes mises, et tous s'assirent, et la dame « fist la gouverneresse et l'embesongnée, et s'assist au chef de la « table en une chaire[2], et les serviteurs apporterent le premier més « et brouets sur table. Ainsi comme les varlès tranchans orent com- « mencié à trenchier, la dame entortille ses clefs es franges de la « fin de la nappe, et quant elle sceut qu'elles y furent bien entor- « tillées elle se lieve à un coup et fait un grant pas arriere, ainsi « comme se elle eust chancelé en se levant; si tire la nappe, et « escuelles plaines de brouet, et hanaps pleins de vin, et sausses « versent et espandent tout quanque il y avoit sur la table. Quant le

---

[1] Page XI.

[2] Ce n'est pas d'hier que la maîtresse de la maison prend le haut bout de la table dans la bourgeoisie

« seigneur vit ce, si ot honte et fut moult courroucié, et luy remem-
« bra (se ressouvint) des choses précédens. Aussitost la dame osta
« ses clefs qui estoient entortillées en la nappe. — Dame, fit le sei-
« gneur, mal avez exploitié ! — Sire, fait la dame, je n'en puis
« mais, je aloie querre vos couteaulx à tranchier qui n'estoient mie
« sur la table, si m'en pesoit. — Dame, fit le seigneur, or nous
« apportez autres nappes. La dame fit apporter autres nappes, et
« autres mès recommencent à venir.....[1]

[1] *Le Ménagier*, Hist. de la Romaine, t. I, p. 158 et suiv.

CONCLUSION

Lorsque l'empire romain tomba en Occident sous l'épée des barbares, ceux-ci trouvèrent chez les populations conquises, et particulièrement dans les Gaules, les habitudes de luxe qui s'étaient développées sous les derniers empereurs. En s'emparant du territoire, des propriétés publiques et privées, ces barbares cherchèrent bientôt à ressembler aux vaincus ; ils voulurent avoir des demeures abondamment pourvues de ce qui constitue le bien-être et le luxe. Mais en tarissant les sources de la richesse publique, des arts et du commerce, ils furent réduits à se servir longtemps des débris ramassés dans les villes et les campagnes ; le mobilier de leurs palais dut être ce qu'étaient ces palais eux-mêmes : un amas désordonné, produit du pillage et de la ruine. L'industrie, en Occident, fut anéantie à ce point que les Mérovingiens, et après eux les princes de la race carlovingienne, durent longtemps recevoir de l'Orient les meubles précieux, les étoffes et tous les objets de luxe dont ils voulaient s'entourer. Sous Justinien déjà, des fabriques de soieries s'établirent à Byzance, à Athènes, à Thèbes et à Corinthe. L'Occident acheta ces étoffes précieuses dans ces centres de fabrication, et aussi en Égypte, grand entrepôt des soieries de l'Asie, qui furent longtemps apportées par les marchands arabes trafiquant avec la Perse, l'Inde et même la Chine[1]. Plus tard les relations avec l'Orient s'établirent, d'une part, entre les pèlerins qui se ren-

---

[1] Voyez la *Relat. de deux voyag. arabes ou IXe siècle*, trad. par Renaudot. — *Hist. du commerce entre le Levant et l'Europe*. Depping. 1830.

daient à Jérusalem et les Arabes qui visitaient la Mecque. Ainsi ces
pèlerinages religieux furent, pour les chrétiens occidentaux comme
pour les mahométans, une des voies les plus actives de commerce
qu'il y ait eu dans l'histoire du monde. Le but religieux n'était pas
le seul qui faisait affluer les Occidentaux vers les lieux saints. Beaucoup certainement, dans ce mouvement qui dura plusieurs siècles,
pensaient à s'enrichir. Voyant sans cesse venir d'Orient tous les
objets précieux, les barbares dominateurs de l'Occident se sentaient
attirés vers ces régions privilégiées qui leur envoyaient l'or, la soie,
les épices, les parfums et tout ce qui constituait la richesse et le
luxe, comme autrefois les Gaulois s'étaient rués sur l'Italie et la
Grèce, mus par l'amour du pillage. Ces relations durent avoir et
eurent en effet, dans les premiers siècles du moyen âge, une grande
inflence sur l'industrie qui se reformait péniblement en Occident.

Si donc nous voulons avoir une idée de ce que pouvait être le
mobilier des seigneurs dans les Gaules, la Bretagne et la Germanie,
jusqu'à la fin du Xe siècle, il faut aller chercher les types, les moyens
de fabrication et les matières premières en Orient. Certes les traditions romaines occidentales avaient, dans ces contrées, laissé des
traces profondes ; mais elles durent être peu à peu altérées par
l'importation d'une quantité prodigieuse d'objets fabriqués en Asie
ou à Constantinople et dans les villes grecques. L'architecture elle-
même subit cette influence ; mais on ne transporte pas un édifice,
et l'on transporte facilement un meuble. Ce mouvement des arts
d'Orient en Occident se prononce d'une manière bien évidente déjà
sous le règne de Charlemagne. Ce prince fait venir d'Orient des
manuscrits, des objets de toute nature, des armes, des étoffes, et ce
n'est véritablement qu'à partir de son règne que l'on voit percer les
premiers germes de l'art appliqué à l'industrie en Occident. L'influence des manuscrits grecs et des étoffes orientales fut considérable à partir du IXe siècle. Nous avons l'occasion ailleurs de suivre
pas à pas les traces de cette influence sur l'architecture[1] ; nous devons nous borner ici à constater qu'elle fait naître une véritable
renaissance dans les produits industriels, tombés, avant cette époque,
dans la plus grossière barbarie.

L'architecture répond à des besoins tellement impérieux, qu'elle
avait pu se soutenir tant bien que mal à l'aide des traditions
romaines occidentales. Depuis l'époque de l'invasion des barbares
jusqu'à Charlemagne, l'architecture n'est plus un art, par le fait :

---

[1] Voyez les *Entretiens sur l'architecture*, t. I.

c'est une imitation grossière ou plutôt un pillage des arts du Bas-Empire en Occident ; mais les types subsistaient et pouvaient encore servir de modèles. Il n'en est pas de même du mobilier antique, qui dut être promptement détruit ; sa fabrication exigeant des ouvriers habiles, instruits par des traditions non interrompues, était tombée dans l'oubli. L'introduction d'un grand nombre de manuscrits byzantins, d'étoffes et d'objets fabriqués en Orient, fut le point de départ des nouveaux artisans occidentaux, qui s'efforcèrent, non sans succès, de reproduire ces types d'un art très-avancé, assez mal connu chez nous encore aujourd'hui, malgré les nombreux documents que nous avons entre les mains. C'est surtout dans les contrées formant le centre du gouvernement impérial de Charlemagne que l'on voit combien la renaissance byzantine des VIIIᵉ et IXᵉ siècles fut complète, et combien elle laissa des traces profondes et durables. Le manuscrit d'Herrade de Landsberg souvent cité par nous[1] et qui datait du XIIᵉ siècle, nous laissait voir encore, dans ce qui touche au mobilier et aux étoffes, l'influence très-prononcée des manuscrits antérieurs de l'école byzantine. Les quelques débris de meubles carlovingiens qui existent sur les bords du Rhin sont également empreints des arts industriels de l'empire d'Orient. Mais les manuscrits grecs des VIᵉ, VIIᵉ, VIIIᵉ et IXᵉ siècles, bien qu'ils soient nombreux, particulièrement dans la bibliothèque nationale, sont peu connus des gens qui s'occupent d'art, ainsi que nous le disions tout à l'heure ; cependant c'est en examinant leurs précieux feuillets que l'on peut se former une idée de ce qu'était l'art byzantin : c'était un art très-puissant, beaucoup plus fort et vivace que ne l'était l'art romain sous les derniers empereurs de Rome. L'art romain s'était évidemment retrempé en s'établissant à Byzance, et quand on compare les manuscrits grecs des VIIᵉ et VIIIᵉ siècles avec les derniers débris des arts romains sous Constantin en Italie, on constate mieux qu'un progrès : on reconnaît une véritable renaissance, pleine de jeunesse et d'avenir, une verdeur sauvage, plutôt que la décrépitude des derniers artistes de Rome. Ces éléments, importés chez des nations barbares, devaient être beaucoup plus fertiles que ne l'eussent été les traditions affaiblies de l'art romain occidental. Aussi la renaissance carlovingienne a cela de particulier qu'étant le résultat d'une importation étrangère, elle conserve cependant une sève pleine d'énergie, d'originalité, et se trouve en parfaite harmonie avec les mœurs de cette époque.

[1] Biblioth. de Strasbourg. Brûlé par les Allemands.

Dès le xie siècle, Venise était non-seulement un entrepôt du commerce du Levant et de l'Occident; c'était déjà une ville industrieuse, manufacturière. Venise tirait des laines de Flandre et d'Angleterre, et fabriquait des draps qu'elle vendait sur les côtes d'Asie et à Constantinople; ne pouvant lutter avec les drapiers flamands et français qui fabriquaient à meilleur marché, puisqu'ils possédaient chez eux la matière première, elle laissa entrer les draps étrangers, et en échange elle livrait aux marchands occidentaux des épices, du sucre, de l'ivoire, des soieries, des tapis, des meubles ou ustensiles précieux, du verre coloré, du coton tissé, de la toile de lin d'Égypte, des lames d'or et d'argent, de la cire, des fourrures qu'elle tirait de Russie. A l'Orient, outre ses draps, elle fournissait du cuivre, de l'étain affinés, du fer, du bois, des armes (ce qui était, de la part des gouvernements chrétiens, l'objet de reproches incessants), des canevas, de la toile, des cuirs façonnés, du savon. La multitude d'artisans qui affluaient à Venise fit instituer des juges, des inspecteurs et toute une hiérarchie de fonctionnaires, veillant à la fabrication, à la navigation, au trafic. A la fin du xiie siècle déjà, la douane vénitienne fonctionne régulièrement pour les marchandises importées de l'étranger, soit par la voie de mer, soit par la voie de terre. Au commencement du xiiie siècle, il existe des consuls étrangers. C'est donc à Venise qu'il faut chercher le nœud des arts industriels en Europe. C'est elle, qui la première, fabrique et exporte. Placée entre l'Orient et l'Occident, c'est chez elle que la plupart des objets nécessaires à la vie journalière de la classe riche prennent une forme, un style partie oriental, partie occidental. Venise est, pendant la première période du moyen âge, un vaste creuset dans lequel se fondent les traditions de l'antiquité romaine, les arts de l'Orient, quelques industries des barbares, pour former les modèles de tout ce qui tient au mobilier, aux ustensiles, aux vêtements, aux armes adoptés par les Occidentaux. Il ne faut donc pas s'étonner si, dans le mobilier primitif du moyen âge, on trouve des éléments étrangers que l'architecture laisse à peine entrevoir, des formes qui sont empreintes d'une influence orientale très-franche; c'est dans les tissus principalement que l'on reconnaît cette influence, dans de petits meubles ou ustensiles de marqueterie ou de métal fondu, facilement transportables. On constate cependant qu'en France, dès le xiiie siècle, les arts industriels s'affranchissent de cette influence; ils ont leurs écoles, leur style particulier beaucoup mieux caractérisé qu'en Italie, qu'en Allemagne et en Angleterre. Les corps de métiers réglementés à cette époque indiquent, d'ailleurs, une industrie locale avancée, indépendante, possédant ses procédés et son goût propre. Aussi voit-on alors les autres contrées envoyer des artistes et des artisans étudier à Paris, centre de l'unité des arts pendant les XIII° et XIV° siècles. Jusqu'à la fin du XII° siècle, on ne peut dire qu'il y ait un mobilier français ; il n'en est plus ainsi au XIII°. Alors les artisans procèdent méthodiquement dans leur fabrication, tout comme les maîtres des œuvres d'architecture dans la construction ; le mobilier suit une mode locale, il se transforme chez lui sans subir d'influences étrangères. Certaines villes sont renommées pour leurs tissus, pour les ouvrages de métal fondu ou repoussé. Les fabricants emploient de préférence les matières premières provenant du sol. Le bois, et le bois de chêne particulièrement, sculpté, peint ou doré, remplace ces ouvrages de marqueterie en faveur en Orient et même en Italie. Le fer forgé remplace le bronze coulé. Les étoffes de laine couvrent les murs et les pavés. L'ivoire, l'ébène, l'or et l'argent, les verroteries ne sont employés que pour de petits meubles très portatifs, mais ne trouvent plus guère leur emploi pour les meubles d'un usage ordinaire. La main-d'œuvre, enfin, l'emporte sur la valeur de la matière employée, ce qui est le signe d'un art qui n'a plus rien de barbare, chez qui le goût s'est développé. La ligne de démarcation entre les arts industriels empruntés à l'Orient et ceux qui s'élèvent chez nous au XIII° siècle est facile à tracer. Jusque vers le milieu du XII° siècle, l'ornementation sculptée ou peinte est toute conventionnelle ; on reconnaît parfaitement qu'elle subit une influence dont elle ne se rend pas compte ; elle ne consiste même souvent qu'en un travail mécanique dans lequel la main, guidée par des traditions, suit certaines lois importées ; tandis qu'à dater de la fin du XII° siècle, dans l'architecture comme dans les meubles, la décoration peinte ou sculptée commence à rechercher l'imitation des végétaux de la contrée ; plus tard elle arrive même à pousser cette imitation jusqu'au réalisme. Alors les dernières traces des arts byzantins sont complétement effacées et l'art industriel nous appartient : car si, dans l'ornementation, l'imitation des végétaux et animaux se fait sentir, dans la composition des meubles les traditions font place à l'observation des besoins auxquels il faut satisfaire et des propriétés particulières à la matière employée. C'est le *rationalisme* substitué à la tradition.

Des maisons particulières, décorées à l'extérieur comme celles dont nous voyons quelques débris dans nos vieilles villes françaises, devaient être garnies intérieurement de meubles en rapport avec cette richesse; si quelque chose doit surprendre, c'est qu'on ait pu si longtemps croire au dénûment et à la simplicité barbare des habitants de ces demeures. Le luxe décroît chez les bourgeois vers la fin du XVIᵉ siècle; cela tient principalement aux longues guerres religieuses qui ruinèrent alors la portion élevée de la classe moyenne. La renaissance, qui produisit de si gracieuses compositions et modifia les meubles comme l'architecture, fit abandonner bon nombre d'habitudes attachées à notre vieux mobilier français. À peine la bourgeoisie avait-elle commencé à remplacer les décorations intérieures de ses appartements (ce qu'elle ne pouvait faire qu'avec plus de lenteur que la noblesse); que la guerre civile éclata. Sous Henri IV, la bourgeoisie respira; mais la révolution dans les arts était terminée, les traditions s'étaient perdues; les mobiliers des châteaux comme des maisons ne se rattachait plus guère au passé. La réformation avait apporté avec elle certaines habitudes de simplicité qui n'étaient pas faites pour développer le goût. Les seigneurs les plus riches s'étaient pris d'engouement pour tout ce qui venait d'Italie. Les corps de métiers, si florissants au commencement du XVIᵉ siècle, avaient vu s'éteindre les traditions du passé et ne possédaient pas encore un nouvel art applicable aux objets usuels de la vie. Si bien qu'au commencement du XVIIᵉ siècle; alors que l'architecture civile prenait un nouvel essor, tout ce qui tenait au mobilier était comparativement grossier, d'une exécution lâche, d'un goût bâtard, visant au magnifique et n'arrivant qu'à faire lourd et gros. Si l'Italie brillait par ses monuments des XVᵉ et XVIᵉ siècles, elle n'avait à nous fournir, pour le mobilier, que des objets d'un usage incommode et assez rares. On était venu en France, à cette époque, à faire de *l'architecture* en petit lorsqu'on voulait une armoire, un cabinet, un dressoir, et nous avions pris ce faux goût à nos voisins d'outre-monts. Ce ne fut guère que pendant le siècle de Louis XIV que la France reconquit, dans la fabrication des meubles, la juste influence qu'elle avait conservée pendant plusieurs siècles. Ce prince fit de grands efforts pour organiser des fabriques d'objets mobiliers, comme chacun sait, et de son temps la noblesse ne pensa plus guère à imiter dans les châteaux les meubles inutiles et fastueux qui sont clair-semés dans les palais de Rome. En plein XVIᵉ siècle tous les gens de bon sens ne croyaient pas qu'il fallût tout prendre à l'Italie, et comme preuve nous terminons par cette boutade d'Henri Étienne :

« …..Et toutesfois c'est aujour'd'huy plus grant honneur d'avoir esté
« en telle escole (à Rome) que ce n'estoit anciennement d'avoir
« esté en celle d'Athènes, remplie de tant et de si grands philo-
« sophes ; voire tant plus un François sera romanizé, ou italianizé,
« tant plus tost il sera avancé par les grands seigneurs, comme
« ayant très bien estudié, et pour ceste raison estant homme de
« service, par le moyen de ceste messinge de deux naturels ; comme
« si un François de soy-mesme ne pouvoit estre assez meschant pour
« estre employé en leurs bonnes affaires. »

Si la noblesse et la bourgeoisie vivaient dans des demeures
bien pourvues de tout le nécessaire et même du superflu, les petits
marchands, les artisans, et surtout les paysans, n'avaient qu'une
existence fort précaire. Dans les villes, le menu peuple habitait
des chambres louées dans lesquelles s'entassait une famille entière.
Le même lit recevait le père, la mère et les enfants ; ou bien, dans
un angle de l'unique pièce qui servait de chambre à coucher, de
cuisine et de salle, des cases superposées, comme des tiroirs, recevaient les membres de toute une famille, depuis l'aïeul jusqu'au
petit-fils ; de grands volets glissant sur galets fermaient ces lits
posés les uns sur les autres. On peut se figurer ce que devaient être
ces intérieurs, souvent exigus, donnant sur des rues étroites, dans
lesquelles le soleil ne pénétrait jamais, et traversées par un ruisseau
puant et recouvert de planches ou de dalles disjointes. La peste,
inconnue de nos jours dans les villes de l'Europe, faisait invasion
parfois au milieu de ces demeures et enlevait en quelques jours un
cinquième de la population. Les écoliers et les ouvriers qui ne demeuraient pas chez les patrons, couchaient dans des maisons garnies,
sur la paille ou sur des grabats fourmillant d'insectes. On peut
encore prendre une idée de ce qu'étaient ces habitations, si l'on
parcourt certains quartiers de Paris, comme le faubourg Saint-Mar-
ceau, les alentours de Sainte-Geneviève, la Cité, et quelques-unes
de ces rues, heureusement devenues rares, qui se croisaient en
tous sens dans le centre de Paris il y a quelques années. Nous avons
vu encore, dans la rue des Gravilliers, des Ménétriers, Simon-le-
Franc, de la Grande-Truanderie, du Grand-Hurleur, du Mouton, etc.,
des maisons n'ayant que deux fenêtres de façade sur la voie, habitées par des familles nombreuses du rez-de chaussée au cinquième
étage, et dont tout le mobilier consistait en un lit, deux chaises, une
table et un coffre, ne possédant qu'un escalier étroit, sombre, couvert de boue et d'ordures. Beaucoup de ménages n'avaient même
pas une cheminée pour faire cuire leurs aliments et devaient aller

prendre leur repas chez le gargotier voisin. Les meuble garnissant
ces habitations n'ont pas besoin d'être décrits.... Le paysan au moyen
âge était relativement mieux logé et mieux meublé; l'air et l'espace
ne lui manquaient pas; il possédait toujours son lit large et garni
de gros draps, surtout dans les campagnes du Nord, sa huche, ses
bancs, sa table et son foyer, et souvent son armoire bien remplie de
linge, sa vaisselle de terre. Dans ces demeures, cependant, les animaux domestiques vivaient pêle-mêle avec les humains : le poulailler,
le toit à porcs, étaient quelquefois près du lit des habitants; mais le
soleil pouvait réchauffer et assainir ces demeures, le foyer s'allumait
chaque jour, et le paysan passait sa journée aux champs. Si la demeure de l'artisan citadin, du pauvre écolier, de l'ouvrier, ne fournit nulle matière à la description, si elle n'est qu'un amas sordide
de meubles sans nom, sans forme, qu'une sorte de détritus de la
civilisation des villes, il n'en est pas de même de la chaumière :
celle-ci conserve les traces de l'industrie de ses habitants, car le
paysan peut créer; la matière première ne lui fait pas défaut ; on
n'éprouve pas, au milieu de la campagne, ce découragement profond qui saisit le pauvre dans les grandes villes. Si le chef de famille
est robuste et intelligent, si la femme est active et laborieuse, on
voit bientôt le mobilier satisfaire aux besoins de la vie ; car aux champs
les bras suffisent pour tout créer, tandis qu'à la ville on ne peut
rien obtenir qu'avec de l'argent. D'ailleurs le paysan avait, au moyen
âge, une grande ressource : c'était celle du voisinage du château ou
de l'abbaye. Tous les seigneurs féodaux n'étaient pas des tyrans
aveugles, dépouillant les paysans pour le plaisir de les ruiner; le
paysan était une richesse, un revenu, et c'était d'une sage administration de lui laisser un bien-être qui profitait au seigneur. Beaucoup
de vieux meubles du château ou de l'abbaye allaient garnir les chaumières. Quantité de bahuts ramassés par nos brocanteurs étaient
installés depuis plusieurs siècles dans les maisons des paysans, et il
ne faut pas croire qu'ils aient tous été pillés à la fin du dernier
siècle. Les demeures seigneuriales s'étaient débarrassées depuis
longtemps de ces meubles hors d'usage au profit des chaumières,
comme beaucoup de villages s'étaient élevés avec les débris des
donjons féodaux avant la révolution de 1792.

Lorsque la mode n'avait pas remis en honneur encore les meubles
du moyen âge, il n'était guère de hameau, surtout dans le voisinage
des châteaux ou des abbayes, qui ne possédât quantité d'objets précieux par leur âge et même leur travail. Les familles qui étaient
devenues propriétaires de ces meubles les gardaient avec une sorte

de respect, et conservant les meubles, elles conservaient les usages
auxquels ils étaient destinés. Aujourd'hui les commissionnaires en
vieilleries ramassent tous ces débris, les payent cher, et les paysans
vont acheter à la ville voisine des meubles d'acajou ou de noyer plaqué. Or rien n'est plus ridicule que de voir ce faux luxe moderne
installé dans la demeure du campagnard. Nous avons trouvé parfois
ainsi des tables à ouvrage de la plus mauvaise fabrication du faubourg Saint-Antoine renfermant des oignons, leurs angles d'acajou
plaqué laissant voir le bois blanc ; des commodes à dessus de marbre
dont les tiroirs capricieux ne veulent pas rentrer dans leurs rai-
nures ; des pendules de zinc représentant Geneviève de Brabant,
ornant la chambre d'une paysanne. Tout cela avait été échangé
contre une vieille huche sculptée en bois de chêne et un coucou
dont la boîte vénérable avait vu passer plusieurs générations. Bien
mieux, il est tel village, non loin de Paris où nous trouvâmes un
piano droit dans une chaumière ; sur ce que nous demandions à la
maîtresse du logis si elle touchait de cet instrument, celle-ci, ouvrant
de grands yeux, nous répondit : « Mais c'est une *ormoëre*. » Et en
effet, à la place du clavier, il y avait des fourchettes et des couteaux,
et le coffre inférieur s'ouvrant à deux battants renfermait du pain,
du sel et des objets de ménage : un commis voyageur avait fourni
ce meuble étrange en remplacement d'un vieux coffre incrusté de
cuivre. Il n'y a pas grand mal à cela. Cependant il est toujours bon
que les choses soient à leur place, les meubles comme le reste ; et si
le luxe de mauvais aloi que nous voyons aujourd'hui pénétrer partout n'a pas sur les mœurs une fâcheuse influence, il faut avouer
qu'il tend à avilir l'art industriel, si brillant et si fécond pendant
plusieurs siècles en France.

Aujourd'hui, tout le monde veut être meublé avec le luxe qui
convient à un financier ; mais comme peu de gens possèdent une
fortune qui permet de payer ce qu'ils valent des meubles somptueux
et bien faits, il en résulte que les fabricants s'évertuent à donner
l'apparence du luxe et de la richesse aux objets les plus vulgaires
comme façon et matière. On ne trouve partout que tables garnies de
cuivre, mais qui ne tiennent pas sur leurs pieds, que fauteuils
sculptés et dorés dont les débris jonchent les parquets, que tentures
de laine et de coton qui simulent la soie.

Nous ne prétendons pas qu'il faille, au milieu du xixᵉ siècle,
s'entourer de meubles copiés sur ceux qui nous sont laissés par le
moyen âge. Et s'il paraît ridicule aujourd'hui de voir une femme
en robe bouffante assise sur un fauteuil imité d'un siége grec, il ne

l'est guère moins de placer dans un salon une chaire de quelque
seigneur du xvᵉ siècle. Ce que nous voudrions trouver dans nos habitations, c'est une harmonie parfaite entre l'architecture, le mobilier, les vêtements et les usages. Lorsque nous voyons des hommes
habillés comme nous le sommes, assis dans des fauteuils du temps
de Louis XV, il nous semble assister à une réunion de notaires et
de commissaires-priseurs procédant à un inventaire après décès.
Évidemment ces formes molles, ces couleurs tendres, ne sont point
en harmonie avec nos habitudes et notre costume. Le signe le plus
certain d'une civilisation avancée c'est l'harmonie entre les mœurs,
les diverses expressions de l'art et les produits de l'industrie.
« Montre-moi ton mobilier, et je te dirai qui tu es. » Or, si l'on
s'en tenait à l'apparence, on pourrait prendre aujourd'hui de petits
bourgeois pour des seigneurs. Il est certain que, de nos jours, le
sens moral s'est modifié. La résignation fière et digne est considérée
comme un défaut de savoir-vivre et la vanité un moyen de succès.
Nous n'avons pas à faire ici un sermon ou un cours de morale, mais
il est difficile de ne pas parler des mœurs lorsqu'on s'occupe des
objets qui en sont la vivante expression. Ces mœurs du moyen âge,
tant vantées par les uns, si fort décriées par les autres, sont, à tout
prendre, assez mal appréciées : comme citoyens d'un pays, nous
valons mieux, il nous semble, qu'au moyen âge ; comme hommes
privés, nous sommes loin d'égaler les caractères tranchés, éner-
giques, individuels, que l'on rencontre à chaque pas jusqu'au siècle
de Louis XIV. La révolution de 1792 a laissé dans nos lois, dans
nos habitudes et nos mœurs, une empreinte qu'aucun pouvoir ne
saurait effacer ; ce que nous ne pouvons comprendre et ce qui nous
paraît dangereux, c'est de ne pas admettre les conséquences de ce
changement dans ce qui touche à la vie journalière. Vouloir imiter
les habitudes de luxe, les idées et jusqu'aux préjugés d'une époque
séparée de nous par l'abîme de 1792, est au moins un travers. Nous
possédons des qualités précieuses ; nous possédons, à un haut degré,
le sentiment des devoirs publics, comparativement aux siècles précédents ; nous avons la conscience de notre droit et de la justice ;
nous sommes enfin en état de distinguer le vrai du faux : pourquoi
donc étouffer ces sentiments dans la vie privée, prétendre être
autres que nous ne sommes, et nous cramponner à ces vieilleries
auxquelles personne, au fond, ne croit plus ? Veut-on mesurer
l'abîme qui nous sépare de ces temps auxquels nous essayons de
revenir par un seul exemple ? ce sera facile. N'allons pas au delà du
xviiᵉ siècle. Nous trouvons, en ces temps, des gentilshommes, gens

de bien et d'honneur, bons pères de famille, religieux, qui ne se font aucun scrupule de provoquer une guerre civile, de piller leur propre pays, de s'allier avec des souverains étrangers, parce qu'ils *sont* au prince de Condé ou au duc de Beaufort[1]. Nous avouons que lorsque nous voyons un notaire ou un négociant retirés vouloir aujourd'hui se meubler comme ces gens-là, c'est-à-dire vivre comme eux dans leur intérieur, le fou rire nous prend..... Il semble que, dans notre pays, le désordre et les contradictions doivent toujours exister quelque part. Jusqu'au commencement du dernier siècle, bien peu de citoyens possèdent le sentiment des devoirs publics ; mais, dans la vie privée, on trouve de grands caractères, un respect général pour les traditions, des mœurs qui s'accordent avec le milieu dans lequel on est né. Depuis 1792, l'esprit public présente une certaine unité, il s'est développé ; mais la confusion est entrée dans la vie privée, et l'on peut citer comme des exceptions les hommes qui savent être ce que la fortune les a faits ou s'accommoder à leur temps. Le besoin de paraître s'est introduit dans le mobilier comme dans les vêtements, et l'industrie s'efforce naturellement de satisfaire à ces travers. On concevrait que les petites fortunes prétendissent au luxe apparent que peuvent se permettre les grandes, et que le bien-être fût ainsi, parfois, sacrifié au désir de briller — il y a longtemps que pour la première fois on a reproché à la bourgeoisie de vouloir singer les *gentilshommes*, —mais notre temps dévoile une infirmité sociale qui ne s'était pas encore produite au même degré. C'est au contraire dans les classes élevées (ou du moins favorisées de la fortune) que se manifestent particulièrement ce besoin de paraître, ce goût pour le faux luxe qui semblaient autrefois réservés à ceux.

[1] Une seule citation entre mille. Henri de Campion, bon gentilhomme, brave, excellent homme au fond, plein de droiture et d'honneur, dit, dans ses Mémoires, lorsque le duc de Longueville, auquel il s'était donné, rompt avec les princes : « Il avoit (le duc de « Longueville) alors changé de projet, pour quelques mécontentemens qu'il eut des « Princes, qui refusèrent de lui accorder des choses qu'il souhaitoit d'eux pour se dé- « clarer » (c'est-à-dire pour concourir avec eux à faire entrer les troupes espagnoles sur le territoire français) : « Il envoya à la cour le sieur de la Croisette, qui négocia si bien, « que le duc (de Longueville) s'engagea entièrement dans les intérêts du roi. J'ai tou- « jours *eu une telle passion pour le maintien des lois*, que je ressentis une extrême joie « de cet arrangement, quoique je jugeasse que je ferois plutôt fortune dans l'autre parti. » Il est difficile de se réjouir plus naïvement de ne pas être traître à son pays. Remar- quons, en passant, que ce même Henri de Campion, bien qu'il trouvât le procédé vif, était un des gentilshommes du duc de Beaufort qui devait assassiner le cardinal Mazarin dans sa voiture (voy. *Mém. de Campion*, Jannet, 1857). Cela ne se passe pas sous Philippe- Auguste, mais au milieu du XVII° siècle

qu'on appelait les *parvenus*. Bien rares sont aujourd'hui, parmi les classes les plus riches de notre société, ceux qui aiment à s'entourer d'objets plus remarquables par leur qualité que par leur apparence, ceux qui s'enquièrent si un meuble est bien fait, s'il est conçu et exécuté de façon à être utile. On achète, il est vrai, à des prix fabuleux, des objets anciens, souvent faux, parce que cela est de mise; et qu'il convient de montrer dans sa galerie des faïences, des émaux, des bronzes et des raretés d'un autre âge; mais s'il s'agit d'un objet moderne, sorti de nos ateliers, on s'adresse le plus souvent à la fabrication de pacotille, qui donne à bas prix des meubles bons pour la montre; si bien que, chaque jour, les industriels consciencieux, et qui penseraient avant tout à ne produire que des œuvres de bon aloi, se découragent et suivent le courant qui pousse dans le luxe à bon marché.

On aurait pu croire que la vogue du *bibelot*, des vieux débris, épaves du passé, aurait fait pénétrer dans l'esprit des heureux du siècle le goût des bonnes et belles choses, ou du moins le dégoût pour ce luxe malsain qui envahit le salon et la mansarde. Il n'en est rien; et l'on ne peut se résoudre à blâmer les petits de s'adonner à l'amour du luxe qui cache la misère, quand on voit les appartements les plus somptueux remplis d'objets dont l'apparence menteuse ne saurait tromper sur leur valeur réelle les gens de goût. Ce sont là des vanités qui accusent la faiblesse des convictions et des caractères d'une société qui ne sait trop ce qu'elle est et où elle va, et qui croit maintenir un passé qui croule, en simulant des goûts qu'elle n'a plus, une grandeur qui lui échappe. Mais que dire de ceux qui affectent des principes en fait d'art et de goût, et qui s'entourent d'objets aussi plats par le style que grossiers par l'exécution; qui, nous entretenant de la supériorité de l'art grec à tout propos, remplissent leurs appartements de meubles mal copiés sur les débris des salons de Mme de Pompadour ou de Marie-Antoinette; de ceux qui s'émerveillent sur les créations du moyen âge, et, ne voyant dans ces œuvres que l'apparence, non le sens vrai et pratique, garnissent leurs châteaux de meubles aussi incommodes que mal faits, ornés de pâtes, et rappelant ces formes que l'on qualifiait de *style troubadour*, il y a trente ans? Quelques-uns (et ceux-ci au moins sont l'expression vivante de la confusion de nos principes en fait d'art) s'entourent des débris de tous les âges, de tous les styles, et ressemblent ainsi chez eux à des marchands de bric-à-brac. Beaucoup se soucient médiocrement qu'un meuble remplisse son objet, pourvu qu'il sorte des ateliers de tel fabricant en vogue. Tout cela n'est pas très-sérieux, et nous avouons qu'il faut avoir l'esprit mal fait pour s'en fâcher ; mais ce qui n'est qu'un travers d'esprit chez un particulier devient une inconvenance, au premier chef lorsqu'il s'agit des objets destinés à l'usage du culte religieux, par exemple. Or, depuis qu'il s'est fait une réaction chez nous en faveur des arts du moyen âge, nous voyons nos églises se remplir de meubles soi-disant gothiques, ridicules par la forme, insuffisants par la matière et l'exécution, et qui n'ont d'autre avantage que de périr promptement. Le zèle, respectable, mais peu éclairé souvent, des ecclésiastiques, la modicité des ressources dont ils disposent, les ont mis à la discrétion de cette classe de fabricants qui avilissent leur profession en produisent à bas prix des objets qui, par leur nature et leur destination, exigent sinon du luxe, au moins du soin, un travail consciencieux, du savoir et le respect pour tout ce qui tient au culte. C'est là une chose funeste, et à laquelle les esprits éclairés dans le clergé apporteront certainement un remède : car, pour quelques dignes dévotes émerveillées devant ces productions barbares, il est beaucoup de gens qui s'attristent en voyant nos églises se garnir de meubles d'un goût déplorable, prêtant à rire, mal faits, inconvénants même, et qui, sous la dorure et les oripeaux, cachent les matières les plus fragiles ou les plus grossières, un art sans forme, une exécution misérable. La pauvreté décente et modeste commande partout le respect et la sympathie, mais la pauvreté qui se cache sous l'apparence du luxe et de la richesse, et laisse voir, malgré qu'elle en ait, les haillons sous la pourpre, n'est plus la pauvreté : c'est la misère vaniteuse qui n'excite que la pitié et la raillerie.

Parmi ces splendeurs à bon marché, ce faux goût et ce faux luxe, nous sommes ravi quand nous trouvons un banc bien fait, une bonne table de chêne portant d'aplomb sur ses pieds, des rideaux de laine qui paraissent être de laine, une chaise commode et solide, une armoire qui s'ouvre et se ferme bien, nous montrant en dedans et en dehors le bois dont elle est faite et laissant deviner son usage. Espérons un retour vers ces idées saines, et qu'en fait de mobilier, comme en toute chose, on en viendra à comprendre que le goût consiste à paraître ce que l'on est et non ce que l'on voudrait être.

TABLE DES MATIÈRES

PAR ORDRE ALPHABÉTIQUE

EXPLICATION

ET

CLASSEMENT DES PLANCHES

ORDRE DE CLASSEMENT [1]

MEUBLES

---

[1] Les chiffres romains ou arabes de la première colonne sont les numéros d'ordre gravés en tête des planches. Les chiffres romains après le mot PLANCHE servent à classer ces planches à la fin du volume, et les numéros des pages posés à la fin de chaque article donnent le classement de ces planches, si l'on préfère les intercaler dans le texte.

FIN DU CLASSEMENT DES PLANCHES.